文化部部长雒树刚调研新疆文物工作

国家文物局局长刘玉珠参加首届“中国—中东欧国家文化遗产论坛”

国家文物局调研安徽金寨革命文物保护利用情况

国家文物局调研宁夏西夏陵申遗工作推进情况

国家文物局文化遗产公开课：走进博物馆

国家文物局和国际文化财产保护与修复研究中心联合主办2017年度世界遗产监测培训班

中国被盗（丢失）文物信息发布平台建成运行

“互联网+中华文明”数字展亮相世界互联网大会

“南海Ⅰ号”沉船保护现场遗存色差监测

河北省雄安新区燕南长城遗址调查

开展2017年世界文化遗产保护状况调研评估：贵州省遵义市海龙屯遗址

浙江省松阳县传统村落保护

2017年文化和自然遗产日宣传活动

博物馆青少年教育活动

博物馆公益讲座

纪念中国人民解放军建军90周年特展

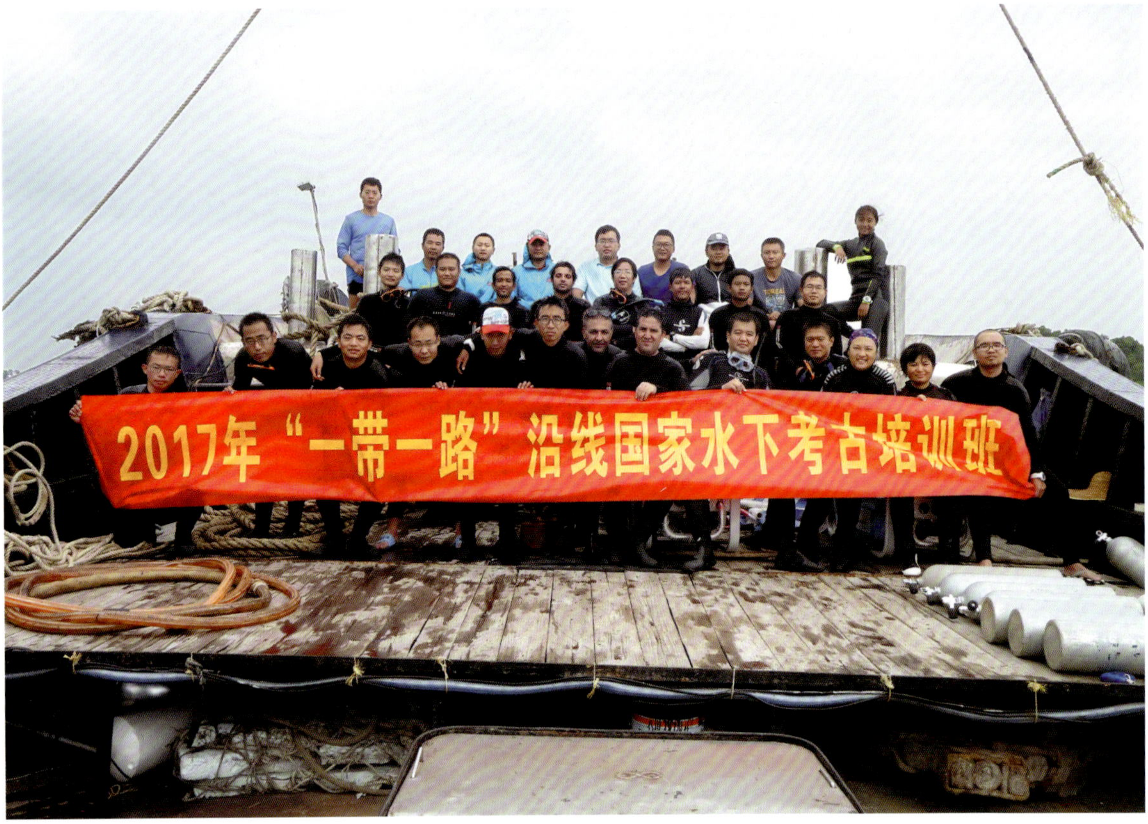

首届“一带一路”沿线国家水下考古培训班在广东省阳江市举办

中国政府援助柬埔寨吴哥古迹茶胶寺保护修复项目

中国文物年鉴

CHINA CULTURAL HERITAGE YEARBOOK

2018

国家文物局　编

文物出版社

编辑说明

《中国文物年鉴》由国家文物局主编，各省、自治区、直辖市和新疆生产建设兵团文物行政部门、有关文博单位共同参与编纂，文物出版社编辑出版，综合记述我国文物事业年度发展情况。

《中国文物年鉴·2018》反映我国文物、博物馆事业2017年的发展情况，分为图片、特辑、综述篇、分述篇、纪事篇和附录等部分。《中国文物年鉴》的稿件、资料来自国家文物局机关各部门、各直属单位和各省、自治区、直辖市文物行政部门以及国内相关文博机构，不包含香港、澳门特别行政区和台湾省的资料。由于编辑水平所限，《中国文物年鉴·2018》编校工作难免存在不足，希望广大读者提出宝贵意见和建议。

编者

2019年8月

编辑委员会

特约撰稿人（按姓氏笔画顺序）

丁　婷	马永红	马晓雪	马海亭	王汉卫
王武恒	王振华	开沙江·库尔班		叶大治
朱　伟	朱稚怡	朱慧雨	任　延	庆　祝
刘长桂	刘丽团	刘卓群	刘　洁	刘　昶
齐　淼	汤　文	汤海军	汤强松	安　娜
许少国	许　鑫	孙小兵	牟锦德	李海宁
杨　安	杨益峰	杨喜圣	肖士维	吴　昊
吴　寒	吴　兵	何　薇	何晓雷	余瀚静
汪　俊	宋智峰	张后武	陈玉芝	陈旭峰
陈　亮	陈　楠	范国平	周立明	周　成
周　宇	赵少军	赵冰竹	赵志栋	郝　黎
胡学才	钟向群	聂　政	顾　婷	钱春峰
徐　敏	卿治平	高智伟	郭子男	陶　鹏
黄　元	黄冬凌	梅志刚	崔　华	彭　涛
彭跃辉	蒋　玭	韩　洋	韩笑梅	曾　婷
解　峰	蔡　宇	潘海涛	燕海鸣	魏艳丽
蹇娅婷				

特辑

重要文章、讲话

重要公文

综述篇

分述篇

国家文物局直属单位

各省、市、自治区

其他

纪事篇

附录

特辑

文化部部长雒树刚在第十二届全国人民代表大会常务委员会第三十一次会议上关于文化遗产工作情况的报告

（2017年12月23日）

受国务院委托，我向全国人大常委会报告我国文化遗产工作有关情况，请审议。

文化遗产是指人类创造并遗留、流传下来的具有历史、艺术和科学价值的文化财富，包含物质文化遗产和非物质文化遗产两大类。

在5000多年历史进程中，中华民族创造了丰富多彩、弥足珍贵的文化遗产。

这些文化遗产承载灿烂文明，传承历史文化，是中华民族的精神标识，是我们国家的文化名片，也是人类文明的瑰宝。保护好、传承好、利用好文化遗产，对于增进民族团结、凝聚人民力量、维护国家统一及社会稳定具有重大意义；对于培育巩固发展文化自信、建设中国特色社会主义文化、铸就中华文化新辉煌具有重大意义；对于满足人民日益增长的美好生活需要、推动经济社会发展、增强国家文化软实力具有重大意义；对于维护世界文化多样性和创造性、推动构建人类命运共同体具有重大意义。

党的十八大以来，以习近平同志为核心的党中央高度重视文化遗产工作。习近平总书记多次就保护弘扬中华优秀传统文化发表重要讲话，作出重要指示批示。党的十九大报告提出"加强文物保护利用和文化遗产保护传承"的任务。这些重要论述和决策部署，为我们做好文化遗产工作提供了根本遵循。

下面，我从三个方面汇报文化遗产工作有关情况。

一、我国文化遗产工作取得的成效

近年来，特别是党的十八大以来，国务院及有关部门深入贯彻落实中央决策部署，推动文化遗产工作取得了新进展：文化遗产工作体系已经基本形成，属地管理、分级负责的管理模式渐趋成熟，思路和理念更加清晰，法律法规和政策体系更加完善，保护利用传承发展水平不断提高，形成了中国经验；全社会关注程度极大提升，保护意识明显增强；文化遗产快速消失势头得到遏制，安全保障程度得到有效提升，重点文化遗产资源保护和传承状况明显改善，合理利用稳步推进。

文化遗产工作在传承中华优秀传统文化、弘扬社会主义核心价值观、提升国民素质和社会文明程度、服务经济社会发展、促进中外人文交流中的作用日益明显。

具体开展了以下工作：

（一）加强立法、普法和执法，推动文化遗产工作在法治轨道上运行

深入贯彻依法治国方略，把法治建设作为推进文化遗产工作的重中之重。

一是健全法律法规和政策体系。《中华人民共和国文物保护法》（以下简称《文物保护法》）和《中华人民共和国非物质文化遗产法》（以下简称《非物质文化遗产法》）为文化遗产工作提供了重要法律保障。国务院制定了《中华人民共和国文物保护法实施条例》《传统工艺美术保护条例》《历史文化名城名镇名村保护条例》《长城保护条例》《博物馆条例》等行政法规。文化部等部门颁布了一系列部门规章。绝大多数省（区、市）出台了关于文化遗产的地方性法规。与此同时，国家不断完善相关政策，出台了实施中华优秀传统文化传承发展工程、加强文物工作、强化文物安全工作、支持戏曲传承发展、振兴传统工艺、推动文化文物单位文化创意产品开发等方面的文件。

二是积极参与制定和履行相关国际公约。参与《保护非物质文化遗产公约》等国际公约制定，发出中国声音，贡献中国智慧。对于我国已经加入的相关国际公约，各有关部门切实履行相关义务，并按时提交履约报告。

三是加强普法宣传。把相关法律法规作为文化领域普法的重要内容，并结合文化和自然遗产日、国际博物馆日等主题活动加大宣传力度。

四是加强执法和执法监督。2012年，配合全国人大常委会进行《文物保护法》执法检查。2016年，文化部组织了《非物质文化遗产法》贯彻落实情况检查。文物等有关部门加大执法力度，多次开展专项行动。

（二）推进文化遗产资源普查，完善保护名录体系

为进一步摸清家底，明确保护重点，开展了以下几项工作。

一是开展文物普查。在第一次、第二次全国文物普查基础上，组织开展第三次全国文物普查和第一次全国可移动文物普查，两次普查登记不可移动文物近76.7万处、国有可移动文物约1.08亿件/套。目前，正在推进全国古籍普查登记、美术馆藏品普查、水下文化遗产调查，已取得阶段性成果。

二是开展第一次全国非物质文化遗产资源普查。该普查在10部民族民间文艺集成志书编纂出版工作基础上进行，历时4年，共投入人员50万人次，登记资源总量近87万项。此外，还完成了地方戏曲剧种普查。

三是分门别类建立保护名录。建立了多层级的文物和非物质文化遗产保护名录，国家、省级珍贵古籍和古籍重点保护单位名录，历史文化名城名镇名村名录和传统村落名录。目前，国务院公布了七批全国重点文物保护单位共4296家、四批国家级非遗代表性项目共1372项、五批国家珍贵古籍12274部、全国古籍重点保护单位180家、国家历史文化名城133座、文化部认定四批国家级非遗代表性项目代表性传承人共1986人，住房和城乡建设部、国家文物局公布中国历史文化名镇252个、名村276个，住房和城乡建设部、文化部等七部门认定传统村落4153个。开展了中国重要农业文化遗产项目和中华老字号的认定工作，农业部认定中国重要农业文化遗产项目91个，商务部认定中华老字号1128家。

四是积极推动联合国教科文组织相关遗产名录申报工作。大运河、丝绸之路等项目被列入《世界遗产名录》，目前我国世界遗产总数达到52项，居世界第二。珠算、二十四节气、中医针灸等项目入选《人类非物质文化遗产代表作名录》，目前我国入选非物质文化遗产相关名录项目总数达39项，居世界第一。

（三）着力加大物质文化遗产保护力度，促进合理适度利用

国务院及有关部门坚决贯彻推动文物保护由抢救性保护为主向抢救性与预防性保护并重转变、由文物本体保护为主向文物本体与周边环境保护并重转变的文物工作理念，重点开展了以下工作。

一是加强不可移动文物保护。实施了平安故宫等一大批重点工程项目。进一步加强对长城、革命文物、大运河、大遗址的保护。

二是加强可移动文物保护。五年来，累计完成可移动文物修复和博物馆藏品预防性保护项目1000余项，修复文物4万余件。

三是提升考古发掘保护能力。2013年以来共实施考古发掘保护项目3000余个，取得重大发现。

四是着力加强文物安全工作。落实文物安全责任制，开展全国文物安全状况大排查和专项整治行动。持续加大文物违法犯罪打击力度。2013年以来海关共查获非法进出境文物1.2万余件。

五是努力发挥文物资源促进经济社会发展、惠及民生的积极作用。启动“互联网+中华文明”行动计划。全国博物馆每年举办展览3万多个，开展约11万次专题教育活动，2016年参观人数约9亿人次。博物馆、图书馆、美术馆和文化馆（站）等策划推出一批精品展览展示活动，开发了一批优秀文化创意产品。许多重点文物保护单位和博物馆已成为地方旅游业发展的重要品牌和依托。

六是全面推开古籍保护工作。加强古籍修复中心建设，已累计修复古籍超过270万叶。

（四）以保护传承的实践、能力、环境为着力点，不断提升非物质文化遗产工作水平

见人见物见生活的工作理念逐步确立，相关保护工作机制不断健全。着重开展了以下工作。

一是不断完善管理制度。逐步建立代表性项目、代表性传承人、文化生态保护区等制度。

二是着力增强传承活力。中央和地方财政对代表性传承人传习活动给予补助。实施中国非物质文化遗产传承人群研修研习培训计划，已培训4.8万人次，扩大了传承队伍，提高了传承能力。

三是开展分类保护。实施《中国传统工艺振兴计划》，推动传统工艺在现代生活中得到新的广泛应用。实施中国传统节日振兴工程，精心组织重要节庆活动。鼓励各地发展特色文化产业，实现活态传承和经济发展双赢。实施中华老字号保护发展工程，努力提升传统产业质量水平。研究口头传统和表演艺术类项目保护传承的系统政策措施。实施戏曲振兴工程，推动戏曲活起来、传下去、出精品、出名家。支持传统戏剧表演团体排演传统剧目。

四是对急需保护的非物质文化遗产项目和传承人进行抢救性保护。启动实施非物质文化遗产记录工程，目前已对839位国家级项目代表性传承人开展了抢救性记录。

五是对非物质文化遗产及其孕育发展的环境进行整体性保护。文化部设立了21个国家级文化生态保护实验区，各省（区、市）共设立了146个省级文化生态保护区，努力实现“遗产丰富、氛围浓厚、特色鲜明、民众受益”的建设目标。

（五）不断完善历史文化名城名镇名村和街区的保护机制，保护区域性历史风貌

对历史文化名城名镇名村和街区的保护逐步迈入构建保护、传承、发展体系的新阶段。主要开展了以下工作。

一是持续加大历史文化名城名镇名村保护力度。推动入选名录的名城名镇名村按照相

关规划要求努力保持传统风貌和地域特色。

二是加快推进历史文化街区划定和历史建筑确定。截至2017年10月底，共划定历史文化街区743片，确定历史建筑1.66万处。

三是实施中国传统村落保护工程。中央财政对列入名录的传统村落给予补助，目前已支持3150个村落。实施国家级和省级文物保护单位集中成片传统村落保护利用项目。目前，传统村落的生产生活条件明显改善，有的成为美丽宜居典范。

四是推进传统民居保护。建立传统建筑挂牌保护制度。组织田园建筑示范工作，带动一批建筑师、艺术家参与乡村建设。

五是强化风景名胜区的规划建设管控。做好风景名胜区规划与文物保护单位等规划的衔接，促进自然与文化遗产协同保护。

（六）多措并举推动文化遗产的研究阐释和宣传普及，使优秀传统文化更加深入人心

注重从研究阐释和宣传普及环节发力，推动形成人人了解文化遗产、保护文化遗产的生动局面。

一是实施一批重点研究项目。中华文明探源等工程对中华文明起源和早期发展阶段进行了系统研究。考古中国、传统建筑技术、节日志、史诗百部工程等项目有序推进。

二是加强梳理阐发。推进古籍整理和影印出版。编纂《中华传统文化百部经典》等系列文化经典。

三是发展壮大文化遗产研究工作机构。目前，全国有文物科研机构122家，考古发掘资质单位80家。人文社科重点研究基地建设扎实推进。

四是积极组织宣传展示活动。举办国际博物馆日、文化和自然遗产日主场城市活动，每年覆盖受众上亿人次。五年来，全国开展非物质文化遗产展示宣传活动32万场次，受众5.4亿人次。中国成都国际非物质文化遗产节、中国非物质文化遗产博览会等节会注重面向基层、面向群众。系统深入地开展面向青少年的普及教育。推动优秀文化遗产内容进课程、进教材、进课堂，推进戏曲进校园。

五是利用各种媒体传播文化遗产知识和信息。报刊、广播、电视台、网站等推出《中国诗词大会》《致我们正在消逝的文化印记》《我在故宫修文物》《中国巧姑娘之黄道婆》《粉墨宝贝》等一批深受欢迎的节目、栏目。

六是鼓励社会力量参与。非国有博物馆占全国博物馆总数超过四分之一。社会各界捐献文物、给予资助的热情不断高涨。相关社会组织、志愿者队伍稳步壮大。

（七）积极推动对外和对港澳台文化遗产交流合作，努力扩大中华文化的凝聚力、影响力

不断深化文化遗产领域对外和对港澳台交流合作，很多项目成为文明交流互鉴的亮丽名片。

一是加强政府间交流互动。在文物领域，与50个国家签署双边协定或合作谅解备忘录。成功与哈萨克斯坦、吉尔吉斯斯坦联合申报“丝绸之路”世界遗产。五年来，文物出境展览近300个、入境展览100多个。在非物质文化遗产领域，与蒙古等国联合申报人类非物质文化遗产代表作，与泰国、日本、英国开展交流。

二是深化“一带一路”国际交流。建设“一带一路”文化遗产长廊，成立丝绸之路国际博物馆联盟，举办丝绸之路（敦煌）国际文化博览会、丝绸之路国际艺术节等品牌活动。积极推进文物保护援外工程，成为文化外交的新亮点。

三是文化遗产对外展示传播渠道日益拓宽。我国已建成的35个海外中国文化中心和512

个孔子学院多次举办文化遗产主题活动。

四是与国际组织的合作更加密切。积极参加并承办联合国教科文组织有关会议，参与创立濒危文化遗产国际保护基金。联合国教科文组织在我国设立了亚太地区世界遗产培训与研究中心和非物质文化遗产国际培训中心。

五是与港澳台地区的文化遗产领域交流增进了文化认同。故宫博物院支持香港筹建香港故宫文化博物馆，两岸非物质文化遗产月等活动成功举办。

（八）不断强化基础性工作，为文化遗产保护传承利用提供有力支撑

着力加大经费、人才、科技等方面保障力度，夯实文化遗产工作基础。

一是不断增加财政投入。2013年以来，中央共安排文化遗产保护相关资金约656亿元，其中安排资金525.9亿元用于支持全国重点文物保护单位维修保护、中央级文博单位免费开放、非物质文化遗产保护等工作；中央预算内投资已安排130多亿元，用于支持地市级博物馆等公共文化设施、国家级文化和自然遗产保护利用设施、全国红色旅游经典景区基础设施等项目建设。各级地方政府也加大了投入。

二是持续加强人才队伍建设。加强文化遗产学科建设，目前相关本科专业点共有251个，在校生总数约3.6万人。许多高校的艺术类专业也培养了传统艺术传承发展人才。实施了文博人才培养“金鼎工程”和戏曲艺术人才培养“千人计划”。

三是建立健全相关协调和评估工作机制。分别建立了文物安全、古籍、非物质文化遗产等工作协调机制。努力建立健全文化遗产工作绩效评估制度。

四是文化遗产科技工作进入新阶段。建立了文物保护国家工程技术研究中心，设立了古籍、非物质文化遗产领域的文化部重点实验室。文物预防性保护科技取得进展，文物保护修复共性、关键技术填补部分行业空白，天空地一体化遥感考古等技术取得突破，技术标准群初步形成。

总体来说，文化遗产工作成效显著。这些成绩的取得，最根本的在于以习近平同志为核心的党中央的坚强领导，在于习近平新时代中国特色社会主义思想的科学指导。在具体工作中，我们努力做到：

一是坚持正确方向，高举中国特色社会主义伟大旗帜，牢牢把握社会主义先进文化前进方向。

二是坚持服务大局，自觉将文化遗产工作纳入党和国家工作大局来谋划和推动，主动服务中央重点工作和国家重大战略。

三是坚持科学态度，努力推动中华优秀传统文化创造性转化创新性发展。

四是坚持依法保护，完善文化遗产法律法规体系，推进贯彻落实。

五是坚持以人民为中心的发展思想，推动文化遗产保护利用融入人民群众生产生活，不断增强人民群众的参与感、认同感、获得感。

六是坚持改革创新，不断更新工作理念，完善管理体制机制，创新保护利用方式方法，提升文化遗产工作科学化水平。

二、当前文化遗产工作面临的形势

当前，中国特色社会主义进入新时代，文化遗产工作面临着前所未有的机遇，具有良好的外部条件：

一是党中央国务院高度重视，做出顶层设计，为文化遗产工作提供了根本遵循。

二是我国经济持续保持中高速增长，国家整体实力更加雄厚，为文化遗产工作提供了

坚实的物质保障。

三是社会各界高度关注，保护意识不断增强，为文化遗产工作营造了良好的社会氛围。

四是高新技术快速发展，为文化遗产工作提供了新渠道、新手段。

与此同时，我们清醒地认识到，文化遗产工作面临着严峻的挑战：

一是工业化城镇化现代化加速推进，对一些古建筑、古遗址、工业遗产等文物的安全和一些非物质文化遗产的生存发展带来冲击，也对协调推进文化遗产工作与经济社会发展提出更高要求。

二是人民群众精神文化需求日益多元多样，了解保护弘扬中华优秀传统文化的意愿更加强烈，享有蕴含优秀传统文化内涵又具时代特征的优质文化产品的意愿更加强烈，对推动中华优秀传统文化创造性转化创新性发展提出了更高要求。

三是我国文化遗产资源总量大、种类多、分布广，保护任务非常繁重，浩繁的资源与有限的保护利用传承发展能力的矛盾依然突出。

与新时代新要求新任务相比，文化遗产保护利用与传承发展工作存在的问题主要有：

一是对文化遗产的梳理和研究阐发有待加强。非国有文物等文化遗产状况尚未摸清。文化遗产统计制度不够健全。对文化遗产价值的挖掘还不够，对其蕴含的核心思想理念、传统美德、人文精神的研究阐释还不充分。

二是文物安全形势依然严峻。一些地方不可移动文物尤其是一般不可移动文物遭受破坏严重。一些地方在城乡建设中破坏文物本体和周边环境。文物遭受火灾、地震损害的危险依然存在。盗窃、盗掘文物的违法犯罪行为屡禁不止，打击任务依然很重。另外，传统村落自然衰败现象严重。一些馆藏文物和古籍、非物质文化遗产资料和实物的保存条件有待改善。对文物流通领域的监管有待进一步加强。

三是一些非物质文化遗产生存发展困难。由于自然和社会环境快速变化，一些非物质文化遗产找不到与现代生活的结合点，逐渐失去活力，面临消失危险。有的习俗失去传承发展空间，有的传统技艺后继乏人。

四是文化遗产工作与经济社会的融合有待加强。让文物和古籍资源“活”起来的水平有待提高，推动文化遗产资源创造性转化创新性发展的办法还不够多。有的文博机构展陈质量不高。一些地方传统村落保护水平低。

五是文化遗产保护管理的能力建设有待加强。法律法规和政策体系还不完善，一些地方对法律法规的贯彻落实不到位。现有机构和人员队伍与日益繁重的保护任务不相适应。保障机制不健全。社会力量参与的深度和有效性有待提高。科技的支撑作用没有充分发挥。

三、下一步文化遗产工作安排

做好文化遗产工作，功在当代，利在千秋。下一步，我们将全面贯彻落实党的十九大精神，以习近平新时代中国特色社会主义思想为指导，紧紧围绕统筹推进“五位一体”总体布局和协调推进“四个全面”战略布局，切实增强“四个意识”，坚定“四个自信”，落实新发展理念，以《文物保护法》《非物质文化遗产法》为遵循，按照《关于实施中华优秀传统文化传承发展工程的意见》部署，统筹好文化遗产保护与经济社会发展，在坚持保护的前提下推动文化遗产合理利用和传承发展，着力构建中华优秀传统文化传承体系，推动中华优秀传统文化创造性转化创新性发展，为满足新时代人民群众的美好生活需要、建设社会主义文化强国、实现中华民族伟大复兴中国梦提供精神力量和文化支撑。重点抓好以下几个方面的工作：

（一）加强组织领导，完善工作机制，充分发挥政府和社会两方面的作用，推动形成有利于文化遗产保护利用和传承发展的工作格局

严格落实政府责任，将文化遗产工作列入重要议事日程。完善相关工作协调机制，在政策制定、项目实施、打击犯罪、法治建设等方面进一步形成工作合力。积极探索依托国家公园推进文化遗产与自然遗产协同保护的有效机制。推进政府购买服务，优化政策环境，落实税收优惠政策，为社会力量参与提供支持引导。壮大文博志愿者队伍。鼓励社会力量看管不可移动文物。发挥专家学者在相关政策法规制定过程中的积极作用。

（二）切实加大文物保护力度，推进文物合理适度利用，使文物保护成果更多惠及人民群众，努力走出一条符合国情的文物保护利用之路

把文物安全放在首位，进一步落实责任，对不依法履行职责、决策失误、失职渎职导致文化遗产遭受损失的，依法追究直接责任人和有关领导责任。强化文物执法督察，严厉打击违法犯罪活动。

实施文物保护重大工程，加强革命文物和新中国成立以来的文物保护，加强长城、大运河和水下文物保护。

加强新型城镇化和新农村建设中的文物保护，强化历史文化名城、名镇、名村、街区和传统村落整体格局、历史风貌的保护。

继续推进文物资源普查，加强文物保护单位规划编制与实施，落实文物保护单位有保护范围、有保护标志、有记录档案、有保管机构的“四有”工作，完善尚未核定公布为文物保护单位的不可移动文物保护措施，建立文物保护单位保护管理状况评估制度。

多措并举让文物和古籍“活”起来，推出一批彰显社会主义核心价值观的陈列展览、影视节目和出版物，鼓励文化文物单位积极开发文化创意产品。

推动文物保护与公共服务、国民教育相结合，与全域旅游、产业发展相结合，与脱贫攻坚、民生改善相结合，让文物保护利用融入群众生产生活实践，让广大人民共享保护利用成果。

（三）切实贯彻“见人见物见生活”的理念，以保护传承的能力建设为着力点，全面提高非物质文化遗产保护传承水平

进一步探索非物质文化遗产各门类的保护传承和振兴措施，健全非物质文化遗产分类保护政策体系。保护传承环境，促进非物质文化遗产保护与经济社会协调发展。继续实施非物质文化遗产记录工程、非物质文化遗产传承人群研修研习培训计划等重大项目，不断增强传承活力。

全面实施传统工艺振兴计划，发掘和运用传统工艺的文化元素和理念，丰富题材和产品品种，提升设计与制作水平，满足人民消费需求，促进就业增收。推进国家级文化生态保护实验区建设。建立代表性项目、代表性传承人动态管理机制，完善非物质文化遗产保护重点工程和项目的绩效评估机制。

（四）加强法治教育和知识传播，创新宣传普及方式，提高全民保护意识，着力构建文化遗产可持续发展的良好生态

将文化遗产有关内容和法律法规进一步纳入全日制大中小学教学计划，纳入各级党校和行政学院教学计划。广泛利用各类媒体、公共机构宣传文化遗产保护理念，组织好文化和自然遗产日、博物馆日活动，凝聚起全社会广泛共识。加强研究阐释，提升“围绕文化遗产，讲好中国故事”能力。探索构建常态化、专业化、全媒体文化遗产传播体系。

（五）持续深化文化遗产对外和对港澳台交流合作，展示中华文化魅力，不断提高国家文化软实力和中华文化影响力

推进与相关国际组织的深度合作，积极参与国际文化遗产保护事务，提高文化遗产国际公约履约水平。扩大与各国政府间文化遗产领域的交流互动，建立完善合作机制。服务外交大局，结合党和国家领导人重要外交活动、重大节庆、重大事件、重要会议等时间节点和中国文化年（节）等，举办有影响的文化遗产领域对外交流活动。

加强“一带一路”国际交流合作，联合申报联合国教科文组织相关遗产名录项目。建设“一带一路”文化遗产长廊，实施对外展览、援外文物保护和合作考古等项目，推进非物质文化遗产领域对外交流合作。加强与港澳台地区的交流合作，促进民族认同、文化认同、国家认同。

（六）扎实推进政策法规、教育、科技等相关工作，进一步完善文化遗产支撑保障体系

加强文化遗产保护利用和传承发展相关扶持政策的制定与实施。加大财政支持力度，完善投入机制，提升财政资金使用效益。将文化遗产专业人才培养纳入现代教育体系，加强学科建设和专业设置。引进和培养一批复合型人才，不断优化人才队伍结构。推动文化遗产工作与现代科技融合创新，促进现代信息技术应用，突破一批共性、关键、核心技术。

文化部部长雒树刚在全国文物局长会议上的讲话

（2018年1月12日）

在全党全国深入学习贯彻习近平新时代中国特色社会主义思想和党的十九大精神之际，国家文物局召开全国文物局长会议，总结2017年成绩，部署2018年工作，谋划新时代文物事业发展，具有承前启后的意义。在此，我谨代表文化部，对会议召开表示热烈祝贺！

党的十九大确立了习近平新时代中国特色社会主义思想作为党的指导思想的历史地位，对新时代推进中国特色社会主义伟大事业和党的建设新的伟大工程作出全面部署。文物系统要把学习宣传贯彻习近平新时代中国特色社会主义思想和党的十九大精神作为首要政治任务贯穿始终，在学懂、弄通、做实上下功夫，把思想和行动统一到习近平新时代中国特色社会主义思想和党的十九大精神上来。

下面，我讲几点意见。

一、关于2017年文物工作

2017年是文物事业发展备受瞩目的一年。习近平总书记站在实现中华民族伟大复兴中国梦的战略高度，就坚定文化自信、传承弘扬中华优秀传统文化、加强文物保护利用作出一系列重要论述，明确强调坚定文化自信，推动社会主义文化繁荣兴盛；推动中华优秀传统文化创造性转化、创新性发展，继承革命文化，发展社会主义先进文化；加强文物保护利用和文化遗产保护传承；要让文物说话，让历史说话，让文化说话；申遗是为了更好地保护利用，要总结成功经验，借鉴国际理念，健全长效机制，把老祖宗留下的文化遗产精心守护好，让历史文脉更好传承下去；大运河是祖先留给我们的宝贵遗产，是流动的文化，要统筹保护好、传承好、利用好；一个博物馆就是一所大学校，博物馆建设要注重特色。针对文物安全，习近平总书记特别强调，要强化主体责任，加强协同配合，完善安保措施，堵住监管漏洞，严打文物犯罪，对失职渎职行为严肃问责，切实把老祖宗留下的宝贵遗产管理好、保护好。这些重要论述是做好文物工作的行动指南。

一年来，在党中央、国务院的坚强领导下，全国文物系统以习近平新时代中国特色社会主义思想为指导，全面贯彻落实党的十八大和十八届三中、四中、五中、六中、七中全会精神，深入学习贯彻党的十九大精神，全面落实习近平总书记关于文物工作重要指示批示要求，圆满完成了各项工作任务，文物事业管理能力显著提升。主要体现在以下五个方面。

一是增强“四个意识”，落实中央决策部署的能力进一步提升。扎实开展党的十九大精神的学习宣传贯彻，全面提升文物系统政治意识、大局意识、核心意识、看齐意识。坚决遵照习近平总书记重要指示批示精神规划工作，严格按照中央决策部署开展工作，认真对照巡视整改要求改进工作。全国31个省（区、市）及新疆生产建设兵团全部印发了《关于进一步加强文物工作的实施意见》。文物系统作风建设明显加强，精神面貌为之一新，有效改变了过去重业务轻党建的状况，改变了重项目轻管理、重审批轻督察、重部署轻落实的局面。

二是狠抓责任落实，文物安全管理能力进一步提升。习近平总书记对文物安全工作作出重要批示。国务院召开全国文物安全电视电话会议，国务院办公厅印发《关于进一步加强文物安全工作的实施意见》。文化部、国家文物局认真贯彻落实总书记重要批示精神和国务院部署，会同公安部等部门立即行动，狠抓落实，我和玉珠同志第一时间实地督察，以督办北京明十三陵思陵石刻文物被盗案为突破口，全面落实文物安全责任。国家文物局全面完成全国文物安全状况大排查行动，排查文博单位23万多个；与公安部联合开展打击文物犯罪专项行动，缴获涉案文物上万件；与工商总局联合开展文物流通市场专项整顿行动，措施及时、成效明显，在全社会形成了打击文物犯罪的震慑作用，文物安全状况得到明显改善。

三是主动服务大局，融入经济社会发展的能力进一步提升。牢牢把握大力传承弘扬中华优秀传统文化的重要机遇，紧紧围绕“一带一路”、北京城市副中心、雄安新区、大运河文化带建设等国家战略和重大举措，出台《国家文物事业发展“十三五”规划》等重要文件，推进长城保护、雄安新区文物保护等重点工作，研究革命文物保护利用工程等重大政策，支持景德镇御窑厂遗址保护、二里头遗址博物馆建设等重大项目，推介纪念建军90周年等一批主题展览，“鼓浪屿：历史国际社区”成功申遗，充分发挥了文物工作对经济社会发展的促进作用。

四是切实推进改革，解决重大难题的能力进一步提升。针对文物领域行政审批事项偏多问题，深化“放管服”改革，年度行政审批批文同比减少1500多个，全面推行“双随机一公开”监管方式。针对民间文物收藏无序问题，开展民间文物收藏管理制度调研设计，制定民间收藏文物鉴定管理办法和文物鉴定规程，召开社会文物管理工作座谈会。针对文物利用活力不足问题，加大开放文物信息资源数据力度，推动文博单位开发文化创意产品。印发相关文件，进一步推动非国有博物馆发展，启动非国有博物馆藏品备案。这些工作都充分体现出国家文物局党组敢于担当、勇于突破的改革决心。

五是激发创新活力，文物工作社会影响力进一步提升。多措并举让文物活起来，“互联网+中华文明”三年行动计划亮相世界互联网大会，国家文物局举办相关展览、论坛，与百度、腾讯、网易等签署合作协议，玉珠同志变身文物推介员、讲解员。文物国际交流合作日趋活跃，已与16个国家开展援外文物保护修复和联合考古项目，举办“丝绸之路文物展”“阿拉伯之路——沙特出土文物”等文物进出境展览，文化遗产图片展在金砖国家领导人厦门会晤活动中受到好评。文化和自然遗产日活动、国际博物馆日活动、高考文物试题、《国家宝藏》热播等，让曾经“高冷”的文物走入千家万户，走近普通百姓，走向日常生活。2017年年底，受国务院委托，我向全国人大常委会作关于文化遗产工作情况的报告，受到充分肯定，这也是对广大文物工作者辛勤劳动的充分肯定。2017年，我先后到湖北、福建、广东等13个省市调研66家文博单位，所到之处，真切感受到文物系统昂扬向上的精神风貌，文物事业砥砺奋进的良好态势，文物工作全民参与的崭新格局。这种喜人局面，离不开各地党委、政府的重视和相关部门的支持，也凝聚了广大文物工作者的辛勤努力。在此，我代表文化部对大家表示衷心的感谢！

在看到成绩的同时也要看到，站在新时代新起点，与党和国家的新要求、人民群众的新期待相比，文物事业发展不平衡不充分的问题依然存在，主要表现在文物安全责任意识有待增强，文物领域治理能力和治理水平有待提升，基层文物保护力量亟待增强，让文物活起来的途径还需进一步拓展。对这些问题，我们要有清醒认识，要高度重视，采取有力举措切实加以解决。

二、做好新时代文物工作的重要意义

文物系统要把思想和行动统一到习近平新时代中国特色社会主义思想和党的十九大精神上来，深刻认识做好新时代文物工作的重大意义，以高度的责任感，承担起文物保护利用和文化遗产保护传承的历史使命。

深刻认识做好文物工作是坚定文化自信的需要。没有高度的文化自信，没有文化的繁荣兴盛，就没有中华民族伟大复兴。收藏在博物馆里的文物，陈列在广阔大地上的遗产，书写在古籍里的文字，承载着丰厚的思想精华和道德精髓，是中华民族最宝贵的文化资源和历久弥新的精神财富，是坚定文化自信的历史根基和深厚滋养。保护文物就是保护我们共有的精神家园，要让人民群众不断加深对中华文化宝贵价值的认识，增强做中国人的骨气和底气，坚定全体人民振兴中华、实现中国梦的信心和决心。

深刻认识做好文物工作是弘扬社会主义核心价值观的需要。浩繁的文化遗产见证了中华文明的源远流长，展示了中国共产党领导全国各族人民进行伟大奋斗的艰辛历程和辉煌成就，是爱国主义精神、民族精神、时代精神的物质载体，具有凝聚人心、成风化俗、弘扬主旋律、传播正能量的重要作用。做好文物工作，就是让文物蕴含的思想观念、人文精神、道德伦理、治国智慧等文化精粹，在新时代焕发新光彩，使人民感受教育启迪、陶冶思想情操、充实精神世界，为培育和践行社会主义核心价值观、巩固全党全国各族人民团结奋斗的共同思想基础作出贡献。

深刻认识做好文物工作是促进经济社会发展的需要。经济社会发展是保护文物的基础，加强文物保护利用也有利于促进经济社会可持续发展。随着新型城镇化、乡村振兴、区域协调发展战略推进，文物工作的价值作用日益凸显。近两年来，文物系统积极配合北京城市副中心和雄安新区建设，统筹各方力量完成北京城市副中心考古勘探和雄安新区考古调查，为推进国家重点建设项目做出了重要贡献。做好文物工作，不仅能够留住乡愁，彰显地域特色，而且能够助推经济繁荣，促进社会发展，为决胜全面建成小康社会、开启全面建设社会主义现代化国家新征程提供重要文化支撑。

深刻认识做好文物工作是不断满足人民日益增长的美好生活需要的必然要求。文物既是凝聚人心的精神纽带，又是增进民生福祉的重要因素。从参观博物馆，到文化遗产旅游，再到民间文物收藏，文物资源正广泛进入人民日常生活，文物工作在人民日益增长的美好生活需要中的地位越来越突出。近年来，参观博物馆人数与日俱增，2016年达到9亿人次。前不久，在故宫博物院举行的《千里江山图》特展，“故宫跑”重现，万人争睹，排队5小时，欣赏5分钟，足见文物的吸引力。加强文物保护利用，就是要让人民群众的精神文化生活更加丰富，基本文化权益得到更加充分的保障，让中华文化在新时代焕发新的生机和活力。

三、新时代文物事业发展的新要求

党的十九大就推动社会主义文化繁荣兴盛作出全面部署、提出明确要求。文物系统要全面贯彻党的十九大精神，以习近平新时代中国特色社会主义思想为指导，以时不我待、只争朝夕的奋斗姿态，以抓铁有痕、钉钉子的实干精神，开拓创新，锐意进取，努力推动新时代文物事业不断迈上新台阶。

一要紧扣新时代，高起点高标准谋划文物事业发展。牢牢把握我国社会主要矛盾的新变化，牢牢把握人民群众对美好生活的向往，牢牢把握坚定文化自信的历史责任，牢牢把握坚持创造性转化、创新性发展的时代要求，始终把文物事业放在党和国家发展的全局视野中，紧紧围绕加强文物保护利用和文化遗产保护传承的目标任务，坚持高站位、高起点，谋划重大决策，出台重大政策，推动重大工程，着力解决长期制约文物事业发展的重大问题，全面提升文物领域治理能力和治理水平。加强调查研究，扑下身子，沉到一线，突出目标导向、问题导向、实践导向，把准文物事业发展的本质和规律，找到破解难题的办法和路径，有力推动文物事业健康发展。

二要顺应新形势，推动文物工作更好融入经济社会发展。坚持主动参与，抓住当前乡村振兴、区域协调发展、生态环境保护等重要发展机遇，充分发挥文物资源作用，实现在发展中保护，在保护中发展。坚持依法保护，恪守文物保护客观规律，正确处理好与经济社会发展的关系，守土尽责，坚决防止建设性、开发性破坏。坚持融合发展，加快文物与文化产业、旅游、金融等协调发展，提升衍生产品和配套服务质量，使文物保护利用成为促进经济社会发展的新亮点。坚持开放共享，面向社会开放文物资源，明确社会力量参与文物保护利用的法律规制、政策边界和各方权益，保障社会参与的权利平等、机会平等和规则平等。

三要谋求新发展，破解影响文物事业发展的瓶颈。全面落实《国务院关于进一步加强文物工作的指导意见》，更加注重在机制革新、制度设计、难点攻关上下功夫。要深化文物领域“放管服”改革，进一步压减文物行政审批事项，完善“双随机一公开”监管机制，做到程序简约、管理精细、时限明确，使各级文物部门从事务性工作中解脱出来，腾出时间精力抓大事、谋长远。要把文物安全摆在突出位置，督导落实《国务院办公厅关于进一步加强文物安全工作的实施意见》，探索建立全国文物督察体制机制，加大公开曝光、约谈工作力度，全面落实文物安全主体责任。要正确引导民间收藏文物保护利用，找出解决制约文物合法收藏、市场流通瓶颈问题的方法和举措，积极稳妥出台相关法规政策，进一步营造活跃有序的、守信自律的、健康发展的文物市场环境。要积极争取各级政府和编制部门的理解支持，加强地方文物部门特别是市县级文物部门机构队伍建设，稳定文物保护基层力量。

四要满足新需要，让文物保护成果更多惠及人民群众。坚持以人民为中心的发展思想，在文物保护修缮、考古发掘、博物馆建设、历史文化名城名镇名村和传统村落保护中，积极取得广大民众的理解、参与和支持，使文物保护工程与改善人民物质文化生活紧密结合，成为民意工程、民生工程、民心工程。完善文博单位公共文化服务功能，将更多博物馆纳入免费开放范围，提升文博单位陈列、管理和服务水平。创新文物资源利用模式，借力“互联网+”新动能，拓展“文物+”新思维，支持各方力量利用文物资源开发文化创意产品，丰富文化供给，促进文化消费。在全社会大力普及文博知识，多出文物宣传精品力作，丰富人民的精神文化生活。

五要拓展新领域，不断深化文物国际交流合作。2017年，我参加“一带一路”国际合作高峰论坛、中国—中东欧国家文化合作部长论坛、亚洲文化合作论坛等重要活动时，不少国家希望与中方在联合考古、人才培训、文物展览、文物修缮、水下文物保护等方面加强合作，呼吁中方设立机构、开辟场所，为国际合作提供保障。文物系统要坚持国家站位与全球视野相结合，推动将文物援外工作纳入中国对外援助工作体系，深化政府间文物交流互动，加强与文化遗产国际组织的互动合作，提升我国在文化外交中的话语权。坚持内容与形式相结合，把文物资源作为讲好中国故事的生动载体，创新对外话语体系，加强文物领域项目与活动的创意、设计、展示策划，实现中华文化的国际表达。坚持走出去与请进来相结合，全方位拓展渠道平台，举办有影响、有分量的文物领域人文交流活动，打造文物对外交流合作品牌，增强中华文化的感召力和影响力。

四、坚决贯彻落实全面从严治党要求

一要牢固树立“四个意识”。要牢固树立政治意识、大局意识、核心意识、看齐意识，在思想上政治上行动上同以习近平同志为核心的党中央保持高度一致，坚决维护习近平总书记在党中央和全党的核心地位，坚决维护党中央权威和集中统一领导，坚定自觉地把以习近平同志为核心的党中央决策部署落到实处。要旗帜鲜明讲政治，把提高政治能力作为重要任务，让广大党员干部明确“高素质”的第一位是政治素质高，“专业化”是政治过硬、具有领导能力和业务本领的专业化。

二要全面加强党的建设。把学习贯彻习近平新时代中国特色社会主义思想摆在突出位置，用以武装头脑、指导实践、推动工作。深入贯彻党的十九大精神和十九届中央纪委二次全会精神，坚持“严”字当头，把全面从严治党引向深入。认真学习贯彻党章，严格执行《关于新形势下党内政治生活的若干准则》《中国共产党党内监督条例》，深入开展“不忘初心、牢记使命”主题教育，营造风清气正的政治生态。加强基层党组织建设，充分发挥基层党组织战斗堡垒作用，真正使文物系统各级党组织成为宣传党的主张、贯彻党的决定、团结动员群众、推动改革发展的坚强核心。加强廉政建设，增强廉洁从政的自觉性，认真贯彻《中共中央政治局贯彻落实中央八项规定实施细则》，突出抓好“四风”问题特别是形式主义、官僚主义整治，打造忠诚干净担当的干部队伍。

三要严格落实意识形态工作责任制。文物工作是意识形态工作的重要组成部分。要加强文化阵地建设，强化文化产品内容监管和文化活动导向管理，旗帜鲜明反对和抵制各种错误观点，牢牢掌握意识形态工作主导权，切实维护国家文化安全和意识形态安全。要以培育和践行社会主义核心价值观为引领，牢牢把握文物工作的正确导向。要强化对文物系统媒体、出版物及网络平台的管理，高度重视文物传播内容建设，梳理排查意识形态工作风险点，为文物工作营造良好氛围。

同志们，新时代中国特色社会主义伟大征程已经开启，文物工作使命光荣、责任重大、意义深远。让我们更加紧密地团结在以习近平同志为核心的党中央周围，求真务实、开拓创新、攻坚克难、砥砺奋进，高质量完成2018年各项工作，为决胜全面建成小康社会，全面建设中国特色社会主义现代化强国，实现中华民族伟大复兴中国梦努力奋斗。

国家文物局局长刘玉珠在国务院第一次全国可移动文物普查领导小组会议上的讲话

（2017年4月7日）

按照会议安排，我向大家简要通报普查基本情况和主要成果。普查成果以《第一次全国可移动文物普查工作报告》和《第一次全国可移动文物普查数据公报》的形式发布，主要内容如下。

一、普查的组织和实施

本次普查是中华人民共和国成立以来首次开展的针对可移动文物的重大国情国力调查。由刘延东副总理亲自提出并担任普查领导小组组长，由国务院组织领导，15个部门参加，各级人民政府按照属地管理原则组织实施，覆盖全部国有单位。普查以县域为基本单元，建立起覆盖中央、省（区、市）、地市、区县政府和文物收藏单位的五级普查领导和组织体系。全国各级地方人民政府共成立3600个普查机构，组建起以普查员为基础，专家、志愿者参加的10.7万人的专门队伍，全国各级普查机构共调查102万家国有单位，全国各级财政累计投入12.4亿元。普查建立全国统一的标准规范和技术路线，在全国统一平台上进行信息采集登录。各收藏单位对经认定的文物开展定名、断代、编号、拍照等工作，建立藏品纸质档案和电子档案，依托互联网进行数据登录、审核。各级普查机构和各单位加强质量控制和监督检查，经审核，普查数据整体差错率低于0.5%。

二、普查的主要成果

普查基本摸清我国国有可移动文物的家底，新发现一批重要文物，健全了国家文物资源管理机制，建立起国家文物身份证制度，建设了全国文物资源数据库，夯实了我国文物基础工作，全面提升了我国文物保护管理水平。具体体现在以下六个方面：

（一）基本掌握全国国有可移动文物资源总体情况

各级地方政府以县域为单元，对行政区域内文物资源进行普查登记，全面掌握文物资源状况、收藏单位数量和行业分布，建立各省级文物资源目录和文物资源地图。普查实现了国有单位的全覆盖，国民经济统计的20个行业划分中，除国际组织不纳入普查范围，其他19个行业均收藏有文物。本次普查结果显示，我国国有可移动文物呈现出资源总量庞大、收藏体系多元、收藏主体集中、文物类型丰富、文物数量快速增长等特点。经普查，全国国有可移动文物共计10815万件/套，其中按照普查统一标准登录文物完整信息的为2661.0907万件/套（实际数量6407万件），另有纳入普查统计的各级档案机构的纸质历史档案8154万卷/件。全国共登录11162家国有可移动文物收藏单位。北京、陕西、山东三省

（市）登录文物数量超过500万件，全国有15个省（市）登录文物数量超过100万件。全国登录珍贵文物总数达到385.6268万件。人民解放军、武警部队独立开展普查，认定军队系统文物92449件/套。普查还对我国驻海外使领馆的文物进行了全面调查登记。西藏、青海、浙江等5省区对重点宗教场所保管的文物开展了认定登记。

普查打破原有行业系统条块分割的局限，在全国范围内将文物资源统计从传统的以文物单位为主拓展到各行业领域。普查除对文物本体信息进行逐项登记外，还对收藏单位信息、文物保管信息、管理和展示利用情况等同步开展了调查，有效提升全国文物基础数据的全面性、准确性，为文物资源精细化管理创造良好条件，有力支持了各级政府文化建设和区域经济社会发展。

（二）新发现一批重要文物

各级普查机构通过实地走访、上门调查、重点认定等方式，加大对新发现文物资源的梳理调查和登记，全国新发现新认定文物共708.4149万件/套。一些文物单位对历史上囿于保护条件所限而封箱保存的藏品进行了全面清理，众多非文物单位通过普查认定发现了大量具有价值的文物。

（三）建立文物资源数据库和文物身份证制度

普查采集了27项收藏单位信息和15项文物基础信息，建成国家文物资源数据库，实现全国国有可移动文物信息的统一集中存储。登录文物照片5000万张，数据总量超过140TB，有效构建了全国文物大数据。普查按照统一标准为每件文物赋予永久、唯一的22位数字编码，建立起文物实物、藏品档案、电子信息关联一体的“文物身份证”编码系统和数据管理系统。依托互联网，按照管理层级和区域对文物资源信息进行标准化、动态化管理，全面提升文物资源管理能力。

（四）健全国家文物资源调查管理机制

本次普查突显政府行为，建立起各部门参加、社会广泛参与的协作机制。统一组织，统一平台，统一标准，联网直报，实现登录数据动态管理，建立文物认定机制和数据管理利用制度，是我国文物资源调查模式的重要创新。普查期间，国家文物局组织开展了多项跨省区、跨行业的调查、认定、登记和管理机制专项调查，涉及甲骨、漆木器等9个文物资源类型和宗教场所、高校、考古机构等3类收藏主体。江苏、四川、湖北等省通过普查登记了教育系统收藏的大量可移动文物，有效扩充了全省文物资源总量，在文物部门与教育部门之间建立了文物保护协作机制，提高了文物保护利用水平。普查建立的组织体系、标准规范、统一平台和文物资源数据库，以及培养的人员队伍，为完善全国文物资源调查管理机制，建立国家文物登录制度打下了坚实基础。

（五）全面夯实文物基础工作

普查制定文物藏品登录规范，统一了文物藏品档案，建立了十余项标准，文物定名、断代、计量、分类等15个核心指标首次实现全国一体化。各单位按照普查要求开展藏品清点，核定账、物对应，补充完善各项记录，健全藏品档案，依法向上级文物行政部门备案，使《文物保护法》及其《实施条例》关于国有单位收藏文物建档备案的要求真正落实落地。普查期间，全国累计举办各类培训11741次，培训人员28万人次。全国文物部门和收藏单位按照国务院普查总体部署和要求，大力推进藏品体系建设，博物馆等文物收藏单位积极改善保管条件，藏品管理标准化、数字化、规范化大幅提升。各地将普查与文物清库建档、鉴定定级工作相结合，各级普查机构派出专家队伍，指导各行业系统的收藏单位开展文物认定，完善库房管理、安全保卫制度，争取财政支持，改善文物保存条件。

（六）初步建立可移动文物社会服务和共享机制

各级普查机构积极推进普查成果共享和利用，举办一批文物精品展览，出版各类普查新发现和研究成果，建立网上共享平台。全国共举办普查相关展览1901个，展出文物35.7万件，参观总人次达到1.5亿。普查建立全国可移动文物登录网，逐步向社会公开已登录文物的基本信息和图片，提供查询、检索等服务。

普查各项成绩的取得，取决于国务院的正确领导，得益于各级政府的高度重视和各级普查机构、普查员的有效落实，更离不开全国各系统、各单位，特别是国务院普查领导小组成员单位不遗余力的支持。在此，我谨代表国家文物局第一次全国可移动文物普查工作办公室，对国务院普查领导小组各成员单位为文物普查和我国文物工作所做出的贡献，表示衷心的感谢。

在普查领导小组各成员单位的统筹协调下，各部门、系统发挥行业管理优势，与属地普查机构建立起条块结合的工作模式，通过普查摸清行业内文物家底，建立完整、科学的藏品档案。教育部、民政部、财政部、文化部、国资委、人民银行、银监会、档案局等部门以及军队系统印发通知，推动主管系统普查工作。

各地党史部门和民政部门积极参与普查，摸清本系统可移动文物家底，建立全国统一的藏品账目及档案，有效落实国务院在《国务院关于进一步加强文物工作的指导意见》（国发〔2016〕17号）中明确提出“注重保护修复馆藏革命文物”的要求，为梳理形成革命文物资源目录和专题数据库打下了坚实基础。

教育系统尤其是高校博物馆按照博物馆藏品管理标准和要求，建立完善藏品账目及档案。山东大学、浙江大学等高校将普查纳入学校发展总体规划。武汉大学、中国地质大学等高校利用普查成果，将校史馆、博物馆逐步向社会公众开放。各地广泛招募高校学生作为普查志愿者，有效缓解了基层地区普查人员不足的困难，为我国文物事业锻炼了人才储备力量。

财政部和国家文物局多次联合印发通知，督促各地落实普查经费。中央财政安排6400万元专项经费用于普查组织和平台建设。

历时一年的国有单位文物收藏情况摸底调查是普查第一阶段重点任务，各地发改和统计部门主动为文物部门提供辖区内国有单位名录，为以县为基础开展各项调查工作提供了有力支持。国家统计局在普查统一平台统计分析功能设计及普查数据公报编制等方面多次提供专业意见。

全国文化系统单位和文化部直属的故宫博物院、国家博物馆等是本次普查的主力军，雒树刚部长多次批示并赴国家博物馆等督促指导，国家博物馆举全单位之力推进普查，为全国大型文物收藏单位做出表率。文物普查与全国古籍普查和全国美术馆藏品普查协作推进，建立信息共享机制，共享数据70余万条。

中国人民银行印发通知，部署系统内各单位普查工作。中国钱币博物馆和河南、甘肃、新疆等地的钱币博物馆在普查中按照文物管理要求，改善文物管理条件，建立完善藏品账目及档案。中国人民银行乌鲁木齐中心支行与自治区普查办形成良好的普查协作机制，由钱币博物馆主动牵头，发挥专业优势，承担系统内单位和新疆大学博物馆钱币类藏品的文物认定工作。

国资委与国家文物局联合发文，共同部署国有企业普查工作。国资委统筹协调中央企业支持普查工作。贵州茅台酒厂、武汉钢铁集团将普查成果与企业文化展示相结合，社会效益明显。

普查期间，各地将列入各级文保单位的宗教场所纳入普查范围。青海省和西藏自治区宗教场所普查工作亮点突出，两地参加普查的单位绝大多数为宗教场所。青海省集中力量做好文物认定工作。西藏自治区文物局与统战、民宗、宗教办联合印发通知，建立僧人参与的普查机制，将僧人纳入普查员队伍，充实宗教知识方面的人才力量，提高宗教场所参与普查工作的积极性。中国佛教图书文物馆主动联络国家文物局和北京市文物局，在文物部门的协助下开展文物清库、藏品建档等工作。浙江省文物部门协助宗教部门摸清文物家底。宗教场所在普查期间新发现、认定一批具有重要价值的文物，如武汉市江岸区上海路天主教堂发现一批18～19世纪的外文书籍，山西省稷山县青龙寺发现珍贵的明初刻本《永乐南藏》经书。这批新发现文物对宗教史、文献学、印刷史研究等都具重要意义。

国家文物局、国家档案局联合印发通知，将全国各级综合档案馆收藏的具有文物价值的非纸质实物档案列入普查范围。国家档案局积极提供全国各级国家综合档案馆馆藏纸质历史档案相关数据，将明前档案、明清档案、民国档案、革命历史档案以及列入《中国档案文献遗产名录》的档案文献等纳入国家可移动文物资源范畴。

军队系统承担了国家文物局委托的普查试点工作，在工作模式、内容和流程等方面为普查的全面开展进行了积极的探索，积累了行之有效的经验。普查全面启动以来，军队系统按照试点建立的工作模式，以团为单位开展文物认定和信息采集登录等各项工作。中国人民革命军事博物馆克服馆舍改扩建、文物封箱的困难，普查工作常抓不懈，共采集文物70158件/套，在大型博物馆中成绩显著。

全国各级国土资源系统单位和科协系统单位收藏保管的自然类藏品，具有数量巨大、类别丰富，采集的指标项与文物差异较大等特点。我们委托北京自然博物馆制定自然类藏品登录要求和藏品登记卡，对自然类藏品的登录范围、要求和指标项填写做了详尽的说明，实现自然类藏品的统一化、标准化登录。在文物认定和数据审核工作中，各地各级国土资源部门和科协系统单位积极选派专家，参与各项业务工作，有效缓解了文物部门缺少自然类藏品人员力量的燃眉之急。

为感谢国务院普查领导小组成员单位对全国普查工作的大力支持和突出贡献，我们在开展普查先进集体和先进个人表彰工作时，从有限的表彰名额中为各成员单位分配了名额（先进集体8家，先进个人6人，不含文物局）。被表彰的先进集体和先进个人，集中体现了各部门、系统对普查工作的高度重视和扎实推进，更是我们文博系统学习的优秀榜样。

普查在各部门、各系统建立的联络协调机制不仅是行之有效的工作方法，更是宝贵的工作成果，将在"十三五"期间，在实施国家记忆工程、"互联网+中华文明"三年行动计划、促进文化创意产品开发和革命文物保护利用等方面发挥作用，继续推动我国文物事业更上新台阶。

国家文物局局长刘玉珠在“5·18”国际博物馆日中国主会场活动开幕式上的讲话

（2017年5月18日）

今天，我们在首都博物馆共同庆祝第41个国际博物馆日。我谨代表国家文物局，向辛勤工作在博物馆第一线的同志们致以节日的问候！向热爱和支持博物馆事业的朋友们表示崇高的敬意！向为本次国际博物馆日主会场活动做出辛勤努力的北京市人民政府、北京市文物局、中国博物馆协会和首都博物馆表示诚挚的感谢！

国际博物馆日是全球博物馆人的盛大节日。为推动全社会对博物馆领域的关注，促进博物馆交流，国际博物馆协会每年提出一个主题，今年的主题是“博物馆与有争议的历史：博物馆讲述难以言说的历史”，旨在推动博物馆以更积极的态度反映和反思历史，以更开放的胸怀理解和诠释人类历史文化遗产，并在此基础上，帮助社会公众思考今天、探索未来，为建设一个多元、包容、和解与和谐的社会而发挥博物馆的独特作用。

党中央、国务院高度重视文物、博物馆工作，习近平总书记多次就文物、博物馆事业作出重要指示。2016年底，国家文物局在深圳召开“国际博物馆高级别论坛”，习近平总书记专门发来贺信，指出博物馆是保护和传承人类文明的重要殿堂，是连接过去、现在、未来的桥梁，在促进世界文明交流互鉴方面具有特殊作用。我国各类博物馆不仅是中国历史的保存者和记录者，也是当代中国人民为实现中华民族伟大复兴的中国梦而奋斗的见证者和参与者。习总书记还多次到博物馆视察，2014年就曾来到首都博物馆参观文物展览；上个月（4月19日）习总书记在广西视察时专门参观了合浦汉文化博物馆，并强调“博物馆建设要注重特色”。总书记的视察、指示，充分体现了对博物馆工作的高度重视，为新时期文物、博物馆事业的发展指明了方向。

近年来，博物馆事业蓬勃发展，数量快速增长，公共文化服务和社会教育水平显著提升。截至2016年年底，全国登记注册的博物馆已达到4873家，比2015年增加181家，保持稳定增长的态势。博物馆体系更加健全，行业博物馆和非国有博物馆如雨后春笋般蓬勃发展，目前，文物部门所属博物馆2818家，其他部门所属行业博物馆758家，非国有博物馆1297家，非国有博物馆占到了全国博物馆总数的26.6%。全国共有4246家博物馆向社会免费开放，占全国博物馆总数的87.1%。近年来，全国博物馆每年举办展览超过3万余个，举办约11万次专题教育活动，参观人数约9亿人次（2016年全国博物馆备案统计数据），博物馆在传承中华优秀传统文化、弘扬社会主义核心价值观方面发挥的作用更加突出。

同时，博物馆间的国际合作越来越频繁，在中外文化交流互鉴、推动不同文明的相互尊重、和谐共处方面扮演着越来越重要的角色。比如2016年 APEC 峰会期间在秘鲁举办的“天涯若比邻——华夏瑰宝秘鲁行”展览，现在正在美国大都会艺术博物馆展出的“秦汉文明展”，都成了中外文化交流的国际文化盛典，社会反响十分热烈。国家博物馆举办的“阿拉伯之路——沙特出土文物”展，作为中国、沙特双方在文化交流合作方面的一项重要成果，得到社会各界的热烈反响和高度评价。文物作为国家文明的金色名片，成了中外文明交流互鉴的不朽见证，也是各国文明传播发展的互通桥梁。

北京是我国的政治和文化中心，历史悠久，文物资源丰富。近年来，在北京市委、市政府的高度重视和大力支持下，博物馆事业迅速发展。刚刚结束的第一次全国可移动文物普查，北京登录可移动文物1026万件，居全国第一；备案登记博物馆160家，稳居全国前列。各级各类博物馆办馆质量不断提升，涌现了一批特色鲜明的行业博物馆和非国有博物馆，成为城市文化的亮丽风景。首都博物馆在青少年教育功能提升、陈列展览、公共服务等方面成效显著，处于全国先进水平。在此，请允许我向长期关心、支持文物博物馆事业发展的北京市委、市政府和社会各界致以崇高敬意和衷心感谢！

刚刚结束的“一带一路”国际合作高峰论坛，习近平总书记在主旨演讲中专门提到了陕西历史博物馆珍藏的千年“鎏金铜蚕”，并要求要用好历史文化遗产，联合打造具有丝绸之路特色的旅游产品和遗产保护。今天我们在此成立“丝绸之路国际博物馆联盟”，下午还将举行“一带一路国际博物馆合作”学术研讨会，这是博物馆界对“一带一路”国家战略做出的积极响应。为配合国际博物馆日主会场活动，国家文物局还举办了“美·好·中华——近二十年考古成果展”，利用19个省（市区）49家文博机构的近400件藏品，以时代为轴、以美学和哲学为线，阐释中华之美。展出的绝大多数展品从未在收藏地以外的地点展览展示，一会我们一起去揭开这个展览的神秘面纱，去探寻考古之美、文物之美、中华之美。

博物馆是连接过去与未来的纽带、沟通中国与世界的桥梁。下一步，我们将深入学习贯彻习近平总书记、李克强总理的重要指示批示，积极构建主体多元、结构优化、特色鲜明、富有活力的博物馆体系，提升博物馆陈列展览水平和教育功能，深入挖掘文物的历史文化价值和时代精神，向社会提供形式新颖、内容丰富、方便快捷的公共文化产品，加强国际交流与合作，策划推出一批精品展览，讲好中国故事、传播好中国声音、诠释好中国特色，使博物馆成为改善民众精神文化生活的重要阵地，成为推动社会和谐发展的积极力量，为实现中华民族伟大复兴的中国梦作出更大贡献。

预祝本届国际博物馆日中国主会场活动取得圆满成功！

国家文物局局长刘玉珠
在2017年中国文化和自然遗产日
开幕式上的讲话

（2017年6月10日）

今天，我们齐聚千年古都洛阳，参加2017年中国文化和自然遗产日主场城市活动，共同迎接全民遗产保护的国家节日。高朋满座，群贤毕至。请允许我代表国家文物局向莅临活动的各位来宾表示热烈的欢迎！

2006年，国务院确定每年六月的第二个星期六为中国的文化遗产日，激发了全社会共同参与、广泛关注、传承保护文化遗产的热情。12年来，国家文物局与遗产日主办城市一起，精心筹划、严谨组织，形成以主场城市为龙头、覆盖全国的文化遗产宣传活动，普及文化遗产知识，传播文物保护理念，增强文化自信，产生了良好的社会反响。

2017年，经国务院批准，“文化遗产日”调整设立为“文化和自然遗产日”。今天，国家文物局联合河南省人民政府共同在洛阳主办文化和自然遗产日开幕式和主场城市活动。

2017年是习近平主席提出共建“丝绸之路经济带”和“21世纪海上丝绸之路”倡议的第四年，四年来，“一带一路”建设逐渐从理念转化为行动，从愿景转变为现实。5月，在北京召开的“一带一路”国际合作高峰论坛呈现出丰硕成果，为文化遗产助力“一带一路”建设提供了新的机遇。

2017年也是“丝绸之路：长安—天山廊道路网”成功申报世界文化遗产三周年。“古丝绸之路绵亘万里，延续千年，积淀了以和平合作、开放包容、互学互鉴、互利共赢为核心的丝绸之路精神，是人类文明的宝贵遗产”，习近平主席的重要讲话深刻阐明了古丝绸之路文化遗产是“一带一路”精神的载体，是各国共建“一带一路”、促进民心相通的重要文化基础。

基于此，我们将2017年文化和自然遗产日活动的主题定为“文化遗产与‘一带一路’”，并选择丝绸之路起始段的重要城市洛阳作为主场城市。

洛阳主场城市活动有以下几个特点：一是参加人员范围广。我们不仅邀请了全国各地文物部门以及遗产管理机构的代表，还特别邀请了联合国教科文组织、世界银行等国际组织代表以及有关国家的外交使节，国家相关部委代表出席。二是活动内容丰富，学术性强。安排了多项活动，其中有两个论坛，即“文化遗产与‘一带一路’”论坛和“‘一带一路’大遗址保护论坛”，以及“丝绸之路与中原”文物展等专题展览。尤其是广受关注的二里头遗址博物馆也将在明天奠基，国务院总理李克强作出重要批示，表示祝贺并对建好二里头遗址博物馆提出明确要求。三是围绕主题，重点面向青少年开展活动。我们邀请了9省16所学校的百余名中学生参加“一带一路”文化遗产知识主题竞赛、青少年活动展演，以古鉴今，宣传“一带一路”文化内涵。昨晚洛阳电视台现场直播了文化遗产公开课《丝绸之路与我们的生活》，腾讯、新浪等网站同步直播，10万多人在线观看。这些活动寓教于乐，拉近了青少年与文化遗产的距离。

除了主场城市，全国各地也围绕“文化遗产与‘一带一路’”主题，结合自身实际，组织文物建筑免费开放、考古进课堂、小小讲解员讲故事、话说文物微视频大赛、文化遗产微电影展播等形式多样、内容丰富的活动，积极宣传文化遗产保护成就，提高公众认知，以实际行动让文物活起来。

各位来宾，隋唐洛阳城定鼎门前的千年骆驼蹄印，新安县汉代函谷关旁日追夜赶的西行列车，见证着古老丝绸之路的今日与往昔，也见证着我们凝心聚力，推进文化遗产助力“一带一路”建设的决心和行动。我们期待通过遗产日活动的举办，加强交流、分享经验、凝聚智慧、达成共识，共同推进“一带一路”沿线文化遗产保护与国际合作。

同志们、朋友们，今天，保护文物、传承文明已经成为全社会的共识，成为党和政府的执政理念。我们要按照习近平总书记关于文物工作的重要指示精神，认真贯彻落实《国务院关于进一步加强文物工作的指导意见》，充分发挥文化遗产事业在传承中华优秀传统文化，坚定文化自信，实现中华民族伟大复兴中国梦的重大作用。让我们共同努力，携手前行，让未来的中国与世界更加美丽与灿烂。

现在，我宣布，2017年中国文化和自然遗产日主场城市活动开幕。

国家文物局局长刘玉珠在文化遗产与“一带一路”论坛上的讲话

（2017年6月10日）

初夏的中原，生机盎然，穰穰满家。今天是中国文化和自然遗产日，我们相聚在千年古都洛阳参加2017年文化和自然遗产日活动暨文化遗产与“一带一路”论坛。在此，我谨代表国家文物局向出席论坛的各位嘉宾表示热烈的欢迎！向长期以来致力于文化遗产保护利用、交流合作的海内外人士表示崇高的敬意！向精心筹办遗产日活动和文化遗产与“一带一路”论坛的洛阳市委市政府表示衷心的感谢！

5月中旬，“一带一路”国际合作高峰论坛在北京圆满举行。习近平主席出席论坛开幕式，并发表题为《携手推进“一带一路”建设》的主旨演讲，深刻阐释了以“和平合作、开放包容、互学互鉴、互利共赢”为核心的丝绸之路精神，回答了当今国际社会面临的许多重大问题，为人类命运共同体的构建提供了坚实的支点，彰显了中国作为东方大国的思想力与行动力，展现了一个发展中大国促进全球和平发展的责任与担当。

“一带一路”建设根植于历史，源于人类共同的精神财富，与文化遗产息息相关。古老的大陆，辽阔的大洋，张骞、班超策马西去，马可·波罗游历传诵，郑和扬帆南下，跨越地域、跨越民族、跨越文化、跨越宗教，我们的祖先挽起人类友好交往的纽带，在古老的丝绸之路上留下了丰富的文化遗产：陆上从洛阳、西安、敦煌到撒马尔罕、君士但丁堡，海上从泉州、宁波到吉达、亚历山大，从西安的“鎏金铜蚕”、莫高窟绝美的壁画到阿富汗“黄金之丘”的宝藏，从中国的“南海Ⅰ号”到印尼发现的千年沉船“黑石号”……这些珍贵的遗产遗迹，既是记载这段历史的“活化石”，更是文明交流的符号，承载着千古常新的丝路精神，成为人类文明的宝贵遗产，在促进民心相通、弘扬丝路精神、推动“一带一路”建设中发挥着越来越重要的纽带作用。

中国政府高度重视文化遗产保护工作，以“一带一路”建设为引领设计，不断扩大文物对外交流与合作，高潮迭起，精彩纷呈。仅以2016年为例：1月，习近平主席见证中国与沙特签署促进文化遗产领域交流与合作谅解备忘录；6月，习近平主席在乌兹别克斯坦接见在乌开展文物保护和考古合作的中国文物工作者，称赞他们为恢复丝绸之路历史风貌做出了重要努力；11月，习近平主席向中国和联合国教科文组织共同主办的国际博物馆高级别论坛致贺信，强调博物馆是保护和传承人类文明的重要殿堂，是连接过去、现在、未来的桥梁，在促进世界文明交流互鉴方面有着特殊作用。同年7月，李克强总理见证国家文物局与希腊文化和体育部签署水下文化遗产合作谅解备忘录；8月，刘延东副总理见证国家文物局与印尼文化遗产部门签署政府间合作文件；12月，我本人作为中国政府代表，出席在阿联酋首都阿布扎比举行的保护濒危文化遗产国际会议，推动中国国家博物馆设立中国首个

“文物避难所”。

半个月前，我有幸参加了在塞尔维亚举办的中国—中东欧文化遗产论坛，现场见证了中国和中东欧国家“16+1”合作机制的创建，见证了相关国家之间文化遗产合作不断加强。中国和意大利作为两个历史悠久、文化灿烂的文明古国、遗产大国，长期以来建立了良好密切的文化遗产交流合作关系。国家文物局积极发挥文物工作独特优势，不断加强与联合国教科文组织、世界银行等国际组织的深度合作，不断提高文化遗产国际参与能力，同时向世界传递文化遗产保护的中国声音。尤其是近年来，通过跨国申遗、对外展览、援助修缮、联合考古等途径，开展了一系列富有成效的文化遗产国际的交流与合作。

丝路跨国申遗成功。2014年，中国与哈萨克斯坦、吉尔吉斯斯坦联合申报的“丝绸之路：长安—天山廊道路网”项目成功列入《世界遗产名录》。这条跨度近5000公里的线性文化遗产涵盖了33处遗迹，仅洛阳市域内就有汉魏洛阳城遗址、隋唐洛阳城定鼎门遗址和新安汉函谷关遗址。这些遗址遗迹是古老丝绸之路沿线各国友好往来、文化融合的历史见证，展现了中国文化包容、开放协作的态度。目前，海上丝绸之路遗产研究、保护和申报工作正在加紧进行，将以更加开放的心态、更加密切的合作，促进古老丝绸之路焕发新的生机与活力。

文物外展日趋活跃。近年来，以“一带一路”为主题的千余件文物赴坦桑尼亚、希腊、土耳其、拉脱维亚、立陶宛、塞浦路斯、摩洛哥和卡塔尔等20余国展出；俄罗斯、沙特、阿富汗、马来西亚、柬埔寨、韩国、墨西哥等国家的精品文物也来到中国展出。“牵星过洋——中非海上丝绸之路历史文化展”“丝路瑰宝”“阿拉伯之路：沙特出土文物展”“俄罗斯民族传统文化与丝绸之路展”等，促进“一带一路”沿线国家和地区互相认知、互为借鉴、互通有无，为“一带一路”建设搭建了文明对话的平台。

援外工程成果丰硕。通过联合国教科文组织框架下的柬埔寨吴哥古迹和柏威夏寺国际保护行动，从周萨神庙、茶胶寺保护修缮工程，到保护柏威夏寺国际协调委员会双主席国之一，中国文物援外工作正经历着从参与者到领导者的重要转变。柬埔寨王室和政府曾多次感谢中国文物工作者为援助柬埔寨文物古迹保护所做的贡献，并希望继续帮助做好吴哥古迹保护工作。蒙古国辽代古塔抢险加固、乌兹别克斯坦希瓦古城保护修复、尼泊尔九层神庙震后修复、缅甸蒲甘佛塔灾后抢险等，都倾注了中国文物保护修复人员的大量心血。

联合考古不断深化。目前，中国文物考古机构已在蒙古、乌兹别克斯坦、印度、孟加拉国、伊朗、肯尼亚等15个国家开展联合考古项目。中国社会科学院考古所等与乌方联合开展的丝绸之路境外考古发掘，不仅增进了交流与互信，也展示了中国田野考古的技术和理念，传递着中国考古人增进各国友谊的诚意。沙特苏尔坦亲王主动发出邀请，希望中国考古专家尽快到访沙特，与沙方一道开展陆地、水下联合考古发掘，国家文物局已与沙特达成塞林港联合考古合作意愿。5月28日，我与埃及文物部长哈立德·阿纳尼商定，支持中国社会科学院考古所在卢克索卡尔纳克神庙区的孟图神庙开展考古发掘。通过跨国联合考古，开展相关学术研究，促进文明交流互鉴。

“国之交在于民相亲，民相亲在于心相通。”政策沟通、设施联通、贸易畅通、资金融通，说到底需要民心相通。文化遗产可以跨越时空、穿越国度，见证不同文明形态、不同社会制度的对话，是实现亲诚惠容、民心相通的重要载体。国家文物局将加强“一带一路”沿线文化遗产保护，用好历史文化遗产，深化与丝绸之路沿线国家的交流与合作，为“一带一路”建设夯实民意基础，筑牢社会根基。

一是加强顶层设计。全面贯彻落实习近平主席在“一带一路”国际合作高峰论坛上的重要讲话精神，坚持服务大局、开放合作，围绕“十三五”国家相关规划，加紧编制实施“一带一路”文化遗产保护利用专项规划，着力构建相关部门合作机制，统筹引导各地发挥各自优势，密切与“一带一路”沿线国家、地区和国际组织间的沟通交流，在政策引导、机制完善、平台搭建、项目实施、人才培养、传播推广等方面，开展多维度多形式的交流合作，不断完善文化遗产对外交流多部门协调、各地区联动的长效合作机制。

二是加大保护利用。全面提升“一带一路”沿线政府和民众文化遗产保护意识，加强世界文化遗产、文物保护单位、大遗址保护，做好馆藏文物修复、研究与展示；落实政府责任，强化部门职责，恪守文物安全底线，将文物保护纳入政府综合考核评价体系；切实加大“一带一路”沿线文化遗产保护投入，重点保障低级别文物保护单位的保护经费；组织实施具有重大影响和示范意义的文物保护、考古研究和水下文化遗产保护项目，充分发挥大遗址保护和国家考古遗址公园建设的重要作用，推动文物资源合理利用、惠及民生；创新文物合理利用模式，落实习近平主席考察合浦汉代文化博物馆的重要指示，突出博物馆展陈内容特色，发挥社会教育功能，弘扬优秀传统文化，讲好中国故事。

三是深化国际合作。构建“一带一路”文化遗产双边、多边交流机制与合作平台，实施“一带一路”沿线国家援外文物保护工程与联合考古、文物展览项目，促进民心相通。推动“一带一路”相关国家文化遗产保护与考古合作项目取得实质进展，并在条件成熟时推动中国边疆省区设立专门的国际考古研究中心；推出具有中国内涵、国际表达、创意融合的文物精品展览，引进一批高水平文物来华展览。加强与相关国家、国际组织的互动合作，开展文博骨干学术访问和专业交流，培育文化遗产领域的专业人才和年轻力量。鼓励中国国家级博物馆和文物保护机构积极参与“国际文物避难所”网络建设，勇于承担国际义务。

四是推进学术研究。陆上和海上丝绸之路时间跨度大，空间分布广，类型多样，内涵丰富。重点加强陆上丝绸之路相关遗产保护展示、监测管理、拓展申报，以及海上丝绸之路概念界定、时空范畴、航行线路、贸易模式、技术传播、文化互动、遗址保护等方面的学术研究和国际交流。做好丝绸之路历史价值、科学价值、时代价值等专题研究，重新审视丝绸之路文化遗产的地位和作用，实现整体价值保护和可持续利用，带动人文沟通合作，促进文明交流互鉴，让古老的丝绸之路焕发崭新的时代光彩。

最后，预祝2017年文化和自然遗产日活动和文化遗产与“一带一路”论坛圆满成功！

国家文物局局长刘玉珠
在2017年全国文物局长座谈会上的讲话

（2017年7月13日）

今天，我们在安徽马鞍山召开全国文物局长座谈会。这次座谈会的主题是深入贯彻落实习近平总书记关于文物工作重要指示批示精神和《国务院关于进一步加强文物工作的指导意见》（国发〔2016〕17号），突出文物安全，总结工作，探讨问题，凝聚共识，砥砺奋进，以优异成绩迎接党的十九大胜利召开。

下面，我讲几点意见。

一、关于2017年上半年的主要工作

2017年上半年，习近平总书记对文物安全、大运河保护、北京城市副中心和雄安新区文物保护等作出重要指示，出席沙特出土文物展闭幕式和兴建香港故宫文化博物馆合作协议签署仪式，见证与缅甸签署关于防止盗窃、盗掘和非法进出境文化财产双边协定，参观广西合浦汉代文化博物馆海上丝绸之路文物精品展、国家博物馆香港回归祖国20周年成就展和山西晋绥边区革命纪念馆。李克强总理对第一次全国可移动文物普查、明中都遗址保护、二里头遗址博物馆建设等作出重要批示；刘云山、张高丽和刘延东、刘奇葆、孟建柱、栗战书、杨晶、杨洁篪、郭声琨等党中央、国务院领导同志对文物工作也作出重要批示。中央领导同志的重要指示批示，既有关怀和指导，也有鞭策和厚望，为做好新时期文物工作提供了遵循。

全国文物系统认真学习贯彻习近平总书记重要指示批示精神和《国务院关于进一步加强文物工作的指导意见》要求，深入推进文物领域“两学一做”学习教育活动和“放管服”改革，抓主抓重，攻坚克难，落实保护责任，强化安全意识，扎实开展各项工作。概括起来，上半年就是重点抓好事关全局的“四件大事、两个文件、一项调研”。“四件大事”就是开展全国文物安全状况大排查行动，推进文物保护重点工作，公布第一次全国可移动文物普查成果，实施“互联网+中华文明”三年行动计划；“两个文件”就是起草关于文物安全和非国有博物馆政策性文件；“一项调研”就是开展民间文物收藏管理制度调研。

（一）开展全国文物安全状况大排查行动，做好全国文物安全电视电话会议筹备和文件起草工作

4月11日，习近平总书记在新华社“舆论关注北京明十三陵文物盗窃案”上作出重要指示，刘云山和刘延东、刘奇葆、孟建柱、郭声琨同志就贯彻总书记重要指示精神也作出重要批示。接到中央领导同志重要指示批示之后，文化部、国家文物局立即行动、狠抓落实。4月17日，雒树刚部长主持召开国家文物局党组扩大会议，就全面贯彻落实提出要求。4月18日，文化部、国家文物局主要负责同志赴明十三陵实地调研，查找安保漏洞，召开整

改座谈会。4月27日，为期半年的全国文物安全状况大排查行动全面启动。5月5日，国家文物局牵头组织全国文物安全工作部际联席会议成员单位联络员会议，研究加强文物安全相关举措。5月9日，刘延东副总理主持召开文物安全专题会议，就加强文物安全工作进行部署。6月，按照国务院部署要求，国家文物局起草完成《关于进一步加强文物安全工作的实施意见（代拟稿）》并上报国务院，做好全国文物安全电视电话会议筹备工作；配合公安部、国家工商总局制定《全国公安机关打击文物犯罪专项行动方案》《文物流通市场专项治理行动方案》。北京市直面问题、立行立改，4月7日明十三陵思陵石刻文物被盗案告破；4月21日召开全市文物安全工作会议；5月18日，北京市政府向中办呈报整改落实报告，对17名相关责任人（包括6名局级干部）进行严肃追责。

（二）有序推进文物保护重点工作

贯彻落实习近平总书记关于大运河、北京城市副中心和河北雄安新区文物保护重要指示精神，国家文物局召开贯彻落实总书记大运河保护重要指示专题会议、大运河文化带建设工作座谈会，北京市制定大运河文化带保护建设方案（北京段）；落实北京城市副中心文物保护措施，实施西汉路县故城遗址公园建设前期工程；启动雄安新区文物调查、考古和文物保护工作，举办雄安新区历史文化与遗产保护座谈会。贯彻落实李克强总理关于明中都遗址保护重要批示精神，加强明中都文物修缮保护工程质量监管。实施长城保护计划，完成省级长城保护规划编制，启动“爱我中华　护我长城——中华汽车助力长城巡查”公益活动。实施“长征——红色记忆”工程，编制《长征文化线路保护总体规划》，开展长征文物保护利用试点。实施儒家文化遗产保护利用工程和川渝石窟保护展示工程，“鼓浪屿·历史国际社区”成功申遗。探索传统村落遗产资源利用示范试点，开展国家遗产线路认定前期研究。

（三）全面完成第一次全国可移动文物普查

4月7日，第一次全国可移动文物普查总结电视电话会议在京召开，刘延东副总理出席会议并发表讲话，对充分利用普查成果进行工作部署。31个省区市发布普查工作报告和数据公报，普查全国可移动文物108154907件/套、文物收藏单位11162个，全面摸清国有可移动文物家底。建立文物数据库和文物身份证制度，建成文物资源开放共享平台，持续向社会开放普查文物信息。

（四）稳步提升博物馆公共服务水平，即将印发《关于进一步推动非国有博物馆发展的意见》

全国博物馆总数达到4873家，其中国有博物馆3576家、非国有博物馆1297家；免费开放博物馆4246家，接待观众9亿人次/年。中国（海南）南海博物馆建成运营，二里头遗址博物馆启动开工建设。

为充分调动社会力量参与博物馆建设的积极性，国家文物局即将印发《关于进一步推动非国有博物馆发展的意见》。这个文件既有政策梳理，更有举措创新，明确提出落实非国有博物馆法人财产权，建立信息公开和信用档案制度，指导征藏活动；完善差别化支持体系，完善政府购买服务机制；拓宽办馆筹资渠道，支持非国有博物馆依法申请认定为慈善组织或发起设立基金会，接受社会捐赠。

（五）全面实施“互联网+中华文明”三年行动计划

2017年是“互联网+中华文明”三年行动计划的实施之年。在中宣部、财政部、文化部的支持下，“互联网+中华文明”示范项目被纳入中央财政文化产业发展专项资金的支持范围，初步形成多部门协作、多产业融合、多模式共进的良好开局。面向社会征集“互联网+中华文明”示范项目建议670个，组织文化产业发展专项资金（“互联网+中华文明”部分）申报项目392个，引导社会资金投入文博领域。指导上海市开展“互联网+中华文明”示范基地试点建设，举办文物保护领域物联网研讨会。

（六）继续抓好“国发17号”文件贯彻落实，扎实做好文物保护相关基础工作

这里，我向大家通报一年多来习近平总书记、李克强总理关于文物工作重要指示批示和《国务院关于进一步加强文物工作的指导意见》的贯彻落实情况。上半年，我们向党中央、国务院报送了上述贯彻落实情况的三个报告，得到了中央领导同志的充分肯定。文化部、国家文物局及相关部门主动作为，形成合力，出台配套文件近20个，推动“国发17号”文件落地落细。地方党委政府加大支持、紧抓落实，全社会对文物保护重要性的共识初步形成。21个省（区、市）和新疆生产建设兵团的党政主要负责同志对文物工作作出批示，29个省（区、市）召开全省（区、市）文物工作会议，27个省（区、市）和新疆生产建设兵团印发《关于进一步加强文物工作的实施意见》，11个省（区、市）已将文物工作纳入地市级党政领导班子综合考核评价体系或年度考核指标体系，100多个市和文物大县召开本地区文物工作会议和制定文物工作政策文件。

加强民间文物收藏管理制度调研设计，召开鼓励民间合法收藏文物系列座谈会，广泛听取各方意见建议。加强社会文物管理的理论研究和制度建设，起草关于公共文化设施管理单位接受文物捐赠和举办文物展览、文物经营主体违法失信“黑名单”管理、鼓励和规范民间文物收藏活动政策性文件；编制民间收藏文物鉴定管理办法和文物鉴定规程。

与缅甸、塞尔维亚分别签署蒲甘古迹震后修复保护合作、促进文化遗产领域交流合作谅解备忘录。举办文化遗产与文明交流互鉴座谈会和中国—中东欧国家文化遗产论坛，组织赴美国“秦汉文明展”和赴德国“海上丝绸之路展”，成立丝绸之路国际博物馆联盟。促成台湾中台禅寺捐赠的山西邓峪石塔塔身“合璧”。制定全国“国保”管理机构负责人两年培训计划，完成两期350人次“国保”管理机构负责人培训任务。印发《关于加强“十三五”文物科技工作的意见》，评估前五批国家文物局重点科研基地运行情况。举办国际博物馆日中国主会场活动（北京）、中国文化和自然遗产日主场城市活动（洛阳）。加快推进《中国文物志》编纂工作。

二、关于2017年下半年的重点任务

下半年，全国文物系统要继续按照年初制定的工作要点，进一步筑牢文物安全底线，进一步加强管理，进一步夯实基础，确保完成全年各项目标任务。这里，我就下半年着力推进的几项工作再提些要求。

（一）学习贯彻十九大精神

全国文物系统要全力做好迎接宣传贯彻十九大各项工作，主动谋划未来五年的重点工作。指导国家博物馆改造提升“复兴之路”基本陈列，举办“秦汉文明”文物大展。组织畅谈十八大以来成就、展望十九大胜利召开座谈会，举办学习贯彻十九大精神专题培训班，推动“两学一做”学习教育常态化制度化。

（二）全面加强文物安全工作

全国文物安全电视电话会议拟定近期召开，这是国务院首次召开文物安全工作专门会议，刘延东副总理将出席会议并作重要讲话。会后，《国务院关于进一步加强文物安全工作的实施意见》也将印发。这个文件将是一个内容全面、措施很实的“管用”文件。该

文件以落实文物安全责任制为主线，强调健全落实文物安全责任制，明确地方政府主体责任，强化部门监管责任，落实文物管理使用者直接责任，完善责任落实机制；强调加强日常检查巡查，严厉打击违法犯罪，惩治法人违法行为；强调健全监管执法体系，畅通社会监督渠道，加强科技支撑，提高防护能力；强调加大督察力度，严肃责任追究；充实国务院文物行政部门安全督察力量，加强省级文物监管执法机构，强化市县监管力量，为建立文物保护督察机制提供保障。

各地各单位要深刻汲取明十三陵思陵石刻文物、清东陵景妃园寝和昭西陵石刻文物被盗案教训，全面完成全国文物安全状况大排查行动，对安全隐患和薄弱环节进行再跟踪再督察，对突出问题和重大隐患及时提请同级党委政府挂牌督办，排除安全隐患，堵住监管漏洞，对落实不力、整改不到位的要严肃责任追究，确保8月底前整改措施落实到位。持续推进文物法人违法专项整治行动，严肃查处法人违法案件；对发生严重违法、影响恶劣案件的地方，要集中约谈地方政府负责人，予以公开曝光，依法严肃处理，涉嫌犯罪的要移交司法部门。深入开展文物安全典型案例警示教育和爱岗敬业、履职尽责教育，全面提高文物安全责任意识。深入开展全国打击文物犯罪专项行动，各地各单位要梳理被盗文物信息，研判文物安全形势，加强协同配合，坚决遏制盗窃盗掘盗捞文物多发势头。

国家文物局将对文物安全问题多、文物违法犯罪案件多、督察追责工作滞后的相关省份、相关地区进行专项督察，对重大安全事故、重大违法犯罪案件和突出问题进行挂牌督办；对文物案件多发、舆情事件突出的省份进行抽查暗访。各地各单位要把文物安全作为安身立命之本，认认真真抓紧抓实抓出成效，为迎接党的十九大胜利召开营造安全稳定的良好环境。

（三）继续推动“国发17号”文件贯彻落实

全面贯彻落实习近平总书记、李克强总理重要指示批示精神，继续贯彻落实《国务院关于进一步加强文物工作的指导意见》，是当前文物工作的重中之重。各地要以贯彻落实全国文物安全电视电话会议精神和《国务院关于进一步加强文物安全工作的实施意见》为契机，“趁着东风好借力”，继续推动地方政府切实履行文物保护主体责任，深入推进文物领域“放管服”改革，重点解决好重大举措的操作性和执行性问题，出台支持政策和配套措施，努力开创文物事业改革发展的新局面。

（四）编制实施革命文物保护传承五年行动计划

1月24日，中办、国办印发《关于实施中华优秀传统文化传承发展工程的意见》，明确要求国家文物局牵头实施革命文物保护利用工程。为深入贯彻落实习近平总书记关于革命文物工作重要指示批示精神，根据刘奇葆同志指示要求，国家文物局向中宣部上报了革命文物保护传承五年行动计划报告，与中宣部召开了专题会议，向14个中央部门发文征求了意见，随后起草形成了《关于实施革命文物保护传承五年行动计划的意见（送审稿）》，拟报请革命历史类纪念设施、遗址和全国爱国主义教育示范基地工作联席会议审议。待文件修改成熟，拟由中宣部、文化部、国家文物局联合呈报党中央，建议以中办、国办名义印发。

这个文件将是指导未来五年革命文物工作的纲领性文件，旨在解决革命文物保护传承的三个关键问题：一是向全社会郑重宣示，党中央、国务院高度重视革命文物工作，充分彰显中国共产党的历史责任，不忘初心方能开辟未来；二是在2021年中国共产党成立100周年之际，积极争取中国共产党历史博物馆（北大红楼）和中国改革开放博物馆（广东深圳）建成开放，生动展现中国共产党的历史贡献；三是建立健全省级文物保护单位以下革命文物保护的财政保障机制，中央财政对革命文物保护片区保护投入予以倾斜，尽可能实现革命文物保护全覆盖。文件稿已经印发大家，请大家认真学习讨论，研提建设性意见。

（五）推动文物市场活跃有序发展

出台《国家文物局关于鼓励和规范民间文物收藏活动的指导意见》，指导相关社会组织调研编制民间文物鉴定办法或标准，为鼓励民间文物合法收藏、促进文物市场活跃有序发展提供政策保障。与国家工商总局联合开展文物市场整顿行动，会同文化部加强文物市场综合执法工作，建立文物经营主体信用信息公示系统和违法失信“黑名单”管理制度。支持更多国家文物进出境审核机构、涉案文物鉴定机构和文博单位提供专业化、常态化的社会文物鉴定服务。

（六）启动第八批全国重点文物保护单位推荐遴选，举办系列纪念活动

第八批“国保”推荐遴选工作下半年启动，初步计划2019年由国务院核定公布。这项工作的总原则是价值优先、质量优先、拾遗补阙，重点向反映中华民族伟大复兴历程的近现代文物倾斜，原则上从保护利用管理现状良好的“省保”中遴选。举办纪念中国首批世界文化遗产列入《世界遗产名录》30周年系列活动，发布《中国世界文化遗产保护》白皮书。推介一批纪念建军90周年和抗战全面爆发80周年的优秀展览，支持中国人民革命军事博物馆举办纪念中国人民解放军建军90周年主题展览。服务“一带一路”倡议，赴意大利、斯里兰卡举办“海上丝绸之路”展，赴香港举办中哈吉三国“丝绸之路文物展”。

三、关于当前文物工作需要研究思考的几个问题

党的十八大以来，习近平总书记站在实现中华民族伟大复兴中国梦的战略高度，明确提出推进国家治理体系和治理能力现代化；站在弘扬中华优秀传统文化的战略高度，明确要求努力走出一条符合国情的文物保护利用之路。因此，广大文物工作者如何牢固树立“四个意识”，全面践行党中央赋予文物工作的新使命新任务，直接影响着事业发展和工作推进，这些亟须我们认真思考、深入研究、积极探索。

（一）关于落实文物安全责任

文物安全是文物工作的红线、底线和生命线。确保文物安全，下情上达是前提。发生文物案件后，一些文物管理机构、主管部门不按要求及时上报文物安全事故和违法犯罪案件。怕担责任，知情不报，是当前文物安全存在的突出问题。近三年国家文物局汇总各地案件的接报数远低于实际案件的发生数，三分之一的文物案件是由媒体曝光或群众举报并经查实的，这就是监管漏洞。北京明十三陵石刻文物被盗案具有典型性，正如习近平总书记所指出的，重要文物被盗一年多，管理单位隐瞒不报，主管部门毫不知情，实属不应该，可谓击中痛穴、振聋发聩。全国文物安全状况大排查行动正在推进，但工作进展、实施效果还是参差不齐。各地区各单位要引以为戒、高度警醒，带着责任细查，针对问题整改，打开“探照灯”，用好“显微镜”，增强解决文物安全问题的自觉性和主动性。

文物管理单位和主管部门作为看护者和监管者，其中一个基本职能就是及时发现和处理文物安全事故和违法犯罪信息，按照管理权限该上报的及时上报。如果这条底线都守不住，文物部门的存在就会受到公众的质疑。文物保护法律法规和规章制度，对文物案件上报的主体、程序和时限都有明确要求，务必严格执行。

为切实解决知情不报的监管漏洞，要健全落实文物安全责任制。坚持谁管理谁使用谁负责，落实文物管理使用者的直接责任，发生了文物安全事故和违法犯罪行为，做到第一

时间发现、第一时间上报、第一时间处置。坚持管业务必须管安全，强化基层文物部门的监管和巡查责任，做到及时发现问题、迅速上报情况。建立第三方文物安全抽查暗访监督机制，不打招呼、不预设对象，深入一线、实地检查。完善文物信息和舆情监测机制，对媒体报道和网络舆情反映的问题要迅速查实，该上报的逐级上报。坚持党政同责、一岗双责、齐抓共管、失职追责，推动地方政府履行文物安全属地管理的主体责任，建立文物安全案件事故追责问责机制，制定文物安全案件事故违法违纪处分办法。对知情不报的，进行公开曝光并向同级政府通报；对造成严重后果的，建议同级政府作出行政处理。

（二）关于推动落实文物保护政府责任

长期以来，我国文物工作实行属地管理，地方政府对文物保护承担着不可替代的重要角色。文物保护主体责任是政治责任、法定责任和历史责任，是地方政府职责所在、使命所系。习近平总书记强调各级党委和政府要树立保护文物也是政绩的科学理念，统筹好文物保护与经济社会发展。《国务院关于进一步加强文物工作的指导意见》提出地方人民政府要切实履行文物保护主体责任，依法履行管理和监督责任。《中华人民共和国文物保护法》规定“地方各级人民政府负责本行政区域内的文物保护工作”。地方有成功经验，西藏将自治区文物局独立设置、增设机构、增加编制；新疆每年投入2280万元野外文物保护单位看护人员补助经费，为475处自治区级以上文物保护单位和长城烽燧配齐950名看护员。实践证明，只有地方政府真重视真负责真行动，才能将文物保护主体责任落到实处，否则文物部门本事再大也无济于事。

建立文物保护督察制度，这是督促地方政府依法履行文物保护主体责任的重大制度性安排。借鉴中央环保督察经验，国家文物局将牵头组织全国文物安全工作部际联席会议成员单位，每年对各地文物安全和文物保护履职尽责情况开展一次督察评估，会同相关部门挂牌督办重大文物安全事故和重大违法犯罪案件。文物部门要在同级政府的领导和支持下，主动依法履行文物部门的监管责任，推动省级文物部门对市（州）政府、市级文物部门对县（区）政府的文物保护责任落实情况加大督察力度，将重大文物安全隐患、事故和违法犯罪案件列为地方政府督察事项，推动文物保护主体责任向基层延伸。完善国家文物局、省级文物部门与地方政府的重要政策、重要事项的信息共享和联合通报制度，完善重大事故、重大案件公开曝光和约谈地方政府负责人制度，实现文物保护管理由“部门作战”到“政府负责”的转变。

实行绩效考核和责任追究制度，这是督促地方政府依法履行文物保护主体责任的重大创新举措。要将文物保护纳入地方党委、政府领导班子和领导干部绩效考核评价指标体系，督促各级领导干部扛起文物保护主体责任，亲力亲为抓文物工作。动员千遍不如问责一次，要建立健全文物安全责任制度和文物保护责任终身追责制，把法律法规规定的文物保护职责全面列入各级政府责任清单，用足用好责任追究这一有效手段，要让有权必有责、有责要担当、失责必追究成为工作常态。

（三）关于深化文物领域“放管服”改革

总体而言，一方面文物领域“放管服”改革取得了积极成效，一方面文物部门在转职能、提效能方面还有很大空间。以文物行政审批事项为例，一是审批事项偏多，国家文物局正在实施的行政审批事项17项，在国务院有行政审批事项的61个部门中位居第16位；二是审批数量偏多；三是审批环节偏多、时间偏长。可见，文物领域“放管服”改革要按照国务院部署要求，真正做到审批更简、监管更强、服务更优，既亟须进一步做好简政放权的“减法”，又亟须善于做加强监管的“加法”和优化服务的“乘法”。2016年中央巡视组对国家文物局党组的专项巡视和2017年审计署对国家文物局的专项审计都指出了文物领域“放管服”改革存在的问题。这是一场刀刃向内的自我革命，重点要根据实际、敢于担当、迎难而上。

积极简政放权。按照责权利相统一的原则，进一步压减文物行政审批事项，国家文物局主要负责审批事关全局、面向全国的大事，像地下文物和水下文物考古发掘、文物出境、涉外考古审批；考古发掘和文物保护工程资质审批的必要性要研究论证；文物保护单位保护范围和建设控制地带的保护措施应坚持谁划定谁审批，强化权责一致；下放地方的审批事项，既要放得下，又要能接得住。地方文物部门也要不断把“放管服”改革推向纵深。为支持雄安新区建设，国家文物局将8项文物行政审批事项下放河北省文物局，进行改革试点。国家文物局和省文物局要善政必简，只有该简的简、该放的放，才能从日常事务性工作中解脱出来，有足够的时间精力抓大事、议长远、谋全局，做好该做的事、能做的事。

推行“双随机一公开”监管模式。完善并公布文物领域随机抽查事项清单，对文物保护法律法规明确的检查事项原则上都要实行随机抽查。建立文物领域“双随机一公开”保障机制，实施联动监管，结合信用监管，探索分类分级监管，逐步实现智能监管。强化文物领域随机检查结果运用，发挥信用监督、警示和惩戒作用，让失信者、违法者一处违规、处处受限。

加强标准建设。推进文物行政许可标准化，所有审批事项要有规范的标准，做到程序上简约、管理上精细、时限上明确。统筹规划文物行业标准体系，对文物资源的分类保护和对文物工作的精准管理出标准立规矩，用标准引导投入、加强监督、加强约束，从根本上减少管理的随意性。

（四）关于引导民间合法收藏文物

随着经济社会发展和文化消费需求增长，民间文物收藏活动日益成为社会各界广泛关注的热点。这也是一件社会各界广泛关注的难事，需要解决的问题很艰巨，都是“难啃的硬骨头”。2016年以来，国家文物局相继开展了文物市场和文物鉴定专题调研，召开了系列座谈会，各方反响良好。毋庸置疑，民间文物也是我国文物资源的重要组成部分，国家鼓励民间合法收藏文物，鼓励文物市场活跃有序发展，支持非国有博物馆发展。

抓凝聚社会共识。针对民间收藏热的持续升温，文物部门要将民间文物收藏纳入管理视野，充分听取业界心声，广泛凝聚各方共识，依照法律，根据实情，找出解决制约文物合法收藏、市场流通瓶颈问题的方法和举措，积极稳妥地出台相关法规政策，加强对民间收藏文物的引导和服务，进一步厘清政府与社会、市场的关系，进一步营造活跃有序、守信自律的文物市场环境，逐步建立符合国情的民间文物收藏和流通机制。

抓文物市场管理。落实文物拍卖企业全门类拍卖文物政策；放开互联网文物经营限制，支持取得资质的机构依法从事互联网文物经营活动；优化文物商店、文物拍卖企业从业条件，拓宽文物流通渠道。要加强对市场秩序的整治和监管，健全多部门协作监管机制，加强文物市场联合执法，推进综合监管，探索审慎监管。

抓文物鉴定服务。发挥国家文物鉴定委员会的积极作用，支持更多文物博物馆单位提供社会文物鉴定公益服务、建立预约服务制度，支持文物科研机构开展社会文物科技鉴定试点。研究制定民间收藏文物鉴定管理制度，支持相关社会组织制定并推广民间文物鉴定标准，发挥相关社会组织的行业自律作用，规范社会机构的文物鉴定行为。

抓配套措施。建立文物市场守法信用记录制度，完善文物市场守信激励、失信惩戒机制，让守信者处处受益，让失信者“寸步难行”。加强正面引导，倡导理性收藏理念，勇于在众说纷纭中主动发声，提示风险、澄清是非。

（五）关于整体谋划文物事业发展

近五年，党中央、国务院高度重视文物工作，习近平总书记对文物工作作出重要指示批示近40次，出席文物领域重大活动10多次，莅临文物博物馆单位考察指导20多次，这样的重视程度前所未有！文物事业发展正处在一个机遇和挑战并存、希望与压力同在的黄金发展期、矛盾凸显期，如果应势而谋，顺势而为，文物事业发展必将实现新的跨越。

加强文物事业的宏观思考，需要进一步增强“三种理念”：一是共识，国家文物局和省文物局要实现由“办文物”向“管文物”、由微观管理向宏观管理、由部门管理向行业管理的实质性转变。二是胸怀，要打破“一亩三分地”的思维定式，以“功成不必在我、建功必须有我”的境界，胸怀大局、着眼大事，积极应对、谋划在前。三是勇气，要强化责任担当和改革自觉，我们宁可牺牲在冲锋前进的路上，也不能未与敌人交手就缴械投降。我觉得最急迫和最难做的问题是，文物部门要在全面深化改革上有所作为、在社会关注热点问题上有所突破，而不能抱着“鸵鸟心态”，得过且过，被动等着问题来了再解决，也不能把矛盾和问题留给未来。加强文物安全、落实政府责任和引导民间收藏、促进非国有博物馆发展，同样亟须强化顶层设计、注重统筹协调。

统筹文物事业的整体谋划，需要进一步厘清“四个关系”：一是中央和地方政府的关系，推进各级政府文物事权规范化法律化，明晰各级政府文物保护的权力清单和责任清单；二是国家文物局与地方文物局的关系，明确不同层级文物部门的职能定位和责任清单，国家文物局要加强法制建设，加强宏观管理，加强督察监管，重点是管导向、管政策、管评价、管引导，省级文物部门既要发挥上传下达的枢纽作用，也要负起监管责任，提升管理能力，加强服务意识；三是文物部门与相关部门的关系，形成部门间各司其职、各负其责、联动配合、齐抓共管的工作机制；四是政府主导和社会参与的关系，广泛动员社会力量参与文物保护利用，充分发挥党委统揽全局、政府主导、社会参与的制度优势，构建文物保护利用新格局。

做好文物事业的顶层设计，需要进一步推进“五个统筹”：一是增强大局意识，统筹好文物工作与经济社会发展，提升文物工作在党和国家工作全局中的地位作用；二是增强法治意识，统筹好全面深化改革与《中华人民共和国文物保护法》修订，坚持依法行政，坚持重大改革于法有据；三是增强制度意识，统筹好文物保护基础性制度建设与政策标准制定，形成系统完备、科学规范、运行有效的文物保护利用制度体系；四是增强创新意识，统筹好顶层设计与基层探索互动，鼓励不同地区进行差别化试点，及时总结推广改革经验；五是增强能力意识，统筹好整体推进与重点突破，切实提高抓大事的能力，努力实现文物事业治理能力现代化。

围绕探索符合国情的文物保护利用之路，注重整体谋划，全面深化改革，文物工作中还有许多值得探讨研究的理论和实践问题，希望同志们善于思考、开展调研、提出建议、共同推进。

国家文物局局长刘玉珠在符合国情的文物保护利用之路研讨会上的讲话

（2017年9月15日）

今天，来自各个方面的嘉宾齐聚北京，深入学习领会习近平总书记关于文物工作系列重要论述，共同研讨符合国情的文物保护利用之路，交流体会，凝聚共识，建言献策，推进工作，以优异成绩迎接党的十九大胜利召开，非常必要、很有意义。在此，我谨代表国家文物局，向参加会议的各位嘉宾表示热烈欢迎！向长期以来关心支持文物工作的社会各界表示衷心感谢！

党的十八大以来，习近平总书记站在实现中华民族伟大复兴中国梦战略高度，围绕“努力走出一条符合国情的文物保护利用之路”这一重大主题，就传承中华优秀传统文化、切实加强文物工作发表了系列重要论述，做出了系列重要指示批示，提出了系列新思想新观点新要求，内涵丰富、思想深邃，贯穿着坚定文化自信、历史担当意识、务实思想方法。我认为，可以从以下五个方面进一步加深对符合国情的文物保护利用之路的理解。

一是深刻认识文物资源的重要价值。文物是精神标识，是国家名片。习近平总书记明确指出，文物承载灿烂文明，传承历史文化，维系民族精神；历史文化遗产是一张金名片；让人们通过文物承载的历史信息，记得起历史沧桑，看得见岁月留痕，留得住文化根脉，增强做中国人的骨气和底气，坚定全体人民振兴中华、实现中国梦的信心和决心。

二是全面把握文物保护的基本要求。保护是前提，是基础。习近平总书记明确要求，秉持正确的古城保护理念，处理好历史文化和现实生活、保护和利用的关系，做到城市保护与有机更新相衔接；切实完善政策举措，加大工作力度，依法严格保护；修旧如旧，保留原貌，防止建设性破坏；要加强古代遗址的有效保护，有重点地进行系统考古发掘，不断加深对中华文明悠久历史和宝贵价值的认识。

三是大力推进文物合理适度利用。习近平总书记坚持创造性转化和创新性发展的方法论，围绕治国理政、以文化人、展示国家形象的时代需要，多次强调对历史文化要注重发掘和利用，溯到源、找到根、寻到魂，找准历史和现实的结合点，深入挖掘历史文化中的价值理念、道德规范、治国智慧；要让文物活起来，让历史说话，让文物说话；文明因交流而多彩，文明因互鉴而丰富。

四是努力发挥博物馆的文化传承作用。博物馆是大学校，是文明殿堂。习近平总书记特别强调，中国各类博物馆不仅是中国历史的保存者和记录者，也是当代中国人民为实现中华民族伟大复兴的中国梦而奋斗的见证者和参与者；搞历史博物展览为的是见证历史、以史鉴今、启迪后人；建红色纪念设施要恰当，不要贪大求洋。

五是严格履行文物保护的法定责任。保护文物功在当代，利在千秋。习近平总书记明确指示，各级党委和政府要树立保护文物也是政绩的科学理念，不辱使命，守土尽责，广泛动员社会力量参与，努力走出一条符合国情的文物保护利用之路；强化主体责任，加强协同配合，完善安保措施，堵住监管漏洞，严打文物犯罪，对失职渎职行为严肃问责，切实把老祖宗留下的宝贵遗产管理好、守护好。

习近平总书记关于文物工作系列重要论述，是对文物的资源禀赋、工作特点、保护实践、利用需求、发展路径的新认识，是对符合国情的文物保护利用之路的新阐释，是习近平总书记治国理政新理念新思想新战略在文物领域的具体体现，既管发展大局之“总”，又管实际工作之“用”，具有很强的针对性、系统性、思想性、指导性。这些重要论述，是对文物保护利用规律的科学把握，是对文物工作提出的更高要求，已经成为有力指导和推动党的十八大以来中国特色文物事业改革发展的基本遵循。

这五年，在党中央、国务院的坚强领导和各部门各地方的大力支持下，我们在新中国成立特别是改革开放以来文物事业既往成就的基础上，通过一系列重大政策的出台、一系列重大举措的推出、一系列重大工作的推进，抓主抓重、砥砺奋进。“努力走出一条符合国情的文物保护利用之路”正在从理念转化为行动，保护利用取得丰硕成果。

——这是保护共识不断深化的五年。党中央统揽全局、擘画有道，知行合一、率先垂范；国务院全面部署、完善政策，召开全国文物工作会议，施行《博物馆条例》，发布《关于进一步加强文物工作的指导意见》，制定《关于进一步加强文物安全工作的实施意见》。地方党委政府积极跟进、紧抓落实，30个省份和新疆生产建设兵团召开全省文物工作会议，28个省份和新疆生产建设兵团印发《关于进一步加强文物工作的实施意见》。党政主要负责同志亲力亲为抓文物工作是“大众版”，政府主导、部门协作、社会参与的文物保护格局日渐形成。

——这是保护状况不断改善的五年。全国文物家底基本摸清，不可移动文物76.67万处，可移动文物1.08亿件/套。全国重点文物保护单位保护状况良好，省级、市县级文物保护单位保护状况大为改善，一般不可移动文物保护得到加强。加强长城、大运河、抗战和长征文物保护，实施儒学遗产保护利用工程。馆藏文物展示保存条件全面升级，可移动文物修复取得新进展，博物馆藏品预防性保护实现突破。文物保护由注重抢救性保护向抢救性与预防性保护、文物本体和周边环境保护并重转变。

——这是文物工作更好融入经济社会发展的五年。主动服务国家大局，申报世界文化遗产、援外文物保护工程和境外合作考古项目成为文化领域“一带一路”建设的重要早期收获，“丝绸之路：长安—天山廊道的路网”项目和厦门“鼓浪屿·历史国际社区”成功申遗，中国文物保护机构在“一带一路”沿线5个国家实施援外文物保护工程，和15个国家开展合作考古项目；做好北京城市副中心、河北雄安新区文物保护与考古勘探工作，实施冬奥会区域文物保护工程；完成南水北调工程文物保护工作，开展考古中国重大研究工程。文物工作服务经济社会发展的能力进一步增强，文物工作助推新型城镇化和美丽乡村建设的潜力进一步释放。

——这是让文物活起来不断拓展的五年。博物馆体系日臻完善，公共服务覆盖面持续扩大；全国博物馆4873家，年均接待观众9亿人次。弘扬中华优秀传统文化和培育社会主义核心价值观，纪念抗战胜利70周年、建党95周年、红军长征胜利80周年、建军90周年主题精品展览取得良好反响。“互联网+中华文明”三年行动计划有序推进，文博创意产品开发方兴未艾。文物进出境展览受到国家元首的高度重视和普通民众的广泛关注，日益成为丰富文化外交、推动文化对话的“重头戏”，文物出境展览日益成为中华文化的重要传播者。文物领域国际合作逐步深化，与20个国家签署关于防止盗窃盗掘和非法进出境文化财产双边协定，与34个国家签署政府部门间合作谅解备忘录。出台《关于进一步推动非国有博物馆发展的意见》，培育活跃有序、守信自律的文物市场。

——这是保护能力不断提升的五年。文物保护法律制度体系基本形成，文物保护标准框架基本搭建。文物法人违法案件专项整治行动和长城执法专项督察取得成效，公开曝光文物违法犯罪典型案件和文物安全重大事故成为常态，全国文物安全大排查、打击文物犯罪专项行动和文物流通市场专项整顿正在推进，文物安全严峻形势有所好转。文物保护科技含量明显提升，文博人才队伍渐趋优化。

五年的生动实践表明，符合国情的文物保护利用之路已经迈出坚实步伐。党的十九大即将召开，我国文物事业也将站在新的发展起点上。我们要乘势而上、顺势而为，推动文物保护利用之路行稳致远、再上新台阶。这里，我谈几点看法，与大家交流。

一要致力于将文物保护利用之路建成法治之路。全面推进文物工作法治化，推动文物保护法律法规修改完善，鼓励制定文物保护地方性法规，加快建设系统完备、科学规范、运行有效的文物保护利用法律制度体系；加强重大文物政策理论研究，出台切实管用的政策措施，为文物事业改革发展提供坚实的法制保障。坚持依法行政，加强文物执法督察。

二要致力于将文物保护利用之路建成开放之路。推动文物保护单位尽可能开放，完善博物馆免费开放机制，突出青少年教育，服务社会主义核心价值观培育。面向社会平等开放文物资源，释明社会力量参与文物保护利用的法律规制、政策边界和各方权益，找准支持政策和优先领域的契合点，消除“准入不准营”的障碍，保障社会参与的权利平等、机会平等、规则平等。坚持发挥党委总揽全局、政府主导、社会参与的制度优势，形成共建共享的文物工作新格局。

三要致力于将文物保护利用之路建成创新之路。全面深化文物领域“放管服”改革，更多采用取消、备案、告知承诺、标准规范方式，推进“双随机一公开”检查，真正做到审批更简、监管更强、服务更优。支持地方对市县级文物保护单位和一般不可移动文物保护进行保护利用改革试点，鼓励市民和村民就近守护身边文物。鼓励不同区域进行文物保护利用差别化试点，试行文物合理利用负面清单和大遗址相容性利用制度，探索传统村落和省级文物保护单位以下文物建筑的外部风貌整体保护和内部有机更新利用相结合，使文物保护利用成果更多惠及人民群众。加强民间文物收藏管理政策调研和制度设计，出台关于鼓励和规范民间文物收藏活动的指导意见，指导相关社会组织编制民间文物鉴定办法或标准，为鼓励民间合法收藏文物、促进文物市场活跃有序发展提供政策保障。

四要致力于将文物保护利用之路建成尽责之路。推动地方政府依法落实文物保护主体责任，健全文物保护督察制度、绩效考核和责任追究制度，促成文物保护责任向基层延伸。加强分类指导和精准管理，提高抓大事能力，努力实现文物事业治理能力现代化。提升全体国民特别是青少年的文物保护意识，让珍爱文物、保护文物逐步成为文化自觉和道德自律。

五要致力于将文物保护利用之路建成发展之路。坚持在保护中发展、在发展中保护，推动文物保护与公共服务、国民教育相结合，与全域旅游、产业发展相结合，与脱贫攻坚、民生改善相结合，为文化传承、经济发展和社会进步作出新贡献。建设“一带一路”文化遗产长廊，积极参与文化遗产保护国际行动，为推动中华文化走出去、促进中外人文交流作出新贡献。

深入学习贯彻习近平总书记关于文物工作系列重要论述精神，努力走出一条符合国情的文物保护利用之路，是一项不忘初心、继续前进的长期任务。研讨符合国情的文物保护利用之路，有三个维度十分重要：一是要将其放在实现中华民族伟大复兴中国梦的历史进程中来看，深入研究社会主义初级阶段这个最大国情及城镇化快速发展给文物工作带来的影响；二是要将其放在建设社会主义文化强国和文化遗产强国的历史进程中来看，深入研究文物资源大国这个基本国情及文物事业发展面临的机遇与挑战；三是要将其放在国际文化遗产保护的发展趋势中来看，深入研究人类命运共同体这个共赢理念及文明交流互鉴的规律。走出一条符合国情的文物保护利用之路，文物工作中还有许多值得探讨研究的理论和实践问题。期待大家聚焦问题，活跃思维，畅所欲言，集思广益。

预祝符合国情的文物保护利用之路研讨会圆满成功！

国家文物局局长刘玉珠在第四届世界互联网大会“包容互鉴：网上文化交流共享”论坛上的致辞

（2017年12月4日）

非常荣幸参加第四届世界互联网大会的“包容互鉴：网上文化交流共享”论坛，非常高兴与各位互联网大咖、嘉宾交流工作、分享经验、探讨合作。衷心感谢社会各界对文物工作的关注、参与和支持。

互联网是我们这个时代最具发展活力的新生领域，文物是我们这个星球最富传承价值的珍贵财富。让“互联网+中华文明”相亲相爱琴瑟和鸣，让文化遗产深度融入现代生活，让中华文化展现永久魅力和时代风采，助力实现中华民族伟大复兴中国梦。这是我们的愿景，更是我们的使命。今天，我怀着期待之心境和拥抱之姿态，努力当好三个角色：推销员+讲解员+红娘，为大家送发展机会、讲鼓励政策、牵合作红线。希望对在座诸位都能有所收获、有所裨益。

世界因互联网而更多彩，生活因互联网而更丰富。毋庸置疑，一方面以互联网为代表的信息技术日新月异，引领了社会生产新变革，创造了人类生活新空间；另一方面互联网行业竞争日趋激烈，大家都在寻找“互联网+”的下一个风口在哪。“互联网+中华文明”有希望成为这样一个风口，这是大有可为、前程似锦的广阔蓝海。为什么呢？有三个理由：一是资源禀赋独特。中国是世界文明古国和文化遗产大国，具有无比深厚的历史底蕴，文物资源丰富多彩，其中普查登记不可移动文物76.7万处和可移动文物1.08亿件/套，世界遗产52处，全国博物馆4873家。从蜿蜒万里的壮美长城到小家碧玉的苏州园林，从世人称奇的秦俑到域外珍品的法门寺琉璃器，这些国之瑰宝都拥有无与伦比的社会价值和文明密码。二是发展潜力巨大。中国正在实施网络强国战略、国家大数据战略和“互联网+”行动计划，发展积极向上的网络文化，拓展网络经济空间，促进互联网和经济社会融合发展。文物领域也将“数字创新”作为优先领域，再加上文物领域的互联网技术应用尚处于起步阶段、亟须加快推进。三是消费需求旺盛。中国有13亿多人口，人民收入稳步增加，消费日益多样化，成为世界最具成长性的大市场。今年夏天，《千里江山图》甫一开展，“排队三小时，观展五分钟”的“故宫跑”重现，就折射出文物所蕴含的恒久魅力。与此同时，中国正在走向世界中央，国际社会对创造“中国奇迹”的中华文化之兴趣与日俱增。中国历史如何塑造今天的中国？中国历史进程有何连续性？历史文化在中国道路中发挥什么作用？文明使者在更大更广的国际舞台上如何绽放光彩？这些都为各方创新合作带来了前所未有的良好机遇，值得深度挖掘、增值开发。更为重要的是，社会力量参与文物保护利用，完全可以彰显社会责任，提升企业形象和品牌价值。腾讯集团和中国文物保护基金会携手开展的长城保护公募活动，就是文博领域“互联网+公益”的全新探索，社会反响良好。

新时代以来，中国文物部门高度重视、大力支持“互联网+”，注重用政策的引导和市场的思维培育“互联网+”，“互联网+中华文明”的创新态势持续向好，各领域务实合作渐次开花：一是配套政策形成“组合拳”，国务院办公厅转发《关于推动文化文物单位文化创意产品开发的若干意见》，国家文物局、国家发展改革委、科技部、工信部、财政部出台《“互联网+中华文明”三年行动计划》，国家文物局印发《关于促进文物合理利用的若干意见》。二是设立鼓励引导资金，将“互联网+中华文明”项目纳入文化产业发展专项资金支持范围，中央财政国家重点文物保护专项资金支持开展国家级的不可移动文物数字化勘测展示和可移动文物数字化保护展示，制定《“互联网+中华文明”专项资金管理暂行办法》。三是实施一批示范项目，公布首批92家博物馆文创产品开发试点单位，确定69个项目为2017年度“互联网+中华文明”示范项目，开展“互联网+中华文明”示范基地建设和传承发展示范区试点。四是举办宣传推广活动，举办博物馆及相关产品与技术博览会（四川成都）、全国文博单位文化创意产品联展和国际文物博物馆版权交易博览会（广东广州），参与美国拉斯维加斯国际品牌授权展、德国法兰克福国际文具及办公用品展、中国义乌文化产品交易博览会、香港文交会、上海国际品牌授权展、中国品牌授权国际高峰论坛，推介中国文博创意产品。五是加强人才培训，举办“互联网+中华文明”、文化创意产业、文博授权培训班。

党的十九大对中国未来发展制定了宏伟蓝图，明确要求建设网络强国、数字中国、智慧社会；加强文物保护利用和文化遗产保护传承；坚定文化自信，坚持创造性转化、创新性发展，不断铸就中华文化新辉煌。这将给“互联网+中华文明”、给各方合作提供更多机遇和更广空间。让“互联网+中华文明”相互促进、更好成长、根深叶茂，旨在将互联网的创新成果与中华传统文化的传承、创新与发展深度融合，深入挖掘和创新阐释文物蕴含的历史、艺术、科学价值和时代精神，丰富文化供给，促进文化消费，形成更广泛的以互联网为基础设施和创新要素的文物合理利用新形态，彰显中华文明的独特魅力。为此，我愿提出几点具体建议：

搭建对话平台。希望推动世界互联网大会文化论坛逐步建成一个开放包容的对话平台和发展平台，坚持共商共建共享原则，各方都是平等的参与者、贡献者、受益者。推动“互联网+中华文明”逐步建立部门—企业高级别对话交流机制，搭建多层次机制性交流平台，把文化遗产论坛办成跨国家跨区域跨行业对话协商和友好合作的创新典范。欢迎并邀请各界人士积极参与博物馆及相关产品与技术博览会、国际文物博物馆版权交易博览会和丝绸之路文化遗产国际论坛（甘肃敦煌），搭建更多合作平台，开辟更多合作渠道，落实更多合作项目。

促进开放合作。推进“互联网+”文物领域开放合作，丰富开放内涵，提高开放水平，搭建更多沟通合作平台，创造更多利益契合点、合作增长点、共赢新亮点，推动彼此在网络空间优势互补、共同发展，让更多文博单位和人民搭乘信息时代的快车、共享“互联网+”文物保护利用成果。一个更加开放、更加创新的文物领域，不仅会惠及十几亿中国人民，也必将给互联网领域提供更多市场、增长、投资、合作机遇。

加强项目对接。秉持共商共建共享的原则，以大数据、渠道整合与跨界创意为重点，找准支持政策和优先领域的契合点，构建共同参与、各获其利的产业链、价值链、创新链。加强基础设施合作，建设“互联网+中华文明”信息共享平台和文物大数据服务平台建设，构建文物领域互联互通网络，让信息资源充分涌流。推动实施一批文博领域互联互通旗舰项目和示范项目，打造融合度更深、带动力更强、受益面更广的产业链、价值链、产品链，形成示范效应。深入实施“互联网+中华文明”三年行动计划，促进互联网的创新成果与中华优秀传统文化的传承发展深度融合，支持各方力量利用文物资源开发文化创意产品，丰富文化供给，促进文化消费。

打造网上文化交流共享平台。互联网是传播中华文化、弘扬正能量的重要载体。推动通过互联网架设国际交流桥梁，用多赢合作的实际成果促进思想交流、文明对话、民心相通。发挥互联网传播平台优势，让各国人民了解中华优秀文化，让中国人民了解各国优秀文化，共同推动网络文化繁荣发展，丰富人们精神世界，促进人类文明进步。

放宽市场准入。全面推行文物行政许可标准化，真正做到审批更简、监管更强、服务更优。推进社会参与文物保护利用便利化，逐步实行“互联网+文物”准入前国民待遇加负面清单管理制度，制定关于鼓励社会资本参与文物保护利用政策性文件，面向社会平等开放文物资源，释明社会力量参与文物保护利用的法律规制、政策边界和各方权益，消除“准入不准营”的隐形障碍，努力实现自主进入市场、市场配置要素、社会平等参与。

我们正处于坚持以人民为中心的改革发展伟大时代。从惠及万家的群众喜好到方兴未艾的城乡一体化、影响深远的国家战略，“互联网+中华文明”都能够成为“助推器”和正能量。每一件文物，都凝结着历史的烙印、跳动着文化的脉搏；每一件文物，都维系着民族的精神、彰显着国家的尊严；每一件文物，都寄托着百姓的牵挂、凝聚着民众的关注。让“互联网+文物”活起来，定会深入人心、蔚然大观，定会谱写互联网发展、社会进步与文物保护、文明传承交相辉映的美好篇章。衷心希望和热烈欢迎各位互联网大咖、朋友积极参与、相向而行、稳步拓展、共同受益。

预祝“包容互鉴：网上文化交流共享”论坛圆满成功！

国家文物局局长刘玉珠在2017海峡两岸暨香港、澳门互联网发展论坛上的讲话

（2017年12月4日）

今天来自海峡两岸及香港、澳门的各界人士相聚在美丽的乌镇，共话互联网的创新发展，共襄“互联网+”中华民族交流合作的愿景，首先我谨代表国家文物局对港澳台访问团各位嘉宾表示热烈的欢迎，对长期以来致力于内地与港澳、大陆与台湾文物交流合作的各界朋友表示衷心的感谢。

上个星期，我刚刚率团访问了港澳，今天结识了不少的新朋友，也再次见到不少老朋友，感到十分亲切。我们经常性面对面交流，探讨合作，这对“心相通 · 智相连 · 赢未来”非常有意义。

文物资源是中华民族一脉相承的精神标识，是中华同胞情感维系的丰富滋养，也是内地与港澳，大陆与台湾同祖、同源的见证，有利于坚定文化自信，传承中华文化；有利于增强对中华文化、中华民族和伟大祖国的认同，扩大交流、交融；有利于凝聚“中华民族一家亲，同心共筑中国梦”的共识，促进融合发展。

“十二五”以来，特别是新时代以来，内地与港澳，大陆与台湾以弘扬中华文化为主题，以互动交流为纽带，文物领域的交流合作继续保持良好的态势，表现在：

一是文物的展览亮点纷呈。内地赴港澳和大陆赴台湾展览130次，港澳和台湾来大陆展览50次，“世界遗产丝路展”和“西部大国文化特展”成为庆祝香港回归20周年和澳门回归15周年的文化盛宴，成就两岸交流的佳话。

二是人员的交往持续密切。港澳赴内地、台湾赴大陆文化交流人员累计2000人次，内地赴港澳、大陆赴台湾文物交流累计1000多人次。

三是两岸暨港澳文物部门开展直接交流、学术交流不断深入。两岸暨港澳博物馆、文物保护机构逐步密切交流合作，双向开展参访讲学研讨研修，策划策展创意保护研究，轮流举办。

四是专题活动有声有色。开展了两岸文物交流20周年纪念活动，两岸故宫的交流活动。

五是机制性建设实现突破。内地与港澳相继签署文化遗产领域的谅解备忘录和更紧密的安排协议书，文化遗产论坛、文化联谊成为两岸暨港澳常态文物的交流机制。中共十九大勾画了推动中华文化繁荣兴盛，共创中华民族伟大复兴的未来蓝图，中华文化是两岸暨港澳的最大公约数，中华文博届可以秉承开放情怀和担当意识，加强文物保护利用和文化遗产传承，促进“互联网+中华文明”协同创新，为共同弘扬中华文化，促进心灵结合，共担民族复兴的历史责任而贡献积极力量。

为此，我提出五点建议：

一是坚守文化认同。愿以增强中华文化认同为基础，充分展现中华文化的永久魅力和时代风采，坚持创造性转化，创新性发展，让文化遗产融入现代生活。愿以提升中华文化国际传播能力为依托，推动中华文化走出去，活跃中外的人文交流。

二是加强战略对接。中华文博界可在奋力实现中华民族伟大复兴的中国梦的总体框架下，紧密结合决胜全面建成小康社会，全面建成现代化国家的新征程，紧密结合实现共建“一带一路”的倡议，紧密结合推进网络强国战略，建设智慧社会，为各方务实合作谋划大方向和路线图，为文博机构交流、社会力量参与、中华文化振兴带来更多、更好的利益。

三是要优化对话平台。依托互联网发展论坛、经贸文化论坛、文化遗产论坛、文化产业博览会，建立更具特色、更有活力的两岸和港澳文物对话平台，研讨保护问题，推进深度合作，建立高级别的交流机制。

四是提升合作时效。落实内地与港澳文化遗产领域交流与合作更紧密安排协议书，建立年度工作组和交流机制，支持两岸文物交流框架，推动两岸暨港澳博物馆建立文物藏品资源共享、来去自由的制度安排，早日畅通台湾文物精品来大陆展览渠道。注重面向港澳台青少年和普通民众开展文物的参访活动，让港澳台同胞更多地到内地走走、看看。建立对港澳台文物交流多渠道形式的社会参与模式，支持与港澳台文物部门开展世界文化遗产申报和保护合作，欢迎港澳台文物保护机构参与海上丝绸之路保护与研究和对外文化交流援助工程。

五是要建立“互联网+中华文明”共建、共享机制。在海峡暨港澳“文物+互联网”行业，推进互联网创新成果与文物保护利用有机融合的基础上，分享“互联网+中华文明”新业态的孵化经验，推动两岸暨港澳互联网文化产业对接，丰富文物创业产品，发挥互联网传播平台优势，共建“互联网+中华文明”网上交流平台，更好地促进思想交流和民心相通，更好地促进中华文化传播和中外文明交流互鉴。

预祝2017年海峡两岸暨香港、澳门互联网发展论坛取得圆满成功。

以习近平新时代中国特色社会主义思想为指导 努力开创新时代文物工作新局面

——国家文物局局长刘玉珠在全国文物局长会议上的工作报告

（2018年1月12日）

今天，我们在美丽的杭州召开全国文物局长会议，会议主题是以习近平新时代中国特色社会主义思想为指导，深入学习贯彻党的十九大精神，总结2017年工作，部署2018年任务，不忘初心、牢记使命，改革创新，攻坚克难，努力开创新时代文物工作新局面。

刚才，雒树刚部长做了重要讲话，对做好2018年文物工作提出了明确要求。我们要结合文物工作实际，切实抓好贯彻落实。下面，我代表国家文物局讲几点意见。

一、2017年文物工作

2017年是我国文物事业发展极为重要的一年。党的十九大将坚持社会主义核心价值体系纳入新时代坚持和发展中国特色社会主义的基本方略，将坚定文化自信的重要性提升到一个新高度，既对文化建设进行了全面部署，也对文物工作提出了新要求，明确强调坚定文化自信，推动社会主义文化繁荣兴盛；推动中华优秀传统文化创造性转化、创新性发展，继承革命文化，发展社会主义先进文化，更好构筑中国精神、中国价值、中国力量；深入挖掘中华优秀传统文化蕴含的思想观念、人文精神、道德规范，让中华文化展现出永久魅力和时代风采；加强文物保护利用和文化遗产保护传承。特别是十九大胜利闭幕不久，习近平总书记带领中共中央政治局常委赴上海瞻仰中共一大会址、赴浙江嘉兴瞻仰南湖红船，对广大文物工作者来说，既是鼓励更是鞭策。

一年来，习近平总书记对文物工作作出重要指示批示10次，出席文物领域重要活动8次，莅临文物博物馆单位考察调研12次。李克强总理也对文物工作多次作出重要批示。中共中央办公厅、国务院办公厅出台《关于实施中华优秀传统文化传承发展工程的意见》，明确要求国家文物局牵头实施革命文物保护利用工程。全国人大常委会听取审议国务院关于文化遗产工作情况的报告。全国文物安全电视电话会议在京召开，刘延东、郭声琨同志出席会议并讲话，国务院办公厅印发《关于进一步加强文物安全工作的实施意见》，对提升文物安全管理能力进行整体部署。全国文物系统认真贯彻落实党中央、国务院决策部署，落实保护责任，强化安全意识，抓主抓重、砥砺前行，不断推动文物工作取得新成效、文物事业取得新进步。

（一）学习贯彻习近平新时代中国特色社会主义思想和党的十九大精神，坚决落实习近平总书记重要指示批示

认真开展学习贯彻十九大精神活动。开展畅谈十八大以来变化、展望十九大胜利召开

系列活动，举办“砥砺奋进的五年”十八大以来文物事业发展成就展览和“辉煌五年——党的十八大以来文物工作巡礼”主题宣传，为迎接十九大胜利召开营造良好氛围。精心组织学习贯彻习近平新时代中国特色社会主义思想和十九大精神的学习会、培训班、宣讲活动、座谈会，在《中国文物报》和国家文物局网站集中刊发各地各单位学习十九大精神体会系列文章，迅速掀起全国文物系统学习宣传贯彻十九大精神热潮，用十九大精神统一思想、指导实践。

深入贯彻习近平总书记重要指示批示精神。围绕落实习近平总书记关于文物安全工作重要指示，坚持问题导向，狠抓隐患排查，狠抓专项整治，狠抓执法督察，强化部门联动，抓紧抓实文物安全隐患大整改。部署雄安新区建设中的考古和文物保护工作，完成雄安新区核心起步区考古勘探100平方公里和中期发展区考古调查200平方公里。落实北京城市副中心文物保护措施，启动通州汉代路县故城遗址公园建设前期工作。推进冬奥会区域文物保护展示工程，张家口奥运村内太子城遗址考古发掘获得重要发现。召开大运河文化带建设工作座谈会，完成大运河文化带文物保护利用专题研究报告；北京市完成大运河文化带保护建设方案。编制长城保护总体规划，规范长城维修工程施工事项；开展长城执法专项督察“回头看”，14个省份实现长城保护员全覆盖，内蒙古、辽宁建立省级长城保护专门机构，内蒙古将长城保护纳入政府考核体系。编制南海水下文化遗产保护规划，实施南海海域水下考古调查项目，与中国海警局印发《关于进一步加强南海水下文物保护执法工作的通知》。“鼓浪屿：历史国际社区”成功申遗，“世界文化遗产图片展”闪亮2017年金砖国家领导人厦门峰会。举办文化遗产与文明交流互鉴座谈会和符合国情的文物保护利用之路研讨会，国家社科基金重大项目“符合国情的文物保护利用之路研究”获得立项。

持续落实《国务院关于进一步加强文物工作的指导意见》。文化部、国家文物局及相关部门加强协作，形成合力，出台配套文件近20个，推动《指导意见》落地实施。地方党委、政府加大支持、紧抓落实，28个省份和新疆生产建设兵团的党政主要负责同志亲自抓文物工作、提出要求，30个省份召开全省（区、市）文物工作会议，31个省份和新疆生产建设兵团全部出台《关于进一步加强文物工作的实施意见》，其重视程度在我国文物工作历史上前所未有。新疆每年增设2280万元野外文物保护单位看护人员补助经费，为475处自治区级以上文物保护单位和长城遗址配齐950名看护员；有文物的市县实现文物保护机构全覆盖。湖南省初步实现将文物安全工作纳入省、市、县三级政绩考核体系全覆盖，云南省对“州市党政领导班子综合考核评价定量指标”和“县（市、区）委书记工作实绩量化考核指标”增设文化遗产保护情况考核指标。

（二）全面从严治党取得新成效

落实《关于新形势下党内政治生活的若干准则》《中国共产党党内监督条例》，制定《国家文物局党组意识形态工作责任制实施细则》，修订《国家文物局党组进一步贯彻执行中央八项规定精神实施意见》。加强国家文物局系统党的建设，推进“两学一做”学习教育常态化制度化，举办国家文物局系统基层党支部书记培训班，实现国家文物局主管的社会组织党建工作全覆盖。持续落实中央专项巡视反馈意见整改措施，切实整改2016年度中央预算执行和其他财政收支审计专项问题，成立国家文物局党组巡视工作领导小组及办公室。如期收回文博大厦管理权，完成相关移交工作。贯彻新时期好干部标准，完善干部选人用人制度，进一步规范领导干部选拔任用、交流轮岗、档案管理等工作规定。进一步规范办文办会办事程序，加强机关作风建设，打造忠诚干净担当的干部队伍。

（三）全力以赴打好文物安全治理攻坚战

认真汲取明十三陵思陵石刻文物被盗案深刻教训。文化部、国家文物局主要负责同志第一时间实地督察、指导整改。开展全国文博单位文物安全警示教育，坚决克服麻痹思想和侥幸心理。北京市直面问题抓整改、从严从细补短板，破获明十三陵思陵石刻文物被盗案并追回被盗文物，实施明十三陵文物安防系统升级改造工程，对明十三陵石刻文物被盗案涉及的17名相关责任人员进行严肃追责。

专项整治行动有力有效。全面完成全国文物安全状况大排查行动，累计排查各级各类文博单位23万多个，发现各类文物安全隐患和管理问题2.1万多处，已立行立改的1万处，实现大排查全覆盖各级文物部门、文物保护单位、博物馆和文物收藏单位；与多部门组成11个文物安全督察组对全国文物安全状况进行实地检查、抽查，实现大督察全覆盖31个省份所有市县。持续推进文物法人违法案件专项整治行动，指导各地查处文物法人违法案件314起，178名相关责任人受到党纪政纪处分。公开曝光一批文物违法犯罪典型案件和文物安全重大事故，约谈地方政府负责人11次。继续实施文物平安工程，中央财政全年投入20亿元，支持近千个全国重点文物保护单位安消防项目。打击文物犯罪专项行动取得重要成果，全国公安机关重拳出击、连续作战，侦破一批重大文物犯罪案件，打掉上百个文物犯罪团伙，抓获近千名文物犯罪嫌疑人，缴获上万件涉案文物；其中陕西淳化“7·20”系列盗掘古墓葬案，地跨5省16个地市，涉及8个文物犯罪团伙96起案件，抓获犯罪嫌疑人100名，追回被盗文物1200余件。公安部发出A级通缉令，公开通缉两批20名重大文物犯罪在逃人员，已经到案15名。中国被盗（丢失）文物信息发布平台建成运行，已发布200余条被盗文物信息。文物安全监管机制不断完善。参与国务院2016年度省级政府消防考核和2017年度全国文明城市测评工作，推动地方政府落实文物安全责任。与公安部召开全国文物消防安全工作视频会议，试行文物建筑电气防火导则。全年督办5起全国重点文物保护单位火灾事故，23名相关责任人受到严肃处理。争取中央编办为国家文物局增加行政编制6人，加强执法督察力量。河北建立重大隐患挂牌督办和约谈制度；山西出台《文物安全十项规定》；山东在文明城市测评中对发生重大文物违法案件的城市实施一票否决制；上海建立文物保护监督巡查志愿者制度；湖北制定《文物安全管理办法》，建立省级文物督察制度，实现各市县文物督察全覆盖。

（四）文物领域“放管服”改革深入推进

文物行政审批事项改革取得阶段性成果。国家文物局取消下放文物行政审批事项共计10项，精简占比达到38%；取消3项中介服务事项、2项职业资格许可事项和7项中央指定地方实施审批事项。编制国家文物局行政许可事项服务指南和工作细则，公布国家文物局随机抽查事项清单和工作细则，推行“双随机一公开”监管方式。规范文物出境许可，取消文物商店售前审核，废止文物拍卖企业年审办法，会商海关简化文物进境展览手续。

文物保护工程项目审批制度改革继续推进。实行国家文物局集中审批全国重点文物保护单位文物保护项目年度计划、委托省级文物部门审批文物保护项目技术方案的工作机制，文物保护项目审批流程进一步优化，文物保护项目审批时限进一步提速。强化文物保护工程质量检查，健全一般不可移动文物保护机制。

综合改革配套保障更加完善。全国人大常委会对《中华人民共和国文物保护法》进行第五次修正，国务院对《中华人民共和国文物保护法实施条例》进行第四次修正。完成国家文物局行政审批管理和信息公开服务平台上线试运行，文物行政审批和公共服务事项纳入网上大厅办理。开展馆藏一级文物管理“双随机一公开”检查。推动中国文化遗产研究院成为“开展扩大科研院所自主权、赋予创新领军人才更大人财物支配权技术路线决策权”试点单位。

（五）文物保护水平稳步提升

文物保护重点工程有序推进。起草革命文物保护传承五年行动计划，完成《长征文化线路总体规划》，启动闽西革命文物保护利用重点项目。编制《儒学遗产保护传承工程规划纲要（2017～2020年）》，开展川渝石窟保护展示工程。试行文物建筑开放导则，探索传统村落遗产资源利用示范试点。制定第八批全国重点文物保护单位申报工作指南和遴选标准。与住建部对国家历史文化名城和中国历史文化名镇名村保护工作开展评估检查，组织第七批中国历史文化名镇名村认定工作。《北京市总体规划（2016年～2030年）》获批，落实习近平总书记“老城不能再拆了”的要求，开展大运河、长城、西山永定河“三个文化带”建设；山西实施社会力量参与文物保护利用“文明守望工程”；鄂豫皖大别山革命文物保护利用联合推进。

世界文化遗产工作成效显著。中国世界文化遗产申报连续15年喜获成功，中国世界遗产总数达到52项。统筹推进古泉州（刺桐）史迹、良渚古城遗址、海上丝绸之路保护和申遗工作，研讨丝绸之路“南亚廊道”保护和跨国申遗事宜。举办中国首批世界文化遗产列入《世界遗产名录》30周年系列纪念活动，开展全国世界文化遗产保护管理状况评估。

考古和大遗址保护稳步推进。公布第三批12家国家考古遗址公园和32家国家考古遗址公园立项名单，试行国家考古遗址公园创建与运行管理指南。启动御窑博物馆及御窑厂遗址保护建设工程。推进“考古中国”重大研究项目，规范考古勘探工作规程，加强城市考古和新疆、西藏阿里地区的边疆考古。

水下文物保护机制更加健全。国家文物局成为中央海权办牵头建立的水下文物保护沟通协调机制成员单位，推动将水下文物保护执法巡航纳入中国海警局日常工作，将打击盗捞水下文物犯罪活动列入公安机关专项打击范围。水下文物保护南海基地落户海南琼海潭门镇，完成工程建设前期准备工作。举办“寻找致远舰”特展，初步建成全国水下文化遗产资源数据库，加强与中国科学院在深海考古技术方面的战略合作。

可移动文物保护取得新成果。全面完成第一次全国可移动文物普查，基本摸清国有可移动文物家底，普查统计国有可移动文物1.08亿件/套；其中山西运城青龙寺新发现《永乐南藏》经书，新疆生产建设兵团认定2万余件反映兵团历史的文物。四川阿坝州藏族女普查员尕让机牺牲在普查岗位上，用生命书写了文物工作者对文物事业的热爱与忠诚。组织10余家文物科研及收藏单位将甲骨文成功列入《世界记忆名录》。公开约400万件全国博物馆馆藏文物信息，促进文物资源社会共享。实施馆藏珍贵文物和出土出水文物保护修复项目，加强腐蚀文物抢救性修复和预防性保护。

（六）博物馆公共文化服务水平不断提高，社会文物管理明显增强

博物馆社会教育功能更加彰显。全国博物馆总数4873家，其中免费开放的4246家，全国博物馆年接待观众9亿人次。非国有博物馆支持政策取得突破，出台《关于进一步推动非国有博物馆发展的意见》，部署非国有博物馆藏品备案工作，用政策“组合拳”激发社会力量参与非国有博物馆建设的创新活力。山东、河南、湖北、湖南、江西、四川等督导新设立的非国有博物馆开展法人财产权确权；天津、湖北、广东、重庆、贵州、宁夏等实行非国有博物馆专项资金补助或奖励；辽宁通过政府购买服务方式，招标采购非国有博物馆公共文化服务；吉林规定企业、个人向非国有博物馆捐赠享受相应的税收减免优惠。湖南省博物馆新馆建成开放，二里头遗址博物馆开工建设。98家文博机构成为第一批全国中小学生研学实践教

育基地，文教结合更加紧密；上海成立博物馆教育联盟，实行“场馆进课堂”；成都博物馆举办的“丝路之魂——敦煌艺术大展”参观人数达到108万人次，全国通过直播看展览、听讲座的超过1000万人。推介一批纪念建军90周年、抗战全面爆发80周年主题展览精品，举办秦汉文明大展和“美·好·中华——近二十年考古成果展”。

“互联网+中华文明”三年行动计划全面推进。推动将“互联网+中华文明”项目纳入国家文化产业发展专项资金支持范围，将文物数字化保护展示项目纳入国家重点文物保护专项资金支持范围，进一步释放社会资本投入文物领域的活力。实施69个“互联网+中华文明”示范项目，推进92家文博单位文化创意产品开发试点。举办国际文博版权交易博览会和全国文博单位文化创意产品联展，启动文博领域文化创意产品库建设。南京文博文创大观园在江宁织造博物馆开园，集合17家文博馆文创产品，让文创产品商店成为博物馆“最后一个展厅”。上海出台《关于加快本市文化创意产业创新发展的若干意见》，简称“上海文创50条”，很有借鉴意义。推进“互联网+中华文明”的跨界融合，“互联网+中华文明”展览绽放第四届世界互联网大会，国家文物局与百度、腾讯、网易公司达成战略合作协议，“互联网+中华文明”成为第四届世界互联网大会“包容互鉴：网上文化交流共享”论坛和海峡两岸暨香港、澳门互联网发展论坛的热议话题。

社会文物管理政策调研不断深化。组织三次鼓励民间合法收藏文物座谈会，召开社会文物管理工作座谈会，共谋加强民间收藏文物保护利用、促进文物市场健康发展的良策。联合最高法、最高检、公安部、海关总署制定《涉案文物鉴定评估管理办法》，推进民间收藏文物公益性鉴定试点。全国41家涉案文物鉴定评估机构两年累计完成1300余起、7.6万余件可移动文物、600余处不可移动文物的涉案文物鉴定，为公检法机关打击文物犯罪提供有力保障。与工商总局联合开展文物流通市场专项整顿行动，授权文化市场综合执法机构开展文物经营活动执法，进一步维护文物市场秩序。增设国家文物进出境审核重庆、海南管理处。

（七）对外和对港澳台文物交流与合作持续拓展

援外文物保护工程和联合考古项目取得文化领域“一带一路”建设的重要收获。援外文物保护工程涉及“一带一路”沿线6国8个项目，联合考古项目涉及12国15个项目，为“一带一路”文化建设提供坚实支撑。援助乌兹别克斯坦希瓦古城、尼泊尔加德满都杜巴广场九层神庙保护修复项目相继开工。成立丝绸之路国际博物馆联盟和丝绸之路文物科技创新联盟，举办“一带一路”国际博物馆合作学术研讨会。“阿拉伯之路——沙特出土文物”展览在国家博物馆展出。赴美国举办“秦汉文明展”，赴德国、意大利、斯里兰卡举办“海上丝绸之路”文物展，讲好中国文物故事。推动大省、大馆、大学承担文物国际合作任务，支持陕西承办中法文化遗产保护研讨会，支持广东省博物馆承办赴德国“海上丝绸之路”文物展，支持中国文化遗产研究院、浙江大学合作实施援助柬埔寨文物保护项目，支持东南大学参与缅甸妙乌古城申遗前期工作。

文物国际合作取得新进展。与缅甸签署关于防止盗窃盗掘和非法进出境文化财产协定及蒲甘古迹震后修复保护合作谅解备忘录，与塞尔维亚签署促进文化遗产领域交流合作谅解备忘录，推动加拿大政府返还中国文物建筑构件和鱼龙化石。举办中国—中东欧国家文化遗产论坛，发布《澜湄流域国家文化遗产保护与推广合作交流昆明倡议》。成功申办2020年国际博物馆协会藏品保护委员会大会，成功竞选国际文化财产保护与修复研究中心理事和国际古迹遗址理事会执委。选派中国文化遗产研究院专家参加联合国教科文组织世界遗产中心“海上丝绸之路”概念文件工作组，推动国家博物馆承担“濒危文化遗产国际避难所”义务。

与港澳台文物交流合作稳中有进。与港澳签署关于文化遗产领域交流与合作更紧密安排协议书，赴港举办中哈吉“绵亘万里——世界遗产丝绸之路文物展”，组织内地与港澳历史建筑活化再利用研讨会和首届港澳中学生考古暑期课堂活动。赴台举办“绝壁重光：川渝石窟的保护与传承暨李耘燕美术作品展”，实现文物保护与美术创作跨界创新。开展第四届台湾历史教师中华文化研习营活动，促成台湾中台禅寺捐赠的山西邓峪石塔塔身回归。

（八）文物保护基础工作不断夯实

制度建设继续加强。组织实施《国家文物事业发展“十三五”规划》重点项目，编制“十三五”革命文物保护经费需求专项规划。起草《水下文物保护管理条例》修订稿，开展《大运河遗产保护管理办法》实施评估。试行陈列展览项目支出预算方案编制规范和预算编制标准；制定2017～2020年文物保护行业标准制修订项目计划，发布13项行业标准。文物保护地方性法规体系进一步完善，《重庆市大足石刻保护条例》《西安市不可移动文物保护条例》《山西省文物建筑构件保护办法》等公布施行。江苏推行“谁执法谁普法”责任制考核评估制度，将文物普法工作纳入法治建设政绩考评。

人才工作积极推进。深入实施文博人才培养“金鼎工程”，全年举办44个文博人员培训班，培养学员3000多人次。制定全国重点文物保护单位保护管理机构负责人两年培训计划，已完成1/3培训任务。推动文物保护工程从业资格列入《国家职业资格目录》，开展文物博物馆职称制度改革调研。

科技支撑作用有效发挥。印发《关于加强“十三五”文物科技工作的意见》。完成国家科技支撑计划“文物知识分析与设计素材再造关键技术研究与应用”“文物数字化保护元标准体系及关键标准研究与示范”，推动“文化遗产保护利用关键技术创新与应用示范”列入国家重点研发计划专项。修订《国家文物局重点科研基地管理办法》，完成前五批23家重点科研基地运行评估。敦煌研究院牵头的“干旱环境下土遗址保护关键技术研发与应用”荣获2017年度国家科学技术进步奖二等奖。

文物工作社会影响力不断提高。举办文化和自然遗产日河南洛阳主场城市活动、国际博物馆日首都博物馆主会场活动。《国家宝藏》燃爆网络，《如果国宝会说话》成功开播。借力凤凰卫视《神州问答》、全国两会“部长通道”和十九大“党代表通道”、十九大新闻中心集体采访，宣传推介文物工作情况。建立国家文物局新闻发布会制度，全年举办国务院政策例行吹风会1次，国家文物局新闻发布会、通气会6次。组织多次文化遗产公开课。完成《中国文物志》初稿编纂工作。

上述成绩的取得，是党中央、国务院坚强领导的结果，是中央国家机关相关部门大力支持的结果，是地方党委、政府高度重视和社会各界广泛参与的结果，更是广大文物工作者共同奋斗的结果。在此，我谨代表国家文物局表示衷心感谢！

必须清醒看到，当前文物工作还存在一些突出问题：文物工作主动服务经济社会发展大局的意识和能力有待提升；文物安全形势依然严峻；让文物活起来的多样化途径尚需拓展；促进文物市场健康发展的政策举措有待完善；基层文物机构队伍建设亟须加强；文物领域改革仍需深化；国家文物局服务地方文物系统的意识和了解基层文物工作情况的能力还要加强；文物领域治理能力还有不小的提升空间。对此，我们必须切实增强忧患意识和担当意识，创新思路切实解决。

二、2018年工作任务

2018年是全面贯彻落实习近平新时代中国特色社会主义思想和党的十九大精神的开局之

年，是改革开放40周年，是决胜全面建成小康社会、实施“十三五”规划承上启下的关键一年。2018年文物工作的基本思路是以习近平新时代中国特色社会主义思想和习近平总书记关于文物工作系列重要论述精神为指导，深入学习贯彻党的十九大精神，全面加强文物保护利用和文化遗产保护传承，始终坚守文物安全底线，更好服务党和国家工作大局，改革创新，克难攻坚，努力开创新时代文物工作新局面。

（一）坚持以习近平新时代中国特色社会主义思想和党的十九大精神为统领，整体谋划文物事业改革发展

增强学习贯彻习近平新时代中国特色社会主义思想和党的十九大精神的思想自觉和行动自觉。按照学懂弄通做实的要求，深化学习教育和宣传阐释，树立“四个意识”，坚定“四个自信”，推动学习宣传贯彻习近平新时代中国特色社会主义思想和党的十九大精神不断深入。要以努力走出一条符合国情的文物保护利用之路为主线，在文物保护、利用和传承上下功夫，统筹谋划新时代文物事业改革发展，着力解决一些长期想解决而没有解决的瓶颈问题，推出系列重大举措，推进系列重大工作。

统筹谋划新时代文物事业改革发展。坚持问题导向、改革导向、效果导向，以推进文物领域治理体系和治理能力现代化为目标，以坚守文物安全底线和满足人民对美好生活向往为基础，以破解文物事业发展不平衡不充分问题为突破口，突出简政放权、推动发展，突出落实责任、规范权力，突出创新治理、提升能力，突出社会参与、惠及民生，重点推进修订《中华人民共和国文物保护法》、加强文物机构队伍建设、加强革命文物保护利用、让文物活起来、促进文物市场健康发展、推动中华文化走出去、广泛动员社会参与、加强文物安全监管等相关改革事宜，不断提高国务院文物行政部门把方向、谋大局、促改革的能力和定力。

坚定不移推进全面从严治党。深入贯彻《中共中央政治局关于加强和维护党中央集中统一领导的若干规定》《中共中央政治局贯彻落实中央八项规定的实施细则》，切实增强维护习近平总书记核心地位、维护党中央权威和集中统一领导的自觉性坚定性。落实意识形态工作责任制，弘扬社会主义核心价值观，组织开展“不忘初心、牢记使命”主题教育。继续落实中央专项巡视整改措施，组织开展国家文物局党组巡视工作。加强基层党组织建设，落实基层党组织“三会一课”制度，建设学习型机关。力戒“四风”突出问题，特别是形式主义、官僚主义的新表现，开展党风廉政建设警示教育活动，践行“三严三实”，打造信念过硬、政治过硬、责任过硬、能力过硬、作风过硬的干部队伍。

（二）实施文物保护重点工程，全面加强文物保护、利用和传承

切实加大文物保护力度。围绕国家战略，继续做好北京城市副中心、雄安新区、冬奥会的考古和文物保护工作，推动将文物保护利用纳入雄安新区总体规划，完成雄安新区文物调查报告。组织第八批全国重点文物保护单位申报遴选工作，开展长城、大运河、长征国家文化公园试点。推进大运河文化带建设，参与编制大运河文化带建设总体规划，建立大运河文化带建设重点项目库。实施长城保护行动，报请国务院发布《长城保护总体规划》，督促长城沿线省份发布省级长城保护规划。开工建设水下文物保护南海基地，实施南海水下文化遗产保护规划。按照习近平总书记“三个有利于”的新要求和申遗形势的新变化，制定未来十年中国申遗战略，力争古泉州（刺桐）史迹申遗成功，推进良渚古城遗址、海上丝绸之路保护与申遗。组织开展全国重点文物保护单位、省级文物保护单位保护范围和建设控制地带的划定工作，加强文物防灾减灾和预防性保护工作，修订《文物保护工程管理办法》。

实施革命文物保护利用工程。推动出台关于实施革命文物保护利用工程政策文件，开

展革命文物连片保护利用试点；实施全国革命文物保护经费需求规划，建立全国革命文物保护展示项目库，促进革命老区振兴发展。发布长征文化线路总体规划，启动长征文化线路示范段建设。推动中国共产党历史博物馆立项建设前期工作。

推动文化遗产保护传承更好融入经济社会发展。围绕纪念改革开放40周年，举办文物事业改革发展研讨会，公布一批改革开放遗产名录，推介一批展现改革创新精神主题展览精品，推动中国改革开放博物馆立项建设。树立互联网思维，深入实施“互联网+中华文明”三年行动计划，提早谋划第五届世界互联网大会相关活动，推动国家文物局与“BTW”协议落地见效，持续激发市场活力和社会创造力。举办第八届“博博会”，开展“大运河文化带文化遗产创新创意设计大赛”。编制《文物建筑开放利用案例指南》。推广中国传统村落保护利用经验，助力乡村振兴战略。研究制定关于鼓励社会资本参与文物保护利用政策性文件，支持地方对市县级文物保护单位和一般不可移动文物保护利用进行改革试点，鼓励不同区域进行文物保护利用差别化试点。

（三）贯彻落实《国务院办公厅关于进一步加强文物安全工作的实施意见》，切实改善文物安全状况

持续整改全国文物安全状况大排查行动所发现的安全隐患和管理问题。切实拧紧文物安全责任链条，严密安保措施，严防监管漏洞，严打文物犯罪，推动文物安全工作总体平稳、持续向好。加强文物督察和安全制度建设，制定文物违法案件督察督办约谈管理和文物安全责任制实施办法，出台关于加强文物消防工作的意见，织牢织密文物安全保护网。推动重大文物犯罪在逃人员通缉令制度化，举办全国打击防范文物犯罪成果展览。完善中国被盗（丢失）文物信息发布平台数据，用好文物违法举报热线“12359”。深入实施文物平安工程，启动文物安全监管平台建设。

加强文物安全年度督察。召开全国文物安全工作部际联席会议，组织成员单位对各地文物安全工作落实情况开展年度督察，对文物安全和执法工作履职尽责情况进行评估通报。全面完成文物法人违法案件专项整治行动，对文物安全问题多、文物违法犯罪案件多、督察追责工作滞后的相关地区进行专项督察，对重大文物安全事故、重大文物违法犯罪案件和突出问题进行挂牌督办，确保《实施意见》的12条针对性措施落到实处。

（四）提升博物馆发展质量，加强民间收藏文物保护利用

加强博物馆建设。研究制定博物馆改革发展政策措施，修订《博物馆管理办法》，召开全国博物馆工作会议。开展国家一级博物馆运行评估和二、三级博物馆定级评估，建立博物馆年报制度。推进第一次全国国有可移动文物普查数据公开共享和非国有博物馆藏品备案，公布全国博物馆名录，开展馆藏一级文物复核。加强智慧博物馆建设。

促进文物市场健康发展。出台关于加强民间收藏文物保护利用、促进文物市场健康发展的意见，开展文物流通领域“登记—交易”制度试点，推进文物鉴定服务体系建设，为推动公共文化服务多样化、引导民间合法收藏文物提供保障。加强文物进出境标准化建设，推动流失文物追索返还取得新成果。

（五）加强文物对外和对港澳台交流合作，不断提升文物领域国际传播能力

服务“一带一路”倡议，服务国家外交大局，实施中华文物走出去精品工程，结合党和国家领导人外交活动、重大事件、重要会议的时间节点和国家文化年、文化节，举办有影响、有分量的文物领域人文交流活动。持续推进“一带一路”文化遗产长廊建设，推动将文物国际合作纳入国家对外援助管理体系，统筹规划世界文化遗产申报、对外文物展览、援外

文物保护工程和联合考古项目，积极支持中国文物保护力量走出去，创建文化遗产国际协调联络机制，借力海外中国文化中心平台，主动参与文化遗产领域国际治理体系的改革和建设，讲好中国文物故事，展现中国文明形象，提升中华文化国际影响力。

落实《推动共建丝绸之路经济带和21世纪海上丝绸之路的愿景与行动》，公布实施"一带一路"文化遗产保护与交流专项规划。完成援助柬埔寨吴哥古迹茶胶寺保护修复工程竣工移交工作，实施尼泊尔九层神庙和乌兹别克斯坦希瓦古城保护修复工程，推进缅甸蒲甘佛塔保护修复项目开工。实施沙特塞林港遗址联合考古项目，举办赴沙特中国文物展。加强中外世界文化遗产工作交流，支持杭州西湖文化景观与意大利维罗纳古城、云南哈尼梯田与意大利皮埃尔蒙特大区结为友好关系。

落实与香港、澳门签署的《关于文化遗产领域交流与合作更紧密安排协议书》，组织第二届港澳中学生考古暑期课堂活动，举办第八届海峡两岸文化遗产保护论坛和第五届台湾历史教师中华文化研习营，赴台举办云南佛教文物展。

（六）加强文物保护能力建设，有效提升文物事业管理水平和治理能力

加强文物法治建设。继续推进《中华人民共和国文物保护法》《中华人民共和国水下文物保护管理条例》《长城保护条例》修订工作，启动《大运河遗产保护条例》《故宫保护条例》研究起草，开好海上丝绸之路文化遗产保护立法研讨会。开展《国务院关于进一步加强文物工作的指导意见》落实情况检查评估，强化部门协作，完善配套政策。

深入推进文物领域"放管服"改革。制定深化文物领域"放管服"改革实施方案，科学合理划分中央与地方的文物事权，再取消、下放、整合一批文物行政审批事项，真正做到审批更简、监管更强、服务更优。进一步明确文物行政审批与技术咨询的关系，实行全国重点文物保护单位文物保护项目行政审批直接面向行政相对人、取消省级初审的改革举措。开展地方文物部门"放管服"改革落实情况专项督察。建立文物保护项目跟踪管理制度，健全文物保护项目检查验收制度，实施百项文物保护重点项目大检查。

推进文物保护专项资金管理改革。推动修订《国家重点文物保护专项补助资金管理办法》，实行按项目加因素法管理中央财政国家重点文物保护专项资金，由省级文物、财政部门统筹进行二次分配。推动修订《中央补助地方博物馆、纪念馆免费开放专项资金管理暂行办法》，完善博物馆免费开放政策，增加资金总量，扩大补助范围，调整分级分档补助标准，以政府购买服务方式支持非国有博物馆发展。建立《文物资产报告》机制。

加强文博队伍建设。与人社部评选表彰全国文物系统先进集体和先进工作者，注重面向基层、面向一线倾斜。加强文博人才制度顶层设计，与人社部联合出台文物保护工程从业资格管理制度和文物博物馆系列职称制度改革的意见，研究制定文博事业单位人事管理实施办法。完成全国重点文物保护单位保护管理机构负责人培训全覆盖任务。

加强文物科技创新。实施文化遗产保护利用关键技术研发与应用示范专项。遴选第7批国家文物局重点科研基地。与工信部印发《文物保护装备产业化及应用发展规划（2018～2025）》，推进人工智能在文物行业的示范应用。

加强文物宣传工作。举办文化和自然遗产日广州主场城市活动和国际博物馆日上海历史博物馆主会场活动。围绕重要工作、重大项目主动策划文物工作宣传话题、主题采访和公众活动，推出一批有分量、有深度的新闻报道和宣传活动。2018年是做好《中国文物志》编纂工作的关键之年，希望各地各部门上下联动、不拖后腿、确保进度，努力完成《中国文物志》所有文稿的核审工作。

三、做好2018年文物工作的几点要求

（一）牢固树立“四个意识”，坚决贯彻落实以习近平同志为核心的党中央决策部署

坚持党对文物工作的统一领导，坚持以党的政治建设为统领，提高政治站位，坚定政治方向，增强政治意识、大局意识、核心意识、看齐意识，更加坚定地维护以习近平同志为核心的党中央权威，更加自觉地在思想上、政治上、行动上同以习近平同志为核心的党中央保持高度一致，更加扎实地把以习近平同志为核心的党中央各项决策部署落到实处。当前文物工作的重中之重，就是进一步贯彻落实习近平新时代中国特色社会主义思想、党的十九大精神和习近平总书记关于文物工作系列重要论述精神，进一步贯彻落实《关于实施中华优秀传统文化传承发展工程的意见》《国务院关于进一步加强文物工作的指导意见》《国务院办公厅关于进一步加强文物安全工作的实施意见》，进一步统筹推进符合国情的文物保护利用之路取得新进展。

（二）大兴调查研究之风，积极解决新时代文物事业发展不平衡不充分问题

新时代我国社会主要矛盾已经转化为人民日益增长的美好生活需要和不平衡不充分的发展之间的矛盾。与之相对应的是，文物事业发展不平衡不充分的矛盾依然突出。发展不平衡，主要指各区域各领域各方面文物事业发展不够平衡，具体体现在地区发展不平衡、中央和地方文物保护投入不平衡、各级各类文物保护状况不平衡、博物馆发展结构和布局不平衡。发展不充分，主要指在一些地区、一些领域、一些方面文物事业存在发展不足的问题，发展的任务仍然很重，具体体现在文物工作服务经济社会发展能力不充分、文物保护责任落实不充分、社会力量参与不充分、文物价值挖掘和作用发挥不充分、人民对文物保护成果获得感不充分。特别值得重视、亟待解决的瓶颈问题是长期以来文物管理的“小马拉大车”现象，文物保护管理机构队伍严重不足，一些文物仍然处于无人管、无暇管、无力管的“盲区”和“真空地带”。在新时代，需要从新的历史方位、新的时代坐标来谋划来推动文物事业改革发展，在实践创造中进行文化创造，在历史进步中实现文化进步。要加强对制约新时代文物事业发展不平衡不充分问题的调查研究，加强对新时代人民群众日益增长的文化需求的调查研究。要加强调研、经常调研、联合调研，扑下身子，沉到一线，全面了解情况，深入研究问题，解放思想、主动作为，把准文物工作的本质和规律，找到破解难题的办法和途径，在解决矛盾与问题的过程中不断推动新时代文物工作再上新台阶。

（三）坚持高质量发展要求，努力提升文物事业发展的质量和效益

推动高质量发展，是我国社会主要矛盾变化对各领域发展提出的客观命题，是当前和今后一个时期确定发展思路、制定相关政策、加强宏观管理的根本要求。文物领域也要把提高发展质量和效益摆在更加突出的位置，研究落实中华优秀传统文化创造性转化、创新性发展的举措和办法，全面提升文物领域治理能力和治理水平。更加注重创新发展，全面推进思想观念、内容形式、方法手段创新，加强对文物领域新业态、新主体、新模式的引导服务，不断激发文物事业的发展动力和创新活力。更加注重协同推进，将文物工作主动融入党和国家工作大局来谋划来推进，以更加开阔的视野、开放的心态推动文物工作与经济社会发展有机结合，推动系统内外、中央与地方、国内与国外联动协作。更加注重制度建设，加强分类保护和精准管理，加强重大项目有效监管，提升文物保护资金使用绩效。坚持发扬钉钉子精神，克服畏难情绪，以时不我待、只争朝夕的干劲，切实抓好各项工作尤其是重点工作的落实落地。

借此机会，再讲一讲民间收藏问题。民间文物是我国文物资源的重要组成部分，总量

巨大，其保护利用也是多年困扰我们工作的艰难挑战。元旦前，国家文物局召开了社会文物管理工作座谈会，这是近十年此类会议的参会人数最多和各方面人员最广泛的一次，社会各界总体反响是好的。这里，对相关内容作一个概要介绍，希望同志们进一步集思广益、共谋发展。一是进一步凝聚共识。要在民间文物收藏的思想解放、政策创新、实践探索上取得突破，必须正确处理国有文物和民间收藏之间的关系，用共享发展的理念来定位社会文物管理；正确认识文物市场和文物保护之间的关系，用协调发展的理念来指导社会文物管理；正确处理行业管理和公共服务之间的关系，用开放发展的理念来引领社会文物管理。二是进一步完善政策举措。以加强民间收藏文物保护利用、促进文物市场健康发展为目标，开展文物流通领域“登记—交易”制度试点，严管严控国有文物入市，鼓励民间文物合法流通，依法处理涉案文物，允许非涉案文物和非禁止交易文物经过登记入市流通；我们的机制保障是依托“一库一警示一清单”，完善中国被盗（丢失）文物数据库，建立“中国被盗（丢失）文物数据库”市场通报和被盗文物案件市场警示机制，出台禁止交易文物指导性目录，明晰合法入市流通文物的边界。三是进一步推进精准管理和完善公共服务。优化文物经营主体准入条件，鼓励发展文物市场新兴业态，逐步形成结构合理、协调发展的文物市场体系。加强制度建设，实施文物鉴定职业资格管理，扩大文物鉴定咨询公共服务，提供多样化文物鉴定优质服务。完善综合治理，营造良好文物市场环境，构建全民守法、企业规范、行业自律、政府监管、社会监督的共建共治共享的文物市场治理格局。完善文物捐赠奖励制度和税收减免政策，落实文物捐赠奖励资金渠道，加大奖励力度，引导文物捐赠。加强正面宣传，倡导理性收藏。

同志们，征程万里风正劲，重任千钧再扬鞭。让我们紧密团结在以习近平同志为核心的党中央周围，以锐意进取的精神、敢于担当的干劲和稳健务实的作风，全面推进2018年各项工作，奋力谱写文物事业新篇章。

国务院办公厅关于进一步加强文物安全工作的实施意见

国办发〔2017〕81号

各省、自治区、直辖市人民政府，国务院各部委、各直属机构：

文物是中华文明、中国革命的精神标识和文化标识，是国家象征、民族记忆的情感依托和物质载体。保护文物就是保护国家与民族的历史，守护中华民族的根与魂。文物安全是文物保护的红线、底线和生命线，关系国家历史传承和民族团结，关系社会主义核心价值观培育，关系人民群众精神家园建设，是弘扬中华优秀传统文化、建设社会主义文化强国、维护国家文化安全的重要内容。党中央、国务院高度重视文物安全工作，作出一系列决策部署，推动文物安全状况不断好转。但也要看到，保护文物安全是一项长期而又艰巨的工作，当前文物遭受盗窃盗掘盗捞案件高发频发，法人违法屡禁不止，文物流通领域非法交易、非法收藏、拍假卖假乱象丛生，文物安全属地管理主体责任履行不到位、监管缺失，执法机构队伍薄弱、管理不到位。为牢固树立保护文物也是政绩的科学理念，严格落实文物安全保护责任，严密安保措施，严防监管漏洞，严打文物犯罪，严肃问责追责，坚决筑牢文物安全防线，经国务院同意，现就进一步加强文物安全工作提出如下实施意见。

一、健全落实文物安全责任制

（一）明确地方政府主体责任。地方各级政府要切实履行文物安全属地管理主体责任，坚持党政同责、一岗双责、齐抓共管、失职追责，完善文物安全责任体系。要将文物安全摆在重要位置，加强组织领导，建立由分管负责同志牵头的文物安全工作协调机制，将文物安全工作纳入地方政府年度考核评价体系。实施目标管理，强化源头治理，整治重大隐患，督促有关方面履职尽责。将文物安全经费纳入财政预算，保障文物安全经费投入。

（二）强化部门监管责任。坚持管行业必须管安全、管业务必须管安全、管生产经营必须管安全，厘清各有关部门文物安全工作职责。文物部门负责制定文物行政执法督察和案件查处的相关规定和标准，查处文物违法案件，督办行政责任追究；协同配合有关部门查处文物犯罪案件、安全事故，规范文物市场。公安部门负责打击文物犯罪，指导文物和博物馆单位开展消防和内部治安保卫工作。海关部门负责进出境文物监管和打击文物走私工作。工商部门负责依法对古玩旧货市场中文物经营活动进行检查，对其中未经许可开展的文物经营行为进行查处。国土资源、住房城乡建设、旅游、宗教、海洋等负有文物安全职责的部门和单位要依法依规认真履行职责。发展改革、教育、财政等其他有关部门和单位要在职责范围内为文物安全工作提供支持保障。

（三）落实文物管理使用者直接责任。坚持谁管理谁使用谁负责。文物和博物馆单位对本单位文物安全负全面责任，要自觉接受属地监管。文物和博物馆单位法定代表人或者文物所有人、使用人是文物安全的直接责任人，要明晰领导责任，明确文物安全管理人，健全文物安全岗位职责，配齐安全保卫人员，依照规定建立单位专职消防队或者微型消防站，完善安全防护设施和措施，确保责任到人、责任到岗。田野文物等无使用人的不可移动文物，由县级政府承担安全责任。

（四）完善责任落实机制。地方各级政府间、政府与部门间、文物部门与文物和博物馆单位间要签订文物安全责任书，明确责任目标，逐级落实文物安全责任。实行文物安全直接责任人公告公示制度，接受社会监督。文物部门要经常性对文物安全直接责任人进行培训，提高文物安全管理水平和能力。

二、加强日常检查巡查，严厉打击违法犯罪

（五）强化日常检查巡查。要将文物被盗、火灾、雷击等隐患以及安全设施运行维护、应急演练处置、文物安全责任制落实等情况作为重点，不间断进行日常检查巡查。地方各级政府要将文物安全纳入社会综合治理、文明城市建设，每年开展一次文物安全检查评估；文物、公安、住房城乡建设、旅游、宗教、海洋等有关部门和单位要在各自职责范围内加强文物安全日常检查及监视监测工作；文物和博物馆单位的上级主管部门要加强对文物安全责任制落实和关键岗位、关键环节的检查，文物管理使用单位要做到日日有巡查、次次有记录。

（六）严厉打击文物犯罪，惩治法人违法行为。公安、国土资源、住房城乡建设、海关、工商、旅游、宗教、海洋、文物等有关部门和单位要协同配合，建立长效机制，研判文物安全形势，适时开展专项行动，严厉打击盗掘古文化遗址、古墓葬，盗窃田野石刻造像、古建筑壁画和构件，盗捞水下文物以及倒卖、走私文物等犯罪活动；严厉查处非法交易文物、非法收藏文物、擅自从事文物经营活动等违法行为，清理非法经营主体；严厉查处未批先建、破坏损毁文物本体和环境、影响文物历史风貌等法人违法行为，对严重违法、社会影响极其恶劣的案件要约谈地方政府负责人，并向社会曝光。

三、健全监管执法体系，畅通社会监督渠道

（七）提高监管执法能力。充实国务院文物行政部门安全督察力量，加强省级文物监管力量，建立健全督察机制。强化市县监管力量，市县级政府已设立文物局的，要加强文物监管执法力量，切实履行职责；未设立文物局的，要确定专管部门及专职人员。承担文物执法职能的综合执法机构要明确岗位职责。有文物分布的乡镇和街道，乡镇政府和街道办事处要明确人员负责文物安全。文物安全形势严峻的地方，经属地公安机关、文物部门联合评估后，可结合当地实际，在点多面广、重要的文物保护单位设立派出所或者警务室，配备专职人员，加强重点保护。

（八）引导社会力量参与。地方各级政府应通过政府购买服务等方式，确保无专门管理机构或管理机构力量不足的不可移动文物有专人负责巡查看护。加强文物保护法律法规宣传普及，充分利用文艺演出、公益广告、广播电视节目等形式，积极利用各类新闻媒体平台，引导全社会树立保护文物光荣、破坏文物违法的意识。树立正确文物收藏观，鼓励合法收藏，拒绝非法交易文物。加强社会监督，鼓励文物保护社会组织、志愿者等积极参与文物安全监督管理，向有关部门提供文物违法犯罪线索，畅通社会监督渠道。

四、强化科技支撑，提高防护能力

（九）完善安全防护设施。实施文物平安工程，健全文物安全防护标准，推广应用文物和博物馆单位安防、消防先进技术和装备。尚未建设安全防护设施的要尽快建设完善，逐步实现全覆盖。文物资源密集、专门机构人员短缺的地区，可集中设置安全防护综合控制中心。通过现有资金渠道，对文物保护单位、博物馆等风险单位的安全防护设施建设、运行及维护经费予以积极保障。鼓励和引导社会力量参与，健全多元化的文物安全防护设施资金投入渠道。

（十）加强信息平台建设。建立覆盖全国重点文物保护单位和世界文化遗产地的监控系统，实现远程监管、消防物联网监控和文物安全监管人员智能巡检，建设完善文物安全监管平台。完善全国文物犯罪信息平台，及时发布被盗文物信息，充分运用云计算、大数据、“互联网+”等现代信息技术，推动文物安全保护与现代科技融合创新。

五、加大督察力度，严肃责任追究

（十一）加强督察。国务院文物行政部门组织全国文物安全工作部际联席会议成员单位每年对各地文物安全工作落实情况开展一次督察，对安全和执法工作履职尽责情况进行评估和通报，确定重大文物案件和安全事故并挂牌督办。省级政府要加大对市县级政府文物安全工作落实情况的督察力度，将重大文物安全隐患、事故和违法案件列为政府督察重要事项，坚持原因不查清不放过、责任者得不到处理不放过、整改措施不落实不放过、教训不吸取不放过，切实提高督察实效，可对文物安全工作成绩显著的地区和单位给予表彰，对表现突出的个人予以奖励，对工作不力的地区和单位进行通报批评。

（十二）严肃追责。建立严格的文物案件和安全事故追责问责机制，制定文物案件和安全事故违法违纪处分办法，厘清责任单位和责任人员，界定违法违纪行为，明确处分种类和运用规则。地方各级政府、各有关部门和单位不依法履行职责、决策失误、失职渎职等导致文物遭受破坏、失盗、失火并造成损失的，对负有领导责任、监管责任和直接责任的人员必须严肃追责；涉嫌犯罪的，必须移送司法机关处理，让有权必有责、有责要担当、失责必追究成为工作常态。

各地区、各有关部门和单位要根据本实施意见要求，结合工作实际，认真抓好贯彻落实。

国务院办公厅

2017年9月9日

国家文物局办公室、公安部消防局关于加强文物建筑电气防火工作的通知

文物督发〔2017〕3号

各省、自治区、直辖市文物局（文化厅）、公安消防总队：

近年来，电气火灾已成为文物建筑火灾的首要原因，约占文物建筑火灾总数的百分之四十，给我国珍贵的文化遗产造成了无法挽回的损失。各地文物、公安消防部门应严格按照文物、消防法律法规和《国务院关于进一步加强文物工作的指导意见》（国发〔2016〕

17号）有关要求，密切合作、联合执法，积极指导文物建筑电气火灾风险评估工作，加大检查督察文物建筑电气火灾隐患排查整改力度，采取有效的电气火灾防护技术措施，切实增强文物建筑电气火灾防控能力，减少火灾危害，全面加强文物建筑电气防火工作，确保文物建筑安全。

现将《文物建筑电气防火导则（试行）》印发给你们，请结合本地实际，认真贯彻落实。

特此通知。

附件：《文物建筑电气防火导则（试行）》（详见国家文物局政府网站）

国家文物局办公室　公安部消防局

2017年2月6日

国家工商行政管理总局、国家文物局关于联合开展文物流通市场专项整顿行动的通知

工商市字〔2017〕123号

各省、自治区、直辖市工商和市场监管部门，文物局（文化厅）：

文物是不可再生的珍贵文化资源，是传承和弘扬中华优秀传统文化的历史根脉，是培育和践行社会主义核心价值观的深厚滋养。近年来，人民群众对文物的收藏鉴赏需求不断提高，民间收藏文物日趋活跃，文物交易持续增长，促进了文物保护与合理利用。但是，一些不法分子为追求高额利润，违法从事文物经营活动，买卖国家禁止买卖的文物，或是售卖假“文物”，坑骗消费者，严重危害文物安全，扰乱文物市场秩序，侵害消费者合法权益，社会各界反响强烈。为严格落实文物安全监管责任，封堵非法文物销售渠道，维护文物市场秩序，按照国务院统一部署，国家工商行政管理总局和国家文物局决定于2017年7月至10月在全国范围内联合开展文物流通市场专项整顿行动。现就具体事项通知如下。

一、行动目标

严厉打击非法经营文物行为，查处一批买卖国家禁止买卖的文物、假托“文物”名义售假坑骗的违法案件，清理违法经营主体，有效震慑非法经营者，提高全社会守法经营、合法收藏意识，完善文物市场联合监管工作机制，有效维护文物市场秩序。

二、行动内容

（一）对古玩（文玩）和旧货市场、涉及文物经营活动的特色商业街、文物旅游景区等进行检查，督促市场开办者落实第一责任人责任，建立并执行市场管理各项制度。对买卖国家禁止买卖的文物、假托“文物”名义售假坑骗、虚假宣传等违法行为进行查处。

（二）对文物商店、文物拍卖企业进行检查，对文物商店未经许可销售文物及从事文

续表

物拍卖经营，文物拍卖企业未经许可拍卖文物及从事文物购销经营，以及文物商店、文物拍卖企业销售文物未依法备案等违法行为进行查处。

（三）对经营“旧物”“古玩（文玩）”等互联网网站进行检查，对买卖国家禁止买卖的文物、假托“文物”名义售假坑骗、虚假宣传、无资质从事文物经营等违法行为进行查处。

三、工作安排

（一）7月31日前，各省级工商和市场监管部门、文物行政部门联合制定专项整顿行动方案，完成检查摸底工作。

（二）8月至9月，各地工商和市场监管部门、文物行政部门按照行动方案联合对文物流通市场进行执法检查。

（三）9月至10月，工商总局和国家文物局派出联合工作组，对各地专项整顿行动情况进行实地检查。

（四）10月31日前，各省级工商和市场监管部门、文物行政部门联合对专项整顿行动进行全面总结，报送总结报告。

四、工作要求

（一）高度重视，加强协同。各级工商和市场监管部门、文物行政部门应当成立专项行动联合工作组，制定针对性行动方案。要牢固树立“四个意识”，充分认识专项整顿行动对保护文物安全、维护市场秩序、保障消费者权益的重要作用，加强工作协同，确保取得实际成果。

（二）严格执法，形成震慑。要突出抓好大、要案件查处工作。对于涉及犯罪的，及时移送公安机关。要积极利用各种媒体对行动进行广泛宣传，认真处理群众举报，确定一批典型案件并及时向社会曝光，形成震慑非法经营文物行为的高压态势。

（三）全面总结，完善管理。行动结束后，各级工商和市场监管部门、文物行政部门要进行全面总结，统计成果，总结经验，分析问题与不足，提出长效工作建议。各省级工商和市场监管部门、文物行政部门总结报告（含检查情况统计表、查处违法行为统计表）于10月31日前报送工商总局和国家文物局（须报送纸质件和电子版）。

附件：1．专项整顿行动检查经营主体情况统计表

2．专项整顿行动查处违法行为情况统计表

（附件详见国家文物局政府网站）

国家工商行政管理总局　国家文物局

2017年7月24日

国家文物局2017年工作要点

深入贯彻党的十八大和十八届三中、四中、五中、六中全会精神，全面落实习近平总书记系列重要讲话特别是关于文物工作重要指示批示精神和《国务院关于进一步加强文物

工作的指导意见》，切实加大文物保护力度，让文物活起来落实落地，促进文物保护成果更多惠及人民群众，努力在探索符合国情的文物保护利用之路上取得新进展，以优异成绩迎接党的十九大胜利召开。

一、学习贯彻党的十九大精神和习近平总书记系列重要讲话精神，着力推进全面从严治党

1．深入学习贯彻党的十九大精神和习近平总书记关于文物工作重要指示批示精神，促进保护文物也是政绩的科学理念深入人心，推动将文物工作纳入各级党委、政府重要议事日程和城乡规划。组织好十九大代表候选人推选工作，举办国家文物局系统学习贯彻十九大精神培训班，促进党员干部不断增强政治意识、大局意识、核心意识、看齐意识。

2．加强党风廉政建设，认真履行全面从严治党主体责任。召开国家文物局系统党风廉政建设工作会议，制定国家文物局廉政风险防控手册；贯彻落实《关于新形势下党内政治生活的若干准则》《中国共产党党内监督条例》，加强对党员干部的日常监督管理，营造风清气正的政治生态；推进国家文物局社会组织党的组织和党的工作全覆盖。

3．推动“两学一做”学习教育常态化制度化，出台“三会一课”实施办法，举办国家文物局系统党支部书记培训班，加强基层党务干部的能力建设。

4．继续落实中央巡视整改措施，拓展深化整改成果；修订国家文物局党组贯彻执行中央八项规定精神实施意见，构建作风建设长效机制。

二、着力做好文物领域事关全局的重点工作

1．全面推进《国务院关于进一步加强文物工作的指导意见》和《国家文物事业发展“十三五”规划》落到实处。以中华优秀传统文化传承发展工程和国家记忆工程实施为引领，加强对重大项目、重大工程和重要政策举措的组织、协调和督导。

2．全面开展“互联网+中华文明”三年行动计划，遴选一批示范项目、示范基地，支持文博机构、社会力量利用文物资源进行文化产品创意开发，促进文化消费。

3．深入推进文物领域“放管服”改革，优化文物行政审批事项，更新文物行政审批事项服务指南，加强事中事后监管。推行文物行政许可标准化和“双随机一公开”监管方式，完善“一单两库一细则”。全面推进信息化整合共享工作，实施综合行政管理平台建设，保障网上审批全流程运转。推进文物部门决策、执行、管理、服务、结果公开和重点领域信息公开。

4．全面总结第一次全国可移动文物普查，报请国务院核定公布普查数据和普查成果，召开普查总结表彰会议，表彰一批普查先进集体和个人。公布一批符合公开条件的普查数据，向社会公众提供查询服务。

5．开展符合国情的文物保护利用之路专题研究，举办符合国情的文物保护利用之路研讨会；加强文物补偿制度研究和进一步放开社会领域投资文物保护利用政策研究；加强中国特色文物保护利用理论体系建设。

三、着力发挥文物保护重大项目的引领作用

1．实施长城保护计划，构建“政府主导、社会参与、惠及民生”的长城保护体系。完成长城保护总体规划大纲和省级长城保护规划编制，印发长城保护维修工程规范性文件。实施一批长城修缮、抢险加固和保护设施建设项目，建设一批长城保护展示示范区。开展长城沿线基层保护管理机构负责人培训，推动组建国家级长城保护研究中心。

2．实施长征——红色记忆工程，全面提升革命文物保护展示水平。编制《长征文化线

路保护专项总体规划》，指导地方政府提升长征文物保护等级，加强长征文物保护展示，开展长征文化线路红色旅游，助力革命老区脱贫和经济社会发展。结合纪念建军90周年、抗战全面爆发80周年系列活动，实施革命旧址保护修缮三年行动计划和馆藏革命文物修复计划，推出一批弘扬革命精神、彰显社会主义核心价值观的革命文物专题展览。

3. 开展“考古中国”重大研究，全面推进大遗址保护。以良渚等遗址为重点，深入研究展现早期中华文明的多元一体格局；以殷墟等遗址为重点，深化夏商周考古工作，揭示早期中国整体面貌。以河套地区聚落与社会、长江中上游文明进程、长江下游区域文明模式研究为重点，继续推进区域文明化进程研究。推进沿海海域及内水重点水域水下考古，深化科技考古，开展预防性考古，举办全国考古成果精品展。

4. 制定第八批全国重点文物保护单位申报方案和工作标准，启动第八批全国重点文物保护单位申报工作。

5. 总结推广世界文化遗产保护管理经验，举办中国首批世界文化遗产列入《世界遗产名录》30周年纪念活动。力争“鼓浪屿·历史国际社区”项目成功申遗，推进古泉州（刺桐）史迹、良渚遗址、“海上丝绸之路”保护与申遗工作，加强“丝绸之路：长安—天山廊道的路网”保护和丝绸之路“南亚廊道”研究。

6. 加强可移动文物保护修复，实施一批馆藏珍贵文物和重要出土文物、出水文物的保护修复项目，推进馆藏文物预防性保护项目。

四、着力拓展让文物活起来的有效途径

1. 完善博物馆免费开放工作机制，积极会商有关部门，加强博物馆免费开放绩效考评管理，扩大补助范围，提高补助标准，探索对免费开放博物馆实行动态管理。开展2011～2016年度博物馆免费开放情况评估工作。

2. 加强博物馆公共服务和社会教育机制建设，提升博物馆青少年教育功能，建立博物馆青少年教育项目库，推出一批博物馆青少年教育活动项目。

3. 促进文物保护单位开放利用。印发《古建筑开放导则》，指导大遗址和国家考古遗址公园后续保护利用，支持各地开展古建筑、大遗址展示利用示范项目。出台《革命旧址保护展示导则》《抗战文物保护利用导则》，继续推进传统村落保护利用项目，拓宽近现代文物展示利用方式。

4. 鼓励社会力量参与，全面梳理社会力量参与文物保护利用的探索实践，研究制定社会力量参与文物保护利用规范性文件；支持各方力量参与“互联网+中华文明”三年行动计划。推动扩大全国博物馆文创产品开发试点单位范围，适时扩大至地市级博物馆。召开全国文博单位文化创意产品开发工作推进会。

5. 围绕“一带一路”倡议，扩大文物对外交流合作，继续做好援助柬埔寨、乌兹别克斯坦、尼泊尔等文物保护修复项目，启动援助缅甸文物抢救保护项目，主动设计面向中亚、南亚等周边国家的文物保护与合作考古项目，举办赴意大利、德国海上丝绸之路主题展览和赴美国“秦汉文明”文物展，举办中国—中东欧文化遗产论坛。

6. 配合纪念香港回归20周年活动，举办赴香港丝绸之路主题文物展，与香港特别行政区政府签署文化遗产领域更紧密安排协议。继续举办海峡两岸文化遗产论坛和台湾历史教师中华文化研习营，保持与台湾文化遗产领域机制性交流。

五、着力提升文物工作管理水平

1. 加强不可移动文物管理。完善文物保护工程管理体系，加大重点项目检查指导力度，提高文物保护工程质量。制修订《古建筑修缮工程施工规程》《近现代建筑保养维护工程技术规程》《全国重点文物保护单位保护规划编制要求》《石窟寺安全稳定性评估技术导则》。开展国家考古遗址公园评估和第三批国家考古遗址公园评定工作。

2. 加强博物馆管理。加强全国博物馆信息备案和公开，完善博物馆质量评价体系，开展国家二、三级博物馆定级评估工作。

3. 支持非国有博物馆发展。印发《关于进一步推动非国有博物馆可持续发展的指导意见》，举办非国有博物馆馆长培训班，将非国有博物馆纳入博物馆质量评价体系。

4. 强化社会文物管理。开展民间文物收藏情况调研，举办民间文物收藏与流通座谈会，组织鼓励民间合法收藏文物相关课题研究。开展文物拍卖经营活动统计评估，建立文物经营主体信用信息公示系统和违法失信“黑名单”管理制度。新设两家国家文物进出境审核管理机构，加强对自贸区、保税区的文物进出境管理与服务。制定涉案文物鉴定管理办法，编制文物鉴定规程和民间收藏文物鉴定指导意见。加强中国流失海外文物数据库建设，推动文物追索返还取得新成果。

5. 强化文物安全监管。深入开展打击防范文物犯罪活动，建设中国被盗文物数据信息发布平台；继续实施文物平安工程，不断完善高风险全国重点文物保护单位防火防盗防破坏设施；开展重点地区革命文物安全状况调研，启动全国文物安全大数据建设。

6. 强化文物执法督察。扎实推进文物法人违法案件专项整治三年行动，查处曝光一批法人违法典型案件；对部分长城沿线省份集中开展“再督察”，督促落实整改措施。开展全国省级文物行政执法第三方评估和不可移动文物执法监测，开展全国重点文物保护单位执法监督在线巡查试点和执法终端建设试点。

7. 加强督察督办，狠抓工作落实。做好党中央、国务院决策部署和中央领导同志重要指示批示的督办落实，继续抓好《国务院关于进一步加强文物工作的指导意见》贯彻落实情况的专项督察。建立日常工作督办与重点工作督察相结合的督察机制。

六、着力加强文物保护能力建设

1. 加强制度建设。认真落实《国家文物局贯彻落实〈法治政府建设实施纲要（2015～2020年）〉实施方案》的各项任务，继续推进《中华人民共和国文物保护法》《中华人民共和国水下文物保护管理条例》修订工作，扎实做好行政法规、部门规章和规范性文件清理工作。印发2017～2020年文物保护标准制修订计划，发布一批行业标准，完成一批制修订行业标准立项。

2. 加强人才队伍建设。与有关部门联合印发《进一步加强文博人才工作的指导意见》，召开全国文博人才工作座谈会，开展全国文物系统先进集体和先进工作者表彰工作。继续推进文博人才培养“金鼎工程”，完善高层次文博人才提升计划。加强对文博类高等教育、职业教育的指导，支持民办高校、中等职业技术学校和艺术学院参与文博技能型人才培养。加大革命老区、民族地区、边疆地区、贫困地区的基层文博人才培训力度。遴选第二批国家文物局文博人才培训基地，编制文物修复师职业相关标准。办好老年大学，发挥老干部老专家在增添社会正能量中的积极作用。

3. 加强文物科技创新。印发《关于加强“十三五”文物科技工作的意见》，推动《文化遗产保护利用科技创新专项》列入国家重点研发计划。加强科技成果分类评价的制度性设计。开展第一批至第五批国家文物局重点科研基地运行情况评估工作，指导第六批国家文物局重点科研基地建设。发布文物保护装备产业化及应用五年行动计划，编制政府采购文物保护装备自主创新产品目录、文物保护装备推荐性产品目录，实施一批重点项目和示范项目。

4．强化文物宣传引导。组织党的十八大以来文物工作成就系列报道；做好国际博物馆日全国主会场、中国文化和自然遗产日主场城市活动。加大新闻发布力度，加强网络舆情监测工作。打造文物系统网络新媒体矩阵，推出以世界文化遗产为主题的文化遗产公开课，开展社会力量参与文物保护利用专题宣传活动。加强《中国文物志》编纂，完成《中国文物志》初稿编写工作。

国家文物局关于公布《国家文物局随机抽查事项清单》和《国家文物局随机抽查工作细则》的决定

文物政发〔2017〕1号

为贯彻落实《国务院办公厅关于推广随机抽查规范事中事后监管的通知》（国办发〔2015〕58号）要求，推进文物管理领域采取随机抽查方式开展执法检查工作，规范事中事后监管，我局研究制定了《国家文物局随机抽查事项清单》和《国家文物局随机抽查工作细则》，现予公布，自公布之日起施行。

附件：1．国家文物局随机抽查事项清单

2．国家文物局随机抽查工作细则

国家文物局

2017年1月18日

附件1

国家文物局随机抽查事项清单

序号	检查事项	检查依据	检查人员	检查对象	检查内容	检查比例频次	检查方式
1	文物购销、拍卖经营检查	《中华人民共和国文物保护法实施条例》第四十三条	国家文物局及省级文物行政部门相关业务处室工作人员和文物标的审核专家库成员	文物商店和文物拍卖企业	经营记录和文物保护法律法规履行情况	不低于2%，1年1次	实地检查，核查经营记录等

续表

序号	检查事项	检查依据	检查人员	检查对象	检查内容	检查比例频次	检查方式
2	全国重点文物保护单位执法检查	《中华人民共和国文物保护法》第八条；《长城保护条例》第四条；《中华人民共和国旅游法》第二十一条等	全国文物行政执法骨干数据库人员	全国重点文物保护单位	（一）是否发生文物保护单位保护范围和建设控制地带内的违法建设行为；（二）是否发生擅自迁移、拆除文物保护单位的违法行为；（三）是否发生擅自修缮文物保护单位，明显改变文物原状的违法行为；（四）是否发生擅自在原址重建已全部毁坏的文物保护单位，造成文物破坏的违法行为；（五）是否发生施工单位擅自从事文物修缮、迁移、重建的违法行为；（六）其他涉及文物保护单位的违法违规行为	不低于1%，1年不少于1次	实地检查、在线巡查、遥感抽查、专项督察相结合
3	文物系统一级风险单位安全检查	《中华人民共和国文物保护法》第八条；《长城保护条例》第四条；《中华人民共和国旅游法》第二十一条等	国家文物局及省级文物行政部门安全监管业务人员	列为一级风险单位的全国重点文物保护单位和文物收藏单位	《文物消防安全检查规程（试行）》（文物督发〔2011〕17号），《国家文物局文物安全案件督察督办管理规定（试行）》（文物督发〔2011〕18号），《文物安全与行政执法信息上报及公告办法》（文物督发〔2012〕1号），《文物系统博物馆风险等级和安全防护级别的规定》（GA27-2002）等规定的内容		实地检查

附件2

国家文物局随机抽查工作细则

第一条 为创新文物保护监管方式，全面推行“双随机一公开”工作，根据《国务院办公厅关于推广随机抽查规范事中事后监管的通知》（国办发〔2015〕58号）等有关规定，制定本细则。

第二条 本细则所称“双随机一公开”工作，是指国家文物局依法对随机抽查事项清单中所列事项实施检查时，采取随机抽取检查对象、随机选派检查人员并及时公开检查情况的活动。

第三条 随机抽查工作计划应当经分管局领导批准后实施。

第四条 实施检查工作的部门，应当制定检查工作方案，根据方案随机确定检查对象，随机选派检查人员。抽查过程应当全程记录，实现责任可追查。

对投诉举报多或有严重违法违规记录的检查对象，应当重点抽查；对在三年内已被抽查过且检查合格的检查对象，可不再重复抽查。

第五条 开展实地检查应当由两名以上检查人员参加，并由一名检查人员任组长。如果存在检查人员应予回避的情形，或者因不可抗力等因素不能执行检查时，应重新随机选派检查人员。

第六条 开展检查前，应当书面告知检查对象或其管理机构实施检查的人员以及检查时间、检查范围、检查内容、检查程序、检查标准和要求等事项，或根据工作需要，采取“四不两直”的检查方式。

第七条 检查人员按照随机抽查事项清单列明的检查内容、检查方式以及有关检查规程和标准等开展检查，并如实报告检查情况。

对于检查中发现的问题，应当按照职责依法处理。

第八条 检查结束后30日内，应当将检查结果向社会公开。

除涉及国家秘密、商业秘密、个人隐私的外，检查结果一律通过国家文物局政府网站公开。

第九条 随机抽查事项清单、检查对象、检查人员发生变动的，应当及时作出调整。

第十条 本细则自公布之日起施行。

国家文物局关于印发《国家文物事业发展“十三五”规划》的通知

文物政发〔2017〕4号

各省、自治区、直辖市文物局（文化厅），各计划单列市文物局（文化局）、新疆生产建

设兵团文物局，本局机关各部门、各直属单位：

现将《国家文物事业发展“十三五”规划》印发你们，请结合实际，认真贯彻执行。

特此通知。

国家文物局

2017年2月14日

附件

国家文物事业发展“十三五”规划

前言

文物承载灿烂文明，传承历史文化，维系民族精神，是国家的“金色名片”，是中华文明源远流长和生生不息的实物见证，是传承弘扬中华优秀传统文化的历史根脉，是加强社会主义精神文明建设的深厚滋养，是推动经济社会发展的优势资源。保护文物功在当代、利在千秋。加强文物保护利用，让收藏在博物馆里的文物、陈列在广阔大地上的遗产、书写在古籍里的文字都活起来，对于坚定文化自信、增强中华民族凝聚力、满足人民群众精神文化需求、促进文明交流互鉴、实现中华民族伟大复兴中国梦具有重要意义。

“十二五”以来，在党中央、国务院的坚强领导下，在中央国家机关相关部门和地方党委、政府的大力支持下，在广大文物工作者的共同努力下，我国文物事业取得显著成就。全社会保护文物的共识初步形成，各级党委、政府落实保护责任，相关部门齐抓共管，社会力量积极参与，文物的价值和作用得到广泛认同。文物资源家底基本廓清，文物保护对象和范围更加拓展，第三次全国文物普查圆满完成，第一次全国可移动文物普查全面推进；不可移动文物766722处，文物藏品4138.9万件/套；全国重点文物保护单位4296处；世界遗产50项，跃居世界第二，其中世界文化遗产35项、世界文化和自然遗产4项。文物保存状况有效改善，承德避暑山庄及周围寺庙、大足石刻千手观音造像、延安革命旧址群等文物保护修缮重点工程顺利完成，抗战文物和传统村落保护展示全面提速，水下文化遗产、大遗址保护及国家考古遗址公园建设取得突破，城乡建设中文物考古和抢救保护协同推进，可移动文物保护修复有序开展。博物馆建设蓬勃发展，全国博物馆总数达到4692家，其中国有博物馆3582家、非国有博物馆1110家，免费开放博物馆4013家，全国平均29万人拥有1家博物馆。文物法律制度体系基本形成，《中华人民共和国文物保护法》启动修订，《博物馆条例》公布实施，文物执法督察和联合执法力度逐步加大，依法行政能力和宏观管理水平有效提升。文物工作保障体系日渐完善，文物保护投入大幅递增，文物科技支撑能力明显增强，文物博物馆机构稳步增长，文物博物馆人才培训力度持续加大。文物对外交流合作长足发展，文物进出境管理持续加强，流失海外中国文物追索返还取得新成果。文物保护成果更多惠及人民群众，文物事业对经济社会发展的贡献持续增长，全社会依法保护文物的意识不断增强。文物事业呈现出前所未有的良好态势，面临着前所未有的发展机遇。

“十三五”时期，是全面建成小康社会的决胜阶段，也是文物事业改革发展的关键时期。随着经济社会快速发展，文物保护利用的任务更加艰巨，文物工作责任更加重大，文物资源在推动经济社会发展中的积极作用有待进一步发挥，文物事业治理能力和治理水平有待进一步提高。各级文物部门必须牢固树立政治意识、大局意识、核心意识、看齐意识，不辱使命，守土尽责，抓住机遇，奋发有为，全面推进文物工作迈上新台阶。

根据《中华人民共和国文物保护法》《博物馆条例》《中共中央关于制定国民经济和社会发展第十三个五年规划的建议》《中华人民共和国国民经济和社会发展第十三个五年规划纲要》，编制本规划。

一、总体要求

（一）指导思想

高举中国特色社会主义伟大旗帜，全面贯彻党的十八大和十八届三中、四中、五中、六中全会精神，以马克思列宁主义、毛泽东思想、邓小平理论、“三个代表”重要思想、科学发展观为指导，深入贯彻习近平总书记系列重要讲话特别是关于文物工作重要指示批示精神，紧紧围绕“五位一体”总体布局和“四个全面”战略布局，牢固树立创新、协调、绿色、开放、共享的发展理念和保护文物也是政绩的科学理念，贯彻执行《中华人民共和国文物保护法》《博物馆条例》和“保护为主、抢救第一、合理利用、加强管理”的文物工作方针，全面落实《国务院关于进一步加强文物工作的指导意见》《关于实施中华优秀传统文化传承发展工程的意见》，统筹好文物保护与经济社会发展，切实加大文物保护力度，推进文物合理适度利用，使文物保护成果更多惠及人民群众，广泛动员社会力量参与，切实做到在保护中发展、在发展中保护，努力走出一条符合国情的文物保护利用之路，为实现“两个一百年”奋斗目标、实现中华民族伟大复兴中国梦作出更大贡献。

（二）发展目标

到2020年，文物资源和保存状况基本摸清，全国重点文物保护单位、省级文物保护单位保存状况良好，市县级文物保护单位保存状况明显改善，尚未核定公布为文物保护单位的不可移动文物保护措施得到落实；馆藏文物预防性保护进一步加强，珍贵文物较多的博物馆藏品保存环境全部达标；文物保护的科技含量和装备水平进一步提高，文物展示利用手段和形式实现突破；博物馆体系日臻完善，馆藏文物展示利用效率明显提升，文物单位文化创意产品体系逐步形成，有条件的文物保护单位实现对外开放，公共文化服务功能和社会教育作用更加彰显；文物法律制度体系基本完备，文物保护利用理论架构基本确立，文物行业标准体系和诚信体系基本形成；文博人才队伍结构不断优化，专业水平明显提升；文物执法督察体系基本建立，文物行政执法力量得到加强，文物安全责任体系更加健全，文物安全形势明显好转；文物市场活跃有序，文物收藏者的合法权益得到有效保护，文物进出境监管和文物鉴定服务日趋完备；社会力量广泛参与文物保护利用格局基本形成，文物保护成果更多惠及人民群众，文物事业的社会影响力进一步提升，文物工作在传承中华优秀传统文化、弘扬社会主义核心价值观、推动中华文化走出去、提高国民素质和社会文明程度中的重要作用进一步发挥，文物工作在促进经济发展、推动社会进步、坚定文化自信、拓展中外人文交流中的积极作用进一步增强。

二、切实加大文物保护力度

坚持分类指导，突出重点，加强基础，实现由注重抢救性保护向抢救性与预防性保护并重转变，由注重文物本体保护向文物本体与周边环境、文化生态的整体保护转变，确保文物安全。

（一）加强不可移动文物保护

夯实不可移动文物基础工作。建立全国重点文物保护单位保护管理状况评估制度，发布年度评估报告。开展工业遗产、农业遗产和水利遗产普查和保护，加强新中国成立以来的文物保护。开展第八批全国重点文物保护单位的推荐和遴选，落实市县级文物保护单位“四有”工作，完善尚未核定公布为文物保护单位的不可移动文物保护措施。加强文物保护单位保护规划编制、公布和实施，推动将文物保护规划相关内容纳入城乡规划。全国重点文物保护单位和省级文物保护单位“四有”工作完成率达到100%，全国重点文物保护单位和省级文物保护单位文物保护工程合格率达到100%。

提升考古在文物保护中的基础性地位和作用。开展“考古中国”重大研究工程，对古文化遗址有重点地进行系统考古发掘，不断加深对中华文明悠久历史和宝贵价值的认识。继续重视基本建设考古，做好北京城市副中心考古和文物保护工作。研究建立文物影响评估制度，推动地下文物埋藏区的认定与公布。全面推进大遗址保护利用，实施国家考古遗址公园建设工程，推动考古、保护、研究与展示、利用的良性循环。

加强革命文物保护。实施革命文物保护利用工程，全面提升革命文物保护展示水平。编制革命文物保护利用规划，加强革命文物和革命文献史料的调查、征集、研究工作，做好馆藏革命文物的清理、定级、建账和建档工作。加强革命文物的安全防范设施建设，完善馆藏革命文物监测调控设施，改善革命文物的藏品保管和陈列展览条件。

实施文物保护重点工程。加强濒危文物抢救保护，简化项目审批，开辟绿色通道。加强长城保护。开展山西古建筑、江西海昏侯墓保护等一批具有重大影响和示范效应的文物保护重点项目，开展西藏、四省藏区和新疆文物保护、近现代代表性建筑保护、西部地区石窟保护展示工程。建立京津冀文物保护协同机制，实施冬奥会区域文物保护展示工程，推进京张铁路整体保护利用示范项目。推动文物预防性保护常态化、标准化，出台日常养护、岁修、巡查和监测工作规范。指导古建筑密集区开展古建筑养护工程试点和古建筑保护利用综合试点。

加强新型城镇化和新农村建设中的文物保护。完善历史文化名城、村镇、街区申报和管理制度，加强历史文化名城、村镇、街区和传统村落整体格局和历史风貌的保护，实施古村落古民居保护工程。

加强水下文化遗产保护。开展西沙群岛、南沙群岛及沿海重点海域水下文化遗产调查和水下考古发掘保护项目，划定一批水下文化遗产保护区。推进南海Ⅰ号、丹东Ⅰ号等考古发掘和保护展示项目，实施海上丝绸之路文物保护工程。提升水下文化遗产保护装备水平，建成国家水下文化遗产保护南海基地。

加强世界文化遗产申报、保护和管理。坚持有利于突出中华文明历史文化价值、有利于体现中华民族精神追求、有利于向世人展示全面真实的古代中国和现代中国的工作原则，加强中国世界文化遗产预备名单动态管理，推进花山岩画文化景观、鼓浪屿·历史国际社区、古泉州（刺桐）史迹、良渚遗址、海上丝绸之路保护与申遗工作，推动陆上丝绸之路其他廊道申遗。加强长城、大运河、“丝绸之路：长安—天山廊道的路网”沿线文物保护。完成世界文化遗产保护管理规划编制和世界文化遗产基础数据库建设，完善世界文化遗产保护状况监测和报告制度。

（二）加强可移动文物保护

全面完成第一次全国可移动文物普查，公布普查数据和普查成果，实行国有可移动文物身份证制度，建立全国国有可移动文物资源库。

加强可移动文物修复。制定文物病害程度和健康状况分析评估标准，实施馆藏珍贵文物保护修复工程，重点开展纺织品、漆木器、书画、青铜器等易损文物抢救修复工作。建立国家、省、市三级可移动文物保护修复平台，提升馆藏文物保护基础设施和专业装备水平。

加强馆藏文物预防性保护。出台馆藏文物日常养护技术标准和管理规范，制定博物馆库房标准，实施馆藏文物保存条件达标和标准化库房建设工程。在文物收藏较为集中的博物馆，建设文物保存环境监测平台、环境调控系统和专有装置，实现国家一、二级博物馆文物保存环境全部达标。在地震多发地区，开展馆藏文物防震设施建设。实施馆藏革命文物预防性保护工程，改善馆藏革命文物保存环境。

（三）加强文物安全

创新文物安全监管模式。推动将文物安全纳入地方政府绩效考核或社会治安综合治理体系，层层落实文物安全责任。制修订文物安全监管工作规范、文物博物馆单位应急管理规范和安全保卫人员岗位职责，推动文物安全监管规范化、标准化。

提升文物安全监管能力。制定全国重点文物保护单位安全风险评估规范，开展文物被盗、被破坏和火灾风险评估，建立全国重点文物保护单位文物安全数据库，推广文物博物馆单位安全防范系统远程监管、文物建筑消防物联网监控和文物安全监管人员田野文物智能巡检，基本形成人防、物防、技防相结合的文物安全防护体系。

提高文物安全防范水平。实施文物平安工程，健全文物安全防护标准，推广文物博物馆单位防火防盗防破坏先进技术和专有装备，加强文物博物馆单位安全防护设施建设。

专栏1　文物保护工程
1．长城保护计划：构建“政府主导、社会参与、惠及民生”的长城保护体系，编制实施长城保护总体规划和省级长城保护规划，实施一批长城抢险加固、保护修缮、设施建设和综合展示工程，新建一批长城保护展示示范区。健全长城保护管理制度，推动组建国家级长城保护研究中心，开展长城保护宣传教育活动。 2．革命文物保护利用工程：建立革命文物资源目录和大数据库，推进革命旧址保护修缮三年行动计划和馆藏革命文物修复计划，实施一批具有重大影响和示范意义的革命旧址保护展示项目，抢救修复濒危、易损馆藏革命文物；推广赣南等原中央苏区革命旧址整体保护经验，实施鄂豫皖大别山区革命文物保护展示项目，继续加强抗战文物保护展示；加强对革命文物的研究阐释，改进提升革命文物陈列展示水平，推出一批弘扬革命精神、彰显社会主义核心价值观的革命文物专题展览，做到见人、见物、见精神。实施“长征——红色记忆工程”，编制长征文化线路保护总体规划，加强长征文物保护展示，打造长征红色旅游精品线路，助力革命老区脱贫攻坚行动和经济社会发展。 3．“考古中国”重大研究工程：以良渚等遗址为重点，深入研究展现早期中华文明的多元一体格局；以殷墟等遗址为重点，深化夏商周考古工作，揭示早期中国整体面貌；以河套地区聚落与社会、长江中上游文明进程、长江下游区域文明模式研究为重点，推进区域文明化进程研究。实施良渚、殷墟、石峁、二里头、三星堆、秦始皇陵、景德镇御窑、圆明园等遗址展示提升工程，建成一批遗址博物馆和国家考古遗址公园。 4．海上丝绸之路文物保护工程：开展海上丝绸之路史迹调查，基本掌握西沙海域文物遗存状况，加强明清海防设施、窑址、海岛文物调查研究，推进东海、黄海、渤海及内水重点区域水下文化遗产调查，实施一批海上丝绸之路文物保护修缮、展示提升和环境整治项目。

5．西部地区石窟保护展示工程：加强四川、重庆、甘肃等石窟寺石刻保护展示，实施石窟稳定性评估、石窟本体及载体加固治理、窟檐保护性设施建设项目，形成西南地区和西北地区石窟展示廊道。

6．西藏、四省藏区和新疆重点文物保护工程：实施西藏重点文物保护工程和青海、四川、云南、甘肃藏区全国重点文物保护单位及省级文物保护单位保护工程，传承藏族传统营造技艺；实施新疆重点文物保护工程，加强新疆生产建设兵团辖区文物特别是军垦文物保护。

7．古建筑和传统村落保护工程：继续实施山西古建筑、曲阜孔府孔庙孔林、武当山古建筑群、沈阳故宫等古建筑保护利用工程，推出一批精品工程。完成270处全国重点文物保护单位和省级文物保护单位集中成片传统村落整体保护利用项目。

8．近现代代表性建筑保护展示提升工程：制定近现代文物建筑保护利用导则和养护规程，实施上海、广州、青岛等近现代文物建筑综合保护和京张铁路、中东铁路历史建筑整体保护工程，基本完成全国重点文物保护单位中工业遗产、名人故居保护修缮项目，提升近现代代表性建筑的保护管理和展示利用水平。

9．水利遗产保护工程：健全水利遗产保护管理制度，制定水利遗产保护的技术标准和工作规范，开展水利遗产保护、监测、管理和展示、利用研究，实施一批重要水利遗产保护利用示范项目，加强水利遗产保护宣传教育。

10．馆藏珍贵文物保护修复工程：完成5万件馆藏珍贵文物的病害分析与健康评估工作，完成4万件馆藏珍贵文物及重要出土文物、出水文物的保护修复工作，建立馆藏文物保护修复基础资料数据库。

11．馆藏文物保存条件达标和标准化库房建设工程：完成150家博物馆及重要文物收藏单位的馆藏文物保存条件达标建设项目；完成10万件珍贵文物柜架囊匣配置工作；完成省级博物馆库房标准化改造，实现新建地市级博物馆库房达标；完成处于全国7度抗震设防区国家一、二、三级博物馆珍贵文物的防震加固设施建设。

12．文物平安工程：实施全国重点文物保护单位中高风险古遗址、古墓葬、石窟寺防盗技术设施建设，高风险古城镇、传统村落、古建筑群防火技术设施建设和高风险古建筑防雷技术设施建设。完成1000处第六批、第七批全国重点文物保护单位防火防盗设施建设，基本建成规模较大、风险较高的全国重点文物保护单位安全防护体系。

三、全面提升博物馆发展质量

博物馆是保护传承人类文明的重要殿堂，是连接过去、现在、未来的桥梁，在促进世界文明交流互鉴方面具有特殊作用。中国各类博物馆不仅是中国历史的保存者和记录者，也是当代中国人民为实现中华民族伟大复兴中国梦而奋斗的见证者和参与者。贯彻落实好《博物馆条例》，优化博物馆结构，丰富博物馆藏品，促进博物馆文化创意产品开发，提升博物馆公共服务功能和社会教育水平，建设现代博物馆体系。

（一）优化博物馆建设布局

到2020年，主体多元、结构优化、特色鲜明、富有活力的博物馆体系基本形成，全国博物馆公共文化服务人群覆盖率达到每25万人拥有1家博物馆，观众人数达到8亿人次/年。推动公布《博物馆建设标准》。加强标志国家及地方文明形象的重点博物馆建设，支持故宫博物院、中国国家博物馆等建设世界一流博物馆。完善中央地方共建国家级博物馆工作机制，推进上海博物馆、河南博物院、湖南省博物馆、湖北省博物馆、西藏博物馆等改扩建和功能提升工程。加快二里头遗址博物馆、国家自然博物馆、国家设计博物馆、国家人类学博物馆、当代艺术博物馆等专题博物馆建设，推进生态博物馆、社区博物馆和工业遗产博物馆建设，形成一批具有鲜明主题和地域特色的博物馆群体。加强市县博物馆建设，支持革命老区、民族地区、边疆地区、贫困地区博物馆建设，实施边疆地区博物馆建设工程。

（二）完善博物馆管理机制

完善博物馆藏品管理、陈列展览、科学研究、公共服务和社会教育机制，健全博物馆藏品和展览备案制度，建立博物馆综合评价体系，推进博物馆理事会制度建设，公布《国有博物馆章程范本》，修订《博物馆评估办法》。支持非国有博物馆发展，完善非国有博物馆法人治理结构，健全非国有博物馆准入退出制度，修订《非国有博物馆章程示范文本》，实施非国有博物馆发展质量提升工程。

（三）提升博物馆教育质量

完善博物馆免费开放工作机制，建立博物馆免费开放绩效评估管理制度，探索对免费开放博物馆实行动态管理，将更多博物馆纳入各级财政支持的免费开放范围，促进博物馆公共文化服务标准化、均等化。改善博物馆服务设施和接待条件，拓展博物馆文化休闲功能，发挥博物馆的文化中心和研究中心作用。健全博物馆陈列展览质量标准和评价体系，建立国家一级博物馆与市县级博物馆借展、联展、巡展合作机制。加强流动博物馆建设，推动展览陈列进乡村、进社区、进学校、进军营、进企业。强化文教结合，完善博物馆青少年教育功能，定期开展博物馆中小学生教育活动，推出一批博物馆教育精品项目和示范活动。

（四）加强博物馆藏品管理

完善博物馆藏品征集标准，拓展博物馆藏品征集领域和途径，充实基层博物馆藏品数量和类型。加强近现代文物征集，注重民俗文物、民族文物和非物质文化遗产征集，实施经济社会发展变迁物证征藏工程。健全文物藏品档案管理制度，建立全国可移动文物藏品信息备案系统，形成博物馆藏品资源共享和馆际交流机制，推进考古机构依法向博物馆移交考古发掘的出土文物和出水文物。

专栏2　博物馆建设工程

1. 博物馆青少年教育功能提升工程：全国国有博物馆为中小学生讲解服务10万小时以上/年，每家博物馆开展中小学生讲解服务或教育活动4次以上/年。建立博物馆青少年教育项目库，制作博物馆青少年教育精品课程100个以上。开展博物馆教育示范点建设，建立馆校合作机制，创建与学校教学相结合的博物馆青少年教育活动项目品牌。

2. 边疆地区博物馆建设工程：实施新疆、西藏、云南、广西、内蒙古、黑龙江、吉林、辽宁等省级博物馆改造提升工程，建成一批反映边疆历史及多民族融合发展的边疆博物馆，全面提高边疆地区博物馆的藏品保存和陈列展示水平。

3. 非国有博物馆发展质量提升工程：将非国有博物馆纳入博物馆质量评价体系，开展非国有博物馆定级评估，加强非国有博物馆藏品管理、保护修复、公共服务和教育设施建设。推进国有博物馆对口帮扶非国有博物馆，加强对非国有博物馆的专业指导、技术扶持和人才培养。支持非国有博物馆开展社会教育活动，推出100项非国有博物馆精品展览或教育活动，促进将符合条件的非国有博物馆纳入政府公共文化服务采购范围。

4. 经济社会发展变迁物证征藏工程：开展新中国成立以来反映国家重点建设成就、区域经济发展、社会生产生活方式变迁的重要实物调查与征藏，制定入藏门类、标准和规范，重点充实基层博物馆藏品资源，新增经济社会发展变迁物证藏品达到10万件以上。

四、多措并举让文物活起来

坚持保护为主、保用结合，坚持创造性转化和创新性发展，大力拓展文物合理适度利用的有效途径，传承中华优秀传统文化，培育社会主义核心价值观，让历史说话，让文物活起来，讲好中国故事，提升中华文化国际影响力，让宝贵遗产世代传承、焕发新的光彩，用文明力量助推发展进步。

（一）发挥社会教育功能，弘扬中华优秀传统文化

实施国家记忆工程，建设全民共识的国家精神标识。实施“互联网+中华文明”三年行动计划，激活中华优秀传统文化的生命力和影响力。推进山东曲阜优秀传统文化传承发展示范区、甘肃华夏文明传承创新区建设，加强北京历史文化名城保护。编纂出版《中国文物志》。

（二）彰显文物资源优势，促进经济社会发展

创新文物合理利用模式。推动文物保护利用与新型城镇化和新农村建设相结合，与扶贫攻坚和经济发展相结合，与美丽中国建设相结合，延续历史文脉，建设人文城市，打造特色小镇和美丽乡村。促进文物保护单位开放利用，推动有条件的行政机关、企事业单位、社会团体、军队管理使用的文物保护单位定期或部分对公众开放。分类分级制定文物景区游客承载量标准，培育以博物馆和文物保护单位为载体的体验旅游、研学旅行、休闲旅游精品线路。

促进文化创意产品开发。贯彻落实国务院办公厅转发文化部、国家发展改革委、财政部、国家文物局《关于推动文化文物单位文化创意产品开发的若干意见》，出台《博物馆商业经营活动管理办法》，开展文物单位文化创意产品开发试点和经验推广。研究制定社会力量参与文物保护利用规范性文件。实施“互联网+中华文明”三年行动计划，支持各方力量利用文物资源开发文化创意产品，推出一批具有示范带动作用的文化创意产品开发项目和优秀企业。到2020年，打造50个博物馆文化创意产品品牌，建成10个博物馆文化创意产品研发基地，文化创意产品年销售额1000万元以上的文物单位和企业超过50家，其中年销售额2000万元以上的超过20家。扩大文物资源开放，实施全国可移动文物资源共享工程。

（三）鼓励民间合法收藏文物，提升社会文物管理服务水平

开展民间文物收藏情况调研，组织鼓励民间合法收藏文物相关课题研究，建立健全鼓励民间合法收藏文物的政策措施，印发《文物拍卖管理办法》，研究制定《文物市场管理办法》，规范文物经营活动，引导民间收藏行为。完善文物经营资质审批和文物拍卖标的审核备案制度，加强文物市场和网上文物交易监管，完善联合监管机制。建立文物经营主体信用信息公示系统和违法失信“黑名单”管理制度。编制文物鉴定规程和民间收藏文物鉴定指导意见，支持培育各类合格主体开展民间文物鉴定业务，规范文物鉴定活动。制定涉案文物鉴定管理办法、技术标准和操作规范，涉案文物鉴定机构达到35个，每个省（自治区、直辖市）至少拥有1个涉案文物鉴定机构。推广科技手段在文物鉴定中的应用。

加强文物进出境管理。完善文物进出境审核信息管理系统，推广文物身份电子标识，实现文物进出境审核管理信息化标准化。加强协同监管，加强对自贸区、保税区的文物进出境管理服务，加大打击文物走私力度。优化文物进出境审核机构布局，文物进出境责任鉴定员达到260人。开展流失海外中国文物调查研究，推动流失文物追索返还取得新成果。

（四）拓展文物对外交流合作，建设“一带一路”文化遗产长廊

加强与文化遗产国际组织的深度合作，提高文化遗产国际公约履约水平。扩大与各国政府间文物交流互动，推动与更多国家签署防止盗窃盗掘和非法进出境文物的双边协定，构建稳定、多维的政府间文物合作网络。增进与“一带一路”沿线国家及文化遗产国际组织的交流合作，建设“一带一路”文化遗产长廊。加强中华文物对外交流合作，推出一批具有中国内涵、国际表达、创意融合的对外文物展览，引进一批高水平来华文物展览。统筹开展援外文物保护工程和境外合作考古项目，推出一批中国文物保护理论成果和实践案

例，实施中华文物走出去精品工程。加强与香港、澳门、台湾在文物领域的交流合作，促进港澳台同胞共享中华优秀文化遗产。

专栏3　文物合理利用工程
1. 国家记忆工程：依托文物建筑、文化典籍、国家档案等，通过体现中华优秀传统文化、革命文化和社会主义先进文化的代表性文物，分类分批实施国家历史、文化、艺术、科学记忆工程及国家记忆数字化保存行动计划，建设全民共识的国家精神标识。 2. “互联网+中华文明”三年行动计划：坚持政府积极引导、社会共同参与，推动互联网的创新成果与中华优秀传统文化的传承、创新与发展深度融合，充分发挥市场作用，通过观念创新、技术创新和模式创新，推动文物信息资源开放共享，推进文物信息资源、内容、产品、渠道、消费全链条设计，丰富文化供给，促进文化消费，进一步发挥文物资源在培育社会主义核心价值观、构建中华优秀传统文化传承体系和公共文化服务体系中的独特作用。推进文物信息资源开放共享，调动文物博物馆单位用活文物资源的积极性，激发企业创新主体活力，完善业态发展支撑体系，形成一批具有示范性、带动性和影响力的融合型文化产品和服务品牌，有力促进大众创新、万众创业。 3. 全国可移动文物资源共享工程：运用第一次全国可移动文物普查数字化成果，建立可移动文物资源共享机制。公布文物藏品信息达到100万件以上，向社会公众提供查询服务。 4. “一带一路”文化遗产长廊建设工程：编制实施“一带一路”沿线文化遗产保护利用规划，推进陆上丝绸之路扩展项目、海上丝绸之路的保护与申遗工作，加强“丝绸之路：长安—天山廊道的路网”跨国协作与文物保护，开展丝绸之路“南亚廊道”研究。构建“一带一路”文化遗产双边、多边交流机制和合作平台，实施“一带一路”沿线国家援外文物保护工程和合作考古、科技保护、文物展览项目，促进民心相通，增进深度认知。举办“丝绸之路文化遗产”主题研讨会、高级别论坛和陆上、海上丝绸之路文物交流展。 5. 中华文物走出去精品工程：充分利用党和国家领导人重要对外活动契机，抓住重大节庆、重大事件、重要会议、重要节展赛事的时间节点和国家文化年、文化节系列活动，向世界推介更多具有中国特色、凸显中国精神、蕴含中国智慧的文物精品展览，扩大文物出展国家和地区。全方位拓展文物对外交流合作渠道平台，大力创新方法手段，在重点国家实现突破，在周边国家巩固扩大，在非洲、拉美等地区扩大覆盖范围，打造一批文物对外交流合作品牌。将中华文化走出去融入文物对外援助工作，继续推进援助柬埔寨、乌兹别克斯坦、尼泊尔、缅甸等文物保护工程，做好境外联合考古项目。举办面向港澳台青少年的历史文化研习营活动，组织赴港澳台文物展览，保持与台湾文化遗产领域机制性交流。

五、加强文物科技创新

构建以技术创新为核心、以组织创新为支撑、以制度创新为保障的文物行业创新体系，支撑引领文物事业科学发展。

（一）提高技术预测预见能力，加强基础科学技术前沿研究

加强文物保护基础理论研究和学科建设，重点开展文物领域技术预测、预见的方法研究，规划文物科技发展战略、重点领域和行动计划，制定技术路线图。开展文物价值综合研究、文物本体材料及制作工艺、文物病害、保护材料与文物本体作用机制等应用基础研究，重点推进以应用基础研究为先导的技术创新。支持文物风险识别、评估预警和处置的理论、方法和模型前沿研究。

（二）加强共性关键技术攻关，加快文物保护装备建设

开展考古调查与发掘专用技术、无损分析检测和多技术协同探测技术研发，构建考古现场保护体系。开展文物风险评估技术与方法、风险处置关键技术和出水文物、土遗址、壁画、石窟寺等成套保护技术及生物病害综合防治技术研发。开展书画、纺织品、陶质彩

绘文物传统修复工艺与现代科技相结合的共性关键技术研究，文物保护材料性能和保护效果评价方法研究，木结构建筑和历代书画传统工艺谱系研究。以博物馆和大遗址为对象，开展智慧博物馆技术支撑体系研究。深化“制造商+用户”“产品+服务”发展模式，加强企业与文博科研单位、用户单位的合作，推进文物博物馆专有装备研发、推广应用、替代升级，形成文物保护装备产品系列。制定文物保护装备产品标准，建设国家文物保护装备产业基地。

（三）加快急需标准制定，推进文物信息化建设

加强文物术语与编码等基础标准的制修订，加强文物数字资源采集、加工、存储、传输、交换、服务等通用标准的制修订，加强文物价值评估、风险管理、保护技术等技术标准和管理标准的制修订，完善标准复审制度，完成50项以上行业技术标准的制修订工作。推进单位（实验室）标准、地方标准建设，开展团体标准试点。强化文物标准宣传贯彻，开展标准化示范试点。全面推进文物保护、利用、管理、研究信息化整合共享工作，建设国家文物大数据库，建成国家文物主管部门综合行政管理平台，完善文物部门政务公共服务系统，实现文物信息互联互通与数据资源共享共建。

（四）推广文物科技成果，构建多元化科研组织

促进文物科技成果的推广应用，开展文物科技成果的效果和适用评估，建立文物科技转移和成果扩散机制，发布重点文物科技成果转化项目指南。依托国家文物局重点科研基地及工作站、科技创新联盟，实施文物保护科技示范工程。鼓励社会科技资源参与文物科技创新，加强资源共享、风险共担、优势互补的战略合作，建立实体研发组织与虚拟研发组织相结合的新型文物科技创新组织模式。建成30个国家文物局重点科研基地、5个以上文物行业科技协同创新平台。培育国家文物局重点科研基地进入国家级研发基地序列，完善文物科技项目、科技成果和科研机构评价制度。

专栏4　文物科技创新应用工程
1．文物保护科技示范工程：依托不可移动文物保护工程和可移动文物修复项目，围绕土遗址、彩塑壁画、石质文物、陶质彩绘文物、出水文物、竹木漆器、纺织品、纸质文物和馆藏文物保存环境监测调控、馆藏文物防震、遗产地风险预控等方面，实施20项以上文物保护科技示范项目。 2．智慧博物馆建设工程：运用物联网、大数据、云计算、移动互联等现代信息技术，研发智慧博物馆技术支撑体系、知识组织和“五觉”虚拟体验技术，建设智慧博物馆云数据中心、公共服务支撑平台和业务管理支撑平台，形成智慧博物馆标准、安全和技术支撑体系。建设智慧故宫、智慧敦煌、智慧秦始皇陵博物院。 3．文物保护装备应用示范工程：研发水下考古机器人搭载平台、文物数字化装备和智能感知终端、智慧博物馆装备、文物素材再造设备和系统等前沿技术，形成一批拥有自主知识产权的文物保护装备。促进文物预防性保护、文物安全、文物运输、文物管理等专有装备应用。建设装备企业和文博科研、用户单位相结合的文物保护装备产业基地和应用示范区。

六、加强文物法治建设

坚持制度先行，完善文物法律制度，健全文物政策措施，落实文物行政执法主体责任，增强文物法律意识，提升文物法治水平。

（一）完善法律制度，加强文物普法宣传

加快形成系统完备、科学规范、运行有效的文物法律制度体系。落实《国家文物局贯

彻落实〈法治政府建设实施纲要（2015～2020年）〉实施方案》，推动《中华人民共和国文物保护法》和《中华人民共和国水下文物保护管理条例》修订工作，制定一批配合文物法律法规实施的部门规章及规范性文件，做好文物行政法规、部门规章和规范性文件清理工作。开展文物系统“七五”普法工作，深化文物法律进机关、进乡村、进社区、进学校、进企业、进单位主题活动。加强文物普法宣传员队伍建设，鼓励社会力量参与文物法治宣传工作，促进文物法治理念深入人心。

（二）坚持依法行政，深化文物行政审批制度改革

深入推进文物领域“放管服”改革，简政放权，转变职能，优化文物行政审批流程，更新文物行政审批事项服务指南，加强事中事后监管。推行文物行政许可标准化和“双随机一公开”监管方式，完善“一单两库一细则”。推进文物行政审批事项的标准化、规范化，实现文物行政审批事项在标准上规范、程序上简约、管理上精细、时限上明确。进一步明确文物部门的职责定位和发展定位，进一步规范文物部门的权力清单和责任清单。推进文物部门决策、执行、管理、服务、结果公开和重点领域信息公开。

（三）加大层级监督，强化文物行政执法督察

完善国家文物督察制度。构建“国省督察、市县执法、社会监督、科技支撑”的文物执法督察体系，依法督察地方政府履行文物保护职责情况，依法督办重大文物违法案件和文物安全事故。公开曝光一批重大文物违法案件和文物安全事故，对影响恶劣的，及时约谈地方政府负责人。开展文物法人违法案件三年整治专项行动和长城执法专项督察，重大文物违法案件查处率达到100%。

充实文物行政执法力量。优化省级以上文物执法督察力量配置，落实市县文物行政执法职能，实现省市县文物行政执法主体全覆盖。完善文物行政执法责任制，开展省级文物执法效能评估。建立全国文物行政执法人员动态管理系统，建立岗位培训制度，提高文物行政执法人员素质。

规范文物行政执法程序。健全文物行政处罚裁量权基准制度，建立文物行政执法全过程记录制度，规范文物行政执法行为。建立文物违法案件分级处置、重大案件挂牌督办和约谈通报曝光机制。推广说服教育、劝导示范、行政指导等非强制性执法手段。健全文物行政执法和刑事司法衔接机制，完善文物案件通报、移送标准和程序。

提升文物行政执法能力。强化科技、装备在文物行政执法领域的应用，实施文物行政执法能力提升工程。发挥国家文物局文物违法举报中心作用，建好用好“12359”文物违法举报热线，建立文物违法社会监督员制度，形成文物执法领域志愿服务机制。

（四）加强联合执法，打击文物违法犯罪行为

发挥全国文物安全工作部际联席会议的协调作用，落实“两高”文物犯罪司法解释，完善联合打击和防范文物犯罪长效机制。提升全国文物犯罪信息中心的实战作用。开展打击文物犯罪专项行动和文物建筑火灾隐患整治专项行动，有效遏制重大文物犯罪案件和文物火灾事故高发势头。完善多部门联合执法机制，强化水下文化遗产执法合作，开展多领域联合行政执法行动。

（五）严格责任追究，健全文物违法行为惩戒机制

地方政府、有关部门和单位因不依法履行职责、决策失误、失职渎职导致文物遭受破坏、失盗、失火并造成一定损失的，要依法依纪追究有关人员的责任；涉嫌犯罪的，移送司法机关处理。建立文物保护责任终身追究制，对负有责任的领导干部，不论是否已调

离、提拔或者退休，都必须严肃追责。建立健全文物保护工程勘察设计、施工、监理、技术审核质量负责制，对违反国家法律法规和技术标准，造成文物和国家财产遭受重大损失的，依法追究相关单位和人员的责任。建立健全文物领域守法信用记录制度，完善守法诚信行为褒奖机制和违法失信行为惩戒机制。

专栏5　文物法治建设工程

1．文物保护科技示范工程：依托不可移动文物保护工程和可移动文物修复项目，围绕土遗址、彩塑壁画、石质文物、陶质彩绘文物、出水文物、竹木漆器、纺织品、纸质文物和馆藏文物保存环境监测调控、馆藏文物防震、遗产地风险预控等方面，实施20项以上文物保护科技示范项目。

2．智慧博物馆建设工程：运用物联网、大数据、云计算、移动互联等现代信息技术，研发智慧博物馆技术支撑体系、知识组织和“五觉”虚拟体验技术，建设智慧博物馆云数据中心、公共服务支撑平台和业务管理支撑平台，形成智慧博物馆标准、安全和技术支撑体系。建设智慧故宫、智慧敦煌、智慧秦始皇陵博物院。

3．文物保护装备应用示范工程：研发水下考古机器人搭载平台、文物数字化装备和智能感知终端、智慧博物馆装备、文物素材再造设备和系统等前沿技术，形成一批拥有自主知识产权的文物保护装备。促进文物预防性保护、文物安全、文物运输、文物管理等专有装备应用。建设装备企业和文博科研、用户单位相结合的文物保护装备产业基地和应用示范区。

七、完善规划保障措施

加大政策引导，强化资金保障，加强队伍建设，为文物事业改革发展提供有力支撑。

（一）出台政策举措，完善文物保护管理制度

建立国家文物登录制度。健全文物认定、登录标准，规范文物调查、申报、登记、定级、公布程序，建设国家文物登录中心。研究制定不可移动文物降级撤销和馆藏文物退出机制，推进文物信息资源社会共享。

健全文物保护工程质量监督管理体系，加强文物保护工程检查指导，推动第三方机构参与文物保护工程质量和效果评估，提高文物保护工程质量。制修订《文物保护工程管理办法》《文物保护工程招投标管理办法》《古建筑修缮工程施工规程》《近现代建筑保养维护工程技术规程》。

研究制定文物保护补偿办法。研究探索对文物资源密集区的财政支持方式，在土地置换、容积率补偿等方面给予政策倾斜。表彰向国家捐献文物、捐赠文物保护资金及其他支持文物保护的行为。

广泛动员社会参与。出台城乡群众自治组织保护管理使用尚未核定公布为文物保护单位的不可移动文物的指导意见。推广政府和社会资本合作（PPP）模式，拓宽社会资金进入文物保护利用渠道。研究制定文物保护志愿者管理制度，培育文物行业社会组织。

（二）拓宽投入渠道，提高文物保护资金使用效益

增强文物保护中央财政专项资金的导向性，发布专项资金年度项目申报指南，对革命老区、民族地区、边疆地区、贫困地区予以倾斜，对重大项目、重点工程和重大政策实施予以保障。

加强文物保护资金规范管理。制定《文物保护项目预算编制规范》《馆藏文物修复计价清单》，进一步完善支出标准体系。建设文物保护中央财政专项资金管理平台，健全中央财政和地方财政文物保护投入绩效考评制度，完善第三方评估机制，加大重点文物保护

工程项目专项资金使用情况的监督、管理、评估和验收，制定《国家重点文物保护专项补助经费绩效管理暂行办法（试行）》《国家重点文物保护专项补助资金项目财务验收管理办法》。

落实省级和市县级文物保护单位保护资金投入。拓宽社会资金进入文物保护利用渠道，发挥文物保护基金平台作用，探索开发文物保护保险产品，为非国有不可移动文物保护维修提供资金支持。

（三）提高人才素质，增强文物保护管理能力

继续推进文博人才培养“金鼎工程”，实施高层次文博行业人才提升计划，将高层次文博人才引进和培养纳入国家“千人计划”“万人计划”和文化名家暨“四个一批”人才项目。加强对急需专业技术人才、技能型人才和复合型管理人才的培养，加大跨行业、跨部门文博人才培养力度。加强文博人才培训基地建设，完善文博人才培养体系，对经济欠发达地区基层文博单位人员培训予以倾斜。强化“以修代培”，推动文博人才培养与不可移动文物保护工程、可移动文物修复项目、传统村落保护项目相结合。研究制定文博行业职业教育指导意见，将文物传统工艺的保护传承纳入职业教育，推动职业院校与文博企事业单位的产学研协同创新平台建设。研究制定文博行业相关职业标准，完善专业技术人才、技能型人才职业能力评价和人才考核评价体系。完善全国文博网络学院，实现文物行业网络培训全覆盖。

专栏6　文物人才培养工程

1．文博人才培养“金鼎工程”：举办文物领域培训项目达到300个以上，培养各类文博人才达到1.8万人次以上；实施“以修代培”项目20个以上。实施文物行业领军人才计划，在文物重点领域培养领军人才20名以上；实施专业技术人才培育计划，举办专业技术培训班10个以上/年；加强技能型人才培养，新增文物保护修复人才700名以上；实施文博人才扶贫计划，举办贫困地区文物专业技术和管理人员培训班30个以上。

2．民间匠人传统工艺传承工程：开展文物保护传统工艺人才调查，加强传统工艺、工匠研究与保护，支持民间匠人参与文物保护工程项目实施，推动传统工艺纳入高等院校、职业院校教学内容，建设以传统工艺传承保护为核心的产学研协同创新平台。

八、形成规划实施合力

各级文物部门要加强对本规划实施的组织、协调和督导，地方文物部门要结合实际制定地方规划和年度计划。完善规划实施机制，坚持规划管理的目标导向与问题导向相结合，对重大工程、重大项目、重大政策和重要任务进行细化落地、落实责任主体、明确进度安排，确保如期完成。加强财政预算与规划实施的衔接协调，推动各级财政加强对规划实施的保障作用。充分发挥各级党委政府、社会各界参与文物保护利用的积极性、主动性和创造性，共同推动规划顺利实施，努力形成全社会群策群力、共建共享的生动局面。

国家文物主管部门要建立规划执行情况的监测、评估和督察机制，开展规划实施的年度监测，组织规划实施的中期评估和期末评估，把监测评估结果作为改进文物工作和加强绩效考核的重要依据。

国家文物局关于进一步规范国家重点文物保护专项补助资金管理、提高使用绩效的通知

文物办发〔2017〕5号

各省、自治区、直辖市文物局（文化厅）：

根据我局《“十二五”期间国家重点文物保护专项资金使用情况的调查》，部分省市区的部分文物保护工程项目不同程度地存在国家重点文物保护专项补助资金（以下简称“专项资金”）结转结余的问题，且有些项目沉淀资金数额较大、积压时间较长，严重制约了文物保护工程项目的顺利开展，也不利于发挥专项资金的使用绩效。为进一步规范文物保护项目资金管理，提高资金使用的规范性、安全性、有效性，现就有关事项通知如下：

一、加强项目管理，提高专项资金使用效率

要进一步加强文物保护工程项目的前期筹划和项目管理，在申请项目资金时应当具备实施条件，注意提前做好可行性研究、评审、招投标、政府采购等前期准备工作，确保专项资金一旦下达资金就能实际使用，短期内无法实施的项目不得申报。对2017年以前经国家文物局批准立项且方案编制费用（属专项资金渠道）已下达的文物保护工程项目，应督促项目单位尽快组织做好工程方案编报工作。对工程方案已获批准，且项目资金已下达的文物保护工程项目，督促各项目单位加快项目进度，未开工的要抓紧开工，已开工的要妥善处理好工程进度与专项资金使用进度之间的衔接，做到进度无延迟、资金无积压；尚未下达项目资金的，应督促项目单位尽早谋划，提前启动相关准备工作。

二、规范资金管理，确保专项资金使用安全

要进一步加强对专项资金的使用管理，积极联合省级财政部门做好专项资金使用的检查、督察和稽查等工作，督促各项目单位切实执行财政部、国家文物局《国家重点文物保护专项补助资金管理办法》（财教〔2013〕116号）的相关规定。专项资金应按照批准的补助范围和支出内容安排使用资金，如遇特殊情况，需要调整补助范围和支出内容的，应当逐级报送国家有关部门或省级财政部门和省级文物行政部门审核同意后，报财政部和国家文物局批准。专项资金使用应严格执行国家有关财务规章制度规定的开支范围和开支标准。既要推进当年项目资金的实施，也要统筹消化历年结转结余资金。支出过程中按照规定需要实行政府采购的，按照《政府采购法》等有关规定执行。专项资金使用要严格年度财务报告制度和结项财务验收制度，按规定及时上报年度决算。

三、做好资金统筹，发挥专项资金使用绩效

要进一步做好专项资金结转和结余部分的统筹使用，既要确保文物保护工程项目顺利开展，又要充分发挥专项资金的使用绩效，避免形成资金沉淀。涉及专项资金结转和结余的，应严格执行《国务院关于印发推进财政资金统筹使用方案的通知》（国发〔2015〕35号）和《国务院办公厅关于进一步做好盘活财政存量资金工作的通知》（国办发〔2014〕70号）中的相关规定，做好资金统筹，以提高资金使用效益。今后，国家文物局会实时跟

踪了解项目执行情况，对专项资金结转结余较大的项目，将商财政部予以督办，按一定比例收回资金，并追究相关单位和相关人员的责任。

特此通知。

国家文物局
2017年2月27日

国家文物局关于加强“十三五”文物科技工作的意见

文物博发〔2017〕15号

各省、自治区、直辖市文物局（文化厅）、新疆生产建设兵团文物局，各有关单位：

为贯彻落实《国务院关于进一步加强文物工作的指导意见》《国家创新驱动发展战略纲要》《国家文物事业发展“十三五”规划》和《国家“十三五”文化遗产保护与公共文化服务科技创新规划》，切实加强“十三五”文物科技工作，现提出如下意见。

一、总体目标

全面贯彻党的十八大和十八届三中、四中、五中、六中全会精神，深入贯彻习近平总书记系列重要讲话精神，以促进文物事业的可持续发展为宗旨，引导科技创新意识提升，促进科技创新的组织和制度建设，通过原始创新、集成创新、引进消化吸收再创新，进一步发挥科技作用，以科技创新服务与推动文物事业发展的理念、机制、制度的全面创新。

二、重点任务

“十三五”期间，文物科技工作突出行业急需和发展瓶颈两个重点，围绕文物价值认知、保护修复和传承利用等3个业务领域，统筹兼顾基础研究、应用开发、技术集成和示范应用，明确主攻方向，优先开展7个方面的重点任务。

（一）强化应用基础研究。以夯实文物事业发展的理论基础为目标，着眼文物保护与传承利用中的热点、难点问题，开展相关理论研究，为文物工作提供理论和方法论支撑。围绕文物本体材料及制作工艺、文物劣化机理、文物保护材料作用机制等主题，凝练相关应用基础研究任务，为关键技术创新奠定基础。

（二）推进预防性保护技术创新。围绕文物预防性保护中的核心关键和紧迫需求部署科技任务，针对不同类型文物及其环境特征，在以木结构建筑、石质文物等为代表的重要文化遗产（地）监测、风险识别、灾害风险管理，以及游客承载量与游客管理等方面取得重大技术突破。

（三）构建文物保护修复综合技术体系。以核心关键技术突破带动技术集成，完善土遗址、古建筑、古代壁画、石窟寺、竹木漆器、丝织品、金属类文物成套保护技术，完善出土文物现场应急保护系统解决方案。重点攻克文物防风化、文物生物病害防治和出水文物保护修复等技术难题。

（四）建立现代信息技术应用体系。紧跟国家现代产业技术体系发展步伐，利用新一代信息网络技术、数字化与智能化技术等，深化智慧博物馆建设，创新大遗址展示利用手段，全面提升博物馆和文化遗产地的展示、教育、价值传播功能。落实“互联网+中华文明”三年行动计划，在发展融合性文化产品、培育战略性新兴产业方面实现突破。

（五）着力推进文物保护装备升级及应用。制定《文物保护装备产业发展及应用五年行动计划》。聚焦行业量大急需和填补国际国内空白两个重点，定制和研发一批关键装备，形成科技成果快速转化机制。稳步发展团体标准，初步构建文物保护装备标准体系。建立健全装备应用评估机制。建设文物保护装备产业基地，培育一批骨干企业，推动“制造商+用户”和“产品+用户”的模式创新。

（六）建立和完善标准体系。发布实施文物保护标准制修订计划（2017～2020）。加快推进一批重大科技项目成果转化为技术标准。按照政府简政放权、放管结合、优化服务的要求，加快研究制修订一批支撑文博行业公共政策的技术和管理标准。根据实际需要，设立标准化分技术委员会（标准化工作组）。

（七）加强科技成果推广示范。在文化遗产地风险预控、馆藏文物保存环境监测与调控、馆藏文物防震，以及土遗址、古代壁画、木结构建筑、陶质彩绘文物、竹木漆器、出水文物保护等方面，实施一批科技创新成果应用示范工程。建立科技成果评价制度，加强技术的安全性、有效性和适用性评价。构建科技成果信息共享平台，加强科技成果数据资源的开发利用。

三、落实措施

（一）加强能力建设，提高管理效能。国家文物局按照简政放权、放管结合、优化服务的总体要求，加快政府职能转变。高度重视和加快推进智库建设，充分发挥科研院所、高校和文博单位的智力服务能力，造就一支坚持正确政治方向、德才兼备、富于创新精神的文物科技公共政策研究和决策咨询队伍，强化在文物科技创新的顶层设计、政策制订、平台建设、人才培养和公共服务等方面的能力。发挥财政资金的引导作用，营造有利于科技创新与成果转化的良好环境。加大对西部地区的科技扶持力度，促进东、西部地区文物保护科技信息共享、成果互惠，加强协作，共同发展。

（二）强化中央与地方联动，落实地方管理主体责任。各地文物行政部门要根据《国家“十三五”文化遗产保护与公共文化服务科技创新规划》，结合本地区文物特点、科技发展现状和文物保护利用的重要紧迫需求，力争将文物保护利用纳入本地区科技发展的重点领域和优先主题。各省文物行政部门应切实提升地方文物科技管理能力与水平。要立足区域，面向行业，做好重大文物科技创新种子项目的培育。积极支持优秀科技创新成果在本地区文物保护工程项目中的实验性应用、评价与优化，促进科技成果转化落地。引导和支持本地区有条件的文博单位、高校、科研院所和科技企业建设地区或行业重点科研基地，并以科研基地为核心，组建创新联盟和协同创新平台。加强与本地区科技、工信、财政等相关主管部门的沟通和协作，在科技人才引进与评价、科技成果转化、科技基础条件建设等方面争取政策支持。

（三）发挥创新主体功能，优化组织管理机制。明确文博单位、高校、科研院所和科技企业等不同创新主体在创新链不同环节的功能定位。文博单位决定着创新需求的提出和创新成果的应用，在创新链条中具有主导地位。要通过内部管理制度与奖励制度创新，加快推进科研能力建设，增强与高校、科研院所和企业等其他各类创新主体的可持续合作创新能力。要充分发挥高校和科研院所人才优势，激励高校、科研院所的发明创造能力转化为文物保护和利用科技创新的能力。充分调动企业积极性，发挥企业在技术产业化方面的突出优势。探索完善创新联盟组织管理机制，提升联盟实效，构建实体与虚拟相结合的新型研发组织体系。

（四）创新人才培养模式，完善团队建设机制。兼顾文博行业对科技人才的紧迫需求和可持续发展需求，建立学校教育与实践锻炼相结合的培养机制，通过高校学科专业设置、建设人才培养基地、依托重大科研项目等，持续培养创新型研发人才，发现并有意识地培养科技领军人才和复合型人才。各单位要发挥好老一辈科研骨干对青年人才的带动和指导作用，建设人才有序衔接、梯次配备的创新团队，探索有利于老、中、青三代有序传承接替的管理机制。高度重视高校、科研院所和高新技术企业的人才资源，采取符合自身需要和特点的合作方式，吸引系统外高水平科研人员进入创新团队。探索实行以增加知识价值为导向的收入分配机制，充分发挥收入分配政策的激励导向作用，激发科研人员的积极性、主动性和创造性。

（五）加大科技投入力度，完善科技投入机制。加强与科技部、工信部、财政部、国家自然科学基金委、国家标准委等有关部门的沟通，确保国家科技计划、专项、基金对文物科技工作的支持和保障。各地文物行政部门要把科技投入作为预算保障的重点之一，同时积极争取地方科技、工信、财政等主管部门的支持；要在各类文物保护工程项目中适当增加前期研究、技术适用性评价和创新成果应用示范的投入比例，为具有良好应用前景的科研成果创造落地条件。相关文博单位应优先支持科技基础性工作，保障科研工作的可持续发展。鼓励社会资金投入，形成多渠道、多元化的经费投入体系。

国家文物局

2017年5月23日

国家文物局关于进一步推动非国有博物馆发展的意见

文物博发〔2017〕16号

各省（自治区、直辖市）文物局（文化厅）：

非国有博物馆是指以教育、研究和欣赏为目的，收藏、保护并向公众展示人类活动和自然环境的见证物，由社会力量利用或主要利用非国有文物、标本、资料等资产设立，经登记管理机关依法登记的非营利组织。非国有博物馆是我国博物馆体系的重要组成部分，发展非国有博物馆，有利于优化我国博物馆体系、填补门类空白；有利于丰富公共文化服务供给方式，构建和完善现代公共文化服务体系；有利于激发社会活力，保护和传承中华优秀传统文化。为进一步推动非国有博物馆健康、可持续发展，加快现代博物馆制度建设、提高办馆质量、完善扶持政策，依据《博物馆条例》等法律法规，现提出如下意见：

一、加快现代博物馆制度建设

（一）依法加强内部管理。非国有博物馆应严格遵守《中华人民共和国文物保护法》《中华人民共和国公共文化服务保障法》《博物馆条例》《民办非企业单位登记管理暂行条例》等有关法律法规，建立健全规章制度，切实加强对藏品、展览、教育活动、人事、财务等方面的规范管理，树立法治思维，依法依规办馆，独立承担法律责任。

（二）建立健全理事会制度。各级文物主管部门要指导非国有博物馆依照《非国有博物馆章程示范文本》（文物博发〔2016〕29号）建立健全以理事会为核心的法人治理结构，对理事会的人员构成、决策事项、议事规则、表决程序等予以规范，切实发挥理事会在博物馆运营中的作用，结合实际情况探索完善非国有博物馆监事会和监督机制建设。

（三）落实法人财产权。对于拟申请设立的非国有博物馆，省级文物主管部门要指导举办者在设立阶段完成与办馆宗旨、业务范围和馆舍规模相适应的藏品登记，登记的藏品应依照法定程序确认为其申请设立博物馆的法人财产；对于尚未完成藏品登记确权的非国有博物馆，省级文物主管部门应指导其补充完成藏品的登记和确权工作。非国有博物馆应建立完善法人财产内部审计制度，鼓励有条件的地方探索建立非国有博物馆社会审计制度，由第三方审计机构定期对非国有博物馆法人财产管理情况进行专项审计。非国有博物馆的藏品征集和注销处置方案，应依法履行相关程序，并向社会公示。

（四）健全退出机制。非国有博物馆设立应以永久性为目标，如因特殊原因确需终止的，不得向举办者、出资者或理事等分配剩余财产。剩余财产应当按照相关法律、法规和本馆章程的有关规定用于公益目的。非国有博物馆终止后的藏品应优先转让给宗旨相同或者相近的博物馆；没有宗旨相同或者相近博物馆接收的，应由省级文物主管部门主持转让给其他博物馆并向社会公告。省级文物主管部门负责结合本省实际制定具体办法。

（五）探索建立信息公开和信用档案制度。各级文物主管部门、博物馆行业组织要将建立信息公开制度作为博物馆等级评定、运行评估、绩效考评、资金安排等的重要评价指标。非国有博物馆应按年度公布其年度报告，报告内容包括藏品情况、展览活动情况、资产管理使用情况和接受、使用捐赠、资助的有关情况等，主动接受社会监督。落实《社会信用体系建设规划纲要（2014～2020年）》的有关要求，探索由博物馆行业组织主导建立非国有博物馆信用档案制度，采集、记录非国有博物馆在藏品征集、陈列展览、观众接待、安全防范、商业经营活动等方面的信用情况，特别是要加强对失信行为和接受行政处罚信息的记录。信用记录与有关部门共享，定期向社会公开，并配套建立有关奖惩机制。

二、提高博物馆办馆质量

（一）坚持正确的办馆方向。非国有博物馆开展社会服务，应坚持为人民服务、为社会主义服务的方向和贴近实际、贴近生活、贴近群众的原则，丰富人民群众精神文化生活。举办陈列展览应当遵守有关法律法规和公序良俗，展览主题和内容应当坚持社会主义先进文化的前进方向，坚持维护国家安全与民族团结、弘扬爱国主义、倡导科学精神、普及科学知识、传播优秀文化、培养良好风尚、促进社会和谐、推动社会文明进步的要求，传承中华优秀传统文化，弘扬社会主义核心价值观，增强文化自信，促进中国特色社会主义文化繁荣发展。

（二）加强对征藏活动的指导。对非国有博物馆设立阶段举办者拟纳入藏品序列的文物，省级文物主管部门应加强对其合法性和真实性的审查，探索将非国有博物馆备案阶段藏品审查与文物认定登记相结合，凡经认定的文物藏品，依法建档备案。对非国有博物馆成立后新入藏的藏品，省级文物主管部门可以根据非国有博物馆的申请，组织文物鉴定机构提供鉴定服务，对符合定级条件的文物按程序确认其级别。非国有博物馆应认真践行博物馆职业道德，不得接收来源不明或来源不合法的藏品。

（三）提升藏品保护管理水平。各级文物主管部门要指导本辖区内的非国有博物馆根据《博物馆条例》和《博物馆藏品管理办法》的要求，做好藏品登记、建档、备案工作。有条件的地方，可探索建设非国有博物馆馆藏文物数据库，按照《馆藏文物登录规范》对藏品进行统一登录。对于藏品登记、建档、备案工作完成良好的非国有博物馆，应优先提供藏品管理、保护修复等方面的人员、技术支持和服务。

（四）增强公共文化服务能力。省级文物主管部门要探索建立馆藏资源共享机制，打破博物馆地域、级别、属性限制，鼓励资源丰富的国有博物馆通过联展、巡展、借展等方式，帮助符合条件的非国有博物馆充实陈列展览。博物馆行业组织要加强非国有博物馆专业委员会建设，积极推进非国有博物馆间的沟通协作与资源整合。各级文物主管部门要继续推进国有博物馆对口帮扶非国有博物馆工作，根据实际需求，确保在展览策划、社会教育、开放服务等方面对非国有博物馆给予专业指导和技术扶持。

三、完善扶持政策

（一）完善差别化支持体系。国家将非国有博物馆纳入博物馆质量评价体系，并积极支持符合条件的非国有博物馆纳入财政支持的博物馆免费开放经费补助范畴，在人员培训、经费安排、馆际交流共享机制建设等方面，根据需求情况优先考虑已纳入质量评价体系的非国有博物馆。各级文物主管部门要优先支持能够填补博物馆门类空白、体现行业特色或区域特点、反映民族（民俗）文化的非国有专题博物馆；对于评定为国家一、二、三级，尤其是运行评估结果为优秀的非国有博物馆，应给予重点支持。

（二）完善培育机制。省级文物主管部门应细化非国有博物馆备案办法与设立指导标准，为社会力量筹建非国有博物馆、依法履行备案程序提供指引和便利。对新成立备案的非国有博物馆进行重点培育，自备案之日起一年内，应根据非国有博物馆的申请，在陈列展览、学术研究、藏品管理、社会教育、安全防护等业务活动方面，组织专家给予支持指导。

（三）加强专业人才培养。国家文物局将非国有博物馆专业技术人员培训纳入全国文博人才培训体系。省级文物主管部门要积极推动将非国有博物馆职称评定纳入本省文物博物馆专业技术职称评定范围，定期举办非国有博物馆馆长及专业技术人员系列培训班。各级文物主管部门要创新人才培养的形式和机制，支持非国有博物馆专业人员到国有大型博物馆挂职、访学，探索将部分符合条件的非国有博物馆的优秀专业技术人员纳入“高层次文博人才提升计划”培养范围。鼓励有条件的地方探索建立“博物馆特派员”制度，选派国有博物馆专业技术人员到有需求的非国有博物馆，帮助提升藏品鉴定、保护修复、展览策划等业务水平。

（四）完善政府购买服务机制。各地应按照国务院办公厅转发文化部等部门《关于做好政府向社会力量购买公共文化服务工作的意见》和财政部、民政部《关于支持和规范社会组织承接政府购买服务的通知》要求，坚持国有博物馆和非国有博物馆一视同仁，不得歧视或排斥符合条件的非国有博物馆承接政府购买公共文化服务事项。

（五）探索多元主体合作办馆。各地应按照国务院办公厅转发财政部、国家发展改革委、人民银行《关于在公共服务领域推广政府和社会资本合作模式的指导意见》要求，探索在非国有博物馆领域积极开展政府与社会资本合作（PPP）的模式创新。支持各地因地制宜开展差别化试点，探索符合当地实际和博物馆行业特点的做法、经验，形成可复制、可推广的发展模式。鼓励有条件的地方在县级新建博物馆中探索多元主体合作办馆模式，在不改变国有藏品的所有权属性及馆舍土地使用性质的前提下，允许符合条件的社会力量依法参与博物馆基础设施建设与运营管理、提供专业化服务。同时，县级以上文物主管部门要按照属地管理原则，加强文物安全、展览内容的监管。

（六）拓宽办馆筹资渠道。支持非国有博物馆依法申请登记为慈善组织，接受社会捐赠并享受相关税收优惠、金融政策支持。鼓励有条件的非国有博物馆依法取得公开募捐资格或发起设立基金会，多渠道筹措发展经费。对于非国有博物馆接受捐赠形成的财产应当根据《中华人民共和国慈善法》《公益事业捐赠法》的有关规定加以严格管理。支持非国有博物馆从事文化创意产品开发并享受相关扶持政策。支持非国有博物馆申请相关文化产业发展专项资金及税收、投融资服务等优惠政策。

（七）落实土地和财税等优惠政策。各地要认真做好国家文物局、民政部、财政部、国土资源部、住房和城乡建设部、文化部、国家税务总局七部门《关于促进民办博物馆发展的意见》（文物博发〔2010〕11号）的落实落地，明确非国有博物馆比照国有博物馆享受公益性事业单位土地、税收、规费等方面的优惠待遇，用电、用水、用气、供暖价格执行当地居民标准，帮助非国有博物馆降低运营成本。各级文物主管部门要加强沟通协调，配合相关部门做好政策“最后一公里”的落实。国家文物局将对各地贯彻落实情况进行调研指导，对创新举措扎实、落实成效显著的地区进行经验总结和宣传推广。

请各省文物主管部门根据本意见要求，结合本省实际情况制定出台具体措施，抓好贯彻落实工作。落实情况报告请于2017年12月1日前报送国家文物局。

国家文物局

2017年5月23日

国家文物局关于印发《考古勘探工作规程（试行）》的通知

文物保发〔2017〕14号

各省、自治区、直辖市文物局（文化厅）：

考古勘探工作是当前我国考古与文物保护工作的一项重要内容，是开展考古学研究、推进文物保护、服务好各类基本建设工程的重要基础。为规范我国考古勘探工作的程序、内容和技术要求，进一步提升考古勘探和相关管理工作的水平，我局组织编制了《考古勘探工作规程（试行）》，现予印发。请你局（厅）组织相关单位认真学习并依照执行，切实加强考古勘探工作管理，及时组织开展专业人员培训，确保考古勘探工作质量不断得到提高。在规程执行过程中发现问题请及时向我局反馈。

附件：1.《考古勘探工作规程（试行）》

2. 附图

3. 附表

（附件2、3详见国家文物局政府网站）

国家文物局

2017年6月28日

附件1

考古勘探工作规程（试行）

第一章　总　则

第一条　为规范考古勘探工作，明确考古勘探的技术操作要求，确保工作质量，依据《中华人民共和国文物保护法》《考古发掘管理办法》和《田野考古工作规程》，特制定本规程。

第二条　本规程适用于以探铲为主要工具的考古勘探。

第三条　鼓励研究和应用各种无损伤探测新技术。采用无损伤探测新技术时，应结合传统勘探手段，科学、高效地获取地下文物信息。

第二章　人员职责

第四条　考古勘探队伍应由领队、技师、探工、测绘员、资料员等组成。

（一）领队职责

1. 主持考古勘探项目，制定工作计划，管理勘探队伍，组织和协调勘探各项工作；
2. 主持编写考古勘探工作报告；
3. 及时上报安全事故；
4. 及时上报重要发现。

（二）技师职责

1. 负责勘探单元内的相关工作；
2. 鉴别土样，研判遗迹性质及分布情况；
3. 探孔采样和登记；
4. 检查、复核探孔记录和测绘图；
5. 拍摄勘探影像，撰写勘探日记、勘探记录和相关遗迹单元记录等。

（三）探工职责

1. 负责勘探、取样和提取文物标本；
2. 初步研判土样性质；
3. 记录探孔地层堆积情况。

（四）测绘员职责

1．协助领队制定测绘方案；

2．设置勘探坐标原点和测绘需要的其他控制点，建立坐标系统；

3．采集现场数据并绘制平面矢量图。

（五）资料员职责

1．协助领队汇总、整理当日现场记录、探孔记录、影像记录和矢量图等，并编号建档；

2．负责登记、保管考古勘探中发现的文物标本；

3．协助编写考古勘探工作报告。

第三章　设备装备

第五条　探铲

（一）探铲是考古勘探的基本工具，可按功能分为普通铲、破障铲和套铲三类。

（二）用于考古勘探的普通铲和套铲，刃部直径不应超过7厘米。

（三）水田、湿地、沙地等特殊土质条件下，可使用扎杆进行勘探作业。

第六条　测量和记录设备

（一）测量设备可包括全站仪、RTK等。

（二）采用数字化技术记录时，应配备笔记本电脑、平板电脑等移动电子设备，及时记录、存储和处理所获数据。

第七条　人员装备

（一）着装要求

工作人员应统一着装，服装上应有可识别的行业标识和单位标识。

（二）工作证（牌）

勘探作业时，工作人员应佩戴工作证（牌）。工作证（牌）上应注明人员的所在单位、姓名、职务、工种等信息，并附本人照片。

第八条　工作标识

（一）装备标识

勘探装备、测绘装备、工地车辆及临时设施上应设置明确的行业标识或单位标识。

（二）工地标识

考古勘探工地应设置必要的标识、围挡，说明作业区域范围、勘探工作基本信息和危险地段等。

第四章　工作流程及技术

第九条　考古勘探工作一般按照计划准备、勘探作业、测绘成图和资料汇总等工作流程进行。

第十条　计划准备

（一）基础资料准备

1．搜集拟勘探区域相关历史文献、考古成果和图像、测绘资料，初步了解该区域的历史沿革和文化堆积情况。

（1）应选取国家统一的投影平面坐标系（2000国家大地坐标系）与高程基准（1985国家高程基准）的地形图，或是当地城市坐标系地形图。

（2）地形图应准确反映工作区域、周边整体地形地貌、高程差别，以及具体遗迹形状、空间位置关系等，精度一般不低于1∶2000，局部地形实测图精度不低于1∶1000。

（3）地形图与实际情况有差异时，应进行补测。

2．绘制现场测绘图。如需现场实测地形，应符合《田野考古工作规程》的相关规定，并满足上述精度要求。

3．掌握拟勘探区域地下线网、管网分布情况，制定避让方案。

4．根据拟勘探区域现场情况和历年考古成果，制定科学、详实的工作计划，明确工作任务、技术路线、人员分工和职责、工作进度、文物保护措施和应急预案等。考古勘探工作计划是考古勘探工作检查、验收的重要依据。

（二）现场踏勘

1．领队应熟悉拟勘探区域的地形地貌，观察遗址地层断面，现场采集遗物标本，并选择不少于3个点位进行试探，初步了解拟勘探区域地层堆积情况，结合资料预判遗址性质。

2．城墙或建筑基址等线索明确的遗迹，试探应首选已有线索区域，便于了解和熟悉遗迹堆积情况。

（三）确定勘探分区和勘探单元

1．勘探分区和勘探单元是考古勘探信息管理的空间单位。

2．勘探分区是勘探信息编号系统的基本空间单位。

（1）为便于操作和管理，50万平方米以上的遗址或勘探项目应进行分区。勘探分区应以地形图为基础，参照平面直角坐标系统，将遗址或勘探区域分割成相对独立的单元。各勘探分区建议以500米×500米为空间单位，设立独立的编号系统。

（2）50万平方米以下项目可不再分区，直接选取基点，以勘探单元为实施单位布孔勘探。

（3）勘探分区应与遗址考古分区相一致，大遗址考古勘探工作中，应对整个工作区域进行整体分区。

3．勘探单元是考古勘探的最小单位，以100米×100米或50米×50米为空间单位，可根据现场条件灵活设置。

探孔布设和探孔编号应以勘探单元为单位，布孔坐标系统的纵轴一般取正北方向，探孔编号起始点为勘探单元的西南角。

4．勘探单元探孔布设图是勘探工作记录的工作底图，一般采用1∶100～1∶200比例尺。

5．提倡在考古勘探开始前，建立以遗址坐标系统为基础的考古地理信息系统，作为管理考古信息的综合平台。

（四）定点、放样、布孔

1．定点。测绘员应向地方测绘部门申请，或根据建设单位提供的测绘控制点，设置勘探坐标原点，构建测控系统，以保证测绘数据与城乡规划坐标系统相对接。定点时至少需要3个具有三维坐标数据的四级以上测绘控制点。

2．放样。按照勘探坐标原点，使用测绘工具和仪器，标定出每个勘探分区（或勘探单元）的4个边角。每个勘探分区（或勘探单元）的西南角设置记号桩，用以标记该探区（或单元）的编号。

3．布孔。按照拟定的勘探分区、勘探单元、布孔方法和勘探孔距，使用测绘工具和仪器放样标定探孔位置，明确标识出每个勘探单元内的待探孔位。

（五）确定布孔方法和勘探孔距

1. 应根据地形地势采用等距梅花状布孔法，探孔应错列分布。

2. 应尽量减少布孔数量，降低对地下文物的损害。

3. 需要进一步调查的重点区域，可在普探基础上适当加密探孔。

（六）人员配置要求

1. 应根据勘探分区和勘探单元内的遗迹属性与分布情况，在每个勘探单元安排固定数量的技师。

2. 一般情况下，50米×50米范围的勘探单元安排3～5名技师；100米×100米范围的勘探单元安排7～9名技师。技师数量可根据实际勘探情况及时调整。

第十一条 勘探作业

应按照勘探工作计划，对勘探区域进行普探和重点卡探，并科学研判提取物。探孔深度应到达原生地层，重要遗迹应尽量减少穿透式勘探。

（一）普探

1. 普探是在勘探区域内逐行勘探，提取土样并记录。

2. 探孔应排列规整，土样依次摆放整齐。

3. 探孔记录应包括各堆积层距离地面的深度、土质土色、致密度、包含物、堆积状况研判结论等。

4. 发现遗迹现象时，应现场在勘探单元探孔布设图上标注记号。

5. 探孔内文物标本采集和样品采样时，均应以探孔为出土单位登记，采集或采样标签应填写规范。

6. 应选择最能够反映堆积特征、有利于研判遗迹单位性质的探孔作为标准探孔。标准探孔除进行文字记录外，须现场留取图像清晰、色彩真实的探孔土样的影像记录。

（二）重点卡探

1. 发现重要遗迹现象时，应进行重点卡探，进一步掌握遗迹形制，探明堆积范围、厚度。

2. 堆积特征清楚、明确的大型夯土建筑遗迹等，应重点确认夯土遗存，以少量探孔进行穿透式勘探，了解遗迹堆积和叠压状况。

3. 古墓葬应探至墓口，重点确定墓葬开口形状，尽量减少探孔数量。

4. 重要遗迹应布设“十”字形排孔，了解遗迹的纵、横剖面及堆积情况。

5. 重点卡探的所有探孔及堆积信息，均应标注在勘探单元探孔布设图上。

（三）遗迹研判

1. 应根据遗迹形制、土样、提取物性状等，初步分析遗迹类型、性质，现场记录研判结果。

2. 记录内容应包括分布范围（含涉及探孔编号）、埋藏情况（距现地表深度和开口层位）、形制结构、堆积状况（含与相关遗迹关系）、保存状况等，绘制平、剖面图。

3. 土样中包含物或遗迹形制特征明显时，应初步判断遗迹年代。遗迹单位确认后，应及时在勘探单元探孔布设图上标注遗迹单元的平面形制。

（四）遗迹编号

经考古勘探发现、并初步确认的遗迹单位，应以勘探分区为单位统一编号。

（五）堆积记录

1. 勘探过程中，应做好地层堆积描述和遗迹单位记录。

2. 探孔记录应以勘探单元为单位，采用表格形式。内容应包括遗址、年度、勘探分区、勘探单元、探孔编号、探孔三维坐标、地层堆积（包括距现地表深度、土质、土色、致密度、包含物、堆积性质、采集遗物等）等。

3. 探孔地层堆积特性的判断和描述可按照以下方式进行：

（1）土色。描述顺序依次为土色的深浅、色调、主色。

（2）土质。一般分为黏土和淤泥（土）。根据土中包含物颗粒状况，又可以分为粉沙（直径小于0.1毫米）、细沙（直径0.1～0.25毫米）、粗沙（直径0.25～2.0毫米）、砾石/卵石（直径大于2.0毫米。细砾2～64毫米，粗砾64～256毫米）等。

（3）致密度。判断土壤致密程度，包括疏松、较疏松、较致密、致密等。

判断参考标准为：疏松——非常轻易用手碾碎；较疏松——较容易用手碾碎；较致密——需用力才能用手捻碎；致密——几乎无法用手捻碎等。

（六）文物标本采集

采集文物标本时，应以探孔为单位，准确记录文物标本被发现时的三维坐标信息，并说明埋藏环境。

第十二条 测绘成图

（一）应在既有测绘系统的基础上，利用全站仪或RTK等测绘仪器测量遗迹单位，并绘制平面矢量图。测绘过程中，可根据不同工作条件，选用相应的工作仪器。

（二）测绘控制点坐标应取自遗址三维测绘坐标系统。为确保室内成图质量，应现场绘制草图，可使用勘探单元探孔布设图作为草图的底图。

（三）以勘探单元为实施单位形成的测绘图，每幅图须注明单元坐标、图名、图号、比例、绘图者、审定者、绘图日期、图例、方向等必要说明。

（四）应根据勘探单元探孔布设图，绘制遗迹平面分布图、勘探单元堆积总剖面图。选择勘探单元堆积总剖面图的剖面位置时，应充分考虑探孔布列，并在剖面图上标注探孔位置。

第十三条 勘探记录

参考《田野考古钻探记录规范》（WW/T0075—2017）。

第十四条 检查与验收

（一）勘探工作结束后，应由考古勘探单位向省级文物行政管理部门提交验收申请。

（二）省级文物行政管理部门可自行组织或委托专业机构，现场检查勘探工作进展情况，或进行项目验收。检查或验收后，省级文物行政部门应出具检查或验收报告。

（三）涉及基本建设工程的考古勘探工作，在验收时应参考以下要求：

1. 勘探要求。能够了解和记录遗迹位置、范围、形制结构、堆积状况，遗址性质和价值的研判准确、科学。

2. 记录要求。图文资料、影像记录、基础数据等齐备、规范，编写完成考古勘探工作报告。

3. 布孔要求。一般情况下，布孔密度为1米×1米梅花状孔网，可根据实际情况合理调整。

4. 深度要求。普探以探至生土为止。如发现遗迹，以能够确定范围边界、遗迹表面

（或开口）埋藏深度和自身堆积厚度（或深度）为止。

5．卡边要求。灰坑等遗迹堆积能够大致勾勒范围，墓葬和建筑基址等重要遗迹能够准确地确定范围、边界。

（四）检查或验收时发现考古勘探工作存在重大质量问题或责任事故的，省级文物行政管理部门或受委托的专业机构应现场明确整改意见。

考古勘探队伍应按照要求及时整改，并将整改结果报告省级文物行政管理部门。未完成整改的，不得结项。

第十五条 探孔回填

验收合格后，应将所有探孔用素土或纯净沙土回填、夯实。

第五章 资料管理

第十六条 资料整理

（一）勘探资料整理应以勘探单元为单位，包括：

1．勘探单元日记、探孔记录、勘探单元记录、遗迹单位记录；

2．勘探单元位置图、勘探单元遗迹平面分布图、勘探单元堆积总剖面图、遗迹单位平剖面图、出土典型遗物图；

3．现场工作、探孔土样和出土遗物等照片；

4．遗迹单位登记表、测绘图登记表、影像资料登记表、采样登记表、勘探单元归档登记表等。

（二）每个勘探分区资料应是独立的编号系统和勘探资料集成，包括勘探分区总日志、勘探分区总记录、测绘记录、勘探分区总图、勘探单元分布和编号图、勘探分区遗迹编号和登记表、勘探分区归档登记表、探区遗迹总平面图等。其中，勘探分区遗迹总平面图比例尺不低于1∶500，勘探单元遗迹总平面图比例尺不低于1∶200；遗迹单位平、剖面图比例尺要求参见《田野考古工作规程》。

第十七条 考古勘探工作报告

（一）考古勘探工作结束后，领队应主持编写考古勘探工作报告，全面整理采集数据、标本、现场影像。报告由报告文本和附件两部分组成。

（二）报告文本，包括：

1．遗址概况、历史沿革、历年考古工作；

2．工作缘起、工作经过和工作方法；

3．勘探分区/勘探单元综述等主要工作成果；

4．初步认识、问题和建议等。

（三）附件，包括：

1．勘探区域位置图、勘探分区和勘探单元分布图、勘探分区遗迹单位分布平面总图；

2．勘探单元位置图、勘探单元遗迹分布平面图、勘探单元堆积总剖面图、重要遗迹平剖面图等；

3．遗迹单位登记总表，以及与遗址和勘探工作相关的影像资料等。

第十八条 资料存档

（一）考古勘探工作成果应科学归类存档，形成资料库、电子数据库等，作为考古发掘、文物影响评估、文物保护规划编制和文物行政审批的依据。

（二）资料库

应按照遗迹单位统一汇总所有勘探记录和资料整理记录，形成完整的资料档案，并按照“遗迹单位—勘探单元—勘探分区—年度—遗址”的顺序整理建档，形成资料库。资料库应包括：

1. 勘探分区/勘探单元资料归档登记表、勘探区域位置图、勘探分区和勘探单元分布图、勘探分区遗迹单位分布平面总图、遗迹单位登记总表、相关影像和登记表等。

2. 勘探单元资料归档登记表、勘探单元位置图、勘探单元探孔布设图、勘探单元遗迹分布平面图、勘探单元堆积总剖面图等；勘探单元日记、勘探单元探孔记录、勘探单元记录等；勘探单元工作过程影像（含总体区域地理位置照片、不同方向拍摄的重要遗迹照以及带有标尺的各类照片等）、探孔土样影像资料等；勘探单元取样（含标本）登记表、遗迹单元登记表、影像登记表等。

3. 遗迹单位资料归档登记表、遗迹单位位置图、遗迹单位记录、遗迹单位平剖面图、不同方向拍摄的遗迹单位影像（分带有标尺和无标尺两类）、遗迹单位相关探孔土样影像、遗迹单位相关土样和文物标本登记表等。

（三）电子数据库

1. 应基于考古勘探工作的文字、影像和测绘记录创建电子数据库。其中，表格记录可用于构建数据库的主体；其他文字、测绘和影像记录应分别归类，并在数据库中建立有效链接。

2. 各表格之间应关系清晰，符合数据库的结构要求，便于统一管理和检索。

（四）临时标本库

考古勘探中获取的文物标本等，应由资料员统一登记、建档，设立专门的临时标本库，妥善保管。

（五）资料移交

1. 勘探报告：考古勘探结束后，应及时向省级文物行政管理部门和建设单位提交考古勘探工作报告。

2. 勘探档案：文物标本和档案资料等应在工作结束后移交省级文物行政管理部门指定的单位保管。

第六章　安全管理要求

第十九条　安全防范

（一）人员安全

1. 应注意避让地下线网管网和空中高压线路。

2. 应加强劳动保护，注意防范恶劣天气。雷电天气应停止勘探作业，组织工作人员有序撤离；高温季节应注意合理调整工作时间，避免工作人员高温中暑。

（二）文物安全

在勘探过程中发现古墓葬、窖藏或其他重要遗迹现象时，应第一时间报告文物行政管理部门。文物行政管理部门应采取安全防护措施，确保文物安全。

（三）信息安全

1．应树立保密意识，做好保密教育，严禁泄露国家涉密信息。

2．应严格遵守《中华人民共和国测绘法》的相关规定，由符合条件的人员保管控制点、测绘地图等各类涉密测绘成果，并妥善保管勘探测绘数据等各类考古地理测绘信息。

3．不得对外泄露地下文物信息。

第七章　附　则

第二十条　本规程自印发之日起实施。

国家文物局关于发布《清代官式建筑修缮材料　琉璃瓦》等13项文物保护行业标准的通知

文物博发〔2017〕18号

各省、自治区、直辖市文物局（文化厅），各直属单位，国家文物局重点科研基地：

现将《清代官式建筑修缮材料　琉璃瓦》等13项推荐性文物保护行业标准（清单见附件）发布，自2017年12月1日起施行。

特此通知。

国家文物局

2017年7月19日

附件

推荐性文物保护行业标准（13项）

序号	标准编号	标准名称
1	WW/T0073—2017	清代官式建筑修缮材料　琉璃瓦
2	WW/T0074—2017	室外铁质文物缓蚀工艺规范
3	WW/T0075—2017	田野考古钻探记录规范

续表

序号	标准编号	标准名称
4	WW/T0076—2017	文物保护利用规范　名人故居
5	WW/T0077—2017	馆藏文物包装材料　无酸纸质材料
6	WW/T0078—2017	近现代文物建筑保护工程设计文件编制规范
7	WW/T0079—2017	古代壁画可溶盐测定　离子色谱法
8	WW/T0080—2017	考古发掘现场环境监测规范
9	WW/T0081—2017	考古现场土壤化学指标检测规范
10	WW/T0082—2017	古建筑壁画数字化测绘技术规程
11	WW/T0083—2017	文物保护单位游客承载量评估规范
12	WW/T0084—2017	文物建筑保护工程预算定额（南方地区）
13	WW/T0085—2017	文物建筑保护工程预算定额（北方地区）

国家文物局关于印发《2017~2020年文物保护行业标准制修订项目计划》的通知

文物博函〔2017〕1490号

各省、自治区、直辖市文物局（文化厅），各有关单位：

为增强标准有效供给，更好发挥标准化在推进文物保护工作中的基础性作用，我局组织编制了《2017～2020年文物保护行业标准制修订项目计划》，现印发你们，请结合实际做好相关组织工作。

附件：2017～2020年文物保护行业标准制修订项目计划

国家文物局

2017年8月22日

附件

2017～2020年文物保护行业标准制修订项目计划

2017年度（19项）

序号	标准名称	规范内容
1	可移动文物保护基本术语系列	对可移动文物病害与病害评估、修复材料与技术、材质与工艺等相关术语进行界定。
2	不可移动文物保护基本术语系列	对不可移动文物病害与病害评估、修复技术、修复材料、制作工艺等相关术语进行界定。
3	馆藏文物修复工作量清单计价规范	规定馆藏文物保护修复的工作量清单计价项目与内容、各项目综合单价、经费预算管理等。
4	文物修复师职业培养	明确文物修复师需掌握的理论知识、职业技能、工作要求，以及文物修复师考核、评价、培训等要求。
5	博物馆文物保存环境质量　指标与技术要求	规定博物馆库房、展厅等文物保存环境中温度、湿度、多种污染物等的功能区分类、标准分级、评价项目、质量要求、监测方法、数据有效性、实施与监督等内容。
6	铁质文物缓蚀材料要求	针对铁质文物缓蚀保护处理要求，对缓蚀材料的缓蚀速率、光泽度、颜色、平整度等检测内容、方法和技术参数、实施工艺进行规范。
7	纺织品文物修复材料要求　背衬、加固材料	规定纺织品文物修复所用背衬、加固材料的选用原则、评估程序、评估指标和评估方法，从安全性、有效性、耐候性等方面给出评价规范。
8	墓葬壁画揭取保护技术规范	规定壁画揭取的原则、程序、不同类型壁画揭取的具体技术步骤和要求、壁画包装运输技术、报告编制等内容。
9	文物保护工程设计规范	对文物保护工程分类、各类工程设计原则、设计内容、设计要求、设计深度等内容进行规范。
10	文物保护工程勘察规范	对适用于各类文物保护工程方案设计所需的勘察内容、勘察各项内容技术要求、勘察报告编写格式等方面进行规范。
11	博物馆陈列展览导则	对博物馆陈列展览的基本原则、陈列展览策划、内容设计、形式设计、展览制作、教育活动、宣传推广、文创开发、结项验收、展览效益评估、资料汇总与档案管理等加以规范。
12	智慧博物馆　设计方案编写规范	对智慧博物馆设计方案的项目信息表、设计依据、现状调研、需求分析、工作目标、文物数据/设备信息、功能设计/设计图、系统间数据接口、项目完成指标、实施进度、保障措施、经费预算、附件要求、编制格式说明等内容进行规范。
13	石窟寺壁画数字化勘察测绘技术规程	规定石窟寺壁画测绘和摄影的数字化技术手段的作业技术流程、成果要求、质量验收等内容。
14	馆藏文物数字化三维模型重建与质量评价	对馆藏文物的三维模型制作与模型质量控制的方法和规则进行规范。对三维数据加工过程中所涉及的技术术语、总体原则、模型加工流程、模型的形态准确度和色彩还原度的检测与评价等进行规定。

续表

序号	标准名称	规范内容
15	馆藏文物保存环境监测　紫外线监测终端	规定馆藏文物保存环境监测系统用紫外线监测终端的基本参数、工作条件、技术要求、试验方法、检验规则、标志、包装、运输和贮存等内容。
16	馆藏文物保存环境监测　挥发性有机化合物（VOC）监测终端	规定馆藏文物保存环境监测系统用挥发性有机化合物（VOC）监测终端的基本参数、工作条件、技术要求、试验方法、检验规则、标志、包装、运输和贮存等内容。
17	馆藏文物保存环境控制　净化调湿装置	规定馆藏文物保存环境调控用净化调湿装置的基本参数、工作条件、技术要求、试验方法、检验规则、标志、包装、运输和贮存等内容。
18	馆藏文物展览点交规范（修订）	规定馆藏文物展览点交的必要条件与要求、工作流程、操作规程以及相关文档的记录方法。
19	可移动文物保护修复档案记录规范（修订）	规范可移动文物保护修复档案记录中的相关术语、文本内容、记录格式、记录用文字、记录信息源及记录方法和规则。

2018年度（20项）

序号	标准名称	规范内容
1	博物馆基本术语	对博物馆常用专业术语，如博物馆、展览、陈列、藏品等进行界定。
2	文物保护单位规划编制取费标准	规定文物保护单位规划编制费用包括的内容，以及各项取费标准。
3	文物拍卖标的征集规范	规定文物拍卖标的征集的范围、程序、保管、申报等要求和相关术语，以及不得作为拍卖标的征集的文物范畴。
4	可移动文物保护修复项目验收规范	对可移动文物保护修复项目的验收程序和组织、验收要求、验收要素、验收质量等内容进行规定。
5	近现代建筑保养维护规范	明确近现代文物建筑日常保养维护的工作机制、流程、基本任务、隐患类型及应急处理办法等要求。
6	文物防震　石质古建筑评估规范	对砖石质古建筑的材料力学性能检测、构件抗震安全性鉴定、整体抗震稳定性分析评估、防震措施设计等进行要求。
7	文物防震　博物馆防震评估导则	基于文物安全，规定地震带上的既有博物馆抗震安全评价方法、防震加固设计、技术要求及防震预防性保护编制等内容。
8	青铜文物修复材料要求	规范青铜器保护修复过程中的除锈、粘接、加固、缓蚀、封护、补配、作色等环节所使用的材料、试剂的成分结构、操作工艺及适用范围、安全要求等。
9	壁画起甲修复材料要求	从安全性、有效性、耐候性等方面规范壁画起甲修复材料的评价指标、评价方法和评价程序等。
10	文物建筑维修基本材料　油饰材料	对文物建筑维修用油饰材料的术语和定义、规格、技术要求、测量与试验方法、检验规则、标识及储存等内容和要求进行规定。

续表

序号	标准名称	规范内容
11	文物消毒技术规范　总则	对文物消毒常用技术如低氧、低温、熏蒸等规定适用范围和操作要求。
12	考古现场脆弱质文物应急保护技术规范　第1部分：彩绘陶文物	对考古现场出土彩绘陶文物制定应急保护标准，对现场病害探测分析、污染物类别鉴别、现场清理、临时性加固、技术方法以及现场提取等内容进行规范。
13	博物馆藏品管理规范	对博物馆藏品的接收、鉴定、登账、编目、建档，以及藏品库房管理，藏品的提用、注销和统计，藏品的保养、修复、复制等进行规范。
14	博物馆信息公开指引	指引博物馆按照规范的形式、渠道、指标、格式向社会发布博物馆法人治理结构、收藏、开放服务、接受和使用捐赠情况等方面信息。
15	门票预约系统技术要求	制定文博单位开放场所门票预约从购票、支付、换票到入场的业务流程要求，以及票务数据交换标准、接口设计规范、数据库设计规范等内容。
16	馆藏文物预防性保护装备　安全性评估指南	给出评估馆藏文物预防性保护装备的安全性特性的指南。
17	馆藏文物养护　熏蒸消毒设备	规定馆藏文物保存环境控制用熏蒸消毒设备的基本参数、工作条件、技术要求、试验方法、检验规则、标志、包装、使用说明、运输和贮存。
18	馆藏文物防震装置	规定馆藏文物防震装置的性能要求、技术要求、试验方法、检验规则、标志、包装、运输和贮存等要求，满足馆藏文物在突发地震情况下的保护需求。
19	古代壁画现状调查规范（修订）	规定古代壁画现状调查的工作内容、工作程序、工作方法和现状调查报告格式。
20	馆藏文物保存环境质量检测技术规范（修订）	规定保存馆藏文物的库房、博物馆、纪念馆展厅以及各种材质、式样的文物展柜、文物储藏柜等空间的环境质量检测技术要求。

2019年度（21项）

序号	标准名称	规范内容
1	不可移动文物认定规范	规定不可移动文物认定原则、认定程序、价值评估、资料保管及有关管理要求等内容。
2	全国重点文物保护单位保护规划编制规范	规定全国重点文物保护单位规划编制的专用术语、制图、分类等要求。
3	长城维修工程取费标准	就不同类型、不同材质、不同地域的长城点段保护维修工程的取费进行研究，制订相应取费标准。
4	文物鉴定规程	规定文物鉴定的组织、程序、规则、结论、档案等要求及相关术语，并附相关制式文书。
5	古建筑结构安全监测技术规范	规范古建筑结构安全监测的范围、流程、分析方法、监测数据的处理与上报、资料整理等要求，并规范应急监测的基本要求，为古建筑预防性保护和日常管理提供技术依据。

续表

序号	标准名称	规范内容
6	文物防震　近现代历史建筑评估规范	对近现代历史建筑的材料及构件安全检测鉴定、防震安全稳定评估、防震性能化设计方法、防震措施设计进行要求。
7	博物馆藏展材料环境安全性评价方法	规范博物馆文物保存、展示和运输所涉及的各类材料如木材、塑料、纺织品、涂料、黏合剂、高分子材料、复合材料等的挥发性有害成分的测试方法、程序、参数、判断原则、分级标准、报告编写等。
8	陶瓷器类文物修复材料要求	针对陶瓷器类文物修复中所需修复材料的选择依据、物化性能、成分结构，以及选材操作工艺及适用范围等作出规定。
9	文物激光清洗技术规范　第1部分：青铜器文物	对激光清洗技术应用于青铜文物除锈等的激光波段、参数、时间等提出具体要求。
10	室外大型金属文物封护材料要求	对室外大型金属文物封护所用材料的封护层厚度、硬度（耐风蚀）、光泽度、颜色（无色透明度）、附着力、平整度、耐老化等检测方法和技术参数、施工工艺方法，以及环境友好、对人安全程度等进行规范。
11	壁画脱盐材料评价	规定壁画脱盐材料的评价指标、评价方法和评价程序等，从安全性、有效性、耐候性等方面给出评价规范。
12	书画文物修复材料要求　修复用纸	针对纸质书画文物修复中通常使用的文物本体修补纸、装裱修复用纸和覆背纸材料，规定其材料组成、化学性能和物理指标。
13	文物激光清洗技术规范　第2部分：石质文物	对激光清洗技术应用于石质文物的激光波段、参数、时间等提出具体要求。
14	文物脱盐处理规范　第1部分：金属文物	对金属文物脱盐处理所用材料和技术方法进行规范。
15	文物消毒技术规范　低氧	规定文物消毒常用技术——低氧的适用范围和具体操作流程。
16	考古现场脆弱质文物应急保护技术规范　第2部分：纺织品文物	对考古现场出土纺织品文物类文物制定应急保护标准，对现场病害探测分析、污染物类别鉴别、现场清理、临时性加固、技术方法以及现场提取等内容进行规范。
17	考古现场脆弱质文物应急保护技术规范　第3部分：骨角质文物	对考古现场出土骨角质文物制定应急保护标准，对现场病害探测分析、污染物类别鉴别、现场清理、临时性加固、技术方法以及现场提取等内容进行规范。
18	博物馆观众调查方法	规范博物馆观众调查特别是观众需求和满意度调查的指标、方法、问卷等内容。
19	智慧博物馆　展陈与导览数字化技术要求	对智慧博物馆展陈与导览数字化所用不同类型设备选择的合理性、数字媒体数据标准、互动技术标准、互动过程设计要求等进行规定。
20	馆藏文物预防性保护装备	规定馆藏文物预防性保护装备的术语、通用特性、应用特性以及装备分类方法。
21	文物藏品档案规范（修订）	规定文物藏品档案的归档范围、立卷和装帧要求等内容。

2020年度（20项）

序号	标准名称	规范内容
1	田野考古基本术语	规范和界定田野考古工作过程中的有关术语，包括考古调查、勘探、发掘和资料整理、研究等考古业务流程和管理流程中的专业用语。
2	文物保护利用规范 古建筑	对古建筑进行保护、管理和利用的有关要求进行规定。
3	田野考古出土文物管理规范	对科研机构田野考古工作所获取的文物标本、科学样品等实物资料保存、使用、管理、安全等内容进行规范，适用于田野考古发掘机构保管的非临时库房保存的文物管理。
4	田野考古资料档案管理规范	对田野考古工作所获取的文字资料、测绘资料、影像资料等的保存、使用、管理等内容进行规范。
5	考古发掘工地安全管理规范	规范考古发掘工地安全风险的分类与评估，以及发掘现场、工作人员、出土文物的安全保障，安保人员的配置，人员安全，临时库房及安防设施要求，必备物资及其使用要求，安全紧急处置预案等。
6	近现代文物建筑结构安全监测技术规范	明确近现代文物建筑结构安全监测的范围、流程、分析方法、监测数据的处理与上报、资料整理等要求，并规范应急监测的基本要求，为近现代文物建筑预防性保护和日常管理提供技术依据。
7	石窟寺石刻结构稳定性评估规范	明确石窟寺石刻文物本体和崖体结构安全稳定性评估的操作流程、技术要求等，为石窟寺石刻保护管理提供依据。
8	考古勘探工作规范	规范考古勘探工作的原则、工作程序、应用技术、精度要求、质量控制、记录档案、成果形式等内容。
9	水下考古勘探规范	规范水下考古勘探的原则、工作程序、物探技术、精度要求、质量控制、原始数据、记录档案、成果形式等内容。
10	水下考古发掘规范	规范水下遗存发掘过程中的水下工作程序、操作方法、应用技术、记录内容、安全保障等。
11	文物建筑三维扫描测绘规范	对文物建筑三维扫描测绘的目的、内容、流程、成果要求等内容进行规定。
12	智慧博物馆 运营服务评价模型与指标体系	制定智慧博物馆运营服务评价模型和指标体系，对智慧博物馆建设成果进行评价。
13	竹木漆器类文物修复材料要求	对竹木漆器类文物修复中所用修复材料的选择依据、物化性能、成分结构、操作工艺及适用范围等作出规定。
14	文物消毒技术规范 熏蒸	规定文物消毒常用技术——熏蒸的适用范围和具体操作流程。
15	考古现场脆弱质文物应急保护技术规范 第4部分：金属文物	对考古现场出土金属文物制定应急保护标准，对现场病害探测分析、污染物类别鉴别、现场清理、临时性加固、技术方法以及现场提取等内容进行规范。
16	考古现场脆弱质文物应急保护技术规范 第5部分：竹木漆器类文物	对考古现场出土竹木漆器类文物制定应急保护标准，对现场病害探测分析、污染物类别鉴别、现场清理、临时性加固、技术方法以及现场提取等内容进行规范。
17	文物脱盐处理规范 第2部分：竹木漆器	对竹木漆器脱盐处理所用材料和技术方法进行规范。

续表

序号	标准名称	规范内容
18	文物脱盐处理规范　第3部分：陶瓷器	对陶瓷器脱盐处理所用材料和技术方法进行规范。
19	文物脱盐处理规范　第4部分：出水陶瓷器	对出水陶瓷器脱盐处理所用材料和技术方法进行规范。
20	馆藏文物保存环境监测　终端配置规范	针对文物库房和展厅的无线传感监测系统建设，对温度、湿度、光照、紫外线、二氧化碳、VOC等监测传感器的配置原则、分布措施、基本数量等做出规定。为预防性保护监测系统建设和投入提供测算依据。

国家文物局关于印发《“互联网+中华文明”专项资金管理暂行办法》的通知

文物办发〔2017〕19号

各省、自治区、直辖市文物局（文化厅）：

自2016年正式启动“互联网+中华文明”行动计划以来，我局积极争取中央财政资金对行动计划予以支持，以更好发挥财政资金的引领、撬动和催化作用。由于“互联网+中华文明”项目资金渠道多样，经研究决定，企业在互联网+文物教育、文物产品、文物素材创新、文物动漫游戏、文物旅游等领域开展的工作，其补助经费从文化产业发展专项资金中支持；全国重点文物保护单位管理机构开展的不可移动文物数字化勘测与陈列展示工作，博物馆、纪念馆、考古所开展的可移动文物数字化保护和展示工作，其补助经费从国家重点文物保护专项补助资金中支持；企事业单位开展文物大数据平台建设、文物价值挖掘创新、文物数字化展示利用和文物信息资源开发利用等试点示范项目，以及与履行文物部门职责相关的工作，其补助经费从国家文物局本级项目预算中支持。前两类项目的资金管理应分别按照《文化产业发展专项资金管理暂行办法》《国家重点文物保护专项补助资金管理办法》执行。

为规范国家文物局本级项目预算支持的“互联网+中华文明”项目资金管理，提高资金使用效益，我局组织编制了《“互联网+中华文明”专项资金管理暂行办法》。现印发你们，请遵照执行，在执行过程中发现问题请及时向我局反馈。

附件：《“互联网+中华文明”专项资金管理暂行办法》

国家文物局

2017年9月12日

附件

“互联网+中华文明”专项资金管理暂行办法

第一章　总　则

第一条　为规范和加强“互联网+中华文明”专项资金管理和使用，提高资金使用效益，根据《中华人民共和国预算法》《中央本级项目支出预算管理办法》等法律法规和财政管理有关规定，结合“互联网+中华文明三年行动计划”确定目标和文物工作实际，制定本办法。

第二条　“互联网+中华文明”专项资金，是指中央财政专项用于支持企事业单位按照国家文物局部署实施“互联网+中华文明”项目的补助资金。

第三条　“互联网+中华文明”专项资金的安排和使用坚持以下原则：

（一）突出重点。坚持政策导向、规划导向，资金安排向互联网+文物教育、文物文创、文物素材创新、文物动漫游戏、文物旅游，以及渠道拓展与聚合等重点领域和方向倾斜。

（二）科学评审。“互联网+中华文明”专项资金使用应当进行可行性论证和严格评审，在确定项目立项方案和开展预算评审基础上，区分轻重缓急，结合当年财力择优安排。

（三）追踪问效。国家文物局对中央财政资金安排的“互联网+中华文明”项目实行追踪问效，绩效考评结果作为下一步项目立项和预算安排的参考依据。

第二章　支持范围

第四条　“互联网+中华文明”专项资金支持范围包括：企事业单位开展文物大数据平台建设、文物价值挖掘创新、文物数字化展示利用和文物信息资源开发利用等试点示范项目，以及与履行部门职责相关的工作。

第五条　“互联网+中华文明”专项资金支出内容包括：印刷费、邮电费、差旅费、会议费、培训费、专用材料费、劳务费、专用设备费、信息网络及软件购置更新费等。

第三章　资金申报与审核

第六条　国家文物局印发年度资金项目申报指南以及重点项目申报指南，符合条件的企事业单位通过所在地省级文物行政部门向国家文物局申报。

第七条　申报单位需按要求提交资质证明、项目方案及经费预算、可行性研究报告和资金申请文件等。申报单位为企业的，还需提交自筹资金证明文件，包括已有资金证明文件或在项目执行期内提供资金的承诺书，以及会计师事务所出具的上一年度审计报告。

第八条　年度资金项目评审包括初评和终评。省级文物行政部门负责组织项目初评，国家文物局负责组织项目终评和预算评审，并根据终评意见和预算评审结果，确定支持项目和补助资金。

第四章　资金管理与执行

第九条　“互联网+中华文明”专项资金支付应当按照预算和国库管理有关规定执行。

第十条　“互联网+中华文明”项目预算一经批复，应严格执行。预算执行过程中，如发生项目变更、终止，应严格履行相关手续。

第十一条　项目单位应按照“专款专用、单独核算、统一管理、注重绩效”的原则，及时制定内部管理办法，建立健全内部控制制度，加强资金管理。

第十二条　项目单位应严格预算执行，按照财政规定的支出用途使用资金，不得擅自扩大支出范围、提高支出标准。

第十三条　属于政府采购范围的支出，相关单位应当编制政府采购预算，并按照政府采购有关规定执行。属于政府购买服务范围的支出，应按照政府购买服务有关规定执行。

第十四条　项目单位应当按照结转结余资金管理的有关规定，加强对项目支出结转结余资金的管理，将当年预算申报与结转结余资金情况相结合，统筹安排使用财政资金，提高财政资金使用效益。

第十五条　项目单位应于每年2月28日前，将上一年度财务决算报表及《“互联网+中华文明”专项资金使用跟踪反馈情况表》（附后）报国家文物局。

第十六条　项目完成后，各单位应及时组织验收，并向国家文物局报送《“互联网+中华文明”项目结项验收表》《“互联网+中华文明”项目决算表》（附后）及验收报告。项目验收报告包括项目概述、项目完成质量及项目预算执行情况等内容。

第十七条　国家文物局建立“互联网+中华文明”项目库，对获得补助资金的项目实施跟踪管理。

第五章　监督检查和绩效评估

第十八条　国家文物局和省级文物行政部门对项目实施和资金使用情况进行监督检查。

第十九条　项目单位应遵守资金使用管理规定，自觉接受财政、审计等部门的监督检查。对违规违纪者，将按照《财政违法行为处罚处分条例》等法律法规追究责任。

第二十条　凡存在以下情形的，国家文物局将视情况采取相应处罚措施，依法追究责任：

（一）管理不善造成项目资金超支或严重损失浪费的；

（二）虚报、挪用专项资金，未经国家文物局批准变更项目内容或改变专项资金用途的；

（三）不按规定及时落实自筹资金的；

（四）不按规定及时组织项目实施的；

（五）失职、渎职造成项目执行结果与预期目标差距较大的；

（六）不按规定报告专项资金使用过程情况和项目完成情况的。

第二十一条　项目单位应当建立健全项目考核评估机制，按要求做好绩效评估工作。国家文物局根据需要对项目实施效果及资金绩效进行评价考核。

第六章　附　则

第二十二条　本办法由国家文物局负责解释。
第二十三条　本办法2017年9月12日起施行。

附表一：“互联网+中华文明”专项资金申报表
附表二：“互联网+中华文明”项目结项验收表
附表三：“互联网+中华文明”项目决算表
附表四：“互联网+中华文明”资金使用追踪反馈情况表一、二
（附表详见国家文物局政府网站）

国家文物局关于规范文物出境行政许可工作的通知

文物博函〔2017〕1722号

各国家文物进出境审核管理处：

为规范文物出境行政许可行为，优化文物出境行政许可服务，进一步建立健全、公开、透明、便捷、高效的文物出境审核制度，根据《中华人民共和国行政许可法》《中华人民共和国文物保护法》《行政许可标准化指引》现对文物出境行政许可工作提出以下要求：

一、严格遵守文物出境许可程序要求

（一）各管理处收到申报人通过国家文物进出境审核信息管理系统（系统设置在国家文物局政府网站业务平台，网址：http:// www.sach.gov.cn）提交的文物出境审核申请后，应当在5个工作日内完成对申请信息的形式审查，通过系统消息将受理或不予受理决定通知申报人。对依法予以受理的，应当在受理回执中注明申报文物实物审核的日期；对依法不予受理的，应当在不予受理回执中说明理由。

（二）各管理处应当及时分办受理的文物出境审核申请，组织文物进出境审核人员开展信息登记、鉴定和审批工作。对准予出境的文物，应当向申报人颁发《文物出境许可证》；对不予许可出境的文物，应当在《文物禁止出境登记表》中说明理由并向申报人出具，同时应当告知申报人享有依法申请行政复议或提起行政诉讼的权利。对经审核属于文物复仿制品的，可以应申报人要求出具《文物复仿制品证明》。

（三）各管理处应当自收到文物出境申请之日起15个工作日内作出是否许可出境的决定。如因申报人无故不配合实物审核等情况造成审核工作无法如期进行的，应当在工作日时限到期前将申请通过系统退回申报人，并在回执中注明终止办理的理由。

（四）各管理处应当自作出决定之日起10个工作日内，向申报人颁发《文物出境许可证》或出具《文物禁止出境登记表》等文件，同时在许可出境文物上标明相应的电子标签。

二、认真执行文物出境许可审核规范

（一）各管理处应当对申报文物进行实物审核，判断文物的真伪、年代、价值，记录《文物出境许可证》《文物禁止出境登记表》等文件的基本信息。

（二）各管理处要严格按照《文物进出境审核管理办法》要求，每次进行实物审核应当组织3名以上文物进出境审核人员参加，其中文物进出境责任鉴定人员不得少于2名。

（三）文物进出境审核人员要严格按照《文物出境审核标准》，提出是否同意文物出境的意见。各管理处应当根据审核人员的一致意见作出是否许可文物出境的决定，对于审核意见不一致的，应当再次组织鉴定，直至意见一致。

（四）各管理处要按照档案管理相关规定，对文物出境申报资料和许可文件进行整理、归档，每季度向我局报告文物出境许可相关统计信息。

三、不断提升文物出境许可服务水平

（一）各管理处应当建立统一的行政许可受理窗口，并在办公区域显著位置设立指示标志，方便申报人办事。受理窗口应当张贴我局统一制定的《文物出境许可事项服务指南》（见附件）。

（二）各管理处应当通过现场咨询和非现场咨询（如网上咨询、电话咨询）等方式，指定专人提供文物出境审核咨询服务，向申报人提供准确、完整的问题解答和信息说明。

（三）各管理处不得就文物出境许可事项收取任何费用。文物进出境审核人员不得索取或者收受申报人的财物，不得谋取其他利益。各管理处和审核人员对审核工作中接触的申报资料、未获准披露的许可信息承担保密责任。

（四）各管理处应当制作文物出境许可工作满意度评价表，主动提醒申报人对服务质量进行评价，并依据评价结果改进许可工作、提高服务水平。

四、严格按照相关法律规定开展文物临时进境复出境登记审核工作和文物临时出境复进境审核查验工作。对临时进境文物申请延期出境的，应当要求申请人在6个月时限期满前提出申请，并将延期出境的审批结果报我局备案。对临时出境文物境外滞留时间超出我局文件批准时限的，应及时将相关情况向我局报告。

专此通知。

附件：《文物出境许可事项服务指南》（详见国家文物局政府网站）

国家文物局

2017年9月30日

国家文物局关于印发《国家考古遗址公园创建及运行管理指南（试行）》的通知

文物保发〔2017〕21号

为贯彻《国务院关于进一步加强文物工作的指导意见》精神，落实国务院推进“简政放权、放管结合、优化服务”改革的总体要求和中办、国办《关于实施中华优秀传统文化传承发展工程的意见》，切实加强大遗址保护，进一步规范国家考古遗址公园建设，我局组织编制了《国家考古遗址公园创建及运行管理指南（试行）》。现印发给你们，请结合本地实际贯彻执行，并及时将执行中的问题和意见反馈我局。

附件：国家考古遗址公园创建及运行管理指南（试行）（详见国家文物局政府网站）

国家文物局

2017年10月10日

国家文物局关于发布《国家一级博物馆运行评估指标》的通知

文物博发〔2017〕13号

各省、自治区、直辖市文物局（文化厅），新疆生产建设兵团文物局：

为贯彻落实《中华人民共和国公共文化服务保障法》《博物馆条例》，进一步完善博物馆评估体系，加强和规范博物馆行业管理，提高国家一级博物馆公共文化服务的标准化、专业化水平，我局组织修订了《国家一级博物馆运行评估指标》，并经2017年5月3日第7次局党组会议审议通过。现予发布，自2017年10月17日起施行。

附件：1. 国家一级博物馆运行评估指标体系

2. 国家一级博物馆运行评估指标体系说明

3. 国家一级博物馆运行评估申报书（2017年度）

（附件2、3详见国家文物局政府网站）

国家文物局

2017年10月17日

附件1

国家一级博物馆运行评估指标体系

国家一级博物馆运行评估指标体系框架

一级指标	二级指标	三级指标
内部管理（20）	组织管理（10）	法人治理结构（5）
		制度规范（5）
	藏品管理（10）	藏品搜集（2）
		藏品档案（5）
		藏品安全（3）
服务产出（60）	科学研究（16）	科研产出（14）
		科研服务（2）
	陈列展览（20）	基本陈列（5）
		临时展览（15）
	社会教育（18）	教育活动（15）
		学校教育服务（3）
	文化传播（6）	对外文化交流（3）
		文物资源开放（3）
社会反馈（20）	观众数量（10）	参观人数（6）
		未成年观众（4）
	公众评价（10）	观众满意度（5）
		社会关注度（5）

国家一级博物馆运行评估采取百分制，满分100分。总分80分及以上为“优秀”、80分（不含）以下60分及以上为“合格”、60分（不含）以下50分及以上为“基本合格”、50分（不含）以下为“不合格”。

一级博物馆运行评估指标及考察要点

一级指标	二级指标	三级指标	是否条例要求	考察要点	数据来源
内部管理 20	组织管理 10	法人治理结构 5	是	1. 组建理事会（3） 2. 理事会依章程履行职责（2） （尚未组建理事会的，本三级指标不得分）	填报 + 公开信息
		制度规范 5	是	1. 按《博物馆条例》要求制定博物馆章程（4） 2. 在博物馆官方网站向社会公开章程（1） （尚未制定博物馆章程的，本三级指标不得分）	填报 + 公开信息
	藏品管理 10	藏品搜集 2	是	1. 根据本馆定位和特色搜集藏品数量（2） 2. 没有收集来源不明或者来源不合法的藏品 （未搜集藏品或违反第2条要求的，本三级指标不得分）	填报
		藏品档案 5	是	1. 建立藏品账目及档案（1） 2. 单独设置文物档案，并区分文物等级（1） 3. 建立文物信息化档案，并通过上级文物主管部门在“全国可移动文物登录平台”上登录备案（3） 4. 交换或者出借的藏品，均已建账、建档。 （违反第4条要求的，本三级指标不得分）	填报 + 登录中心核实
		藏品安全 3	是	1. 库房和展厅均有保障藏品安全的设备、设施（1） 2. 定期对保障藏品安全的设备、设施进行检查、维护，有完整的检查、维护记录（1） 3. 对珍贵文物和易损藏品设立专库或专用设备保存，并由专人负责保管（1） 4. 未发生藏品安全事故 （无任何保障藏品安全的设备和设施的，本三级指标不得分。违反藏品安全指标项下第4条要求的，本三级指标不得分）	填报
服务产出 60	科学研究 16	科研产出 14	是	1. 科研产出数量（6） 博物馆应重点在以下方面开展科学研究： ①藏品研究：开展与藏品价值认知、藏品保护和藏品科学管理有关的研究工作。 ②陈列展览研究：开展与陈列展览的有关的原理和方法研究。 ③社会教育研究：开展与社会教育有关的原理和方法研究。 ④观众研究：开展与观众心理、观众行为、观众调查等方面的研究。 科研产出形式包括： ①学术成果：学术论文、学术专著（译著、编著）、科普读物、教材、研究性图录、专利等。 ②科研项目（课题）：各级政府部门资助项目（课题）、横向委托项目（课题）、自主立项项目（课题）等。 2. 代表性科研成果水平（6） 3. 在本馆官方网站上公开学术成果和科研项目（课题）的信息（2）	填报 + 公开信息

续表

一级指标	二级指标	三级指标	是否条例要求	考察要点	数据来源
服务产出60	科学研究16	科研服务2	是	1.为高等学校、科研院所和专家学者进行研究提供便利，包括但不限于：提供藏品资料和研究成果，提供科研咨询，提供文物标本的鉴定服务，提供必要的科研技术设备；有条件的博物馆创造条件为馆外研究者开辟研究室；与有关科研机构和高等院校在某些项目中进行合作等（1） 2.在本馆官方网站公开用以支持科研的公共资源共享服务信息与服务方式（1）	填报 + 公开信息
	陈列展览20	基本陈列5	是	1. 基本陈列能够突出本馆的定位与藏品特色（4） 2. 在本馆官方网站公开基本陈列的主题和展品说明（1）	填报 + 公开信息
		临时展览15	是	1. 临时展览的数量（6） 符合以下要求之一的临时展览纳入统计范围： ①主要由本馆负责策划设计，并能够反映本馆的定位与藏品特色的。 ②配合国家或地区重大活动举办的临时性展览。 ③有计划引进境外或其他省（市、区）博物馆临时展览。 2. 代表性临时展览的水平（7） 3. 在本馆官方网站公开已经展出和正在展出的所有临时展览主题和展品说明（2）	填报 + 公开信息
	社会教育18	教育活动15	是	1. 策划和实施教育活动的数量（5） 包括： ①常设教育项目。 ②在法定节假日和寒暑假策划并实施的特色教育活动。 ③面向不同公众需求策划并实施的其他特色教育活动。 2. 代表性教育项目的水平（6） 3. 利用互联网、移动互联网等，策划并实施的“互联网+教育”项目数量（2） 4. 在本馆的官方网站公开各类教育活动的主题、适合对象、活动时间、活动地点和参加方式（2）	填报 + 公开信息
		学校教育服务3	是	1. 为学校利用博物馆资源开展教育教学活动提供支持和帮助的次数（1） 2. 接纳在校学生的社会实践人次（1） 3. 在本馆官方网站公开接纳在校学生社会实践活动的具体方式（1）	填报 + 公开信息
	文化传播6	对外文化交流3	是	1. 举办出国境展览数量（1） 2. 举办国际学术研讨活动数量（1） 3. 在本馆官方网站公开出国展览和国际学术研讨活动信息（1）	填报 + 公开信息
		文物资源开放3	是	1. 本馆通过授权开发文创产品获得的经济收益（授权方式包括但不限于图像影音授权、出版品授权、合作开发授权、品牌授权等）（2） 2. 有计划地在本馆官方网站等媒体公开未展出的藏品信息，为社会利用文物资源提供便利（1）	填报 + 公开信息

续表

一级指标	二级指标	三级指标	是否条例要求	考察要点	数据来源
社会反馈 20	观众数量 10	参观人数 6		1. 参观总人数（4） 2. 结构性参观人数（本地参观者，外地参观者，境外参观者）（1） 3. 在本馆官方网站公开年观众数量（1）	填报 + 公开信息
		未成年观众 4		1. 未成年观众数（需在本馆官方网站公开）（3） 2. 有组织集体参观的未成年观众数占比（1）	填报 + 公开信息
	公众评价 10	观众满意度 5		观众对博物馆的展览、环境、服务等方面做出的评价	填报 + 公开信息
		社会关注度 5		1. 综合官方微博粉丝、微信公众号的关注人数、本馆官网的点击量等数据，衡量公众关注度（3） 2. 根据第三方互联网公开数据，衡量媒体关注度（2）	填报 + 公开信息

*参评博物馆如果在藏品保护修复、科研、陈列展览、教育、文化传播方面有重大改革创新，在全国范围内对博物馆行业有重要引领示范作用的，可增加附加分，计入总得分。附加分最高不超过5分，总得分最高不超过100分。

*参评博物馆出现重大文物安全事故或游客安全事故，直接判定为不合格。

国家文物局关于印发《文物建筑开放导则（试行）》的通知

文物保发〔2017〕23号

各省、自治区、直辖市文物局（文化厅），新疆生产建设兵团文物局：

为进一步促进文物合理利用，推动文物建筑开放工作，明确开放使用的条件、要求和操作规范，提高开放的主动性、公益性，我局组织编制《文物建筑开放导则（试行）》，并经2017年10月26日第17次局党组会议审议通过，现予印发，试行期两年。

请结合本地实际贯彻执行，并及时将在执行过程中出现的新情况新问题反馈我局。

附件：《文物建筑开放导则（试行）》

国家文物局

2017年10月26日

附件

文物建筑开放导则（试行）

一、总则

第一条 为科学指导和规范文物建筑开放工作，满足公共文化服务需求，确保文物和人员安全，根据《中华人民共和国文物保护法》等法律法规和标准规范制定本导则。

第二条 本导则所规定的开放条件、要求和操作规范，适用于各级文物保护单位、尚未核定公布为文物保护单位的不可移动文物中的古建筑以及近代现代重要代表性建筑等所有文物建筑，重点引导一般性文物建筑开放使用。

第三条 文物建筑开放应有利于阐释文物价值、发挥文物社会功能、保持文物安全、提升文物管理水平，在不影响文物建筑安全的前提下，依托文物建筑进行参观游览、科研展陈、社区服务、经营服务等活动。

文物建筑应采取不同形式对公众开放，现状尚不具备开放条件的文物建筑应创造条件对公众开放，鼓励机关、团体、企事业单位、集体和个人所有的文物建筑对公众开放。开放可采取全面开放或在有限的时段、有限的空间开放。

文物建筑开放应遵循正面导向、注重公益、促进保护、服务公众的原则。

第四条 具体使用文物建筑并负责开放工作的机关、团体、企事业单位、集体和个人等文物建筑的开放使用方是文物建筑开放使用的直接责任主体，应落实日常养护和管理责任。文物建筑所有权人应承担法定责任和监管责任。

第五条 鼓励各级地方人民政府出台促进文物建筑开放的激励办法和保障措施。

二、开放条件

第六条 文物建筑开放应满足以下条件：

（一）文物本体无安全隐患，具备基本的开放服务保障，符合消防、安全防范有关基本要求，能够保障人员安全和文物安全。

（二）文物建筑开放使用方责任清晰，能够承担开放的各项工作，履行文物日常保养职责。

第七条 文物建筑开放使用方应进行开放可行性评估，评估开放使用对文物的影响，根据文物保护要求和实际情况，科学制定开放策略和计划，并以恰当的方式向社会公布。

开放策略和计划需明确开放区域、开放内容、开放时间、配套服务、保养维护、安全防范等内容。

第八条 文物建筑出现下列情况应立即停止开放并公告，进行整改：

（一）开放过程中出现重大文物险情，影响文物安全和文物价值，或造成恶劣社会影响；

（二）开放过程中出现安全事故等突发事件，威胁人员安全。

整改后，文物建筑开放使用方应重新进行开放可行性评估，确定文物建筑符合开放条件后，方可对外开放。重新开放前，应及时将整改情况向社会公告。

三、功能类型

第九条 文物建筑的使用功能应综合考虑文物价值、保存状况、重要性、敏感度、社会影响力以及使用现状等确定。

第十条 文物建筑使用功能调整或改变，应进行可行性评估，客观分析影响，提升开放使用的社会效益。调整或改变功能应符合法定程序，并向社会公示。

第十一条 文物建筑开展宗教活动应符合国家有关宗教政策并履行法定程序。

第十二条 文物建筑使用功能可参照但不限于以下类型：

（一）社区服务：祠堂、会馆、书院和图书馆、学校等近现代建筑，可作为社区书屋、公益讲堂、文化站、管理用房等，开展文化活动，发挥服务功能。

（二）文化展示：文物价值、建筑特征、空间规模等方面具备条件的古建筑和行政、会堂、工业等功能的近现代建筑，可作为博物馆、展示馆、美术馆或科研展陈场所等，进行文物建筑现状展示或进行陈列布展，发挥文化传播、科研和教育功能。

（三）参观游览：宫殿、庙宇、园林、牌楼、塔幢、楼阁、古城墙、门阙、桥梁和文化纪念、交通等功能的近现代建筑，可作为参观游览对象，发挥游憩、纪念和教育功能。

（四）经营服务：民居古建筑和住宅、商业等功能的近现代建筑，在确保安全的前提下，可作为小型宾馆、客栈、民宿、店铺、茶室、传统工艺作坊等经营服务场所，发挥服务功能。

（五）公益办公：文庙、书院等古建筑和行政、金融、商肆等近现代建筑，可作为公益性机构、院校等办公场所，划定开放区域，明确开放时段，并采取信息板、多媒体、建筑实物展示等方式开放。

第十三条 鼓励文物建筑开放使用方加强文物建筑价值的发掘和综合研究，向社会公布研究成果、普及文化知识、宣传文物价值，提高公众文物保护意识。

四、开放方式和要求

第十四条 文物建筑可采用以下开放方式：

（一）景区景点中的文物建筑，应尽最大限度向公众全面开放，可根据文物建筑特点和开放需要，采取日游和夜间游览等分时段开放方式，提升游客观光体验。

（二）具备开放条件的办公、居住或存在私密性空间的文物建筑，可采取有限开放方式，明确开放区域和时间。

（三）保存状况脆弱、敏感度较高的文物建筑，应根据游客承载量采取限流措施，可推行参观游览预约制。

第十五条 文物建筑开放应重点阐释和展示其独特价值和历史文化信息，弘扬社会主义核心价值观，坚持积极健康的文化导向，提高公众审美水平。

第十六条 文物建筑阐释和展示主要采用建筑实物陈列展示、建筑图文信息展览、设计建筑游线、导览和讲解、应用多媒体和建设网站等方式，说明文物建筑的历史、艺术、科学价值及相关的社会、文化、事件、人物关系及其背景，为增进公众对文物建筑的认知。文物建筑的阐释和展示应在研究基础上，采用多种方式真实、准确、生动地展现文物建筑的价值特征。

（一）文物建筑展示方式可采取本体展示、陈列展示、标识展示、数字展示等。

（二）文物建筑阐释可采用建立图文展示系统、解说导览系统，举办文化教育活动、文化艺术活动、公众考古活动等方式。

（三）鼓励采用新技术、新理念科学阐释和展示文物建筑的价值。

（四）鼓励开展公众参与、体验、互动式活动。

第十七条 文物建筑开放使用建设应坚持最小干预原则，不得影响文物建筑原有的形式、格局和风貌，不得改变梁架结构，不得损毁文物建筑、影响文物价值 。

（一）应合理控制开放使用范围、内容和强度，修缮过程中应充分考虑开放使用，避免二次装修、空间改造、设施设备装配影响文物安全。

（二）装修应确保建筑结构安全，优先使用传统材料和工艺做法，并符合节能环保及防火要求。

（三）文物建筑现状适用的空间结构和设施设备应优先利用。新增设施设备应首先评估对文物建筑结构安全的影响，有利于文物建筑装饰陈设和结构保护，与环境相协调，并利于日常巡查、监测和维修。

（四）新建设施应充分尊重现有建筑，形式、体量、规模和外观色彩应与文物建筑相协调，并按照法律法规要求履行相应报批程序。

（五）加强对捐赠行为的管理，不得以捐赠为名随意添建建筑、设施、塑像、碑刻等。

第十八条 文物建筑开放应体现公益性和社会性导向，鼓励社会力量参与文物建筑开放工作，成立志愿者队伍，提供义务讲解和免费服务。

各利益相关方应可通过签订合同、协议等方式确保各方合法权益。用于经营性的开放使用活动收益应有一定比例用于文物建筑的日常保养维护。

五、日常管理与维护

第十九条 开放使用方应熟知文物保护的基本要求，加强日常开放管理和保养维护。

（一）应建立日常管理制度，并落实具体负责人和职责分工。

（二）文物建筑产权人、开放使用人应签订协议，明确文物安全、保养维护、监督管理等方面各方责任和义务。

第二十条 文物建筑的日常开放管理工作主要包括：

（一）及时向社会公布开放信息。

（二）应按照《文物消防安全检查规程》《文物建筑消防管理规则》等相关安消防法律法规，落实安消防责任和措施，配备安消防设施设备，规范用火用电行为，制定安全措施和应急预案，做好定期安消防检查、记录和相关培训工作。

（三）定期评估开放效果，包括文物安全、开放成效、管理措施、游客和周边社区满意度等，并根据评估结果作出适当调整。

第二十一条 文物建筑的日常保养维护工作主要包括：

（一）重点巡查游客量大、开放时间长、使用频率较高的区域，了解、记录文物建筑内电力、电信、燃气、供暖、给排水等设施设备使用情况，及时排除安全隐患。

（二）定期巡查和保养维护文物建筑的屋面、大木构架、楼地面、月台、台明、栏杆等脆弱、易损部位，以及院落排水、山石、驳岸、游步道、护坡等安全隐患部位，按技术规程开展保养维护工作。发现重大文物病害及安全隐患，应及时报告上级主管部门和地方文物行政部门，并采取必要的保护措施。

第二十二条 鼓励文物建筑开放使用方开展以下工作：

（一）采用新技术动态监测文物安全、环境状况、参观人流和活动情况等，监测数据建档保管。

（二）建立公众信息平台，利用网络等新媒体、新技术及时公布科研成果、管理情况和活动信息，促进本地居民、游客、专家学者、企事业单位、志愿者等参与文物保护交流与合作，优化开放使用，推动文化建设。

附件：1．文物建筑开放参考流程

2．文物建筑开放使用功能分析表

3．文物建筑阐释与展示参考要点

4．文物建筑开放使用建设与设施布置参考要点

（附件详见国家文物局政府网站）

国家文物局关于发布《国家文物局培训项目管理办法》的决定

文物人发〔2017〕22号

各省、自治区、直辖市文物局（文化厅），新疆生产建设兵团文物局：

《国家文物局培训项目管理办法（试行）》已经2017年11月7日国家文物局第18次党组会议审议通过，现予发布。

附件：《国家文物局培训项目管理办法（试行）》

国家文物局

2017年11月7日

附件

国家文物局培训项目管理办法（试行）

第一条 为推动文博人才培养和队伍建设，加强培训项目管理，制定本办法。

第二条 本办法所称培训项目，是指国家文物局及其直属单位、国家文物局文博人才培训基地举办的三个月以内的各类培训。

第三条 培训项目实行计划管理，由国家文物局人事司（以下简称“人事司”）负责统筹，各司室主办。国家文物局举办的培训项目应纳入年度培训计划（以下简称“局培训计划”）；各直属单位及国家文物局文博人才培训基地举办的培训项目应纳入相应的年度

培训计划（以下简称“其他培训计划”）。

每年7月1日前，主办司室及承办单位需提交下一年度“局培训计划”需求；人事司结合文博人才培养需求和年度工作重点，根据年度培训经费预算制订“局培训计划”，经征求机关各部门意见、财务部门审核、报国家文物局局务会议批准后实施。国家文物局一般应于次年3月31日前在政府网站公布年度培训计划，同时报中组部、财政部、国家公务员局备案。

每年11月30日前，国家文物局直属单位和国家文物局文博人才培训基地需提交下一年度“其他培训计划”需求及培训项目实施方案。人事司根据有关规定，组织对项目必要性、可行性、经费支出范围和标准等进行审核，制定“其他培训计划”，经财务部门审核，报国家文物局局务会议审议通过后公布，由各单位组织实施。

第四条　年度培训计划一经批准，原则上不得调整。因工作需要确需增加培训项目的，由主办单位报国家文物局主要负责同志审批后实施。

第五条　培训项目主、承办单位应加强研究，根据培训对象的特点和需求，科学编制教学大纲，系统安排课程设计，采取灵活多样的培训方法，加强培训的针对性和有效性；应加强培训管理，严格执行中央八项规定精神，注重学风建设，强化学员管理，保证良好的教学秩序；严肃讲坛纪律，确保培训师资对党忠诚、导向正确、严谨治学；加强经费监管，厉行节约，勤俭办学。

第六条　主办司室应至少提前30个工作日启动“局培训计划”培训项目报批手续，报送培训项目实施方案、培训通知、合同或协议等，经人事、财务等部门审核，报国家文物局主管领导审批后实施。培训项目结束后30个工作日内，承办单位应将培训总结材料报送至人事司。

第七条　如需委托相关专业机构承办“局培训计划”培训项目，应优先选择国家文物局局务会议或局长办公会认可的培训机构。培训机构应具备举办培训所需的教学场地、师资、教学研究、实习等方面的条件。选择其他单位承办“局培训计划”培训项目，应在履行报批手续时说明必要性和可行性。

第八条　实施“局培训计划”培训项目，应严格按照财政部、中央组织部、国家公务员局2016年12月27日印发的《中央和国家机关培训费管理办法》（以下简称《培训费管理办法》）规定的范围、标准开支和结算。培训对象以高级职称人员为主的培训项目，参照二类培训综合定额标准执行。

如需提前拨付培训经费，应与培训承办机构签订委托合同或协议，首笔款拨付不超过培训费（含师资费）的80%，结算尾款应填写《国家文物局培训项目尾款结算明细表》，并开具相关票据。委托培训机构承办的培训项目，师资费以外的培训费凭培训通知、学员签到表等，按实际参训人数综合定额报销；师资费凭专家讲课费签收单，异地授课的城市间交通费、住宿费、伙食费按照差旅费标准提供相关凭据（复印件，须经财务部门盖章）据实报销；自行实施的培训项目，凭原始票据，依照相关标准据实报销。一般应在培训项目结束20个工作日内完成培训费报销手续。

“其他培训计划”的培训项目应参照《培训费管理办法》规定的范围、标准开支和结算。

第九条　充分运用“互联网+”等现代信息技术手段开展培训和管理，培训项目主、承办单位应对网络培训的建设提供内容、技术等方面的支持。

第十条　人事司会同办公室对各培训项目和培训费管理使用情况进行监督检查，有下列情况的培训项目，将不得列入下一年度培训工作计划，并按照有关规定追究相关单位和直接责任人的责任：

（一）未经批准，在计划外擅自举办培训项目的；

（二）未按时启动培训项目、提交培训总结材料，影响年度培训计划实施的；

（三）未按时结算培训经费、影响预算执行的；

（四）违反《培训费管理办法》有关要求的。

第十一条 国家文物局组织的援外培训以及出国（境）培训项目按有关规定执行，不适用本办法。

第十二条 本办法由人事司会同办公室负责解释。

第十三条 本办法自印发之日起施行。

附件：1．国家文物局培训项目实施方案（模版）

2．国家文物局培训项目总结材料（模版）

3．国家文物局培训项目尾款结算明细表

（附件详见国家文物局政府网站）

国家文物局关于公布《国家文物局重点科研基地管理办法》的决定

文物博发〔2017〕26号

各省、自治区、直辖市文物局（文化局），新疆生产建设兵团文物局，各有关单位：

为加强国家文物局重点科研基地的规范化、科学化管理，国家文物局对《国家文物局重点科研基地管理办法（试行）》（文物博函〔2004〕1081号）进行了修订，现予以公布，自公布之日起施行。原试行办法自本决定发布之日废止。

国家文物局

2017年11月24日

国家文物局重点科研基地管理办法

第一章 总 则

第一条 为规范和加强国家文物局重点科研基地（以下简称科研基地）的建设和运行管理，根据《中华人民共和国科学技术进步法》《中华人民共和国文物保护法》，制定本办法。

第二条 科研基地是依托文博单位、高等院校、科研院所、科研型企业等具有原始创新能力的机构形成的相对独立的科研实体。

第三条 科研基地的主要任务是面向文物保护与利用需求，在重要科技领域和方向上开展科技基础性工作和创新性研究。

第四条 科研基地应建设成为文物保护与利用相关领域的科技研发中心、人才孵化中心、成果辐射中心和交流合作中心。

第五条 国家文物局依托科研基地组织文物领域高水平应用基础研究、应用技术研究、管理科学研究，聚集和培养优秀科技人才，推动科技成果转化，开展学术交流与合作。

第六条 科研基地实行合理布局、总量控制、定期评估、优胜劣汰的管理原则。

第二章 管理机构与职责

第七条 科研基地实行国家文物局、省级文物行政部门和依托单位三级管理。

第八条 国家文物局是科研基地的宏观管理部门，主要职责是：

（一）编制发布科研基地发展规划和建设指南；

（二）制定科研基地建设与运行管理办法，指导科研基地的建设与运行；

（三）负责科研基地的认定、评估和撤销。

第九条 省级文物行政部门是本行政区域内科研基地的组织单位，主要职责是：

（一）将科研基地建设纳入本地区文物科技工作的重点；

（二）负责本地区申报科研基地的审核和推荐工作；

（三）指导和监督科研基地的运行和管理；

（四）协助国家文物局进行科研基地的评估。

第十条 依托单位是科研基地建设和运行管理的主体，主要职责是：

（一）将科研基地的建设和基本运行经费纳入本单位年度预算，提供人员、科研场所和仪器设备等条件保障；

（二）聘任科研基地主任，组建科研基地学术委员会；

（三）制定科研基地管理章程，解决科研基地建设运行中的有关问题；

（四）对科研基地进行年度考核，配合国家文物局做好科研基地运行评估。

第三章 申报与认定

第十一条 国家文物局根据科研基地发展规划，组织科研基地的申报和认定工作。

第十二条 科研基地按照依托单位申报、组织单位推荐，国家文物局认定的程序产生。

第十三条 拟申报的科研基地应具备以下条件：

（一）符合科研基地建设指南，从事文物领域应用基础研究、应用技术研究和管理科学研究；

（二）在所申报的研究方向上有较强的研究实力，有能力承担文物领域重大科研任务；

（三）具有结构合理的高水平科研队伍；

（四）具备良好的科研试验条件，人员与用房集中，依托单位能够提供科研基地正常运转所需经费；

（五）依托单位具备有利于文物科技创新的管理机制。

第十四条 科研基地按以下程序申报：

（一）依托单位按照科研基地建设指南，填写《国家文物局重点科研基地认定申请书》，上报组织单位；

（二）组织单位进行审核，择优推荐，上报国家文物局。

第十五条 科研基地认定程序分为初评和终评两个环节：

（一）国家文物局组建专家组，专家组成员由相关研究方向的学术专家和管理专家组成，初评专家组为不少于11人的单数，终评专家组为不少于9人的单数；

（二）国家文物局组织初评专家组对申报材料进行初审，产生终评候选单位名单后，组织召开终评会议；

（三）终评专家组听取科研基地申请单位汇报、答辩，形成综合意见，确定优先次序，产生科研基地预备名单；

（四）国家文物局审定预备名单后，在国家文物局官方网站和《中国文物报》等媒体进行公示，公示期15天。

第十六条 公示期结束后，国家文物局公布科研基地认定名单，向依托单位颁发科研基地证书、授牌。

第四章 运行与管理

第十七条 科研基地采用“开放、流动、联合、竞争”的运行机制，实行依托单位领导下的主任负责制。

第十八条 科研基地设主任，必要时应设一名专职副主任。主任和专职副主任由依托单位聘任，报组织单位和国家文物局备案。

科研基地专职副主任负责科研基地的日常管理。

第十九条 科研基地主任应具有较高的学术水平和较强的组织协调能力，年龄一般不超过60岁。科研基地主任每届任期5年，连任不超过两届。

第二十条 科研基地由固定人员和流动人员组成。固定人员为本单位聘期两年以上（含两年）的全职人员，包括研究人员、技术人员和管理人员。流动人员包括访问学者、博士后研究人员等。

第二十一条 科研基地设立学术委员会。学术委员会是科研基地的学术咨询机构，主要任务是审议科研基地的目标、研究方向、重大学术活动、年度工作。

第二十二条 学术委员会主任和委员由依托单位聘任，报组织单位和国家文物局备案。

第二十三条 科研基地采取多种形式开展国内外合作研究与学术交流，每年至少举办一次国内学术活动，鼓励举办国际学术交流活动。

第二十四条 科研基地应加强知识产权管理。在科研基地完成的专著、论文、软件、数据库等研究成果均应标注科研基地名称，专利申请、成果转化、申报奖励等按国家有关规定办理。

第二十五条 加强科研基地仪器设备的管理，提高使用效率。凡符合国家有关标准和具备开放条件的仪器设备，应对外开放。

第二十六条 科研基地应加强信息公开，通过网站建设，及时发布和更新科研基地规章制度、团队建设、学术委员会、科研成果及科研动态信息；每年发布科研基地年报。

第五章　考核与评估

第二十七条　依托单位应当对科研基地的工作进行年度考核，考核结果报组织单位备案。

第二十八条　国家文物局定期对科研基地进行运行评估。有关评估规则另行发布。

第二十九条　评估等级为不合格的科研基地，将撤销国家文物局重点科研基地资格。

第六章　附　则

第三十条　科研基地统一命名为“××国家文物局重点科研基地（依托单位）”，英文名称为 Key Scientific Research Base of ××（依托单位），State Administration of Cultural Heritage。

第三十一条　本办法由国家文物局负责解释。

第三十二条　本办法自发布之日起施行，原《国家文物局重点科研基地管理办法（试行）》（文物博函〔2004〕1081号）同时废止。

国家文物局关于印发2017年度文物行政执法指导性案例的通知

文物督函〔2017〕1995号

各省、自治区、直辖市文物局（文化厅），新疆生产建设兵团文物局，天津、上海、重庆文化市场行政执法总队：

经各地推荐、案件初评、实地复核、专家复评，国家文物局将“北京灵光寺擅自在北京市文物保护单位西山八大处之灵光寺建设控制地带内进行建设工程案”等15个案例，确定为“2017年度文物行政执法指导性案例”，现予以印发，供办理类似文物行政违法案件时参考。

入选案例在违法主体、违法对象、违法类型等方面涵盖广泛，在严格执法、严肃追责的基础上，更加注重提升执法效能。入选案例在坚决贯彻文物保护法律法规、坚持文物保护原则理念、推动文物保护责任落实等方面成效突出，体现了办案单位和办案人员忠于职责、敢于担当、勇于作为的优良作风和高水平的办案能力。国家文物局予以通报表扬。

请各地结合“文物法人违法案件专项整治行动（2016～2018年）”和文物行政执法工作实际，组织开展学习、宣传、培训，以入选案例为指导，严肃查处各类文物违法行为，提高行政违法案件办理水平，坚决遏制文物违法案件多发态势，确保文物安全。

特此通知。

附件：2017年度文物行政执法指导性案例

国家文物局

2017年12月18日

附件

2017年度文物行政执法指导性案例

一、北京灵光寺擅自在北京市文物保护单位西山八大处之灵光寺建设控制地带内进行建设工程案

办案单位：北京市石景山区文化委员会

执法机构：北京市石景山区文化委员会

基本案情：2015年12月，北京市石景山区文化委员会行政执法人员接到群众举报，对灵光寺进行现场检查，发现灵光寺的管理使用单位未经文物行政部门同意，擅自在灵光寺建设控制地带内实施建设工程，其中一处是东西约66米、南北约25米、高6米的建筑；另一处为东西长20米、南北约26米的地下室。该行为涉嫌违反《中华人民共和国文物保护法》第十八条第二款的有关规定，北京市石景山区文化委员会依法立案查处。

处理结果：根据《中华人民共和国文物保护法》第六十六条第一款第（二）项“在文物保护单位的建设控制地带内进行建设工程，其工程设计方案未经文物行政部门同意、报城乡建设规划部门批准，对文物保护单位的历史风貌造成破坏，尚不构成犯罪的，由县级以上人民政府文物主管部门责令改正，造成严重后果的，处五万元以上五十万元以下的罚款；情节严重的，由原发证机关吊销资质证书”之规定，北京市石景山区文化委员会对北京灵光寺处以罚款人民币30万元的行政处罚，并拆除违法建筑，恢复地貌原状。

指导意义：辟为宗教活动场所的文物保护单位情况复杂，执法难度大，案件发生后，北京市、石景山区两级文物行政部门通力合作，及时处理，处罚到位。同时，此案中的违法建筑依山而建，体量较大，整改恢复难度大，但文物行政部门督促整改态度坚决，违法建筑全部拆除，切实保护了文物保护单位的原有历史风貌，对于加强宗教活动场所的文物保护工作具有很好的指导意义。

二、北京市密云区大城子镇北沟村民委员会擅自在全国重点文物保护单位长城（密云段）保护范围内进行施工建设案

办案单位：北京市密云区文化委员会

执法机构：北京市密云区文化委员会

基本案情：2016年10月，根据京津冀长城联合执法检查组提供的线索，北京市密云区文化委员会执法人员对北京市密云区大城子镇北沟村民委员会施工现场进行检查，发现北京市密云区大城子镇北沟村民委员会未经文物行政部门批准，擅自在长城（密云段）保护范围内修建长300米、宽1.5米至3米的道路。该行为涉嫌违反《中华人民共和国文物保护法》第十七条的有关规定，北京市密云区文化委员会依法立案查处。

处理结果：根据《中华人民共和国文物保护法》第六十六条第一款第（一）项“擅自在文物保护单位的保护范围内进行建设工程或者爆破、钻探、挖掘等作业的，尚不构成犯罪的，由县级以上人民政府文物主管部门责令改正，造成严重后果的，处五万元以上五十万元以下的罚款；情节严重的，由原发证机关吊销资质证书”之规定，北京市密云区文化委员会对北京市密云区大城子镇北沟村民委员会处以罚款人民币10万元的行政处罚，该村民委员会主动整改，恢复长城保护范围原貌。

指导意义：长城由于线长面广点多，监管难度大，破坏长城本体及历史风貌现象时有

发生。此案是国家文物局组织的京津冀长城联合执法检查组主动巡查发现，体现了新机制对长城保护带来的积极影响。村民委员会作为农村基层群众性自治组织，违法主体具有特殊性，通过该案的查处，切实提高了村民委员会和人民群众对长城保护的认识，增强了使命担当意识，给同类案件的处理提供了借鉴。

三、空军某部擅自在天津市全国重点文物保护单位大沽口炮台保护范围内进行建设工程案

办案单位：天津市滨海新区文化市场行政执法大队

执法机构：天津市滨海新区文化市场行政执法大队

基本案情：2016年5月，天津市滨海新区文化市场行政执法大队、滨海新区文广局文保办等单位开展联合执法巡查发现，空军某部未经批准擅自在大沽口炮台保护范围内违法施工。该行为涉嫌违反《中华人民共和国文物保护法》第十七条的有关规定。执法人员当即下达《责令改正通知书》，并在天津市文化市场行政执法总队的指导下依法立案查处。国家文物局先后两次到现场指导工作，积极同中央军委相关部门沟通。经过军地多方协调努力，案件得到有效处理。

处理结果：根据《中华人民共和国文物保护法》第六十六条第一款第（一）项“擅自在文物保护单位的保护范围内进行建设工程或者爆破、钻探、挖掘等作业的，尚不构成犯罪的，由县级以上人民政府文物主管部门责令改正，造成严重后果的，处五万元以上五十万元以下的罚款；情节严重的，由原发证机关吊销资质证书”之规定，天津市滨海新区文化市场行政执法大队责令空军某部改正违法行为，停止施工建设。现大沽口炮台保护范围内施工现场已恢复原状，天津市滨海新区人民政府与空军某部达成异地搬迁意向。

指导意义：大沽口炮台位于军事管理区内，文物部门管理难度较大。本案中，文物执法人员主动巡查，发现问题及时上报。国家文物局、天津市人民政府、中央军委高度重视，积极协调，地方政府为驻军异地选址重建，不仅保护了文物安全，也支持了国防工程建设，取得了较好的执法效果。

四、内蒙古自治区乌海市摩尔沟煤炭有限公司擅自在全国重点文物保护单位桌子山岩画群之苦菜沟岩画的顶部施工并在文物保护范围内倾倒渣石案

办案单位：内蒙古自治区鄂尔多斯市鄂托克旗文化广播电影电视局

执法机构：内蒙古自治区鄂尔多斯市鄂托克旗文化广播电影电视局

基本案情：苦菜沟岩画属于全国重点文物保护单位桌子山岩画群，位于内蒙古自治区鄂尔多斯市鄂托克旗巴音温都尔嘎查和棋盘井镇乌仁都西嘎查。2016年11月，执法人员巡查发现，乌海市摩尔沟煤炭有限公司在苦菜沟岩画的顶部有挖掘排水沟及在文物保护范围内倾倒渣石等行为。经调查，该行为未依法履行文物审批程序，涉嫌违反《中华人民共和国文物保护法》第十七条的有关规定，内蒙古自治区鄂尔多斯市鄂托克旗文化广播电影电视局依法立案查处。

处理结果：根据《中华人民共和国文物保护法》第六十六条第一款第（一）项“擅自在文物保护单位的保护范围内进行建设工程或者爆破、钻探、挖掘等作业的，尚不构成犯罪的，由县级以上人民政府文物主管部门责令改正，造成严重后果的，处五万元以上五十万元以下的罚款；情节严重的，由原发证机关吊销资质证书”之规定，内蒙古自治区鄂尔多斯市鄂托克旗文广局对内蒙古自治区乌海市摩尔沟煤炭有限公司处以罚款人民币8万元的行政处罚，并责令改正违法行为。挖掘的截排水沟已回填，倾倒的渣石已被清理。

指导意义：该案是一起典型的文物法人违法案件，岩画文物位于大山深处，又被企业

的露天煤矿环绕包围，监管难度大，此案的查处对当地煤矿企业起到很好的震慑作用。该案违法当事人是邻市乌海市企业，跨地处理难度大，鄂尔多斯市和鄂托克旗两级文物行政部门克服困难，联合执法，有效查处案件，保护了文物的安全，维护了法律的尊严。

五、国家电网吉林长春市双阳区供电有限公司擅自在全国重点文物保护单位五家子遗址保护范围内进行建设工程案

办案单位：吉林省长春市双阳区文化广电新闻出版局

执法机构：吉林省长春市双阳区文化广电新闻出版局

基本案情：五家子遗址是第七批全国重点文物保护单位，位于吉林省长春市双阳区山河街道办事处五家子村。2015年12月，长春市双阳区文物行政执法人员接到文物保护员“有机械设备在保护范围内施工”的报告后，立即赶赴现场核查，发现情况属实后，当场下达《停止侵害通知书》并展开调查。经查，该工程系国家电网吉林长春市双阳区供电有限公司“2015年农网改造升级项目”，建设单位在未履行文物审批程序的情况下，擅自在五家子遗址保护范围内进行施工。该行为涉嫌违反《中华人民共和国文物保护法》第十七条的有关规定，长春市双阳区文化广电新闻出版局依法立案查处。

处理结果：根据《中华人民共和国文物保护法》第六十六条第一款第（一）项“擅自在文物保护单位的保护范围内进行建设工程或者爆破、钻探、挖掘等作业的，尚不构成犯罪的，由县级以上人民政府文物主管部门责令改正，造成严重后果的，处五万元以上五十万元以下的罚款；情节严重的，由原发证机关吊销资质证书”之规定，双阳区文化广电新闻出版局责令国家电网吉林长春市双阳区供电有限公司立即改正违法行为、并给予相应的行政处罚。施工单位按要求撤出工地接受处罚，并在文物部门的监督下进行了保护性回填。

指导意义：该案为一起典型的文物法人违法案件。案发地点为野外遗址，保护范围大，极易受到农田改造、道路建设、电网架设等工程的威胁。该案涉及当地重点建设工程，查办难度大，文物执法人员克服阻力，及时制止违法行动，依法查处案件，维护了文物法律的尊严，对于加强大型基本建设中的文物保护工作具有一定的指导意义。

六、黑龙江省哈尔滨市双城区刘亚楼旧居等7处不可移动文物遭损毁案

办案单位：黑龙江省哈尔滨市文化广电新闻出版局

执法机构：黑龙江省哈尔滨市双城区文体广电局

基本案情：刘亚楼旧居等7处建筑是第三次全国文物普查登记不可移动文物。2015年6月，哈尔滨市双城区政府在实施双城区东北隅与东南隅棚户区改造项时，将7处不可移动文物列入征迁范围。6月中旬，建设单位及施工单位在未获文物部门批准的情况下擅自拆除，造成文物损毁，该行为涉嫌违反《中华人民共和国文物保护法》第二十条的有关规定。2016年8月，哈尔滨市政府成立专案组，由哈尔滨市文物、公安、纪检联合调查处理。

处理结果：根据《刑法》第三百二十四条第二款和《最高人民法院、最高人民检察院关于办理妨害文物管理等刑事案件适用法律若干问题的解释》第四条的有关规定，有关部门对破坏文物的7名犯罪嫌疑人以涉嫌故意损毁名胜古迹罪予以批捕，双城区政府、住建局、征收办、文体广电局等相关责任人共34人次受到党纪政纪处分。

指导意义：未定级不可移动文物数量大、级别低、保存状况复杂、违法成本较低，被随意拆除、破坏情况时有发生。此案充分运用2016年1月1日实施的《最高人民法院、最高人民检察院关于办理妨害文物管理等刑事案件适用法律若干问题的解释》，加大了对一般不可移动文物破坏行为的惩戒力度。在国家文物局、黑龙江省、哈尔滨市人民政府及相关

部门督办下，严格依法追究相关人员刑事责任，并对破坏文物事件及背后的问题进行深入核查，对决策者、建设者、施工者均进行严肃问责。此案的处理引起了社会各界的广泛关注，起到很好的警示作用。

七、江苏省南京市玄武湖管理处擅自在全国重点文物保护单位南京城墙（武庙闸段）保护范围内进行建设工程案

办案单位：江苏省南京市文化广电新闻出版局

执法机构：江苏省南京市文化综合执法总队

基本案情：2016年6月，南京市志愿者向文物行政部门报案，反映南京城墙（武庙闸段）正在进行施工，部分铺设地面的南京城墙砖被拆除。经南京市文化综合执法总队调查，南京市玄武湖管理处未经文物部门批准，擅自实施景观改造工程，改变文物历史风貌。该行为涉嫌违反《中华人民共和国文物保护法》第十七条的有关规定，江苏省南京市文物行政执法人员依法立案查处。

处理结果：根据《中华人民共和国文物保护法》第六十六条第一款第（一）项“擅自在文物保护单位的保护范围内进行建设工程或者爆破、钻探、挖掘等作业的，尚不构成犯罪的，由县级以上人民政府文物主管部门责令改正，造成严重后果的，处五万元以上五十万元以下的罚款；情节严重的，由原发证机关吊销资质证书”之规定，南京市文化广电新闻出版局对南京市玄武湖管理处实施了行政处罚，违法行为已整改到位。

指导意义：该案是南京市文物志愿者发现并报告的文物违法案件。南京市文物行政部门通过建立文物保护志愿者总队、组织开展文物保护志愿服务行动等举措，形成了以“行政执法引领+志愿服务支持”为核心的“文保执法社会治理模式”，对南京市的文物保护工作起到了重要作用，具有典型意义。

八、江苏省无锡市滨湖区新顺拆房有限公司擅自拆除不可移动文物原敦睦中学旧址案

办案单位：江苏省无锡市文化遗产局

执法机构：江苏省无锡市文化综合行政执法支队

基本案情：原敦睦中学旧址是江苏省无锡市公布的第三次全国文物普查登记不可移动文物。2014年10月，江苏省无锡市新顺拆房有限公司在未取得文物保护工程资质证书的情况下，未按照迁移方案的要求擅自对原敦睦中学旧址进行迁移施工。该行为涉嫌违反《中华人民共和国文物保护法》第二十一条第三款的有关规定，无锡市文物行政执法部门依法立案查处。

处理结果：根据《中华人民共和国文物保护法》第六十六条第一款第（六）项“施工单位未取得文物保护工程资质证书，擅自从事文物修缮、迁移、重建尚不构成犯罪的，由县级以上人民政府文物主管部门责令改正，造成严重后果的，处五万元以上五十万元以下的罚款”之规定，无锡市文物行政执法部门责令其限期改正，并对江苏省无锡市新顺拆房有限公司处以罚款人民币50万元的行政处罚。负有文物保护责任的5名行政干部被问责追责。当地政府高度重视，根据原敦睦中学旧貌，斥资依法重建敦睦中学，使之成为群众可以游览的民俗文化馆和文物保护的宣传场所。

指导意义：该项目为当地政府引进的重点工程，文物行政部门顶住压力，依法开展文物行政执法工作，严格按照相关法律法规要求进行查处，相关人员被追究行政责任。通过查处这起案件，对当地政府及相关部门起到了教育警示作用，敦促各级政府认真履行文物保护的主体责任。

九、浙江省衢州市龙游县文化旅游发展有限公司擅自在全国重点文物保护单位小南海石室保护范围内进行施工建设案

办案单位：浙江省衢州市龙游县文化广电新闻出版局

执法机构：浙江省衢州市龙游县文物监察大队

基本案情：小南海石室是第七批全国重点文物保护单位，位于浙江省衢州市龙游县小南海镇。2017年1月，龙游县文化广电新闻出版局根据国家文物局行政执法督办单，对“龙游县文化旅游发展有限公司在全国重点文物保护单位小南海石室3号洞与4号洞之间建设为旅游开发用的地下通道涉嫌违规”进行核查。经查情况属实，浙江省衢州市龙游县文化旅游发展有限公司未履行文物审批程序，擅自在小南海石室保护范围内施工。该行为涉嫌违反《中华人民共和国文物保护法》第十七条的有关规定。浙江省衢州市龙游县文物监察大队依法立案查处，省、市文物执法部门约谈当地政府。

处理结果：根据《中华人民共和国文物保护法》第六十六条第一款第（一）项“擅自在文物保护单位的保护范围内进行建设工程或者爆破、钻探、挖掘等作业的，尚不构成犯罪的，由县级以上人民政府文物主管部门责令改正，造成严重后果的，处五万元以上五十万元以下的罚款；情节严重的，由原发证机关吊销资质证书”之规定，浙江省衢州市龙游县文物执法部门对龙游县文化旅游发展有限公司处以罚款人民币20万元的行政处罚。龙游县文化旅游发展有限公司按照文物部门要求，制定了整改施工方案并按程序报批。

指导意义：该案为当地旅游开发过程中发生的文物违法案件。龙游县文物执法部门接报后反应迅速，及时制止违法行为，严格依法查处，整改措施到位，较好地维护了法律尊严，确保了文物安全。在案件查办过程中，浙江省文物局及时约谈当地政府，并全程跟踪指导督办，较好发挥了上级文物执法部门的督察作用。

十、福建正祥广成置业发展有限公司破坏福建省福州市鼓楼区不可移动文物洗银营27号案

办案单位：福建省福州市鼓楼区文化体育局

执法机构：福建省福州市鼓楼区文化体育局

基本案情：洗银营27号为清代宅第民居，是福州市鼓楼区公布的第三次全国文物普查登记不可移动文物。2015年11月，福建省福州市鼓楼区文化体育局执法人员在执法检查中发现，福建正祥广成置业发展有限公司在开发三友苑项目过程中擅自拆除不可移动文物洗银营27号的入口、天井、大厅、花厅、偏房等结构。该行为涉嫌违反《中华人民共和国文物保护法》第二十条的有关规定，福建省福州市鼓楼区文化体育局依法立案查处。

处理结果：根据《中华人民共和国文物保护法》第六十六条第一款第（三）项“擅自迁移、拆除不可移动文物的，尚不构成犯罪的，由县级以上人民政府文物主管部门责令改正，造成严重后果的，处五万元以上五十万元以下的罚款；情节严重的，由原发证机关吊销资质证书”之规定，福建省福州市鼓楼区文化体育局对福建正祥广成置业发展有限公司处以罚款人民币30万元的行政处罚，并要求其限期改正，恢复原状。违法当事人编制了洗银营27号地块修复设计方案并按程序履行报批手续。2017年6月洗银营27号已按照批复设计方案恢复原状。

指导意义：该案是福建省福州市鼓楼区文化体育局执法人员在日常巡查中发现的违法案件，执法人员主动执法，体现了日常巡查在文物保护工作中的重要作用。在文物行政部门的督促指导下，各项处罚措施执行到位，整改措施落实到位，有效保护了文物。该案的查处也推动当地政府依法履行文物保护主体责任，案件发生后，鼓楼区人民政府公布了

《关于进一步加强文物保护工作的通知》，对辖区内不可移动文物实施挂牌保护，进一步加大文物执法巡查力度，深化文物保护部门联动机制，加大文物管理经费投入，有效推进了当地的文物保护工作。

十一、中国工商银行股份有限公司青岛市北第二支行擅自修缮山东省文物保护单位朝鲜银行青岛支行旧址案

办案单位：山东省青岛市文化市场行政执法局

执法机构：山东省青岛市文化市场行政执法局

基本案情：2017年7月，青岛市文物行政执法人员接到群众举报后，对山东省文物保护单位朝鲜银行青岛支行旧址进行现场检查，发现中国工商银行股份有限公司青岛市北第二支行在未经文物部门批准的情况下，擅自修缮山东省文物保护单位朝鲜银行青岛支行旧址正厅上方雨棚，并在施工过程中拆除了文物本体正门两侧立柱、柱头、柱础等建筑构件，该行为涉嫌违反《中华人民共和国文物保护法》第二十一条第二款的有关规定。施工方青岛汇丰装潢有限公司未取得文物保护工程资质证书，擅自修缮文物保护单位，涉嫌违反《中华人民共和国文物保护法》第二十一条第三款的有关规定。青岛市文化市场行政执法局依法立案查处。

处理结果：根据《中华人民共和国文物保护法》第六十六条第一款第（四）项“擅自修缮不可移动文物，明显改变文物原状尚不构成犯罪的，由县级以上人民政府文物主管部门责令改正，造成严重后果的， 处五万元以上五十万元以下的罚款”、第（六）项“施工单位未取得文物保护工程资质证书，擅自从事文物修缮、迁移、重建尚不构成犯罪的，由县级以上人民政府文物主管部门责令改正，造成严重后果的，处五万元以上五十万元以下的罚款”之规定，青岛市文化市场行政执法局对违法建设单位中国工商银行股份有限公司青岛市北第二支行实施了罚款人民币20万元的行政处罚，对违法施工单位青岛汇丰装潢有限公司实施了罚款人民币5万元的行政处罚，并限期整改。

指导意义：非文物部门管理的文物保护单位，所有权复杂，管理单位多样，管理难度较大。文物执法部门依法对违法建设方、施工方均予以查处，相关人员被追究行政责任，并在其系统进行通报。该案的查处增强了相关行业部门的文物保护意识，较好地推动了当地的文物保护工作。

十二、湖南省常德市文化旅游投资开发集团有限公司擅自在全国重点文物保护单位桃花源古建筑群保护范围内进行建设工程案

办案单位：湖南省常德市文物局

执法机构：湖南省常德市文物局

基本案情：湖南省桃花源古建筑群是国务院公布的第六批全国重点文物保护单位。2016年12月，常德市文物局接到群众举报，反映桃花源古建筑群保护范围和建设控制地带内有擅自施工行为。经执法人员现场核查，举报属实。常德市文化旅游投资开发集团有限公司未经文物部门许可，擅自在该文保单位两线范围内违法建设。该行为涉嫌违反《中华人民共和国文物保护法》第十七条的有关规定，湖南省常德市文物局下达停止侵害通知书，依法启动执法程序。

处理结果：根据《中华人民共和国文物保护法》第六十六条第一款第（一）项“擅自在文物保护单位的保护范围内进行建设工程或者爆破、钻探、挖掘等作业的，尚不构成犯罪的，由县级以上人民政府文物主管部门责令改正，造成严重后果的，处五万元以上

五十万元以下的罚款；情节严重的，由原发证机关吊销资质证书”之规定，常德市文物局对常德市文化旅游投资开发集团有限公司处以罚款人民币50万元的行政处罚。常德市桃花源旅游管理区管委会对相关人员进行了处理，区管委会、区宣教文旅局相关负责人被严肃追责，常德市文化旅游投资集团开发有限公司免除了相关人员的职务。

指导意义：该案是一起典型的旅游开发中的文物法人违法案件。常德市文物部门顶住压力依法查处并追究相关人员责任，维护了文物保护法律法规的权威，宣传和普及文物保护法，提高当地政府和相关部门文物保护意识。常德市桃花源旅游管理区管委会印发了《桃花源旅游管理区关于加强古建筑群文物保护工作的有关规定》，签订了文物保护责任状，给文物部门增加了编制，有效推进了当地的文物保护工作。

十三、深圳市富上佳房地产开发有限公司擅自拆除广东省深圳市不可移动文物悦兴围碉楼案

办案单位：广东省深圳市宝安区文体旅游局

执法机构：广东省深圳市龙华新区公共事业局文化市场行政执法大队

基本案情：2015年9月，深圳市龙华新区公共事业局文化市场行政执法大队巡查时，发现深圳市富上佳房地产开发有限公司在悦兴围旧村改造项目施工中，拆毁不可移动文物悦兴围碉楼。该行为涉嫌违反《中华人民共和国文物保护法》第二十六条第一款的有关规定。广东省深圳市龙华新区公共事业局文化市场行政执法大队依法立案查处。

处理结果：根据《中华人民共和国文物保护法》第六十六条第一款第（三）项“擅自迁移、拆除不可移动文物的，尚不构成犯罪的，由县级以上人民政府文物主管部门责令改正，造成严重后果的，处五万元以上五十万元以下的罚款；情节严重的，由原发证机关吊销资质证书”和《深圳市文化市场行政处罚裁量标准》的有关规定，宝安区文体旅游局对深圳市富上佳房地产开发有限公司处以罚款人民币40万元的行政处罚，并对悦兴围碉楼遗址予以原址保护。

指导意义：本案是一起典型的房地产开发中的文物法人违法案件。当地文物行政部门主动巡查，及时发现并查处文物违法行为，较好地履行了职责。文物部门坚持原则，对文物实施原址保护，最大限度地保留了文物的历史信息。

十四、重庆英利房地产开发有限公司擅自拆除重庆市渝中区不可移动文物韩国光复军司令部旧址案

办案单位：重庆市渝中区文化委员会

执法机构：重庆市渝中区文化市场行政执法大队

基本案情：2015年3月，重庆市渝中区文化委员会接群众举报，反映不可移动文物韩国光复军司令部旧址被擅自拆除。重庆市渝中区文化市场行政执法大队执法人员立即赶到现场调查。经查，重庆英利房地产开发有限公司在开发渝中区邹容路味苑地块过程中，未经文物部门批准擅自拆除韩国光复军司令部旧址。该行为涉嫌违反《中华人民共和国文物保护法》第二十条第三款的有关规定，重庆市渝中区文化市场行政执法大队依法立案查处。

处理结果：根据《中华人民共和国文物保护法》第六十六条第一款第（三）项“擅自迁移、拆除不可移动文物的，尚不构成犯罪的，由县级以上人民政府文物主管部门责令改正，造成严重后果的，处五万元以上五十万元以下的罚款；情节严重的，由原发证机关吊销资质证书”之规定，重庆市渝中区文化委员会对违法建设单位重庆英利房地产开发有限公司处以罚款人民币40万元的行政处罚，对违法施工单位重庆庆林建筑工程有限公司处以

罚款人民币10万元的行政处罚。

指导意义：此案是房地产开发建设过程中，破坏一般不可移动文物的典型案例。文物行政执法部门严格执法，加大处罚力度，分别对建设方和施工方实施了罚款人民币共计50万元的行政处罚。该案的查处也推动了地方政府履行文物保护主体责任，积极制定《渝中区抗战遗址保护与利用总体规划》《渝中区传统风貌区保护规划方案》等文物保护相关措施，要求在城市建设规划中，将文物保护工作纳入统筹规划，并在具体项目中严格执行并联审批制度。

十五、深圳同行者联盟文化传播有限公司组织人员利用车辆违法跨越甘肃省酒泉市瓜州县全国重点文物保护单位长城（东沙窝段）案

办案单位：甘肃省酒泉市瓜州县文物局

执法机构：甘肃省酒泉市瓜州县文物局

基本案情：2017年5月，甘肃省酒泉市瓜州县文物局接当地长城保护员报告，在全国重点文物保护单位长城（东沙窝段）有大量车辆跨越长城。经调查，深圳同行者联盟文化传播有限公司在委托敦煌市山野户外有限责任公司组织户外徒步活动过程中，参加人员驾驶车辆在东沙窝长城6段和7段跨越17处汉长城遗址。该行为涉嫌违反《长城保护条例》第十八条第（四）项的有关规定，甘肃省酒泉市瓜州县文物局依法立案查处。

处理结果：根据《长城保护条例》第二十七条第二款“在长城上驾驶交通工具，或者利用交通工具等跨越长城的，由县级人民政府文物主管部门责令改正，造成严重后果的，对单位处5万元以上50万元以下的罚款”和《甘肃省文物行政处罚裁量权规范办法》中“在长城上驾驶交通工具，或者利用交通工具等跨越长城的，造成长城轻微受损的，责令改正，单位给予5至10万元处罚”之规定，2017年7月，瓜州县文物局依法给予深圳同行者联盟文化传播有限公司行政处罚。

指导意义：长城保护任务艰巨，违法种类多样，及时发现比较困难，该案由长城保护员巡查发现并及时报告，充分体现了社会力量参与长城保护的重要作用。文物行政部门对该案的严格执法既是对《长城保护条例》的有效宣传，又为类似案件的查处提供了示范参考。

国家文物局关于废止12件规范性文件的决定

文物政发〔2017〕28号

各省、自治区、直辖市文物局（文化厅），新疆生产建设兵团文物局：

根据《国务院办公厅关于进一步做好“放管服”改革涉及的规章、规范性文件清理工作的通知》（国办发〔2017〕40号）要求，经国家文物局2017年11月24日第19次党组会议研究决定，对国家文物局发布的12件规范性文件予以废止。自本决定印发之日起，予以废

止的12件规范性文件停止执行，不再作为行政管理的依据。

请结合“放管服”改革实际，认真梳理与此次废止的规范性文件相关的工作内容，研究有效衔接、规范管理、提升服务的具体举措，确保文物领域相关改革取得实效。

附件：予以废止的规范性文件目录

国家文物局

2017年12月26日

附件

予以废止的规范性文件目录

（以发布时间为序）

序号	文件名称	发布单位	发文文号	发布日期
1	文物商店工作条例（试行稿）	国家文物局	（81）文物字第343号	1981年7月17日
2	国家文物局田野考古奖励办法（试行）	国家文物局	（93）文物文字第545号	1993年7月13日
3	文物保护科学和技术研究课题管理办法	国家文物局	文物办发〔2003〕63号	2003年9月11日
4	文物保护科学和技术创新奖励办法（试行）	国家文物局	文物博发〔2004〕40号	2004年7月6日
5	全国博物馆评估办法（试行）、博物馆评估暂行标准和博物馆评估申请书	国家文物局	文物博发〔2008〕6号	2008年2月5日
6	文物建筑防雷工程施工资质管理办法（试行）	国家文物局	文物保发〔2010〕5号	2010年1月20日
7	文物建筑防雷工程勘察设计资质管理办法（试行）	国家文物局	文物保发〔2010〕7号	2010年1月20日
8	文物拍卖企业资质年审管理办法	国家文物局	文物博函〔2011〕2号	2011年1月5日
9	国有文物保护单位经营性活动管理规定（试行）	国家文物局	文物政发〔2011〕16号	2011年8月25日
10	出境展览文物安全规定（试行）	国家文物局	文物博函〔2013〕1612号	2013年8月27日

续表

序号	文件名称	发布单位	发文文号	发布日期
11	全国重点文物保护单位文物保护工程申报审批管理办法（试行）	国家文物局	文物保函〔2014〕64号	2014年1月17日
12	全国重点文物保护单位文物保护项目咨询评估机构管理办法（试行）	国家文物局	文物保函〔2014〕65号	2014年1月17日

综述篇

【概述】

2017年，国家文物局系统以习近平新时代中国特色社会主义思想为指导，全面贯彻党的十八大和十八届三中、四中、五中、六中、七中全会精神，深入学习贯彻习近平新时代中国特色社会主义思想和党的十九大精神，紧紧围绕“五位一体”总体布局和“四个全面”战略布局，全面落实党中央、国务院决策部署，抓主抓重、扎实工作，落实保护责任，强化安全意识，文物工作取得新成效，文物事业取得新进步。

一、认真学习贯彻习近平新时代中国特色社会主义思想和党的十九大精神，坚决落实习近平总书记重要指示批示精神

认真学习贯彻十九大精神。举办国家文物局系统学习贯彻十九大精神专题培训班，覆盖机关全体党员、干部。举办习近平新时代中国特色社会主义思想和十九大精神学习会、座谈会、研讨会，国家文物局党组撰写发表学习十九大精神体会文章。举办“砥砺奋进　辉煌五年”党的十八大以来文物工作新成就展览。督促检查局系统各部门、各单位十九大精神学习宣传贯彻情况，强化十九大精神学习宣传贯彻效果。

全面落实习近平总书记重要指示批示。围绕落实习近平总书记关于文物安全工作重要批示精神，以明十三陵石刻文物被盗案为典型案例，狠抓隐患排查，狠抓专项整治，狠抓执法督察，突出部门协作，突出机制建设，集中时间、全国动员，有力推进文物安全各项工作。召开大运河文化带建设工作座谈会，开展大运河文化带建设情况调研，完成大运河文化带文物保护利用专题研究报告，北京市制定大运河文化带保护建设方案（北京段）。落实北京城市副中心文物保护措施，实施通州汉代路县故城遗址考古、保护和遗址公园建设工程，冬奥会太子城遗址考古取得重要收获。举办雄安新区历史文化与遗产保护座谈会，完成河北雄安新区核心起步区考古勘探100平方公里和中期发展区考古调查200平方公里。完成长城保护总体规划编制，制定长城保护工程施工规范文件，开展长城执法专项督察“回头看”和“爱我中华，护我长城——中华汽车助力长城巡查”活动。“鼓浪屿·历史国际社区”成功申遗，文化遗产图片展闪亮2017年金砖国家领导人厦门峰会。举办文化遗产与文明交流互鉴研讨会及符合国情的文物保护利用之路研讨会。编印《习近平关于文物工作重要论述摘编》，成功申报国家社科基金“符合国情的文物保护利用之路”重大项目，深入学习研究习近平总书记关于文物工作系列重要论述。

持续落实《国务院关于进一步加强文物工作的指导意见》。文化部、国家文物局及相关部门出台配套文件近20个，22个省份和新疆生产建设兵团的党政主要负责同志对文物工作作出批示，30个省份召开全省（区、市）文物工作会议，31个省份和新疆生产建设兵团出台关于进一步加强文物工作的实施意见。

二、全面加强文物安全工作

全面部署文物安全工作。召开全国文物安全电视电话会议，刘延东、郭声琨同志出席会议并发表讲话。国务院办公厅印发《关于进一步加强文物安全工作的实施意见》（国办发〔2017〕81号），出台12条针对性措施。文化部、国家文物局主要负责同志第一时间实地督察，督促北京市相关部门成功破获明十三陵思陵石刻文物被盗案，开展全国文博单位文物安全警示教育。

全面完成全国文物安全状况大排查行动。历时半年，累计排查各级各类文博单位23万余处，发现各类文物安全隐患和问题2.1万余处，分类制定整改措施，已立行立改近1万处。与

多部门组成11个督察组赴地方检查抽查，实现“两个全覆盖”，即大督察覆盖全国31个省份的所有市县，大排查覆盖全国各级文物部门、文物保护单位、博物馆和文物收藏单位。

持续开展法人违法文物案件专项整治行动。严肃查处文物法人违法案件314起，178名相关责任人受到党纪政纪处分。公开曝光哈尔滨刘亚楼旧居遭损毁案等一批文物违法犯罪典型案件和文物安全重大事故，11次约谈重大文物安全案件和事故发生地的地方政府负责人。发布2017年度15个行政执法指导性案例。争取中央编办为国家文物局增加行政编制6人，加强执法督察力量。

配合公安部开展打击文物犯罪专项行动。打击文物犯罪专项行动取得阶段性成果，侦破陕西淳化“7 · 20”系列盗掘古墓葬案等一批重大文物犯罪案件，打掉近百个文物犯罪团伙，抓获近千名文物犯罪嫌疑人。公安部发出A级通缉令，公开通缉2批20名重大文物犯罪在逃人员，已经到案15名。

完善文物安全监管机制。中央海洋权益工作领导小组办公室将国家文物局纳入水下文物保护沟通协调机制成员单位，将水下文物执法巡航和南海水下文物保护执法纳入中国海警局日常工作。参加国务院2016年度省级政府消防考核和2017年度全国文明城市测评工作。与公安部联合建成中国被盗（丢失）文物信息发布平台，受到国际社会及香港特区政府积极响应。与公安部联合召开全国文物消防安全工作电视电话会议；督办5起国保单位火灾事故，23名责任人得到严肃处理；印发《文物建筑电气防火导则（试行）》。与国家工商总局开展文物流通市场专项整顿行动，查处50余起文物流通领域违法违规行为。深入推进文物平安工程，全年投入近20亿元，支持922个国保单位完善文物防盗防火防雷设施设备，进一步增强科技防范能力。

三、深入推进文物领域“放管服”改革

文物领域“放管服”改革取得阶段性成果。按照国务院统一部署，完成精简文物行政审批事项的阶段性任务，截至2017年年底，取消下放审批事项10项，精简占比达到39%；取消3项中介服务事项、2项职业资格许可事项和7项中央指定地方实施审批事项。编制国家文物局行政许可事项服务指南和工作细则，公布国家文物局随机抽查事项清单和工作细则，推行“双随机一公开”监管方式。在广东、陕西等省开展馆藏一级文物管理“双随机一公开”检查，推进各级收藏单位健全管理制度，提升保管水平。

继续推进文保工程项目审批改革。简化项目审批流程，推动国保单位文物保护工程项目行政许可审批直接面向行政相对人、取消省级初审的改革举措，全年文物保护行政审批项目实现零超时，年度批文减少1500个以上。深入推进国保单位安全防护工程审批改革。

加强文物进出境管理。印发《关于进一步规范文物出境许可工作的通知》，取消文物商店售前审核，废止文物拍卖企业年审办法，会商海关总署简化文物进境展览管理手续，印发《文物进境展览备案表》，并由海关总署转发各地海关。

做好改革配套保障。实施国家文物局政务信息化“十三五”发展规划，整合国家文物局政务信息系统，编制信息资源目录，完成国家文物局综合行政管理平台的行政审批和政府信息公开服务上线试运行。按照国务院部署，完成规范性文件清理工作，开展编制国家文物局权责清单和负面清单工作。

四、扎实推进文物保护重点项目

实施文物保护重点工程。编制革命文物保护传承五年行动计划，实施“长征——红色记忆”工程，完成《长征文化线路总体规划》，继续推进赣南原中央苏区、延安等革命文物保护项目，启动实施闽西革命文物重点保护项目。实施儒学遗产保护传承和川渝石窟保护展示项目。继续推进国保和省保单位集中成片传统村落保护利用项目，支持中国文物保护基金会做好箭扣、喜峰口长城保护和松阳传统村落保护试验区建设。探索传统村落遗产资源利用示范试点，开展国家遗产线路前期研究。加大重大项目监管力度，全年检查80余项重大文物保护项目和考古项目。指导第三届全国文物保护优秀工程评选推介活动。与住房与城乡建设部组织名城名镇名村检查评估。

加强世界文化遗产保护。“鼓浪屿：历史国际社区”成功申遗，有序推进古泉州（刺桐）史迹、良渚古城遗址、“海丝”保护和申遗工作，举办中国首批世界文化遗产列入《世界遗产名录》30周年系列活动，开展36处世界文化遗产、4处文化和自然混合遗产的保护管理状况评估，召开丝绸之路“南亚廊道”国际学术研讨会。

加强考古和大遗址保护。开展24家国家考古遗址公园运营情况评估，公布第三批12家国家考古遗址公园名单，国家考古遗址公园总数达到36家。发布《国家考古遗址公园创建及运行管理指南（试行）》。统筹推进“考古中国”重大研究，加强城市考古和边疆考古，召开首次新疆考古工作会和西藏阿里考古工作会。

加强水下文化遗产保护。召开南海和水下考古工作会，编制南海水下文化遗产保护规划。南海基地落户海南省琼海市潭门镇，基本完成工程建设前期准备工作。开展深海考古技术合作，与中科院深海所签署《国家文物局水下文化遗产保护中心与中国科学院深海科学与工程研究所战略合作协议》。开展南海海域水下考古调查项目，召开“南海Ⅰ号”发现与研究国际学术研讨会，启动珊瑚岛水下文物保护利用规划项目。举办“致远舰”系列特展、出水与饱水文物保护专题研讨会、“一带一路”沿线国家水下考古培训班。全国水下文化遗产资源数据库建设取得重要进展。

五、加强博物馆建设，提升公共文化服务水平

提升博物馆公共服务水平。全国博物馆总数达到4873家，年接待观众9亿人次。会同教育部公布第一批全国中小学生研学实践教育基地，98家文博机构入选。推介一批纪念建军90周年、抗战全面爆发80周年主题展览，举办“秦汉文明展”“美·好·中华——近二十年考古成果展”，支持央视推出《国家宝藏》等重磅栏目，公布“2016年度全国博物馆十大精品陈列”。印发《国家一级博物馆运行评估指标体系》。公开346万余件博物馆馆藏文物信息，方便社会公众查询、研究。印发《关于进一步推动非国有博物馆发展的意见》，改组中国博物馆协会非国有博物馆专委会。

加强可移动文物保护。全面完成第一次全国可移动文物普查，普查可移动文物1.08亿件/套、文物收藏单位1.1万余个，基本摸清国有可移动文物家底。启动馆藏一级文物复核和非国有博物馆藏品备案。前往国务院参事室、清华大学、中央美术学院、中国民族博物馆、社科院考古所等单位开展可移动文物保护管理情况检查。实施130余项馆藏珍贵文物和出土出水文物保护修复项目，推进腐蚀损失严重文物抢救性修复和预防性保护。

加强文物领域文化创意产品开发。全面推进“互联网+中华文明”三年行动计划，推进92家博物馆文创产品开发试点，69个项目入选“互联网+中华文明”示范项目库，启动文化创意产品库建设。举办国际文博版权交易博览会和全国文博单位文化创意产品联展，赴香港地区及美国、德国展会推介文博创意产品。首次参与世界互联网大会，举办第四届世界互联网大会“包容互鉴：网上文化交流共享”论坛和海峡两岸暨香港、澳门互联网发展论坛，举办“互联网+中华文明”专题展览，与百度、腾讯、网易签署战略合作协议。

加强社会文物管理。加强民间文物收藏管理制度调研设计，组织3次鼓励民间合法收藏文物座谈会。召开社会文物管理工作座谈会，共谋文物市场健康有序发展。联合最高法、最高检、公安部、海关总署制定《涉案文物鉴定评估管理办法》，指定涉案文物鉴定评估机构开展4万余件/套涉案文物鉴定，推动有关部门就文物进境税收优惠达成初步共识。推进民间收藏文物鉴定试点，指导上海等地开展公益性文物鉴定试点，得到群众认可和社会好评。各文物进出境审核机构开展约17万件/套文物及复仿制品进出境审核工作，限制200余件文物出境，增设国家文物进出境审核重庆、海南管理处。

六、进一步拓展文物对外交流与合作

有序推进援外文物保护工程和联合考古项目。编制“一带一路”文化遗产保护与交流合作专项规划。加入对外援助部际协调机制领导小组成员单位，援外文物保护工程实现覆盖“一带一路”沿线6国8个项目，联合考古项目实现覆盖“一带一路”沿线12国15个项目，援助尼泊尔杜巴广场九层神庙保护修复项目开工。成立丝绸之路国际博物馆联盟，召开“一带一路”国际博物馆合作学术研讨会。赴德国、意大利、斯里兰卡举办“海上丝绸之路”文物展，赴美国举办“秦汉文明展”，讲好中国故事。

加强文物国际合作。与缅甸签署关于防止盗窃盗掘和非法进出境文化财产协定和蒲甘古迹震后修复保护合作谅解备忘录，与塞尔维亚签署促进文化遗产领域交流合作谅解备忘录，推动加拿大政府归还文物建筑构件和中国鱼龙化石、三叠纪晚期鱼骨化石。举办中国—中东欧国家文化遗产论坛和澜湄流域国家文化遗产展示与推广研讨会。成功申办2020年国际博物馆协会藏品保护委员会大会，成功竞选国际古迹遗址理事会（ICOMOS）执委、国际文化财产保护与修复中心（ICCROM）理事。配合有关部门，组织十余家文博单位，成功申报甲骨文列入世界记忆名录。逐步落实保护濒危文化遗产阿布扎比会议的后续工作。在吴哥古迹保护国际协调委员会（ICC）中主动作为。推荐中国文化遗产研究院专家参加联合国教科文组织世界遗产中心“海上丝绸之路”概念文件写作组。

加强与港澳台文物交流合作。与港澳签署关于文化遗产领域交流与合作更紧密安排协议书，在香港举办中哈吉“绵亘万里—世界遗产丝绸之路文物展”和内地与港澳历史建筑活化再利用研讨会，开展首届港澳中学生考古暑期课堂活动。赴台举办“绝壁重光：川渝石窟的保护与传承暨李耘燕美术作品展”，实现文物保护与美术创作跨界创新。举办第四届台湾历史教师中华文化研习营。促成台湾中台禅寺捐赠的山西邓峪石塔塔身回归。

七、着力做好文物保护基础工作

加强文物保护制度建设。全国人大常委会对《中华人民共和国文物保护法》（以下简称《文物保护法》）进行第五次修正，起草《中华人民共和国水下文物保护管理条例》（以下简称《水下文物保护管理条例》）修订稿，评估《大运河遗产保护管理办法》实施情况。发布《国家文物事业发展“十三五”规划》。印发《文物建筑开放导则（试行）》。印发《关于加强尚未核定公布为文物保护单位的不可移动文物保护工作的通知》，加强一般不可移动文物管理。完成第八批全国重点文物保护单位申报工作指南、遴选标准制定。

加强人才工作。深入推进“金鼎工程”，全年举办48个文博人员培训班，培训学员3300余人次。制定全国国保单位保护管理机构负责人培训两年计划，全年培训学员1300余人次。加强文博人才评价制度顶层设计，推动文物保护工程从业资格列入《国家职业资格目录》，开展文物博物职称制度改革调研。完成2017年“高层次文博行业人才提升计划”

硕士招生工作。

加强科技支撑。发布《关于加强“十三五”文物科技工作的意见》，推动“文化遗产保护利用关键技术创新与应用示范”纳入国家重点研发计划专项。完成国家科技支撑计划“文物知识分析与设计素材再造关键技术研究与应用”“文物数字化保护标准体系及关键标准研究与示范”项目，印发《2017～2020年文物保护行业标准制修订项目计划》，发布13项行业标准。修订《国家文物局重点科研基地管理办法》，完成前五批23家重点科研基地运行评估，指导成立“丝绸之路文物科技创新联盟”。敦煌研究院荣获2017年度国家科技进步奖二等奖。

加强文物宣传工作。建立文物新闻宣传季度联席会议制度。举办文化和自然遗产日主场城市活动和国际博物馆日系列活动。建立国家文物局新闻发布会制度，全年举办新闻发布会、通气会6场，接受媒体专访10余场。举办“文化遗产与一带一路”论坛、中国文化遗产美术展、青少年文化遗产教育活动。加强舆情监测和正面引导，及时处置凤阳明中都遗址不当施工和五台县佛光寺东大殿漏雨等多起突发舆情。设立“辉煌五年——党的十八大以来文物工作巡礼”专栏；举办“曙光·伟业——北大红楼与中国共产党的创建”“辉煌五年——十八大以来的文物事业”图片展。举办“丝绸之路与我们的生活”（河南洛阳）、“长城脚下的课堂”（辽宁葫芦岛九门口长城）、“走进博物馆——与博物馆一起成长”（北京首都博物馆）等文化遗产公开课。《国家宝藏》持续热播，《如果国宝会说话》开播。扎实推进《中国文物志》初稿编纂工作，组织专家进行93次专题研讨，完成初稿16章1000余万字。

八、不断推动全面从严治党向纵深发展

全面贯彻新时代党建工作总要求。局党组把认真学习宣传贯彻党的十九大精神作为首要政治任务，认真贯彻落实习近平新时代中国特色社会主义思想，发表党组署名文章，带动局系统学习十九大精神引向深入。局党组成员发挥表率作用，带头宣讲十九大精神，严格落实双重生活会制度。扎实推进局系统“两学一做”学习教育常态化制度化，修订印发党组中心组学习制度，制定局党组意识形态工作责任制实施细则，修订局党组进一步贯彻执行中央八项规定精神实施意见，印发局系统各级党组织关于严格执行“三会一课”制度的实施意见。召开局系统直属单位和主管社会组织意识形态工作座谈会；指导国家文物局主管的社会组织成立党组织，做到党的组织和党的工作“两个”全覆盖。举办党的十九大精神学习班，举办两期局系统基层党支部书记专题培训班。

抓好巡视整改和审计整改反馈意见整改落实。41项中期整改措施即将完成，49项长期整改措施取得阶段性成果。成立国家文物局党组巡视工作领导小组和领导小组办公室。针对审计署关于整改2016年度中央预算执行和其他财政收支审计查出问题，向审计署报送整改报告，督促各单位对审计问题进行整改。如期收回文博大厦管理权，完成相关行政移交工作。

把好干部标准落到实处。坚持事业为上、公道正派，制定《国家文物局机关干部选拔任用工作办法》等具体选人用人制度，修订《国家文物局干部交流轮岗工作规定》。以规范办文、办会、办事程序为重点，加强局机关作风建设，打造忠诚干净担当的高素质专业化干部队伍。

【第一次全国可移动文物普查】

2017年4月7日，第一次全国可移动文物普查成果新闻发布会在京召开。普查工作的主要成果如下：一是掌握全国国有可移动文物资源总体情况。二是新发现一批重要文物。三是建立文物资源数据库和文物身份证制度。四是健全国家文物资源调查管理机制。五是全面夯实文物基础工作。六是初步建立可移动文物数据社会服务和共享机制。

【文物法制建设】

法律法规修订

配合国务院法制办完成《文物保护法》第五次修正，并于11月4日经第十二届全国人民代表大会常务委员会第三十次会议审议通过，自11月5日起施行。这是继2015年4月24日第四次修正后的又一次重要修改。这次修改涉及《文物保护法》第二十条第二款、第四十条第二款、第五十六第一款、第五十七条第一款、第七十一条、第七十三条，对于文物保护单位原址保护、国有文物收藏单位之间借用馆藏一级文物、文物商店售前审核等工作进行了相应规范，“既做减法，也做加法”，在取消相关审批事项的同时，补充了相应的事中事后监管措施。

按照中央巡视整改要求，开展《水下文物保护管理条例》修订课题研究，起草完成《水下文物保护管理条例（征求意见稿）》。完成《长城保护条例》修订课题研究，开展《大运河遗产保护管理办法》实施情况评估。完成《中华人民共和国治安管理处罚法》《中华人民共和国公共文化服务保障法》《文化产业促进法》《中华人民共和国公共图书馆法》《宗教事务条例》《文化市场综合执法管理条例》等十余部重要法律法规的征求意见回复工作。

有关文件的立改废

根据国务院要求，完成国家文物局行政法规、规章、规范性文件清理工作，修改1件，废止12件。启动编制国家文物局权责清单和负面清单工作。

行政复议和应诉工作

修订公布《国家文物局行政复议和应诉工作规定》。全年办理政府信息公开、文物认定等方面的行政复议案件12件，行政应诉6件。

【文物政策研究】

课题研究

开展文物登录制度课题研究，起草不可移动文物认定导则。召开符合国情的文物保护利用之路研讨会，指导中国文化遗产研究院成功立项国家社科基金重大项目“符合国情的文物保护利用之路”。开展长城保护、革命文物保护、大运河文化带建设、社会力量参与文物保护利用等工作调研。

政策指导

开展《国务院关于进一步加强文物工作的指导意见》督办落实工作，全国31个省（自治区、直辖市）和新疆生产建设兵团印发关于进一步加强文物工作的实施意见，11个省（自治区、直辖市）将文物工作纳入地市级党政领导班子综合考核评价体系或年度考核指标体系。印发《国家文物事业发展“十三五”规划》。

成果共享

在习近平主席于法国巴黎联合国教科文组织总部发表重要演讲三周年之际，成功举办文化遗产与文明交流互鉴座谈会。

组织出版《文化遗产蓝皮书（2016～2017）》《文物工作调研报告汇编（2016）》，

编印《习近平关于文物工作重要论述摘编》《2017年文物工作若干文件选编》《2017年地方文物工作若干文件选编》。

组织协调《中国文物志》编纂工作，召开《中国文物志》编纂委员会第四次全体会议，基本完成《中国文物志》初稿编撰工作。

【文物宣传】

公众传播

成功举办文化和自然遗产日主场城市活动（洛阳），活动期间开展“文化遗产与一带一路”论坛、中国文化遗产美术展、青少年文化遗产教育活动等，普及文物保护政策理念，促进文化遗产成果共享。连续第三年举办文化遗产公开课，先后举办了“丝绸之路与我们的生活”“长城脚下的课堂”“走进博物馆——与博物馆一起成长”公开课。联合中宣部、中央电视台实施《国家宝藏》和《国宝生辉》（播出名《如果国宝会说话》）等项目。

新闻发布

出台《国家文物局新闻发布管理办法（试行）》。做好新闻发布和媒体采访工作，截至10月底，共举办新闻发布会、通气会6场，接受媒体专访10余场。办理媒体采访函79件，组织专题采访宣传活动近10次。配合第一次全国可移动文物普查成果发布、国际博物馆日、文化和自然遗产日、鼓浪屿：国际历史社区成功申遗、大别山区革命文物保护、国家文物局首次参加世界互联网大会等组织了专题发布和报道。

舆情监测

文物舆情监测能力不断提升，2017年已具备每日监测摘报、每季度分析研判的舆情信息处理能力。全年完成每日舆情摘报240余期，舆情快报、专报36期，为处置和应对文物舆情提供了决策依据。根据《国家文物局舆情突发事件应对工作流程》，及时有效处置了凤阳明中都遗址不当施工和五台县佛光寺东大殿漏雨等多起突发舆情。

【执法督察】

长城执法专项督察

10～11月，在2016年度长城执法专项督察基础上，组织3个督察组对天津、辽宁等共8个省份长城保护进行“回头看”，提出的174条整改要求中147项得到了整改，整改率达84.5%。内蒙古、辽宁建立了省级长城保护专门机构。内蒙古将长城保护纳入对各级政府考核体系。93.4%的长城认定点段被核定公布为省级以上文物保护单位。除辽宁外，各省长城均实现了长城保护员全覆盖。

行政执法

继续实施文物法人违法案件三年专项整治行动。全年直接督察督办文物违法事项153件。11次约谈重大文物安全案件和事故发生地的地方政府负责人，公开曝光一批法人违法案件。指导全国查处文物法人违法案件314起，督察司直接督办88起，依法严肃查处黑龙江省哈尔滨市双城区刘亚楼旧居等七处不可移动文物遭损毁案等一批法人违法案件，178名相关责任人受到党纪政纪处分。同时，遴选发布2017年度15个行政执法指导性案例。

多部门联合执法

通过借力中央海权办、中国海警局等海洋力量，弥补海上文物执法能力的不足。2017

年，国家文物局被纳入中央海权办牵头建立的水下文物保护沟通协调机制成员单位；2017年水下文物执法巡航和南海水下文物保护执法工作纳入中国海警局日常工作范畴；打击盗捞水下文物犯罪活动列入公安部2017年专项打击范围。

创新督察手段

针对“管理单位隐瞒不报，地方主管部门毫不知情”的突出问题，充分利用卫星遥感、无人机等技术手段主动监测，监测结果和重大违法工程通报当地，引起地方政府的高度重视。通过主动督察，主动作为，有力促进了地方政府主体责任和文物部门监管责任的落实。

利用“督察+第三方评估”新模式，客观评估各省文物行政执法的真实情况，对地方执法工作起到把脉会诊和促进完善的积极作用。

社会监督

充分发挥国家文物局文物违法举报中心作用，2017年，文物违法举报受理部门（“12359”）共接举报电话2632个、举报邮件472件、网站举报215件、举报信函14封，经初步核查登记并报督察司195件，成为掌握各地文物违法情况的重要信息来源。

【安全监管】

全国文物安全状况大排查行动

行动历时半年，累计排查各级各类文物博物馆单位232663个，发现各类文物安全隐患和管理漏洞21063处，立行立改9507处。与多部门组成11个督察组赴各地实地检查抽查，实现首次“两个全覆盖”，即大督察覆盖全国31个省（自治区、直辖市）的所有市（地、州、盟）县（市、区、旗），大排查覆盖全国各级文物行政部门、文物保护单位、博物馆和文物收藏单位。

严厉打击文物犯罪

与公安部共同部署全国打击文物犯罪专项行动，指导全国文物部门全面梳理文物犯罪案件线索和被盗（丢失）文物信息通报公安机关。公安部两次发出A级通缉令，公开通缉20名重大文物犯罪在逃人员，已到案15名。在文物、公安通力合作下，共侦破文物犯罪案件351起，抓获犯罪嫌疑人545名，打掉犯罪团伙79个，追缴文物2715件。

中国被盗（丢失）文物信息发布平台正式发布，第一批200余条被盗文物信息已在平台发布。同时，推动和配合开展文物流通市场专项整顿行动，严厉打击非法经营文物行为。

夯实文物建筑消防安全基础

2月，会同公安部消防局联合印发《文物建筑电气防火导则（试行）》，这是国内第一个专项电气防火规范；联合召开全国文物消防安全工作视频会议，文物、公安消防、重点文博单位超过3万人同时参加会议。5月，开展国务院2016年度省级政府消防考核，国家文物局派员参加10个省份实地检查督察，有力推动地方政府落实文物消防责任。会同公安部消防局联合督办浙江诸葛长乐村等5起国保单位火灾事故，23名责任人得到严肃处理。在公安部消防局支持下，为北大红楼、鲁迅博物馆建成微型消防站。

国保单位安全防护工程

按照局党组要求，深入推进国保单位安全防护工程审批改革，不断完善“双随机一公开”各项任务，推进简政放权。统筹推进文物平安工程，2017年共支持922个国保单位安全防护工程，较2016年增加了200%。

【不可移动文物保护管理】

完善制度

启动第八批全国重点文物保护单位申报遴选工作，印发《关于进一步加强做好文物保护单位保护管理基础工作的通知》，完成《考古勘探工作规程（试行）》《古建筑修缮施工规程》标准规范编制。发布《文物建筑开放导则（试行）》，鼓励地方加大开放力度，更好地发挥文物建筑的公共文化属性及社会价值。

革命文物保护

结合建军90周年和抗战全面爆发80周年，深入推进革命文物保护，引入“长征文化线路”概念，完成《长征文化线路整体保护总体规划》。启动实施闽西革命文物重点保护项目，实施一批具有重大影响和示范意义的革命旧址保护展示示范项目。

国家考古遗址公园建设

公布第三批12家国家考古遗址公园，发布《国家考古遗址公园创建与运行管理指南（试行）》。组织开展24家国家考古遗址公园运营评估，总结经验、查找问题，通过评估促进管理工作。

传统村落保护

继续推进国保和省保单位集中成片传统村落保护利用项目，召开国家文物局传统村落保护利用工作现场会，支持中国文物保护基金会做好箭扣、喜峰口长城保护和松阳传统村落保护试验区等系列工作，为社会力量参与打开局面。

【考古工作】

基本建设考古

组织做好大型基本建设工程和城市建设工程中的考古工作。配合雄安新区、北京城市副中心和张家口冬奥会设施建设，协调国家部委和北京市、河北省党委政府做好相关工作，在人员组织、项目审批和技术指导等方面提供支持。雄安新区已完成核心起步区100平方公里的考古勘探、中期发展区200平方公里的考古调查工作。北京城市副中心考古工作稳步推进，冬奥会太子城遗址考古取得重要收获。

“考古中国”项目

统筹规划“考古中国”项目，加强城市考古和边疆地区考古工作，召开城市考古培训班，指导长白山金代神庙考古工作，召开首次新疆考古工作会和西藏阿里考古工作会。

【世界文化遗产保护管理】

世界文化遗产申报

7月8日，在波兰历史文化名城克拉科夫举行的联合国教科文组织世界遗产委员会第41届会议上，中国世界文化遗产提名项目“鼓浪屿：历史国际社区”以符合世界遗产第2条和第4条标准，成功列入《世界遗产名录》。中国世界遗产总数达到52项。

继续有序推进古泉州（刺桐）史迹、良渚古城遗址申遗工作。

长城保护

推进长城保护工作，完成长城保护总体规划初稿的编制，制定《长城保护工程施工操作指南》，组织开展长城保护管理培训和保护理念研讨，提升长城保护管理的整体水平。

丝绸之路文物保护工作

召开相关部门和沿海省局参加的南海水下考古工作会，明确水下工作的方向和任务；组织召开“海丝”保护和申遗工作会议，实现“海丝”申遗的软着陆和常态化，积极推动世界遗产中心组织“海丝”申遗主题研究；加强中哈吉“丝绸之路：长安—天山廊道的路网”保护工作的协作，组织召开“南亚廊道”国际学术研讨会，在“一带一路”框架下夯实基础工作。

【博物馆管理】

博物馆运行评估

印发《国家一级博物馆运行评估指标体系》，不断健全博物馆评估体系。

精品陈列展览

委托中国博物馆协会、中国文物报社主办第十四届（2016年度）全国博物馆十大陈列展览精品推介活动，共评选出10个精品奖、10个优胜奖、1个国际及港澳台合作奖和1个国际及港澳台合作入围奖。

主题展览

遴选推介纪念建军90周年、抗战全面爆发80周年主题展览，举办“美·好·中华——近二十年考古成果展”“秦汉文明展”等主题展览。

非国有博物馆建设

印发《关于进一步推动非国有博物馆发展的意见》，改组中国博物馆协会非国有博物馆专委会，引导非国有博物馆健康发展。

馆藏文物保护

实施130余项馆藏珍贵文物和出土出水文物保护修复项目，推进腐蚀损失严重文物抢救性修复和预防性保护。

博物馆青少年教育

会同教育部公布第一批“全国中小学生研学实践教育基地”，98家文博机构入选。

【社会文物管理】

文物进出境管理

印发《关于进一步规范文物出境许可工作的通知》。推动财政部、税务总局、海关总署就文物进境税收优惠达成初步共识。加强文物进出境审核机构建设和人员培养，增设重庆、海南管理处。会商海关简化文物进境展览手续，印发《文物进境展览备案表》。

文物追索返还

加拿大政府返还19世纪上座部佛教佛寺两件木质建筑构件和中国鱼龙化石、三叠纪晚期鱼骨化石。台湾中台禅寺返还山西邓峪石塔塔身。

完成海外藏青铜器、珍贵古籍等文物调查项目。

民间文物收藏

召开鼓励民间合法收藏文物系列座谈会，起草关于鼓励和规范民间文物收藏活动的指导意见。会同工商总局联合开展文物流通市场专项整顿行动。指导上海等地推进公益性民间收藏文物鉴定试点。

【科技与信息】

科技创新

印发《关于加强“十三五”文物科技工作的意见》。与上海市人民政府签署《关于共同推进文物保护科技创新战略合作协议书》。

组织完成“十二五”国家科技支撑计划“文物知识分析与设计素材再造关键技术研究与应用”和“文物数字化保护标准体系及关键标准研究与示范”项目，顺利通过科技部验收。

指导成立“丝绸之路文物科技创新联盟”。与浙江省人民政府共同主办“古道新知：丝绸之路文化遗产保护科技成果展”。

“互联网+中华文明”三年行动计划

全面推进“互联网+中华文明”三年行动计划，69个项目入选2017年度示范项目库。国家文物局首次参加乌镇世界互联网大会，举办“互联网+中华文明”专题展览和论坛，与百度、腾讯、网易签署战略合作协议。

重点科研基地管理

修订《国家文物局重点科研基地管理办法》，完成前五批23家重点科研基地运行评估。

行业标准化工作

印发《2017～2020年文物保护行业标准制修订项目计划》，发布13项行业标准和10项团体标准，举办系列标准培训。

【预算管理】

专项资金管理

根据新修订《中央对地方专项转移支付管理办法》和中办发54号文精神，贯彻国务院“放管服”要求，与财政部联合修订出台《国家文物保护专项资金管理办法》。

经费需求规划

根据中办发45号文精神，完成革命文物保护利用工程经费需求规划编制工作。

【对外交流与合作】

重要外事活动

3月16日，国家主席习近平与沙特阿拉伯王国国王萨勒曼共同出席在国家博物馆举行的“阿拉伯之路——沙特出土文物展”闭幕式。

4月10日，在国家主席习近平和缅甸总统廷觉的共同见证下，国家文物局局长刘玉珠与缅甸外交国务部长觉丁在人民大会堂签署《中华人民共和国政府和缅甸联邦共和国政府关于防止盗窃、盗掘和非法进出境文化财产的协定》。至此，我国已经与20个国家签署“防止盗窃、盗掘和非法进出境文化财产”的政府间双边文件。

5月16日，在国务院总理李克强和缅甸国务资政昂山素季的共同见证下，国家文物局局长刘玉珠与缅甸驻华大使吴帝林翁在人民大会堂签署《中华人民共和国国家文物局和缅甸联邦共和国宗教事务与文化部关于开展缅甸蒲甘古迹震后修复保护合作的谅解备忘录》。

5月22日，国家文物局局长刘玉珠出席在塞尔维亚首都贝尔格莱德举办的首届“中国—中东欧国家文化遗产论坛”。5月24日，刘玉珠与塞尔维亚文化与媒体部部长武科萨夫列维奇共同签署《中华人民共和国国家文物局与塞尔维亚文化与媒体部关于促进文化遗产领域交流与合作的谅解备忘录》。

9月3日，国家文物局配合厦门“金砖国家”首脑峰会承办“金砖国家世界文化遗产图片展”，习近平主席和普京、祖马、特梅尔、莫迪等金砖五国领导人参观了展览，国家文物局局长刘玉珠为有关领导人做了专题讲解。

文物援外工作

8月15日上午，国务院副总理汪洋和尼泊尔政府副总理兼外长马哈拉共同出席中国援助尼泊尔加德满都杜巴广场九层神庙保护修复项目开工仪式。2015年4月尼泊尔地震后，国家文物局专家实地调研形成《中国政府援助尼泊尔文物修复建议的报告》，九层神庙保护修复项目被列为中国政府援助尼泊尔震后重建重点项目之一。9月12日，国家文物局在京召开文物保护工程与联合考古工作座谈会。

落实习近平主席访问沙特阿拉伯文化遗产领域成果，2017年12月，中沙联合考古队在沙特麦加附近古塞林港遗址实施联合考古项目。

联合考古项目

统筹全国文保力量，支持敦煌研究院、西北大学等科研机构和高校，在“一带一路”沿线16国开展联合考古、规划设计和修复合作项目，形成较为完整的项目链，为“一带一路”文化建设提供坚实支撑。

文物外展

赴美国大都会博物馆“秦汉文明展”、汉堡国际海事博物馆和意大利罗马威尼斯宫“东西汇流：13～17世纪的海上丝绸之路”文物展、斯里兰卡国家博物馆“直挂云帆：中斯海上丝绸之路”文物展陆续成功举办。

港澳台事务

巩固和深化与港澳文化遗产合作机制，与香港和澳门特别行政区政府分别签署《关于文化遗产领域交流与合作更紧密安排协议书》。

为庆祝香港回归二十周年，策划举办“绵亘万里——世界遗产丝绸之路文物展”，首次汇聚中哈吉三国37家文博单位200余件精美文物在香港展出。举办第三届内地与港澳历史建筑活化再利用研讨会。

在佛光山举办“绝壁重光：川渝石窟的保护与传承暨李耘燕美术作品展”，观众逾70万。

举办第四届台湾历史教师中华文化研习营。组织来自港澳地区的30名中学生赴浙江参加“首届港澳中学生考古暑期课堂”活动。

深度参与文化遗产国际治理

夯实以联合国教科文组织为核心平台的政府间合作。申办2020年国际博物馆协会藏品保护委员会大会，竞选国际文化财产保护与修复中心（ICCROM）理事取得成功。保护濒危文化遗产阿布扎比会议的后续工作逐步落实。在吴哥古迹保护国际协调委员会（ICC）中主动作为。

【党的建设】

学习教育

深入学习贯彻党的十八届六中全会精神，切实增强“四个意识”，指导基层党支部开展“三会一课”，组织学习党的十九大精神，使广大党员干部进一步坚定在思想上政治上行动上同以习近平同志为核心的党中央保持高度一致。

扎实推进“两学一做”学习教育常态化制度化，督促完成局系统各基层党支部制定学习计划并建立工作台账。

组织建设

修订并印发了局党组进一步贯彻落实中央八项规定精神的实施意见，督促完成直属单位印发本单位的实施意见。召开局系统党风廉政建设会议，部署安排年度工作，印发局直属机关党委（纪委）2017年工作要点。举办两期“局系统基层党支部书记专题培训班”，进一步增强局系统党支部的战斗堡垒作用和党员的先锋模范作用。

【文博教育与培训】

培训项目实施

制定并实施《国家文物局2017年度培训计划》，全年共举办48个培训班，培训学员3300余人次，覆盖各级、各类文博机构。深入贯彻习近平总书记关于文物安全工作的重要指示精神，强化文物安全责任意识，分类举办石窟寺及石刻类等5个国保单位保护管理机构负责人培训班，培训学员1300余人；围绕国家文物局重点工作，举办革命文物保护、长城保护管理、“互联网+”、文物保护项目审批改革、壁画保护修复、文物执法督察、文物鉴定、博物馆管理等培训项目。国家文物局文博人才培训示范基地全年自主举办培训项目6个，培训学员近230人。

人才培养制度建设

印发《国家文物局培训项目管理办法》。完成《文物修复师职业培养标准》编制工作，《文物修复与保护高职专业教学标准》通过教育部评审。加强与人力资源社会保障部沟通，推动文物保护工程从业资格列入《国家职业资格目录》。

高层次文博行业人才提升计划

加强文博行业在职人员培养，实施2017年度“高层次文博行业人才提升计划”，西北大学与北京建筑大学共录取学员18人。

专家管理与服务

完成2017年度文物博物、文物出版、古建工程3个系列高级职称评审工作，申报34人，通过评审23人。组织开展文化名家暨“四个一批”人才、国家“万人计划”哲学社会科学领军人才申报工作，国家文物局水下文化遗产保护中心姜波进入公示；中国文化遗产研究院李黎进入“万人计划”青年拔尖人才（哲学社会科学、文化艺术领域）公示。

干部教育培训

加强干部教育培训，首次举办两期局系统青年干部培训班，培训80余人次；组织局机关和直属单位干部参加中组部等调训20余人次；组织局系统全体人员参加时政学习和答题活动。

全国文博网络学院建设

推进全国文博网络学院建设，实现培训实体班、“提升计划”的网络报名。配合文物安全培训，完成国保单位保护管理机构负责人培训网络专题课程的制作。

【人事工作】

机构编制建设

进一步加强局机关机构编制建设。一是加强文物执法督察力量。刘玉珠局长亲赴中央编办沟通，为国家文物局争取到6名行政编制。结合执法工作实际需要和督察司的人员配备情况，修订了督察司三定方案。二是在办公室增设综合处，加强局机关保密与重要任务督办等工作。三是增加局机关1名司长职数；增加局直属机关党委（纪委）1名编制，增强了局机关纪委工作力量。

干部选拔任用工作

按照干部管理权限，2017年在机关公务员和直属单位领导班子成员范围内开展干部任免职、交流转任、离退休和挂职锻炼共计55人次。其中，选拔任用干部27人次，包括选拔任用司局级干部14人次、处级干部13人次；干部交流调任13人次；试用期满转正5人次；机关3名干部办理离职手续，直属单位3名领导班子成员到龄办理退休手续；评审专业技术二级任职资格3人次；批准任直属单位法定代表人1人次。完成7名公务员的招录初审工作。根据干部管理权限，审核12名局管干部兼职事宜。

制定《国家文物局机关干部选拔任用工作办法》《国家文物局选拔任用干部民主推荐实施办法》《国家文物局选拔任用干部考察办法》《国家文物局党组成员与联系单位领导班子成员谈心谈话实施办法》《国家文物局干部档案管理工作规定》，修订《国家文物局干部交流轮岗工作规定》，进一步完善了选人用人制度，规范了选拔任用程序。

表彰奖励工作

开展全国文物系统表彰奖励准备工作。经中央批准，人力资源社会保障部、国家文物局开展全国文物系统先进集体和先进工作者评选表彰活动，拟表彰全国文物系统先进集体50个、先进工作者33名。相比于2012年，此次先进工作者表彰名额增加了3名。《关于评选全国文物系统先进集体和先进工作者的通知》印发至各省，评选工作有序推进。

扶贫工作

按照中央扶贫工作要求，积极做好国家文物局定点扶贫、对口支援赣南原中央苏区、援藏挂职干部的选派，管理，成果宣传，协助扶贫资金申请等工作。局领导赴西藏、淮阳等地看望慰问扶贫挂职干部，全年考核挂职干部4人次。

“放管服”工作

积极做好国家文物局“放管服”改革协调工作。根据国务院办公厅“放管服”改革督查和各项工作要求，完成《关于国家文物局“放管服”改革自查情况的报告》《国家文物局关于第四次大督查自查情况的报告》《关于国家文物局推进“放管服”改革有关情况的报告》等多个“放管服”改革工作总结和自查报告。

稳步推进国家文物局行政许可标准化工作。配合机关各司室完成国务院审改办对国家文物局行政许可标准化测评工作，制定《国家文物局行政许可事项服务规范》《国家文物局行政许可标准化评价办法（试行）》等规范性文件，完成国家文物局行政许可服务指南、审核工作细则、流程图的编制工作。

积极开展国家文物局“双随机一公开”监管。按照工作计划，协调机关相关司室启动“建设工程文物保护和考古监督检查”“馆藏一级文物检查”等事项随机抽查工作，完成国务院关于2017年“双随机一公开”监管方式全覆盖的要求。

老干部工作

完成离退休党支部换届改选工作。组织每月一次的老干部支部活动。组织局系统老干部召开“畅谈十八大以来的变化、展望十九大胜利召开”及“建言十九大”座谈会。

开展丰富多彩的活动，丰富老同志的精神文化生活。组织召开老同志2017年迎春座谈会，组织参加文化部老干部迎春茶话会，组织老同志进行春季、秋季健康修养活动。成立文化部老年大学红楼分校，开设书法班和摄影班。

配合人事处做好规范老干部兼职和兼职取酬问题的整改工作。

分述篇

北京鲁迅博物馆（北京新文化运动纪念馆）

【概述】

2017年，北京鲁迅博物馆（北京新文化运动纪念馆）党委领导班子认真贯彻落实习近平总书记关于文物保护的重要指示精神，不断健全组织，狠抓思想政治建设，严格规范工作秩序， 积极推进中心工作，强化博物馆核心功能建设，各项工作均取得长足进步，服务社会的能力和水平不断提升。

【内部管理及制度建设】

深入学习宣传贯彻党的十九大精神。第一时间组织全馆党员干部职工收看收听十九大盛况，研究制定《中共北京鲁迅博物馆（北京新文化运动纪念馆）委员会关于认真学习宣传贯彻党的十九大精神的实施方案》。及时组织召开党委中心组（扩大）学习会议，畅谈学习体会，深化学习效果。组织安排馆领导和正处级以上领导干部分批次参加文化部、国家文物局的十九大学习培训，参训率达100%。邀请中共中央党校马克思主义学院专家来馆做十九大精神辅导讲座，进一步巩固深化学习成果。针对退休人员年龄大、居住分散的特点，采取送学上门、座谈等形式，保证学习效果。通过扎实有效的思想政治教育，不断提高党员干部政治理论素养，激发干事创业的动力。

扎实推进“两学一做”学习教育常态化制度化。制定并落实《中共北京鲁迅博物馆（北京新文化运动纪念馆）党委关于推进“两学一做”学习教育常态化制度化实施方案》。召开全体党员大会，就推进“两学一做”学习教育常态化制度化进行动员部署。围绕推进“两学一做”学习教育常态化制度化、不断推动党的建设向纵深发展有关问题召开党课，购买学习辅导材料，开展丰富多彩的主题活动，不断深化学习教育效果。

狠抓作风建设，着力营造风清气正的工作氛围。开展“以案释纪明纪、严守纪律规矩”主题警示教育月活动，组织观看《警钟——中央国家机关警示教育录》和参观廉政教育基地。狠抓“四风”问题和纪律建设，突出政治纪律、廉洁纪律和工作纪律，坚持馆领导带头，以上率下，层层抓好落实，2017年没有发生违反中央八项规定精神的问题。狠抓意识形态领域工作，强化政治导向，管控好学术期刊出版、网络、微信等的正确政治方向。每季度参加中央纪委驻文化部纪检会商会工作，汇报本馆作风建设等有关情况，两次接受驻部纪检组检查工作，均受到好评；对驻部纪检组和局纪委交办的9件反映的问题进行了认真核查，均不属实，较好地维护了当事人的权益。

逐步完善规章制度。制定并下发8项内部控制管理规范文件，对工程建设、展览制作、出版发行重要事项实施政府采购办法，有效规避了风险，减少了漏洞。

【业务建设】

紧紧围绕博物馆服务社会和公众的根本职能，以改革促发展，业务建设取得了长足发展。

（一）学术研究工作稳步推进

坚持抓好《鲁迅研究月刊》编辑出版工作，完成全年12期共180万字。国家社科基金重大项目“鲁迅手稿全集整理与研究”A卷的科研工作已进入结项阶段。参加文化部《鲁迅手稿全集》编辑出版项目，拟订编辑架构及编辑体例。编辑完成《北京鲁迅博物馆藏中国近现代名人手札大系》之周作人卷（二册）、许广平卷（一册），影印出版馆藏鲁迅译稿《死魂灵》。完成“国家文物局名人故居保护利用状况调研项目”调研报告初稿。

全年进行学术交流10次，包括“纪念鲁迅定居上海90周年”学术研讨会、“纪念文学革命100周年暨‘鲁迅与新文学’国际学术研讨会”等，牵头组织召开“中国新文学百年纪念”学术研讨会，完成《中国纪念馆珍贵文物故事》《新青年时代——中国新文学先锋剪影》编撰工作。

（二）陈列展览形式多样

全年推出原创展览5个：“俯首横眉——鲁迅生命的瞬间”“书写的艺术——鲁迅手稿展”“万里向西行：西北科考团90年纪念特展”“文白之变：文学革命诞生百年纪念展”“拈花——鲁迅藏中外美术典籍展”。

引进展览11个，送出展览13个。

（三）免费开放和服务社会能力不断提高

全年接待观众218042人次，同比增长22%，创历史新高。接待多家媒体的拍摄工作，完成义务讲解近400场。发挥红楼馆区红色资源优势，做好各级团体接待任务。推出“现代作家经典品读系列”“鲁迅的艺术生活系列”“四合院里的鲁迅系列”“朝花手艺坊系列”等跨学科、成体系的教育活动，积极打造特色活动品牌，全年开展131场社教活动。重点加强志愿者团队管理，积极做好志愿者遴选和培训工作。推进文化服务走出去，开展进校园、进社区活动。持续推进馆际交流合作，2017年“北京八家名人故居联盟”由原来“8家”升级为“8+”，整合资源组织巡展，社会反响良好。

（四）文物资料保管与征集有新突破

承接国家文物局项目3个，点交接收国家文物局暂存文物1494件/套。征集蔡若虹、古元、彦涵、刘岘等著名版画家信札23件、藏书票268枚（其中日本藏书票147枚）、木刻35幅、木刻原版30块、国画及水彩6幅。征集第六批胡风及夫人梅志相关物品184件，包括胡风手稿4500余页。接收韩国大使馆捐赠的一批鲁迅著作韩文译本。

（五）信息化建设稳步推进

重点推进办公自动化，不断完善OA系统，使两个馆区办公业务互连；推进观众互动拓展项目，借助手机等移动载体，运用语音导览、App互动等形式对现有展览进行体验延伸；做好日常宣传及网络安全工作。

（六）文创产品开发创新发展

坚持以博物馆服务于公共文化需求为目标，抓住作为全国首批文化创意产品开发试点单位的机遇，充分挖掘馆藏鲁迅及新文化运动文物资源，开发3大系列162种文创产品。“五四”期间举行“新文化、新生活、新美学”主题文创展，以文创产品为展示主线，将美学新观点、新体验融入生活，让传统艺术与文化遗产“活”起来。与中国文物交流中心和湖北省博物馆签订文创合作协议。与中国文物交流中心共同主办“第三届广州国际文物博物馆版权博览会”，开展系列活动。积极参加国内外文创展览，充分展示本馆新形象，不断扩大影响力。

（七）其他

承担第一次全国可移动文物普查部分工作，获第一次全国可移动文物普查工作先进集体称号。

成功申报国家艺术基金2017年度传播交流推广资助项目并有序推进。

【机构及人员】

调整内部机构设置，将鲁迅研究室和新文化运动研究室合并为研究室，设立陈列展览部。

中国文物信息咨询中心

【概述】

2017年，中国文物信息咨询中心（以下简称信息中心）在国家文物局党组的正确领导下，以习近平新时代中国特色社会主义思想和党的十八大、十九大精神为指引，围绕国家文物局重点工作安排，积极做好机关信息化服务保障工作，完成各项交办任务；同时，重点突出信息化主业，积极服务行业社会，不断推进中心事业持续、健康向前发展。

【内部建设】

（一）扎实推进党建工作

信息中心党委继续深入学习贯彻党的十八大和十八届三中、四中、五中、六中全会精神，认真组织学习宣传贯彻习近平新时代中国特色社会主义思想和党的十九大精神；认真执行《关于新形势下党内政治生活的若干准则》和《中国共产党党内监督条例》；积极推进“两学一做”学习教育常态化制度化。响应中央支持脱贫攻坚的号召，经报国家文物局直属机关党委，全体党员向河南省淮阳县城关回族镇北关村党支部捐款人民币10万元，用于支持脱贫攻坚，帮扶生活困难党员群众。按计划发展党员、不断加大群团工作力度。中心纪委扎实推进党风廉政建设责任制落实，严格监督执行中央八项规定精神，全面落实从严治党和意识形态责任制，积极营造风清气正的政治环境。

（二）加强财务资产管理

2017年实行政府购买服务后，信息中心没有中央财政资金预算执行要求。为扎实做好财务工作，信息中心一方面积极加强制度建设，不断完善办事程序，同时认真制定工作方案，对重点项目和工作的经费使用情况实行统一监督、管理，积极保障国家文物局购买服务资金预算按期执行；另一方面继续推进固定资产清查和管理，再次清点了包括中心代局保管文物（艺术品）和自有文物（艺术品）资产的整体情况。为方便藏品清点和科学管理，信息中心在自有文物（艺术品）清点过程中采用了电子标签。即对每件器物进行唯一的RFID标识绑定，通过在手推车、电瓶车、自动导航车（AGV车）等小型运输工具上装载大功率RFID识别设备，同时配备手持式读写器和可视化操作平台，实现文物（艺术品）的快速定位和信息测知。根据国家文物局的要求，按时顺利完成了中心代局保管文物（艺术品）向国家文物局机关服务中心、北京鲁迅博物馆、中国文化遗产研究院的移交工作。

（三）强化人才队伍建设

信息中心积极注重人才队伍建设。继续发挥党课大讲堂优势，定期组织党建工作和文博业务学习，安排专家授课，努力提高全体党员职工的思想政治素质和专业知识素养。全年组织职工参加各类业务培训班20多班次，培训人员80多人次。

（四）完善制度建设

有针对性地完善制度建设。为落实好党中央关于意识形态工作的决策部署，根据驻文化部纪检组和国家文物局党组要求，制定了中心《意识形态工作责任制实施办法》。调整并完善会议制度，中心“三重一大”需经党委会议及主任会议、主任办公会议集体决策。结合课题与项目管理需求，出台了《课题管理办法》。结合中心存储数据信息以及有多人借调至局机关工作的实际情况，及时修改完善《保密工作管理规定》，加强人员的纪律管理。根据审计反馈意见，及时调整完善资产管理等制度办法。

（五）加强文化建设

积极发挥工会、共青团组织职能，关心职工健康，为全体职工安排健康检查。关注职工的文化生活需求，积极组织参加健步走、观看爱国主义影片等活动。

【完成国家文物局委托工作】

（一）保障日常办公安全

保障国家文物局数据中心机房、机关和局系统各直属单位办公系统、设施设备、网络及运行环境安全。全年完成局机关维护任务173次，完成紧急排险19次。配合完成关键基础设施和网络安全检查，协助制定《国家文物局网络安全事件应急预案》。党的十九大召开前，信息中心专门制定了《网络安全事件应急预案》，并联合中国文物报社、安全厂商开展网络安全事件应急推演，保证了会议期间网络环境安全。

（二）完成交办任务

保障建设政务信息系统整合共享工程。

协助建设国家文物局综合行政管理平台，包括梳理现有各政务系统功能需求，总结经验做法、分析存在问题，进行处理和解答；升级改造网报网审平台、处理技术漏洞，进行数据迁移；完成文博网络学院平台二期建设，进行三期建设需求分析、原型设计和技术配置等。

辅助建设国家文物局身份认证系统。

收集和处理文物数据信息，为局机关和文博单位提供查询服务。

承担国家文物局登录中心建设研究项目。

开展官方微博宣传与舆情监测。截至2017年年底，“中国文博”微博发布信息1400余条，超额完成计划，粉丝数量达28.5万，增长率达到120%。完成《每日舆情摘报》227期、《每周舆情统计》49期、《季度舆情报告》3期、《舆情快报》7期、《舆情事件》汇编26期、《舆情处置意见》3期。

开展专业培训。先后协助举办“全国博物馆专业人员青铜器鉴定培训（提高）班”和“全国文物安全工作部际联席会议成员单位文物保护知识培训班”，完成文博人才培训基地的培训任务。

完成文物拍卖标的备案，配合记录、查处违法违规拍品及拍卖活动。

【开展信息化服务工作】

为更加突出信息化主业，信息中心进行了广泛认真的探索、分析和研究，并在充分调研的基础上，研究开发了服务于政府行政部门、文博单位、行业和社会的若干新技术。

服务于政府行政部门，建设省级文化遗产数据库管理与服务平台。这一平台是以文物资源为核心，使用现代信息技术搭建的具有准确、快捷、高效众多特点的“一站式”管理与服务平台。一方面实现对文物信息全面、完整、精准的记录；另一方面及时共享，使省市各级管理机构及时准确地获取文物相关信息，做出科学决策，提升文物的管理水平。平台经过三年的实践建设与改进，已在内蒙古自治区文物局、湖南省文物局等单位部署应用。

服务于文博单位，搭建省域数字博物馆公众服务平台。这一平台是让“一普”数据资源“活”起来的实例，可以整合省内博物馆资源，提高博物馆业务管理和服务水平。2016年起，该平台已相继在吉林、山东、四川等省启动建设，实现全省资源一张图、在线互动策展、二维码语音导览、个性化微网站、藏品动态登录管理等特色服务，满足公众“足不出户，畅游展览”的公共文化服务需求。

服务于行业和社会，建立考古信息平台。考古信息化平台是通过信息技术和GPS、GIS、RS等技术的综合运用，实现考古调查、钻探、发掘、资源共享、研究等一体化管理。在实时采集和整理考古现场数据的同时，通过信息化综合展示技术，迅速还原历史场景，重现整个遗迹由无到有、由盛到衰以及毁坏掩埋的变迁，让观众在几分钟内了解考古遗迹的历史演变过程。该平台已在七里镇窑遗址考古工作中应用。

【向社会提供专业咨询】

向社会提供包括文物影响评估、文物保护规划设计、数字化保护方案设计等十几项咨询服务。

文物出版社

【概述】

2017年，文物出版社在国家文物局的领导下，全面学习贯彻落实党的十九大精神，认真学习领会习近平总书记关于文化遗产保护的重要指示批示精神，聚焦文物事业的中心工作，坚持正确的政治方向和舆论导向，坚持强本固基、创新突破的原则，完成了本年度各项工作。

2017年是文物出版社成立60周年华诞。60年来，文物出版社肩负文物出版工作的责任和使命，紧紧围绕抢救、保护、宣传、展示中国优秀文化遗产这个中心任务，根据社会文化需要和出版市场需求，积极推进改革，不断提高出书质量和管理水平，实现社会效益与经济效益的双丰收，在文物保护事业、文化出版事业上做到不忘初心、砥砺前行。

【内部管理及制度建设】

2017年，文物出版社深入学习贯彻党的十八届六中全会和习近平总书记系列重要讲话精神，强化党章党规党纪教育，推进“两学一做”学习教育常态化制度化。制定《关于推进“两学一做”学习教育常态化制度化实施方案》。

认真组织党的十九大代表候选人推选工作。抓好十九大精神的学习宣传贯彻工作。通过多种学习形式，切实把党员干部的思想行动统一到十九大精神和部署上来。

进一步加强基层党组织建设。一是抓好支部建设。积极参加国家文物局机关纪委组织的基层党支部书记培训班，提升基层党支部书记、党务干部的履职意识、履职能力。认真落实党支部“三会一课”制度。二是健全党员日常管理和服务工作。确保每名党员都纳入党组织的有效管理。

严格落实中央八项规定精神，持续推进作风建设。制定《中共文物出版社党委关于进一步落实中央八项规定精神的实施意见》，确保中央八项规定精神落实到位。

综合运用监督执纪“四种形态”，严肃查处违纪违规问题。一是坚持把纪律挺在前面，抓早抓小。二是严格执行请示报告和个人重大事项报告制度。

认真落实意识形态工作责任制，制定《文物出版社党委贯彻落实意识形态工作责任制实施细则》和《文物出版社党员干部网络行为规范》。保证党的领导贯穿编辑出版工作的全过程，确保正确的出版导向。

为进一步强化管理、规范出版活动，制定完善了相关规章制度。出台《文物出版社国家出版基金财务管理办法》《文物出版社国家出版基金资助项目质量进度管理办法》，修订了“三审三校”制度。

【出版概况】

2017年，文物出版社共出版图书532种，其中初版书480种、重印书51种；出版《文物》月刊12期，《书法丛刊》6期。出版了《南海Ⅰ号沉船考古报告之一——1989～2004年调查》《子弹库帛书》《纸上金石——小品善拓过眼录》《谁调清管度新声——丝绸之路音乐文物》《中国新石器时代》《文物管理现代化研究》等一系列考古发掘报告和学术专著、传世和出土的重要文献资料、绘画碑帖、珍本图书的复制品以及近现代文物史迹等内容的图书。

在保持和发挥专业优势的基础上，为更好地适应市场，积极调整图书结构，加大普及类图书策划出版力度。策划出版《东方画谱》高清大图150种、书法教材20种，以及大型普及丛书《百年巨匠》和配合央视百家讲坛的大众读物《国宝迷踪》。

《中国文物志》编纂工作在国家文物局领导指导下推进顺利。

【业务建设】

在坚持出版优质图书的基础上，积极开拓有效的传播渠道，利用多种方式让文物“活起来”。数字化转型工作方面，完成“中国文化遗产多媒体资源库”项目验收，完成“中国文化遗产多功能视讯云平台”建设。同时，利用项目建设形成的生产能力，依托现有的内容资源与业务渠道创新产品体系，以视讯产品为先导，通过全媒体的内容传播，整合纸媒出版与数字出版的流程，形成先影像传播后衍生品开发、先线上后线下的交替生产模式，最终形成互联网产品体系。通过与业务合作单位在新领域、新渠道方面的全新合作，同步带动文物出版社数字化转型升级。

文物出版社官方微信平台完成搭建并于2017年4月1日正式上线。全年共推送图文249篇，合计文字14万余字、图片857张。利用微信的媒介传播特点，一方面及时发布新书信息、活动预告，另一方面提供书评、书摘、编辑手记等深度阅读，增强与读者互动，使微信公众号成为品牌延伸、营销推广和客户服务的新媒体传播平台。

2017年，文物出版社完成在中国商品条码系统的注册，开发了社庆60周年文创纪念产品。

【年度精品】

《子弹库帛书》：本书共分十章。一至四章为上编，详述子弹库楚墓的盗掘、发掘及文物情况，帛书流转美国的过程以及帛书收藏者赛克勒博士未能实现的归还帛书的遗愿等；五至十章为下编，收录帛书彩色图版、释文、新摹本，帛书文字编及文献目录等，是战国楚帛书研究的集大成之作。

《纸上金石——小品善拓过眼录》：本书收录“金石小品拓本”160余件，皆为著者近年在上海图书馆碑帖整理中之最新发现。入选标准有四：拓本珍贵稀见，题跋精彩丰富，品种齐全多样，彰显金石文化。本书收录拓本共分为八大类：金类、石类、砖陶类、玉类、金石集拓类、杂类、博古图类、外国类。

《谁调清管度新声——丝绸之路音乐文物》：本书从数十年来出土的新疆、甘肃、青海、宁夏、陕西、河南六省区音乐文物中撷取精品，还原一个传承了数千年的丝路音乐的音声世界，以期让更多的读者了解中国古代音乐千古不泯的魅力。

《南海Ⅰ号沉船考古报告之一——1989～2004年调查》：本书是1989～2004年南海Ⅰ

号沉船遗址水下考古调查的学术报告，是南海Ⅰ号沉船打捞出水之前水下考古工作的系统总结。这是我国早期水下考古调查工作的一项重要成果，对了解我国水下考古的早期发展和研究南海Ⅰ号沉船遗址具有重要学术价值。

《文物管理现代化研究》：本书通过对文物管理历史和实践进行总结，深入探讨和论述了文物管理现代化的一些重要问题，对文物管理实践有积极作用。

【重大出版项目】

文物出版社承担的两个“十三五”国家重点图书项目和16个古籍十年规划出版项目正在稳步进行中，且均通过了2017年国家新闻出版广电总局的相关检查。

拟出版的《敦煌古代工匠研究》获2017年度国家出版基金资助，《中国水陆画展》系列项目获2017年度国家艺术基金资助。

【获奖情况】

2017年，文物出版社荣获中国文物保护基金会举办的第九届“薪火相传——中国文物故事杰出传播者”荣誉称号，出版图书在国家新闻出版广电总局、中国出版协会、古籍出版工作委员会、中国文物报社以及各地方举办的评奖活动中获得了共计19项荣誉。《文物》杂志获得“第四届出版政府奖·期刊奖”，获得“第三届全国百强期刊”“2017中国最具国际影响力学术期刊·人文社科类第13位”等荣誉。2017年出品的动画作品《考古与盗墓的区别》获得由司法部、国家互联网信息办公室、全国普法办公室联合举办的第十三届全国法治动漫微电影作品征集展播活动动画类三等奖。

2017年文物出版社图书获奖情况

序号	书名	奖项
1	《中国皮影戏全集》	第四届出版政府奖·图书提名奖
2	《长安高阳原新出土隋唐墓志》	优秀古籍图书奖·一等奖
3	《清华大学藏战国竹简书法选编》	优秀古籍图书奖·二等奖
4	《两城镇——1998～2001年发掘报告》	全国文化遗产十佳图书评选·十佳图书
5	《新中国文物保护史记忆》	全国文化遗产十佳图书评选·十佳图书
6	《苏东海思想自传》	全国文化遗产十佳图书评选·十佳图书

续表

序号	书名	奖项
7	《清凉寺史前墓地》	全国文化遗产十佳图书评选·十佳图书
8	《北齐徐显秀墓》	全国文化遗产十佳图书评选·十佳图书
9	《2009～2013年合浦汉晋墓发掘报告》	全国文化遗产十佳图书评选·优秀图书
10	《西藏丹萨替寺历史研究》	全国文化遗产十佳图书评选·优秀图书
11	《集金萃影：贾氏珍藏青铜器老照片》	全国文化遗产十佳图书评选·优秀图书
12	《加拿大皇家安大略博物馆藏中国古代玉器》	第二十六届优秀美术图书“金牛杯”·银奖
13	《祥云托起珠穆朗玛——藏传佛教艺术精品》	第二十六届优秀美术图书“金牛杯”·银奖
14	《纸上金石——小品善拓过眼录》	第二十六届优秀美术图书“金牛杯”·铜奖
15	《戎狄匈奴青铜文化：草原丝路文明》	第二十六届优秀美术图书“金牛杯”·铜奖
16	《智慧无限：合缘堂藏古玉器》	第六十八届美国印制大奖
17	《永远的北朝》	海外馆藏影响最广的中文图书·第四位
18	《莫高窟第266～275窟考古报告》	第七届吴玉章人文社会科学优秀奖
19	《临沂洗砚池晋墓》	第二届临沂市优秀社科普及读物·一等奖

【业务往来】

2017年，文物出版社通过多种渠道增强与各界的交流学习，提升自身业务水平。组织参加编校业务专题培训班、出版物标识符标准与应用培训班、新闻出版项目申报管理学习交流会、编辑学会年会、图书全媒体营销发行业务交流会、印刷品设计工作流程与美学创意提升专题班等培训交流活动。组织编辑、校对人员参加“第六届全国出版青年编校大赛”。组织《子弹库帛书》《百年巨匠》《文物拍卖年鉴》《了如指掌书法教材》《敦煌书法研究》《恒丰艺谭》《太行山文书精萃》等新书首发座谈会。

【对外版权贸易与交流合作】

2017年，文物出版社组织专业人员参加伦敦书展、第33届成田山全国竞书大会、美国BEA书展、香港书展、台湾祖国大陆书展、“第三届海峡两岸君子之风·梅兰竹菊艺术雅集”等展览交流活动。参加北京国际图书博览会，进一步推广社内精品图书，促进版权贸易。版权输出项目《秦汉考古》《宋元明考古》朝鲜语版于8月出版。版权引进项目《东南亚大陆早期文化：从最初的人类到吴哥王朝》于1月出版。

【建社60周年系列活动】

10月10日，文物出版社建社60周年出版座谈会在京召开，国家文物局及直属单位，有关高等院校、研究所、博物馆的领导和专家，出版界的代表，文物出版社的老领导、全体员工和新闻媒体代表近200人参加了座谈会。会上回顾了文物出版社60年来的风雨历程，高度评价文物出版社所取得的丰硕成果，也提出了宝贵的建议。10月17日，由文物出版社、北京鲁迅博物馆（北京新文化运动纪念馆）共同主办的“丹青达意　书法传情——文物出版社60华诞书画展”在北大红楼开展。

中国文化遗产研究院

【概述】

2017年，中国文化遗产研究院在中国特色社会主义伟大旗帜的引领下，始终坚持以服务国家大局、传续中华文明为己任，秉持中国传统、内化国际理念，努力为中国延续美好记忆，为世界阐释中国故事，各项工作取得新进展。

【内部建设】

中国文化遗产研究院遵照“抓好党建是最大政绩”和“党建与业务两结合、两促进”的原则，认真研究部署党建工作，全面落实从严治党，用实际行动贯彻落实党的十九大精神，掀起学习、宣传党的十九大精神高潮，深入推进“两学一做”学习教育常态化制度化。

在国家文物局的正确领导和大力支持下，中国文化遗产研究院正式发布了《中国文化遗产研究院事业发展“十三五”规划》，在坚持国内和全球视野相统筹、全面规划和突出重点相协调的基础上，确立了文物工作政策与基础理论研究，世界文化遗产保护、监测与研究，文物保护工程实施与研究，文物保护修复科学技术研究，文化遗产教育培训，对外交流合作六大重点发展方向。

【服务国家愿景】

中国文化遗产研究院积极服务“一带一路”“大运河文化带”“雄安新区”等国家愿景，持续推进援助柬埔寨、乌兹别克斯坦、尼泊尔等丝绸之路沿线国家的文物保护工作和海上丝绸之路文化遗产保护与申遗工作，开展大运河文化带文化遗产资源保护与利用研究、雄安新区长城资源调查。

遵照国家文物局的总体部署和中国文化遗产研究院援助柬埔寨工作的具体安排，重点实施了茶胶寺修复项目本体建筑的维修施工、茶胶寺管理与展示中心建设、柏威夏寺保护修复工程前期工作准备，编制完成茶胶寺、柏威夏寺、王家花园和崩密列寺等遗址考古调查和石质文物保护工作计划。援助乌兹别克斯坦花剌子模州历史文化遗迹修复项目正式开工，并按计划完成年度工作任务。援助尼泊尔加德满都杜巴广场九层神庙修复项目完成深化设计方案并获得尼方批准。

【基础研究】

科研工作有序开展，全年安排基本科研业务费 545 万元，主要用于支持中国文化遗产研究院开展符合公益职能定位、代表学科发展方向、体现前瞻布局的自主选题研究及相关业务工作。

为提升中国文化遗产研究院基础研究水平和能力，加强中国文化遗产研究院应用技术的基础研究和技术储备，有效保障经费的使用效益，中国文化遗产研究院在各部门立项推荐基础上，按照《中国文化遗产研究院事业发展“十三五”规划》主要业务方向，结合中国文化遗产研究院发展定位，围绕中国文化遗产研究院重点工作和重点项目的研究需求，组织相关业务专家、财务专家召开项目立项咨询论证会，经院长办公会议审定后，共支持南海Ⅰ号、川渝石窟、应县木塔、柬埔寨考古调查、海洋出水文物、院藏资料整理、长城保护与利用等项目19项。

在重点课题研究方面，中国文化遗产研究院承担的国家社科基金重大项目“吴哥古迹考古与古代中柬文化交流研究”形成阶段性成果、“符合国情的文物保护利用之路研究”被立为2017年度国家社会科学基金特别委托项目。承担的长城保护研究工作，主要围绕长城保护管理、长城信息化平台建设与维护、长城文化遗产监测、长城执法督察、保护工程项目管理、长城对外宣传与交流等开展了15个方面的44项工作。出土文献与中国古代文明研究协同创新（2011创新工程）年度重点工作全面完成。《中国大百科全书·文物》（第三版）编纂工作有力推进，与故宫博物院共同编著的《北京城中轴线古建筑实测图集》正式出版。

【保护修复】

2017年，中国文化遗产研究院组织或参与完成了2017年度国家文物保护专项补助资金预算初审、《文物建筑保护工程预算定额（北方地区）》终校、国家“十三五”革命文物保护经费需求调研、第七批历史文化名镇名村评选、国家历史文化名城和中国历史文化名镇名村保护工作评估检查、风景名胜区和城市总体规划评审、第三批国家考古遗址公园评定工作、中国世界文化遗产地调研评估等工作，完成《第八批全国重点文物保护单位申报项目申报指南》的撰写工作。

中国文化遗产研究院承担的承德避暑山庄及周围寺庙石质保护工程项目（一期）顺利完成；清东陵文物保护工程、孚王府保护工程、比利时大使馆旧址修缮工程、川渝石窟保护专项、应县木塔保护与监测工作、定陶汉墓项目、南海Ⅰ号出水文物保护项目等重点项目按计划开展；中南海紫光阁“御制寄题哈萨克独树”碑保护修复项目设计方案通过院组织的专家评审；历时四年的西藏大昭寺保护修复工程通过西藏自治区文物局组织的专家评审和验收。

【世界文化遗产】

继续完善中国世界文化遗产监测预警总平台建设，举办中国世界文化遗产监测2017年年会。在总平台基础上，中国文化遗产研究院配合国家文物局，开展了中国世界文化遗产30年来最为全面的一次调研评估工作，并重点配合“大运河文化带建设”开展大运河遗产保护现状调查。

中国文化遗产研究院中国世界文化遗产中心与中国古迹遗址保护协会共同策划推出了中国世界文化遗产30年纪念图片展，取得了良好的社会反响。

专题项目组持续开展海上丝绸之路申遗主题研究、遗产点监测及标识系统设计等工作，推动相关国际交流合作；继续深化江南水乡古镇、重庆钓鱼城、良渚古城遗址等项目成果；利用新媒体渠道，积极传播推广中国世界文化遗产价值，促进交流共享体系建设。

【教育培训】

2017年，中国文化遗产研究院承担并完成了现代分析技术在文物保护中的应用培训班，陶瓷文物保护修复技术培训班，全国考古发掘项目负责人初任培训班，石质文物保护修复技术培训班，出土文献保护、整理、研究高级研讨班，新材料在文物保护修复中的研究与利用研修班，文博相关职业院校骨干教师研修班，以及国家文物局 ICCROM 2017年度世界遗产监测培训班等培训任务，并与浙江大学联合举办考古学及博物馆学研究生同等学力申请硕士学位课程学习班。文物保护行业职业教育教学指导委员会秘书处编制的《文物修复师职业技能标准》通过验收，《文博人才培训基地评估细则》《高等职业学校文物修复与保护专业教学标准》取得阶段性成果。

【国际交流与合作】

积极开展国际交流与合作，以援外项目为抓手拓展合作关系。参加中英高级别人文交流机制第五次会议，并与英国英格兰遗产委员会签署《关于哈德良长墙与中国长城的全面合作协议》；承办在塞尔维亚贝尔格莱德举行的“中国—中东欧国家文化遗产论坛”；参加“澜湄流域国家文化遗产保护与推广研讨会”，介绍中国参与吴哥古迹保护的历程；深化与意大利、法国的合作研究项目，在相关共识基础上实现多人次互访，形成系列学术成果。

中国文物报社

【概述】

2017年，中国文物报社按照国家文物局的总体部署，以迎接党的十九大、贯彻十九大宣传为主线，深入学习党的十八大、十八届历次全会和十九大精神，领会习近平新时代中国特色社会主义思想，贯彻落实习近平总书记关于文物工作的重要指示批示，凝心聚力，改革创新，全力推进宣传报道、转企改制等重点工作，圆满完成全年任务。

【党的建设】

扎实推进“两学一做”学习教育常态化制度化，深入学习贯彻党的十九大和习近平总书记系列重要讲话精神，认真落实从严治党和意识形态工作责任，着力抓好党建工作。2017年年初，社党总支制定了《2017年度党建工作要点》和《推进‘两学一做’学习教育常态化制度化实施方案》。党总支、支部和全体党员干部认真开展政治理论学习，不断增强“四个意识”，紧扣中央八项规定精神，狠抓从严治党和意识形态工作责任制落实，切实加强党的思想、组织、作风、反腐倡廉和制度建设，为唱响文物工作主旋律、提高文物宣传水平提供了坚强的政治和思想保证。

深入学习领会党的十九大精神，准确把握精神要义，坚定“四个自信”。组织全体员工收看党的十九大有关新闻。参加文化部、国家文物局举办的十九大精神学习班。社领导班子成员带头表率，以普通党员身份参加所在党支部的学习交流活动，适时讲授党课、分享学习体会。党员干部按照本社《学习宣传贯彻党的十九大精神的工作方案》开展形式多样的学习活动。

加强政治理论学习，把握正确导向，增强责任感和使命感。把党建工作与业务工作一同安排、一同落实。抓好党总支中心组学习，做到有计划、有组织、有制度、有考核，把理论学习制度化、规范化、常态化。加强党员干部、采编队伍的政治思想学习，用马克思主义新闻观武装头脑，自觉肩负起党的新闻舆论工作的职责和使命。

【转企改制】

在国家文物局的大力支持和指导下，积极推进转企改制工作，调整机构设置，强化绩效激励，优化运行机制。2017年4月取得中央文化企业法人证照。目前已完成全员劳动合同签署、职工社保衔接工作，企业年金制度等后续工作正在有序推进。制定报社“三定”方案、工资收入分配办法和绩效考核办法等配套制度文件，形成《新闻采编与运营能力提升方案》，上报国家文物局同意后，根据国家文物局批复意见积极组织实施。

【制度建设】

强化政治导向，落实意识形态工作责任制。由社党总支书记向全体员工讲授《意识形态和政治导向是媒体的生命线》，制定社党总支《关于贯彻落实意识形态工作责任制的实施细则》和社《党员干部和新闻工作者网络行为准则》。

贯彻中央八项规定精神，加强党风廉政建设，落实“两个责任”，建设廉洁型领导班子。制定社党总支《关于进一步落实中央八项规定精神的实施意见》，严格执行党组织议事规则，凡“三重一大”事项都必须经过党政联席会议研究决定。扎实开展党务公开，充分发挥群众的监督作用。

根据国家新闻出版广电总局的部署，完成“采编、经营两分开”和“三审三校”制度检查整改工作，修订《中国文物报编辑工作规则》，加强对党员干部、采编队伍的政治思想教育，牢固树立大局意识和正确导向，坚守道德底线。

建立健全规章制度，全年制修订制度文件15项。

【中国文物报】

围绕国家文物局重点工作，制定《年度采编工作计划》，突出重点，聚焦热点，做好采编策划和宣传报道。

将喜迎党的十九大和学习宣传贯彻十九大精神作为重大政治任务和年度中心工作，开设“辉煌五年——党的十八大以来文物工作巡礼”专栏，刊发稿件30余篇；“学习贯彻十九大精神”专栏推送相关报道、评论、综述和体会文章近70篇，其中本社自采稿件接近半数，着力宣传局系统和地方文物部门学习贯彻党的十九大精神的情况，营造了学习贯彻的热潮。

抓住全国“两会”、“一带一路”高峰论坛、“一普”收官、长城保护和国际博物馆日、文化和自然遗产日、全国文物局长会议等重要节点、活动，进行系列宣传报道。

紧扣文物安全和公安、文物联动严打文物犯罪等重大热点，聚焦基层涌现的典型人物、事件以及各地文物系统深化改革、创新发展的有益做法和生动案例，组织翔实、鲜活的深度报道；对文物违法、破坏典型案件及舆情焦点事件快速反应，适时发声，进一步提升宣传报道的关注度和影响力。

【国家文物局官网和官微建设】

完成国家文物局官网、官微的管理和运维，围绕大事、要事开设专题专栏，加快动态更新，加强信息公开，提升政务信息服务能力，回应社会关切。

【文物天地】

继续强化与博物馆界的联系与合作，形成新的办刊特色。利用报社的平台优势，与湖南省博物馆、海南省博物馆、桂林博物馆、宁夏固原博物馆等多家博物馆开展宣传合作，努力把杂志打造成博物馆精品的展示平台。跟踪文博界、收藏拍卖界的热点，进行权威学术和市场解读，搭建博物馆与民间收藏市场交流沟通权威平台。完成全年12期刊物的编辑、出版任务。

【中国文化遗产】

坚持学术办刊方向，进一步推动杂志的学术期刊转型，努力捕捉行业热点和学术焦点，在学术界和文博界的学术影响力逐渐凸显，鼓浪屿、良渚等专题获得学术界的高度评价。完成全年6期刊物的编辑、出版任务。2017年年底完成了刊物向中国文化遗产研究院交接工作。

【中国博物馆】

受中国博物馆协会委托，承接《中国博物馆》杂志的编辑工作，重组了刊物编辑部，按照国家级核心学术期刊的要求重新设计了栏目和编辑流程，完成全年4期刊物的编辑、出版任务。

【红楼橱窗】

全年共推出展览10期。为迎接党的十九大胜利召开，推出了“中共党史”和“辉煌五年”两个主题展览，介绍党史知识，回顾党的十八大以来文博战线取得的巨大成就。结合文博行业热点动态，推出了全国可移动文物普查成果、文物保护科技创新奖、丝绸之路文化遗产等相关展览。与博物馆合作，推出了鸡年生肖联展、河南博物院建院九十周年、山西博物院开放十周年等专题展览。

【媒体融合发展】

继续推进报网刊多媒体融合发展，完善媒体联动机制，不断增强网络媒体的权威性、影响力，努力实现报网刊与新媒体相互联动的矩阵效应。在国家文物局的重视和支持下，编制上报《国家文物局新闻宣传全媒体采编管理系统与传播平台建设》项目方案，并获准立项。“文博在线——文博数字化传播与服务平台”建设项目顺利完成并验收结项。“文博在线”网站、“在线文博”微信公众号、手机 App 等读者阅读量不断增加。与成都武侯祠博物馆等单位联合申报的“守望 · 发现@大三国”视频直播项目入选2017年度“互联网+中华文明”示范项目库。

【评选活动】

（一）2016年度全国十大考古新发现

评选结果于4月12日揭晓。

2016年度全国十大考古新发现

序号	项目名称	申报单位
1	宁夏青铜峡鸽子山遗址	宁夏回族自治区文物考古研究所、中国科学院古脊椎动物与古人类研究所、青铜峡市文物管理所
2	贵州贵安新区牛坡洞洞穴遗址	中国社会科学院考古研究所、贵州省文物考古研究所、贵安新区社会事务管理局

续表

序号	项目名称	申报单位
3	湖北天门石家河遗址	湖北省文物考古研究所、北京大学考古文博学院、天门市博物馆
4	福建永春苦寨坑原始青瓷窑址	福建博物院、泉州市博物馆、永春县博物馆
5	陕西凤翔雍山血池秦汉祭祀遗址	陕西省考古研究院、中国国家博物馆、宝鸡市考古研究所、凤翔县文物旅游局、凤翔县博物馆、宝鸡先秦陵园博物馆
6	北京通州汉代路县故城遗址	北京市文物研究所、通州区文化委员会
7	浙江慈溪上林湖后司岙唐五代秘色瓷窑址	浙江省文物考古研究所、国家文物局水下文化遗产保护中心、宁波市文物考古研究所、慈溪市文物管理委员会办公室
8	上海青浦青龙镇遗址	上海博物馆
9	山西河津固镇宋金瓷窑址	山西省考古研究所、河津市文物局
10	湖南桂阳桐木岭矿冶遗址	湖南省文物考古研究所、北京大学考古文博学院、桂阳县文物管理所

（二）第十四届（2016年度）全国博物馆十大陈列展览精品推介

评选结果于5月18日揭晓。

第十四届（2016年度）全国博物馆十大陈列展览精品奖

序号	展览名称	组织单位
1	千年固原　丝路华章	固原博物馆
2	代蔚长歌	蔚县博物馆
3	王后　母亲　女将——纪念殷墟妇好墓考古发掘四十周年特展	首都博物馆
4	正义必胜　和平必胜　人民必胜——中国战区反法西斯战争胜利暨审判日本战犯史实展	侵华日军南京大屠杀遇难同胞纪念馆
5	法老·王——古埃及文明和中国汉代文明的故事	南京博物院
6	地球·生物·人类——重庆自然博物馆基本陈列	重庆自然博物馆
7	革命理想高于天——中国工农红军标语展	重庆中国三峡博物馆

续表

序号	展览名称	组织单位
8	中国丝绸和丝绸之路——锦程更衣记	中国丝绸博物馆
9	回眸百年　致敬科学——北疆博物院复原陈列	天津自然博物馆
10	长江之歌　文明之旅	长江文明馆

第十四届（2016年度）全国博物馆十大陈列展览优胜奖

序号	展览名称	组织单位
1	首届中原国际陶瓷双年展	河南博物院
2	人民的光荣——朱德生平事迹展览	朱德同志故居纪念馆
3	熠熠青铜　光耀四方——秦晋豫冀两周诸侯国青铜文化展	陕西历史博物馆
4	鸦片战争	鸦片战争博物馆
5	文物动物园——儿童专题展	广东省博物馆
6	东方戏圣汤显祖	抚州市汤显祖纪念馆
7	四渡赤水出奇兵	四渡赤水纪念馆
8	中国酒泉卫星发射中心历史展览	中国酒泉卫星发射中心历史展览馆
9	江汉朝宗——武汉城市现代化历程	江汉关博物馆
10	天工追梦——郑州古代科技文物展	郑州博物馆

此外，还评选出国际及港澳台合作奖1项：大英博物馆藏意大利文艺复兴时期素描精品展（苏州博物馆）；国际及港澳台合作入围奖1项：永恒之城——古罗马的辉煌（成都金沙遗址博物馆）。

（三）2016年度全国文化遗产十佳图书评选推介

评选结果于5月26日揭晓。

2016年度全国文化遗产十佳图书评选推介·十佳图书

序号	书名	作者	出版社
1	《新中国文物保护史记忆》	谢辰生（口述），李晓东、彭蕾（整理）	文物出版社

续表

序号	书名	作者	出版社
2	《苏东海思想自传》	苏东海（著）	文物出版社
3	《写给孩子的传统文化：博悟之旅》	中国国家博物馆、史家小学（编著）	新蕾出版社
4	《清凉寺史前墓地》	山西省考古研究所、运城市文物工作站、芮城县旅游文物局（编著），薛新明（主编）	文物出版社
5	《容庚藏帖》	程存洁（主编）	广东人民出版社
6	《中国古代玻璃技术发展史》	干福熹等（著）	上海世纪出版股份有限公司、上海科学技术出版社
7	《北齐徐显秀墓壁画保护修复研究》	汪万福等（著）	文物出版社
8	《欧亚草原东部的金属之路：丝绸之路与匈奴联盟的孕育过程》	杨建华等（著）	上海世纪出版股份有限公司、上海古籍出版社
9	《两城镇：1998～2001年发掘报告》	中美联合考古队、栾丰实等（著）	文物出版社
10	《陕西金文集成》	陕西省古籍整理办公室、陕西省考古研究院（编），张天恩（主编）	陕西新华出版传媒集团、三秦出版社

2016年度全国文化遗产十佳图书评选推介 · 优秀图书

序号	书名	作者	出版社
1	《载驰载驱——中国古代车马文化》	孙机（著）	上海世纪出版股份有限公司、上海古籍出版社
2	《名山：作为思想史的早期中国博物馆史》	徐坚（著）	科学出版社
3	《中国古代都城考古发现与研究》	刘庆柱（主编）	社会科学文献出版社 · 人文分社
4	《2009～2013年合浦汉晋墓发掘报告》	广西文物保护与考古研究所、合浦县文物管理局（编著）	文物出版社
5	《云冈石窟》	［日］水野清一、长广敏雄（著），中国社会科学院考古研究所（编译）	科学出版社
6	《礼仪中的美术 · 时空中的美术》	［美］巫鸿（著），郑岩、梅玫等（译）	生活 · 读书 · 新知三联书店

续表

序号	书名	作者	出版社
7	《西藏丹萨替寺历史研究》	黄春和（著）	文物出版社
8	《殊方未远：古代中国的疆域、民族与认同》	葛兆光等（著），《东方早报·上海书评》编辑部（编）	中华书局
9	《吉金萃影：贾氏珍藏青铜器老照片》	贾文忠、贾树（著）	文物出版社

（四）第三届全国十佳文博技术产品及服务推介

评选结果于8月3日揭晓。

全国十佳文博技术产品及服务奖

序号	产品名称	报送单位
1	野外智能考古集成平台	凯迈（洛阳）航空防护装备有限公司
2	文物古籍精品保管柜	河南博物院、郑州枫华实业股份有限公司
3	常压低氧气调杀虫系统	天津森罗科技股份有限公司
4	智慧笔导览系统	天津恒达文博科技有限公司
5	文物安全行政执法监控平台	江苏省文物局、江苏瀚远科技股份有限公司
6	基于云构架的文物环境及游客监测预警平台	快威科技集团有限公司
7	博物馆专用抗弯玻璃	北京玻名堂玻璃有限公司
8	文化遗产物联网智能监测云平台	上海建为历保科技股份有限公司
9	全息智能互动系统展示柜	上海宽创国际文化创意有限公司
10	博物馆微环境集中式湿度智能调控系统	安徽中博智能科技有限公司

全国十佳文博技术产品及服务优秀奖

序号	产品名称	报送单位
1	智能文物保险柜	湖南宏瑞文博集团股份有限公司
2	三维扫描智慧统合管理应用平台	金大陆展览装饰有限公司

续表

序号	产品名称	报送单位
3	智能恒湿净化一体机	北京融通新风洁净技术有限公司
4	“看展览”博物馆导览全服务平台	苏州多棱镜网络科技有限公司
5	多媒体独立高柜	广州力天展览设计工程有限公司
6	360° 虚实交互展示柜	苏州水木清华设计营造有限公司
7	D-Relic文物数字化三维模型重建与展示系统	北京中鼎恒信科技股份有限公司
8	储物柜（低温文物存储冷柜）	北京嘉元文博科技有限公司
9	一种公共展厅人流量预警装置	苏州金螳螂文化发展股份有限公司

【其他】

组织开展2017年度文化和自然遗产日主题和宣传口号征集遴选推介活动。文化和自然遗产日主题为“文化遗产与‘一带一路’”；5个宣传口号为“保护文物　人人有责”“一带一路新舞台　文化遗产活起来”“保护文化遗产　擦亮中国名片　讲好中国故事”“弘扬民族文化　传承中华遗产”“相约古都洛阳　感受华夏文明”。

承办全国文物新闻宣传和舆情应对培训班，召开报社通联工作会，以学习贯彻党的十九大精神、做好新时代文物宣传工作为主题，组织各地文物局宣传干部和文物报社业务骨干进行了专题学习和研讨。

联合中国博物馆协会、吉林省文物局等单位，举办“新时代博物馆文化传播与公众服务理念的探索和实践”专题研讨班。组织召开“文博技术产品研发交流（长三角地区）”客户座谈会，探索开展文博机构与相关企业供需对接的咨询服务。联合苏州博物馆，举办文博单位与高校、企业、媒体参加的“互联网+中华文明”学术研讨会。

作为第三方评估机构，完成国家文物局重点科研基地运行评估工作，编制了《运行评估报告》。完成国家文物局委托“《抗战文物保护利用导则（征求意见稿）》编制”“全国博物馆青少年教育活动和项目库总结”等课题。

作为《中国文物志》编委成员单位，承担“事业篇”中博物馆、文物宣传等章节的组织及内容撰写工作，按期完成年度任务。

开展“中国证券博物馆筹建前期研究”，为上海证券交易所筹备中的中国证券博物馆编制了筹建方案。

中国文物交流中心

【概述】

2017年，中国文物交流中心在国家文物局的支持指导下，认真贯彻落实习近平总书记关于文物工作重要指示批示精神，以党的十九大精神为指导，深入挖掘中华优秀传统文化，深化文物展览交流与合作，大力发展文博创意产业，为服务外交大局、服务经济社会发展贡献了积极力量。

【党的建设】

坚持正确的政治导向，将习近平总书记系列重要讲话精神的学习研究，党的十九大精神的学习宣传，贯彻落实到文物交流工作各个方面。坚持党对一切工作的领导，坚持集体议事决策机制，全年召开党总支委会13次、中心办公会20次、主任办公会13次。

高度重视意识形态工作、党风廉政建设工作，制定《中心党总支关于贯彻落实意识形态工作责任制的实施细则》，中心主要负责人与领导班子成员、总支委员、各部门负责同志逐级签署《党风廉政建设及意识形态工作责任书》，落实“一岗双责”。印发《中心关于进一步贯彻落实中央八项规定精神的实施方案》，提出7个方面共48条措施。抓好节假日关键节点，坚决防止“四风”反弹。

以“两学一做”活动为抓手，推动党员队伍整体素质提升。制定和落实《中心推进“两学一做”学习教育常态化制度化实施方案》。利用党总支委扩大会、“三会一课”，结合中心官方网站、官方微信、官方微博、阅览室，开发和丰富学习教育资源，引导党员多渠道开展自主学习、互动交流。开展“缅怀革命先烈，弘扬民族精神”主题党日活动，开展“以案释纪明纪，严守纪律规矩”主题警示教育月活动，组织参加“测一测，2017政府工作报告知多少”在线学习答题活动，组织开展“两学一做”学习笔记评比活动、学习贯彻党的十九大精神知识测验等活动。

【对外文物展览】

挖掘文物资源，策划举办文物展览，弘扬中华优秀传统文化。2017年共举办展览15项，其中2016年开幕、2017年闭幕的展览5项，2017年开幕的展览10项。2017年开幕展览中，出境展6项、来华展2项、国内展2项。

3月16日，中心承办的“阿拉伯之路——沙特出土文物展”闭幕仪式在国家博物馆举办。国家主席习近平同沙特阿拉伯国王萨勒曼共同出席展览闭幕式。习近平主席在致辞中指出，此次展览是双方推动文化对话、加强文化交流互鉴的一项成果，也是中沙全面战略伙伴关系的重要体现。

3月27日，中心承办的“秦汉文明展”在纽约大都会博物馆开幕。该展是2016年中美元首杭州会晤成果之一，也是第七轮中美人文交流高层磋商机制达成的重要项目。国务院副总理刘延东为展览开幕式致贺信。文化部部长雒树刚及国家文物局领导出席开幕式。

9月17日，为迎接党的十九大胜利召开，中心与国家博物馆合作举办“秦汉文明展”，多层次、全方位呈现秦汉时期灿烂文明以及中外文化的互动与交融。

为纪念中日邦交正常化45周年，赴日本东京、京都、新潟、宫城、高崎举办“唯一的汉字，唯一的美”巡展。日本前首相福田康夫、鸠山由纪夫等日本政要先后参观了展览。

为落实“一带一路”国家战略，赴拉脱维亚举办“丝路瑰宝展”，并随后在立陶宛应用艺术设计博物馆展出。此展是拉脱维亚、立陶宛及波罗的海地区举办的第一个中国文物展。

在中斯两国建交60周年之际，为巩固中斯友谊、凝聚发展共识，赴斯里兰卡举办“长风破浪——中斯海上丝路历史文化展”。

赴成都、贵州两地举办“俄罗斯彼得霍夫国家博物馆藏文物特展”巡展，全部展品首次来华展出。

配合国际博物馆日活动，举办“美·好·中华——近二十年考古成果展”，集中展示20年来我国考古工作成就。

2017年中心承办进出境展览一览表

	类型	展览名称	展出国家（地区）	展览时间	展览地点
2016年开幕、2017年闭幕（5个）	来华展（2个）	阿拉伯之路——沙特出土文物展	中国	2016.12.22～2017.03.19	国家博物馆
		中马关系：从古代到未来展	中国	2016.12.22～2017.02.28	宁波博物馆
	出境展（3个）	紫禁佛光——清宫佛教文物展	台湾	2016.11.27～2017.02.26	台湾佛陀纪念馆
		丝路瑰宝展	拉脱维亚	2016.10.22～2017.01.08	拉脱维亚里加美术馆
		华夏瑰宝展	卡塔尔	2016.09.06～2017.01.07	卡塔尔伊斯兰艺术博物馆
2017年开幕（10个）	国内展（2个）	美·好·中华——近二十年考古成果展	中国	2017.05.18～2017.08.27	首都博物馆
		秦汉文明展	中国	2017.09.17～2017.11.30	国家博物馆
	出境展（6个）	唯一的汉字，唯一的美——汉字的历史与美学展	日本	2017.03.24～2017.09.10	日本东京、京都、仙台、新潟、高崎
		十八世纪的江户与北京	日本	2017.02.18～2017.04.09	东京江户博物馆
		秦汉文明展	美国	2017.03.27～2017.07.16	美国大都会博物馆
		丝路瑰宝展	立陶宛	2017.01.20～2017.04.18	立陶宛艺术博物馆下辖应用艺术设计博物馆
		二十一度母唐卡礼赞——2017年西藏艺术海外交流展	法国	2017.10.03～2017.10.31	法国洛代沃宫殿艺术中心

续表

	类型	展览名称	展出国家（地区）	展览时间	展览地点
2017年开幕（10个）	出境展（6个）	长风破浪——中斯海上丝路历史文化展	斯里兰卡	2017.12.20～2018.01.20	斯里兰卡国家博物馆
	来华展（2个）	帝国·夏宫——俄罗斯彼得霍夫国家博物馆藏文物特展	中国	2017.06.11～2017.08.27	成都博物馆
		帝国记忆　夏宫往事——俄罗斯彼得霍夫国家博物馆藏文物特展	中国	2017.09.30～2017.12.07	贵州省博物馆

【文物安全管理】

牢固树立文物安全底线思维，全年共点交文物4413件/次，零失误、零事故。研发“可移动文物减震与监测系统”，加强对文物运输过程中安全状态的监测，提高文物安全保障水平。研发博物馆系统通用文物点交软件（二期），编制《博物馆文物展览交流文件汇编》，引领文物展览行业安全典范。

【文物交流与合作】

（一）拓展国际交流合作

参加在俄罗斯莫斯科举办的第19届国际博物馆节。与卡地亚当代艺术基金会合作开展2017年国际策展人学术交流项目，从全国文博系统选派5名博物馆从业人员赴法国、瑞士交流学习。

（二）夯实国内交流合作

与北京鲁迅博物馆和湖北省博物馆签署三方战略合作协议，与北京鲁迅博物馆签署《文创开发与运营推广战略合作协议》，与陕西历史博物馆、中国图书进出口（集团）总公司分别签署战略合作框架协议，就文物展览、信息交流、人员培训、文创产品研发等相关领域的合作达成共识。

召开中国博物馆协会展览交流委员会2017年年会，促进国内馆际交流。

【文博创意产业】

（一）课题研究

受国家文物局委托，承担“推进全国文博单位文化创意产品开发”“博物馆文化创意产品开发政策梳理与研究课题”“文物单位文创产品开发的经验借鉴和相关措施研究”3项文创产品开发项目课题研究，引领文创工作理论前沿。

（二）主办展会

统筹协调、组织参与国内国际文化文物创意展会，促进中外文博单位文创交流合作，着力打造国内文创展会品牌，推动文博文创产业发展。2017年组织参与国内展会7项、国际展会3项。

国内展会一览表

序号	时间	展会名称
1	2017.01.01～2017.02.15	“欢春文博礼”文创产品邀请展
2	2017.04.27～2017.04.30	第十二届中国（义乌）文化产品交易会“中华文博礼”文化文物创意产品展
3	2017.05.11～2017.05.15	第十三届中国（深圳）国际文化产业博览交易会“文化文物单位文化创意产品开发成果展”
4	2017.07.30～2017.08.10	纪念建军90周年红色经典主题展暨江西省展览中心开馆首展
5	2017.08.23～2017.08.27	第二十四届北京国际图书博览会文创展示
6	2017.09.21～2017.09.23	中国文博创意暨东方文化元素国际特展
7	2017.12.15～2017.12.17	第三届广州国际文物博物馆版权博览会

国际展会一览表

序号	时间	展会名称
1	2017.01.28～2017.01.30	德国法兰克福国际文具及办公用品展会
2	2017.05.23～2017.05.25	美国拉斯维加斯国际品牌授权博览会
3	2017.08.31～2017.09.30	苏格兰斯特灵“中国传统工艺创意精品展”

【人才培训】

组织承办文物交流学术培训5次；与北京大学艺术学院首次联合举办艺术学理论专业（艺术品与策展方向）高级专门人才研修班。

培训项目一览表

序号	时间	名称	培训人数
1	2017.04.16～2017.04.21	第九届文物交流学术培训——展览策划培训班	130余人
2	2017.05.31～2017.06.02	山东省博物馆文创产品开发培训班	100余人
3	2017.09.18～2017.09.22	第十届文物交流学术培训——文化创意产品开发与运营培训班	100余人
4	2017.11.28～2017.12.01	全国文物外事工作业务培训班	60余人

序号	时间	名称	培训人数
5	2017.11.11～2017.11.15	2017“艺术文博走出去”品牌译介与传播高级研修班	150余人

【文物违法举报工作】

2017年，通过电话、邮件、网站、信函等途径收到举报信息3331条，经筛选、登记，上报195件。全年上报文物违法舆情摘报38期、500余条，设立长城举报受理专席。国家文物局督察司据此下发文物行政执法督办单45份、文物行政执法转办单39份，发出安全案件督察通知10份、安全转办通知3份。中心上报线索成为国家文物局掌握各地文物行政违法情况的重要信息来源。基本完成国家文物局委托的文物违法社会监督课题项目3项。

【机构及人员】

中心内设机构4个，包括办公室、展览交流处、综合业务处、举报受理一处。经国家文物局批准，同意中心办公室加挂“党总支办公室”。

党总支下设三个党支部，党员共28人。

事业编制50名，在职41人，在编32人。

人才队伍年轻化程度高，学历层次高，专业素质强，本科以上人员39人，其中硕士研究生学历以上人员17人，占总人数的41%；文博专业人员16人，占总人数的39%；外语专业（英语、日语、法语、越南语、俄语）人才11人，占总人数的27%；中级以上职称人员15人，占总人数的37%。

国家文物局水下文化遗产保护中心

【概述】

2017年时值中国水下考古30周年，随着国家海洋强国战略的实施和“一带一路”倡议的推进，我国水下文化遗产保护工作得到进一步重视，水下文化遗产保护事业得到进一步发展。在国家文物局党组的统一领导下，国家文物局水下文化遗产保护中心全面、深入地学习领会、贯彻落实党的十九大精神、习近平总书记系列重要讲话精神和有关文物工作的重要指示批示，立足水下文化遗产保护工作实际，切实落实好“加强文物保护利用和文化遗产保护传承”的要求，通过采取理顺机制、夯实基础、抓主抓重等一系列措施，全年工作整体取得较大发展。

【考古发掘】

（一）概况

2017年，经国家文物局批准，国家文物局水下文化遗产保护中心开展水下考古调查项目9项，组织实施海防遗址调查项目3项。

（二）重要考古项目

1. 南海考古与深海考古

为贯彻落实国家文物局在海口召开的“南海和水下考古工作会”精神，国家文物局水下文化遗产保护中心组织编制了《南海水下文化遗产保护规划（草案）》，制定了南海考古中长期规划，为下一步南海水下文化遗产保护工作提供了科学依据。2017年，国家文物局水下文化遗产保护中心与海南省文物局共同开展了西沙水下文化遗产执法巡查工作，并着手准备“十三五”期间首次西沙水下考古调查项目。

为填补南海水下考古领域中深海考古的技术缺位与实践空白，国家文物局水下文化遗产保护中心与中国科学院深海科学与工程研究所签署了《国家文物局水下文化遗产保护中心与中国科学院深海科学与工程研究所战略合作协议》，就共建深海考古联合实验室等事项达成共识，拟于2018年度在西沙海域开展深海考古试验。

2. 甲午海战沉舰水下考古调查

经国家文物局批准，国家文物局水下文化遗产保护中心与辽宁省文物考古研究所积极筹备大连庄河海域甲午海战沉舰——经远舰的水下考古调查工作，目前已经确认沉舰地点，前期准备工作基本就绪。

10～12月，与山东省水下考古研究中心、威海市博物馆共同完成了威海刘公岛海域全方位的物探扫测和文献档案资料收集整理工作，发现不同时期的水下文物点18处，并确认了北洋水师旗舰——定远舰沉没的遗址点。

（三）其他水下考古项目

3～4月，与四川省文物考古研究院合作开展“江口沉银”考古发掘项目，发掘面积约2000平方米，出水文物超过一万件，包括金印、金币、银锭、金银首饰、船体构件等。此次发掘确认了史籍记载中的张献忠沉银地点，为明清史研究和四川移民史的研究提供了十分重要的考古材料。

7～8月，与山东省水下考古研究中心合作开展“山东庙岛海域水下考古调查”项目，发现沉船疑点多处，确认清代沉船一处，采集到船体桅杆一段和部分文物。同时，针对庙岛海岛文化遗产开展系统的田野调查工作。

7～8月，与辽宁省文物考古研究所合作开展“辽宁绥中水下考古调查”项目，在辽宁绥中、兴城菊花岛海域开展水下考古调查，发现沉船疑点多处，确认沉船遗址一处。同时，开展菊花岛营城子遗址陆地调查工作。

9～10月，与广东省文物考古研究所合作开展“广东珠江口海域水下考古调查”项目，先后在川岛海域、海陵岛海域、南澳海域和珠江口水域开展物探调查，发现一批疑似文物点，并回访“南海Ⅰ号”“南澳Ⅰ号”旧址。

10月，与武汉水下考古基地合作开展丹江口水下文化遗产调查（物探）项目，为均州古城构建物探三维数据模型，对迎恩门遗址进行三维扫描，为进一步了解均州古城的城墙、城门、道路、桥梁结构提供了新的物探数据。

11月，与宁波市文物考古研究所、中国科学院南京地理与湖泊研究所合作，在上林湖水域开展湖底地层钻探取样工作，尝试开展上林湖环境变迁、上林湖越窑制瓷原料来源等相关研究工作。

【出水文物保护】

出水文物保护工作是国家文物局水下文化遗产保护中心新的业务增长点，发展迅速。2017年先后编制了《平潭出水瓷器保护修复方案》《致远舰出水文物保护修复方案》《西沙水下考古出水石质文物保护修复方案》《江口沉银出水文物保护修复方案》《舟山地区馆藏铁质文物保护方案》及《国家海洋博物馆馆藏独木舟等文物保护修复方案》等6份文物保护修复方案。

启动“珊瑚岛一号”水下文化遗址保护利用规划项目。在前期水下考古工作的基础上，对该水下遗址进行局部解剖，编制遗址保护与展示利用规划文本。

相继开展了天津大沽口炮台遗址博物馆馆藏铁器保护修复、舟山地区出水铁质文物保护修复和“小白礁Ⅰ号”船体木材新型脱水定型材料研发等保护修复项目。

【基地建设】

国家文物局水下文化遗产保护中心已建成或即将开工建设的三个沿海基地主要采取就近保护的原则——北海基地主要面向黄渤海海域，宁波基地主要面向东海海域，南海基地主要面向南海海域。

2017年，北海基地开展了文物保护实验室建设，开展实验室设施设备的购置，并组织安防技防专家现场调研，为北海基地在2018年开展文物保护工作打下了一定的基础。

【科技与信息】

（一）课题项目

国家社科基金重大课题“西沙群岛出水陶瓷器与海上丝绸之路研究”举行开题报告会，课题研究工作按计划组织实施。

国家海洋局公益项目“水下文物探测保护技术体系研究与示范”完成项目验收，取得多项重要成果。

（二）学术研讨会

1．“南海Ⅰ号”发现与研究国际学术研讨会

为纪念“南海Ⅰ号”发现和中国水下考古30周年，提高“南海Ⅰ号”考古、发掘、保护与研究水平，推进海上丝绸之路申报世界文化遗产工作，促进“一带一路”沿线国家文化交流与合作，11月25～26日，国家文物局水下文化遗产保护中心与广东省文化厅、阳江市人民政府共同举办“‘南海Ⅰ号’发现与研究国际学术研讨会”。会议主要围绕“南海Ⅰ号”的发掘、研究、保护，海上丝绸之路研究，中国水下考古的回顾与展望，国际视野下的水下文化遗产保护等四个议题开展学术研讨与交流。会议期间，国家文物局水下文化遗产保护中心还与联合国教科文水下公约组织秘书处共同主办了以“2001水下公约与中国水下文化遗产”为主题的圆桌会议。

2．2017年出水与饱水文物保护专题研讨会

4月13日，国家文物局水下文化遗产保护中心举办的国内首次以出水和饱水文物保护为主题的“2017年出水与饱水文物保护专题研讨会”在京召开。会议介绍了国家文物局水下文化遗产保护中心2017年在水下文物保护方面的主要业务工作，包括文物保护基础条件建设、重点遗址的现场保护、出水文物保护修复、科学研究与学术交流。此次研讨会第一次全面、及时地总结了近年来出水与饱水木船的保护情况，对保护工作具有重要指导意义。

3．第5届中韩水下考古学术研讨会

11月15日，由国家文物局水下文化遗产保护中心与韩国国立海洋文化财研究所联合举办的“第5届中韩水下考古学术研讨会”在京召开。会议着重探讨了未来中韩双方在水下考古项目、文物保护项目上的合作，并就技术、人员、科研交流等交换看法。

4．召开第一届水下考古探测技术研讨会

11月22～24日，国家文物局水下文化遗产保护中心在广州中山大学召开了第一届水下考古探测技术研讨会。来自19家科研院所的29位专家学者围绕“水下考古探测技术”这一主题进行学术讨论和交流。

（三）其他

2017年，全国水下文化遗产资源数据库建设取得重要进展，完成了以天地图和航保部电子海图等为基础的数据库设计与建库，进行了遗址数据空间化和数据处理。开展了“丹东一号”等示范遗址数据的整理与入库，对20件出水器物进行了3D扫描建模，基本实现了基于GIS的水下文化遗产数据库第一阶段建设目标。

“国家文物局水下文化遗产保护中心系列讲座”继续举办，先后邀请西北工业大学杨军昌教授、（台北）成功大学熊仲卿先生、泰国水下考古中心 Wongsakorn Rahothan 博士、北京大学秦大树教授等学者发表专题学术演讲。

【文博教育与培训】

2～3月，在北京举办“水下考古GIS培训班”。此次培训人员多为一线水下考古队员，共计24人，另有旁听人员5人。培训邀请了考古学界在GIS领域富有丰富的科研经验、实践经历、授课经验的专家担纲开展，培训内容包括数字考古、多视角三维重建、地理信息系统、遥感技术与应用等。

9～10月，在广东阳江主办首届“‘一带一路’沿线国家水下考古培训班”。此次培训班学员共计21人，其中包括来自伊朗、沙特阿拉伯、泰国、柬埔寨的国际学员6人，全部学员均顺利完成潜水技术和水下考古培训课程。本届培训班是国家文物局贯彻“一带一路”倡议、在文化遗产保护领域实施的一项重要举措，培训班的成功举办也标志着我国水下考古人才培养模式实现了由“请进来”到“走出去”的转变。

【文博宣传与出版】

（一）文博宣传

1．“致远舰”系列特展

5～9月，国家文物局水下文化遗产保护中心与北京大学、辽宁省文物考古研究所在北京大学赛克勒考古与艺术博物馆联合举办“寻找致远舰——2015年度全国十大考古新发现”特展。本次展览是水下考古成果进校园的第一次尝试，获得社会各界的高度关注。此展览后又在武汉中山舰博物馆、辽宁省博物馆等多家博物馆巡展。

2．“公众社会课堂”活动

4月，在青岛市文物局的协调下，青岛市教育局公布了第三批未成年人“社会课堂”场馆（场所），共有10类57处场馆（场所）入列，其中，“中国考古01”号船为文化博览类未成年人“社会课堂”场馆（场所），今后将免费向未成年人开放，为青少年学习、参观考察、体验探究、社会实践等创造有利条件。

3．开设宣传专栏

在《中国文物报》开设“水下考古与海上丝绸之路”专栏，发表了包括《水下考古与海上丝绸之路》《“涨海声中万国商”——南海Ⅰ号与海上丝绸之路》等11篇文章，从不同方面、不同角度、不同层次介绍中国水下考古与海上丝绸之路研究。

（二）图书出版

2017年是水下考古30年来出版成果最为丰硕的一年，先后出版了《福建沿海水下考古调查报告（1989～2016）》《安徽水下考古调查报告（2008～2016）》《南海Ⅰ号沉船考古报告之一——1989～2004年调查》等。

此外，国家文物局水下文化遗产保护中心还编纂了《中国水下文化遗存概览》手册，翻译了《韩国海洋出水文物保护技术手册》等。

【机构及人员】

截至2017年年底，国家文物局水下文化遗产保护中心在编在岗人员29人，其中博士研究生5人、硕士研究生8人、本科生14人，包括高级职称13人（正高级职称6人、副高级职称7人）、中级职称10人、初级职称1人。

【对外交流与合作】

12月7日，在英国伦敦召开的中英高级别人文交流机制第五次会议上签署了《中国国家文物局水下文化遗产保护中心、英国皇家海事博物馆合作协议书》，中国国务院副总理刘延东、英国卫生大臣亨特共同出席协议签字仪式。这是中、英水下考古合作第一次被纳入中英高级别文化交流平台。

1月5日，受日本文化厅的委托，日本福冈县教育厅文化财保护课长赤司善彦先生及日本九州国立博物馆研究员佐佐木兰贞先生一行来国家文物局水下文化遗产保护中心座谈，并就日本目前的水下考古发展情况以及九州国立博物馆的水下考古调查项目分别作学术演讲。

7月5～11日，应英国皇家海事博物馆和希腊文化部的邀请，水下中心一行3人赴英国、希腊进行了为期一周的学术访问交流。在英国访问期间，水下中心代表团先后访问了英国皇家海事博物馆、玛丽·罗斯号博物馆。与英国皇家海事博物馆就签署合作协议进行了深入交流，在合作推动“南海Ⅰ号”出水文物英国展、合作开展英国皇家海事博物馆所藏中国帆船资料整理与研究等方面达成一致意见。在希腊访问期间，水下中心代表团会见了希腊文化部长，并与希腊国家水下考古中心就推动中国和希腊水下考古合作项目进行了深入交流，希方表达了在希腊开展水下考古合作项目并设立水下考古研究工作机构、在希腊举办“中国水下考古成果展”等方面的合作意向。

11月6～10日，应伊朗文化遗产与旅游研究组织（RICHT）和伊朗国家考古研究中心（ICAR）邀请，水下中心一行3人出访伊朗进行水下文化遗产保护相关工作的交流与研讨。在伊朗期间，代表团拜访了伊朗国家考古学研究所，双方就未来中伊双方波斯湾水下考古方面的合作与交流进行了深入探讨。

北京市

【概述】

2017年，北京市文物局紧密围绕市委、市政府的中心工作，贯彻落实习近平总书记视察北京的重要讲话精神，持续加强老城整体保护工作；扎实有序推进中轴线文脉保护及申遗工作；统筹推动长城文化带、运河文化带、西山永定河文化带建设；整合博物馆藏品资源，提升展览水平，进一步规范藏品管理工作，文博事业获得了新的发展。

【执法督察与安全保卫】

印发《北京市文物局关于进一步加强文物安全管理工作的指导意见》，完成对全市126处国保单位、216处市保单位的巡查、抽查任务。开展执法检查5040次，安全巡查5300次。立案查处文物违法案件31起，配合公安机关打击盗掘、盗窃等文物违法犯罪行为3起。

指导各区文委部署开展文物安全隐患整改专项行动，要求各区文委与各乡镇政府、文物保护单位的管理使用单位签订《安全管理工作责任书》，主动联系属地公安、消防、规划、宗教、园林等部门协同开展文物安全整治工作。开展以古文化遗址、古墓葬、田野石刻、古建筑壁画及其构件防盗和古建筑防火为重点范围的专项预防工作。

2月11日，北京市文物局督察组对法源寺、报国寺、白云观、白塔寺、北京石刻艺术博物馆、北京艺术博物馆等部分全国重点文物保护单位和博物馆进行安全督察，对文物单位周边的消防通道、禁止燃放烟花爆竹宣传等相关情况进行了检查。

4月7日，北京市文物局组织召开全市文物安全工作会，通报明十三陵思陵文物被盗情况，要求各级文物管理部门认真吸取教训，引以为戒，采取切实防范措施，确保全市文物安全。同时部署开展全市“文物单位安全隐患整改专项行动”。

4月21日，北京市政府召开全市文物安全工作会。国家文物局党组书记、局长刘玉珠出席会议。市文物局通报了明十三陵思陵石五供烛台被盗案的相关情况，传达了中央及市委市政府领导的重要批示精神，对“全市文物系统安全隐患排查整治专项行动”进行了再动员、再部署，发布了《进一步加强文物安全管理工作的指导意见》。市公安局部署了“打击文物盗窃和非法交易专项行动工作”。

4月27日，北京市公安局、市文物局联合召开北京市打击防范文物犯罪专项行动动员部署电视电话会，部署了《北京市打击防范文物犯罪专项行动方案》，公安机关将联合文物部门积极开展专项打击防范行动，遏制文物违法犯罪案件的发生。

5月23日，北京市文物局对东城区“文物单位安全隐患整改专项行动”开展情况进行督察，实地检查了孚王府、柏林寺两处全国重点文物保护单位，并要求各文物行政部门和各文物单位充分认识当前文物安全形势的严峻性、复杂性，继续保持高度的责任感和扎实的工作状态，落实好各项安全措施。

8月21日，北京市文物局联合市公安局、市消防局启动文物单位消防安全整治专项行动，对全市所有文物单位开展集中摸排检查，重点整治消防安全责任制落实、消防设施运行、电气线路安全、日常管理情况等消防安全问题，确保文物单位消防安全。

9月12日，国家文物局、北京市文物局实地督察工作组对明十三陵安全状况进行实地督察。督察组检查了全部陵寝及神路，并召开座谈会听取了昌平区政府的汇报，要求属地政府和文物行政部门积极履行领导责任和监管责任，加强安全防护设施建设，切实保护好世界遗产。

11月9日，北京市文物局、市消防局组成专项督察组，对朝阳区东岳庙、东城区清陆军部和海军部旧址、崇礼住宅三处全国重点文物保护单位进行文物消防安全现场督察。

12月21日，国家文物局公布15个“2017年度文物行政执法指导性案例”，石景山区文委执法的“北京市文物保护单位西山八大处之灵光寺建设控制地带内进行建设工程案”和密云区文委执法的“北京市密云区大城子镇北沟村民委员会擅自在全国重点文物保护单位长城（密云段）保护范围内进行施工建设案”入选。

【不可移动文物的保护和管理】

持续加强老城整体保护工作。提出重点文物腾退名单并经北京市政府专题会讨论原则通过，提出重点文物腾退和置换利用方式，协调东、西城区政府继续开展文物腾退工作。扎实有序坚持推进中轴线文脉保护及申遗工作，完成《北京中轴线申遗文本汇报稿（初稿）》《北京中轴线保护规划汇报稿（初稿）》《北京中轴线申遗综合整治规划纲要汇报稿（初稿）》的编制工作。完成景山寿皇殿古建筑群修缮工程，大高玄殿修缮工程实施油饰彩画工程。

完成文物保护单位建设控制地带修订二期工作的实地勘察工作，对勘察成果进行测绘作业，并对初步成果进行复核。完成第九批划定市级及以上文物保护单位保护范围及建设控制地带的划定工作。配合市农委完成北京市第一批传统村落名单审核工作。完成全市文物保护工程勘察设计、施工、监理甲级、一级资质单位年检工作。

积极推动“三个文化带”建设。8月26日，西山永定河文化带建设和长城文化带建设成员单位第一次全体会议在北京市文物局召开。会议传达学习了“北京市推进全国文化中心建设领导小组第一次会议”精神，宣布成立西山永定河文化带建设专项小组、长城文化带建设专项小组，并宣读两个专项小组的工作规则。北京市文物局作为长城文化带和西山永定河文化带建设的牵头单位，协调延庆区文委梳理长城国家公园文物资源，配合国家文物局开展大运河文化带专项调研工作。有序推进黑龙潭行宫院倒座房及龙王庙碑亭等修缮及局部修复工程、燃灯塔保护工程、怀柔区箭扣146号敌楼至150号敌楼及长城（天梯至鹰飞倒仰）修缮工程、法海寺遗址保护工程等“三个文化带”主题修缮项目。

【考古发掘】

配合北京城市副中心、新机场、世博园、冬奥场馆等大型工程建设和各类基本建设工程进行的考古勘探项目183项，勘探总面积2206万平方米；考古发掘项目67项，发掘面积66000平方米，发掘和保护古墓葬、窑址等遗址3800余处，出土各类文物5857件/套。

4月12日，“2016年度全国考古十大发现”在京揭晓，“北京通州汉代路县故城遗址”从25个终评项目中成功入选。

12月14日，北京城市副中心文物保护设施（通州临时考古工作站）完成主体建筑工程竣工验收。该工程位于路县故城遗址西南，占地面积3万平方米，建筑面积8580平方米，设施集文物的存放、保管、科研为一体。

【博物馆与可移动文物保护】

（一）博物馆建设

2017年完成3家博物馆的备案审核工作，截至年底，全市共有备案登记博物馆、纪念馆179家，其中免费开放博物馆、纪念馆81家，年平均观众量超过3500万人次。探索建立市区两级共管博物馆机制，起草完成《北京地区社区（乡村）博物馆管理服务工作的指导性意见（讨论稿）》。

8月3日，北京市文物局邀请部分区文委及区级博物馆负责同志召开市区两级共管博物馆机制工作座谈会，在听取与会单位意见建议的基础上，结合全市博物馆行业实际情况及各区文化委员会专业管理队伍现状，分步推进各区博物馆落实属地管理职能。

（二）重要陈列展览

5月18日，第十四届（2016年度）全国博物馆十大陈列展览精品推介终评结果揭晓，首都博物馆的“王后　母亲　女将——纪念殷墟妇好墓考古发掘四十周年特展”名列其中。

1月20日，首都博物馆、天津博物馆和河北博物院联合推出“金玉满堂——京津冀古代生活展”，共展出600件/套文物，分居家篇、艺术篇、礼仪篇三部分，分别在首都博物馆、天津博物馆和河北博物院同时展出。

5月7日，“丝路相连　心路相通——璀璨的中亚”系列文化展览在正阳门开幕。本次展览分为文明交融的丝绸之路、通衢大道上的中亚五国两大部分，以文字、音像、实物相结合的方式重点介绍丝绸之路的起源以及中亚五国的历史文化、民俗习惯、建筑艺术、风土人情等内容。

5月18日，“美·好·中华——近二十年考古成果展”在首都博物馆开幕。展览按时代分史前、夏商周、汉唐、宋元明清四个部分，以1995～2016年历年全国十大考古新发现的文物为重要依据，通过21个省、49家单位共360件/套珍贵文物提炼各历史时期的美学历史文化背景，揭示各时期的美学现象。

7月15日，“读城——发现北京四合院之美”展在首都博物馆开幕。展览分晨曲、情趣、梦想三个篇章，通过老北京晨练的情景再现、四合院内的诗情画意以及对未来的美好憧憬，呈现出四合院在不同时空绽放的魅力，从全新的角度解读和呈现了大家熟悉而又陌生的四合院。

8月30日，“瓦塑屋瓴　当承文明——燕国瓦当艺术展”在北京西周燕都遗址博物馆开幕。展览分燕瓦当由来、走近燕瓦当、神秘饕餮——燕瓦当的母题纹饰和瓦当题拓赏析四个部分，为观众讲述燕国宫殿建筑的艺术文化成就，同时选取了古陶文明博物馆馆藏的62件战国时期燕瓦当，揭开燕国瓦当的神秘面纱。

9月26日，“中华古村落——京津冀风情”展览在北京古代建筑博物馆开幕。展览通过图片、视频、模型等形式，从守望相助——古村落的形成、风情百态——古村落的主要建筑组成、乡愁·希望——古村落的发展三个部分，对京津冀地区现存古村落进行较为系统的梳理和展示。

9月27日，“丰碑在兹——馆藏贞石珍拓特展”在北京石刻艺术博物馆开幕。展览分收集城市记忆——征集普查篇、留住古都乡愁——抢救保护篇、共建文化家园——社会捐赠篇三个单元，展示近30年来北京地区石刻文物保护工作成果。10月13日，“龙行天下——

钱币上的中国龙”展览在德胜门箭楼开幕。本展览选用各类钱币及文物展品292件/套，分盛世的华彩——当代钱币上的龙、远古的图腾——龙的起源、皇权的符号——历代行用钱上的龙、祥瑞的化身——压胜钱上的龙、海外的风范——外国钱币上的龙五个部分详细解读了龙纹在不同类别钱币中所映射出的不同文化内涵。

11月12日，“不忘初心　砥砺前行——京津冀中小博物馆文化创意展”在正阳门城楼开幕。展览从京津冀中小博物馆的携手合作、联合创新到京津冀博物馆联合开发的代表之作“燕国达人”文创品牌的发展壮大，以及对未来博物馆文创发展的展望等方面，展示了十八大以来京津冀中小博物馆的文创发展历程与创新思路。

【社会文物管理】

2017年对全市911场拍卖会共218298件/套文物标的进行依法审核，实现成交额234.07亿元。审批通过33家企业的文物拍卖资质和2家企业的文物商店资质。截至2017年年底，北京市有具备文物拍卖资质的拍卖企业180家，文物商店63家。

与北京市工商局、市文化执法总队开展文物流通市场专项整顿，加强对文物流通市场监管。继续与雅昌网络数据监测中心合作，开展对全市文物流通领域相关数据监测以及市场调研工作，全面开展北京文物拍卖数据库建设。制定《北京市文物局接收海关罚没文物处置管理办法》，对新接收的文物进行初步鉴定。

【科技与信息】

2017年召开两次科研工作座谈会，形成《北京市文物局关于进一步加强文物科研工作的意见（征求意见稿）》。开展北京市社会科学基金项目中期检查、组织办理结项鉴定，组织2018年课题申报及评审工作。开展科研成果出版项目和北京市文物局青年业务人员科研成果出版项目征集和评审工作。

完成《文物建筑安全监测规范》的报批工作，完成《古建筑类博物馆合理用能指南》《文物建筑勘察设计文件编制导则》初审工作；完成《博物馆服务规范》《古建筑结构安全性鉴定技术规范　第2部分：石质结构》《文物艺术品数据元规范　第2部分：书画》征求意见及初审工作；完成《文物建筑消防设施设置规范》的标准复审工作。

【文博教育与培训】

5月25～26日，北京市文物局举办2017年度全市文物安全与执法培训班，培训紧密结合正在开展的“文物单位安全隐患整改专项行动”“打击防范文物犯罪专项行动”等工作，有针对性地设置了文物单位安全防范和消防安全的标准及相关要求、北京市不可移动文物安防消防防雷项目设计方案评价、文物安全与执法履职要求等课程。

8月31日～9月1日，北京市文物局举办2017年北京地区博物馆展陈业务培训班，通过“博物馆展陈的策划与实施”“如何增加展览的厚度”“关于博物馆展陈的几点思考”“《读城》项目的策划与管理”等专题课程，进一步激发大家“让文物活起来”的激情。

【文博宣传与出版】

2017年，北京市文博宣传工作围绕“一城三带”、北京城市副中心考古、文物安全隐患排查整治专项行动、国际博物馆日、文化和自然遗产日等重点任务，组织协调媒体参加宣传活动及策划安排重要采访124次，策划“一把手”访谈多次，推出各类电视节目30多集、直播节目70余次。“北京文博”与“宣宣说吧”微信平台累计发布推送信息337条，“@北京文博”新浪网、人民网、腾讯网、新闻发言人认证微博累计推送信息2642条，“今日头条”客户端共发布推送信息229条，形成了独特的表达风格。

2月28日，由中国科学院主管，科学出版社主办，首都博物馆、天津博物馆、河北博物院联合协办的《博物院》杂志创刊。该杂志的创办旨在响应“京津冀协同发展”国策，立足于为中国当代博物馆建设服务，努力搭建博物馆界学术交流的专业平台。

4月16日，“让文物保护成为一种生活方式——纪念北京文物安全保护志愿服务行动三周年”大型宣传活动在全市16个区同时拉开帷幕。孔庙和国子监博物馆主会场上，“国宝赞国宝，国宝助力志愿行”活动正式启动，“中学生文物安全保护志愿服务队”正式成立并宣誓。

6月5日，由北京市文物局和北京电视台共同打造的文化和自然遗产日特别节目开始在《这里是北京》栏目播出。此次特别节目共分五期，贯穿“三个文化带”主题。6月6～7日，由北京市文物局和中国国际广播电台合作推出的文化和自然遗产日系列节目在《非常记录》栏目播出，分两期讲述圆明园的璀璨历史及考古收获。6月10日，以“擦亮北京金名片”为主题的文化和自然遗产日北京市主会场活动在通州区大运河森林公园举行。北京市文物研究所发布了2017年上半年考古工作成果，主会场与圆明园公众考古分会场、西汉路县故城遗址分会场进行视频连线实现联动。

9月7日，以“科技保护文物　文物贴近生活”为主题的北京市文物局“政务开放日”在周口店北京人遗址管理处举行。30余名市民代表、人大代表及政协委员、社会监督员走进“北京人”遗址第1地点（猿人洞）保护建筑工程施工现场及周口店遗址监测中心，了解猿人洞保护建筑工程的目的和意义、设计理念、施工工艺、工程监测工作及先进科技在文物保护领域中的运用。

12月14日，2017年北京市考古成果媒体沟通会在圆明园举行，北京市文物局、北京市文物研究所、圆明园管理处相关代表介绍了2017年北京市各类考古发掘项目的总体情况以及圆明园紫碧山房遗址的考古新发现。

【对外交流与合作】

2017年，进一步加大对涉外展览、友好城市交流等重点项目的保障支持力度。完成“欢乐春节——老北京的婚俗展”在毛里求斯中国文化中心和中国驻美国大使馆展出派遣人员的出访手续。完成2017年“京台文化周”活动、“京台博物馆交流与合作研讨会”等活动的筹备组织和人员出访事项办理。

加强对外交流，做好接待服务，共接待境外访问23批次。“一带一路”国际合作高峰论坛期间，首都博物馆、孔庙和国子监博物馆等单位接待“一带一路”沿线国家重要外宾参观访问，组织相关单位设计“一带一路”接待场地方案，得到市外办表彰。

【其他】

12月1日，北京市文物局完成第三批公共服务事项移交至市政务服务中心全程办理工作，涉及“义物保护单位建设控制地带内建设工程设计方案审核”“拍卖企业经营文物拍卖许可”“国有文物收藏单位之间因举办展览、科学研究等借用馆藏文物备案”等22项公共服务事项。

天津市

【概述】

2017年是实施“十三五”规划的重要一年，也是文物事业改革发展的关键之年。天津市文物局召开文物工作会议，传达贯彻习近平总书记、李克强总理关于文物工作重要指示批示精神和《国务院关于进一步加强文物工作的指导意见》《关于实施中华优秀传统文化传承发展工程的意见》，天津市政府出台《关于进一步加强文物工作的实施意见》。天津市文物保护工作进一步加强，重点文物保护工程、不可移动文物信息平台建设稳步推进，博物馆事业取得新进展。

【法规建设】

出台《天津市人民政府办公厅关于推动文化文物单位文化创意产品开发的实施意见》，自公布之日起施行。

【执法督察与安全保卫】

（一）执法督察

2017年，天津市文化市场行政执法总队对辖区内文物相关单位进行了检查，累计检查文物保护单位、文物收藏单位、文物经营单位226家，出动678人次，查处涉文物要案4起。

查处天津市水务投资集团有限公司在国家重点文物保护单位大沽口炮台的建设控制地带内建设工程案。

指导天津市滨海新区执法大队办理了空军驻津某部雷达站在全国重点文物保护单位大沽口炮台保护范围内擅自进行施工建设案。该案被国家文物局确定为“2017年度文物行政执法指导性案例”。

指导天津市和平区执法大队办理了天津市华诚资产管理有限公司在区级文物保护单位重庆道32号擅自修缮不可移动文物明显改变文物原状案。

指导天津市河北区执法大队办理了凯鑫国际文化传播（天津）有限公司在区级文物保护单位回力球场旧址擅自修缮不可移动文物明显改变文物原状案。

（二）安全保卫

8月24～25日，国家文物局局长刘玉珠带领全国文物安全状况大排查行动督察组，对天津杨柳青博物馆、北疆博物院、天津梁启超纪念馆等文博单位进行了实地督察。

2017年，天津市文物局投入1592万元，为5个重点文博单位建立微型消防站，购置消防装备器材，配备应急车辆，提升处置应急突发事件的能力。向国家文物局申请专项经费597万元，用于全市7个国家重点文物保护单位的安防消防防雷设施设备的提升改造。

加强安全防范技能培训。举办天津市文化广播影视（文物）系统安全监管干部培训班。结合微型消防站建设，组织局系统5个单位负责同志和微型消防站成员在天津艺术职业学院开展业务技能培训。举办“天津市博物馆运营管理及文创开发培训班”，邀请天津市安监局专家解读《天津市安全生产条例》，推动安全生产责任落实。邀请天津市反恐办专家为天津市各级各类博物馆负责同志和相关业务人员授课，推动《反恐怖防范管理规范》“文博场馆影剧院”分则在全市博物馆的落实。利用天津市文物保护骨干集训的时机开设文物安全监管课程，强化文物安全管理，筑牢文物安全屏障。

【不可移动文物的保护和管理】

（一）大遗址保护

认真落实国家文物局长城执法专项督察“回头看”反馈意见，进一步健全长城保护长效机制，扎实做好长城（天津段）保护工作。

3月，蓟州区古长城界桩及保护标志安装工程完成招投标，预计树立长城保护界桩798根，保护标志、说明牌各10块。

5～11月，完成长城前干涧段1号敌台修缮招投标。

（二）全国重点文物保护

完成天津五大道近代建筑群文物保护规划项目、元明清天妃宫遗址本体保护加固工程。根据国家文物局《关于大沽口炮台遗址抢险加固工程立项的批复意见》完成施工方案，获得国家重点文物保护专项资金支持，启动抢险加固项目，已完成“海”字炮台本体保护工程，“威”字炮台本体保护工程正在组织实施。

3～5月，完成独乐寺塑像、壁画保护工程的前期研究工作。国家文物局公布独乐寺山门防雷工程、独乐寺消防提升项目、蓟县白塔防雷工程进入实施阶段。4～6月，完成了独乐寺西院清代民居、接待处的油漆彩绘工程，粉刷面积约687平方米。7～9月，完成独乐寺消防烟雾报警系统更新。

（三）世界文化遗产保护

完成世界文化遗产大运河保护现状调研评估，协助做好大运河文化带建设。

加强对大运河（天津段）的执法巡查力度。对天津市域内的大运河实行定期巡视检查，及时发现并消除威胁遗产本体的各类安全隐患，制止破坏运河本体及周边环境的违法行为，并在部分河段新设立“世界文化遗产保护”标志。

做好大运河（天津段）遗产监测预警平台的填报和维护。及时了解运河水位、水质等情况，按时填报相关数据并上传至国家文物局大运河遗产监测预警总平台。

（四）文物保护工程

加强对文物保护工程的评估审核。先后对《静海火车站修缮方案》《孙氏宗祠修缮方案》《渔阳鼓楼修缮方案》《天津音乐学院北校区第四教学楼保养维护方案》《基督教会仓门口堂修缮工程设计方案》《关于加强天津市工业遗产保护与利用》《久大精盐公司旧址修缮工程设计方案》《石家大院部分建筑修缮工程勘察设计方案》等15个项目方案进行了论证和评估。

【考古发掘】

2017年10月2日，天津蓟州区多宝佛塔保护工程施工时在佛塔8层密檐南部的佛龛内发现铜质鎏金佛教造像1尊（九龙浴太子），经内窥设备探查，发现3～13层佛龛内均存在文物线索。共清理出土文物57件/套。

【博物馆与可移动文物保护】

（一）博物馆

1．博物馆建设

2017年，天津市博物馆建设持续有效推进，新增天津市体育博物馆、南开大学博物馆、天津华明机床博物馆等3家博物馆，正常开放的博物馆数量增至67家。

制定《天津市博物馆运行考评办法（试行）》，执行期限自2017年1月30日至2021年1月30日。

1月19日，天津自然博物馆成立第一届理事会并召开第一届第一次理事会议。

1月24日，天津市妇女联合会与天津市妇女发展联合基金会在天津自然博物馆联合举办“爱心助成长　情暖上学路——和爸妈一起团聚过年”关爱留守儿童公益行动暨天津自然博物馆“爱心基地”挂牌仪式。

3月10日，天津师范大学与天津自然博物馆联合成立“博物馆教育联合研究中心”签约及揭牌仪式。

5月18日，天津市教育委员会在天津自然博物馆科普剧场召开“弘扬华夏文明　传承津沽文化——天津市学校中华优秀传统文化艺术传承工作经验交流会暨天津自然博物馆天津市学校中华优秀传统文化艺术传承基地”揭牌仪式；在天津戏剧博物馆举行“天津市学校优秀传统文化艺术传承基地”揭牌仪式。

5月21日，“第六届环球自然日——青少年自然科学知识挑战赛”在天津自然博物馆举行，主题为“物质世界的真相”。

11月8日，天津觉悟社纪念馆修缮后重新开放。

12月29日，平津战役纪念馆、周恩来邓颖超纪念馆被教育部评为第一批“全国中小学生研学实践教育基地”。

2．博物馆间的交流与合作

4月20日，由李叔同故居纪念馆牵头发起，携手北京郭沫若纪念馆、河北乐亭李大钊纪念馆创办成立“京津冀名人故居联盟”，并签订合作框架协议。

6月30日，李叔同故居纪念馆的“自律、创新、爱国——李叔同的人格精神”巡展在北京李大钊故居管理处展出，12月中旬在郭沫若纪念馆展出。

7月23日，天津博物馆与唐山博物馆共同举办了“博物馆之旅”活动，探寻“东方华尔街”体验拓印古钱币。

7月25日，周恩来邓颖超纪念馆主办的“海纳百川——周恩来与党外朋友”展览在内蒙古阿拉善博物馆展出。

8月18日，首都博物馆、天津自然博物馆、河北博物院按照“目标同向、措施一体、优势互补、互利共赢”的发展思路，在天津自然博物馆举行了京津冀博物馆教育协同发展战略联盟合作启动仪式。

3．重要陈列展览

2017年，围绕党的十九大胜利召开、“一带一路”倡议、纪念建军90周年、第十三届全运会等重大活动举办了系列主题展览，充分发挥文物服务重大国家发展战略、重大活动的作用。

党的十九大召开前后，组织举办了一系列相关主题的展览。包括天津博物馆的“甘守清廉——古代廉洁主题展”，天津美术馆的“迎接中国共产党第十九次全国代表大会胜利召开——中国书法艺术系列大展”，周恩来邓颖超纪念馆的“铭记历史　圆梦中华——京津冀三地红色文化联展”，平津战役纪念馆的“砥砺奋进　成就辉煌——党的十八大以来治国理政成就展”，天津自然博物馆的“时代的精神，永远的雷锋”等。

配合第十三届全运会在天津市召开举办了特色体育展览。包括天津博物馆举办的“动·境——中华古代体育文物展”“中华人民共和国第十三届运动会天津体育文化作品展”，周恩来邓颖超纪念馆举办的“周恩来与新中国体育”展，天津美术馆举办的“第九届中国体育美术作品展”。

围绕纪念建军90周年举办了一系列主题展览。包括平津战役纪念馆的“钢铁长城强军梦”，周恩来邓颖超纪念馆的“伟大的军事家周恩来”，天津博物馆的“永远的红军——庆祝中国人民解放军建军90周年主题展”。

配合“一带一路”倡议举办了一系列展览。包括天津博物馆的“环肥燕瘦——汉唐长安她生活”“重彩华章——广彩瓷器300年精华展览”，天津自然博物馆的“丝绸之路自然大观”展览。

（二）可移动文物保护

2017年，天津博物馆可移动文物预防性保护项目二期工作顺利开展，并完成了项目验收工作。周恩来邓颖超纪念馆、平津战役纪念馆和武清区博物馆馆藏可移动文物预防性保护获得了国家重点文物保护经费支持，分别编制了预防性保护实施方案，并通过专家论证。

截至2017年12月31日，天津自然博物馆完成北疆博物院地图、图书资料2万件，浸制鱼类、无脊椎等标本4933件以及昆虫标本8.7万件的回迁工作。修复北疆博物院文献图书资料230册、大唇犀头骨2件，修复展厅古哺乳动物标本172件；修复虾蟹标本15件、角马标本5件、两爬类标本2件、三叶虫标本2件、兽类标本39件、鸟类标本23件、大型鱼类标本5件、棱皮龟1件、白喉巨蜥1件、帝王蟹1件、珊瑚7件。天津自然博物馆藏品数字信息管理系统已初步开发完成并上线测试。

天津大沽口炮台遗址博物馆对馆藏的19门铁炮和1件炮轮共计20件铁器进行清洗除锈、脱盐、加固修复、缓蚀、封护以及铁炮花岗岩基座制作和憎水处理，基座表面防水处理等保护修复，并按照金属质文物保护修复档案建设行业标准建立保护修复档案。

【社会文物管理】

2017年，天津市各文博单位新征集文物840件/套。天津市文物局协调天津市市场监管委与天津市文化市场行政执法总队，共同研究制定了《天津市文物流通市场专项整治行动工作方案》，开展文物流通市场专项整治。

截至2017年12月31日，全年接受携运人申请审核了347件拟进出境文物，其中对允许出境的25件文物开具了《文物出境许可证》，对244件器物开具了《文物复仿制品证明》，对36件文物办理了临时出境及复进境的审核工作，禁止出境文物6件。

对天津国际拍卖有限公司等文物拍卖单位的文物拍卖标的进行了审核，共35场次，总计18827件，撤拍22件。其中书画6916件、陶瓷2691件、玉器988件、杂项2095件、古籍善本6137件，属于文物标的的14777件。

协助海关鉴定未经出境审核疑似文物17次，总计950件。其中禁止出境文物137件，允许出境文物8件，文物仿制品705件，存疑文物100件。

完成司法鉴定4次，总计23件。其中文物2件，复仿制品21件。

【文博教育与培训】

举办“天博讲堂”和“名师教室”系列学术讲座，内容包括《从京津冀行政区划的演变看生活的变迁》《战国汉代中山国出土玉器赏析》《雍容华丽的大唐服饰》《中国古代石刻的起源与主要形制》《中国古代服饰与古代礼仪思想》《清代四僧的绘画艺术》等。

举办专题培训班。天津市文物局于4月25～27日举办天津市博物馆运营管理及文创开发培训班，10月31日～11月2日举办天津市博物馆社会教育培训班，12月20～22日举办天津市博物馆藏品管理培训班。

【文博宣传与出版】

（一）文博宣传

2017年，天津市文物局以国际博物馆日与文化和自然遗产日为契机，组织了一系列有计划、有特色、有重点的全方位宣传活动。5月17日，天津人民广播电台“公仆走进直播间”节目专门安排了一期国际博物馆日宣传活动，向广大听众介绍了天津市博物馆事业发展现状，国际博物馆日的相关知识以及天津市各文博场馆组织的相关活动。国际博物馆日活动期间，天津市文物局印制了1万余册《天津市博物馆一览手册》和《天津市博物馆参观导图》，在各文博场馆免费向观众发放；天津滨海广播采访制作并推出了《博物馆里的记忆》系列专题节目；媒体及各文博单位的网站、微信公众号对举办的各类活动进行了全方位报道。

（二）文博出版

2017年2月，由中国科学院主管，科学出版社主办，首都博物馆、天津博物馆、河北博物院联合协办的《博物院》杂志创刊。

各单位组织编写了《化石 · 北疆博物院专辑》《具象中国——27位写实油画家2017年展作品集》《海上国门——大沽口炮台研究文集》《大沽口炮台研究纪事》等专业图书，并发表多篇专业论文。

【机构及人员】

2017年，天津市共有文博单位79个。其中，文物保护管理机构10个，正常开放的博物馆67个（文物系统博物馆27个，行业博物馆19个，非国有博物馆21个），文物商店1个，文物科研单位1个。

截至2017年12月31日，11家局属文博事业单位实有岗位581个，在职人员623人。按学历情况划分：博士学历11人，硕士学历118人，本科学历331人，大专学历103人，大专以下学历60人。按专业技术岗位划分：正高级专业技术岗位20人，副高级专业技术岗位80人，中级专业技术岗位244人，初级专业技术岗位169人。

【对外交流与合作】

1月25日～3月26日，天津美术馆引进了政府高端展览补贴项目“达利的派对——超现实主义大师萨尔瓦多 · 达利艺术大展”。本次展览共展出达利的艺术作品近200件，囊括雕塑、硬纸板画、彩色版画等多种类型，作品形式丰富多样。

6月6日，天津博物馆引进的政府高端展览补贴项目“文明之海——从古埃及到拜占庭的地中海文明”展览开幕。该展览撷取意大利佛罗伦萨考古博物馆、庞贝和那不勒斯考古博物馆等10余家博物馆的石雕、青铜器、陶器、金银器等230余件/套珍品，分七个部分将其漫长历史长河中的文明成果一一呈现给公众。

9月28日，天津戏剧博物馆的“天津京剧往事展”在葡萄牙里斯本大学开幕。

河北省

【概述】

2017年是文物事业发展备受瞩目的一年，党的十九大胜利召开，新时代、新任务对文物工作提出了新要求，习近平总书记对加强文物保护利用作出一系列重要论述、指示、批示。河北省文物系统认真贯彻落实十九大精神及党中央、国务院和河北省委、省政府决策部署，积极进取，依法履职，守土尽责，进一步落实保护责任，强化安全意识，不忘初心，牢记使命，抓主抓重，砥砺前行，文物工作取得新成效，文物事业健康发展。

【法规建设】

《河北省长城保护办法》于2017年2月1日起正式施行，标志着河北省长城保护工作迎来了一个依法强化保护的新阶段。

《清东陵保护管理办法（修订）》于2017年12月1日河北省第十二届人大常委会第三十三次会议批准，进一步规范和保障清东陵文物保护工作。

贯彻《国务院办公厅关于进一步加强文物安全工作的实施意见》，河北省文物局代起草了《河北省人民政府办公厅关于进一步做好文物安全工作的实施意见（送审稿）》；代河北省人民政府起草《河北省人民政府关于落实〈河北省人大常委会关于文物保护“一法一办法”执法检查报告的审议意见〉的报告》，在5月25日召开的河北省十二届人大常委会第二十九次会议上审议通过。

【执法督察与安全保卫】

督办重大文物安全案件，对张家口堡中营署旧址火灾进行督办，向河北全省文物部门通报定州汉中山王墓被盗案件。

组织开展河北省文物安全状况大排查行动，挂牌督办重大文物安全隐患，加强文物安全督察检查巡查，通报工作进展和检查情况。组织开展文物安全状况再排查再督察工作。

开展长城执法专项督察“回头看”，组织长城沿线市县文物部门，重点对2016年度长城执法专项督察整改落实情况及专项督察活动以来新发生问题整改情况进行再督察，提升长城安全管理水平。

配合公安机关开展打击文物犯罪专项行动和经常性打击行动，侦破了一批涉文物犯罪案件，有力震慑了文物犯罪。联合河北省公安厅完成“中国被盗（丢失）文物信息数据采集”填报、表彰打击文物犯罪行为，完善长期打击文物犯罪联合机制。联合河北省公安厅制定印发《打击文物犯罪奖励办法（试行）》，引导社会积极参与文物安全，奖励打击文物犯罪成绩突出的单位和个人。

开展文物法人违法专项整治活动，全年督办文物行政违法案件7起，对重大行政违法案件和国家文物局督办的案件进行重点督办、挂牌督办，努力遏制文物法人违法多发势头。

抓好“三项制度改革”试点工作，编印《河北省文物行政执法三项制度工作手册》。

推进实施文物平安工程。努力发挥科技引领作用，逐步形成人防、物防、技防相结合的安全防护体系。大力实施文物平安工程，推进20余处全国重点文物保护单位和省级文物保护单位安防、消防、防雷工程项目，文物技术防范水平进一步提升。

启动河北省文物安全监管平台建设，经过专家咨询论证，编制完善了《河北省文物安全监管平台项目建设方案》。9月15日，河北省工业和信息化厅审核同意该方案。

印发《关于进一步健全落实文物安全责任制的通知》，建立了河北省级以上文物保护单位责任制台账；根据河北省消防安全委员会工作部署，印发《河北省文物消防安全风险评估工作方案》；部署开展夏季消防安全检查和冬春季节消防安全检查。

【不可移动文物的保护和管理】

（一）大遗址保护

大遗址保护工程取得阶段性成果。组织实施张北元中都、邺城遗址、赵邯郸故城遗址、泥河湾遗址群等大遗址保护工程，继续推进邺城遗址、中山古城遗址等保护工程。

推动国家考古遗址公园建设。元中都遗址被国家文物局公布为第三批国家考古遗址公园，中山古城遗址、邺城遗址被列入第三批国家考古遗址公园立项名单。

泥河湾遗址马圈沟遗址保护棚方案经国家文物局批复同意。配合泥河湾国家考古遗址公园建设，河北省财政支持的泥河湾研究中心基本完工。

（二）全国重点文物保护单位

正定古城保护工作有序进行。完成了正定南城墙及南城门、隆兴寺壁画保护等工程；隆兴寺整体维修工程，正定城墙东、西段保护工程均在实施中。

（三）世界文化遗产

与万里茶道沿线相关省区文物部门、万里茶道联合申遗办共同向国家文物局申请将万里茶道列入中国世界文化遗产预备名单，将河北省内部分万里茶道申遗点整体申报河北省第六批省级文物保护单位，同时对个别保存状况及周边环境较差的遗产点进行保护维修。

长城保护工作扎实开展，有序推进桃林口长城、罗汉洞段长城等重要点、段长城保护维修工程；编制上报了明长城保护规划；完成了长城散落文物及城砖、文字砖调查工作。在秦皇岛、涿鹿等地实施长城保养工作，探索加强养护的有效途径和实施模式。喜峰口长城修缮项目在腾讯公益平台举办线上公募活动，已落实修缮资金，完成方案编制，这是社会公众参与长城保护的一次探索和尝试。

承德避暑山庄及周围寺庙文化遗产保护工程进入结项阶段，共有57个项目完工并通过验收，14项基本完工。清东陵孝陵石桥保护工程完工，裕陵、景陵大碑楼修复工程基本完成。清西陵泰东陵、行宫部分建筑、慕东陵、昌妃园寝、泰妃园寝保护维修工程已验收，崇妃园寝、慕陵保护维修工程基本完工。

组织召开专家研讨会，研究区段保护利用体系，成立河北段大运河文化带建设文物保护利用工作小组，编制完成《河北段大运河文化带建设文物保护利用调研报告》。配合河北省发改委完成了《大运河文化带河北段建设规划研究报告》编制工作。

做好河北省世界文化遗产地自查工作，与国家文物局进行现场调研、评估，完成了遗产地年度评估报告的初审工作。

（四）文物保护工程

深州盈亿义仓（一、二期）、正丰矿工业建筑群小姐楼、福庆寺圆觉殿、清河道署、赵县西林寺塔、逐鹿鼓楼、田中玉公馆修缮工程完工；直隶审判厅旧址、定兴文庙、常乐寺塔、天护陀罗尼经幢、临城蛤蟆桥通过省级技术验收；保定淮军公所（一、二期）、深州盈亿义仓（三期）、蔚县玉皇阁、洗马林玉皇阁、安国药王庙等修缮工程正在实施中；衡水安济桥，蔚县天齐庙、宝峰寺等修缮方案得到批准，正进行前期准备工作。

（五）其他

启动蔚县古堡拯救行动，完成鸡鸣驿城整体加固保护及鸡鸣驿城内文物维修工程，积极推进西古堡、南腰山村等国保和省保集中成片传统村落的整体保护利用工作。

加强与河北党史部门沟通协调，分步实施革命旧址维修保护五年行动计划。

启动河北省第六批省级文物保护单位推荐工作，河北省人民政府核定公布第六批省级文物保护单位54处，其中古遗址17处、古墓葬4处、古建筑18处、近现代重要史迹及代表性建筑15处。

【考古发掘】

（一）概况

完成泥河湾遗址群、邺城遗址、行唐故郡遗址、崇礼大水沟遗址、太子城遗址等考古发掘工作，取得重要收获。

服务经济建设，完成廊涿固保客运专线、太行山高速公路、石港高速公路、北京至雄安高速公路、石家庄南绕城高速公路、涞曲高速公路、延庆至崇礼高速公路、中俄天然气管道等建设工程相关考古工作。

（二）重要考古项目

1．太子城遗址

经考古勘探、发掘确认，太子城遗址为一座平面为长方形的城址，南北长400米、东西宽350米，总面积14万平方米。太子城城址是我国发现的为数不多的金代行宫遗址，其规制、建筑布局等在全国极为罕见。

2．泥河湾遗址群

2017年，主要对马圈沟遗址、鱼嘴沟地点、东谷坨遗址、石沟遗址、白马营遗址、蔚县前上营遗址进行发掘。发掘遗址年代从距今160万年至2万年，遗迹、遗物丰富。

3．崇礼大水沟遗址

发现新石器时代夯土墙基、房址等，初步断定是城墙遗迹，是河北省截至2017年年底发现年代最早的新石器时代城址。

4．行唐故郡遗址

出土铜、金、玉、陶、角、蚌等各类遗物千余件，为研究戎狄等北方族群的历史文化、经济生业、丧葬习俗、用器制度，以及中华民族多元一体格局的形成，提供了极为珍贵的实物资料。

5．邺城遗址

南郭区核桃园2号及3号基址勘探与发掘，初步确认2号建筑两侧廊房（6号、7号基址）与5号门址、3号建筑围合形成一个整体的寺院院落。宫城区北部的勘探与发掘，为研究宫城建筑格局、营建、性质提供了重要资料。

6. 正定开元寺南广场遗址

通过发掘确认了遗址唐、五代、北宋、金、元、明、清等7个历史时间连续文化层叠压，文化遗存丰富，共发现遗迹94处，出土遗物2000余件。

7. 容城南阳遗址

发现城垣边长约730米、面积近52万平方米的城址，遗址年代下限至汉代。对遗址周边进行调查，发现10处同时期遗址，形成以南阳遗址为中心，面积近18平方千米的遗址群。

【博物馆与可移动文物保护】

（一）博物馆

1. 博物馆建设

河北省现有注册博物馆、纪念馆130家，全年共推出展览800余个，接待观众2936.81万人次。

推动非国有博物馆建设，制定印发《关于进一步推动非国有博物馆发展的工作方案》。2017年，河北省非国有博物馆增至32家，藏品涉及革命历史、陶瓷、钱币、牌匾、雕塑、家具、书画、酒文化、现代工艺等多个领域，填补了秦皇岛、邢台、邯郸等地非国有博物馆空白。

2. 博物馆间的交流与合作

1月20日～2月19日，首都博物馆、天津博物馆、河北博物院共同策划、主办的“金玉满堂——京津冀古代生活展”分别在北京、天津、河北三地同时展出，旨在弘扬中华优秀传统文化，突出表现吉祥文化的主题，搭建三地文化交流、共享、展示的平台。

7月28日，河北博物院与甘肃省博物馆、内蒙古博物院、广西壮族自治区博物馆、四川博物院、云南省博物馆、西藏博物馆、陕西历史博物馆、青海省博物馆等共同举办的“茶马古道——八省区文物联展”在河北博物院展出。此次展览分为半月地带·早期文明、通达海路·汉唐古道、茶马互市·茶风盛行、贸易兴盛·民族融合、走马滇藏·古道撷珍等五个部分。

组织河北省文博单位积极参加晋陕豫冀四省博物馆理论与实践研讨会；配合“山河相依 窑火辉映——晋陕豫冀宋辽金元瓷艺特展”，选送组织47件珍贵陶瓷类文物参展。

3. 重要陈列展览

1月21日，河北博物院推出“金声天韵——河北梆子艺术展”，与河北梆子剧院通力合作，为传承河北地方戏曲文化开辟崭新的途径，以讲述河北梆子故事来讲好河北故事，讲好中国故事。

12月9日，河北博物院策划的“撷珍·邂逅——河北博物院典藏文物展”正式开展，展出从商周到清代的院藏文物80件，涉及青铜、玉石、陶瓷、漆器、珐琅等多种质地。部分文物属首次展出，难得一见。

4. 文创产品开发

推进文博系列文创产品开发工作，举办河北省文博系统文创产品人才培训班、2017年河北省第二届文化创意产业博览会和第四届河北省文化创意设计大赛。

（二）可移动文物保护

稳步推进科技保护项目，完成山海关长城博物馆馆藏金属文物、张北元中都出土的石质万物、鄂尔多斯青铜器博物馆馆藏青铜器等保护修复项目。

开展河北省馆藏一级文物管理检查工作，检查收藏单位对馆藏一级文物的建档备案工作情况以及馆藏一级文物修复、复制、拓印、借用、调拨、交换工作情况。

开展河北省国有可移动革命文物数据库建设工作，初步掌握河北省馆藏革命文物的收藏情况：河北省革命文物总数25158件/套，其中一级文物182件/套、二级文物364件/套、三级文物9619件/套、一般文物8077件/套、未定级文物6916件/套。

（三）第一次全国可移动文物普查

基本摸清了河北省可移动文物的家底。河北省360家国有单位共收藏可移动文物1402448件，其中珍贵文物80715件。

【社会文物管理】

河北省文物局与河北省工商局联合下发《关于联合开展文物流通市场专项整顿行动方案》，两局组成检查组于2017年9月赴各市对文物流通市场进行联合督导检查，督促相关单位及时整改发现的问题。

按照河北省推进“双随机一公开”监管工作要点，对文物拍卖企业、文物商店开展监管执法，制定了抽查细则。监管主要采用书面、现场检查的方式，对拍卖图录、备案材料进行核对。

加强拍前审核、拍后备案材料审核。2017年审批5家拍卖企业举办的10场拍卖会，完成4501件/套拍卖标的的实物审核。

为积极引导社会收藏活动健康发展，面向社会收藏爱好者组织开展收藏鉴赏咨询活动。从2017年5月开始，河北省文物局组织专家依次赴石家庄、张家口、邯郸、廊坊、邢台和沧州，为当地收藏爱好者提供专业鉴赏咨询服务。

【科技与信息】

印发《河北省文物局关于加强“十三五”文物科技工作的实施意见》，提出分类别推进文物数字化、文物科技保护技术、认知性科技技术的研发利用等重要项目，并就加强科技工作保障力度，推动体制机制的创新做出了安排部署。

【文博教育与培训】

举办河北省考古数字化测绘、绘图培训班，近百名考古工作人员参加培训，进一步提升了考古从业人员业务素质和工作水平。

9月13～14日，长城保护培训班在石家庄市举办，长城所在地文物（文广新）局、长城重点县（区）文物部门及相关河北省直文博单位40余人参加培训，培训内容理论结合实际，丰富翔实，具有极强的针对性和指导性。

7月下旬，河北省博物馆讲解员培训班在石家庄市举办，来自100多家文博单位的讲解员参加了本次培训。

【文博宣传与出版】

组织河北省各博物馆围绕2017年国际博物馆日主题“博物馆与有争议的历史：博物馆讲述难以言说的历史”开展宣传教育活动。

6月10日，由河北省文物局、张家口市政府主办，蔚县县委县政府承办的文化和自然遗产日河北省（蔚县）主场系列活动在张家口蔚县成功举办。本次活动发布了“蔚县古堡拯救行动”规划纲要，举办了北方城古堡开堡仪式、“蔚县古堡调查成果展览”、古堡调查报告会、“河北省社会收藏鉴赏咨询服务活动走进蔚县”等系列活动，旨在推动“让古堡活起来，让百姓富起来”。

由河北省文物局、河北广播电视台共同主办的“爱我长城”校园公开课先后在秦皇岛市海港区耀华小学、和安里小学、教师发展中心附属实验学校以及石家庄市求实中学、河北地质大学开课。围绕“长城长，少年强”主题，“爱我长城”校园公开课初见成效。

河北文物微信公众号开通，截至2017年年底共发布信息93篇。

按照《中国文物志》办公室要求，组织开展入志专稿的编写工作。

【对外交流与合作】

负责中国援助加德满都杜巴广场九层神庙震后保护工程管理，做好现场勘查测绘和设计方案。与美国、俄罗斯、意大利、法国、日本、韩国等国家进行文化交流，取得了丰硕的成果。

3月25日，为促进两岸文化交流，河北博物院与台湾佛光山佛陀纪念馆共同策划的“佛·缘——河北曲阳白石佛教造像艺术展”在台湾佛光山佛陀纪念馆开展。展览共展出文物81件，现代作品18件。

4月3日～7月16日，提供精品文物17件赴美国大都会艺术博物馆参加“秦汉文明展”。

12月20日，由河北博物院、俄罗斯彼得霍夫国家博物馆、中国文物交流中心、意大利Mondo Mostre 展览公司共同主办的“走进帝俄时代——俄罗斯彼得霍夫国家博物馆馆藏文物特展”在河北博物院举办。展览共展出俄罗斯彼得霍夫国家博物馆馆藏珍贵文物243件/套。

【其他】

制定《河北省文物保护专项补助资金管理办法》，为规范河北省文物保护专项补助资金管理提供了政策依据；印发《河北雄安新区新区建设文物保护经费支出细则》，为规范雄安新区建设文物保护资金支出提供了制度依据；编制《河北省文物保护项目设计方案评审规则（试行）》和《河北省文物保护项目专家评审职责（试行）》，为落实国家文物局《关于进一步优化文物保护项目审批的通知》提供了制度保障。

坚决贯彻习近平总书记关于雄安新区建设的重要指示精神，按照国家文物局对新区文物保护与考古工作提出的总体安排，编制了雄安新区2017年调查工作方案，南阳遗址考古勘探、发掘工作方案；全面启动了新区文物调查、勘探以及南阳遗址考古，新区境内燕长城遗址的调查和保护工作；成立了河北雄安新区文物保护与考古工作站；完成了起步区200平方千米调查任务；编制了新区文物保护利用规划纲要；对容城黑龙口长城环境整治、安新县新安古城墙进行加固抢险工作。

配合2022年冬奥会，重点抓好长城、崇礼太子城遗址、京张铁路及沿线文物的保护工作，开展太子城遗址勘察工作，完成整体普探与6000平方米考古发掘，为下一步保护和整体规划提供了依据。

山西省

【概述】

2017年，山西省文物系统广大干部职工认真贯彻落实文物工作方针，在加强文物保护利用和文化遗产保护传承方面不断取得新进展，在探索开展文物密集区体制改革和推动社会力量参与文物保护利用方面迈出了新步伐，在加强文物安全方面形成了新抓手，在全面加强党的建设方面取得了新成效。

【法规建设】

认真贯彻落实《山西省文物建筑构件管理办法》，积极推动《山西省文物建筑消防安全管理规定（修订）》《山西省社会力量参与保护利用文物规定》列入2018年山西省政府规章正式项目，启动《山西省长城保护办法》《山西省长城保护管理导则》《山西省长城保护修缮导则》前期调研和起草工作。

【执法督察与安全保卫】

加大文物行政执法工作力度，先后向长治、忻州、朔州、晋中、阳泉、霍州等市县政府发出督办函，先后约谈长治、阳泉、忻州、朔州等市级文物部门负责人，督促地方政府认真履行文物安全主体责任，指导文物行政部门妥善处置各类违法案件。

组织开展长城执法专项督察“回头看”，积极参与国家文物局2017年度文物行政执法指导性案例遴选活动，组织参加全国2017年度全国文物行政执法骨干力量培训班，进一步提升了文物行政执法人员的业务素质和执法水平。

派出11个督察组，对全省文物安全状况大排查行动、法人违法专项整治行动、打击文物犯罪专项行动、文物市场清理整顿以及《安全十条》的落实情况进行实地督察，督促有关单位进一步落实文物安全主体责任和监管责任。

组织召开山西省文物安全工作推进会，深入学习贯彻习近平总书记关于文物安全工作的重要批示和全国文物安全电视电话会议精神。印发《山西省文物安全管理十项规定》，起草了《关于进一步加强文物安全工作的实施意见》，在文物安全监管方面形成有效抓手。

按照国务院部署和国家文物局安排，组织开展全省文物安全状况大排查行动。此次大排查的范围包括452处全国重点文物保护单位、487处省级文物保护单位和部分市县级文物保护单位及未核定等级的文物单位，排查立行立改安全隐患233条，已整改182条；突出问题199条，已整改66条。配合山西省消防部门完成《文物建筑消防标准化管理规则》制订工作，为开展文物消防安全检查执法工作提供依据。

【不可移动文物的保护和管理】

（一）概况

山西省现有不可移动文物53875处，其中，全国重点文物保护单位452处，省级文物保护单位487处，市县级文物保护单位12466处。世界文化遗产3处。国家级历史文化名城6座、名镇8个、名村32个，省级历史文化名城6座、名镇37个、名村160个。

（二）世界文化遗产

平遥古城四段墙体完成加固，双林寺彩塑数字化保护及城墙岩土监测工程通过验收。云冈石窟监测中心建设用房和文保中心建设工程正在实施，鲁班窑危岩体抢险加固工程正在组织招投标。五台山殊像寺抢险维修工程正在实施，南山寺善德堂修缮工程设计方案和显通寺禅房改造方案已上报国家文物局申请批复。

（三）文物保护工程

全年巡查文物保护工程项目182项次，验收文物保护工程57项，省级文物保护工程立项核查30项。

永乐宫文物保护规划得到国家文物局批复，彩塑壁画数字化采集保护工程完工，文物保护智能安防综合体系建设即将完工。应县木塔加固保护工程启动了残损构件调查与展示研究项目，召开了工程推进汇报会，明确了以监测数据为依据确定下一步维修进度的技术路线。明长城沿线平型关段、得胜堡等重要点段保护工程推进顺利。

贺龙中学、上党战役指挥部旧址等13处红色及抗战遗存得到了保护。湘峪古堡、砥洎城等一批古民居得到了修缮。

国保、省保木结构古建筑年度日常养护实施完毕。

（四）其他

编制完成古交遗址、丁村遗址文物保护规划并上报国家文物局审批，完成了陶寺遗址、曲村—天马遗址、侯马晋国遗址申报第三批国家考古遗址公园立项工作。

【考古发掘】

重点开展了以丁村为中心的旧石器时代遗址群、晋西高原新石器时代末期古城址、晋文化核心区古墓葬等6个主动性考古调查试掘项目，总发掘面积2万余平方米，发掘墓葬398座，出土器物4900余件/套。其中丁村遗址的田野调查发掘工作已完成。

配合基本建设开展考古勘探项目19项，已完工11项，总勘探面积200余万平方米，发现各时期墓葬963座；开展抢救性考古发掘项目14项，已完工5项，发掘面积16000余平方米，发掘各时期墓葬440座、遗址6处，出土器物2000余件/套。

【博物馆与可移动文物保护】

（一）博物馆

1．博物馆建设

截至2017年年底，山西省拥有各级各类博物馆、纪念馆140家，其中国家一级博物馆3家、二级博物馆13家、三级博物馆10家，获得中央资金支持免费开放的博物馆31家。

晋中市、临汾市博物馆正在进行陈列布展。忻州市博物馆正在编制陈展大纲。阳泉市博物馆陈展方案正式立项。八路军太行纪念馆完成了“八路军将领馆”提升改造工程。晋绥边区革命纪念馆进行了重新布展。陶寺遗址博物馆建设工程设计方案正在修改完善。平顺县太行三村生态博物馆白杨坡认知中心展陈工作接近尾声。

2. 博物馆间的交流与合作

由山西省文物局、陕西省文物局、河南省文物局、河北省文物局联合推出的“山河相依　窑火辉映——晋陕豫冀四省宋辽金元陶瓷特展”引起较大反响。山西博物院引进“18～19世纪俄罗斯艺术展”“意大利陶瓷艺术展”等临时展览16个，推出“六朝的艺术新潮展”“山西古代艺术展”等5个展览分别赴美国、俄罗斯和深圳、浙江、上海等地展出。八路军太行纪念馆输出“抗战中的八路军”“八路军总部在太行”两个展览。

3. 重要陈列展览

开展文物巡展是整合馆藏文物资源、让文物“活”起来的有效举措。2017年共举办“山西‘十二五’考古成果展”“山西晋式童帽专题展”“山西酒文化展”“山西抗战，国家记忆”四个文物精品巡展项目，形成文物精品巡展品牌，让深藏在博物馆里的文物走出来，把山西故事讲好。

4. 博物馆青少年教育

山西博物院作为全省博物馆的“龙头”，其“来博物馆约会吧”“约读”“晋界讲坛”“时光飞船”“博物馆小课堂”“小小讲解员”等30个教育主题项目已形成品牌效应。山西省民俗博物馆与太原市多所中小学校合作开展“入学礼”“成人礼”等活动。晋城市博物馆举办了“博物馆奇妙日”游学寻宝活动。

（二）可移动文物保护

通过第一次全国可移动文物普查登记的馆藏文物共320余万件。全省珍贵文物数字档案录入信息7万余条，编撰纸质档案6部、出版1部。运城市印制了《博物馆藏品总登记账》。

2017年对26家文物收藏单位的5200余件馆藏文物实施了修复，对2家文物保护修复实验室装备进行了提升。

【科技与信息】

中国博协博物馆学专业委员会2017年年会暨经济环境变化与博物馆应对学术研讨会在太原市召开。

主办万里茶道申遗工作推进会、晋陕豫冀四省博物馆理论与实践研讨会、第七届“黄淮七省考古论坛”、京晋冀鲁豫五省文物建筑保护理念与对策研讨会，均取得圆满成功。

长治市政府与中国城市雕塑家协会联合举办了“中国传统雕塑传承与复兴学术论坛”。

【文博宣传与出版】

出版考古报告和论文集9部。《清凉寺史前墓地》成功入选“2016年度全国文化遗产十佳图书”，《山西碑碣（续编）》荣获“第一届山西优秀图书奖”。

【机构及人员】

山西省文物局是山西省政府设置的主管全省文物工作的直属机构，正厅级建制，班子配备是一正、两副、一总工，另配备一名巡视员。局机关内设10个职能处室，核定公务员编制41名、工勤人员编制8名，现有在职公务员36人、工勤人员7人。

【其他】

组织实施了动员社会力量参与文物保护利用“文明守望工程”。报请省政府印发了《山西省动员社会力量参与文物保护利用“文明守望工程”实施方案》，举办了启动仪式，精心策划了众手搭、妙手集、巧手创、携手援等九大项目。一年来，社会力量共认养文物建筑34处，备案确认了非国有博物馆6家，确定了文创研发试点单位，完成了榆社邓峪石塔的顺利回归。

在全省部署文物密集区体制改革工作。以阳城、沁水为试点，建立完善了省市县三级改革领导机构，编制了实施方案，制定了资金管理办法，切块安排了1000万元专项经费对密集区内的文物实施了保护维修，使密集区体制改革在规划理念、管理体制、投入体制等方面取得了突破。

内蒙古自治区

【概述】

2017年，内蒙古自治区文物局深入学习党的十九大精神和习近平总书记关于文物保护的重要指示，全面落实《国务院关于进一步加强文物工作的指导意见》，认真贯彻自治区第十次党代会和自治区文物工作会议精神，围绕年初确定的责任目标，按照全国和自治区文物工作会议的部署，开展了长城执法专项督察“回头看”、文物流通市场专项整顿行动、文物项目申报和工程建设，重点推进文化遗产申遗、博物馆免费开放、全区博物馆意识形态工作责任制，圆满完成了全区第一次全国可移动文物普查工作。

【法规建设】

经内蒙古自治区第十二届人民代表大会常务委员会第二十八次会议批准，《赤峰市红山文化遗址群保护条例》自2017年1月1日起施行。

辽文化遗址立法工作列入2017年人大立法计划，2018年正式开展立法工作。

【执法督察与安全保卫】

对阿拉善盟阿左旗境内长城保护范围和建设控制地带内多家企业违规开山采石、定远营王府风情文化街违建、兴安盟阿尔山市日伪五岔沟机场遗址保护范围内违建、锡林郭勒盟元上都遗址内2处违建、汇宗寺违建等8起法人违法案件进行督察督办。对5处破坏古遗址、古墓葬案件进行现场认定和鉴定，为公安机关认定和打击文物犯罪提供依据。协助盟市公安部门鉴定涉案文物9次，计605件/套。

按照国家文物局部署，全区开展文物安全状况大排查行动，5～9月，对全区盟市及26个旗县区、37处国保单位、13处区保单位、11家博物馆进行了督察，发现法人违法案件4起，问题和隐患61处，对存在问题单位进行了督办整改。

按照国家文物局《关于开展长城执法专项督察“回头看”的通知》要求，自治区文物局组织督察组赴盟市和部分旗县围绕长城“四有”等基础工作及长城监管与执法进行实地督察。国家文物局督察组查看了13个大项31个督察内容的实证材料，并赴呼和浩特市新城区、巴彦淖尔市乌拉特中旗、乌拉特后旗、阿拉善盟阿左旗实地督察。

为严格落实文物安全监管责任，封堵非法文物销售渠道，维护文物市场秩序，根据国家工商总局、国家文物局《关于联合开展文物流通市场专项整顿行动的通知》精神，自治区文物局与内蒙古工商局成立联合工作组，8月20日起开展文物流通市场检查整治行动，历时40多天，未发现非法文物经营行为和活动。

2017年元旦、春节期间，对包头市五当召、美岱召古建筑单位进行了安防、消防大检查。为加强文物安全工作，自治区文物局向全区下发和转发加强文物安全工作的各类通知

13份。对全区重点文物保护单位进行定期检查，加大文物安全巡查和监督工作力度，特别是对重点文物保护单位、古建筑单位、博物馆进行安全督察，对于出现的安全隐患下发整改通知书及督办函，做到及时发现及时整改。

为认真做好文物安全防范工程的审核和申报工作，向国家文物局申请2017年度“三防”行政许可项目8个，2018年度的13个全国重点文物保护单位“三防”项目获得国家文物局批复。

【不可移动文物的保护和管理】

（一）概况

自治区文物局会同自治区发改委，完成了《“十三五”内蒙古文物保护利用设施建设规划项目》申报工作。会同自治区财政厅向财政部、国家文物局申报了包括文物大遗址、古建筑保护等47项全国重点文物保护单位专项补助资金16000余万元。会同自治区财政厅向财政部、国家文物局上报了2018年提前下达重点文物保护项目资金申请54项，获批21394万元。

（二）大遗址保护

争取到2018年辽上京遗址保护专项资金4202余万元，为申遗工作和国家考古遗址公园建设提供了资金支持。

（三）全国重点文物保护单位

自治区文物局对乌兰夫故居、席力图召、美岱召、将军衙署、贝子庙、王昭君墓、和硕恪靖公主府、奈曼王府、准格尔王府等文物保护单位实施了修缮及环境整治。组织开展了部分重点文物保护工程检查、验收工作，重点检查了鸡鹿赛遗址、乌布浪长城，对辽上京一期防洪、中东铁路满洲里段等工程进行了竣工验收。

为大力推进内蒙古长城保护工作，自治区文物局组织开展了《内蒙古自治区长城保护总体规划编制（扩展项目）》。实施乌兰察布化德县金界壕、包头昆都仑区赵长城、巴彦淖尔磴口县鸡鹿塞遗址保护工程，上报一批长城保护项目。开展全区长城保护调研，进一步摸清了长城保护工作现状及存在的问题。举办全区长城“四有”培训班，全区长城保护水平和长城“四有”建设取得了显著提高。自治区政府公布了内蒙古长城保护范围和建设控制地带，对全面加强内蒙古境内长城保护工作具有重要意义。

（四）世界文化遗产

辽上京与祖陵遗址申遗工作。成立专项推进工作领导小组，启动申遗文本编制工作。开展考古发掘工作，进一步确认了辽上京宫城的形制结构和皇城的东向轴线等，推进对辽上京遗址布局和沿革的研究。实施文物保护展示工程，实施辽上京乾德门遗址保护和展示工程，完成辽祖陵太祖记功碑栈道工程、辽上京遗址博物馆续建工程。完善遗址周边排水管网建设，解决了城区污水对皇城污染问题，实施辽上京遗址周边棚户区改造工程。完成契丹辽文化博物馆立项，在赤峰市筹建我国第一座专题契丹辽文化博物馆。中国社科院考古所依托辽上京遗址的契丹辽文化考古研究基地正式挂牌。

万里茶道内蒙古段申遗工作。为全面准确掌握自治区茶叶之路的分布线路、自然人文环境、相关遗存的保护和管理现状，在完成野外调查的基础上编辑了调查报告。组织开展对二连浩特伊林驿站的考古发掘，获得一批与“万里茶道”有关的重要文物和新成果。向文本制作单位中国建筑设计院有限公司提供申遗文本资料。在二连浩特组织承办了八省区万里茶道申遗工作推进会，总结近两年万里茶道申遗工作，明确下一步申遗工作任务和目标以及技术路线，交流近年来的丰硕学术研究成果。组织拍摄万里茶道内蒙古段专题纪录片。开展万里茶道八省区联合展览工作。完成万里茶道东线、西线的野外调查，发现了大量茶道建筑和驼道古道遗存。

红山文化遗址申遗工作。编制完成《红山遗址群文物保护规划》《魏家窝铺遗址文物保护规划》，上报国家文物局。

【考古发掘】

（一）概括

2017年，自治区考古研究所完成了丰镇市头道沟水库新建工程区域、锡林郭勒盟苏尼特右旗图门古城、呼和浩特市赛罕区通航机场项目预选址、包银高速铁路沿线、额济纳旗大同城等多项考古调查工作。对东洋河—黄旗海段秦汉长城进行了复查，新确认长城墙体2段，长城沿线调查障城7座、烽燧23座；5月，对自治区中南部地区的北魏遗存进行了调查，在乌兰察布市凉城县、卓资县境内新发现和调查北魏烽戍遗存11座；10～11月，在呼和浩特市武川县、乌兰察布市兴和县、察哈尔右翼后旗、察哈尔右翼中旗等旗县境内新调查北魏烽戍遗存近30座。

（二）重要考古项目

1．辽上京遗址考古发掘项目

2017年，中国社会科学院考古研究所内蒙古二队和内蒙古文物考古研究所对辽上京宫城内的两座大型建筑基址进行考古发掘，取得了重要的收获。

2．中蒙联合考古项目

7～10月，内蒙古自治区文物考古研究所与蒙古国游牧文化研究国际学院组成联合考古队，继续实施“蒙古国境内古代游牧民族文化遗存考古调查及发掘研究”项目。主要对塔米尔河流域、鄂尔浑河流域、克鲁伦河流域、巴彦洪格尔省、中戈壁省燕然山铭进行了考古调查。其中对塔米尔河流域的调查为区域性调查，调查各类遗址200余处。对后杭爱省乌给淖尔苏木和日木塔拉古城进行了发掘，发掘面积约1500平方米。全面揭露中城中心台基与左前方小台基以及二者之间的红土连接道。中心土台边长约37米、高2.85米，边缘有两圈柱洞，其中外圈有36个直径约1米的大型圆形柱洞。根据出土遗物及层位学分析，该城址建于匈奴时期。对匈奴古城中心台基的发掘在蒙古国考古学史上尚属首次。

3．“河套地区史前聚落与社会研究”考古项目

自治区文物局为配合国家文物局“十三五”期间重大考古项目“河套地区史前聚落与社会研究”课题的开展，组织内蒙古自治区文物考古研究所、鄂尔多斯市和呼和浩特市文物部门对清水河县岔河口遗址的南门址、东门址，沙日塔拉遗址，准格尔旗永胜壕乡城塔社古城及周边区域进行了调查和发掘，形成初步调查报告。

【博物馆与可移动文物保护】

（一）博物馆

1．博物馆建设

截至2017年年底，内蒙古自治区有185家博物馆、纪念馆进入国家文物局全国博物馆名录，逐步形成了具有民族特征和地域特点的特色博物馆体系，年均举办陈列展览600余个、教育活动1000余次，参观人数2000多万人次。

为加强对博物馆陈列展览的审核与管理，自治区文物局印发《关于加强对全区博物

馆、纪念馆、展览馆陈列展览审核工作的通知》，并委托内蒙古博物馆学会对包头市博物馆、呼伦贝尔民族博物院、通辽市博物馆、乌海市博物馆、阿拉善博物馆等单位的陈列展览大纲进行评审。协助自治区党委宣传部对内蒙古博物院、兴安盟“一馆三址”、鄂尔多斯城川纪念馆等革命题材展览大纲进行论证审查。根据《自治区党委办公厅关于印发〈党委（党组）意识形态工作责任制实施细则〉的通知》等文件要求，结合自治区博物馆建设实际，制定《全区博物馆领域落实意识形态责任制的管理规定（试行）》，采取盟市自查和自治区文物局抽查的方式，在全区开展了博物馆、纪念馆意识形态问题专项检查工作。各盟市共自查博物馆、纪念馆212家，自治区文物局联合自治区党委党史办抽查博物馆、纪念馆31家，针对存在的问题逐馆逐条下达整改通知书，由盟市监督整改。

2．重要陈列展览

内蒙古博物院在荷兰举办了“成吉思汗——蒙古民族历史文化展”“中国内蒙古辽代文物精品展”。阿拉善博物馆引进了“钱币行天下·千年万里阿博来——‘一带一路’丝路古国钱币展”“鲁迅的读书生活展”“祁国鸿绘画展”“海纳百川——周恩来与党外朋友”“纵横万里　跨越千年——丝绸之路的璀璨文明”5个展览。阿拉善博物馆主办的“阿拉善蒙古族民族民俗文物精品展”，甄选馆藏精品文物182件/套，先后在广东佛山市、江门市、浮云市、汕头市、阳江市、中山市和河源市展出。内蒙古包头博物馆主办的“塞外风情　草原古韵——内蒙古包头博物馆馆藏文物精品展”先后赴安徽铜陵、上海嘉定、江苏江阴和安徽黄山、阜阳展出。呼伦贝尔民族博物院主办的“中国北方游猎民族珍贵历史影像图片展”“往日时光——中国北方游猎民族珍贵历史影像暨扎赉诺尔历史发展图片展”“散落在草原上的珍珠——蒙古民族文物精品展”“五彩呼伦贝尔——鄂伦春、鄂温克、达斡尔民族民俗风情展”“散落在草原上的珍珠——蒙古民族文物精品展”分别在黑龙江省民族博物馆、扎赉诺尔博物馆、山西晋祠博物馆、大唐西市博物馆、新疆昌吉州博物馆展出，此外还引进了“盏韵天成——寻味千年造盏工艺展”“回乡漫步——宁夏回族民俗文物展”“艺术与信仰——甘肃河西水陆画展”“丹青遗韵、妙手生花——北方草原古代壁画艺术精品展”4个外展。

为迎接内蒙古自治区成立70周年庆典，展示自治区70年来文化建设取得的突出成就，内蒙古博物院对基本陈列进行了提升改造，包括“远古世界”“文明曙光”“边关岁月”“大辽契丹”“天骄蒙古”“草原丰碑”“北疆桦歌”7个基本陈列展览和“石破天惊”1个临时展览。

（二）可移动文物保护

1．可移动文物保护科研基地建设

依托中国丝绸博物馆纺织品文物保护国家文物局重点科研基地成熟的管理机制、运行模式，较高的科研水平、技术实力，6月30日，纺织品文物保护国家文物局重点科研基地内蒙古工作站在内蒙古博物院挂牌。

2．可移动文物保护技术、方法及应用

内蒙古壁画保护中心历时半年，对赤峰市博物馆馆藏塔子山辽墓、砂子山元墓壁画进行了更换失效支撑体、壁画表面清洗加固、错位拼接、表面填补、霉菌清除等保护修复工作，极大地延长了壁画的寿命。

内蒙古博物院文物保护中心、日本冢山大学和内蒙古自治区文物考古研究所联合开展琉璃器保护修复项目，修复辽代萧氏贵妃墓葬出土蓝色琉璃器1件。

（三）第一次全国可移动文物普查

圆满完成自治区第一次全国可移动文物普查任务，向国家文物局报送了《内蒙古自治区第一次全国可移动文物普查工作报告》《内蒙古自治区第一次全国可移动文物普查验收报告》。全区共登录馆藏文物1125464件/套（1506421件），其中珍贵文物15916件/套（一级文物2152件/套、二级文物5397件/套、三级文物8367件/套）。国家文物局于3月28日对普查数据和验收结论进行了确认。在完成普查任务的基础上，新确定珍贵文物3284 件/套，其中一级文物189件/套、二级文物651件/套、三级文物2444件/套。

自治区文物局委托内蒙古博物院对全区可移动文物普查后的文物电子账目进行整理、完善与核对，形成148578条数据。完成国家文物局“内蒙古自治区普查钱币类文物专项调查项目”报告。清查了一级文物账目数量，并撰写提交了自查报告。

【文博教育与培训】

举办全区文物保护项目培训班。部署了尚未核定公布为文物保护单位的不可移动文物保护管理工作，讲解了2017年文物项目审批要求，布置了全国重点文物保护单位专项资金申报工作。

举办全区文物保护及长城“四有”培训班。邀请中国文化遗产研究院、北京建筑大学、内蒙古大学、内蒙古博物院和自治区文物保护中心多位专家学者和相关领导，讲授了文物保护相关政策和文物保护技术运用，介绍了全国重点文物保护单位“四有”档案建设，解读了长城“四有”工作指导意见，分析了长城“四有”工作中存在的问题和解决建议，介绍了内蒙古长城保护规划编制情况。学习了部分先进地区的工作经验。

9月5～7日，举办全区第一次全国可移动文物普查信息平台（二期）培训班。来自全区各盟市的相关工作者134人参加了培训。

【文博宣传与出版】

5月18日，2017年国际博物馆日内蒙古自治区主会场活动在乌兰夫纪念馆举办。

6月10日，中国首个文化和自然遗产日主场活动在内蒙古展览馆举办，以“文化遗产和一带一路”“非遗保护——传承发展的生动实践”为主题，集中展示了文物保护和非遗保护的重大成果。

9月6日，草原文化遗产日活动在内蒙古博物院举办，同时推出全区第一次可移动文物普查成果展。

《草原文物》被内蒙古自治区社会科学期刊协作会列入自治区优秀期刊。由内蒙古自治区文物局主办的《内蒙古文物》期刊编辑出版6期。

【其他】

1月21日，内蒙古自治区人民政府在呼和浩特新城宾馆召开了2017年全区文化（文物）工作会议。全区各盟市分管副盟市长、文化（文物）局长，文化厅机关和直属单位副处以上干部，以及自治区各有关委办厅局负责同志共180余人参会。

为贯彻落实全国文物安全电视电话会议，进一步推进全区文物安全工作，自治区人民政府于9月14日下午召开了全区文物安全工作暨第一次全国可移动文物普查工作电视电话会议，全区盟市、旗县有关单位和人员参加了会议，会上表彰了59名先进集体和159名先进个人。

辽宁省

【概述】

2017年，在辽宁省委、省政府的正确领导下，在国家文物局的大力支持下，辽宁省文物局按照辽宁省文化厅党组的决策部署，按照构建社会主义核心价值观体系，全面落实党的十八届六中全会和党的十九大精神，落实《国务院关于进一步加强文物工作的指导意见》，严格贯彻执行《中华人民共和国文物保护法》，坚持文物工作方针，紧紧围绕文物保护和有效利用，群策群力，扎实推进，各项工作均取得了显著成绩，为构建和谐辽宁、文化辽宁做出了积极贡献。

【法规建设】

落实《国务院关于进一步加强文物工作的指导意见》，省文物局起草了《辽宁省人民政府关于进一步加强文物工作的实施意见》，提请省政府正式印发。

省政府将《辽宁省重大文物安全事故行政责任追究规定》纳入2017立法计划预备项目，年内起草工作进展顺利。

【执法督察与安全保卫】

加大文物安全和执法巡查督察力度。进一步推动落实市县文物执法巡查主体责任，落实文物安全责任制度，加强文物安全和执法巡查日常监管。文物安全和执法巡查有序开展，全年检查巡查文物保护单位400余处。

推进文物法人违法专项整治活动。全省各地对近年来发现查处的积案、新近发生的案件进行集中排查筛选，共查处文物法人违法案件9起（其中国保3起、省保2起、市县保4起），整改到位1起，4起案件被列为省级重点督办案件。

5月起，在全省开展文物安全状况大排查专项行动。初步梳理发现文物安全隐患157个，其中，立行立改制定责任清单101个，突出安全隐患问题制定整改方案56个。在各市自查的基础上，省文物局组织开展省级文物安全督察，组成4个督察组到全省各地开展督察工作。

根据国家文物局2016年长城执法专项督察反馈意见，对照存在的问题，进行全面整改。制定责任清单和整改措施、认真组织长城执法专项督察反馈问题整改措施的落实。

与省公安厅联合印发了《辽宁省公安厅、辽宁省文化厅关于建立打击和预防文物犯罪联席会议制度的通知》，在全省范围内建立起打击和防范文物犯罪的联合长效机制。按照《国务院办公厅关于进一步加强文物安全工作的实施意见》的部署和要求，配合省公安厅开展打击文物犯罪专项行动。与省工商局联合印发了《辽宁省文物流通市场专项整顿行动方案》，配合省工商局开展文物流通市场清理整顿专项行动。

【不可移动文物的保护和管理】

（一）概况

2017年，辽宁省共有全国重点文物保护单位128处，省级文物保护单位472处。扎实推进全国重点文物保护单位及省级文物保护单位“四有”工作；开展全省省级以上文物保护单位保护范围和建设控制地带矢量化数据转换工作；梳理了近5年内实施的110余处古遗址、古墓葬、古建筑和近现代优秀建筑的文物本体保护工程，建立了动态管理名单，采取逐项结项制度；组织完成了多项文物保护工程方案的论证；推进盖州古城改造中的文物保护与展示工作；组织专家对部分文物保护工程进行了检查和工作指导。

（二）全国重点文物保护单位

完成了第一至第五批全国重点文物保护单位记录档案编制的资料采集工作。梳理既有工程档案，重点对2008～2010年的工程档案进行归档。完成了第七批全国重点文物保护单位保护范围和建设控制地带划定工作，经由省政府核定公布。

组织上报了沈阳故宫大政殿组群台明修缮工程、龙泉寺修缮工程、大黑山山城东墙局部修缮工程、旅顺监狱旧址监狱医务系统和绞刑场维修工程等27个全国重点文物保护单位保护维修项目。实施了城子山山城西墙及水门抢险、广宁城墙西墙南段修缮等20余项文物保护工程。核准了大连大和旅馆、清福陵、旅顺监狱旧址、沈阳故宫大政殿组群台明修缮等全国重点文物保护单位保护工程方案。核准了赫甸城城址东城墙、北城墙修缮工程和大茂堡长城东墙、南墙抢险加固工程等长城相关方案。

（三）世界文化遗产

目前，辽宁省有世界文化遗产地6处（九门口长城、沈阳故宫、清永陵、清福陵、清昭陵、五女山山城），列入世界文化遗产预备名单项目3处（义县奉国寺大雄殿、牛河梁遗址、兴城城墙）。根据国家申遗工作计划，稳步推进红山文化遗址及兴城古城申遗进程。

实施了沈阳故宫彩画工程、五女山山城遗址保护性设施建设工程、清永陵四碑楼修缮工程、清昭陵油饰及防雀网工程等一系列项目，辽宁省境内世界文化遗产得到了有效保护。沈阳故宫古建筑变形监测项目是辽宁省实施的第一个遗产监测项目，为遗产地的科学保护提供了新视角和经验。

（四）其他

加强长城保护工作。提请省政府公布了辽宁省第十批文物保护单位（长城类）名单；部署辽宁省长城认定点段划定保护范围和建设控制地带、建立记录档案、树立保护标志碑等工作；启动辽宁省长城认定点段建立长城记录档案工作。根据国家文物局批复意见进一步修改完善《战国（燕秦）长城（辽宁）保护规划》和《长城保护规划——明长城（辽宁段）》。

【考古发掘】

（一）配合基本建设考古工作

完成了辽阳宝镜牵引站220千伏供电工程、鞍山西桓（台安）220千伏输变电工程、奈曼至营口高速公路阜新至福兴地段、LXB供水内蒙古（赤峰）支线工程、中俄东线天然气管道工程、调兵山燃料乙醇项目、凌源市蔬菜大棚及肉驴养殖项目等7项大中型基本建设项目的考古调查工作，调查里程约1500千米，面积约1400万平方米。

完成了辽阳东京城周边及重点地块、喇嘛洞墓地和冯素弗墓地建控地带、桓仁五女山高句丽城址生态园和停车场、西丰城子山山城水门及城墙、北票黑城子城址保护性建设工程等8项考古勘探工作，勘探总面积约50万平方米。

开展了高林台城址、青山水库苏屯后山遗址、开原老城南关明代墓葬、凌源邱杖子遗址等项目的考古发掘工作，发掘面积2100平方米，不仅较好地保护了地下文物遗存，也有力地支持了地方经济建设。

（二）主动科研考古工作

半拉山红山文化墓地被评为中国社会科学院考古学论坛“2016年中国考古新发现”，这是辽宁省独立主持的考古发掘项目首次获得该项荣誉。

大凌河中上游地区红山文化遗存考古五年计划正式启动，辽宁省文物考古研究所完成了喀左地区和建平南部地区考古调查工作，调查面积约1000平方千米，发现红山文化遗址130余处，为研究大凌河上游红山文化聚落布局、文化内涵奠定了基础。开展凌源下台子遗址考古勘探及发掘工作，勘探面积5万平方米，发掘面积500平方米，出土了数量较多的细石器以及带“之”字纹的陶片等遗物，确认该遗址为一处典型的红山文化遗址。牛河梁第一地点2号建筑址的发掘工作取得了阶段性成果，清理出一组建筑基址，建筑址东墙和南墙走向清晰，其上发现大量的筒形器及塔形器残片，为进一步探讨牛河梁遗址第一地点的性质提供了重要线索。

辽宁省文物考古研究所持续开展了医巫闾山辽代重要遗迹考古工作。其中，新立辽代建筑遗址揭露出一组由主殿、左右廊庑和殿门组成的相对完整的院落建筑（J1）。主殿平面为长方形，面朝东南，可以分为大殿和月台两部分，台基四周包砖。根据建筑形制、建筑规模和出土遗物分析，该建筑基址应是医巫闾山辽代帝陵区内一处重要的陵寝建筑，为确定帝陵玄宫位置提供了重要的依据。琉璃寺遗址发掘面积约1000平方米，已发现整体呈“凸”字形的辽代大型建筑基址一座（J2），推测该遗址应为医巫闾山辽代帝陵一处重要的陵前建筑遗址。完成了洪家街四号墓及小河北一、二号墓发掘，出土壁画、墓志和瓷器等重要遗物，这里应为医巫闾山地区辽代帝陵的重要陪葬墓地。上述重要发现极大地丰富了医巫闾山辽代帝陵的内涵，为帝陵玄宫位置的确定提供了重要的参考坐标，深化了医巫闾山辽代帝陵遗址的布局认识，为下一步深入开展考古和科研工作奠定了基础。

辽宁省文物考古研究所发掘了桓仁小北旺墓地，发掘高句丽早期积石墓9座，中晚期积石石室墓2座，青铜时代石棺墓1座，此外发现祭坛遗址1处，对探讨高句丽民族的形成以及墓葬的发展、演变具有重要意义。

（三）水下考古工作

辽宁省文物考古研究所会同国家文物局水下文化遗产保护中心编制了《辽宁大连庄河海域甲午沉舰遗址2017年度考古调查工作方案》，通过了国家文物局审批，为下一步工作实施奠定了良好基础。开展了绥中海域水下考古调查工作，对相关疑点进行了确认。对兴城市菊花岛海域水下文化遗产进行了调查，确认了三道岗沉船地点，新发现二河口一号沉船遗迹，并对该沉船的基本情况进行了初步调查。结合水下调查工作，基本确定了菊花岛海域明代水师城及储粮场所位置。

【博物馆与可移动文物保护】

（一）博物馆

1．博物馆建设

辽宁省博物馆新馆于2015年5月16日第一期试开馆，2017年9月22日实现第二期试开馆。馆藏文物总量近12万件/套，以辽宁地区考古出土文物和传世历史艺术类文物为主体，分书画、陶瓷、铜器、丝绣、碑志、考古、雕刻、货币、古籍等18个门类，以晋唐宋元书画、宋元明清缂丝刺绣、红山文化玉器、商周窖藏青铜器、辽代陶瓷、古代碑志、明清版画古地图和清末李佐贤《古泉汇》著录的历代货币等最具特色。

2．博物馆间的交流与合作

与西部八省区博物馆联合举办“茶马古道——西部八省区文物联展”，与意大利法恩扎国际陶瓷博物馆联合举办“千年马约里卡——意大利法恩扎国际陶瓷博物馆典藏”，与浙江省博物馆联合举办“笔墨乾坤——黄宾虹书画展”，与西藏博物馆联合举办“最接近天空的宝藏——西藏文物精品展”；与辽宁省图书馆联合举办“藏之名山，传之其人——辽宁省珍贵古籍特展”，与湖北省博物馆联合举办“九连墩的故事——湖北九连墩出土文物展”等。赴浙江省博物馆举办“齐白石绘画精品展”，赴鞍山市博物馆、葫芦岛市博物馆举办“指点江山——毛泽东诗词名家书画精品展”“莹质流光——辽宁省博物馆藏古代铜镜展”。精选馆藏文物参加昆山市侯北人美术馆“百岁增一：侯北人文献展”，北京故宫博物院“赵孟頫书画特展”“千里江山——中国青绿山水画展”，北京画院“中国古代书画研究系列展”，山西博物院“董寿平书画展”，福建博物院“伊秉绶书法绘画展”，广东省博物馆“南北通融——南粤古驿道展览 ”，旅顺博物馆“御览之宝——东北流散清宫书画展”，沈阳故宫博物院“明清山水画精品展”等。

3．重要陈列展览

基本陈列“古代辽宁”展和“中国古代铜镜展”“辽代陶瓷展”“中国古代佛教造像展”“中国历代玺印展”“中国古代货币展”等五个专题展相继开展。“古代辽宁”展以丰富的文物资料、深厚的历史积淀、先进的现代展示手段，系统生动地展示了辽宁地区古代文明起源与发展演变的历史。

重要临时展览有“辽宁省第一次全国可移动文物普查成果展”“金鸡报晓——丁酉新春鸡文物联展”“瑞雪映丹青——中国古代冬景绘画特展”“咫尺江山——中国古代山水画手卷展”“艺术·生活——辽宁省博物馆研发文创作品展”“藏之名山，传之其人——辽宁省珍贵古籍特展”等。

4．博物馆青少年教育

辽宁省博物馆举办第四届“小讲解员培训班”，推出“辽博社教活动春节大礼包”“小脚丫走辽博——小讲解员寒假拓展训练营”“春风十里，不如邀您——辽博乐学堂之《茶马古道》系列教育课程”等大型系列活动，围绕中国传统节日开展特色教育课程。

（二）可移动文物保护

1．概况

辽宁省博物馆馆藏可移动文物116313件/套，其中，一级文物891件/套，二级文物5052件/套，三级文物58551件/套。

2．可移动文物保护科研基地建设

辽宁省博物馆具备国家文物局颁发的可移动文物修复一级、二级资质和可移动文物技术保护设计甲级、乙级资质。现有文物库房区建筑面积10019平方米，包括18个文物库房及文物消毒室、文物摄影室、文物观摩室、文物整理室等配套设施。文物保护工作区建筑面积7456平方米，建设有文物修复室、文物复制室、文物科技保护实验室、专家工作室等。文物库房区和文物保护工作区的操作过程备有详细记录，文物修复建立有文物修复档案，全程记录文物修复的过程。

3．可移动文物保护技术、方法及应用

辽宁省博物馆文物保护中心2017年保护馆藏文物46件/套，修复各类文物262件/套；完成北镇洪家街辽墓M4出土壁画前期揭取与整理工作，制作墓室及壁画的3D影像；完成《馆藏齐白石书画修复保护方案》编写工作并组织实施；协助沈阳市文物考古研究所完成了辽宁省康平张家窑林场10号辽墓出土马具、铁质文物、银丝网络等文物的保护修复方案编写工作。

辽宁省文物考古研究所完成了辽阳南郊街汉墓、辽阳耿庄汉墓、锦州高花汉墓及喇嘛洞墓地等出土文物入库登记工作，新入库文物2200件。编制了《锦州市博物馆藏青铜器保护修复方案》《北镇市文管所藏青铜器保护修复方案》《阜新市博物馆藏青铜器保护修复方案》等3个保护修复方案，并通过了国家文物局审批。北票喇嘛洞三燕墓地出土铁质文物保护修复、建昌东大杖子战国墓地出土青铜器保护修复等4个项目通过了辽宁省文物局验收。实施了五女山山城出土铁质文物保护修复、燕州城山城出土铁质文物保护修复、喀左县博物馆藏青铜器保护修复、凌源市博物馆藏青铜器保护修复等可移动文物保护工程，保护修复可移动文物2563件/套。

【社会文物管理】

2017年完成各类文物鉴定工作89次，鉴定物品10.5万余件/套，确定文物1409件/套；完成涉案文物鉴定43次，鉴定被盗遗址和墓葬10处，鉴定物品2760件/套，确定文物68件/套；完成进出境审核20次，审核物品98109件/套；完成拍卖标的审核25次，审核标的3541件/套。

【科技与信息】

辽宁省博物馆响应国家文物局“互联网+中华文明”行动号召，进一步开展数字化博物馆建设，选取“卷体夔纹蟠龙盖罍”等10件青铜器进行三维动画制作，用于网站、微信、流动展览车等平台展示，已完成文物数据采集工作。

辽宁省博物馆派员参加“云南契丹后裔文化论坛”“新疆出土文献与丝绸之路国际研讨会”“第十二届红山文化国际高峰论坛”“内涵与外延——故宫黄易尺牍研究国际学术研讨会”“《千里江山图》暨青绿山水画国际学术研讨会”等学术会议以及中国博物馆协会各类专委会会议，参会专业人员提交论文并作主旨发言。

【文博宣传与出版】

完成国际博物馆日、文化和自然遗产日主题宣传活动。与《辽宁新闻》《新北方》等栏目及腾讯大辽网联合策划《家事》《博物馆里的继承者》《我们爱在博物馆》系列报道；自媒体平台开展“一方碑志，一段历史”展览专题推送。

辽宁省博物馆参与中央电视台联合故宫博物院和8家中央地方共建国家级博物馆共同推出的《国家宝藏》节目录制。联合中国文物报、辽宁日报、辽沈晚报、辽宁广播电视台、腾讯大辽网等主流媒体，同时利用辽宁省博物馆官方网站、微博、微信等自媒体平台开展系列报道和专题报道。与辽沈晚报合作推出大型策划报道《发现辽宁》，以基本陈列“古代辽宁”展览为依托讲述辽宁故事，社会反响热烈。

辽宁省文物考古研究所与省内主流媒体合作，充分发挥官方网站的宣传和辐射作用，全面宣传辽宁省考古成果，取得了良好的社会反响。

完成流动博物馆基本建设，全面深入开展流动文化服务，2017年依托流动博物馆宣展车开展16次流动文化服务。

辽宁省博物馆完成《辽金史论集》第十五辑，《辽金历史与考古》第七辑、第八辑的出版工作；完成《辽宁省博物馆馆刊（2016）》的编辑工作。辽宁省文物考古研究所《永陵南城址》考古发掘报告和《辽西地区东晋十六国时期都城文化研究》论文集出版。

【机构及人员】

2017年辽宁省共有文物机构132个，均为事业单位，总数比2016年减少2个。文物机构中文物保护管理机构60个（比2016年减少1个）、博物馆65个、文物科研机构4个、文物商店2个（比2016年减少1个）、其他文物机构1个。从业人员3651人，比2016年增加100人。专业技术人员中，高级职称324人，中级职称798人。

2017年，辽宁省博物馆接收辽宁省文物保护中心整建制转入18人，全馆人员编制为156人。

【对外交流与合作】

辽宁省博物馆与意大利法恩扎国际陶瓷博物馆联合举办了“千年马约里卡——意大利法恩扎国际陶瓷博物馆典藏”，将马约里卡工艺从产生、传承、创新到发展的历史演变轨迹完整地展现在观众眼前。配合中国文物交流中心，完成“汉字的历史与美学”巡展，先后赴东京富士美术馆、京都市美术馆、新潟县立近代美术馆、宫城县东北历史博物馆、群马县高崎市美术馆展出；配合辽宁省外事侨务办公室港澳处完成“‘香港回归祖国二十周年——同心创前路·掌握新机遇’成就展”；配合辽宁省外事侨务办公室和辽宁省文化厅，积极推进与友好省——法国滨海夏朗德省政府的文化交流项目，计划于2019年举办“辽宁历史与文化”展；与英国维多利亚与阿尔伯特博物馆初步达成参与“汉英双语中国传统图像主题词及数据库”建设科研项目。

辽宁省文物考古研究所与美国匹兹堡大学、夏威夷大学以及中国人民大学合作，开展了“红山文化社区与分期研究”年度野外调查工作；与日本奈良文化财研究所合作开展的“三燕文化出土遗物研究”获国家文物局批准，并与日方签署了正式合作协议，4名学者赴日本进行了学术演讲和交流，日本学者5人来所进行了交流工作；与韩国蔚山文化财研究院开展了年度合作项目，6名学者赴韩国进行了学术演讲和交流，韩方学者两次来所进行金属文物保护交流及学术交流。

沈阳“九·一八”历史博物馆在美国旧金山和波士顿两地分别举办了“无声之营——沈阳二战盟军战俘营史实陈列展”“铭记历史、珍爱和平——勿忘‘九·一八’”两场大型展览。

吉林省

【概述】

2017年，吉林省文物系统深入贯彻落实习近平总书记关于文物工作重要指示批示精神，贯彻落实《国务院关于进一步加强文物工作的指导意见》和吉林省政府办公厅《关于进一步加强文物工作的实施意见》，进一步加强文物保护力度，推进合理适度利用，各项工作取得新进展。

【法规建设】

4月17日，吉林省政府办公厅印发了《关于进一步加强文物工作的实施意见》。

【执法督察与安全保卫】

加强文物行政违法案件执法督察工作，坚决遏制法人违法现象。继续开展法人违法三年专项整治行动，结合全省文物遗址的特点，重点加强了对因修建高速公路、铁路、架设高压线路、农田改造等基本建设施工破坏田野遗址类案件的督办力度。2017年共查办13起文物违法案件，追责8人。重点督办了通榆县孙家堡遗址违法破坏案、长春市伪满洲国军事部旧址擅自修缮案、汪清县河北古城遗址违法建设案。重点查处涉及长城的违法案件。

开展长城保护执法专项督察。按照《长城执法巡查办法》，省文物局加大了对各地的督察指导力度。9月，省文物局联合省文物执法总队组成督察组，以查阅资料、实地检查方式，重点检查了长城“四有”建设、保护员经费落实、地方政府责任落实等内容。12月8日，国家文物局下发了长城执法督察“回头看”情况通报，吉林省综合得分97分，排名第一。

为进一步提高全省文物行政执法案件的办案质量，省文物局组织省内文物行政执法机构参加“2017年度文物行政执法指导性案例评比活动”。其中“国家电网吉林长春市双阳区供电有限公司擅自在全国重点文物保护单位五家子遗址保护范围内进行建设工程案例”被评为“2017年度文物行政执法指导性案例”。

配合公安部门开展为期三个月的打击文物犯罪专项行动，梳理了1949年以来吉林省被盗未被追回及丢失至今未能找到的文物信息，其中4条信息被录入“中国被盗（丢失）文物信息发布平台”。联合工商部门开展文物流通市场专项整顿，严厉打击非法经营文物行为，提高全社会守法经营、合法收藏意识，进一步落实文物安全监管责任，封堵了非法文物销售渠道，维护了文物市场秩序。

根据国家文物局的要求，4～9月组织开展了全省文物安全大排查行动。发现隐患271处，其中立行立改的安全隐患119处。对不能立即整改到位的152处突出问题，各地分批、分类制定了相应的整改措施，明确整改责任和整改时限。国家文物局督察组对长春市、集安市大排查行动进行了督察，对吉林省落实情况和效果给予好评。

积极向国家文物局申报文物“三防”项目补助资金。指导伪满皇宫博物院等7家单位编制了10个项目的预概算文本、资金申报书、绩效目标申报表，经国家文物局、财政部的第三方机构评审通过，财政部拨付吉林省2017年安防消防防雷资金2224万元，有效提升了全省文物安全防范水平。

【不可移动文物的保护和管理】

（一）概况

加强文物保护基础工作。进一步完善“四有”建设，重点安排全省34处全国重点文物保护单位和281处省级文物保护单位的文物保护标志碑和保护界桩设立工作。完成全省长城遗址121处保护标志牌和1149处界桩的设立。成立吉林省长城保护领导小组，督促各地建立长城保护奖励制度和责任追究制度。与吉林省住房和城乡建设厅共同开展了全省历史文化街区和历史建筑的普查工作，进一步摸清了历史建筑家底。

（二）考古遗址公园

积极推动考古遗址公园建设，全面加强文物遗址保护利用工作。与延边州共同召开了磨盘村山城保护利用工作专题会议，积极推动了磨盘村山城国家考古遗址公园立项工作，成功列入第三批国家考古遗址公园立项名单。组织开展省级考古遗址公园评选工作，龙首山山城、二龙湖古城、苏密城、城四家子城址4处遗址获评。开展集安高句丽国家考古遗址公园的评估检查工作，通过国家文物局检查验收。

（三）文物保护工程

完成中东铁路总体规划（吉林段）编制及初审工作并上报国家文物局审批；启动吉林省抗联遗迹三年保护计划，并规划了一批抗联文物保护项目；完成伪满皇宫同德殿、缉熙楼旧址、伪满洲国国务院旧址司法部旧址、民生部旧址等6处伪满皇宫及日伪军政机构旧址本体修缮工程的竣工预验收工作；完成吉林天主教堂、乌拉街清代建筑群、辉发城址、苏密城和城四家子城址等9处全国重点文物保护单位本体保护工程。

加强文物保护工程中的绩效管理，对全省22处重要文物保护项目进行督导，促进工程项目规范科学有序开展。

（四）世界文化遗产

完成丸都山城本体保护工程、五盔坟4号墓及三室墓防渗保护工程的竣工预验收工作；完成高句丽王城、王陵及贵族墓葬保护展示工程（一期），洞沟古墓群山城下墓地墓葬本体保护与排水工程，世界文化遗产监测预警系统建设项目及壁画墓修缮与微环境微生物监测工程等项目的阶段性检查工作，提升了集安高句丽世界文化遗产展示利用水平。

（五）其他

加强长白山神庙遗址的保护工作。协调吉林省财政厅，落实省级保护专项资金，用于长白山神庙遗址保护前期工作。委托中国文化遗产研究院组成专家团队，启动编制长白山神庙遗址专项保护规划。

完成春捺钵遗址群保护规划初审并通过国家文物局审核，为春捺钵遗址群保护利用工作夯实了基础。

积极推动文物遗址开放，在第二届中国国际冰雪旅游产业博览会期间组织70处遗址保护单位对外开放，接待中外游客近10万人次。

【考古发掘】

（一）概况

通过航测、遥感技术结合区域考古调查方法，在集安市霸王朝山城周边发现49个遗址点，颠覆了以往学界对高句丽只见山城和墓葬，几乎不见居住址的认识，对高句丽研究的深化具有重要学术意义。五台山遗址、东团山遗址、古城村寺庙址、磨盘村山城也分别在左家山文化、汉代夫余国王城、渤海佛教遗存、东夏南京研究学术领域取得了重要收获，引起了东北亚学界的广泛关注。

2017年开展配合基建考古项目超过130项，包括考古调查项目90余项，考古勘探项目19项，考古发掘项目7项。

组织开展全省考古工地检查，提升了考古工作质量。

（二）重要考古项目

长白山神庙遗址位于吉林省安图县二道白河镇。经国家文物局批准，吉林省文物考古研究所、吉林大学边疆考古研究中心于2014～2017年对该遗址进行了连续勘探与发掘，累计发掘面积3498平方米，勘探面积188000平方米，出土各类遗物5000余件，其中2016年出土的玉册确证该遗址为金代皇家修建的长白山神庙遗址。

2017年度实际发掘面积562平方米，揭露了回廊外东南侧的建筑基址（编号JZ4）、南门与院墙东南转角。出土遗物以滴水（檐头板瓦）、瓦当为代表的建筑构件占大宗。瓦当均饰高浮雕兽面纹，滴水纹样包括戳点纹、花瓣纹、叶脉纹等多种类型，还发现陶质兽头、陶质凤鸟等制作精美、保存较完整的建筑构件，大量铁钉以及少量陶片、瓷片、铁器、青铜饰件等。JZ4火炕铺砖面上发现北宋铜钱5枚，延续时间近百年，或为压炕之用。台基东南角外发现疑似玉册残块1件，宽度与厚度均不及2016年度出土的玉册。2017年度发掘结束后，除水井和遗址外窑址，已经大体完成了对城内主要建筑要素的发掘，掌握了建筑组群的布局、主要单体建筑的形制与功能，对遗址内外排水系统的走向也有了一定的了解。

长白山神庙遗址是中原地区以外首次通过考古发掘揭露的国家山祭遗存，不仅是金代历史与考古的重要发现，也是边疆考古和北方民族考古的重大突破。

【博物馆与可移动文物保护】

（一）博物馆

1．博物馆建设

开展博物馆定级评估工作，伪满皇宫博物院由国家二级博物馆晋升为一级博物馆。集安市博物馆申报国家二级博物馆通过省级验收。

吉林省文化厅联合吉林省财政厅、吉林省国土厅等7个厅局下发了《关于促进非国有博物馆发展的意见》。2017年，通过省文化发展专项资金，对5家运行良好的非国有博物馆奖补了250万元。

“吉林印记”乡村博物馆建设工程实施两年来，已建成龙井市智新镇明东村博物馆等14家乡村博物馆。靖宇县三道湖镇东沟村等15个乡村入选2018年乡村博物馆项目。

为突破博物馆文化创意产品开发政策障碍，吉林省政府办公厅转发了《吉林省文化厅、吉林省发展改革委、吉林省财政厅关于推动文化文物单位文化创意产品开发的实施意见》。

2. 重要陈列展览

全省备案博物馆107家，设有基本陈列200余个，全年举办临时展览300余个，开展教育活动1700余次，全年接待观众1030万人次。

吉林省博物院举办“烈火——东北抗联英雄人物专题展”等11个阵地展览，推出“南张北溥”书画特展等4个展览赴陕西、山西等地展出，此外引进“安徽博物院院藏新安画派精品展”等4个展览。吉林省文物考古研究所承办了文化和自然遗产日宣传活动“历史瞬间铸就永恒——回眸吉林省二十年考古成果大型图片展”。

3. 博物馆青少年教育

对博物馆青少年教育活动进行了有益探索，吉林省博物院“奇趣博览大课堂”每年举办50多场亲子活动，吉林市满族博物馆“行走的博物馆”走进全市中小学开展活动40多场，很好地发挥了博物馆的教育功能。

（二）可移动文物保护

吉林省博物馆、纪念馆馆藏珍贵文物24566件/套，其中一级文物592件/套、二级文物4750件/套、三级文物19224件/套。

【科技与信息】

2月，吉林省文物考古研究所启动了“吉林省重要遗址航拍影像及数字化三维数据采集”重要科技考古工作项目，成为全国第一个开展此项工作的省份。“吉林省长城资源数据库暨文化遗产管理、研究、保护公众服务一体化系统平台”也同步实施。

4月，吉林数字博物馆在线服务平台上线运行，在线展示文物400件、优秀展览20个，兼具展览、政务管理、文创开发等多项功能。该项目作为“互联网+中华文明”优秀案例，在全国具有率先示范作用。

【文博教育与培训】

9月，在吉林市举办2017年度吉林省全国重点文物保护单位保护管理机构负责人培训班，聘请公安部一所、吉林省公安厅专家对92名全国重点文物保护单位负责人和部分管理人员进行系统培训。

【文博宣传与出版】

在国际古迹遗址日、国际博物馆日、文化和自然遗产日等重要节点，组织省内媒体开展形式多样的宣传活动。吉林省文物局与吉林省人民广播电台合作录制并审定《长春道台府：结庐在人境，而无车马喧》等28个文化遗产专题宣传视频，展示全省重要遗址，通过吉林省人民广播电台和吉林大喇叭公众号向全省公众播放，社会反响较好。

出版《前郭塔虎城——2000年考古发掘报告》等图书。

【机构及人员】

2017年，吉林省文物机构总数为144个，较2016年增加1个。其中文物行政主管部门6个、文物保护管理机构52个、博物馆76个、文物商店1个、文物科研机构3个、其他文物机构6个。

文物从业人员总数1485人，其中专业技术人员786人，包括正高级职称49人、副高级职称154人、中级职称311人；安全保卫人员222人。按单位性质分，文物行政主管部门28人、文物保护管理机构138人、博物馆1127人、文物商店10人、文物科研机构74人、其他文物机构108人。按隶属关系分，省级193人、地市645人、县市区647人。

【对外交流与合作】

1月，吉林省文物考古研究所与俄罗斯科学院远东分院远东民族历史、考古与民族研究所正式签署了科研合作协议，8月，吉林省文物考古研究所8名学者赴俄罗斯进行考古考察。

【其他】

为切实提高文物工作管理水平，贯彻落实《国务院关于进一步加强文物工作的指导意见》和全国文物工作会议精神，加强吉林省文物保护工作，3月29日，提请吉林省政府召开全省文物工作视频会议，这是吉林省首次以政府名义召开的文物保护工作方面的专题会议。

黑龙江省

【概述】

2017年，黑龙江省文物系统坚持“保护为主，抢救第一，合理利用，加强管理”的文物工作方针，以全面贯彻《国务院进一步加强文物工作的指导意见》为主线，以深入落实《黑龙江省人民政府关于进一步加强文物工作的实施意见》为抓手，以继续推进“文物法人违法案件专项整治行动”为文物安全工作切入点，加强文物保护、传承、展示、利用，强化文物安全管理，配合国家、省重点工作，努力营造文物保护良好环境。

【执法督察与安全保卫】

（一）执法督察

深入推进法人违法案件专项整治行动，赴牡丹江等6地市及所辖县区开展文物安全执法巡查和省内长城实地调研及执法巡查。

接受国家文物局第八督察组文物安全工作实地检查。督察工作结束后，省文化厅（文物局）向省政府报告了督察情况，并向全省下发文件，进一步落实督察组实地督察提出的整改意见。

配合省人大开展执法检查工作。在各地自查的基础上，省人大、省法制办和省文化厅（文物局）组成专项检查组，于9月14～20日，实地检查了伊春市、绥芬河市及哈尔滨市双城区“一法一例”执行情况。重点对三市（区）文物保护“五纳入”、文物违法案件处理、普法宣传等情况进行了检查。

严肃处理文物违法案件。重点督办了绥芬河市、伊春市、齐齐哈尔市等地文物破坏案。直接调查处理或督办了8起涉及文物的违法案件或违规问题。

（二）安全保卫

开展全省文物安全状况大排查行动，指导全省213家文物管理机构完成《省市县文物安全监管情况调查表》和《全国重点文物保护单位安全状况排查表》的网络信息填报。根据国家文物局关于报送《文物安全隐患整改责任清单》要求，组织全省各级文博单位全面排查，235家文博单位上报了立行立改整改责任清单，148家文博单位上报了突出问题整改责任清单。

组织参加全国文物安全电视电话会议。积极与省政府衔接配合，与相关各部门协调沟通，保证了全国文物安全会议电视电话会议顺利召开。

进一步健全文物安全制度建设。制发了《黑龙江省文物安全突发事件应急预案》。与省公安厅建立打击和防范文物犯罪联合长效机制，努力形成文物保护的整体合力。

积极向国家文物局争取三防项目。2017年，国家文物局批准黑龙江省全国重点文物保护单位三防工程项目实施计划4项，分别为卜奎清真寺安防工程、阿城清真寺安防工程、黑龙江省督军署旧址安防工程和消防工程。11月，2018年国家文物保护专项资金下达，涉及卜奎清真寺防雷工程、消防工程，中东铁路建筑群（海林市）消防工程，伪满洲国哈尔滨警察厅旧址安防工程、消防工程，哈尔滨文庙防雷工程、消防工程，总计1289万元。

【不可移动文物的保护和管理】

（一）概况

2017年，黑龙江省不可移动文物保护和管理工作认真遵循文物工作方针和文物保护基本原则，以文物保护项目为牵引，持续提升文物保护单位基础工作。制定了《关于做好文物保护项目申报和绩效管理工作的通知》，提出项目申报最新程序和资金使用绩效管理要求。全年开展国保和省保单位维修、安防、消防、防雷工程及规划编制40项，其中国保单位工程类项目19项，省保单位工程类项目10项，国保和省保保护规划编制项目11项。

（二）大遗址保护

渤海遗址保护相关工作取得实质进展。按国家文物局要求组织开展渤海上京国家考古遗址公园评估验收工作，8月下旬，国家文物局委托专家组完成遗址现场考核。继续推进渤海遗址前期保护工程涉及法律纠纷的处理事宜，经市、县两级法院庭审，已进入庭下调解阶段。开展渤海遗址保护工程账目清理和收尾工作，10月下旬，省文化厅（文物局）组织相关人员赴宁安市开展账目清理交接工作。开展渤海遗址宫城1号门抢险保护工作，自7月20日发生宫城北门1号门东门墩坍塌险情后，积极指导地方开展抢救保护工程。

金上京国家考古遗址公园建设积极推进。配合《金上京会宁府遗址文物保护条例》的起草修订以及对阿城金上京遗址的勘探和部分重要遗址的发掘工作，逐步推进遗址公园各项基础工作。

（三）全国重点文物保护单位

雾虹桥文物保护工作取得阶段性成果。2～6月，组织相关专家对雾虹桥连接桥工程、雾虹桥道里侧桥台西侧墙保护工程、雾虹桥文物本体保护工程设计图进行论证评审，对最终方案出具核准意见。雾虹桥外围工程文物保护工作阶段性任务全部结束，铁路部门拟定于2018年对雾虹桥本体开展文物保护工程。

侵华日军第七三一部队旧址保护工作取得实质进展。涉及13处旧址18个建筑单体的修缮工程于5月陆续开工，截至年底，6处旧址完成本体施工，5处旧址完成主体工程；对细菌实验室及特设监狱遗址保护展示工程二期工程方案进行审核，主体工程已完成三分之一；旧址安防完善工程项目于8月末完工并通过了工程验收；完成国家批复的6处旧址考古发掘工作，对安达野外实验场进行实地调查，组织开展了考古发掘资料和相关报告整理工作。

中东铁路建筑群总体保护规划编制和数据平台建设初步完成。协调沿线地市相关部门，完成数据平台现场测量和总规初稿征求意见工作，经多次审核修改后上报国家文物局审核。中东铁路数据库初步建成并已交付省文化厅（文物局）。

长城保护工作依法推进。按照国家长城保护工作的总体部署，继续实施金界壕遗址甘南段、龙江段5条水冲沟治理工程，修改完善金界壕遗址和牡丹江边墙2处长城保护规划，完成长城保护执法督察“回头看”基层自查和省级督察，并向国家文物局报告了整改落实情况。

【考古发掘】

（一）概况

2017年，黑龙江省开展大遗址考古1项，为哈尔滨市阿城区金上京皇城东建筑址发掘；开展主动性课题考古3项，分别为齐齐哈尔市洪河遗址发掘、饶河县小南山遗址发掘、抚远市亮子油库遗址发掘；配合文物保护项目考古1项，为桦川县瓦里霍吞城址调查与试掘；专题性考古发掘2项，分别为侵华日军第七三一部队特殊武器研制厂遗址发掘、瓦斯储藏室与瓦斯发生室遗址发掘；配合基本建设考古5项，分别为哈尔滨市阿城区山水新城起步区清代墓葬发掘、富裕县小榆树遗址发掘、宁安市江东边墙遗址试掘、穆棱市泉眼河南遗址发掘、穆棱市泉眼河西遗址发掘。

（二）重要考古项目

1．哈尔滨市阿城区金上京皇城东建筑址

金上京城由毗连的南、北二城组成，平面略呈曲尺形，皇城位于南城的偏西部，中部为宫殿区，东西两侧各有建筑址依次分布。2016～2017年发掘区大致位于宫殿区第四殿址以东。5～10月，黑龙江省文物考古研究所对小型建筑址TJ1以东区域进行大面积发掘，揭露面积2500余平方米。

发掘出土遗物以灰瓦、青砖等建筑构件为大宗。通过对关键部位的发掘解剖，了解到作为廊庑址的TJ3、TJ2和TJ4存在叠压关系，东西向和南北向的三条廊庑址大致属于两期修建。

2．齐齐哈尔市洪河遗址

洪河遗址位于齐齐哈尔市富拉尔基区杜尔门沁达斡尔族乡洪河村南约1千米处。为科学界定梁思永先生确立的昂昂溪文化内涵、性质与年代，在2013～2015年基础上，黑龙江省文物考古研究所于2017年继续对洪河遗址进行发掘。6～8月，主要对新石器时期遗存进行全面钻探，钻探面积2万余平方米。8～11月，发掘工作选择连接大环壕与壕内房址相对集中的区域进行，揭露面积750平方米。

洪河遗址2017年考古工作取得了重要的学术成果。一是为嫩江流域新石器晚期至两周时期考古学文化的编年谱系研究提供了新材料。二是通过洪河新石器晚期遗存明确的内涵、性质和年代，厘清了昂昂溪文化的内涵、性质和年代，还原了昂昂溪文化的本来面貌，认定洪河环壕聚落应是“昂昂溪文化”的中心聚落。三是洪河新石器晚期遗存修建的环壕和环壕内的房址规模，表明昂昂溪文化生产力比较发达，私有化程度加大，与周邻聚落的冲突比较激烈，社会组织比较完备。洪河环壕聚落遗址的发现，说明在新石器晚期嫩江中游的社会发展进程可能与中华文明中心区同步，这将改变中国历史的传统认识，改写黑龙江流域的文明史。

3．饶河县小南山遗址

小南山遗址位于黑龙江省双鸭山市饶河县城东南的乌苏里江左岸。6～11月，新发掘面积750平方米，清理墓葬26座，出土各类标本1600余件，其中玉器46件、石制品1000件、复原陶器6件、陶片600件。

此次在小南山遗址发现的早期遗存，在陶器和石器反映的文化面貌上可以填补奥西波夫卡文化和孔东文化之间的空缺，代表了三江平原地区早于新开流文化的一支新的考古学文化，或可命名为“小南山文化”。

4. 抚远市亮子油库遗址

8～10月，黑龙江省文物考古研究所与黑龙江大学考古系联合考古队继续对遗址进行发掘工作，共发现灰坑、墓葬及房址等各类遗迹200多处。出土新石器时代至辽金时期的各类器物小件1000余件，其中数量最多的仍然是石器。

本年度发掘最重要的收获是发现了成排分布的新石器时代房址，这些房址虽然面积小，但数量众多，分布密集，叠压打破关系复杂，可能是长期反复建筑、使用的结果，反映出古人在此频繁活动。根据对当地渔民捕鱼活动的调查，初步判断这些房址大多应是捕鱼季节用于暂居的地窨子。

5. 侵华日军第七三一部队特殊武器研制厂遗址

遗址位于哈尔滨市平房区东北轻合金股份有限责任公司院内，南距细菌实验室及特设监狱遗址约250米、西距北岗焚烧炉遗址约240米。特殊武器研制厂主要功能是研究和制造细菌炸弹和细菌炮弹等进攻型细菌武器，同时是对疫苗、菌苗和血清进行预防性研究和生产的主要场所。

8～10月，黑龙江省文物考古研究所对遗址进行考古发掘，发掘面积1000平方米。主要发掘地点为南栋。对东栋、西栋与北栋分别进行了探沟式发掘。四处建筑相互连接，整体呈“回”字形。

6. 侵华日军第七三一部队瓦斯储藏室与瓦斯发生室遗址

遗址位于侵华日军第七三一部队罪证陈列馆院内，西距侵华日军第七三一部队旧址铁路专用线遗址43米，北距动力班地下回水池遗址35米。遗址东部为瓦斯储藏室，西部为瓦斯发生室，两者相距19米。

3～7月，黑龙江省文物考古研究所对遗址进行考古发掘，发掘面积500平方米。瓦斯储藏室平面呈圆形，为平顶的顶、中、底三层砖混结构建筑，地上一层、地下两层。瓦斯发生室通过基础以及基础之上的墙体的合围，将瓦斯发生室大体分为南、北两部分，南部短、北部长，平面呈“凸”字形。

7. 桦川县瓦里霍吞城址

城址位于桦川县悦来镇万里河村，地处松花江右岸的一个天然矮山上，北临松花江干流，西傍松花江北流江叉一头道河。为配合城址保护规划编制，2016年9月～2017年11月，黑龙江省文物考古研究所对城址进行了调查和试掘。

通过调查，对城墙的建筑结构和建筑年代有了新的认识，对相关遗迹的形制、性质有了初步判断。瓦里霍吞古城是黑龙江省历史上重要的人类活动地点，其地域内人类连续活动的特征决定了它在考古学研究上不可替代的地位，相关研究对建立三江平原地区考古学文化的年代学标尺具有重大意义。

8. 哈尔滨市阿城区山水新城起步区清代墓葬

山水新城起步区是黑龙江省哈尔滨市阿城区南部开发建设区域，位于金上京会宁府遗址保护区中建设控制地带内。6月，为配合山水新城起步区内图书馆（含文化馆）等项目建设，黑龙江省文物考古研究所对墓葬进行了抢救性考古发掘。

此次发现和清理的两座墓葬皆为竖穴土圹墓，从墓葬的形制结构及出土器物特征分析，年代大致为清代晚期。

9. 富裕县小榆树遗址

遗址位于富裕县友谊乡宁年村小榆树屯的东北部。7～8月，为配合尼尔基水利枢纽配套项目黑龙江省引嫩扩建骨干一期工程建设，黑龙江省文物考古研究所对遗址进行考古发掘，发掘面积2300平方米。

该遗址地层简单，仅有两层堆积，出土遗物全部为石制品，以燧石和玛瑙为主要原料。根据地层堆积和器物特征，推测可能为新石器时代早期或旧石器时代末期遗址。小榆树遗址为深入研究松嫩平原新、旧石器时代过渡课题提供了难得的田野资料。

10．宁安市江东边墙遗址

为配合基本建设工作的开展，11月，黑龙江省文物考古研究所对国道鹤大公路宁安镇过境段涉及江东边墙遗址处进行考古勘探工作。拟建项目依傍现有公路，呈东北—西南走向穿越边墙，占用边墙及保护范围长近70米、宽30米，总面积约2100平方米。

在本区域勘探发现夯土遗迹一处，横跨探区东西两侧，表面有较明显的凸起，呈“L”形向东西两侧延伸。夯土为依山势而建、平地起夯，未发现有基槽，由于夯土残留较薄，两侧堆积部分已平整为耕地。本次工作系首次对东边墙遗址进行考古工作，有重要的学术价值。

11．穆棱市泉眼河南遗址

6～11月，为配合穆棱市奋斗水库工程建设，黑龙江省文物考古研究所对遗址进行抢救性考古发掘工作。依据遗存年代、性质与空间分布差异，将该遗址分为Ⅰ、Ⅱ两个发掘区同时开展考古发掘工作。Ⅰ区位于遗址北部较低处的二级阶地前缘，发掘面积1300平方米。共清理房址8座、灰坑18个，出土陶器、石器等文物200余件。Ⅱ区位于遗址南部较高处的二级阶地后缘，北距Ⅰ区约200米，发掘面积900平方米。共清理灰沟1个、灰坑44个，出土及采集石器标本2500余件。

本次发掘是首次在穆棱河上游地区开展大规模、正规的考古工作，填补了这一地区田野考古工作的空白，对于初步构建及完善穆棱河上中游地区考古学文化的编年体系，以及深入开展文化谱系、生业方式、生态环境及人地关系等方面的综合研究具有十分重要的推动作用。

12．穆棱市泉眼河西遗址

6～10月，为配合穆棱市奋斗水库项目建设，黑龙江省文物考古研究所对遗址进行了抢救性发掘。发掘面积近1200平方米。

清理房址3座、水井2口、灰坑78个。遗物以陶器居多，此外还有石器、骨角器、铁器、铜器等。初步判断其年代处于渤海国中晚期。

此次发掘是首次在穆棱河上游开展的考古发掘，为研究渤海国社会发展、族群构成、聚落布局等研究提供了一批翔实的资料。

【博物馆与可移动文物保护】

（一）博物馆

1．博物馆建设

黑龙江省登记的博物馆有225家，其中文化文物部门所属博物馆126家。全省有国家一级博物馆5家、二级博物馆8家、三级博物馆17家。

评审博物馆建设项目16项；指导大庆、七台河等10个市县博物馆开展新建、改扩建、基本陈列工作；组织专家深入国有博物馆和非国有博物馆鉴定馆藏文物1万余件。

组织黑龙江省博物馆、东北烈士纪念馆、黑龙江省民族博物馆开展预防性保护设施建设，得到国家文物局400余万元资金支持。黑河市瑷珲历史陈列馆景区基础设施扩建项目入选国家发改委《全国红色旅游经典景区三期总体建设方案》，获得884万元资金支持。牡丹江市海林市中东铁路博物馆（教堂展馆）获得展陈提升专项资金70万元。

2. 博物馆间的交流与合作

2017年黑龙江省各博物馆馆际交流活跃，扩大了文化交流互鉴。

广州农民运动讲习所纪念馆的“领袖风采　人民公仆——党和国家重要领导人廉政风范”图片展在黑龙江省博物馆展出。立陶宛档案馆和齐齐哈尔市人民政府主办的跨国交流展“齐齐哈尔1902老照片展”在齐齐哈尔市博物馆展出。黑河知青博物馆展出“大兴安岭女子架桥队始末图片展”。黑河旅俄华侨纪念馆在北京中国华侨历史博物馆举办“不忘初心跟党前行——马列主义思想传播与旅俄华侨图片展”。革命领袖视察黑龙江纪念馆“毛泽东家风展”在佳木斯市博物馆展出。东北烈士纪念馆、八路军西安办事处纪念馆在东北烈士纪念馆推出“永远的丰碑——全国八路军办事处史实展”。黑龙江省民族博物馆“多克多尔神韵——杜尔伯特蒙古族历史文化展”在新疆博尔塔拉蒙古自治州博物馆展出，上海纺织博物馆的“枕·梦——中华民族‘枕’文化藏品展”在黑龙江省民族博物馆展出。福建省泉州华侨博物馆与黑河旅俄华侨纪念馆在黑河旅俄华侨纪念馆共同举办“华侨华人与邮票展”。黑龙江省博物馆、甘肃省博物馆与山丹县博物馆共同举办的“艺术与信仰——甘肃河西地区水陆画展”在黑龙江省博物馆展出。

3. 重要陈列展览

组织开展全省博物馆“传历史记忆、展黑土风采”五大主题系列展览活动，重点围绕抗日战争爆发80周年、建军90周年、党的十九大召开等举办专题展览。全省博物馆全年举办原创性展览250余个，观众人数达1600余万人次。

主题系列展览活动包括历史源流系列、红色经典系列、民族风情系列、开发建设系列、俄罗斯元素系列。历史源流系列主要讲述黑龙江历史发展脉络，如黑龙江省博物馆“黑龙江历史基本陈列——以肃慎族系为中心”展览。红色经典系列主要讲述黑龙江抗日战争时期、解放战争时期革命故事，如东北烈士馆举办“红色记忆——革命文物的述说”展览。民族风情系列主要讲述黑龙江世居少数民族的民风民俗，如黑龙江省民族博物馆“黑龙江渔猎民族服饰展”、齐齐哈尔市博物馆“达斡尔族民俗文化风情展”等。开发建设系列主要讲述石油大会战、北大荒开发故事，如大庆铁人王进喜纪念馆“大庆油田展馆珍贵文物故事联展”，北大荒博物馆“披荆斩棘路　热血献荒原——弘扬北大荒精神特展”。俄罗斯元素系列主要讲述中东铁路及其遗留文化，如黑龙江省博物馆“黑龙江俄侨文化文物展”。

为喜迎党的十九大，全面宣传展示党的光辉历程以及党和国家事业发生的历史性变革，由中共黑龙江省委宣传部、黑龙江省文化厅、中共黑龙江省委党史研究室联合主办，中共黑龙江历史纪念馆、东北烈士纪念馆、福建省革命历史纪念馆、革命领袖视察黑龙江纪念馆承办的“壮丽篇章　光辉历程——中国共产党历次全国代表大会图片展”在东北烈士纪念馆开展。

4. 其他

经报文化部、国家文物局备案审核，黑龙江省博物馆、东北烈士纪念馆、黑龙江省民族博物馆、革命领袖视察黑龙江纪念馆被确定为文创产品开发试点。2017年，4个试点单位开发文创产品5大类100多个品种，设立实体经销门店6个。

组织召开博物馆与文创产品研发企业对接会议，制定全省博物馆文化资源梳理和文创产品开发名录。召开黑龙江省文化创意产业协会成立大会，协会吸纳120余家企业。文化创意产业协会筹备成立高校大学生文化创意联盟，以哈尔滨师范大学为文化创意联盟基地，已有20多所大学加入联盟。

黑龙江省民族博物馆和黑龙江大学国学教育学院合作建立大学生国学教育实践基地，举办国学讲座、少年书法班，弘扬中华优秀传统文化。

（二）可移动文物保护

截至2017年年底，黑龙江省国有博物馆、纪念馆馆藏文物610353件，其中珍贵文物83216件（一级文物13398件、二级文物10058件、三级文物59760件），一般文物233149件，未定级文物293988件。

【科技与信息】

7月3日，由黑龙江、吉林、辽宁三省文化厅主办，东北烈士纪念馆承办的东北抗战遗迹联盟2017年主题日暨“东北抗战与全国抗战”专题论坛在哈尔滨市举行。来自东北三省各抗战遗址遗迹单位和相关文博单位负责人、专家学者等150余人参加系列活动。

7月23日，黑河旅俄华侨纪念馆承办了“一带一路视野下的留苏俄学生与中国近代变迁和现代化进程”学术研讨会。中国华侨历史学会理事及来自全国各高校和科研机构的专家学者等150余人参加会议。

东北烈士纪念馆完成网站更新改版，新的网站增加了与现代科技发展衔接的VR技术等虚拟互动内容，增强了网站的互动性和体验感。

【文博教育与培训】

依托东北烈士纪念馆成立的黑龙江省博物馆、纪念馆讲解员培训基地完成6期讲解员培训工作。分期分批培训全省135家博物馆纪念馆、500名讲解员。

11月，组织开展齐齐哈尔市片区文物安全执法培训，齐齐哈尔市及所辖十六个县区的文物管理站（所）和文物执法支队（大队）共计50余人参加了培训，进一步提升了文物执法人员业务技能。

12月6～10日，举办全省文物保护法律法规及业务知识培训班，对全省各市、县级文物管理站、所负责同志进行了培训，有效提高了全省文物工作者依法行政管理水平和业务素养。

12月14～18日，全省博物馆藏品管理骨干培训班在哈尔滨市举办，省、市、县（区）综合博物馆藏品保管部负责人计80人参加培训。

【文博宣传与出版】

黑龙江省文博系统充分利用新媒体的传播优势，深入挖掘和系统阐发黑龙江文物的文化价值和历史地位，扩大黑龙江的文化知名度。借国际博物馆日、文化和自然遗产日集中开展宣传展示活动。同时利用电视、报纸等传统媒体和网站、微信平台等新媒体平台展示和传播黑土文化和抗联精神、北大荒精神、大庆精神、铁人精神。

3月18～19日，由黑龙江省民族博物馆和杜尔伯特蒙古族自治县文化广电体育局联合主办、杜尔伯特蒙古族自治县博物馆承办的“传历史记忆、展黑土风采——黑龙江省首届蒙古族沙嘎游艺比赛”在杜尔伯特蒙古族自治县博物馆举行，16个代表队120人参加比赛。此项活动引发了人们对民族民间传统游艺活动的记忆，激发了挖掘弘扬优秀传统文化的热情。《中国文化报》等对活动进行了报道。

5月18日，为庆祝第41个国际博物馆日，由黑龙江省文化厅（文物局）、佳木斯市政府主办，佳木斯市博物馆承办的国际博物馆日主会场活动开幕。

6月10～11日，黑龙江省文化厅（文物局）、哈尔滨市文化广电新闻出版局、道里区人民政府在哈尔滨市防洪纪念塔万达广场联合举办文化和自然遗产日主场城市宣传活动。活动主要内容有文物保护宣传、文物鉴定及非遗项目展示、展演等。为更好地宣传展示黑龙江省非遗项目风采，此次活动从全省286个非遗项目中精选了传统手工技艺、传统美术、传统医药、传统舞蹈、传统音乐和曲艺等类别的60个非遗项目进行现场展示展演，吸引大批中外游客驻足观看。

黑龙江省博物馆主动与传统和新兴媒体联络，在省电视台和《黑龙江日报》《生活报》开辟《龙博典藏》《龙博珍宝》《自然龙博》系列专题。

2017年是东北烈士纪念馆流动展览小分队成立40周年，东北烈士纪念馆举办了“我们的四十年——纪念流动展览小分队成立40周年”系列活动。流动展览小分队深入学校、机关、部队、监狱、戒毒所等社会基层单位开展抗联英烈事迹巡展和“弘扬东北抗联精神”专题报告会。流动展览小分队荣获团省委授予的“青年文明号”称号。

东北烈士纪念馆编写《东北烈士纪念馆文物的述说》，由黑龙江人民出版社出版。瑷珲历史陈列馆编写《瑷珲历史陈列馆馆史简编》《朱付战油画作品集》，由辽宁美术出版社出版。

黑龙江省博物馆出版馆刊《博物馆》4期、《咱们的博物馆》12期。

黑龙江省民族博物馆录制《鄂温克——一个被世界传唱的地方》《赫哲族宣传片》《民族团结进步专题片》3个宣传纪录片，编撰《黑龙江民族博物馆文物图典》，出版《龙江民博》4期、《民族博物馆工作简讯》12期。

【机构及人员】

截至2017年年底，黑龙江省共有文物机构275个，从业人员3212人，其中专业技术人才1457人，包括正高级职称102人、副高级职称291人、中级职称619人。

【其他】

8月18日，黑龙江省文物工作会议在哈尔滨市顺利召开。省发改委等25个省直部门负责同志，各市（地）、省直管市政府分管领导及文广新局、文物管理站（所）主要负责同志，各县（市、区）分管领导及文化部门主要负责同志，五大连池、黑瞎子岛管委会主要负责同志和省直文博单位人员，近400人参加了会议。会后，为了解各地相关工作情况，推动全省文物工作会议精神的贯彻落实，9月4～10日，省文化厅（文物局）成立两个督察组赴哈尔滨市、齐齐哈尔市、牡丹江市、佳木斯市、大庆市、鸡西市、鹤岗市、绥芬河等地进行实地检查，并将贯彻落实情况向省政府进行了专题汇报。

上海市

【概述】

2017年，上海市文博系统积极学习贯彻落实习近平总书记关于文物工作的重要指示批示精神，根据国家文物局和上海市委、市政府的工作部署，从深化改革、完善管理、提升服务、推进创新等方面，推动文博事业全面发展。

【法规建设】

推进《上海市文物市场经营管理办法》修订，完善调研报告及规章草案，已列入上海市政府2018年立法预备项目。

【执法督察与安全保卫】

上海市文博系统积极贯彻《国务院办公厅关于进一步加强文物安全工作的实施意见》，严格落实文物安全保护责任，牢固树立安全意识、责任意识，筑牢文物安全防线。

7月，上海市召开贯彻全国文物安全电视电话会议落实会议，市政府各相关委办局分管领导、各区人民政府分管文物和公安工作的副区长，以及全市各重要文博机构负责人出席会议。

深入开展全市文物安全状况大排查行动。制定本市文物安全状况大排查行动的实施方案，设立由市文物局局长任组长的工作领导小组。认真梳理发现的文物安全隐患，制定整改方案和责任清单。结合文物安全大排查，推进文物建筑消防标准化建设。针对文物藏品安全管理方面的漏洞和薄弱环节，主动召开全市文物和美术藏品安全工作会议进行相关部署。试点文保志愿者制度，加强巡查执法力量。逐级落实文物安全责任制，与各区文化局、文广局签订新修订的《上海市文物安全目标责任书》。

与上海市文化市场行政执法总队继续加强协作，加大对文保单位的执法巡查和消防检查，落实文物安全责任制，实行文物安全事故责任追究制度。

联合市工商局开展文物流通市场专项整顿行动。协助公安部门开展打击文物犯罪专项行动。会同海监部门持续推进海域文化遗产保护巡查和执法工作。

【不可移动文物的保护和管理】

（一）概况

截至2017年年底，上海市有全国重点文物保护单位29处，市级文物保护单位238处，区级文物保护单位423处，文物保护点2745处，不可移动文物共计3435处。

（二）文物保护点核定公布

在第三次全国文物普查的基础上积极推动各区完成文物保护点的核定公布工作，全市不可移动文物均获得法定保护身份，厘清并强化了文物保护点与市优秀历史建筑管理工作的职能分工。黄浦、浦东、奉贤等区新发现并公布了64处具有保护价值的文物保护点。静安、金山、虹口等区将具有较高价值的不可移动文物公布为区级文物保护单位，提升了保护级别。

（三）革命文物保护利用

配合“党的诞生地”宣传发掘工程，以重要革命史迹为重点，加强文物保护。启动编制全市革命史迹保护规划，系统梳理上海的红色历史资源，为全市革命遗址保护工作提供科学管理依据。加强对红色资源的保护利用，做好上海茂名路毛主席旧居、张闻天故居、陈望道故居等重要革命史迹保护修缮工程。

（四）城市历史风貌保护

市规土局、市文物局、市住建委共同起草并提请市政府印发了《关于深化城市有机更新促进历史风貌保护工作的若干意见》的通知，完善上海市历史风貌保护工作机制，建立管理制度。市文物局配合市住建委研究制定并提请市政府印发《关于坚持“留改拆”并举 深化城市有机更新 进一步改善市民群众居住条件的若干意见》的通知，明确在旧改中加强保留保护建筑管理和修缮，同时增补市文物局为市旧区改造工作领导小组成员单位。根据市委市政府对全市历史建筑现状全面摸底的工作要求，由市委办公厅牵头，市住建委、市规土局、市文物局共同参与，按照“应查尽查、真查实查、联查共查”的要求做好上海外环内11个区的历史风貌、历史建筑普查工作，完成《上海外环线内历史风貌、历史建筑调研报告》。

（五）其他

4月18日，由国家文物局指导，中国古籍遗址保护协会、中国文物报社共同主办的第三届全国优秀文物维修工程评选结果揭晓，上海市文物局推荐的四行仓库修缮工程全票获选。

8月10～12日，第二届国际建筑遗产保护与修复博览会在上海展览中心举办。本届建博会以“保护、修复、利用”为主题，展览范围涉及科研成果、保护工程、数字化应用、旅游文创、材料工艺、装备产业、专业媒体等7大领域。

【考古发掘】

4月12日，由国家文物局委托中国文物报社和中国考古学会举办的“2016年度全国十大考古新发现”评选结果揭晓，上海青龙镇遗址入选。这是继2006年普陀志丹苑元代水闸遗址后，上海考古项目再次入选年度“全国十大考古新发现”。

青龙镇遗址考古确证了青龙镇是唐宋时期海上丝绸之路上重要的贸易港口，新发现的隆平寺塔为研究青龙镇的市镇布局提供了重要的线索，隆平寺塔基及其地宫的发现，为研究北宋时期南方软土地基下塔基的建造工艺与地宫舍利瘗埋制度提供了重要的材料。

【博物馆与可移动文物保护】

（一）博物馆

1．博物馆建设

5月1日，世博会博物馆正式对外开放。该馆是国际展览局唯一官方博物馆和官方文献中心，由上海市政府和国际展览局合作共建，具有国际性、唯一性、专题性、可持续性等特点，是国内第一座真正意义上的国际性博物馆。

11月1日，市级文物保护单位——上海跑马总会大楼经过近两年的建设，“转身”为上海市历史博物馆（上海革命历史博物馆），开始内部试运营。

11月8日，上海无线电博物馆正式对外开放。该馆是由上海仪电集团建设，沪上首家以无线电为主要展示内容的国有博物馆。

2．重要陈列展览

7月31日，“忠诚·信仰——贺龙同志生平文物文献展”在中共一大会址纪念馆开幕。展览通过200余件珍贵藏品、图片，追忆中国人民解放军主要创始人之一贺龙同志的光辉人生。

11月，上海鲁迅纪念馆与上海孙中山故居合作举办“共同的岁月——孙中山宋庆龄在莫利爱路寓所图片展”。展现了孙中山和宋庆龄相知相爱、共赴艰难的伟大爱情，以及两人为中国民主革命所做出的杰出贡献。

11月30日，上海博物馆举办“山西博物院藏古代壁画艺术展”。展览遴选了山西博物院珍藏的北朝和宋金元时期代表性壁画12组，大部分为首次公开展出，是迄今为止国内最大古代壁画特展之一。

3．博物馆青少年教育

5月，由上海博物馆牵头的上海市博物馆教育联盟成立，首批有11家博物馆加入。博物馆教育联盟的建立，将有效整合博物馆的教育资源，推动各博物馆合作，促进馆校联动，共创博物馆教育品牌。教育联盟将联合推出针对青少年的博物馆教育活动，做好博物馆教育案例库，进一步推动博物馆教育功能、教育质量的提升。

（二）可移动文物保护

1．概况

截至2017年年底，上海市博物馆藏品总量达204.48万件/套，与2016年相比新增8444件/套。藏品中珍贵文物22.18万件/套，占10.85%。

2．可移动文物保护科研基地建设

国家文物局馆藏文物保存环境重点科研基地（上海博物馆）继续发挥科技创新和行业引领作用。基地受委托，为国内19家博物馆编制馆藏文物预防性保护设计方案；承担国内多家文博单位预防性保护项目的咨询，推广实施各项研究成果；对郑州博物馆、重庆自然博物馆、金沙遗址博物馆等进行多次被动采样检测，对云南博物馆文物库房环境进行检测评估；与机械工业仪器仪表综合技术经济研究所、敦煌研究院合作开展博物馆文物预防性保护装备公共服务平台建设，成立文物保护装备检验检测实验室，对13家企业的50多种监测调控产品进行检验检测，提供检测报告，为编制文物保护装备示范目录提供依据。全年发表研究论文9篇，1项技术专利获得授权。

3．可移动文物保护技术、方法及应用

国家文物局馆藏文物保存环境重点科研基地（上海博物馆）承担的上海市科委科研项目“上海青龙镇遗址出土文物安全保护关键技术研究与应用”于7月获得正式立项，按计划推进5个子课题的各项研究工作。在标准建设方面，上海博物馆承担的《馆藏文物包装材料 无酸纸》文物保护行业标准已颁布实施；《馆藏文物保存环境检测气体扩散采样测定方法 二氧化氮、二氧化硫的测定》《馆藏文物保存环境监测系统监测终端应用要求》等6项文物保护行业标准完成送审稿；《馆藏文物保存环境控制　净化调湿装置》《馆藏文物保存环境监测　挥发性有机化合物（VOC）监测终端》和《博物馆文物保存环境质量　指标与技术要求》3项文物保护行业标准开始研究编制。

【社会文物管理】

2017年共办理文物进出境279批次、6489件，其中临时进境文物3685件，出境文物726件，临时进境复出境文物1763件；文物复仿制品出境46件。全市共举办文物艺术品拍卖会201场，拍卖标的13.14万件。审批新设立拍卖企业5家。

针对文物市场乱象问题，上海市文物局疏导结合，创新治理，在全国率先试点公益性民间文物鉴定活动。3月13日推荐上海文物商店、朵云轩拍卖公司、上海市收藏协会3家单位作为首批公益性民间文物鉴定试点机构，试点期一年。制定《上海市文物鉴定咨询试点单位工作规程》，作为鉴定工作的具体操作依据。

【科技与信息】

12月8～11日，由中国社会科学院、上海市人民政府共同主办，中国社会科学院考古研究所、上海市文物局、中国社会科学院——上海市人民政府上海研究院、上海大学承办的“第三届世界考古论坛·上海”顺利举办。本届论坛的主题为“水与古代文明”，来自全球各大考古机构、院校的150余位专家、学者、研究人员，就水资源、水管理与古代文明发展之间纵横交错的关系进行了深入的交流与研讨。

上海市数字博物馆开通，观众能够通过手机端登录“文化上海”微信公众号，浏览12家博物馆网上虚拟展厅和高清文物展示，了解这些场馆的概况、展览、活动等。

各博物馆、纪念馆开展学术活动66次，上海博物馆的“文物保护修复中的激光清洗技术国际学术研讨会”“空间·图像·思想——山西壁画研究研讨会”“推动社会进步与发展的博物馆志愿者——2017年博物馆志愿者论坛暨中国博物馆协会志愿者工作委员会年会”；中共一大会址纪念馆的“中国共产党与中国梦”学术研讨会；土山湾博物馆的“纪念《几何原本》翻译410周年国际学术研讨会暨第六届上海数学史会议”等。

【文博教育与培训】

8月22～23日，上海市文物局举办2017年度全市文物收藏单位藏品管理培训班，43家文物收藏单位的60名藏品管理专业人员参加了培训。该培训班通过馆藏文物相关法律规范、藏品保管工作实务与操作程序、馆藏文物预防性保护等课程，进一步推广藏品管理相关规范和标准，强化各单位藏品管理人员的责任意识、专业水平和管理能力。

【文博宣传与出版】

国际博物馆日系列活动。为了加深公众对博物馆的了解和认同，使博物馆成为涵养社会主义核心价值观的重要源泉，上海市文广影视局、上海市文物局举办了“中国好故事社区行暨上海市5·18国际博物馆日主会场启动仪式”，并组织全市博物馆开展了一系列活动。组织全市104家博物馆向公众免费开放，开展100场面向社会的免费文化活动，协调博物馆做好相应的配套服务工作，包括讲解服务、便民服务和安全疏导工作，当天全市博物馆共接待观众超过10万人次。

文化和自然遗产日系列活动。举办了“红色摇篮的记忆”——上海革命史迹摄影大展、第二届“上海城市原点历史文化”系列活动、商务印书馆第五印刷所旧址揭牌暨专题展开幕式等主题活动；指导各区组织开展300余项精彩展览展示、专题讲座、主题征文等文化遗产宣传普及活动；协调100处文物建筑向市民免费开放，其中新泰仓库、中国实业银行仓库旧址、商务印书馆第五印刷厂旧址、怡和打包厂、娄塘天主堂等5处文物建筑是首次向公众开放。

举办上海被国务院公布为国家历史文化名城31周年系列纪念活动，展现近年来上海文化遗产的保护成果，充分展示了上海文化遗产的独特魅力，彰显了上海深厚的历史文化底蕴。12月12日，在历经4年半修缮后重新开放的全国重点文物保护单位徐家汇天主堂举办“城市更新·历史建筑保护论坛”，市民可以通过微信预约参与活动。12月成功举办第三届邬达克建筑遗产文化月活动，举办“此处是吾乡”城市记忆与乡愁摄影邀请展览、“留住城市记忆”城市文化遗产保护论坛、上海建筑遗产保护利用案例讲座、“邬达克建筑的装饰语言”分享会等系列活动。

在传统媒体方面，全市共有33家博物馆在中央级媒体发布宣传信息656次，69家博物馆在市级媒体发布宣传信息2864次。在新媒体方面，全市开设网站的博物馆有68家，开通微信、微博公众号的有109家，全年利用新媒体发布信息8672条。新媒体传播已经逐渐成为博物馆宣传推广的主要途径。

【机构及人员】

上海市文化广播影视管理局（上海市文物局）所属7家机构，包括文物保护管理及科研机构1家：上海市文物保护研究中心；博物馆5家：中共一大会址纪念馆、上海博物馆、上海市历史博物馆（上海革命历史博物馆）、上海鲁迅纪念馆、上海世博会博物馆；文物商店1家：上海文物商店。

上海市文化广播影视局（上海市文物局）下属文博类事业单位在编人员共622人，其中专业技术人员504人。专业技术人员中有高级职称的87人、中级职称的185人。

【对外交流与合作】

6月2日～9月3日，上海博物馆与匈牙利国家博物馆联合举办“茜茜公主与匈牙利：17～19世纪匈牙利贵族生活”展览。展览展出149件/套展品，从政治、服饰、生活、武器和宗教方面展现了哈布斯堡王朝治下的匈牙利贵族生活百态。

6月28日～10月8日，上海博物馆和英国大英博物馆联合举办“大英博物馆百物展：浓缩的世界史”特展。101件珍贵展品向观众展示了各个文化独立发展过程中的相似进程，以及这些文化发展到一定程度后相互间产生的联系和冲突，更新了观众对“全球化”的认识。

江苏省

【概述】

2017年，全省文物系统坚持以党的十八大和十八届历次全会精神为指导，深入贯彻党的十九大精神、习近平总书记系列重要讲话精神和《国务院关于进一步加强文物工作的指导意见》，在江苏省委、省政府的正确领导下，在国家文物局的大力支持和指导下，扎实开展各项工作，较好地完成了各项任务。

【执法督察与安全保卫】

6月27～30日，江苏省文物局组织督察组分赴各设区市、省管县对全省文物安全状况大排查行动进行专项督察。督察组重点督察了地方各级党委、政府履行文物安全保护主体责任情况，地方文物部门文物保护监督和制度建设情况、安全执法队伍建设情况；现场检查了各级各类文物单位文物安全应急预案及事故处置情况，文物安全防护设施设备情况；实地排查了各级各类文物单位存在的部分安全隐患和管理漏洞。

9月7～8日，国家文物局督察组到江苏督察文物安全状况大排查工作，并赴南京市、徐州市进行了实地抽查。

12月18日，江苏省文物局选送的南京市玄武湖管理处擅自在全国重点文物保护单位南京城墙（武庙闸段）保护范围内进行建设工程案、无锡市滨湖区新顺拆房有限公司擅自拆除不可移动文物原敦睦中学旧址案等两起擅自破坏文物的法人违法案件入选“2017年度文物行政执法指导性案例”。

【不可移动文物的保护和管理】

（一）概况

积极推动大运河文化带建设，加强世界文化遗产管理和申报工作，完成各世界遗产地管理评估和大运河保护管理报告。省政府批准并公布第七批省级以上文物保护单位两线方案，同意南京市一至三批省级以上文物保护单位两线调整，启动第八批省级文物保护单位申报工作。印发《关于进一步加强文物保护工程管理的通知》，继续实施2017年红色遗产、名人故居维修保护和展示提升工程。公布实施《江苏省传统村落保护办法》，公布第八批江苏省历史文化名镇6个、江苏省历史文化名村5个。

（二）大遗址保护

完成鸿山考古遗址公园、阖闾城考古遗址公园考古勘探发掘计划编制工作，组织国家考古遗址公园运营情况评估，高邮龙虬庄遗址被列入第三批国家考古遗址公园立项名单。开展第三批江苏大遗址名录申报工作，各地共申报17项，初步确定第三批江苏大遗址名录预备名单。

（三）全国重点文物保护单位

完成全国重点文物保护单位保护规划成果报批15项，规划立项2项，国家文物局批复同意2项。

下发落实国家文物局文物保护项目审批程序改革的有关通知，印发《关于进一步加强文物保护工程管理的通知》。督促和指导各地做好国保单位文物保护工程项目的计划报送、方案审批和实施工作，浦口火车站旧址修缮等5个工程项目立项和太平天国忠王府保护修缮等18个文物保护工程项目（不含安防消防防雷）计划获国家文物局批复同意，完成南京城墙小桃园段局部坍塌段抢险维修方案等7项国保单位保护工程技术方案的初审上报和上池斋药店修缮工程等40项国保单位保护工程方案的审查批复，组织实施南京城墙九华山段抢险加固工程、襄义庄修缮工程等文物保护工程竣工验收和金陵女子大学旧址中大楼修缮、赵元任故居维修等文物保护工程检查，上报涉及全国重点文物保护单位保护范围及建设控制地带的建设项目72项。

（四）世界文化遗产

南京市完成了南京龙江船厂遗址、浡泥国王墓等海上丝绸之路申遗点的管理规划、维修整治方案的报审和修改工作。国务院对海上丝绸之路申遗进程作出调整后，及时做好相关后续工作，组织沿江沿海各市做好海丝申遗点增补准备工作。江南水乡古镇联合申遗文本初稿和无锡惠山古镇预研究初稿已经完成。中国明清城墙联合申遗第五次工作会议在西安召开。完成南京城墙博物馆选址和方案设计工作。

先后参加大运河文化带建设国家文物局济南座谈会、文化部杭州座谈会，以及省委省政府座谈会和工作推进会等重要会议，完成“大运河文化带江苏段遗产保护利用研究”等课题研究工作，为大运河文化带保护利用传承规划做好前期准备工作。

组织各遗产地完成2016年度遗产监测报告编制和定期评估工作。完成明孝陵监测预警平台建设方案审批工作。转发国家文物局《关于加强世界文化遗产大运河保护管理工作的通知》，指导各遗产地完成世界遗产网上及现场评估工作。完成大运河遗产区和缓冲区内不可移动文物信息的补充完善工作，完成大运河保护管理报告编制并上报国家文物局。

加强遗产周边涉建工程管理。完成苏州山塘街塔影园建设方案、扬州观潮路跨古运河大桥等涉建方案的报审工作，对高邮明清运河故道、宝应盐城新水源地及输水管道违法违规建设项目进行取证查处。

（五）其他

省政府公布苏州市吴江区平望镇、昆山市巴城镇、东台市时堰镇、苏州市吴江区桃源镇、高邮市临泽镇、高邮市界首镇等6个镇为江苏省历史文化名镇，常州市武进区前黄镇杨桥村、溧阳市昆仑街道沙涨村、镇江市镇江新区丁岗镇葛村、丹阳市延陵镇柳茹村、镇江市镇江新区姚桥镇儒里村等5个村为江苏省历史文化名村。

完成苏州木渎镇总体规划、角直镇总体规划、沙家浜镇总体规划，徐州历史文化街区、镇江历史文化街区、江阴长泾镇及南京市高淳区七家村历史文化街区保护规划，昆山锦溪历史文化名镇保护规划、淮安市城市总体规划纲要论证工作。省政府批复同意镇江市宝堰镇、苏州市吴中区东山镇、东台市富安镇历史文化名镇及吴中区杨湾村历史文化名村保护规划实施。

根据住房和城乡建设部、国家文物局统一部署，会同省住房和城乡建设厅组织开展全省历史文化名城名镇名村保护情况检查工作。各地规划、文物、住建等部门积极配合，对辖区内的历史文化名城名镇名村进行了全面的评估检查，形成自查报告。

做好传统村落保护工作。推进省级传统村落认定和保护工作，省政府公布实施《江苏省传统村落保护办法》。

会同省水利厅，在南京召开水文化遗产调查工作会议，正式启动水文化遗产调查工作，并在扬州江都水利枢纽举办水文化遗产调查培训班，完成水文化遗产调查标准、调查分类等工作标准的起草工作。

实施2017年红色遗产、名人故居维修保护和展示提升工程。确定南京新四军一支队司令部旧址展示提升工程等21个项目，并在省级专项经费中对20个项目给予专项补助1275万元。

【考古发掘】

（一）概况

全年配合常合高速、宁溧高速、苏锡常南部高速、宜兴人民医院建设、环太湖大堤建设等基本建设考古调查勘探项目52个，考古发掘项目107个。与省交通建设管理局、铁路办公室、水利厅多次协商，推动江苏高速铁路、高速公路和水利建设文物保护工作，协调省铁路办公室下发了《关于进一步加强江苏铁路建设文物保护工作的通知》。

围绕长江下游良渚文化课题研究，由南京博物院牵头，对武进寺墩遗址、宜兴下湾遗址、常州青城墩遗址、句容孔塘遗址、溧阳秦堂山遗址进行深入发掘与研究，发现了崧泽文化的高台墓地和完整环壕。以孙家村遗址考古为契机，开展了吴文化的专题研究，对大港—谏壁一线开展广泛调查勘探。结合高速公路建设，发掘句容、金坛几十座土墩墓，进一步揭示和还原西周春秋时期土墩墓的堆筑方式、埋葬结构等。结合工程建设，对江宁船墩湖熟遗址开展勘探和发掘，丰富了吴文化遗址的学术成果。继续开展苏北地区淮河流域远古文明的调查研究，国家博物馆与南京博物院合作对韩井遗址、泗洪半城雪南遗址开展考古工作，丰富了顺山集文化的内涵。“一带一路”考古工作在苏州太仓樊村泾遗址、如东国清寺遗址、张家港黄泗浦遗址均有重要发现。太仓樊村泾遗址发现元末明初大批体现海外贸易的外销瓷器，国清寺遗址的发掘揭示了唐代日本遣唐使入唐第一站所在地——国清寺的结构和布局。黄泗浦遗址发掘唐代的河道遗存，丰富了鉴真东渡港口遗址的内涵。

（二）重要考古项目

1. 樊村泾遗址

2016～2017年，配合太仓樊泾河北延沟通工程拟开挖河道部分和太仓城通建设投资有限责任公司安置房项目建设，苏州市考古研究所对樊村泾遗址实施发掘。遗址发现的道路、水系完整，瓷器数量众多、种类丰富，特别是大型仓储遗存、居住基址等均是元代太仓城市规划、建设的重要组成部分，填补了苏南地区元代大型遗址的空白，揭开了太仓城市考古的序幕，是江南地区元代考古的重大新发现。

2. 如东国清寺遗址

7～10月，南京大学历史学院对如东县国清寺遗址进行考古调查勘探和发掘，初步掌握了国清寺遗址的分布范围和基本布局。结合相关文献，推测发现的1号建筑基址为国清寺大雄宝殿建筑区，2号建筑基址为国清寺藏经楼建筑区。国清寺及其所在掘港（亭）作为唐代日本第十九次遣唐使与圆仁法师入唐求法的第一站，对研究阐释“海上丝绸之路·东海航线”和中日文化交流具有重要意义。

3. 南京西街地块考古发掘

南京市考古研究院于4～6月对西街地块开展考古勘探工作，发现各类遗迹32处。10月25日，南京市考古研究院启动西街考古发掘工作。通过本次考古发掘，基本完成中区和南区的原定发掘计划，这两个发掘区的地层堆积情况简单；而北区发现的遗址文化堆积复杂、发掘成果丰富，特别是周代壕沟与城垣基槽的发现，为寻找南京最早的城池——越城遗址提供了重要线索。

4. 金坛265省道土墩墓考古

为配合265省道建设，南京博物院对金坛立夫墩等土墩墓进行了考古发掘。金坛立夫墩土墩墓D3属于典型的一墩多墓中的向心式结构，上层外围墓葬严格按照营造设计理念进行筑造，外围墓葬层位关系不同，早晚不一，但均朝向土墩中心。各墓葬埋葬方式存在明显差异，有平地掩埋式、浅坑式墓葬，新发现"土椁式"埋葬方式，墓葬之间少有打破关系。台型（祭台）遗迹现象的发现，丰富了土墩墓的营造方式。从已清理的墓葬和器物群中的器物来看，D3年代不晚于春秋中期。

5. 常州青城墩遗址

8月，为配合常州市漕上路（大明路—无锡界）工程建设，受江苏省文物局委托，南京博物院、常州市文物保护管理中心（常州市考古研究所）、复旦大学组成联合考古工作队，对青城墩遗址进行抢救性考古发掘。发现崧泽文化时期人工堆筑营建的土台和成群的崧泽文化晚期至良渚文化早期墓葬，对研究崧泽文化与良渚文化的发展关系及崧泽文化与良渚文化之间的过渡问题提供了极有价值的实物材料。

【博物馆与可移动文物保护】

（一）博物馆

1. 博物馆建设

截至2017年年底，江苏省共有备案博物馆、纪念馆291家（较2016年新增6家），其中文物行政部门所属博物馆120家，非文物行政部门所属的行业性国有博物馆101家，非国有博物馆70家。全省免费开放博物馆、纪念馆共254家，2017年获得省级以上财政免费开放补助经费3.0254亿元（较2016年增加854万元）。常州博物馆、南京市博物总馆升为国家一级博物馆，全省共有国家一级博物馆7家。

苏州博物馆、常州博物馆等5家博物馆共计争取760万元中央补助地方博物馆、纪念馆免费开放陈列布展补助资金。徐州汉兵马俑博物馆、常州市洪亮吉纪念馆等9家单位被列为2017年度全省博物馆陈列展览提升工程项目实施单位，安排省级文物保护专项资金830万元。

2. 重要陈列展览

南京博物院"法老·王——古埃及文明和中国汉代文明的故事"、侵华日军南京大屠杀遇难同胞纪念馆"正义必胜　和平必胜　人民必胜——中国战区反法西斯战争胜利暨审判日本战犯史实展"获第十四届（2016年度）全国博物馆十大陈列展览精品奖，苏州博物馆"大英博物馆藏意大利文艺复兴时期素描精品展"获国际及港澳台合作奖。

南京博物院"锦绣鸡——南京博物院藏鸡文物展"、扬州博物馆"峥嵘岁月——扬州地区革命文物展"等12个展览入选"2017年馆藏文物巡回（交流）展"项目。在全省40余家博物馆巡展66场次，免费接待参观群众100余万人次。

3．其他

首次开展江苏省博物馆青少年教育示范项目评选活动。组织有关专家遴选出苏州博物馆“《知·苏》——苏州博物馆优秀传统文化课程”等20个教育示范项目，并编辑出版《2017江苏省博物馆青少年教育示范项目集锦》。

在全国率先开展文化文物单位文创产品开发省级试点，遴选公布37家文创产品开发省级试点单位，鼓励在开发模式、收入分配和激励机制等方面进行探索创新。召开全省文化文物单位文化创意产品开发工作座谈会。举办“2017江苏文化文物创意产品展”，集中展示文创产品开发省级试点单位成效。

（二）可移动文物保护

1．概况

截至2017年12月31日，江苏省共收藏可移动文物999325件/套（2812571件），其中珍贵文物97253件/套（190347件）。

2．馆藏文物保护

组织专家审核可移动文物保护修复方案34项，国家文物局审核通过方案10项、省级审核通过方案4项。

新增连云港市博物馆等2家可移动文物修复保护资质单位，江苏文博艺术品修复有限公司等3家资质单位增加业务经营范围。

组织完成了南京市博物总馆（太平天国历史博物馆）新征集“太平天国《建天京于金陵论》原刻印书”，凤凰出版集团42册《钱大钧日记》文物定级工作。资助东海县博物馆、宝应县博物馆、镇江博物馆等7家单位开展预防性保护工程。

制定并发布《江苏省可移动文物保护修复项目检查验收实施办法（试行）》。

【社会文物管理】

根据国家工商总局、国家文物局部署要求，在全省范围内开展文物流通市场专项整顿行动。认真组织《文物拍卖许可证》申领的审核，江苏和信拍卖有限公司等3家企业获批从事文物拍卖许可资质。

2017年度共批复64场次文物艺术品拍卖会文物标的，审核标的27730件/套，同意拍卖标的16545件/套，成交标的6923件/套，成交总额3.4亿余元。其中，撤拍标的25件/套，比2016年的29件/套、2015年的36件/套逐年下降，管理成效显著。

【科技与信息】

完成2017年度江苏省文物科研课题立项、结项工作，“海上丝绸之路文化遗产调查、保护与利用研究”等10项课题通过评审予以立项，“江苏省文物经费绩效管理及评估体系研究”等10项课题完成结项。完成国家文物局“文物行政执法与刑事司法相衔接机制研究”课题并通过验收。

江苏省文物局文物安全行政执法监控平台在第三届全国十佳文博技术产品及服务推介活动中荣获“全国十佳文博技术产品奖”。

积极参加“互联网+中华文明”行动计划，江苏兆物数字文化传媒有限公司等4家单位入选2017年度“互联网+中华文明”示范项目。

【文博教育与培训】

7月和10月，江苏省文物局与南京大学联合举办第五期、第六期全省文博干部研修班，并将对口援疆的新疆伊犁州文博干部纳入培训范围，全面提升文博管理与从业人员综合素质，两期培训班共培训156人。

10月9～13日，由国家文物局主办，江苏省文物局、常州市文广新局和常州市文化行政综合执法支队联合承办的2017年度全国文物行政执法骨干力量培训班在常州举办。来自全国的文物行政执法骨干和入选“2016年度全国文物行政处罚案卷评查十佳案卷”的办案单位代表共120余人参加培训。

【文博宣传与出版】

举办国际博物馆日系列活动。5月18日，江苏省文化厅、江苏省文物局、扬州市政府在扬州联合举办国际博物馆日江苏主会场系列活动。系列活动包括“峥嵘岁月——扬州地区革命文物展”“细君归来——新疆伊犁草原文物和民族风情展”，扬州博物馆与扬州特殊教育学校馆校合作签约仪式以及江苏省2017年国际博物馆日主题论坛等。据不完全统计，国际博物馆日当天，全省各级各类博物馆、纪念馆共举办300余场形式多样、内容丰富的展览展示和社会宣传活动。

举办文化和自然遗产日暨第八届江苏省文物节江苏省系列活动。6月9～10日，2017年文化和自然遗产日江苏省主会场系列活动在南京博物院举行。系列活动包括“江苏文化遗产保护利用成果展”“2017江苏文化文物创意产品展”“帝国盛世·沙俄与大清的黄金时代展”，主题论坛，“精彩江苏”“江苏文物”官方微信推广等。

【机构及人员】

江苏省共有文物保护机构51个，文物商店8个，文物科研机构4个，其他文物机构47个。从业人员共7823人，其中专业技术人员2643人，包括正高级职称162人、副高级职称354人、中级职称1058人。

【对外交流与合作】

徐州博物院赴美国举办“楚王梦——玉衣与永生”文物展，苏州博物馆赴丹麦举办“信仰·生活：唐宋转换时期的苏州”文物展，加强了中外文化交流。

浙江省

【概述】

2017年，浙江省文物系统贯彻、落实《国务院关于进一步加强文物工作的指导意见》和浙江省政府《关于进一步加强文物工作的实施意见》，主动对接中心工作，积极融入“文化浙江”建设；抓好文物安全防护网络，确保文物安全；提高文物保护管理水平；提升博物馆的公共文化服务；加强文博宣传，营造事业发展的良好环境；转变作风，完善制度，提升效能，推动全省文物事业改革发展再上新台阶。

【法规建设】

2017年，浙江省文物局完成了《关于进一步加强文物安全工作的若干意见（送审稿）》的起草。

【执法督察与安全保卫】

进一步完善文物安全监管机制，组织、召开了全省文物安全工作电视电话会议，研究起草了进一步加强文物安全工作的若干意见；联合下发通知，对各地治危拆违攻坚战大行动中的文物保护提出明确要求；及时建立重大文物法人违法案件约谈、通报制度，约谈、查处、通报了相关重点案件。

继续开展文物法人违法案件专项整治行动（2016～2018），完成全省文物安全状况大排查，梳理安全隐患及整改措施251条，文物安全突出问题及整改方案、责任清单180条，及时落实整改措施、消除隐患。部署、开展全省文物安全大检查，联合开展文物流通市场专项整顿，配合公安部门开展全省打击文物犯罪专项行动，破获盗窃、破坏文物等案件26起，抓获犯罪嫌疑人91人。

完成文物平安工程第一个三年计划，共实施项目360个，安全事故和案件发生率逐年下降，已实施文物平安工程的文保单位实现了安全零事故。开展博物馆安全防范系统工程和全国重点文保单位安防、消防、防雷工程，持续推进全国文物消防安全百项工程和全省文物系统文物消防安全标准化管理，强化事中事后监管，通过了相关年度考核。

开展文物日常执法巡查、交叉执法检查、管辖海域内文化遗产联合执法与“双随机”抽查，进行“双随机一公开”监管，累计出动巡查24009人次，检查文博单位9016家，发现、督促整改安全隐患305起，制止涉嫌文物违法行为59起；立案查处57起，罚款174万元。选送上报的案卷入选“2017年度文物行政执法指导性案例”。“天地一体”文物执法监察预警系统省级平台建设继续推进。

【不可移动文物的保护和管理】

浙江省政府于1月核定公布了286处第七批省级文物保护单位及10处合并项目。截至2017年年底，浙江省共有世界文化遗产2处、全国重点文物保护单位231处、省级文物保护单位910处。

加强大遗址保护与管理，指导完成良渚国家考古遗址公园年度评估和第三批国家考古遗址公园申报，慈溪上林湖越窑遗址、龙泉大窑龙泉窑遗址入选第三批国家考古遗址公园，安吉古城遗址、嘉兴马家浜遗址公园获准立项。指导慈溪办好国家考古遗址公园现场工作会，完成第一批8处省级考古遗址公园评估，启动第二批省级考古遗址公园申报，完成嘉兴子城等省级考古遗址公园立项批复，进一步健全考古遗址公园保护展示体系。《浙江省考古遗址公园标识系统设计导则》初稿编制完成。

受国家文物局委托，浙江省文物局开展全国重点文物保护单位保护方案审查与批准，共审批全国重点文物保护单位保护维修方案和施工图67项，组织省级以上文物保护单位保护方案集中审查4次，审查省级以上文保单位修缮方案及施工图95项，审批省级文物保护单位保护工程立项41项，此外组织46项省级以上文物保护单位维修工程的竣工验收。为做好文物保护单位保护区划内建设项目管控，浙江省文物局对一批省级以上文物保护单位的保护范围、建设控制地带内建设项目方案进行审查、论证，审查并向国家文物局上报涉及全国重点文物保护单位建设控制地带的建设项目42项，审批涉及省级文物保护单位建设控制地带的建设项目30项，处理文物保护单位异地迁移事项3项。推进省级以上文物保护单位保护规划编制，组织专家审查全国重点文保单位保护规划17项、省级文物保护单位4项。泰顺廊桥灾后应急抢险及修复工程竣工。

推进良渚遗址申遗，确定申遗范围，划定了遗产区和缓冲区，编制、提交了申遗文本。推动良渚遗址本体保护展示及环境整治，实施遗产区内环境保护项目，开展遗产区外围区域环境综合治理，增强考古与申遗的关联度，进一步提炼、挖掘良渚遗址申遗价值和良渚文明内涵，并加强与国内外的合作联系，搭建良渚文明国际传播交流平台，增强良渚文化的国际表达。协调大运河沿线各遗产地建立大运河保护管理长效机制，完善快速有效的日常管理机制，加强对大运河沿线遗产区、缓冲区内建设项目的事前、事中、事后监管，做好对大运河遗产保护规划修编的指导与审查。全省已组织审查、转报大运河保护区划内开发建设项目18项。根据《大运河（浙江）文化带建设工作方案》，完成了“大运河文化遗产修复保护工程研究”“大运河文化传承工程研究”“文化旅游产业融合发展研究和重大项目工程研究”“大运河航道整治与运河遗产保护专题研究”等4项专题研究课题，以及《大运河（浙江）文化带建设规划纲要》《大运河（浙江）文化遗产保护具体实施方案》的编制，遴选了一批运河世界文化遗产、运河沿线相关遗产和历史、自然环境的保护、展示、整治工程项目。

浙江省文物资源地理信息系统GIS管理平台建设稳步推进，全省石窟寺及石刻类文物健康状况调研评估完成。加强文物保护工程资质规范管理，审批新增文物保护工程乙、二级资质单位3家，备案审核新增文物保护工程丙、三级资质单位12家、业务范围增项2家，做好2016～2017年度丙、三级，乙、二级以上文物保护工程资质单位的年检；进一步加强委托下放各设区市的文物保护工程丙、三级资质许可事项的指导和监管，推进浙江省文物保护工程资质单位征信系统平台建设。

为加强传统村落保护与利用，浙江省文物局与浙江省住房和城乡建设厅、浙江省“三改一拆”行动领导小组办公室联合下发《关于服务保障全省治危拆违攻坚战消除历史文化建筑安全隐患的通知》，强化对历史文化建筑保护的指导。继续探索传统村落和乡土建筑保护、利用新模式，指导松阳县实施国家文物局传统村落整体保护利用试验区相关工作，配合中国文物保护基金会完成“拯救老屋行动”松阳县整县推进试点项目中期检查，开展中国文物基金会“拯救老屋行动”的申报遴选。

协调推进国保、省保单位集中成片传统村落的整体保护与利用，基本完成了建德新叶、诸暨斯宅等首批项目的文物维修、环境整治、展示利用及民居改善等工作，有序开展武义县俞源村、浦江县郑宅村、兰溪市诸葛村、缙云县河阳村等第二批传统村落的保护利用项目，配合浙江省住房和城乡建设厅做好第一批省级传统村落的申报，并会同省住房和城乡建设厅、文化厅、财政厅公布了第一批636处省级传统村落。

继续协同、配合浙江省住房和城乡建设厅做好第七批中国历史文化名镇名村的申报，以及国家历史文化名城名镇名村的评估检查；配合国家文物局开展全省历史文化名城文物保护评估试点；参与余姚临山镇、安吉双一村等历史文化名镇、名村保护规划的评审。龙泉市被国务院批准公布为国家历史文化名城。

配合完成了2017年度国家重点文物保护专项补助经费的审核、上报和2018年度省级文物保护专项资金安排；配合做好2014～2015年度中央、省级文物保护专项资金使用情况整改，2018年度省历史文化名城名镇名村保护专项资金的分配；配合浙江省发展和改革委员会做好钱江源国家公园体制试点。

【考古发掘】

（一）概况

2017年，浙江省同步推进文物保护与考古管理，严格考古发掘项目审批，全年开展考古调查勘探项目42项、考古发掘项目41项，并组织主动性考古项目，编制了“南宋临安城考古工作计划（2017～2021）”上报国家文物局。浙江慈溪上林湖后司岙唐五代秘色瓷窑址获“2016年度全国十大考古新发现”。良渚古城遗址城内考古发掘、嘉兴子城遗址、杭州市常青古海塘遗址等8项考古项目被评为“浙江省2016年度重要考古新发现”。

根据国家文物局水下文化遗产保护中心部署，推荐上报渔山列岛海域水下考古调查、岱山海域水下考古调查2个项目作为重点水下考古项目，并继续推进慈溪潮塘江元代沉船、小白礁出水文物科技保护项目的实施。

（二）重要考古项目

1．宁波奉化鄞县故城调查、勘探与发掘

自2015年年底起，宁波市文物考古研究所等对鄞县故城遗址展开考古调查，并选择重点区域进行勘探、发掘。发掘面积100平方米，发现墓葬、窑址近百处及灰坑、水池等遗迹，出土遗物233件。调查确认鄞县故城是一座半山型城址，主要使用年代为两汉至隋代，而夯筑城墙时代不早于东汉晚期至东吴时期。本次调查、勘探与发掘对研究宁波地区古代城市发展变迁具有重要意义。

2．杭州萧山陈家埠古墓群考古发掘

2016～2017年，杭州市文物考古研究所等对萧山陈家埠古墓群进行考古发掘。发掘面积1150平方米，清理春秋至明代墓葬21座，出土文物115件/套，另有墓志铭7合。本次发掘对研究商周时期的丧葬习俗具有重要意义，也为研究明代丧葬习俗和地方史提供了新资料。

3．南浔树下兜遗址考古发掘

2016～2017年，浙江省文物考古研究所对南浔树下兜遗址进行考古调查、钻探和发掘。发掘面积1000平方米，揭露了马家浜文化灰坑2座，良渚文化墓葬2座，马桥时期灰坑60座、灰沟4条，宋代墓葬2座、水井2口、石墙基1段、灰坑4座、灰沟5条、窖坑1座，明清路基1段。本次发掘发现了约250平方米的良渚时期台地，该台地在马桥时期继续沿用。

4．绍兴市平水镇兰若寺墓地发掘

2016～2017年，浙江省文物考古研究所等联合对绍兴兰若寺墓地墓园部分实施发掘。兰若寺墓地建于南宋晚期，使用年代下限不晚于元代初年，是目前已知南宋时期等级最高、规模最大、茔园最完整的贵族夫妻合葬墓地，兰若寺寺庙很可能为墓地赐享的坟寺遗址，对研究南宋墓葬制度、南宋建筑史等具有极为关键的学术价值。

5．宁波大榭史前制盐遗址发掘

2016年4月～2017年12月，宁波市文物考古研究所等对宁波大榭史前制盐遗址进行了两次发掘。发掘面积7000平方米，遗址文化堆积为史前、东周和宋元时期，史前遗存为主体，又可分为相当于良渚文化晚期和钱山漾文化时期两期，共清理遗迹200余处，出土遗物1200余件。大榭遗址是目前我国发现最早的海盐制作遗址，为探讨古代海盐业的起源与发展提供了重要实证，为构建浙东地区史前文化序列提供了珍贵资料，为研究当时的人海关系和文化交流提供了新案例。

6．明州罗城城墙（望京门段）遗址勘探与发掘

2016年8月～2017年6月，宁波市文物考古研究所等在宁波中山路综合整治9号地块发现了晚唐五代至民国时期明州罗城城墙（望京门段）遗址，清理了三国两晋至晚清民国时期的水井7口、建筑基址8座、墓葬10座、灰坑35个、灰沟8条、水池3口，出土了完整及可复原的遗物650余件。明州罗城城墙（望京门段）遗址规模宏大、结构清晰、筑法规范、沿革明确，集中、真实地反映了宁波自唐末始建罗城以来1000多年的城市发展脉络。

7．杭州劝业里古遗址考古发掘

2016年10月～2017年6月，杭州市文物考古研究所对杭州劝业里10-2地块进行考古发掘，发现了元代时期墙基（内有门址和踏步遗迹）、路面、排水沟，南宋时期木质引水管道和一座唐代中期墓葬。引水管道保存情况较好，位置应与南宋时期小方井有关。唐代墓葬为砖室墓，是临安城范围内首次发现的唐代墓葬，对研究唐五代时期杭州城市范围提供了重要的坐标材料。

8．杭州南高峰塔遗址发掘

1～9月，杭州市文物考古研究所对杭州南高峰塔遗址进行考古发掘。发掘面积1350平方米，发现五代至宋以及明清建筑遗迹，出土器物80余件。发掘明确了南高峰塔的位置、形制及塔院建筑布局、结构，为研究五代吴越国时期小型佛教建筑形制布局提供了新实例。

9．湖州安吉龙山107号古墓葬发掘

1～11月，浙江省文物考古研究所等对安吉龙山107号古墓葬实施抢救性发掘，完成了所有外围土墩发掘，共清理春秋战国之交墓葬29座，另有明代砖室墓2座、由砖石垒建墙基的晚期房址1座、性质不明的晚期砖结构遗迹1处，出土器物260件。该古墓葬是一处要素齐整的贵族墓园，内外三重结构，堪称研究春秋战国时期越国贵族墓园制度的典型样本。本

次发掘对安吉古城性质、文化属性、历史定位等研究都具有非常重要的意义。

10．慈溪荷花芯窑址发掘

2～4月，浙江省文物考古研究所继续对慈溪荷花芯窑址实施发掘。发掘面积309平方米，揭露了北宋时期房址3处、匣钵挡墙3道等遗迹和北宋晚期的地层堆积，出土了大量瓷器、窑具等遗物。器物组合较简单，多数产品为叠烧，亦存在不同产品的混合叠烧。

11．宁波奉化何家遗址发掘

2～9月，宁波市文物考古研究所等对奉化何家遗址进行考古发掘。发掘面积1140平方米，清理遗迹30处，出土小件遗物491件及大批文物标本。本次发掘丰富了宁波地区史前研究资料，也为探讨当地文化面貌、与周边文化势力的互动关系及社会复杂化过程提供了重要资料。

12．嘉兴子城遗址调查与勘探

2～12月，浙江省文物考古研究所等对嘉兴子城遗址实施考古勘探。发掘面积约800平方米，出土建筑构件、陶瓷器标本1000余件，揭露了子城中轴线上大堂、二堂、仪门等主要建筑的位置与规格。勘探显示子城城墙和城内遗址保存状况较好，具有全面还原中古时期江南子城面貌的基本条件，对研究唐宋江南地区衙署建筑和城市制度具有极其重要且不可替代的学术价值。

13．嵊州兰山庙遗址发掘

3～6月，浙江省文物考古研究所等对崇仁镇兰山庙旧石器时代遗址进行配合性考古发掘。发掘面积60平方米，共获得石制品60余件。该遗址可能非原生堆积，距今15.6万～10万年，处于旧石器时代中期。这也是曹娥江流域首次发现旧石器时代遗址。

14．宁波奉化下王渡遗址发掘

3～8月，宁波市文物考古研究所等对奉化下王渡遗址实施一期发掘。发掘面积3000平方米，共清理不同时期遗迹现象140余处，出土小件遗物300余件/套。遗址以史前文化为主体，对研究宁绍地区史前文化的变迁具有重要意义。同时，遗址地处三江交汇平原地带，是依托平原作为居址的先例，为研究河姆渡文化聚落形态变化等提供了新视角。

15．长兴碧岩寺古墓群发掘

3月起，浙江省文物考古研究所等对长兴县碧岩村十墩墓葬群展开考古调查和发掘，共发掘土墩96座，清理墓葬392座。该古墓葬群范围大，墓葬类型多样，对认识浙北地区自商周以来历经两汉直至宋明时期的丧葬习俗发展、演变具有重要价值。

16．杭州市临安区衣锦街吴越国建筑遗址发掘

4～10月，杭州市文物考古研究所等在临安发现了吴越国建筑遗址，揭露不同时期建筑遗迹多处，出土大量瓷片及铜钱、文字砖（部分有“官”“官用”等字样）、瓦当等遗物。发掘区域位于钱镠墓以西，邻近衣锦街，地理位置重要。该遗迹应属吴越国在临安境内的一处高规格重要建筑。

17．余姚井头山遗址考古勘探调查

5～6月，浙江省文物考古研究所等对余姚井头山遗址实施全面勘探调查。调查显示，该遗址是我国沿海地区已知文化层埋藏最深的，其年代早于河姆渡文化，距今9000～8000年，对河姆渡文化来源探索具有重要的价值。同时，这也是浙江省境内迄今发现的唯一一处史前贝丘遗址，且明显早于绝大多数已发现的贝丘遗址。

18．宁波东钱湖上水岙窑址发掘

5～7月，宁波市文物考古研究所对2015～2016年发现的东钱湖上水岙窑址窑炉本体、残存堆积区区域实施了配合性清理发掘。发掘面积45平方米，出土了一批北宋时期越窑青瓷遗物及窑具，展现了北宋中晚期越窑青瓷由盛转衰的整体发展面貌，为研究北宋时期东钱湖越窑青瓷产品种类、工艺及外销瓷提供了丰富的实物资料。

19．永嘉坦头唐代瓯窑遗址发掘

5～12月，浙江省文物考古研究所等对永嘉坦头唐代瓯窑遗址进行发掘，发现了一条窑炉及作坊遗址，出土了大量瓷片标本。发掘首次完整揭露了唐代瓯窑窑场及其产品的基本面貌与特征，在窑址中发现的“大中”纪年标本，为唐代晚期瓯窑产品确立了年代标尺；首次发现的唐代“官作”字样，对理解整个唐代窑业管理制度具有指向性意义。

20．慈溪后司岙窑址发掘

5月起，浙江省文物考古研究所对慈溪上林湖越窑遗址中最核心的后司岙窑址北宋时期堆积实施考古发掘。发掘面积近900平方米，揭露龙窑炉1座，出土了秘色瓷等大量北宋越窑青瓷精品。后司岙窑址北宋地层出土的秘色瓷产品，与北宋皇陵、辽祖陵出土的秘色瓷特征相同，可以确定晚唐五代及北宋时期的多数秘色瓷器当属该窑址产品。

21．余姚穴湖东吴平虏将军“虞君”墓发掘

7～8月，宁波市文物考古研究所等对遭盗掘的余姚穴湖古墓实施抢救性考古发掘。根据发现的多种纪年类、身份类、吉语类墓砖铭文，该墓为东吴余姚望族、虞氏家族成员、平虏将军、都亭侯、散骑侍郎、豫章上蔡长“虞君”之墓。本次发掘对东吴时期地方豪族和家族墓地研究具有重要价值。

22．宁波鄞州花园山窑址发掘

7～9月，宁波市文物考古研究所等对鄞州花园山北宋时期窑址进行清理。发掘面积100平方米，出土了众多青瓷遗物，有不少铭文款器物。花园山窑址为研究东钱湖区域越窑青瓷乃至整个越窑系青瓷的烧制工艺、空间分布，以及越窑贡瓷、海上丝绸之路提供了宝贵的实物资料。

23．海宁伊家桥遗址发掘

7～11月，浙江省文物考古研究所等对海宁伊家桥遗址实施发掘。揭露面积2200平方米，共清理良渚文化灰坑27个、灰沟3条、井2口，唐宋时期墓葬6座、灰坑16个、灰沟10条、井4口，明清时期灰沟1条。遗址展现了良渚文化和唐宋时期该地区的世俗生活状况，对研究当时的商品贸易具有一定价值。

24．湖州安吉古城遗址发掘

8～12月，浙江省文物考古研究所等对安吉古城城址内圈河道的南侧中部缺口实施发掘。发掘面积950平方米，遗存主要为三国两晋时期，出土了较多瓦当、铭文砖、陶器、瓷器等。发掘对了解城址平面布局，研究六朝时期大型夯土建筑结构，开展区域内城址结构、建筑布局综合研究，乃至探索历史时期大型土遗址的展示和保护具有十分重要的意义。

25．开化龙坦窑址发掘

8～12月，浙江省文物考古研究所等对开化龙坦窑址实施发掘。发掘面积350平方米，揭露大量遗迹和地层堆积，出土了瓷器、窑具等遗物。文物部门对周边地区的窑址及窑业资源分布情况进行了调查，发现窑址点4处。该窑址是浙江地区目前发现年代最早的青花瓷窑址，为“青花浙料”学术问题提供了大量一手资料。

26．舟山定海顾家路窑址发掘

9～12月，浙江省文物考古研究所等对定海顾家路窑址展开抢救性发掘。发掘面积1000平方米，共清理窑炉2座、灰坑1座、灰沟1条、瓮棺1座、残建筑单元2处，出土器物1300余件。顾家路窑址是舟山境内第一次正式发掘的瓷窑址。

27．苍南县壮士所城发掘

10月起，浙江省文物考古研究所等对苍南县壮士所城开展主动性考古发掘。发掘面积800平方米，发现了块石垒砌的房基、道路、窖穴、水井、暗沟、大型排水渠等。其中水井、暗沟、排水渠为了解城内水资源配套系统提供了非常重要的资料，夯土路面的发现为研究所城最初路网格局提供了重要信息。

28．良渚古城遗址发掘

浙江省文物考古研究所等对钟家港、池中寺等遗址实施主动发掘。钟家港揭露4000平方米，出土了较多良渚早期偏晚阶段的陶器、石器等，首次从地层学和碳十四测年角度证实了莫角山始筑年代距今约5000年。池中寺台地发掘面积800平方米，发现良渚晚期房基土台3座，确认了台地堆筑土下有近1万平方米、20余万斤的碳化稻谷堆积，池中寺东部为人工堆筑堤形成的大型蓄水池。

29．良渚外围水利系统的调查与发掘

浙江省文物考古研究所对良渚外围的蜜蜂垄、黄路头、奇鹤村、燕子窝等处实施发掘。发掘面积1300平方米，发现了溢洪道、取水口等重要线索，为水坝结构、库区堆积等研究提供了重要材料，也有助于了解塘山遗址的结构功能。

30．余杭玉架山遗址发掘

浙江省文物考古研究所等对玉架山遗址实施全面钻探调查与发掘。调查勘探面积约1平方千米，发现了总面积约15万平方米、由6个相邻环壕组成的良渚文化聚落遗址。已发掘面积3万余平方米，共清理良渚文化墓葬524座、灰坑25座，建筑遗迹10处，出土各类文物6000余件/套。首次发现的多个环壕组成的完整聚落为研究良渚文化的社会组织结构、基本社会组织单元及其人口数量、氏族内部和氏族之间的等级差异等提供了全新材料和视野，这种聚落模式是良渚文化首次发现，也是长江流域史前考古新发现。

31．海宁达泽庙遗址发掘

浙江省文物考古研究所等对海宁达泽庙遗址实施第三次发掘。揭露面积1100平方米，共清理崧泽文化墓葬12座、灰坑27个、井2口，良渚文化墓葬24座、灰坑7个，马桥文化灰坑2个，战国灰坑5个，宋墓1座，出土器物213件。出土遗物显示这片墓地从崧泽文化晚期延续至良渚文化晚期，期间一直有先民在此栖居。

32．湖州市昆山遗址发掘

浙江省文物考古研究所等对湖州昆山遗址实施主动性考古调查和发掘。总发掘面积1000平方米，发现各类遗迹50余处，出土小件标本90余件。发掘首次明确了广富林文化阶段堆积单元，增添了浙北地区商周时期遗存分期的重要参考资料。新发现的大型建筑遗迹等遗存对研究商周时期昆山遗址聚落布局结构具有重要意义。

33．德清杨墩遗址发掘

浙江省文物考古研究所等对德清杨墩遗址及相关区域开展调查、勘探和发掘。发掘面积450平方米，清理良渚文化时期土台2处、灰坑1个，出土较多良渚文化晚期陶片、玉器和少量石器。杨墩遗址可能是良渚文化晚期一处玉器加工作坊。

34．义乌市桥头遗址发掘

浙江省文物考古研究所对义乌桥头遗址实施正式发掘，重点发掘了环壕堆积，确认环壕遗址废弃后，其所包围的中心台地依然被使用。遗址发现了较丰富的上山文化阶段彩陶，是我国迄今发现时代最早的彩陶，其中太阳纹图案与跨湖桥遗址一脉相承，充分说明上山文化是跨湖桥文化的重要源头，为探索两者关系及分期研究提供了新的资料。

【博物馆与可移动文物保护】

（一）博物馆

2017年，浙江省进一步健全博物馆体系，打造博物馆展陈教育精品，提升博物馆管理水平：浙江自然博物园核心馆区基建工程基本完工，浙江省博物馆之江馆区建设项目加快推进。黄岩博物馆、临海博物馆、磐安大盘山博物馆建成开放，龙游博物馆、永嘉博物馆、建德博物馆、长兴太湖博物馆、温岭博物馆、开化博物馆等博物馆建筑、展陈方案通过论证。杭州博物馆、温州博物馆获评国家一级博物馆，全省国家一级博物馆总数达到6家。浙江自然博物馆被评为全国最具创新力博物馆。

学习、贯彻《公共文化服务保障法》《博物馆条例》，进一步做好博物馆备案等相关工作。浙江省文物局组织、开展《博物馆条例》贯彻实施情况检查，转发国家文物局《关于进一步推动非国有博物馆发展的意见》，提出浙江省贯彻实施意见，赴多地调研、指导非国有博物馆工作。

积极推进、完善博物馆法人治理结构及理事会建设。中国丝绸博物馆理事会正式成立，成为浙江省第一家开展理事会制度建设的省级文博单位。杭州工艺美术博物馆、余杭博物馆、台州市博物馆、海宁市博物馆、瑞安博物馆等先后成立博物馆理事会，多地逐步开展理事会建设试点。此外，浙江省组建了浙江省博物馆业务专家库，加强对全省博物馆的业务指导，提升全省博物馆建设和管理水平。

组织全省第三届博物馆免费开放最佳做法推介评选，从各地推荐、申报的58个项目中评选出15个最佳做法项目；开展第十一届（2016年度）全省博物馆陈列展览精品项目推介申报，评选出精品奖10个、优秀奖7个；举办第三届全省博物馆陈列展览交流会，继续推进全省博物馆青少年教育项目库建设。中国丝绸博物馆“中国丝绸和丝绸之路——锦程、更衣记”获第十四届（2016年度）全国博物馆十大陈列展览精品奖。

推进博物馆文创产品开发试点，加大文化创意产品开发力度。组织全省30多家博物馆携上千种文创产品参加第十二届中国（义乌）文化产品交易会，集中展示浙江省博物馆文创产品开发成果。指导、举办博物馆文创产业（高峰）论坛和文创产品设计大赛。浙江省博物馆牵头组织、成立了行业战略联合体“浙江省文澜阁博物馆商店联盟”，全省博物馆文创产品有了自己的品牌和销售网络。

（二）可移动文物保护

依据文物保护行业标准，规范、提高博物馆藏品的保护、修复、管理水平，进一步加强可移动文物修复和设计资质管理，根据国家文物局部署，开展可移动文物修复资质单位运行评估。

（三）第一次全国可移动文物普查

做好第一次全国可移动文物普查收尾工作，完成普查报告、收藏单位名录、普查数据公报等编制，并对全省69个先进集体和137名先进个人进行了表彰。

【社会文物管理】

加强对文物拍卖经营活动的规范管理，做好文物拍卖企业调研、资质管理和文物拍卖标的审核，逐步建立符合实际的文物拍卖监管和服务体系，共审核文物拍卖经营活动42场、文物拍卖标的40845件/套。新增文物拍卖企业2家。承办浙沪苏文物市场与文物鉴定服务“放管服”改革座谈会。

根据国家工商总局、国家文物局关于联合开展文物流通市场专项整顿行动的通知，浙江省文物局联合浙江省工商部门，赴嘉兴、绍兴、金华等地开展文物流通市场专项检查。

【科技与信息】

2017年，浙江省完成省文物保护科技项目申报及立项，做好已完成项目的结项验收；举办全省文物科技保护技术成果推广讲座，加大科技保护成果推广应用力度；探索推进博物馆数字化和智慧博物馆建设。

贯彻落实国家文物局等四部局《关于印发〈“互联网+中华文明”三年行动计划〉的通知》，启动实施“互联网+中华文明”三年行动计划，积极参加国家相关示范项目申报（2个项目入库），推进全省“互联网+中华文明”实施方案的编制。承办第四届乌镇世界互联网大会的“互联网+中华文明”展，呈现了互联网与中华文明尝试融合的最新成果。

2017年，石窟寺文物数字化保护国家文物局重点科研基地（浙江大学）正式挂牌成立，纺织品文物保护国家文物局重点科研基地内蒙古工作站建立。“一种水溶性单体聚合与冷冻干燥工艺联用的饱水漆木器文物脱水定型的方法”取得专利申请号，“一种固态风扇耦合吸附净化的小型文物环境空气洁净系统”获专利1项。

浙江省文物鉴定审核办公室起草制定的7项文物保护国家标准被国家标准化委员会正式采纳实施。浙江省文物监察总队为全省91家市、县（市、区）文物执法监察机构配发了文物执法专用的无人机航拍飞行器，实现了全省全覆盖；对浙江省文物行政执法网络监管平台进行升级，增加了航拍资料上传功能，研发了巡查录入的手机终端应用。此外，国家文物局、浙江省政府主办的“古道新知：丝绸之路文化遗产保护科技成果展”在中国丝绸博物馆举行。

【文博教育与培训】

2017年，浙江省着力构建、完善文物系统人才培养及激励机制，启动文博人才“新鼎计划”，继续做好文物系统机构队伍建设和人员培训，先后举办了全省文物保护、田野考古、安防系统操作、博物馆藏品保管、博物馆社会教育、文物行政执法等实训、培训班，承办了国家文物局组织的全国考古项目负责人岗前培训工作。

为促进非国有博物馆健康发展，举办第四期全省非国有博物馆负责人培训班。为推动博物馆讲解员交流与服务能力提升，开展“全省博物馆优秀讲解案例选拔大赛”，并在此基础上组织、参加“全国博物馆十佳优秀讲解案例”推介活动。

【文博宣传与出版】

继续开展国际博物馆日、文化和自然遗产日活动，部署、指导各地举办系列宣传活动。全省文物系统不断优化宣传工作机制，召开全省文物宣传工作通联会议、文物工作媒体座谈会，建立文物系统信息报送考评制度，组建全省文物系统联络员队伍，以拓展宣传媒体途径，提升宣传效能。

对181名从事文物工作30年以上的人员颁发荣誉证书；完成第一届“浙江文物工作守望者”评选推介，编印《第一届最美浙江文物守望者》宣传册进行专题宣传。

积极开展公共考古活动，举办浙江省2017年度重要考古发现评选及公众考古分享会；主动与媒体合作，配合《国家宝藏》进行内容策划与拍摄录制，推出《镇馆之宝》系列报道；开设“老爸老妈的博物大学”系列课程；针对少年儿童、残障人士等不同群体开展巡回展览、无障碍体验等宣教活动，推进博物馆文化宣传与推广。

浙江省文物局撰写了《浙江通志·文物卷》，举办了“文博情缘”征文活动，编印了赴法文化遗产保护培训的《飞跃万里遇见你》文集。《锦程：中国丝绸与丝绸之路》获评“2016年度中国好书”。

【机构及人员】

2017年，浙江省共有各类文物机构476个，比2016年增43个；从业人员9318人，比2016年增加212人。其中文物保护管理机构94个，从业人员2777人；博物馆机构308个（含部分文物系统外博物馆），从业人员5236人；文物商店9个，从业人员78人；文物科研机构5个，从业人员179人；其他文物机构60个，从业人员1048人。

各类文物机构从业人员中，高级职称674人，较2016年增加35人；中级职称1063人，较2016年增加39人。

【对外交流与合作】

浙江省文物考古研究所与日本金泽大学、加拿大多伦多大学等多家国外科研单位进行战略合作，联合开展“稻作与中国文明”等课题研究。

浙江省博物馆赴香港艺术馆举办“江南晨曦——良渚文化展”，并引进“世界陶都1000年马约里卡精粹——意大利法恩扎国际陶瓷博物馆典藏”展、“梵天东土，并蒂莲华：公元400～700年印度与中国雕塑艺术大展”，此外还承办了“中意木质文物保护技术交流会”。

浙江自然博物馆引进“第52届国际野生生物摄影年赛获奖作品巡展·中国站”展览，在日本名古屋联合推出“恐龙大移居”展览，与日本福井县立恐龙博物馆合作举办“恐龙蛋——恐龙诞生之谜”展览，与日本读卖新闻社等联合举办了“巨大恐龙展2017”。

中国丝绸博物馆围绕“一带一路”建设，与丝路沿途开展了大量合作与学术交流，推进“一带一路”的人文交流与交往；充分发挥国际丝路之绸研究联盟（IASSRT）的平台作用，参与建立“丝绸之路国际博物馆联盟”，成立国际丝绸联盟历史文化专委会，参与发起、成立“丝绸之路文物科技创新联盟”。

【其他】

10月31日，中共中央总书记、国家主席、中央军委主席习近平率新一届中共中央政治局常委，集体赴嘉兴南湖中共一大旧址，瞻仰红船，参观嘉兴南湖革命纪念馆，并发表重要讲话，强调结合时代特点大力弘扬“红船精神”，不忘初心、牢记使命、永远奋斗。

安徽省

【概述】

2017年，安徽省各级文物部门和文博单位全面贯彻落实党的十九大精神，深入贯彻落实习近平总书记系列重要讲话精神和视察安徽重要讲话以及李克强总理关于加强文物保护的重要指示批示，以《国务院关于进一步加强文物工作的指导意见》《国务院办公厅关于进一步加强文物安全工作的实施意见》等为指导，坚持文物工作方针，稳中求进、改革创新，抓主抓重，攻坚克难，各项工作实现新突破、取得新成效。

【法规建设】

9月29日，《铜陵市工业遗产保护与利用条例》经安徽省第十二届人民代表大会常委会第四十次会议批准，于2018年1月1日起实施。

11月17日，《淮南市寿州古城保护条例》经安徽省第十二届人民代表大会常务委员会第四十一次会议批准，于2017年12月8日起实施；《亳州国家历史文化名城保护条例》经安徽省第十二届人民代表大会常务委员会第四十一次会议批准，于2018年1月1日起实施。

12月20日，《黄山市徽州古建筑保护条例》经安徽省第十二届人民代表大会常务委员会第四十二次会议批准，于2018年1月18日起实施。

【执法督察与安全保卫】

贯彻落实全国文物安全电视电话会议精神。7月25日，安徽省政府领导在分会场出席全国文物安全电视电话会议并就贯彻落实全国会议精神进行部署。8月11日，省文化厅在合肥召开全省文物安全工作会议，深入学习贯彻习近平总书记关于文物安全工作的重要指示精神，传达全国文物安全电视电话会议精神，部署文物安全工作。9月9日，国务院办公厅印发《关于进一步加强文物安全工作的实施意见》，根据省政府要求，省文化厅制定并印发《贯彻落实国务院办公厅〈关于进一步加强文物安全工作的实施意见〉的工作方案》。

专项行动有力有效。根据国家文物局的部署，安徽省文物局制定了工作方案，成立了领导小组，在全省范围开展了文物安全隐患排查整治行动。局领导带队，以古建筑防火为重点，对安庆、黄山、亳州、铜陵等地文博单位的安全工作明察暗访，督促落实整改，排查工作顺利通过国家文物局的检查。按照国家部署和要求，开展文物法人违法案件、打击文物犯罪、文物流通市场整治、“问题地图”等专项整治行动。运用中国被盗（丢失）文物信息发布平台相关信息，积极协助配合公安机关，成功追回1988年被盗的国家一级文物商代青铜鬲。

执法督察全力推进。面对法人违法、建设工程破坏文物事件多发的态势，省文物局主动作为，加大文物违法督察力度，对望江县保单位朝阳庵违法拆毁、肥东县保单位计氏宗祠发生火灾、南陵县擅自在国保单位皖南土墩墓的保护范围内违法修建殡葬设施、潜山三祖寺工程建设破坏古墓葬和出土文物、泾县宝圣禅寺擅自在国保单位水西双塔的建设控制地带内进行工程建设等案件进行督察督办。

【不可移动文物的保护和管理】

（一）概况

编制上报11处国保单位文物保护规划，实施20多项国保省保文物保护工程。推进大遗址保护利用，国家考古遗址公园建设取得突破性进展，国家考古遗址公园立项和挂牌数量达到5个。完成泾县黄田、徽州区呈坎古建筑群文物保护样板工程等一批文物保护单位本体维修保护工程，实施国保省保集中成片传统村落保护利用工程。积极推进大运河文化带建设。大别山区革命文物保护利用取得进展。

（二）大遗址保护

编制上报柳孜运河遗址、临涣城址、六安双墩、安丰塘、张四墩、古井贡酒酿造遗址、朱然家族墓、琅琊山摩崖石刻及碑刻等重要遗址、墓葬的保护规划。禹会村、双墩、孙家城保护规划获国家文物局批复。

凤阳明中都皇故城遗址列入第三批国家考古遗址公园名单。寿县寿春城遗址、蚌埠双墩遗址、禹会村遗址列入第三批国家考古遗址公园立项名单。完成明中都皇故城南城墙西段、西城墙抢救性修缮工程。实施明中都皇故城东华门遗址、西南角楼等文物保护项目。完成凌家滩遗址防洪一期工程、环境整治项目，建成文明探源展馆并对外开放，推进墓葬祭祀区保护展示工程。审核淮南寿州窑遗址公园规划。

审核批复了临涣城址城墙一期维修、六安市双墩一号汉墓本体保护、繁昌窑展示大棚周边展示等大遗址保护和整治方案，并加快推进实施。

（三）全国重点文物保护单位

编制上报安庆世太史第、寿县孔庙、寿县清真寺、琅琊山摩崖石刻及碑刻、屯溪区程大位故居等国保单位的保护规划。

争取国家重点文物保护专项资金19935万元。完成泾县黄田村古建筑群11处、徽州区呈坎村古建筑群17处文物维修工程。重点实施淮南侵华日军淮南罪证遗址、歙县棠樾村、霍邱县李氏庄园、亳州花戏楼、绩溪上庄、旌德江村、黟县南屏等20多处国保单位修缮、环境整治和消防、防雷等工程。

（四）世界文化遗产

实施遗产地文物保护工程。实施皖南古村落西递宏村古建筑群14处文物维修项目及西递消防工程。开展大运河通济渠泗县段展示项目相关配套设施建设。编制黄山登山古道及古建筑松谷亭、柳孜运河遗址抢险加固修缮工程方案。

推进大运河文化带建设。成立安徽省大运河文化带建设领导小组，多次召开专题座谈会。启动安徽省大运河文化带建设规划编制前期工作，编制完成大运河安徽段基础研究报告和大运河文化带遗产保护利用专题报告，开展专题调研。

（五）其他

成立大别山区革命文物保护利用工作领导小组，组织开展大别山区革命文物资源和保护状况调查，加强大别山革命文物保护利用。委托中国文化遗产研究院编制《大别山区革命文物保护规划》。

开展第八批省保单位申报工作，共收到85个县市区的379处文保单位的省保申报材料。同时要求各地公布一批市县级文物保护单位。

争取中央补助地方公共文化服务体系建设（传统村落保护）专项资金2786万元，用于岳西县请水寨村等5个传统村落的文物维修保护。

【考古发掘】

（一）概况

2017年，经国家文物局批复的考古发掘项目14个。配合考古遗址公园建设完成凤阳明中都奉天殿、承天门，凌家滩外壕沟、南半坎，寿春城西圈墓地等考古发掘项目。完成濉溪临涣城址、郎溪磨盘山遗址、萧县金寨遗址、白土寨窑址等主动性考古发掘项目。配合商合杭高铁、郑阜高铁、合安高铁、蚌固高速、池祁高速、芜宣高速、合安高速、定远江巷水库、安庆下浒山水库建设工程以及淮南、六安、滁州、淮北、安庆、宿州、马鞍山等地城建项目开展考古勘探和发掘工作。完成引江济淮工程考古调查及考古发掘前期准备工作，确定44个文物点。全年开展考古调查、勘探、发掘项目156个，勘探面积50万平方米，出土文物2000余件。

（二）重要考古项目

1．凤阳明中都皇故城考古发掘

5～12月，安徽省文物考古研究所对明中都承天门遗址、奉天殿遗址、宫城城墙与护城河、内金水河和禁垣内窑址群开展了考古发掘工作。发掘面积约2950平方米。除承天门的城门、禁垣墙与奉天殿遗址的宫殿台基、金水河河道、宫城城墙与护城河外，还清理了明清时期窑址4座、沟4条、水井3口、灰坑14个、路5条、房址2座、灶3个、建筑墙基（包含基槽）6条，出土铜器、铁器、瓷器、石器、骨器、陶器等160余件。

此次发掘基本弄清了承天门的城台结构、规制、建造过程和建筑工艺，不仅为遗址的保护、展示设计提供了依据，也为研究明中都皇城的布局、规制、建筑工艺等坚实了基础。

2．凌家滩遗址考古发掘

2017年度发掘分为春夏、秋冬两季，历时近5个月。发掘面积近600平方米。发现了灰坑、红烧土坑、房址等遗迹，出土较多的石器（含砺石）、陶器及少量玉器。

西山河段重点解决了外壕沟的年代、结构问题，确认外壕沟始建年代为凌家滩文化时期，距今5000多年。南半坎探方内发现一处建筑迹象。后河大堤段发现了数量较多的灰坑、红烧土堆积等，以凌家滩晚期偏晚为主，甚至一部分可能晚于目前所认识的凌家滩文化时期，是本次发掘较为重要的成果之一。

3．寿春城遗址西圈墓地考古发掘

西圈墓地位于寿县古城的西南。通过对各墓葬材料的梳理，本次选择竖穴土坑且发现有青膏泥和木质棺椁、分布较为集中的区域进行发掘，拟定发掘墓葬45座。截至2017年年底，合计发掘墓葬35座，其中春秋晚期至战国早期墓葬10座。通过大规模探方发掘法的揭露，发现战国晚期遗迹如房址、灰坑等与春秋晚期墓葬之间的叠压打破关系，对于完善寿春城遗址的陶器编年有重要意义，也为研究楚都寿春城的分布范围、功能布局等提供了新的线索。

4．萧县白土寨窑址考古发掘

3～7月，安徽省文物考古研究所联合武汉大学、萧县博物馆对萧县白土寨窑址进行主动性考古发掘。发掘面积478平方米。清理唐宋时期各类遗迹70处，包括窑址3座、料池4个、储灰池7个、房址10处、灰坑29个、柱洞类遗迹12个、灶类遗迹3个、路基2条。出土遗物丰富，保存完整的小件遗物近800件。

本次发掘进一步丰富了对萧窑中心窑厂分布区内文化内涵的认识。碗形间隔具与船形间隔具等窑具的使用方式在这次发掘中有实物可以印证，对研究萧窑的装烧工艺具有十分重要的意义。

5．合肥大雁墩遗址考古发掘

为配合合肥普天合电新能源科技园项目建设，2～7月，安徽省文物考古研究所联合安徽大学历史系对大雁墩遗址进行了抢救性考古发掘。发掘面积1000平方米。发现各类遗迹30处，其中有灰坑12处、灰沟1条、房址6处、墓葬6座。出土遗物主要有石器、陶器、青铜小件、骨角器、卜甲等，另外发现少量青铜炼渣。

推断大雁墩遗址是一处西周时期的聚落遗址，陶器组合具有在周文化基础上发展起来的江淮地域特色。大雁墩遗址的发掘为研究江淮之间西周聚落遗址的陶器文化面貌、生业经济形式、墓葬形制、葬俗和居民精神信仰提供了珍贵资料。

【博物馆与可移动文物保护】

（一）博物馆

1．博物馆建设

2017年全省博物馆、纪念馆总数增至230家，其中国有博物馆150家、非国有博物馆80家。安徽中国徽州文化博物馆入选第三批国家一级博物馆。

滁州市、宣城市、五河县博物馆建成对外开放，安庆市、阜阳市、广德县、涡阳县、繁昌县、怀宁县博物馆等新馆正在建设中。楚文化博物馆建设工程选址项目获国家文物局批准。金寨县革命博物馆改扩建项目有序推进。

2．博物馆间的交流与合作

充分发挥博物馆展览联盟作用。组织召开全省博物馆陈列展览联盟工作推进会，举办公共文化服务管理提升培训班，与北京博物馆学会联合召开保管专业第十七届学术研讨会等。组织省内部分市博物馆、非国有博物馆参加第三届广州国际文物博物馆版权博览会。制作完成《安徽省博物馆陈列展览联盟——展览推介》手册。手册中除了安徽博物院特色原创展览外，还首次增加了部分市县特色展览，增强各馆之间的交流。

3．重要陈列展览

全年各博物馆基本陈列和临时展览800余个，展览联盟推出展览28个，包括原创展览6个、引进展览5个、输出展览17个。从故宫博物院引进“盛世琳琅——故宫博物院珍藏清代宫廷玉器特展”，赴佛光山佛陀纪念馆展出“佛光恒常——安徽佛教文物精品展”。与无锡博物馆联合举办“先生姓黄——安徽博物院院藏黄宾虹书画展”、在重庆中国三峡博物馆举办“关于爱的‘情书’——潘玉良的绘画世界”。“神工意匠——徽州古建筑雕刻艺术展”在中国园林博物馆展出。安徽博物院 “战地黄花分外香——安徽军民抗战宣传画展”入选国家文物局“纪念建军90周年、抗战全面爆发80周年”主题展览项目。

“镜里乾坤——铜镜背后的故事”“家山如画——‘新安画派’精典回顾”“妙手灵心——安徽民间剪纸艺术展”“岸芷汀兰——台北故宫博物院经典书画展” “紫泥春华——安徽博物院院藏当代优秀中青年紫砂艺术家捐赠作品展”“新安张氏三代书画捐赠

展”等展览在有关市、县博物馆巡展，“潘玉良美术作品”展在芜湖市博物馆展出。

安徽博物院完成“安徽文明史”史前、夏商周、秦汉至明清等展厅的展陈提升工作，于9月底竣工对外开放。

（二）可移动文物保护

经第一次全国可移动文物普查认定，安徽省共有可移动文物国有收藏单位394家，登录文物藏品303994件/套，实际数量1158334件，成为全国登录文物超百万的文物大省之一。其中，一级文物有2221件/套、二级文物有5152件/套、三级文物有52998件/套。

根据进一步加强馆藏文物管理工作的通知，开展安徽省馆藏一级文物管理情况调查，共抽查10个博物馆。

【科技与信息】

两项省社会科学普及规划项目获准立项；两项成果获得省社科联优秀成果二等奖，一项成果获优秀奖。完成年度社科普及规划项目及“三项课题”项目申报。安徽博物院获2016～2017年度安徽省社会科学普及工作先进单位称号；建成“徽州古建筑陈列”数字化展览。

【文博教育与培训】

举办全省公共文化服务管理提升班、保管专业学术研讨会，举办全省博物馆讲解员大赛。选拔4名优秀选手代表安徽省参加了国际博物馆日“中国故事——全国博物馆优秀讲解案例展示推介”评选活动，其中一名选手获成人志愿者组“十佳讲解员”称号。举办《丝绸之路上的古代玻璃》等5期“安博讲堂”。安徽博物院志愿者团队获全省优秀群众文化志愿辅导工作团队。

【文博宣传与出版】

全省各地组织开展国际博物馆日活动。在蚌埠市举办文化和自然遗产日安徽省主场活动启动仪式，开展非遗项目展演、传统技艺类非遗项目及民俗项目展示、文化遗产图片展、双墩遗址与淮河流域古代文明进程研讨会、博物馆走进社区、文博大讲堂、青少年走进考古发掘现场、非遗项目进校园进军营等系列活动。

《中国文化报》对阜南台家寺遗址考古发掘情况进行了报道；《中国文物报》先后对安徽省田野考古培训班、大别山区革命文物保护利用座谈会、安徽省文物安全工作会议等进行报道；《安徽日报》对文化和自然遗产日安徽主场活动、第八批省级文保单位申报、明中都皇故城入选国家考古遗址公园等进行报道。

编辑出版《柳孜运河遗址第二次考古发掘报告》《安徽六安城东墓地——巨鹰墓地发掘报告》等考古报告，《新中国捐献文物精品全集·孙大光卷（三）》《盛世琳琅——故宫博物院珍藏清代宫廷玉器特展》等图录，《许承尧未刊稿整理研究》《文物背后的皖江历史文化》《文物科技保护研究与实践》等专著，完成《佛心流芳——池州民间佛像艺术》《安徽博物院馆藏墨》撰写工作。

【机构及人员】

截至2017年，安徽省有文物保护管理机构93个，从业人员488人，其中中级职称110

人、副高级职称30人、正高级职称3人；博物馆196个，从业人员2948人，其中中级职称404人、副高级职称116人、正高级职称47人；文物商店1个，从业人员36人，其中中级职称7人、副高级职称2人；文物科研机构1个，从业人员45人，其中中级职称18人、副高级职称6人、正高级职称5人；其他文物机构10个，从业人员69人，其中中级职称4人、副高级职称2人、正高级职称1人。

【对外交流与合作】

引进捷克“玻璃攸华　旷世良工——欧洲玻璃艺术珍品展”，共展出200余件欧洲古代至20世纪初的玻璃艺术精品，是欧洲玻璃艺术珍品巡回展在中国的收官之展。

遴选14件/套珍贵文物参加“唯一的汉字　唯一的美”赴日展览。

福建省

【概述】

2017年，福建省文博系统在省委、省政府的正确领导下，认真学习贯彻习近平新时代中国特色社会主义思想和党的十九大报告精神，紧紧围绕福建省委、福建省人民政府中心工作，按国家文物局的工作要求，围绕文化强省建设目标，采取扎实有效的创新举措，着眼福建省实际和文物工作特点，加大文物保护力度，做好让文物活起来文章，加快文物事业发展，较好地完成了各项工作。

【法规建设】

福建省人大审议通过《福建省历史文化名城名镇名村和传统村落保护条例》；出台《福建省文化厅关于进一步促进福建省非国有博物馆发展的实施意见》；完成《福建省文物维修保护和文物征集专项资金管理办法》《福建省世界文化遗产专项资金管理办法》等修订工作。龙岩市人大审议通过《红色文化遗存保护条例》；三明市制定出台《三明市红色文化遗址保护管理办法》，市人大审议通过《三明市万寿岩遗址保护条例》；南平市人大审议通过《南平市朱子文化遗存保护条例》。

【执法督察与安全保卫】

（一）执法督察

积极开展文物执法巡查。全年开展文物执法巡查3852次，检查单位8872处，发现各类违法行为22起，其中国家文物局和福建省文物局督办件6起。全年累计发现文物安全案件（事故）4起。开展法人违法案件整治，组织力量对重点案件挂牌督办，全年督办行政违法案件3起。福建正祥广成置业发展有限公司破坏福州市鼓楼区不可移动文物洗银营27号案获评“2017年度文物行政执法指导性案例”。与福建省公安厅刑侦总队开展为期三个月的联合打击文物违法犯罪行动。向公安部门报送被盗文物案件信息41条，移交涉嫌盗挖古遗址案件材料1份。全年破获刑事案件2起。

（二）安全保卫

全年实施文物安全检查6060次，检查单位14295处，发现安全隐患3492处。根据国家文物局《关于开展全国文物安全状况大排查行动的通知》要求，启动了为期五个月的“福建省文物安全状况大排查行动”，累计排查各类隐患969条。开展文物安全暗访行动，暗访单位86处，发现重大安全隐患32项，发出整改函5份。制定了2018年福建省文物三防项目计划，完成一批国保三防方案的审批。启动“文物保护单位在线监控平台”建设。

【不可移动文物的保护和管理】

（一）概况

福建省有全国重点文物保护单位137处291个点，省级文物保护单位675处，县市级文物保护单位4746处，形成了有效的保护体系。

（二）大遗址保护

继续实施万寿岩环境整治一期工程，二期工程设计方案完成审批程序。万寿岩国家考古遗址公园入选第三批国家考古遗址公园名单，成为福建省首个国家考古遗址公园。

（三）全国重点文物保护单位

2017年，福建省争取到国家重点文物保护专项补助资金13344万元，实施75项全国重点文物保护单位保护项目。启动实施林则徐宅与祠、官田李氏大宗祠、李光地宅和祠和九日山摩崖石刻和尚书第建筑群等13项安防工程；永定—洪坑土楼群、蔡氏古民居建筑群、西陂天后宫、南安中宪第和狮峰寺等5项消防工程；施琅宅、祠和墓，南天寺，陈埭丁氏宗祠等3项防雷工程。组织编制了福建土楼之平和庄上大楼、赵家堡（诒安堡、积玉堂、孝堂）、蓝廷珍府第等修缮方案和正顺庙展示利用方案。

（四）世界文化遗产

积极推动世界文化遗产申报工作。指导厦门按时提交鼓浪屿申报世界文化遗产文本的补充资料，继续完善53个核心要素文物本体保护维修、环境整治及美化提升等工程，积极筹备和参加联合国教科文组织第41届世界遗产大会事宜。7月8日，“鼓浪屿：历史国际社区”成功列入《世界遗产名录》，成为我国第52个世界遗产项目。

指导泉州完成申报文本和保护管理规划编制修改，于1月26日报送世界遗产中心，开展16个申遗点的保护修缮、遗产展示、环境整治等工作。古泉州（刺桐）史迹保申遗项目顺利接受了国际古迹遗址理事会的现场考察评估。

实施武夷山、福建土楼世界遗产保护工程，继续推动海上丝绸之路、闽浙木拱廊桥、万里茶道等文化遗产保护和申遗前期工作。举办“跨海和声——妈祖文化与海上丝绸之路文化遗产保护主体论坛”。武夷山下梅古建筑群、闽赣古驿道及分水关遗址等4处文物入选推荐“万里茶道”世界遗产申报点。

加强海上丝绸之路文化遗产保护。围绕“一带一路”倡议，推动海上丝绸之路沿线国家在文化遗产领域的对话、交流与合作。3月，召开“海丝·南靖东溪窑学术研讨会”，为海上丝绸之路福建段的价值研究提供更多智力支持。省财政设立福建省世界文化遗产专项资金，用于补助泉州、漳州、福州、莆田等地“海丝”文化遗产的本体保护维修、周边环境整治、消防安全、遗产展示等。

（五）其他

历史文化名城名镇名村保护继续推进。福建省人民政府公布第二批省级历史文化街区11个。会同福建省住房和城乡建设厅公布第二批省级传统村落234个，2017年重点改善提升历史文化名镇名村和传统村落15个。继续实施国保省保集中成片传统村落文物保护利用工程，逐步开展保护工程验收工作。支持10个历史文化名镇、名村建设文物特色小镇，实施文物展示利用工程。配合住房和城乡建设部、国家文物局开展历史文化名城、名街、名镇、名村保护状况检查评估工作。

开展第九批省级文物保护单位评审工作，确定251处推荐名单并报请福建省人民政府核定。开展文物保护工程资质评审工作，公布81家文物保护工程勘察设计、施工、监理单位。

加强涉台文物保护。争取2018年度中央财政专项补助资金5616万元，用于实施30项全国重点文物保护单位涉台文物保护工程和23个省级涉台文物保护工程重点项目。

加强革命文物保护。福建全省共登记革命（红色）文物962处（点），其中原中央苏区革命文物518处（点）。启动革命文物保护利用五年行动计划，全面推进全省革命文物保护利用工作。组织编制《福建省革命文物保护利用经费需求规划》，项目总数573个。指导、支持龙岩市编制《龙岩市革命旧址保护利用规划》，已通过了国家文物局组织的专家评审。编制古田会议旧址群等6个革命旧址群保护利用工程立项，其中全国重点文物保护单位的立项已获国家文物局批复。开展中央苏区红色交通线文物保护情况调研。启动省级以上革命文物保护工程20项，争取中央财政拨款3699万元以支持闽西革命文物保护。

【考古发掘】

（一）概况

开展了平潭综合实验区平原镇东花丘青铜时代遗址、邵武市水北镇李家山六朝墓、将乐县南口乡下瑶窑址等考古发掘项目。

（二）重要考古项目

1. 平潭综合实验区平原镇东花丘青铜时代遗址

东花丘遗址位于福建省平潭综合实验区平原镇山显美村南垄自然村东北面约300米的台地上，西南面紧临壳丘头遗址。经国家文物局批准，10月11日～12月12日，福建博物院文物考古研究所对遗址进行正式发掘。发掘区域位于东花丘西南侧较平坦区域，共布方13个，发掘面积325平方米。东花丘史前遗存的文化面貌与福清市东张下湾墓葬相似，年代应与之相当，距今3500～3000年。

东花丘遗址是平潭岛重要的青铜时代遗址之一。大量夹砂绳纹陶与以云雷纹为主要纹饰的印纹硬陶共存的现象，可能代表了当时平潭岛本地土著文化与来自闽江下游地区外来文化之间碰撞、融合的过程。此次发掘为探索福建内陆史前文化向海岛扩散等问题提供了重要的资料。

2. 邵武市水北镇李家山六朝墓

李家山六朝墓位于邵武市水北镇故县村，墓葬数量较多，分布于闽江支流富屯溪北岸故县村周围的多处山丘。经国家文物局批准，福建博物院于2017年9月～2018年1月对故县村西北面的墓葬进行考古发掘，发掘面积500平方米，揭露券顶砖室墓12座，根据时代可分西晋至东晋早期和东晋中期至南朝刘宋初期两期，虽均为券顶砖室墓，但墓葬形制和结构略有不同。

邵武李家山墓葬的分期与政和县六朝墓的分期基本一致，说明两晋时期闽西北内部富屯溪流域和松溪流域在墓葬文化上保持了基本相同的发展变化。

3. 将乐县南口乡下瑶窑址

下瑶村窑址位于将乐县南口乡下瑶村，窑址规模较大，分布面积数千平方米，是闽西北一处重要的窑场。经国家文物局批准，福建博物院、将乐县博物馆于2017年12月～2018年1月对窑址进行联合发掘，发掘面积约600平方米，揭露两座分室龙窑遗迹（编号Y1、Y2）及两处作坊遗迹。出土遗物以青白瓷为主，另有少量青瓷、酱黑釉瓷以及窑具。其中Y1年代为南宋中、晚期，Y2为南宋晚期至元代。

下瑶窑址对研究福建省分室龙窑的分布与起源有着重要意义，其产品在国内外沉船中亦有发现，说明曾是我国古代海上丝绸之路贸易的组成部分。

【博物馆与可移动文物保护】

（一）博物馆

1．博物馆建设

截至2017年年底，福建省共有博物馆125家（其中国有博物馆100家、非国有博物馆25家），国家级博物馆31家，其中国家一级博物馆5家、二级博物馆9家、三级博物馆17家。2017年完成3家国有博物馆和2家非国有博物馆的设立备案工作，1家博物馆通过国家一级博物馆评审。

2．博物馆间的交流与合作

积极开展省际交流合作，组织福建博物院、福建省昙石山遗址博物馆、福建民俗博物馆和南平市博物馆到北京、辽宁、江苏、新疆、内蒙古等地举办建盏和德化瓷等专题展览。“海上门户　有福之州——福州海上丝绸之路文化遗产展”赴上海、云南等省巡展。加强与故宫博物院合作，5月13日，故宫鼓浪屿外国文物馆开馆，为福建文化注入新的活力；与故宫博物院合作举办“梵天东土　并蒂莲华：公元400～700年印度与中国雕塑艺术大展”和严复书法特展，获得社会各界广泛好评。

3．重要陈列展览

全省博物馆推出丰富多样的陈列展览，为群众提供优质的公共文化服务，2017年举办各种展览活动980余场。

积极实施社会主义核心价值观主题教育，除红色文化常设展览外，还举办了不少主题展览。联合28家博物馆举办的“八闽军旗红——福建省纪念建军90周年暨喜迎十九大革命文物联展”荣获国家文物局公布推介的“纪念建军90周年、抗战爆发80周年”全国十大主题展览。

举办“八闽藏珍——福建省第一次可移动文物普查成果展”。福建博物院“丝路帆远——中国海上丝绸之路文物精品图片展”在2017年“一带一路”北京国际合作高峰论坛和“博鳌亚洲论坛2017年年会”期间亮相。

4．文创产品开发

昙石山遗址博物馆、福建闽越王城博物馆、厦门市博物馆等10家国有博物馆和福建省源古历史博物馆、福建省九朝汇宝博物馆、厦门奥林匹克博物馆等3家非国有博物馆被列为省级文创产品开发试点单位。举办闽台大学生博物馆文创艺术设计大赛。福建博物院赴台北参加“第八届海峡两岸文化创意产业展”。

（二）可移动文物保护

1．概况

全省博物馆、纪念馆馆藏文物总量46.9万余件/套（76万余件），其中珍贵文物92748件/套（118592件）。

2．可移动文物保护技术、方法及应用

福建博物院和泉州海外交通史博物馆具有可移动文物保护设计和修复资质。2017年共编制馆藏珍贵文物修复方案4个，预防性保护方案3个。福建博物院、闽台缘博物馆、泉州市博物馆实施预防性保护建设工程3项。

【社会文物管理】

加强社会文物拍卖标的的审核管理。2017年审核文物拍卖标的25场次，鉴定书画、瓷杂等拍卖标的10566件，撤拍标的37件/套。

加强文物进出境审核工作，共办理各类文物与工艺品进出境审核498件/套，其中文物临时进境审核登记205件/套、临时进境文物复出境审核117件/套、文物临时出境120件/套、非文物出境证明56件/套。

【科技与信息】

成功举办“将乐窑暨中国南方地区宋元青白瓷学术研讨会”“中国东南及环太平洋地区史前考古国际学术研讨会”等一系列研讨会，对福建考古近十多年来在外销陶瓷、史前考古等领域的重要成果进行了系统梳理。

【文博教育与培训】

举办宗教文物建筑保护管理培训班，各设区市文物部门、民宗部门业务骨干和省级以上文物保护单位的宗教活动场所、民间信仰活动场所管理人员约100人参加了培训。

举办福建省革命文物保护利用培训班，各设区市、革命文物重点县文物部门和全国重点文物保护单位（革命文物）管理机构负责人55人参加了培训。

举办文物保护工程技术人员泥水工培训班（北片），福州、宁德、南平、三明等地市文物保护工程施工单位的78名工匠参加了培训。

举办两期《福建省博物馆概览》编纂培训班，各设区市文管办主任（博物馆科或文物科科长）和全省博物馆（包括非国有博物馆）概览编纂业务经办人员等350人参加了培训。

举办全省博物馆馆藏文物保护培训班，来自全省国有博物馆馆藏文物保管业务骨干和各设区市文物部门相关人员约140人参加了培训。

举办全省文物基础数据信息化培训班，来自全省各地文博系统的文物信息数据管理人员50余人参加了培训。

举办全省“互联网+”文物保护培训班，参训人员48人。

与宁夏回族自治区合作开办闽宁文物保护高级研修班，来自福建和宁夏两地博物馆、文物保护管理机构的专业人员40余人参加培训。

【文博宣传与出版】

创新开展文物宣传工作，建立与媒体的合作与联盟，发出“八闽文物征集令”。配合福建省文化厅组织新闻记者到厦门进行鼓浪屿申遗、到龙岩进行革命文物保护利用情况采风报道。在《福建日报》刊登《福建省第一次可移动文物普查数据公报》和《讲好福建故事　活化八闽文物》专版报道。在《福建日报》《东南网》等进行《八闽军旗红——福建省纪念建军90周年暨喜迎十九大革命文物联展》专版宣传。在《东南网》进行“福建文物与世界遗产”在线访谈。在福建省人民政府门户网站进行“红色文化保护、传承和弘扬”在线访谈。各地市加强文物宣传工作，漳州制作“海丝”申遗宣传片，龙岩市、三明市、南平市加大红色文化宣传力度。

出版《将乐良地古村》《将乐擂茶研究》《福建沿海水下考古调查报告》《漳平奇和

洞发掘报告》等学术专著。

【机构及人员】

2017年，福建省文物机构总数180个（较2016年新增34个），其中文物保护管理机构44个、博物馆123个、文物商店1个、文物科研机构2个、其他文物机构10个。从业人员2843人（较2016年新增263人），专业技术人员1058人，其中正高级职称78人、副高级职称142人、中级职称398人。

江西省

【概述】

2017年是江西省文物工作亮点频现的一年。全省文物系统在江西省委、省政府的正确领导下，在国家文物局的大力支持和指导下，认真学习贯彻落实习近平总书记关于文物工作重要指示批示精神和党的十九大精神以及《国务院关于进一步加强文物工作的指导意见》《国务院办公厅关于进一步加强文物安全工作的实施意见》，进一步增强文物保护意识，扎实推进重大文保工程，严守文物安全底线，夯实文物工作基础，拓展文物利用广度深度，文物工作取得新成效、文物事业取得新进步。

【执法督察与安全保卫】

按照党中央、国务院、文化部、国家文物局的统一部署和要求，江西省文化厅、江西省文物局高度重视，高位推动，周密部署，狠抓落实，认真抓好江西省文物安全状况大排查行动，各项工作按照时间节点有序推进，取得了较好实效，确保了全省文博单位安全平稳。8月，江西省文化厅下发了《关于认真抓好全省文物安全隐患整改工作的通知》，通报了各地自查排查、交叉检查发现的安全隐患，明确了安全隐患的整改目标、整改期限、整改步骤、整改措施以及整改责任单位和责任人。

督促指导各地做好全年尤其是节日期间的文物安全检查工作。2017年元旦、春节、“五一”、端午、中秋和国庆节期间，及时下发通知，要求各地高度重视，切实增强文物安全防范意识，切实加强文物安全工作部署，逐级落实安全责任。根据各地文物安全自查情况，不定时派出督导组赴各地进行重点抽查。通过全面排查、彻底整治和重点督察，坚决预防和遏制文物安全事故发生，确保了全省文物、博物馆单位的安全和稳定。

根据国家文物局要求，持续认真督促全省开展“文物法人违法案件专项整治工作（2016～2018年）”。以下发行政执法督办单或实地督察等形式，先后督办了南昌市部分全国重点文物保护单位保护范围和建设控制地带违法建设案以及德安县王韶家族墓群、湖口县张科墓、石城县节妇墓保护等案件。

按照财政部、国家文物局统一部署，江西省文化厅会同江西省财政厅认真做好2017年、2018年消防、防雷和安防项目资金申报工作，为进一步改善提升全省全国重点文物保护单位文物安全提供良好支持。同时，积极做好2018年、2019年“三防”项目储备和申报工作。

【不可移动文物的保护和管理】

（一）概况

2017年，江西省共争取国家文物局等部委文物保护专项资金5.72亿元，其中国家重点文物保护专项资金3.59亿元，位居全国第三。10月底，财政部提前下达江西省2018年第一批国家文物保护专项资金1.26亿元。景德镇御窑厂遗址列入《中国世界文化遗产预备名单》，武夷山（江西铅山段）入选世界文化与自然双重遗产。“富田村诚敬堂维修工程”获评“第三届全国优秀文物维修工程”，金溪县确定为中国文物保护基金会“拯救老屋行动”整县推进项目全国三个实施县之一。宁都革命文物保护利用项目获中国文物保护基金会第九届“薪火相传”评选活动“文物活化利用优秀项目”奖。

（二）大遗址保护

2017年，江西省列入国家文物局《大遗址保护“十三五”专项规划》150处大遗址名单中的8处大遗址共争取国家重点文物保护专项资金6052万元，其中紫金城城址与铁河古墓群争取2456万元。通过实施一批具有带动和示范效应的保护展示工程、建设遗址博物馆等方式，强化遗址的展示利用功能，整体提升了大遗址保护展示利用水平，产生了良好的社会效益和经济效益。国家考古遗址公园工作取得重点突破，吉州窑遗址列入第三批国家考古遗址公园名单，吴城遗址和汉代海昏侯国遗址列入第三批国家考古遗址公园立项名单。

（三）世界文化遗产

国家文物局批复同意将景德镇御窑厂遗址列入《中国世界文化遗产预备名单》。第41届联合国教科文组织世界遗产委员会会议审议并通过武夷山边界调整项目，武夷山（江西铅山段）成功列入世界文化与自然双重遗产。积极做好“万里茶道”申遗工作，补充提交了9处申遗点，基本完成申遗文本编制，先期确定九江市博物馆和婺源县博物馆为2018年“万里茶道”文物巡展地。扎实推进“江西古村落群”申遗工作，督促指导金溪、婺源、青原区制订申遗工作实施方案，成立申遗工作机构，并对三个县区相关工作进行了督察。

（四）文物保护工程

2017年，江西省共争取国家文物保护专项资金5.72亿元用于各类文物维修保护工程，其中赣南等原中央苏区革命旧址保护维修经费21627万元，一大批革命遗址得到了有效保护和合理利用。2014～2017年，江西省共争取国家支持赣南等原中央苏区革命遗址项目750个，总结出瑞金革命遗址与红色精品景区建设相结合、抚州金溪革命遗址与田园风光相结合、吉安青原区革命遗址与历史文化名村传统村落相结合、赣州宁都革命遗址与特色小镇建设相结合的保护利用模式。赣南等原中央苏区革命遗址保护利用工程成为全国革命文物保护利用的示范和样板工程。

严格执行文物保护工程项目进度月报制度，将月报制度执行情况纳入设区市、省直管县目标管理考评体系中。开展文保工程项目交叉检查，先后印发《关于开展文物保护工程项目交叉检查工作的通知》《关于做好文物安全大排查和文保工程项目交叉检查工作的通知》。2～4月，各设区市开展自查。6～7月，在各地自查基础上，组织11个检查组对全省11个设区市进行交叉检查，共检查文保工程项目323个，占2013～2015年文保工程项目总数的43.1%。下发《关于切实加强文保工程有关工作的通知》，召开文物交叉检查工作汇报会，并印发了交叉检查情况通报。9～10月，分别在赣州市、吉安市、抚州市、上饶市召开文保工程实施进度片区推进会，推进效果明显。

（五）其他

《南昌市汉代海昏侯国遗址保护条例》完成初稿，编制完成《南昌汉代海昏侯国国家考古遗址公园规划》《南昌汉代海昏侯国遗址及周边区域总体规划（2017～2030）》，南昌汉代海昏侯国遗址博物馆建设进展顺利，海昏（旅游）景观大道项目开工建设。继续加强海昏侯墓园及文保用房安保工作，成功举办“中国秦汉史研究会第十五届年会暨海昏历史文化国际学术研讨会”，完成25大类“海昏”商标和45大类“海昏侯”商标的申报注册。

扎实推进红色标语普查和保护利用试点工作，下发《江西省红色标语保护利用试点工作方案》等文件，选取8个县（市、区）作为试点单位，将红色标语普查纳入月报制度。截至2017年年底，全省共普查登记红色标语6369条，比2016年增加了2000余条。10月，分别在抚州、赣州、吉安召开红色标语保护利用工作座谈会，初步总结出乐安县的普查模式、于都县的抢救性保护模式、宁都县的利用模式，基本形成普查、保护、利用的新经验。加强对红色标语进行统计和研究，形成一批红色标语普查和研究成果。

【考古发掘】

（一）概况

江西省文物考古研究所正式更名为江西省文物考古研究院，增加编制18人（总数50人），增设古陶瓷研究中心、科技考古与文物保护中心。先后实施江西矿冶遗址、抚河流域先秦遗址、昌江流域水下文化遗产等考古调查项目，取得重要成果。开展景德镇御窑厂遗址、鹰潭大上清宫遗址、宜黄县锅底山环壕遗址、瑞昌铜岭铜矿遗址等主动性考古发掘，对樟树筑卫城国字山墓葬、新干战国粮仓城址进行考古调查、勘探。

（二）重要考古项目

1．南昌西汉海昏侯墓出土文物保护

成功剥离5200余枚竹简，启动对960余件耳杯、漆盘、木牍签牌以及孔子衣镜的脱水处理，完成150余件金属器的保护修复，完成302件玉器的提取和清洗。完成M5实验室考古工作，并有重要新发现。

2．宜黄县锅底山环壕遗址考古发掘

7～10月，江西省文物考古研究院与抚州市文博所、宜黄县文物管理所对位于抚河上游的锅底山环壕遗址及周边地区展开了联合考古调查、勘探与发掘工作。发掘区域位于遗址的西北角和北壕沟，发掘面积360平方米。清理的遗迹主要有城墙、壕沟和壕堤，发现新石器时代晚期至商周时期灰坑29个。出土器物主要为石器及陶器。锅底山遗址面积仅6000余平方米，却在四周堆砌城墙并环以壕沟和壕堤，结构特殊，从地层关系判断，城墙年代为新石器时代晚期。周边已发现9处同时期的山岗坡地遗址环绕，说明此地形成了以该城址为中心的小型聚落。该类遗址的正式发掘在江西尚属首次，为构建抚河流域先秦文化编年序列提供了重要资料，为深入研究展现早期中华文明多元一体格局、推进早期中国区域文明模式研究提供了新视野。

3．鹰潭龙虎山大上清宫遗址考古发掘

鹰潭大上清宫遗址是中国道教祖庭基址。为进一步探究大上清宫遗址早期历史遗存，江西省文物考古研究院在上清宫东侧二十四院范围内试掘500平方米。发现大上清宫宫宇主体南向，依地势而建，由龙虎门向北至玉皇殿、后土殿再至三清阁层层抬升。主体大殿建于中轴线位置工字连座的明台之上，且玉皇殿正南有月台台基，遗址整体营造法式参照北方官式建筑建造而成，是皇家等级的宫观建筑，是我国首次大规模道教考古发掘的典型实例。该遗址出土大量宋至清的瓦当、滴水、脊兽、石栏杆等建筑材料和货币、陶瓷生活用具，为研究大上清宫的历史沿革和建造艺术提供了重要资料。

（三）配合基本建设考古调查

2017年，配合基本建设完成文物保护项目23个，完成电厂、水库、墓葬等文物资源评估、考古调查与发掘项目10个，完成高速公路、铁路、高铁等文物资源评估、考古调查与发掘工作1036.8千米，开展文物调查和考古发掘技术服务1项。重点做好鄱阳湖水利枢纽、南昌航空城（瑶湖机场）建设工程、信江八字嘴航电枢纽和双港航运枢纽项目规划区、昌西南500千伏变配套输电线路等31处大型基本建设项目文物调查评估工作。

【博物馆与可移动文物保护】

（一）博物馆

1. 博物馆建设

截至2017年年底，全省登记备案的博物馆149家，其中文化（文物）系统管理的110家、行业博物馆10家、非国有博物馆29家；全年推出陈列展览600余个，免费接待观众3170万人次。

南昌八一起义纪念馆外部环境和展览提升项目于2017年2月初正式实施，7月底圆满竣工。永丰县博物馆、铅山县博物馆等新馆建设正在进行中。

江西省文化厅出台《关于推动我省非国有博物馆发展的实施意见》，指导非国有博物馆规范设立，加快现代博物馆制度建设，提高办馆质量，完善扶持政策，推进非国有博物馆健康、可持续发展。

南昌八一起义纪念馆、瑞金中央革命根据地纪念馆、吉州窑博物馆被教育部公布为“全国中小学研究教育实践基地”。井冈山革命博物馆列入“全国公共文化设施开展学雷锋志愿服务首批示范单位”。

2. 博物馆间的交流与合作

江西省博物馆馆“千年瓷都”展赴南宁市博物馆展出，“吉州瓷韵”展赴广州南越王博物馆展出。选送精美文物分别赴美国大都会博物馆、国家博物馆、浙江省博物馆、金沙遗址博物馆等博物馆展出。

景德镇御窑博物馆与荷兰代尔夫特王子纪念馆合作举办“景德镇御窑博物馆陶瓷特展”，景德镇陶瓷民俗博物馆与厦门博物馆举办“物本天成——景德镇御窑出土成化官窑瓷器特展”，江西景德镇市陶瓷考古研究所与故宫博物院、山东博物馆合作举办“御窑·皇家——明代官窑瓷器展”。选送文物参加上海科技馆“青花瓷的起源与发展”展览，首都博物馆“美·好·中华——近二十年考古发现展”，取得了良好的社会效益。

九江市周敦颐纪念馆、九江市博物馆、九江市民俗博物馆、庐山博物馆、庐山会议旧址纪念馆5家单位在内蒙古通辽市博物馆共同推出了“赣北风情——走进九江”展。

3. 重要陈列展览

为纪念南昌起义暨建军90周年，更好地传承、弘扬“八一精神”，南昌八一起义纪念馆启动了“一馆五址”陈展提升项目，对“南昌起义　伟大开端——南昌八一起义纪念馆”基本陈列及所管辖的五处旧址的陈展进行整体提升改造。7月28日，“一馆五址”正式对外开放。提升后的基本陈列面积3625平方米，展线653米，展出各类图片、图表509幅，文物展品407件/套，艺术品51件，大型景观及多媒体展示10组。展览分为“危难中奋起”“伟大的决策”“打响第一枪”“南征下广东”“转战上井冈”“群英耀中华”等6个部分、21个展示单元。

4．文创产品开发

开展文化创意产品开发试点工作，19家文博单位列入“江西省文化创意产品开发试点单位名单”（全省40家）；江西省博物馆、瑞金中央革命根据地纪念馆列入“2017年度全国文化文物单位文化创意产品开发扶持入选单位名单”，扶持金额分别为10万元和15万元。组织博物馆和相关企业参加第24届北京国际图书博览会文博创意产品展、2017“中华文博礼”全国文化文物创意产品成果展（义乌）、第三届国际文物博物馆版权交易博览会等活动。

（二）第一次全国可移动文物普查

江西省第一次全国可移动文物普查工作历时四年，圆满收官。全省共登录文物收藏单位398家，登录文物327511件/套（641550件）。5月18日，由江西省文化厅主办、江西省博物馆承办的“典录珍宝　金色赣鄱——江西省第一次全国可移动文物普查成果展”在江西省博物馆开展，全面回顾江西省可移动文物普查历程，讲述普查背后的故事。组织先进推荐与表彰工作，2家单位和2人获全国先进称号，32家单位和144人获省级表彰。指导江西省博物馆建立江西省可移动文物普查数据资源服务平台，推进网上博物馆建设。

【社会文物管理】

江西省文物商店应对市场变化，不断开拓创新，年经营额达900余万元，取得了较好的成绩。作为国家文物局指定的江西省唯一一家涉案文物鉴定评估机构，江西省文物商店全年年开展各项涉案文物鉴定10余次100余件，取得了很好的社会效益。

【科技与信息】

指导各地申报“互联网+中华文明”行动计划，江西省3家单位纳入国家2017年示范项目库，其中2家各获补助资金15万元。

组织开展“全省非国有博物馆行业发展调研”，通过实地走访、调查摸底、开展运行评估、召开座谈会等方式对全省非国有博物馆现状与发展情况进行调研。

【文博教育与培训】

举办全省博物馆讲解培训班，近160人参训；承办全国文博系统专业人员江西（景德镇）地区瓷器鉴定培训班；派员参加国家文物局举办的博物馆教育、清代书画鉴定、博物馆专业人员陶瓷鉴定、玉石器文物鉴定、展览策划暨陈列设计、新材料在文物保护修复中的研究与利用、藏品管理等各类培训班。

9月，举办全省文物行政执法人员培训班，培训学员75名。培训内容丰富实用，包括习近平总书记关于文物工作系列重要论述、《国务院办公厅关于进一步加强文物安全工作的实施意见》解读、当前文物执法工作面临的形势、文物执法困境与办案技巧、文博单位消防工作等。

【文博宣传与出版】

5月18日，由江西省文化厅、江西省文物局、宜春市人民政府主办，宜春市文化广电新闻出版局承办的江西省国际博物馆日暨文化和自然遗产日主场城市宣传活动启动仪式在宜春市博物馆隆重举行。各地结合自身实际，围绕活动主题开展了丰富多彩的宣传活动。

南昌八一起义纪念馆完成中宣部组织的全国爱国主义教育基地丛书《军旗升起的地方——南昌八一起义纪念馆》一书的编写工作。井冈山革命博物馆为纪念井冈山革命根据地创建90周年编写的《红旗飘扬》由中央文献出版社出版。《红旗漫卷烽火路——见证历史的抚州红军标语》由江西教育出版社出版。

【其他】

7月3日，江西省人民政府印发《关于进一步加强文物工作的实施意见》，从明确工作目标、明确职能责任、加大文物保护力度、拓展文物合理利用、筑牢文物安全底线、落实保障措施等六个方面提出要求。同时，为贯彻落实习近平总书记“让文物活起来”重要指示精神，江西省文化厅下发《关于推进我省文物合理利用的通知》，要求各地切实把握好文物利用原则，推进不可移动文物的合理适度利用，提升可移动文物展示利用水平，切实做好革命文物展示利用工作。

山东省

【概述】

2017年，山东省文物系统工作认真学习贯彻习近平新时代中国特色社会主义思想和党的十九大精神，贯彻落实山东省委、省政府和国家文物局的安排部署，落实全面从严治党要求，加强文物保护利用和文化遗产保护传承，推动全省文物事业持续健康快速发展。

【法规建设】

稳步推进《山东省齐长城保护条例》《山东省曲阜孔庙、孔林、孔府保护管理条例》《山东省考古遗址公园管理办法》等法规规章制定，其中《山东省齐长城保护条例》被山东省人大、省政府列入2018年地方立法计划一类项目。

对山东省文物局起草的山东省政府规章、省政府文件和部门规范性文件进行全面清理，共清理1部政府规章、17个省政府文件和10个部门规范性文件，分别提出了继续有效、修改、宣布失效、废止的意见建议。

【执法督察与安全保卫】

认真贯彻全国文物安全电视电话会议精神，落实《国务院办公厅关于进一步加强文物安全工作的实施意见》，全面加强文物安全工作。根据山东省委、省政府和国家文物局部署，开展全省文物安全状况大排查行动、文物法人违法案件专项整治行动、排查安全隐患防范四类风险专项行动、长城执法专项督察"回头看"，配合有关部门开展打击文物犯罪专项行动、文物流通市场专项整顿行动等专项行动。全年督办行政违法案件22起，其中法人违法案件14起，通报典型案件5起。青岛市文化市场行政执法局办理的"工商银行股份有限公司青岛市北第二支行擅自修缮山东省文物保护单位朝鲜银行青岛支行旧址案"入选国家文物局"2017年度文物行政执法指导性案例"。

不断加强文物安全防护体系建设。推进"文物安全天网工程"，启动实施省级监控指挥中心建设和《山东省"文物安全天网工程"设计施工方案》的现场勘查、编制工作，通过"统一技术标准、统一勘察设计、统一设备选型和网络传输"模式，确保工程建设顺利推进。抓好文物安全防护工程，全年获国家文物局批复安防、消防、防雷工程28个，评审、批复省级文物保护单位安防、消防工程项目7个。列入全国"消防安全百项工程"的曲阜孔庙及孔府等古建筑群、泰山古建筑群、坊子德日建筑群工程设计方案全部获批并启动建设；薛城遗址安防工程、程家沟古墓安防工程、淄博矿业集团德日建筑群消防工程、泰山古建筑群防雷工程、刘公岛甲午战争纪念地防雷工程设计方案均已获批或进入施工阶段，文物安全基础设施进一步完善。

【不可移动文物的保护和管理】

（一）概况

全年获批国家文物保护专项资金补助项目114个，主要集中在曲阜、齐文化示范区及大运河、齐长城、海疆文化带“二区三线”上。完成2018年度国家项目立项申报工作，申报266个项目。省级文物保护项目实行项目计划书集中审批，全年批复省级大遗址和重点文物保护专项补助项目123个。加强文物保护项目实施和专项资金管理力度，完善“山东省文物保护项目申报管理系统”，修订出台《山东省文物保护专项补助经费管理办法》，开展专项资金使用督察和重点项目督导，委托第三方开展项目绩效评估，配合山东省审计厅、山东省财政厅完成5次专项审计调查和核查工作。

（二）大遗址保护

2017年，山东省上报国家文物局大遗址保护项目计划书40项，获批复9项；受理山东省保项目计划书110项。全年批复全国重点文物保护单位大遗址和墓葬保护工程设计方案5个，批复省保单位遗址墓葬保护方案及施工图20项，项目批复立项40项。

加快推进国家考古遗址公园建设。鲁国故城、南旺水利枢纽、大汶口、城子崖、齐国故城等5处国家考古遗址公园规划建设加快推进，部分区域已对外开放。城子崖遗址顺利通过第三批国家考古遗址公园挂牌，日照两城镇遗址列入第三批国家考古遗址公园立项名单。启动第一批山东省级考古遗址公园建设工作，费县故城、龙华寺遗址、羲皇庙遗址、两城镇遗址、大辛庄遗址开展保护展示工程；郕国故城城墙保护工程及金水河故道环境整治工程、薛城遗址西南角及西北角城墙抢救性保护工程即将完工。

（三）世界文化遗产

推进曲阜优秀传统文化传承发展示范区和齐文化传承创新示范区建设。围绕山东省委、省政府提出的规划建设曲阜优秀传统文化传承发展示范区、齐文化传承创新示范区，积极参与两区规划的调研论证，推进曲阜、临淄文化遗产保护。鲁国故城、“三孔”古建筑维修及彩绘保护、齐国故城等重大工程取得较大进展。孔孟文化遗产地保护利用世界银行贷款项目历时7年圆满完成，完成全部89个项目包建设任务，完成全部提款报账。世界银行将该项目评定为“发展目标和实施进度满意项目”“监测和评价运营示范项目”。

推进大运河文化带和山东海疆文化带规划建设。围绕“一带一路”倡议、大运河文化带建设和山东“蓝黄经济区”战略，深入开展文物资源调查，启动庙岛海域和威海湾海域水下资源调查工作，策划海疆沿线重点文物点保护和环境整治项目，推进实施日照沿海龙山文化遗址群保护与展示工程等一批重点工程。国家文物局在山东省召开了大运河文化带建设工作座谈会。山东省文物局组织省内外专家召开了“‘一带一路’与山东”研讨会。

推进齐长城保护利用。专项督察贯彻落实《山东省人民政府办公厅关于加强齐长城保护管理工作的意见》工作情况。落实保护人员，聘请并在国家文物局备案318名齐长城保护员。组织齐长城遗址保护规划第三次专题论证，重新划定齐长城保护范围和建设控制地带。加快推进齐长城重点区段抢险维修工程。

（四）其他

加强革命文物保护，编制《山东省革命文物保护经费需求规划报告》，重点支持革命文物保护沂蒙片区、胶东片区、渤海片区、鲁西片区、鲁西南片区等。

深入实施“乡村记忆”工程，按照山东省2017年“文化惠民、服务群众”13件实事工作安排，在全省扶持修缮690栋传统特色民居，各级累计投资7800多万元。

【考古发掘】

山东省文物局印发《关于加快山东考古事业发展的指导意见》，从考古地位、主动性考古、基建考古、科技考古和社会服务等方面提出指导意见。完成山东省考古学会换届工作。召开山东省第一次考古工作会议，评选表彰了2013～2015年全省优秀田野考古工地和2016年全省五大考古新发现。完成考古科普丛书初稿，组织编制《山东省公众考古导则》。

全年上报26项考古发掘证照申请材料，获国家文物局批复22项，其中主动性考古发掘项目6项，批复开展大遗址考古勘探项目26项。组织开展178项建设工程考古调查、勘探等文物保护工作。完成G309青兰线穿越营陵故城遗址等10项涉及省级以上文保单位建设工程保护方案的初审和申报工作，出具81项建设工程文物保护许可。配合济青高速改扩建、济青高铁、庄里水库、黄水东调应急工程、鲁南快速铁路客运通道等全省重大基础设施建设做好考古工作。

对主动性考古发掘项目方案进行专家评审，编制主动性考古勘探工作计划书规范。对齐国故城、海子遗址、大韩墓地等考古发掘项目开展专项安全检查，组织后李遗址、平阴孙氏墓群等33项考古项目检查验收。

加快推进定陶王陵黄肠题凑汉墓保护工程，对已完成的自动喷淋和地下部分旋喷桩止水帷幕工程进行了结项验收。策划海疆沿线重点文物点的保护和环境整治项目，开展日照沿海龙山文化（含大汶口晚期）遗址群保护与展示工程。

章丘焦家遗址考古取得重大考古发现，山东省文物局在遗址考古地举办了首个文化和自然遗产日山东主场活动和首个“山东省公众考古基地”揭牌仪式。

【博物馆与可移动文物保护】

（一）博物馆

1．博物馆建设

截至2017年年底，山东省各级各类博物馆共497家，其中文物系统外行业博物馆73家、非国有博物馆272家。

贯彻落实《博物馆条例》和山东省政府关于促进非国有博物馆发展文件。严格设立备案审核，引入第三方专家评审，指导开展藏品登记和确权公证。完成山东省博物馆学会换届工作。

加强重点场馆建设。积极推进山东自然博物馆建设选址、资源调查、方案设计等工作。山东省文物保护科研修复工场建设主体框架封顶。孔子博物馆主体工程完成。

2．博物馆社会服务

山东博物馆入选教育部首批“全国中小学生研学实践教育基地”，获中央财政资金支持。荣成博物馆郭永怀事迹宣讲团被中宣部评为“全国基层理论宣讲先进集体”。山东省文物局会同省教育厅、团省委在临沂召开“全省博物馆青少年教育工作经验交流会”，表彰第二批15个“全省博物馆优秀社会教育活动案例”。对照山东省委改革办暗访发现问题，开展博物馆开放服务工作专项排查。

推进全省馆藏文物巡回展览。“于希宁艺术展”“刘国松现代水墨艺术展”“汉画像石拓片展”“烟台市博物馆馆藏金属胎珐琅器精品展”“‘汉画孔子’拓片展”等巡回展出51场。

3．文创产品开发

组织山东博物馆、山东省石刻艺术博物馆、济南市博物馆、青岛市博物馆做好文创产品开发全国试点工作。全省62家博物馆研发了包括装饰品、办公用品、生活用具、青少年教育辅助用品、节日礼品等20大类、千余种创意产品。济南、青岛、潍坊等地多家博物馆在全国文创产品博览会上获奖。菏泽打造市级博物馆文创产品联盟，潍坊等地成立文创研发团队。

（二）可移动文物保护

加强可移动文物保护修复专业力量，山东省文物保护委员会聘请周宝中等10位专家为“山东省文物保护修复咨询专家”，山东省文物局在全省聘任首批51名“山东省文物修复师”。组建4个可移动文物保护区域中心、7个工作站，同山东大学合作建立保护基地，可移动文物保护修复工作网络基本成型。

（三）第一次全国可移动文物普查

第一次全国可移动文物普查完成。山东省671家国有可移动文物收藏单位共登录文物286万余件/套（558万余件）。山东省政府在第一次全国可移动文物普查总结会议上作典型发言。出版普查成果丛书《文物山东》《博物山东》。

【科技与信息】

利用第一次全国可移动文物普查数据建设的全国第一个省级可移动文物数据库综合服务平台“文物山东”上线运行。

在全面完成山东数字化博物馆建设，对全省各级各类博物馆馆藏1万余件珍贵文物进行数字化信息采集和共享的基础上，开发建设山东省数字化博物馆省博分馆“文物魔墙”并投入使用。

成功举办2017（济南）国际文物保护装备博览会，国内外210家企业和文博单位参展，展览面积1.3万平方米，首次推出涵盖全省17地市、包括故宫文创在内的上千种文化创意产品的专题独立展区。

【文博教育与培训】

山东省文物局与山东建筑大学签署了《关于联合培养高层次文博人才的协议》。全年举办文物保护专题培训班和组织选派人员参加培训班25期，培训各级各类管理干部和专业人员620人次。

【机构与人员】

加强文物保护机构和队伍建设。山东省文物考古研究所更名为山东省文物考古研究院。山东省文物科技保护中心更名为山东省古建筑保护研究院，为正处级公益一类事业单位。筹备组建山东省文化遗产发展集团公司，定位为省属一级文化企业。山东博物馆、山东省石刻艺术博物馆等省直有关文博单位整建制划转山东省文物局管理。

2017年，山东省共有文物保护管理机构110个，从业人员2615人，其中正高级职称6人、副高级职称117人、中级职称431人；博物馆497个，从业人员7976人，其中正高级职称190人、副高级职称461人、中级职称1189人；文物商店6个，从业人员64人，其中副高级职称4人、中级职称15人；文物科研机构12个，从业人员147人， 其中正高级职称12人、副高级职称20人、中级职称37人；其他文物机构65个，从业人员1960人，其中正高级职称20人、副高级职称25人、中级职称154人。

【对外交流与合作】

加强对外交流与合作，赴美国、加拿大开展一系列文物交流活动。在日本美秀美术馆举办“蝉冠菩萨造像”展览，配合国家文物局在美国纽约大都会艺术博物馆举办“秦汉文明展”。邀请意大利著名文保专家到山东省文物局举办文物保护与修复专题讲座。组织文物修复学习考察团到意大利、荷兰进行考察学习。

筹备第五届尼山论坛，召开尼山世界文明论坛组委会第十次会议。

【其他】

深入推进“放管服”改革，山东省文物局取消4项行政权力事项，将4项行政权力事项调整为公共服务事项；将省级50项行政处罚事项和3行政强制事项下放至市县实施，推进执法重心下移。梳理公布第一批“零跑腿”事项16项，“只跑一次腿”事项7项；清理规范文物系统中介服务项目和证明材料，取消中介服务项目5项、证明材料47项。

会同故宫博物院、山东省总工会、山东广播电视台成功举办全省文物职业技能大赛，来自省内45家单位的220多名选手参加了木作、瓦作、彩画作、油漆作、考古探掘等5项职业技能比赛。大赛是全省第一次文物职业技能大练兵，搭建了锻炼、培养和选拔高技能人才的重要平台。

河南省

【概述】

2017年，河南省文物局紧紧围绕迎接党的十九大召开、学习贯彻党的十九大精神这条主线，深入学习贯彻习近平新时代中国特色社会主义思想，全面落实党中央、国务院和省委、省政府的决策部署，突出推进构筑全国重要文化高地和华夏历史文明传承创新区建设，脚踏实地、开拓进取，带领全省文物系统不断取得新成绩。

【法规建设】

完成《安阳市城市园林绿化条例（草案）》等7个相关法规草案的法制审核。配合省政府办公厅草拟河南省《关于进一步加强文物安全工作的实施意见》。《濮阳市戚城遗址保护管理条例》经省人大审议通过，2018年1月1日起实施，成为地方立法新突破。郑州、开封、安阳、许昌、三门峡、商丘、周口等省辖市政府《关于进一步加强文物工作的实施意见》，焦作市政府《关于进一步加强文物保护工作的通知》、漯河市政府《关于加强文化遗产保护传承和合理利用工作的实施意见》及孟州市政府《关于进一步加强文物保护工作的通知》等一批地方文物保护政策性文件出台，推动当地文物事业有序发展。

【执法督察与安全保卫】

持续开展文物法人违法案件专项整治行动。针对地方文物安全保护管理方面存在的突出问题，向洛阳、安阳、商丘等地政府发出督办函，重点督办了安阳引岳入安工程非法施工破坏全国重点文物保护单位固岸墓地古墓葬等文物法人违法案件。全省共查处文物法人违法案件11起，公安机关依法对9名涉嫌损毁文物本体案件的犯罪嫌疑人进行了刑事立案调查，由案发地纪检监察机关对负有责任的13名党员干部进行了责任追究。

与省公安厅联合开展打击文物犯罪专项行动，破获文物盗掘、盗窃案件23起，抓获犯罪分子66人，打掉犯罪团伙11个，追缴文物48件、古钱币39公斤。与省工商局联合开展文物流通市场专项整顿行动，出动检查执法人员4596人次，检查文物商店、古玩（文物）和旧货市场、文物拍卖企业2287户次。与郑州海关联合发出《打击文物走私保护文物安全倡议书》。组织鉴定机构开展文物司法鉴定鉴定72起，为司法机关有效打击各类文物犯罪提供了有力证据。

成立全省文物安全状况大排查行动领导小组，督促各地按时完成排查工作网络填报任务。全省共排查各类安全隐患1567条，其中立行立改安全隐患1295条、突出问题安全隐患272条，及时进行整改。全省成立9个督察组，对40余个市县、近200处文博单位进行了抽查，针对城阳城博物馆、鸡公山建筑群、安阳殷墟等文博单位安全隐患，向信阳、安阳等地文物行政部门下发整改通知书24份。

联合省公安厅、省旅游局在全省范围内开展为期两个月的文物建筑旅游景区消防安全专项治理行动。开展全省文物系统电气火灾综合治理、安全生产大检查、汛期文物防灾减灾等工作，确保文物安全。组织编制袁林安防、鄂城寺消防等20个文物安全设施工程方案。督促各地推进安防消防防雷工程进度，确保工程质量。

【不可移动文物的保护和管理】

（一）概况

截至2017年年底，河南全省共有全国重点文物保护单位358处，河南省第一至七批文物保护单位1231处。

（二）大遗址保护

国家文物局印发的《大遗址保护“十三五”专项规划》中，河南省22处（包括4条线性遗址）大遗址位列其中。截至2017年年底，22处大遗址中已有17处完成或部分完成保护规划的编制，其中15部获国家文物局批准，14部由省人民政府公布实施。《北阳平遗址总体保护规划》编制完成，《邙山陵墓群总体保护规划纲要》获得国家文物局批复同意。

二里头遗址博物馆建设项目获得审批部门同意，并于2017年6月举行了奠基仪式。庙底沟遗址博物馆建设项目获国家文物局批准。郑韩故城成功挂牌第三批国家考古遗址公园，仰韶村遗址、二里头、贾湖、庙底沟和大河村等5家单位成功列入第三批国家考古遗址公园立项名单。至此，河南省国家考古遗址公园一共13处，其中挂牌4处、立项9处。4月27日，河南省大遗址保护和国家考古遗址公园建设工作推进会在郑州召开，进一步明确工作思路和措施。

完成贾湖遗址保护展示工程，城阳城址一、二号墓葬保护展示方案、城阳城址西南城墙保护展示工程等，持续进行舞阳贾湖北舞渡、郑州商城东城垣本体保护展示工程，隋唐洛阳城遗址明教坊、宁人坊（含天街南段）保护展示工程。

2017年年初，郑州市全面实施“生态保遗”专项工程，以建设遗址生态文化公园为方式，利用3～5年时间连片建设中心城区、城市毗邻区、城郊地区3个遗址生态文化公园文化带，75处生态文化公园，以生态绿化方式让古遗址“活”起来，让古遗址成为市民文化休闲活动的主题公园，为城市建设强文脉，为文物分布密集型城市探索文化遗产片区化、集群化、生态化、亲民化保护新模式。

（三）全国重点文物单位

上报卢氏城隍庙、窄涧谷太平寺石窟等7处国保单位保护规划立项。审核上报了药王庙大殿、太昊陵庙、襄城文庙等19项保护规划，批复通过了宝轮寺塔、洛阳山陕甘会馆等5项保护规划。核准了禹县钧窑址、偃师恭陵、宝轮寺塔等3项保护规划。

上报商丘柘城故城西城墙本体保护维修工程、商丘柘城故城邵园汉墓保护展示工程等14项保护工程，批复通过登封城隍庙大殿彩画修缮工程。组织地市上报2018年度文物保护工程项目计划书，汇总整理161项，其中48项获国家文物局立项。

审核上报隋唐洛阳城外郭城南城墙保护展示方案，批复通过登封城隍庙大殿及东西廊房保护维修、开封东大寺维修加固等工程11项。上报南阳知府衙门文物保护设施建设项目、商水寿圣寺塔保护设施建设项目，审批通过南阳知府衙门保护设施建设项目。审核上报安阳航空运动学校危房改建项目、河南建业郑经置业有限公司建业中心项目等18个涉及全国重点文物保护单位的建设项目。核准禹州市钧台钧窑址加固保护、郑州大河村考古遗址公园一期建设方案。

河南省政府公布大河村遗址、鄂豫皖革命根据地旧址、宝轮寺塔、庙底沟遗址、陈元光祖祠、禹县钧窑址、恭陵、延庆观、宋陵等9个国保单位的文物保护规划。

（四）世界文化遗产

会同河南省文化厅、省发改委等部门召开河南省大运河文化带建设工作座谈会，组织大运河文化带建设调研活动，起草实施方案，初步调查梳理文物资源，组织编制了《河南省文物局建设大运河文化带实施方案》《河南省大运河文化带建设文化遗产保护利用专题研究报告》。与滑县人民政府共同主办“运河·城镇”保护与发展——大运河文化带（滑县）论坛。

推进龙门石窟东山万佛沟区防渗排水治理及危岩体加固等15项遗产本体保护展示工程。组织开展世界文化遗产巡查工作。黎阳仓遗址2017年1月1日起正式对外免费开放。与山西省共同加强红旗渠保护管理，联合申遗等工作取得积极进展。开封市根据明清城墙联合申遗总体要求，修编《开封城墙保护规划》。与沿线八省区共同商定2018年“万里茶道”申遗工作计划。

（五）传统村落保护

做好传统村落维修方案和维修项目的审核工作，对林州市任村等6处传统村落文物保护总体方案进行审核和审批。加强调研督导工作，先后赴焦作寨卜昌村、北朱村、一斗水村、九渡村，固始乐道冲村，光山龚冲等地调研和开展维修督导工作。加强施工管理，对神垕古民居、鹤壁市山城区李家大院、卫辉市小店河清代民居建筑群、安阳县渔洋村等保护项目进行施工备案，组织专家对寨卜昌村、北朱村、一斗水村、九渡村等保护项目进行施工检查、指导。

与河南省住房和城乡建设厅等部门共同组织第五批国家级传统村落、名镇、名村的资料汇总和推荐工作。开展第五批省级传统村落、名镇、名村申报、审核和公布工作。

【考古发掘】

（一）概况

2017年，河南省获得国家文物局批准的考古发掘项目143个，累计发掘各面积10.8万平方米，发掘古墓葬3517座，出土了一大批珍贵的地下文物。

（二）重要考古项目

1．新郑郑韩故城遗址考古发掘

2016～2017年，河南省文物考古研究院对郑韩故城中的北城门遗址和郑国三号车马坑进行了考古发掘。

北城门遗址位于郑韩故城东城现文化路北端，在隔城墙与北城墙交汇处，发掘面积7000余平方米。清理东周至明清时期带车辙的道路16条，春秋时期水渠1条，战国时期瓮城城墙1处，不同时期的灰坑、水井、墓葬等45处，还有战国时期排水管道、活动硬面、踩踏面、瓦砾层等重要遗迹。这次发掘是对郑韩故城城门遗址进行的第一次科学发掘，首次揭示了春秋时期郑都北城门的城门结构为一陆行门一水行门，是文献记载的郑国“渠门”。还发现了平面形状为曲尺形的战国韩都北城门瓮城城墙，这在中原地区东周时期王城类遗址中属首次发现。

三号车马坑位于故城东城现文化路南端，是郑公一号大墓的陪葬坑。坑底清出至少124

匹平铺的马骨，在马骨上清出木车痕迹4辆。郑公大墓出土的车辆和马骨之多，车辆种类之全，在我国东周考古发现中名列前茅，为研究周代车马葬制、葬俗、马匹特征，特别是周天子封邦建国的“王之五路”内容提供了重要材料，也为北城门遗址清理的带车辙的道路遗迹提供了印证。

2．洛阳东汉帝陵考古调查与发掘

2003年起，洛阳市文物考古研究院结合“邙山陵墓群考古调查与勘测”项目，对大汉冢、二汉冢、三汉冢、刘家井大冢、朱仓722号墓、朱仓707号墓、白草坡村汉冢等7座东汉帝陵及其陵园遗址进行了大规模的调查勘探，勘探总面积近300万平方米，并对朱仓722号墓、白草坡村东汉帝陵陵园遗址进行了考古发掘，截至2017年累计发掘面积约20000平方米。

结合勘探与发掘情况，基本可以确认朱仓M722东汉陵园遗址存在内、外两重陵园。内陵园平面略呈方形，边长420米，四周有夯土基槽环绕。外陵园位于内陵园东侧偏北。针对内、外陵园“垣墙”关键部位进行发掘、解剖，均仅发现夯土基槽而未见墙体。

白草坡村东汉帝陵的墓冢封土已被夷平，发掘工作主要针对封土北侧的夯土建筑、道路和灶坑等遗迹。在帝陵封土周边发现了大面积的陵园建筑基址，规模宏大，集中分布在封土东侧或东北侧。

通过一系列调查与发掘工作，对东汉帝陵的形制及陵园布局有了较为清晰的认识，为研究东汉时期陵寝制度的内涵与演变，以及进一步探讨各陵陵主归属等问题提供了重要的参考资料，为今后洛阳东汉帝陵的保护工作提供了重要支撑。

3．荥阳青台遗址丝绸起源考古发掘

经过近三年的系统调查、勘探和重点发掘，郑州市文物考古研究院与中国丝绸博物馆于2015年联合申报的“青台遗址丝绸起源”考古发掘项目发现仰韶时期环壕3条，聚落内各类遗迹丰富，功能区布局明显。

遗址拥有三重环壕，出入口形制不一，这为研究仰韶时期防御体系、工程技术状况、水资源的利用等问题提供了重要材料。墓葬较为普遍的使用葬具，葬式多疑似经过缠裹，对研究仰韶时期的葬俗、葬制有重大意义。房址有多种形制、建造方法、建筑结构，为揭示仰韶时期的社会组织结构、婚姻家庭形态、生产力水平等提供了多向思维方式。发现疑似北斗九星祭祀区，说明先民们已具备一定的天文知识，对北斗天体的崇拜可能形成了一套隆重的祭祀仪式。此外，历史上关于北斗九星的组成有两种说法，青台仰韶时代北斗九星的排列方式为此提供了新的讨论素材。

4．二里头遗址宫殿区5号基址发掘

中国社会科学院考古研究所二里头工作队于2010～2011年、2014～2017年对二里头遗址宫殿区5号基址进行了多次发掘，基本厘清了5号基址的平面布局、结构、年代变迁等问题。

明确了5号基址的布局和构成。台基最上层夯土总面积超过2700平方米，坐北朝南，由至少4进院落组成。每进院落包括主殿、院内路土，第2～4进院落内共发现3排5座同期的贵族墓葬。贵族墓葬打破院内的夯土基址和使用时期的路土，其上又被稍晚的使用时期路土所叠压，确证这些贵族墓葬与夯土基址为同一时期。多组地层关系表明，5号基址始建于二里头文化二期早段，使用至二期晚段。

5号基址是目前发现保存最好的二里头文化早期多进院落的大型夯土基址，是中国后世多院落宫室建筑的源头。其与3号基址外围无围墙、多进院落、院内有贵族墓葬的建筑格局和内涵，构成了二里头文化早期宫室建筑、宫殿区布局的独特特征，与二里头文化晚期宫殿区内以1号、2号基址为代表的外围有围墙、廊庑而院内无同时期贵族墓葬的四合院式建筑，以及以4号、7号、8号基址为代表的单体夯土台基式建筑的格局和内涵差别较大，其背后反映的社会背景还需要深入探究。

【博物馆与可移动文物保护】

（一）博物馆

1．博物馆建设

截至2017年年底，全省各类博物馆数量已达340家，其中文物系统博物馆194家、行业博物馆32家、非国有博物馆114家。非国有博物馆新设立29家，注销1家。

博物馆、纪念馆新建、改扩建工作持续快速发展。郑州市博物馆新馆以及漯河、浚县、汤阴等7县市博物馆正在建设中，开封市博物馆完成布展，平顶山市宝丰汝窑博物馆建成对外开放。

制定《河南省基层文物收藏单位文物库房管理规范》，为开展基层文物库房达标工作奠定了良好的基础。

对全省95家博物馆、纪念馆开展2016年度博物馆纪念馆免费开放绩效考评工作，河南博物院等20家单位考评等级为优秀，濮阳市博物馆等62家单位考评等级为良好，延津县陈玉成纪念馆等12家单位考评等级为基本合格，新乡市汉风博物馆考评等级为不合格。

2．博物馆间的交流与合作

进一步加强省际博物馆界的交流与协作。11月15～17日，组织参加秦晋豫冀四省博物馆理论与实践研讨会，会议期间，由四省文物局主办，山西运城博物馆承办的“山河相依窑火辉映——晋陕豫冀宋辽金元陶瓷特展”隆重开幕，河南博物院、河南省文物考古研究院、洛阳博物馆、三门峡博物馆、禹州钧官窑址博物馆等11家文博单位的58件/套宋辽金元时期的陶瓷参加展览。

持续加大文物援疆工作力度，支持当地博物馆事业发展，为哈密博物馆展览提升、红星二场军垦博物馆二期项目建设提供人才、技术支持；联合举办“丝路唐风——洛阳市文物考古研究院唐代文物特展”“云霞霓裳——中原服饰绣品展”等展览。

3．重要陈列展览

2017年，河南省各博物馆、纪念馆共举办展览1645个。配合“第十四届（2016年度）全国博物馆十大陈列展览精品推介”评选活动，组织开展2016年度河南省优秀陈列展览评选活动。河南博物院“首届中原国际陶瓷双年展”“谁调清管度新声——丝绸之路音乐文物展”，清丰县冀鲁豫边区革命根据地旧址纪念馆“英雄冀鲁豫——冀鲁豫边区抗战史实展”，鄂豫皖革命纪念馆“‘北上先锋’——纪念中国工农红军长征胜利80周年展览”等9个陈列展览获评“河南省优秀陈列展览”，其中河南博物院“首届中原国际陶瓷双年展”和郑州博物馆“天工追梦——郑州古代科技文物展”获得第十四届（2016年度）全国博物馆十大陈列展览优胜奖。

4．其他

开展“首批河南省博物馆优秀教育项目”推介活动，收到来自12个省辖市及河南博物院、中国文字博物馆推荐的博物馆教育项目52个，评出优秀项目36个。组织选手参加“中国故事——全国博物馆优秀讲解案例展示推介活动”。

（二）可移动文物保护

全省博物馆、纪念馆馆藏珍贵文物238586件/套（312881件），其中一级文物2309件/套（7171件），二级文物16384件/套（23766件），三级文物219893件/套（281944件）。馆藏珍贵文物已全部建立了档案，进行规范管理。

根据《河南省文物局重点科研基地管理办法（试行）》的规定，通过单位申请、审核研究，命名南阳市古代建筑保护研究所、登封市文物局、洛阳民俗博物馆等3家单位为第三批河南省文物局重点科研基地。

加强对可移动文物修复资质的管理工作，对新申请修复资质单位严格按照《修复资质管理办法》进行对照审核。

组织可移动文物预防性保护及修复项目申报工作，7个项目通过国家批准，19个项目获得经费4000万元。持续推进可移动文物保护修复项目，开展全省白蚁病害调查及防治工作，开展全省青铜器保护状况调查。

【社会文物管理】

办理文物及复仿制品进出境、配合海关检验进出境携带疑似文物13起，鉴定审核进出境文物及复仿制品600余件。

严格文物拍卖资质管理，加强文物市场监管，审核洛阳古都文物公司拟销售文物以及河南拍卖行、和同拍卖、中博拍卖等12家企业拍卖标的7700余件。

【科技与信息】

继续参与中华文明探源工程、指南针计划等国家重大科技专项。以李占扬同志为第一作者的《中国许昌出土晚更新世古人类头骨研究》在美国《科学》杂志发表，填补了省内空白。

积极申报2017年度文化产业发展专项资金。中国乐器文物研究、复原体验与数字化教育传播工程，河南省文博产业三维数字化服务平台，“互联网+一带一路”文明展示项目以及《惊奇博物馆》系列动漫开发等最终入选“互联网+中华文明”示范项目。

维护“河南省馆藏文物数据库”和“河南省第三次全国文物普查数据库”，定期进行数据备份工作，保证数据安全。按照国家普查办反馈的清单，对“一普平台”中一级文物数据的缺失图片进行了补充完善。完成“河南省政务内网投资审批平台”中涉及省文物局的相关审批模块服务器搭建工作。

组织举办2016年度河南省五大考古新发现评选活动。组织举办2016年度河南考古新发现公众报告会。中国考古学会主办第一届中国考古·郑州论坛，国内近40余家单位的100多位专家学者参加了会议。“商代古城与大遗址保护”以及“记录·见证·参与：当代社会进程中博物馆的角色与使命”馆长座谈会等10余个学术会议圆满举办。

【文博教育与培训】

4月16～21日，河南省文物局承办了“第九届文物交流学术培训——展览策划培训班”，各地博物馆展览策划专业人员共130余人参加培训。

7月17～21日，举办河南省文物收藏单位保管员培训班，对全省文物收藏单位的保管员190余人进行了培训（含34名西藏学员）。

10月16～20日，组织文博专业人员60余人参加国家文物局举办的“藏品·陈列·服务”博物馆系列标准培训班培训，对文物运输包装、文物展品标牌、博物馆开放服务、博物馆陈列展览等技术标准进行了全面的学习。

【文博宣传与出版】

会同洛阳市成功举办了文化和自然遗产日主场城市活动。会同安阳市政府、中国文字博物馆联合主办庆祝甲骨文成功入选《世界记忆名录》座谈会。配合中央电视台、腾讯网等开展采访活动40余项。切实加强河南文物网网站建设。在《河南日报》《中国文物报》等开展集中宣传报道20余次。

《中原文物》《华夏考古》《文物建筑》影响力不断提升。编写《河南文物工作》《河南省南水北调文物大系》《2015～2016年河南省重要考古新发现》，出版《三门峡印染厂墓地》《中国古建筑计算机制图》等专业图书。

【机构及人员】

2017年，河南省文物保护机构总数为632个，其中文物保护管理机构125个、文物商店5个、文物科研机构15个；从业人员总数12267人，其中高级职称554人、中级职称1234人。

【对外交流与合作】

赴台湾地区举办“玉意深远——中原古代玉器文化展”，赴美国凤凰城举办“中原古代音乐文物瑰宝——来自河南博物院的远古和声展”，赴波兰卢布林省举办“洛阳唐三彩艺术展”；参加在立陶宛举办的“丝路瑰宝展”，在美国纽约大都会博物馆举办的“秦汉文明展”，在日本举办的“汉字三千年”文物巡回展，展现了博大厚重的中原文明、华夏文明。引进台北历史博物馆“衣锦荣归——清代织锦珍品特展”和“张大千书画精品展”，希腊亚洲艺术博物馆“珍藏中国陶瓷禹州交流展”，意大利都灵埃及博物馆“金字塔·不朽之宫”展览。

河南省文物局与卢森堡国立历史与艺术博物馆签订框架合作协议。河南博物院与日本奈良博物馆签订第三轮合作交流协议。全省文物系统赴美国、日本等出访21个团组，扩大了对外交流合作的深度和广度。

湖北省

【概述】

2017年，湖北省文物系统以习近平总书记关于文物工作的系列重要指示批示精神为指引，深入贯彻落实党中央、国务院和湖北省委、省政府的决策部署，围绕中心，服务大局，推动文物工作取得了新成绩，文物保护基础有效夯实、重点文物项目成效显著、文物安全形势稳中向好、公共服务能力显著提升。

【法规建设】

湖北省政府于2017年12月公布《湖北省文物安全管理办法》，该办法是全国第一部关于文物安全管理的省级政府规章。

地市级立法工作继续快速推进，新出台《十堰市武当山古建筑群保护条例》《黄冈市革命遗址遗迹保护条例》。

【执法督察与安全保卫】

开展文物安全保护综治考核。完成2016年湖北省文物安全保护综治考核评分，17个市州中 13个为“好”，3个为“中”，1个被“一票否决”。印发《2017年全省文物安全保护综治考评办法和细则》。会同省公安厅加强春节、国庆、中秋等重要节日和党的十九大召开期间的文物安全保护综合治理工作。

开展文物安全状况大排查行动。按照国务院统一部署和国家文物局工作要求，5～9月，组织全省文物系统开展文物安全状况大排查行动。组织各地开展全面自查，明确整改措施和责任清单，逐一落实隐患整改。派出6个督察组在全省范围检查抽查各级文物单位1100余处，发现安全隐患1095个，及时向地方政府反馈意见督促整改，已立行立改517个。

持续推进法人违法案件专项整治行动。落实“三年专项整治行动”，组织摸排482处省级以上文物保护单位，严防、严查、严办七类违法案件。督察督办咸安区庙山遗址违建寺庙、云梦县儒学大成殿遭拆除等重点违法案件，跟踪督办武汉咸安坊、黄梅县五祖寺违建设施等10个问题整改，调查处理襄阳中州会馆、邓国故址、阳新大路铺遗址、咸安区孙郭胡城址等12起违建事件，认真督办沙洋县枣阳至潜江高速施工造成文物破坏案件。

组织打击文物犯罪专项行动。配合公安机关破获盗掘古墓葬案件7个，抓获犯罪嫌疑人25名，追缴各类文物56件。配合省公安厅内保总队，推动在文物资源富集地区设立文物派出所或警务站（室）。召开全省古墓葬集中地区安全工作专题会，加强源头防控，完善群防群治工作机制。规范文物司法鉴定，指导湖北省博物馆开展涉案文物鉴定评估工作，鉴定可移动文物50余件/套，古墓葬14处。

加强文物安全制度和防护项目建设。联合省公安消防总队制定《湖北省文物系统消防安全管理规定》《湖北省文物建筑消防安全标准化管理规则》。组织省直文博单位开展反暴恐培训和演练。组织召开全省田野文物安全工作会议，应用推广田野文物智能巡查装备。推进文物安全防护工程建设，会同省公安厅完成八岭山古墓群、雕龙碑遗址、叶家庙遗址等国保单位安防工程验收。定期开展消防安全检查，推进文物博物馆单位消防安全标准化管理，积极落实《文物建筑电气防火导则》，全年检查重点消防安全单位120余处。

持续推进文物安全保护“一处一策”工作制度落实。对黄石、襄阳、咸宁、潜江等重点地区开展专项检查，督促各地逐处建立安全保护责任体系，制定分类施策措施，落实落细文物安全保护法定职责。全省省级及以上文物保护单位“一处一策”工作制度基本建立。宜城市、宣恩县、利川市、崇阳县等15个县（市、区）还建立了市、县级文物保护单位安全责任体系。

【不可移动文物的保护与管理】

（一）概况

2017年，湖北省不可移动文物保护亮点纷呈，世界遗产、大遗址、革命文物保护管理全面加强；文物抢救保护与工程建设实现双赢；文物保护基础进一步夯实，省政府公布809处第一至六批省级文物保护单位保护范围和建设控制地带。

（二）大遗址保护

实施“荆楚大遗址保护传承工程”写入《湖北省委关于学习贯彻落实党的十九大精神全面建设社会主义现代化强省的决定》。省政府批准成立石家河国家考古遗址公园建设领导小组，《石家河国家考古遗址公园建设三年行动计划（2017～2019年）》制定实施。国家文物局公布第三批国家考古遗址公园挂牌与立项名单，盘龙城国家考古遗址公园获批挂牌，石家河、屈家岭、苏家垄墓群3处考古遗址公园获批立项，全省考古遗址公园立项数量增至5处。楚纪南城遗址保护总体规划、石家河遗址三房湾遗址保护展示项目、盘龙城遗址核心区一期环境整治方案等获国家文物局批复；屈家岭遗址环境整治工程一期、石家河遗址三房湾遗址保护展示项目获国家文物局立项；省级大遗址试点项目黄冈禹王城保护规划通过批复。

（三）全国重点文物保护单位

国家文物局同意17项国保单位文物保护工程立项，批复22项文物保护工程方案；报请省政府公布8处全国重点文物保护单位保护规划；完成武汉大学早期建筑理学院等16项文物保护工程的省级竣工验收；全年组织专家检查文物保护工程项目20余项。

（四）世界文化遗产

首次召开湖北省世界文化遗产保护与监测工作会议，谋划完善世界文化遗产保护监测体系；配合第四届国际道教论坛召开，做好武当山古建筑群相关保护工作，确保文物安全和道教论坛的成功举办；编制完成《武当山古建筑群保护管理总体规划（2017～2035年）》并报国家文物局；完成唐崖土司城址二期、荆州城墙南城墙等文物保护工程。

在山西太原、内蒙古二连浩特、湖北武汉等地召开3次万里茶道申遗工作推进会，研究中蒙俄联合申遗有关事宜；启动《万里茶道保护和管理规划》《万里茶道文化遗产保护导则》编制；《万里茶道（中国段）申报中国世界文化遗产预备名单文本》上报国家文物局，申遗工作取得阶段性成果；在湖北省博物馆推出“万里茶道”巡回展首场展览。

（五）其他

召开全省革命文物工作会，印发《湖北省革命文物名录》，并就“十三五”期间全省革命文物工作作出全面部署。充分发挥牵头省份作用，联合河南、安徽共同实施《大别山区革命文物保护利用工作“十三五”行动计划》，启动《大别山区革命文物保护利用战略规划》编制，组织召开大别山区革命文物保护学术研讨会，推进鄂豫皖三省革命文物保护区域联动示范区建设。实施革命文物保护工程11项。

围绕文化扶贫和新型城镇化建设，推进通山县鄂东南古民居、宣恩县鄂西南民族文化村寨保护利用试点工作，组织编制宣恩县民族村寨保护利用整体规划、庆阳凉亭街文物保护规划，实施彭家寨修缮工程、王氏老屋文物保护工程；实施羊楼洞明清石板街、八字沟民居、前湾民居等传统村落保护项目；加强浠水文庙、金陵书院、三閰书院等儒家文化遗产保护利用。创新文化扶贫工作模式，在贫困地区开展100个“特色文化村”创建工作，以文化遗产保存状况、文化产业发展态势等作为重要评价指标，实施首批30个全省“特色文化村”创建工作。

【考古发掘】

（一）概况

组织实施考古发掘78项（主动性11项、配合性65项、抢救性2项）。组织开展安九铁路、荆荆铁路等22项重点工程的考古调查、勘探，出具19项工程选址意见；实施武襄十高铁等7个重大项目的65项考古发掘工作，发掘面积约2.5万平方米。

天门石家河考古项目入选“2016年度全国十大考古新发现”，获第三届世界考古论坛“重大田野考古发现”奖，入选中国社会科学院考古论坛“2016年中国考古新发现”。完成丹江口水库淹没区、通山县富水水库2项水下考古调查项目。

（二）重要考古项目

1．石家河遗址考古发掘项目

石家河遗址位于湖北省天门市石家河镇北郊，经国家文物局批准，2017年9月～2018年1月，湖北省文物考古研究所、北京大学考古文博学院、天门市博物馆对石家河遗址的三房湾、印信台、朱家坟头三处遗址进行了发掘。

三房湾遗址位于石家河古城内南部，发掘揭露出大量的红陶杯堆积和一个小型陶窑，发现数个红陶杯叠烧在一起的现象，是三房湾存作为大型专业制陶作坊的有力证据。

印信台遗址位于石家河古城外西部，通过发掘确定了石家河文化时期台基的范围，发现台地边缘完全由人工堆筑和加工而成。下层发现屈家岭文化时期的黄土堆积，疑似人工台基，表明印信台遗址作为祭祀场所可能从屈家岭文化时即已开始使用。

朱家坟头遗址位于石家河遗址古城外西北，发掘表明存在三个时期的文化遗存。第一期遗存为屈家岭文化晚期的土坑墓（可能为家族墓地）；第二期遗存为石家河文化的灰坑、灰沟、房基等居住遗迹；第三期遗存为后石家河文化的灰沟、灰坑。屈家岭文化晚期墓地和石家河文化居住址的发现，大大丰富了对石家河遗址聚落布局和形态演变的认识。

2．苏家垄遗址考古发掘项目

苏家垄遗址位于湖北省荆门市京山县坪坝镇，经国家文物局批准，2017年，湖北省文物考古研究、荆门市博物馆、京山县博物馆和北京大学考古文博学院继续对苏家垄遗址进行发掘。

本年度发掘重点主要为墓葬与冶铜遗迹，共发现墓葬106座、车马坑9座。出土遗物以青铜器为主，另有少量铅锡器和漆木器。发现炼铜炉3座，炉址附近出土有粗铜块，并可见大量炼铜渣。墓葬年代多为春秋早中期，冶铜遗迹的年代大致同时。

此次发掘资料丰富了对曾国文化面貌的认识，其中M79出土五鼎四簋及三鼎四簠，是东周时期高等级墓葬随葬多套礼容器组合的最早实例；冶炼遗存及“曾伯桼”器群的发现，印证了传世“曾伯桼簠”有关淮夷及“金道锡行”的记载，有十分重要的学术价值。

3．荆州古城公安门西侧遗址考古项目

荆州古城公安门西侧遗址位于湖北省荆州市荆州区荆州古城内东南部。为配合荆州古城龙凤庄项目建设，经国家文物局批准，荆州博物馆于2017年8月～2018年3月对该遗址进行发掘，发掘面积约5600平方米，揭示唐宋至明清砖铺道路3条、建筑基址4处、井2口、灰坑13个、灰沟5条。出土大量青花瓷片、釉陶片、青灰砖瓦片与一定数量的动物骨骼及少量铜钱等。

这是迄今为止在荆州古城内开展的最大规模的考古发掘，首次揭示出层次清晰、规模宏大的砖铺道路遗址，发现大量文物，为研究古代江陵城市交通、经济、政治、军事等提供了宝贵资料。

4．万福垴遗址考古项目

万福垴遗址位于湖北省宜昌市高新区，经国家文物局批准，2017年3～9月，湖北省文物考古研究所继续对万福垴遗址进行发掘。发掘面积1050平方米，清理灰坑40个、灰沟2条。出土器物多为陶器，基本组合为鬲、罐、簋、钵、豆、甗等。

万福垴遗址遗存的文化时代处于典型楚文化形成的关键时间点，它的文化内涵对于厘清春秋中期及以前考古学意义上的楚文化渊源与发展脉络显得十分重要。尤其值得注意的是出土的一批豆、尊、器盖等磨光黑陶器，制作工艺精细，应属于陶礼器，这些器形最早见于中原殷墟的商文化晚期，在湖北荆南寺、毛家咀等西周遗址中也可见到它的影子。

（三）水下文化遗产保护

组织完成丹江口水库淹没区2017年度水下考古调查，对均州城水域周边的明代采石场遗址、沧浪亭遗址、龙山宝塔进行了全方位航拍，对均州古城南、北城门、武当山官道上的三座古桥进行了水下三维扫描，为系统展示丹江口库区水下文化遗产打下了坚实基础。

组织完成2017年度通山县富水水库水下考古调查，发现老慈口街、上下六甲等15处水下明清及民国时期古民居遗址，获取了高精度水下地形三维图像，确定了水下文化遗址的准确坐标和基本保存状况。

【博物馆与可移动文物保护】

（一）博物馆

1．博物馆建设

湖北省博物馆三期扩建工程进展顺利，游客服务中心、文物保护中心、文物科研中心和文展大楼主体结构工程完成，进入外装和安装阶段；陈列布展工作加紧筹备。天门市博物馆新馆建成开放。宜昌、孝感等市博物馆新馆进入陈列布展阶段，襄阳市博物馆、荆门市博物馆即将完成主体结构。宣恩、蕲春、竹山等10家博物馆建设项目正在实施。

辛亥革命武昌起义纪念馆、武汉市中山舰博物馆成功晋升国家一级博物馆，全省国家一级博物馆数量达到5家。组织对全省211家博物馆进行年检，并向社会公开博物馆名录。

湖北省博物馆等12家博物馆被命名为全省公共文化设施开展学雷锋志愿服务首批示范单位。

2．博物馆间的交流与合作

推动建立全省博物馆展览联盟并充分发挥其积极作用，统筹馆藏资源整合利用，积极开展馆际交流合作，策划举办专题展，为观众提供丰富的文化产品。

湖北省博物馆、荆州博物馆、随州博物馆等一批珍贵文物亮相在首都博物馆举办的“美·好·中华——近二十年考古成果展”。湖北省博物馆联合江西省博物馆、福建博物院等8省20余家文博单位共同推出“万里茶道”巡回展，中山舰博物馆承办“民族殇·海军魂——隔世对话的致远舰与中山舰”展。湖北省博物馆“道生万物——楚地道教文物展”在深圳博物馆展出、“楚玉琳琅——湖北九连墩出土玉器展”在佛山市顺德区博物馆展出，荆州博物馆“利兵谁何——荆州出土楚国兵器展”在嘉兴博物馆展出，宜昌博物馆“吴越楚青铜器”在苏州博物馆展出，荆门市博物馆“中国简帛文化大展”在山东博物馆展出等。

3．重要陈列展览

湖北省博物馆“万里茶道”展。展出万里茶道相关文物500件/套，分为茶的故乡、香播万里、文化之路三部分，再现昔日万里茶道的繁荣风貌，展示沿线国家的文化交往历史，凸显了万里茶道所承载的人文历史信息。展览在湖北省博物馆结束展出后，还将在福建、湖南、河南、山西等省博物馆巡回展出。

十堰市博物馆“十堰与水”展。展览以时为序，分别讲述古代十堰的水患和水利成就，当代丹江口大坝、南水北调中线工程建设历程与社会效益，展现了十堰人民在人类移民史上的两次伟大壮举和工程建设过程中的无私奉献精神。

鄂州市博物馆“以铜为鉴——鄂州铜镜文化陈列”。展览分为中国古铜镜之乡、铜镜与古人生活、古代铜镜铸造和现代复制工艺三个部分，展示鄂州本地出土的馆藏铜镜精品300余枚，展示了古代铜镜的发展史、铜镜知识以及鄂州在我国铜镜史上的重要地位。

武汉博物馆“环肥燕瘦——汉唐长安她生活”展。由武汉博物馆与西安博物院联合举办，展出汉唐时期陶俑、金银器、铜镜、玉器等160余件，多角度展示了汉唐盛世女性们多姿多彩的美丽人生。

恩施市博物馆“施州古城历史文化陈列展览”。展览通过门额、施州古城沙盘、文版、照片、绘图等，展示了施州古城概况、山水地貌、民族文化等，反映了城市发展脉络、民族关系、地区治理与开发等历史情况。

辛亥革命博物馆“缔造先从江汉始——张之洞与武汉近代崛起”展。展览通过200余幅历史图片和60余件珍贵展品，从19世纪60年代的“汉口开埠”说起，展示了张之洞推行湖北新政，为武汉城市发展所做出的贡献，展现今日武汉不忘使命、厚积薄发的崭新姿容。

4．其他

开展“百万学生走进博物馆”活动，接待未成年人超过700万人次。举办针对青少年的各类社会教育活动1300场次。礼乐学堂、首义寻踪、十博课堂、考古夏令营、小小讲解员、孝礼雅塾、博物馆游学等教育活动内容丰富，品牌效应逐步形成。

确定荆州博物馆等6家单位为省级文创试点单位。推动成立湖北博物馆文创联盟，以湖北省博物馆为发起单位，15家文博单位、高校、企业为成员。首次以“湖北省文创联盟”名义亮相广州博物馆版权会，荣获“最佳组织奖”“最佳展示奖”。全省博物馆与社会力量合作，开发文创新产品百余种，湖北省博物馆2017年文创销售额达1029.3万元。

（二）可移动文物保护

全年组织专家鉴定定级馆藏文物2356件/套。

全省11个可移动文物保护项目获得国家文物局批复，10个项目通过验收，全年修复保护珍贵文物1200余件。

荆州文物保护中心（出土木漆器国家文物局重点科研基地）建成并投入使用，2017年实施竹木漆器类文物保护修复项目20余项，完成天津文化遗产保护中心、成都文物考古研究院、仪征市博物馆等10余家文博单位的竹木漆器类文物保护修复项目，修复木漆器528件、简牍2311枚。开展研究课题13项，其中国家文物局“汉代夹纻胎漆器结构研究”等课题2项，省委宣传部文化名家项目“出土木漆器乙二醛脱水技术优化研究”1项。

（三）第一次全国可移动文物普查

全面完成第一次全国可移动文物普查总结及验收。全省共登录文物收藏单位514家，登录文物藏品1531877件/套（2187192件），普查数据抽样审核合格，顺利通过国家文物局普查验收。组织编辑《湖北省第一次全国可移动文物普查报告》。

在第一次全国可移动文物普查工作中，湖北省3家单位（湖北省博物馆、十堰市文物局、武汉钢铁集团武钢博物馆）和3名同志受到国务院第一次全国可移动文物普查领导小组办公室表彰；经湖北省政府批准，湖北省第一次全国可移动文物普查领导小组对省内52家单位和128名同志进行通报表扬。

【社会文物管理】

组织开展文物流通市场专项整顿行动。联合省工商局严厉打击非法经营文物行为，完善文物市场联合监管工作机制，有效维护全省文物市场秩序。依法管理文物拍卖企业，审核拍卖标的2815件。开展文物进出境审核，审核查验进出境展览文物403件，私人携带出入境物品254件。

【科技与信息】

为切实推进互联网的创新成果与中华优秀传统文化的传承、创新、发展深度融合，向国家文物局推荐中南民族大学、武汉光谷创意文化科技园有限公司联合申请建设“国家级智慧文博新融合产业基地”；组织省内文博单位、科技企业积极申报“互联网+中华文明”示范项目，“荆楚系列馆藏文物的文创产品开发与运营”“辛亥首义文化VR/AR展示与公共教育推广”“湖北省文化遗产知识平台”3个项目成功列入国家文物局“互联网+中华文明”项目库。

组织或承办多项学术交流活动。如2017上海国际建筑遗产保护与修复博览会湖北专题展及近现代建筑遗产（工业遗产）论坛、苏家垄国家考古遗址公园建设专题论证会（湖北京山）、万里茶道申遗工作推进会暨学术研讨会（内蒙古二连浩特）等，促进了学术发展和重要项目进程，扩大了湖北文化影响。

11月18～19日，由中国文物保护技术协会、湖北省文物局、荆州市人民政府主办，出土木漆器保护国家文物局重点科研基地、荆州市文物旅游委员会、湖北省博物馆、荆州博物馆、荆州文物保护中心承办的“出土木漆器科技保护学术研讨会”在湖北省荆州文物保护中心召开，来自中国、日本和韩国等50余家文博单位、高校的专家学者130余人参加会议。

湖北省文物考古研究所4个课题获得2017年度国家社科基金项目立项，其中“大冶铜绿山矿冶遗存考古新发现资料整理与研究”为重点项目。

【文博教育与培训】

承办2017年全国文物外事工作业务培训班；举办全省“十三五”文博基层基础人才培训、文物安全管理、文物保护项目绩效管理、文物保护工程管理、文物保护工程专业技术人员培训、文物考古培训、博物馆教育与讲解、非国有博物馆馆长培训等8项培训，参训人员800余人。

湖北省4名讲解员参加“中国故事——全国博物馆优秀讲解案例展示推介活动”，1人入选“十佳优秀讲解员”、3人获评“优秀讲解员”。

【文博宣传与出版】

在春节、清明、端午、中秋等传统节日，开展“我们的节日”主题社会教育活动200余场次，参与群众1.3万人次，取得良好的社会效益。

围绕国际博物馆日开展系列活动。在黄冈市举办主场城市活动，开展学雷锋志愿者活动、小学生互动参与项目、惠民鉴宝活动、非物质文化遗产演示活动、专题临时展览、文物知识有奖竞答等7项主题活动。全省各级各类博物馆围绕“博物馆与有争议的历史”主题，举办引进交流展览、原创特色展览、流动图片展、第一次可移动文物普查展共4大类近70个临时展览，开展公众社会教育活动、青少年教育活动、博物馆进校园活动等500余场次，营造了良好的宣传氛围。

6月10日，首个文化和自然遗产日启动活动暨中国世界自然遗产推进会在神农架举行。文化和自然遗产日前后，全省各地围绕“文化遗产与‘一带一路’”的主题，精心策划推出专题活动80余项，如咸宁、五峰、江陵、黄梅等地举办与“一带一路”相关的展览，推出文物工作成果图片展、考古工地开放、城市文化遗产研学之旅等活动，激发文化自豪感、凝聚力，增强了文化自信。

国家权威媒体大力宣传荆楚文物故事。中央电视台《探索发现》栏目年内推出9期专题节目讲述“京山曾国古墓”“钟祥明王陵发掘记”等湖北重要考古发现；湖北省博物馆3件国宝（越王勾践剑、云梦睡虎地秦简、曾侯乙编钟）亮相《国家宝藏》；《乡土》栏目播出专题节目《行走魅力茶乡 · 万里茶道五峰飘香》。

湖北省“两会”期间，在《湖北画报》发表《文物千古耀荆楚》专题宣传文章，引起代表、委员们的热议和充分肯定。在《中国文物报》陆续推出《湖北传统村落整体保护利用》《湖北特色文物工程管理体系》《湖北省南水北调中线工程文物保护巡礼》等5个专版，刊发反映湖北省“礼乐学堂”“文物立法”等工作成果的专稿40余篇。出版《三峡文物保护纪事》《沙洋塌冢楚墓》《武当山遇真宫遗址》《湖北南水北调报告集（第七卷）》等图书。

【机构及人员】

截至2017年年底，湖北省有文物机构337个，其中文物主管部门66个、文物科研机构3个、文物保护管理机构47个、博物馆211个、其他文物机构10个；从业人员共5428人，其中专业技术人才2384人，包括正高级职称121人、副高级职称254人、中级职称1086人。

公布湖北省第四批文物保护工程资质单位名单（共5家），全省乙级（二级）以上的文物保护工程资质单位增至54家。

【对外交流与合作】

2017年，中美联合盘龙城遗址考古项目获得国家文物局批准，湖北省中外文物合作交流取得新突破。

湖北省开展6批次国外展览交流项目。湖北省博物馆“皇家品味——15世纪中国藩王的艺术”在俄罗斯民族博物馆展出、“有凤来仪——湖北省博物馆藏楚文化玉器特展”在香港中文大学文物馆展出。湖北省博物馆引进意大利“文明之海——从古埃及到拜占庭的地中海文明”展、辛亥革命武昌起义纪念馆引进新加坡“百年回眸：孙中山和他的新加坡友人”展等，荆州博物馆打造的“微型文物展”随中国海军出访亚非欧20个国家。

湖南省

【概述】

2017年，湖南省文物系统深入贯彻落实习近平总书记关于加强文物工作系列重要论述和重要指示批示精神，坚持文物工作方针，坚持保护与利用相统筹的大保护大利用理念，抓主抓重，务实进取，推动文物事业发展取得了新进步。

【法规建设】

湖南省政府出台《关于进一步加强文物工作的实施意见》，组织制定《关于进一步加强文物安全工作的实施意见》。湘西土家族苗族自治州启动《湘西土家族苗族自治州老司城遗址保护条例》修订工作，经征求意见和多轮修改后呈报湖南省人大常委会批准。

【执法督察与安全保卫】

文物行政执法巡查与安全检查常态化。全年共开展文物安全检查15716人次，发现隐患1761处，整改1556处；完成行政执法巡查13827人次，查处违法行为16起。做好"两节两会"和党的十九大期间文物安全大检查工作。根据国家文物局和省消防安全委员会工作部署与要求，文物、公安、消防部门联合开展全省文物安全状况大排查暨夏季消防检查工作。首次组织开展全省文物行政执法技能大比武活动。牵头建立湘桂黔文物行政执法区域协作机制。打击文物犯罪成效显著，配合公安部门成功侦破株洲攸县"9·26"古墓被盗案，联合召开案件侦破成果新闻发布会。

下达文物安全隐患整改通知书24份，下达文物违法（安全）督办函9份。进一步推进"文物法人违法案件专项治理整治行动"，重点督办查处常德市桃花源古建筑群保护范围内违法建设案、宁乡炭河里遗址违法建设案、邵阳市蔡锷故居建设控制地带内违法建设案、常德市常德会战碉堡群之城壕湾碉堡保护范围内违法建设案等法人违法案件，办结案件6起。

文物安全绩效考核内容调整为"国有文物以及各级文物保护单位因保护不力，造成损毁、遗失或被盗的，每起扣2分；及时立案调查处理并依法处理到位的，每起扣1分"，考核内容加强，考核范畴拓宽。

强化文物消防安全管理，建立湖南省文物消防安全管理联合工作机制，成立省文物消防安全管理工作办公室。湖南省文物局被正式纳入省消防安全委员会成员单位。组织审核批复2017年度全国重点文物保护单位安防、消防和防雷工程设计方案17项；组织申报2018年度三防项目计划40个，经国家文物局批准实施32个；完成对上甘棠古建筑群消防工程、刘少奇纪念馆安防工程、长沙汉王陵二期安防工程、老司城遗址二期消防工程等9项全国重点文物保护单位安防、消防、防雷工程的检查与验收；完成对杨氏宗祠、陈斗南民居、三王庙、欧阳海故居、李家大屋消防工程和安化黑茶博物馆、怀化市博物馆安防工程的检查与验收。

【不可移动文物的保护和管理】

（一）概况

2017年，湖南省贯彻落实湖南省人民政府《关于进一步加强文物工作的实施意见》和全国文物工作电视电话会议部署，以落实文物保护责任强化“政府主导、部门协同、社会广泛参与”的工作格局，以园区理念推进大遗址、革命文物、传统村落、世界文化遗产保护利用重点项目建设改进重要文化遗产保护现状，以推进“四有”工作夯实基层管理工作基础，以“四级”安全责任体系和巡查体系建设逐步强化文物安全防控和管理能力，不可移动文物保护和管理水平稳步提升。

（二）大遗址保护

津市虎爪山遗址、安乡汤家岗遗址列入国家大遗址保护项目库，大遗址保护项目增至6处10个点。联合致公党湖南省委文化与体育委员会专题调研湖南大遗址保护利用工作。推进常宁水口山铅锌矿冶遗址、醴陵窑遗址、衡州窑遗址等申报第三批国家考古遗址公园立项。澧县城头山国家考古遗址公园列入第三批国家考古遗址公园并正式挂牌，完成遗址核心区环境整治工程。长沙铜官窑遗址陈家坪—蓝岸嘴—尖子山遗址区防洪护坡工程方案获省文物局批复，遗址环境整治及保护设施（一期）工程立项，遗址博物馆陈列展览工作扎实推进。炭河里国家考古遗址公园本体保护展示工程稳步实施。汉代长沙王陵墓群谷山片区环境整治工程所涉土地问题取得新进展。

（三）全国重点文物保护单位

永顺县和龙山县湘鄂川黔革命根据地旧址、黔城古建筑群、柳子庙、永州市涧岩头周家大院古建筑群等保护规划由湖南省人民政府批准公布。醴陵窑、虎爪山遗址、铜鼓山遗址、茶陵古城墙等文物保护规划获国家文物局审批通过。红二军团长征司令部旧址保护规划通过国家文物局审批。韶山冲毛主席旧居、罗荣桓故居、徐特立故居、黄兴故居、渌江书院、平江起义旧址、厂窖惨案遗址等保护规划上报国家文物局。

渌江桥修缮工程、渌江书院展示利用工程、湘南起义旧址群——工农革命军第一军第一师第一团团部旧址泮泉书院展示利用工程、湘南起义旧址群——工农革命军第一军第一师第一团团部旧址泮泉书院白蚁综合治理工程、渌江书院白蚁治理工程、黄埔军校第二分校旧址白蚁综合治理工程等6个工程立项，韶山冲毛主席旧居、湖南大学早期建筑群——湖南大学科学馆和湖南大学工程馆、彭德怀故居、罗荣桓故居、魏源故居、中国工农红军第七军指挥所旧址、富厚堂部分文物建筑、永定区湘鄂川黔革命根据地旧址、李达故居等9个修缮工程项目计划，刘少奇故居、蔡锷故居环境整治工程方案获得国家文物批准。

湖南省文物局审批通过谭嗣同故居及墓祠、湖南大学早期建筑群——湖南大学大礼堂、中共平江县委旧址、湘南起义旧址群——汝城会议旧址朱家大院、湘南起义旧址群——中共湘南驻汝城特别工作委员会旧址、湘南起义旧址群——桂阳县苏维埃政府旧址、湘南起义旧址群——耒阳县苏维埃政府旧址培兰斋、中共平江县委旧址、渌江桥、信义教会建筑群、安江农校纪念园（二期）、汝城古祠堂群、湘阴文庙、安化风雨桥等修缮工程方案和舜帝庙遗址玉琯岩摩崖石刻、水口山铅锌矿遗址第三冶炼厂烧结锅车间和康汉柳饭店旧址、洪江古建筑群石质文物、阳华岩摩崖石刻等抢险加固工程方案，以及南禅湾晋墓群——刘弘墓本体加固工程、炎帝陵白蚁危害综合治理工程、岳阳文庙大成殿地基沉降注浆加固工程等方案。

启动实施浏阳文庙、北五省会馆、南岳庙之东西长廊、安化风雨桥至十义桥和马渡桥、阳华岩摩崖石刻抢险加固、黔城古建筑群（第一期）、临武硐楼（朝泉阁、玉美田硐楼）、岳阳文庙、龙家大院、龙兴寺（二期）、洪江古建筑群（大佛寺）、马田鼓楼、白衣观、兵书阁等保护工程。张家界市龙凤庵、张家界普光禅寺古建筑群、南岳大庙等维修工程竣工验收。

（四）世界文化遗产

5月26日，湖南省组织举办老司城遗址预警监测培训班，湖北唐崖土司遗址、贵州海龙屯遗址保护管理机构负责人共80余人参加培训。9月27～29日，国家文物局、中国文化遗产研究院考察评估组调研评估老司城遗址保护管理工作。启动修订《湘西土家族苗族自治州老司城遗址保护条例》并上报湖南省人大常委会。

芋头侗寨古建筑群保护范围内环境整治项目进入招投标程序。召开侗族村寨申遗汇报会，推动申遗工作。推进凤凰区域性防御体系（舒家塘、阿拉营、拉毫营盘、黄丝桥）申遗文物保护工程，支持预备名录内古村落申报中国历史文化名村和中国传统村落。

完成万里茶道（湖南段）申遗点考察和资料的收集与整理。6月21日，万里茶道联合申遗办上报申遗预备清单至国家文物局，湖南省首批推荐渠江大安村及茶园、缘奇桥、永锡桥、鹞子尖古道、唐家观古镇、安化茶厂早起建筑群、益阳三台塔、大矶头遗址等8处遗产点列入清单。

（五）其他

分类型、分专题、分片区推进革命旧址的整合保护和全程全景展示，编制《湖南省革命文物保护利用方案》。编制《长征文化线路湖南段保护推进计划和第一期示范项目方案》《长征文化线路湖南段保护推进第二期示范项目方案》并上报国家文物局，审批通过抗日战争湘西会战溆浦县相关遗址旧址保护规划及王首道故居、红一方面军后方医院旧址——范家祠堂、中共湖南省工作委员会旧址、中华苏维埃共和国六县联合政府旧址、中共桑植县委旧址、红军长征先遣队寨前誓师西征旧址——扶氏宗祠、抗战时期湖南临时省会旧址群——海牧师楼旧址、红二六军团司令部旧址——佘氏宗祠、袁国平故居、李烛尘故居、郭亮县革命委员会旧址、湘北特委旧址、唐群英墓等13个省级文物保护单位修缮工程方案，以及谢冰莹故居二期修缮工程勘察设计方案、常德会战阵亡将士公墓保护修缮与环境整治工程勘察设计方案。

完成第一至第七批全国重点文物保护单位档案的编辑、整理和入藏。完成第七批全国重点文物保护单位保护范围和建设控制地带划定方案修订。遴选公布首批湖南经典文化村镇65个。审查确定第五批省级历史文化名镇17处、名村102处。凤凰县、芙蓉镇、老司城村、长沙市、靖港镇通过国家历史文化名城名镇名村保护评估检查。督促推进国保、省级集中成片传统村落整体保护利用工作。

制定实施《关于加强文物保护工程事中事后监管的通知》，加强对63家文物保护工程资质企业的监管。通道坪坦风雨桥群修缮工程获评“第三届全国优秀文物维修工程”。

【考古发掘】

（一）概况

制定实施《关于加强建设工程中文物保护和考古工作的通知》，老司城遗址等6个主动性考古发掘项目和常德梁山1号墓等8个抢救性发掘项目获国家文物局批准，《益阳罗家嘴楚汉墓葬》等4个考古发掘报告出版立项获国家文物局批准，大湘西天然气支干线项目龙山至花垣段工程等文物调查勘探项目通过审查，“气化湖南”等重点工程跟踪服务工作积极有效，泸溪龙湾遗址等10个考古工地完成检查验收，考古工作逐步规范和加强。桂阳桐木岭矿冶遗址发掘项目获评“2016年度全国十大考古新发现”。

（二）重要考古发掘项目

1．泸溪浦市下湾遗址考古发掘项目

8月中旬至12月中旬发掘。实际发掘面积约500平方米，清理面积约1200平方米。揭露了一处时代较早（年代上限估计在7000年以前）、延续时间较长（包含新石器时代及多个历史时期文化遗存）、文化内涵丰富、文化特征鲜明的新石器时代文化遗址。清理了40余座不同时期的墓葬，揭露了一处大型祭祀场所，出土了一大批高庙文化遗物。下湾遗址很有可能是一处以宗教祭祀为主的重要聚落，许多遗存涉及史前人类意识领域及文明起源，具有重要学术价值。

2．澧县孙家岗遗址考古发掘项目

10月开始发掘。实际发掘面积248平方米。揭露新石器时代墓葬98座，出土陶器340余件、玉器53件。此次发掘为进一步了解新石器时代洞庭湖地区考古学文化面貌和社会情况提供了依据。

3．石门宝塔遗址考古发掘项目

9月开始发掘。完成发掘面积约6500平方米。清理出商至宋元时期的灰坑、沟、房、墓葬等各类遗迹近500处，出土了数量较多的陶瓷器、石器、植物种子等遗物，其中以商代遗存最为丰富。宝塔遗址作为澧水下游地区一处重要的商周遗址，可进一步完善乃至重新构建澧水流域商至西周时期遗存的年代序列，有较高的学术价值。

4．衡阳大浦洋塘山汉晋窑址及墓葬考古发掘项目

2～8月对衡阳大浦通用机场项目范围内发现的洋塘山墓群进行考古发掘，共清理墓葬45座，发现窑址22座。此次发掘首次在湘江中游发现了年代衔接、演变序列清楚的汉晋龙窑；汉代印纹硬陶窑址的发现不仅为大浦机场汉代墓葬出土的硬陶找到了窑场，更为湘江中游地区大量印纹硬陶的产地提供了线索；汉晋时期龙窑和马蹄形窑的发现对了解大浦汉晋窑场的空间布局、分工等具有重要意义。

5．湘阴岳州窑考古发掘项目

11月开始发掘。发掘面积400多平方米。着重对百梅窑遗址东汉至三国时期的窑业遗存进行了考古发掘，出土大量东汉至三国时期的窑业遗物。首次明确发现了东汉时期岳州窑的窑炉，解决了长期以来对岳州窑东汉时期窑炉形制的疑惑。岳州窑青竹寺窑址和百梅窑址产品在时代上的差别，为岳州窑的分期和深入研究奠定了基础，也为探讨长江中游地区青瓷起源与长江下游地区青瓷工艺的技术交流等提供了新的材料。

6．长沙铜官窑考古发掘项目

2016年7月～2017年4月发掘。发掘面积1800平方米。本次发掘共揭露灰沟2条、灰坑25

个、房基1处、墙基2处、炉灶1处，采集大量瓷器、陶器、铜钱、窑具、土样等。此次发掘所在区域被当地村民称为“樊家坪”（音），而“石渚”和“樊家”均见于黑石号沉船，黑石号沉船著名的“湖南道草市石渚盂子有明樊家记”褐书题记碗极可能出自此地，这一重要发现为长沙铜官窑作为海上丝绸之路的起点站之一提供了铁证。

7．天健芙蓉盛世三期考古项目

2～9月发掘。发掘面积1500平方米。发现战国晚期至明清时期墓葬164座，其中以战国晚期至西汉时期的墓葬居多，出土文物340余件。该批墓葬保存较好，部分战国晚期至西汉时期墓葬为夫妻异穴合葬墓，对研究长沙古代丧葬习俗及长沙城市发展史具有重要价值。

8．望城循环工业园考古项目

3～8月发掘。发掘面积400平方米。发掘战国时期墓葬54座、明代墓葬2座，另发掘战国时期窑址及灰坑各1座。出土器物160余件，种类有陶器、铜器、铁器等。该批墓葬保存大多完好，随葬品丰富，对研究当时的丧葬习俗具有重要价值。

9．宁乡青山桥镇罗家冲遗址考古项目

该遗址从2014年开始发掘，目前发现了商末周初共存的大型地面式房屋建筑基址、壕沟、祭台等重要遗迹以及新石器时代末期至早商时期的大型回廊式建筑基址。共收集各类遗物标本3000余件，包括陶器、石器、玉器和小件青铜器等。该遗址与东侧紧邻的石家湾、月形山、景德观3处遗址点共同组成一处大的聚落遗址群，初步判断罗家冲遗址为该遗址群的高等级核心区域。

（三）其他

援孟、援藏考古工作联动推进。湖南省文物考古研究所对西藏南部地区早期寺庙遗址进行了调查和发掘。援助孟加拉国开展联合考古发掘项目新揭露面积1200平方米，发掘出一座塔院（stupa court）和僧院（vihara）的综合体。

【博物馆与不可移动文物保护】

（一）博物馆

1．博物馆建设

湖南茶叶博物馆、湖南浏阳永和菊花石博物馆、中国水稻博物馆、通道转兵纪念馆和澧县城头山古文化遗址博物馆等5家博物馆完成设立备案，全省博物馆总量增至144家。77家纳入中央免费开放补助范围的博物馆运转良好，接待观众2300万人次。

11月29日，湖南省博物馆新馆建成开放。“长沙马王堆汉墓陈列”“湖南人——三湘历史文化陈列”两个基本陈列和“东方既白——春秋文物大联展”“在最遥远的地方寻找故乡：13～16世纪意大利与中国的跨文化交流”开馆特展向社会开放。在预约参观、限制人数的情况下，新馆单日最高接待观众量超过2.2万人次。

长沙简牍博物馆晋升为国家一级博物馆。邵阳市博物馆开馆，长沙市博物馆新馆开放。娄底市博物馆新馆基本陈列、湘西土家族苗族自治州博物馆新馆基本陈列、株洲市博物馆新馆基本陈列布展正在实施。常德市博物馆改造工程正在实施。郴州市博物馆新馆建设完成主体工程和基本陈列内容设计编报。怀化市博物馆新馆建设完成规划和选址。永州市博物馆新馆建设正在进行概念设计。

2．重要陈列展览

完成衡山农民运动纪念馆基本陈列和李维汉故居、周立波故居、许光达故居、柳直荀故居、何叔衡故居、谢觉哉故居辅助陈列的内容设计方案评审备案。完成“光辉起点——秋收起义文家市会师历史陈列”形式设计方案，“毛主席领导秋收起义90周年纪念展”和“毛主席家风展”内容方案，以及“呼啸长空——飞虎队在中国的抗战”“奇迹——红二方面军的长征”“向雷锋同志学习”“只要主义真——夏明翰生平事迹陈列”等陈列内容方案的审查。

（二）可移动文物保护

1．概况

截至2017年年底，湖南省馆藏可移动文物181余万件，其中一级文物2606件/套、二级文物5388件/套、三级文物36216件/套。

2．可移动文物保护技术、方法及应用

《秋收起义文家市会师纪念馆馆藏金属文物保护修复方案》和《任弼时纪念馆馆藏文物本体保护修复方案》获国家文物局批准，涉及一级文物4件/套。湖南省审批同意《湖南省常宁市文物管理局藏纸质文物保护修复方案》和《湖南涟源市文管所藏纸质文物保护修复方案》。

【社会文物管理】

完成对“湖南国拍2017迎春文物艺术品拍卖会”“湖南国拍2017春季文物艺术品拍卖会”“湖南国拍2017秋季文物艺术品拍卖会”1911件拍卖标的审核，其中2件不可上拍。检查湖南省文物商店、湖南省潇湘文物商店、长沙市文物商店规范经营情况。

【文博教育与培训】

推荐文博单位人员80余名参加国家文物局举办的36期“金鼎工程”培训班。6月15～17日，举办文物保护项目申报与审批改革培训班，市州文物局（处）、省直管经济体制改革试点县市文物局（所）、省直文博单位负责人150人参加培训。

【文博宣传与出版】

国际博物馆日期间，全省博物馆依托馆藏开展特色宣传活动，长沙市博物馆推出基本陈列“湘江北去·中流击水——长沙历史文化陈列”，系统展示长沙历史文化；刘少奇同志纪念馆举办第五届刘少奇故里花明楼赏花网络摄影大赛，展示生态环境保护与文明建设成果；长沙简牍博物馆联合长沙理工大学举办“遇见·童画”插画展。

文化和自然遗产日期间，全省文博单位推出形式多样、内容丰富的宣传活动。6月10日，湖南省举办“湖南文化遗产与‘一带一路’论坛”，新华社、央视网等媒体进行报道，百度关键词相关词条搜索43.5万条，论坛点击量10余万次，新闻视频播放量超过50万次。

【机构及人员】

湖南省共有文博机构276个、从业人员5037人，其中文物保护管理机构84个、博物馆120个、文物商店2个、文物科研机构3个、其他文物机构67个；专业技术人员1340人，包括高级职称36人、副高职称127人、中级职称503人。

湖南省文物局是湖南省政府设置的具有行政职能的副厅级事业单位，受省政府委托管理全省文物、博物馆工作，2017年核定事业编制人员29个，实有在编工作人员33人。

广东省

【概述】

2017年，广东省文物系统紧紧围绕党中央和省委省政府关于文化建设的决策部署，认真落实党的十九大精神和习近平总书记对广东工作的重要批示，特别是关于文物工作的指示批示精神，坚持“保护为主、抢救第一、合理利用、加强管理”的文物工作方针，严格遵循文物保护规律，充分发挥政府的主导作用，妥善处理文物保护与经济发展、文物保护与城乡建设、文物保护与人民群众生产生活的关系，广泛动员社会力量参与，切实加大文物保护力度，推进文物合理适度利用，推动全省文物事业全面健康发展。

【执法督察与安全保卫】

认真贯彻落实《国务院办公厅关于进一步加强文物安全工作的实施意见》精神，提请广东省政府建立文物安全协调会议制度，认真组织开展文物安全状况大排查行动，拟定《广东省文物安全责任书》，做好全国文物安全电视电话会议、全国文物消防安全工作视频会议、省文物安全工作会议相关工作，完成广东省被盗（丢失）文物情况的统计上报工作。

7月28日，广东省召开全省文物安全工作会议，深入学习贯彻习近平总书记对文物安全工作的重要指示批示和全国文物安全电视电话会议精神，要求全省文物工作者要充分认识做好文物安全工作的重大意义，切实提高思想认识，真正摆上重要议事日程，严格责任抓好落实，确保文物安全形势稳定向好发展。

【不可移动文物的保护和管理】

（一）概况

截至2017年年底，广东省共有世界文化遗产1处，国家历史文化名城8个、广东省历史文化名城15个，中国历史文化名镇15个、广东省历史文化名镇19个，中国历史文化名村22个、广东省历史文化名村56个，中国历史文化街区1个、广东省历史文化街区20个，中国传统村落160个、广东省传统村落186个。经过第三次全国文物普查，全省核定公布不可移动文物2.5万余处，其中全国重点文物保护单位98处、省级文物保护单位613处、市县级文物保护单位约5000处。

（二）大遗址保护

马坝人、石峡遗址环境整治工程正在实施，西樵山遗址保护规划已经公布，南越国宫署遗址曲流石渠、南汉宫殿和水井遗迹本体保护工程设计方案已经获批。笔架山潮州窑遗址、方济各·沙勿略墓园及大洲湾遗址两处国家考古遗址公园获国家文物局立项。

（三）世界文化遗产

4月，国家文物局在广州召开2017年海上丝绸之路保护和申遗工作会议，推选广州市为海上丝绸之路保护和申遗新的牵头城市。召开“海上丝绸之路与人类文明进程”学术研讨会，积极推进汕头、江门、潮州、湛江等市加入海上丝绸之路申遗行列。

（四）文物保护工程

开展南华又庐、宋湘故居、陈芳家宅、中山纪念中学、悦城龙母祖庙、藏霞古洞、真武堂、超海宫等国保省保单位修缮工程检查。完成淇澳岛抗英遗址、南社村和塘尾村古建筑群、东华里建筑群保护规划等20多项文物保护规划评审与公布工作。

出台《广东省文物保护项目评估和验收专家组成人员选取办法（试行）》，进一步规范广东省文物保护项目评估和验收专家组成人员选取工作。指导和监督广东省古迹保护协会开展资质审批等相关工作和文物保护工程项目评估、评审及验收工作。

顺德乐从陈氏大宗祠修缮工程获评“第三届全国优秀文物维修工程”。

（五）其他

出台《粤东地区文物保护利用行动计划（2017～2020年）》《粤北地区文物保护利用行动计划（2018～2020年）》，梳理审核200多项文物保护项目进入粤东、粤北地区文物保护项目库。

着力开展南粤古驿道保护利用工作。全省现存古驿道89处，其中全国重点文物保护单位1处（韶关市南粤雄关与古道），省级文物保护单位2处（韶关市西京古道、湛江市贵生书院与门前古道）。根据广东省政府确定的2017年南粤古驿道保护利用8个示范段，梳理出周边5千米的文化遗产分布状况。委托广东省社会科学院承担“广东海上丝绸之路——岭南古（驿）道调查与研究”课题，举办中国南粤古驿道首届文化创意大赛和“南北通融——南粤古驿道展览”，出版《南粤古驿道》文集，有效推动古驿道保护。

印发《广东省文物局关于加强在2277个省定贫困村创建社会主义新农村示范村过程中文物保护工作的通知》，公布《广东省贫困村不可移动文物目录》《广东省贫困村可开发利用的不可移动文物目录》，全省贫困村不可移动文物共2524处，其中可开发利用的不可移动文物1700处。

【考古发掘】

2017年，广东省考古发掘资质单位共完成考古调查项目196个，其中公路、铁路与天然气管线等线型项目调查总长度约2500千米，电厂、机场等块状项目调查总面积近4463万平方米；完成考古勘探项目101个，勘探面积1716828平方米，发现遗址点、遗物点、建筑基址等各类文物点近百处，其中较为重要的发现有战国至汉代遗址1处、六朝隋唐墓葬17处；完成考古发掘项目22个，发掘面积17464平方米，清理新石器时代至清代墓葬831座，出土文物2300余件/套。继续实施“南海Ⅰ号”发掘保护项目、台山川岛海域和南海西樵山燕岩水下考古调查项目，召开“南海Ⅰ号”发现30周年国际学术研讨会。

广东省水下考古队伍是国家水下文化遗产保护工作的主力军，随着“南海Ⅰ号”的全面发掘，全省出水文物数量居全国首位，出水文物的保护工作日益繁重。广东省博物馆建立了专门的出水文物保护实验室，可批量对几万件出水文物进行脱水脱盐。组织“一带一路”沿线国家水下考古培训班，来自伊朗、沙特、泰国、柬埔寨和我国部分省份的21名学员在国家文物局水下文化遗产保护中心阳江基地进行了培训。

【博物馆与可移动文物保护】

（一）博物馆

1．博物馆建设

截至2017年年底，全省共有博物馆283家。广州博物馆和广东民间工艺博物馆获评国家一级博物馆，至此，广东省共有国家一级博物馆6家、二级博物馆18家、三级博物馆25家。

组织开展博物馆运行评估工作，提高全省博物馆运行管理水平。筹备设立改革开放展览馆，牵头开展广东改革开放藏品征集工作。

2．陈列展览

2017年，全省文物机构共安排基本陈列548个，举办临时展览1041个，接待观众5442.71万人次，其中未成年人1439.4万人次。鸦片战争博物馆“鸦片战争”和广东省博物馆“文物动物园——儿童专题展”入围“第十四届（2016年度）全国博物馆十大陈列展览精品推介”终评。

“南澳Ⅰ号——明代海上贸易”展。展期为2016年11月28 日～2017年3月1日。该展览是广东省博物馆首次在境外合作参与的水下考古文物大展，以“南澳Ⅰ号”和“万历号”两条沉船的遗物构成展品核心，以“牵星过洋——万历时代的海贸传奇”展览为基石，从中精选出200件文物赴韩国展览。

“广东省第一次全国可移动文物普查成果展”。展期为2016年12月16日～2017年3月31日。展览分普查历程、普查成果、文物欣赏三个部分，既有对文物品类的介绍，也兼顾当前时代热点以及海上丝绸之路、华侨文化等广东特色历史，同时注重新发现文物的展示，给观众带来一场清新的视觉享受。

“玉鸣锵锵——商代王后妇好玉器特展”。展期为2016年12月27日～2017年3月26日。该展览是妇好墓出土玉器的首次集中展示，也是广东省博物馆所举办的规模最大的玉器专题展览，共展出玉器716件/套。

“百年笔迹　世纪抒写——中国现代文学文献展”。展期为5月18日～6月30日。展览由广州鲁迅纪念馆主办，是2017年博物馆日全国文学博物馆主题展览，通过近300件文献与图片的展示，讲述中国现当代作家与作品的故事。

“东西汇流——十三至十七世纪的海上丝绸之路”展览。展期为6月8日～9月10日。展览由国家文物局主办、广东省博物馆承办，是庆祝中德建交45周年系列文化活动“今日中国——合作·友谊·共赢”框架下的重点项目，汇聚了中国多家文博单位和汉堡国际海事博物馆有关“海上丝绸之路”的文物和辅助展品120余件/套，展示了13～17世纪海上丝绸之路历程中东西方文明跨海交流、交融共进的宏大历史图卷。

“广州：扬帆通海两千年”展。展期为6月9日～12月10日。该展览由广州市文广新局等单位联合主办，在西汉南越王博物馆展出，汇集广州、江门等地考古出土和博物馆征集的200余件/套文物，呈现了一段海上丝绸之路的历史。

“平城·晋阳——山西出土北朝文物精品展”。展期为2017年6月10日～8月20日。该展览由深圳博物馆、山西博物院、山西省考古研究所、大同市博物馆共同举办，为国内首个比较细致丰富的北朝文物主题展，展出北朝鎏金银器、陶瓷器、石棺床、响铜器、陶俑等文物200余件/套，生动反映了这一时期中西文化的交流。

“泰坦尼克文物精品展”。展期为6月16日～10月15日。该展览是广东省博物馆年度文物大展，展出“泰坦尼克”沉船遗址打捞的文物精品300余件，并以文物为载体，实景复原了一等客舱、三等客舱和咖啡馆等。

“瞻礼大唐——‘一带一路’背后的器用展”。展期为6月22日～7月22日。该展览由西安市文物局、深圳市文物局等主办，深圳望野博物馆协办，在西安唐皇城墙含光门遗址博物馆展出。展览选取了反映唐人社会与生产生活的各类精美文物，包括金银器、铜器、玉器、陶瓷器、琉璃等各种材质的文物90件/套，涵盖国家一级文物12件。

“南北通融——南粤古驿道展览”。展期为8月31日～12月3日。该展览由中共广东省委宣传部、广东省文化厅主办，广东省住房和城乡建设厅、广东省地方志办公室、广东省体育局、广东省旅游局协办，在广东省博物馆展出。展览遴选重要历史文物300余件/套，陈列与道路、人员、商贸有关的历史见证物，展示南粤地域文化的包容性和多样性。

“中国制造——克莱姆莱茵河上的广州”。展期为2017年9月22日～2018年3月18日。该展览是广东省博物馆与阿美里斯维尔特庄园博物馆首次合作的原创展，分为“中国出口的艺术作品”和“中国自然风景画”两个篇章。

“黄金时代——俄罗斯帝国珍品展”。展期为2017年9月29日～2018年1月7日。该展览由俄罗斯国立历史博物馆和广东省博物馆联合推出，展品来自于俄罗斯国立历史博物馆，共302件/套，是俄罗斯帝国两百年历史的见证。

“千年马约里卡——意大利法恩扎国际陶瓷博物馆典藏”展。展期为2017年12月29日～2018年3月25日。该展览由深圳博物馆联合意大利法恩扎国际陶瓷博物馆共同举办，展出法恩扎国际陶瓷博物馆珍藏，展示了意大利陶瓷的产生、传承、创新和发展，也反映了中国瓷器对意大利乃至欧洲的影响。

3．博物馆青少年教育

根据国家文物局委托试点事项，结合广东省各地开展博物馆青少年教育工作的实际情况，选取广东省博物馆、广州市博物馆、南海区博物馆和东莞唯美陶瓷博物馆作为“完善博物馆青少年教育功能试点”单位。各试点单位组织开展了博物馆青少年教育资源需求调查、分析和整理，建立了本地区博物馆青少年教育体验活动项目库。

（二）第一次全国可移动文物普查

圆满完成第一次全国可移动文物普查工作，全省登录国有文物收藏单位418家，可移动文物875254件/套，其中珍贵文物79010件/套，文物“家底”更加清晰。广东省文物局综合处、东莞市文广新局获得第一次全国可移动文物普查先进集体称号。

【社会文物管理】

会同广东省工商局联合开展文物流通市场专项整顿行动，制定工作方案，组织召开了文物流通市场行业代表座谈会，并对全省古玩旧货市场、文物商店、拍卖企业进行了调查摸底和现场检查，提出建立完善文物流通市场规范管理的长效机制。审批文物拍卖标的30项。

【科技与信息】

作为国家文物局首批智慧博物馆试点单位，广东省博物馆基于“智慧博物馆”和“互联网+”理念，采用云计算、移动互联、数据挖掘技术、可视化等先进技术，构建了“广东省博物馆智慧博物馆综合应用与服务平台”，实现了精准、精细、精密管理，提升了工作效能，扩大了社会影响，已有超过80万人在新媒体平台关注广东省博物馆。

5月10～13日，“互联网+中华文明——中国博物馆创新论坛”在深圳召开。论坛由国家文物局指导，中国博物馆协会、中国（深圳）国际文化产业博览交易会组委会办公室、深圳市文物局主办。来自全国20多个省、市、自治区60多家博物馆的百余名专家参加活动。

【文博教育与培训】

紧扣新时期文物保护工作特点，精心组织策划博物馆讲解员培训班、行业和非国有博物馆业务培训班、文博系统书画装裱培训班、第一次全国可移动文物普查应用系统暨博物馆藏品管理培训班、文物保护管理培训班，培训500余人次，有力促进了全省文物保护人才培养，有效夯实了全省文物工作基础。

【机构及人员】

截至2017年年底，广东省共有文物机构278个，从业人员4673人，其中高级职称231人、中级职称862人。

【对外交流与合作】

2017年，广东省引进“泰坦尼克文物精品展”“黄金时代——俄罗斯帝国珍品展”等精品展览，组织“东西汇流——十三至十七世纪的海上丝绸之路”“中国制造——克莱姆莱茵河上的广州”“南澳Ⅰ号——明代海上贸易”等展览赴国外交流展出。

按照《粤港澳文化交流合作发展规划2014～2018》合作机制，继续推动粤港澳文博界共同深化合作领域，提升合作层次，创新合作形式，促进三地文博事业繁荣发展。共同策划举办“海上瓷路——粤港澳文物大展”“辛亥革命时期漫画展”等高质量巡回展览，联合举办国际博物馆日活动，加深观众对中华优秀传统文化的认识。

广西壮族自治区

【概述】

2017年，广西壮族自治区人民政府印发《关于进一步加强文物工作的实施意见》，召开全区文化（文物）工作会议，全区文化遗产传承保护力度进一步加大，文物执法工作、文物建筑消防安全工作效果明显，历史文化保护利用各项工作迈上新台阶。4月19日，习近平总书记视察了合浦汉代文化博物馆，肯定了围绕古代海上丝绸之路的文物有特色，指出北海具有古代海上丝绸之路的历史文化底蕴，对加强特色博物馆建设、弘扬中华优秀传统文化、建设社会主义文化强国作出了重要指示。

【法规建设】

首部地方立法实体法《桂林市石刻保护条例》正式实施，历史文化保护利用各项工作迈上新台阶。完成《左江花山岩画文化景观保护条例》《北海市合浦汉墓群保护条例》《玉林市古村落保护条例》等条例起草、召开立法专家论证会、提交市政府常务会议审议等工作。

【执法督察与安全保卫】

文物安全内容首次列入自治区政府对设区市政府的年度绩效考核指标体系，文物消防安全工作内容列入自治区政府对设区市政府消防安全年度考核体系、安全生产年度考核体系。自治区文化厅和自治区公安消防总队签订战略合作框架协议，共同推进行业消防安全标准化管理，深化火灾基层防控、人才培训，推动微型消防站建设。完成梧州市白鹤观微型消防站、粤东会馆微型消防站和叶琪墓、李济深故居、刘永福墓、冯子材墓等一批文物技防消防防雷工程项目建设。

组织全区文物系统开展文物安全大排查工作，印发《广西壮族自治区文化厅办公室关于开展全区文物安全状况大排查行动的通知》《广西壮族自治区文物局关于开展文物安全大排查网络填报工作的紧急通知》《广西壮族自治区文物安全状况大排查行动实施方案》。排查全国重点文物保护单位66处，自治区文物保护单位356处，市县级文物保护单位1937处，不可移动文物2100处，博物馆及文物收藏单位251家，共排查整改文物消防安全隐患160余处。做好国务院消防考核组对自治区政府2016年度消防工作考核的迎检工作，全区文物消防安全工作完成情况良好。

继续深入开展文物法人违法案件专项整治行动。督察督办了贵县古墓葬群违建、柳城县“黄家大院”违建、中越53号界碑遭破坏等事件。

自治区文化厅、自治区工商局首次在全区开展为期两个月的文物流通市场专项整顿行动，重点打击非法经营文物行为，查处文物违法案件，清理违法经营主体等。组织督察组对桂林、北海、钦州、贵港等市工作开展情况进行实地督察。通过专项整顿行动，建立了全区文物市场联合监管工作机制，有效维护了全区文物市场秩序。

9月28日，自治区文化厅和自治区公安消防总队联合下发《广西壮族自治区文物建筑消防安全标准化管理暂行办法》，填补了广西文物建筑消防标准的欠缺和空白。

【不可移动文物的保护和管理】

（一）概况

11月9日，自治区人民政府办公厅公布了南宁育才学校旧址等98处全国重点文物保护单位和自治区文物保护单位保护范围。12月8日，自治区人民政府核定公布212处第七批自治区文物保护单位，自治区文物保护单位增至568处。

加强世界文化遗产左江花山岩画文化景观保护和管理，有效推进海上丝绸之路·北海史迹、灵渠和侗族村寨·三江侗族村寨保护和申遗工作。合浦汉墓群与汉城遗址列入第三批国家考古遗址公园立项名单。

自治区人民政府办公厅印发《推进桂北长征文化资源保护与开发利用工作方案的通知》，组织实施湘江战役旧址等一批具有重大影响和示范意义的革命旧址保护工程。实施灵山大芦村古建筑群、顶蛳山遗址、梧州邮局旧址等一批重点文物保护单位、中国传统村落的文物保护修缮工程。组织开展国家历史文化名城名镇名村、乡土特色建设、精准扶贫、发展旅游、美丽广西幸福乡村等涉及的文物保护项目。公布第三批广西传统村落227个。

自治区文化厅制定《广西文物保护工程管理办法（试行）》，实施《广西壮族自治区文化厅关于加强文物保护专项资金管理提高使用绩效的通知》等规章制度。

（二）大遗址保护

实施合浦汉墓群大遗址保护中的考古勘探和发掘工作。完成桂林靖江王府一期维修工程，甑皮岩国家考古遗址博物馆建成开放，正在建设综合服务中心、模拟考古体验中心及相关配套设施。完成桂林靖江王陵11座王陵的考古勘探、发掘和7座遗址本体保护与环境整治工作。

配合国家文物局完成靖江王府及王陵国家大遗址、甑皮岩国家考古遗址公园评估工作。组织申报合浦汉墓群与汉城遗址、白莲洞遗址国家考古遗址公园立项名单，其中合浦汉墓群与汉城考古遗址公园列入第三批国家考古遗址公园立项名单。

（三）全国重点文物保护单位

实施灵山大芦村古建筑群、南宁顶蛳山遗址、梧州邮局旧址等一批文物保护修缮工程。审批灵川江头村和长岗岭村古建筑群——江头村古建筑群三期、长岗岭村古建筑群三期，北海近代建筑群——涠洲盛塘天主堂、涠洲城仔教堂等一批文物保护工程方案。编制八路军桂林办事处旧址、李宗仁故居（包括官邸）、梧州近代建筑等一批保护规划。验收八路军桂林办事处旧址——路莫村物资转运站旧址、靖江王府一期等10多个文物保护工程。积极推进甑皮岩遗址、白莲洞遗址等列入国家文化和自然遗产保护设施建设项目库的全国重点文物保护单位保护设施建设。

（四）世界文化遗产

加强世界文化遗产左江花山岩画文化景观的保护和管理。实施左江花山岩画文化景观监测总中心搬迁和宁明花山岩画监测分中心环境整治工作，推进扶绥县、龙州县岩画保护监测中心（展示中心）建设项目。继续编制左江花山岩画文化景观监测预警系统二期、导览系统二期项目方案。组织实施巡视巡检工作，对发现遗产区内存在威胁岩画安全及破坏周边景观环境的行为，如网箱养鱼、非法采砂等，及时发布预警，严格控制遗产区、缓冲区内的相关建设活动。指导崇左市做好岩画及周边环境数据资料采集，将相关信息录入监测预警平台，与国家监测总平台对接。与中国文化遗产研究院联合主办中国世界文化遗产监测2017年年会，配合完成国家文物局组织的世界文化遗产左江花山岩画文化景观评估工作。通过举办“丹青记忆 守望家园——中国文化遗产美术作品展（2016·左江花山岩画文化景观）”“亘古天书——中国岩画艺术展（崇左市巡展）”以及花山岩画国际论坛·第三届中国岩画遗址遗产研讨会等系列活动，进一步提升花山文化知名度。

推进海上丝绸之路·北海史迹保护和申遗工作。配合全国政协“海上丝绸之路文化遗产保护和利用”专题、中国海上丝绸之路申遗专家团队、国家文物局文物保护调研组等国家层面组织的海上丝绸之路遗产保护和申遗工作调研。与北海市、合浦县政府联合召开汉代海上丝绸之路合浦港发掘、研究和保护利用专家座谈会，举办“海上丝绸之路·中国史迹”专题讲座等。自治区文化厅成立广西古代海上丝绸之路研究中心，与北海市政府建立厅市会商制度。合浦县成立合浦县海上丝绸之路申报世界文化遗产中心、海上丝绸之路研究院，充实合浦县文物管理局，首聘20多位国内知名专家，从机构和人员方面加大对海上丝绸之路文化遗产的保护与管理力度。完成合浦汉墓群四方岭、金鸡岭重点保护区保护和环境整治工程项目等重点工程。北海市组织编制《海上丝绸之路遗产点保护规划》《大浪古城遗址保护规划》《草鞋村遗址保护规划》，邀请相关专业机构和专家进行海上丝绸之路申遗主题研究。

推进列入中国世界文化遗产预备名单的灵渠、侗族村寨·三江侗族村寨文物保护和申遗工作。编制完成《灵渠申遗文本》《灵渠保护与管理规划》《灵渠控制性规划》。邀请国内外专家对灵渠进行实地考察调研，实施灵渠（南渠）二期保护工程。兴安县启动灵渠文化遗产保护和利用项目，成立灵渠文化遗产保护和利用项目指挥部，全力推进灵渠申遗工作。自治区文化厅委托广西汉和建筑规划设计有限公司完成侗族村寨·三江侗族村寨申报世界文化遗产——高友寨调查研究项目，形成研究报告。

（五）革命文物保护

开展革命文物资源调查，掌握革命文物保存状况、保护需求、项目组织、基础设施和管理使用情况。编制革命文物保护经费需求规划及长征文化线路保护推进计划方案。开展革命文物旧址维修保护三年行动计划，计划每年投入300万元用于桂北长征文物保护工作。2017年投入350多万元对全州县湘江战役旧址觉山铺阻击战旧址等文物点开展文物保护展示、环境整治工程。组织实施柳州旧机场及城防工事旧址、湘江战役旧址等一批具有重大影响和示范意义的革命旧址保护工程。编制兴安县湘江战役旧址二期，全州县、灌阳县湘江战役旧址四期，田东县右江工农民主政府旧址，河池市红军标语楼标语等一批红色革命文物维修保护方案，完成技术方案的审批工作。

【考古发掘】

（一）概况

配合水利、电力、铁路、公路等国家和自治区重点工程，组织实施鹿寨县乌东德电站送电广东广西输电柳北交流站、贵阳至广州输气通道增输工程梧州压气站、南宁至崇左城际铁路等20多项国家和自治区重点建设工程的考古调查、勘探、发掘工作，抢救保护一批文物，确保重点工程项目的顺利实施。开展隆安县娅怀洞遗址、北海市晚姑娘窑址、白龙城等文物考古调查、勘探和发掘工作，其中隆安县娅怀洞遗址考古发掘入选中国社会科学院考古论坛“2017年中国考古新发现”。

组织开展古植物化石、白垩纪恐龙、古鱼类、两栖爬行、花山岩画区域自然环境等方面的研究工作。

（二）重要考古项目

1. 田林县百揽遗址考古项目

位于田林县百揽村。遗址年代为旧石器时代中晚期。为配合瓦村电站项目修建，4～5月，广西文物保护与考古研究所对该遗址进行考古发掘，发掘面积100平方米。遗址仅一层堆积，出土石制品13件，有砍砸器、刮削器、石片、石核等。

2. 贵港市东汉、南朝墓考古项目

位于贵港市。为配合贵港市同济大道工程建设，5～6月，广西文物保护与考古研究所对施工范围内的9座古墓葬进行考古发掘。墓葬均为砖室墓，其中东汉墓葬2座、南朝时期墓葬7座。墓葬遭早期盗扰，随葬品基本无存，但东汉墓普遍存在的手印纹砖数量大、种类丰富，对广西东汉手工业及体质人类学方面的研究具有一定的意义。

3. 北海晚姑娘窑址考古项目

位于北海市铁山港区南康镇里头塘村委晚姑娘村。为配合当地太阳能发电场建设，7～9月，广西文物保护与考古研究所对该窑址进行考古发掘，揭露面积118平方米，发现龙窑、灰坑、柱洞等遗迹，提取陶瓷器标本581件。出土器物包括瓷器、陶器、窑具，以青瓷器为主。根据出土器物判断，晚姑娘窑址年代为唐代中晚期，是研究北海唐代窑址及其销售路线的重要资料。

4. 柳城县木桐窑考古项目

位于柳城县大浦镇木桐村融江西岸。窑址年代为元代。为配合大埔至凤山二级公路改扩建项目，7～8月，广西文物保护与考古研究所对该窑址进行抢救性发掘，发掘面积100平方米。发掘部位为废品堆积区域，遗迹较少。出土器物有碗、盘、碟、盏等类型。广西元代窑址数量少，本次发掘丰富了这一方面的研究资料。

5. 钦州市乌雷炮台遗址考古项目

位于钦州市犀牛脚镇乌雷村东南约2千米的海岛上。遗址年代为清代。为配合乌雷炮台保护维修，2016年12月～2017年3月，广西文物保护与考古研究所对该遗址进行考古发掘，发掘面积约1000平方米。通过发掘基本弄清炮台内城墙、北兵房、火药局、台阶的结构布局，为炮台的维修保护提供了基础资料。出土越南的“明命通宝”“景兴通宝”及来自福建、钦州浦北一带的陶瓷器，为研究清代的商品流通及与越南之间的交流提供了难得的资料。

【博物馆与可移动文物保护】

（一）博物馆

完成全区博物馆摸底调查，形成《广西博物馆发展报告》，编写《广西特色博物馆建设发展实施意见》，为广西特色博物馆建设工作的开展打下坚实基础。

广西壮族自治区博物馆（以下简称广西博物馆）改扩建项目完成编制设计任务书、

确定招标代理服务机构、编制招标文件、公开招标文件预公示等相应流程，进入工程总承包招标公告阶段。桂林博物馆新馆、防城港市博物馆、广西边疆民族博物馆（那坡县博物馆）、容县博物馆、恭城县博物馆、永福县博物馆、陆川县博物馆、鹿寨县博物馆等一批博物馆建成开放，南宁顶蛳山遗址博物馆等博物馆在建，昭平县黄姚镇界塘村等地建立村史室或生态博物馆。桂林博物馆新馆为目前广西规模最大、功能最全的博物馆。全年征集文物2165件/套。

广西民族博物馆被评为“国家一级博物馆”，通过“全国文明单位”复评，成为广西首家取得ISO9001:2015质量管理体系认证的博物馆。柳州工业博物馆成为首批全国工业遗产旅游基地之一。

组织广西的精品文物、精品展览在美国、斯里兰卡等国家及辽宁、吉林、上海、浙江、北京等地展出。广西博物馆、广西民族博物馆、合浦县汉代文化博物馆、玉林市博物馆、贺州市博物馆等举办“丹青桂韵——馆藏明清扇面展”“黑旗军魂——民族英雄刘永福生平事迹展”“指间经纬——馆藏少数民族织锦展”“桂花与壮太——壮锦太鲁阁锦历史文化展”“八桂溯源——广西考古成果特展”“珠光帆影——合浦汉代海丝文物精品展”“巨匠丹青——广西博物馆馆藏齐白石、黄宾虹、徐悲鸿、张大千精品画展”“分享——贺州博物馆接受捐赠文物展”等基本陈列和临时展览560个，观众800.59万人次。

广西民族博物馆、南宁博物馆等引进“亘古天书——中国岩画艺术展”“古风神韵——走进神秘的萨满世界”“烁金繁花——广东民间工艺博物馆藏珐琅工艺精品展”等展览；广西博物馆“那山　那水　那人——广西壮族历史文化展”、广西民族博物馆“五彩斑斓——广西民族博物馆藏瑶族服饰展”“华服典章——广西壮族服饰织绣文化展”“桂风壮韵——广西壮族织绣文化展”、广西自然博物馆“聪明的植物”“北部湾贝类与贝文化展“生命之美——走进斑斓的蝴蝶世界”等展览赴辽宁、吉林、上海、浙江、北京等地展出。

（二）可移动文物保护

完成第一次全国可移动文物普查，登录备案国有可移动文物327687件/套（961951件）。普查除对文物本体信息进行登记外，还对收藏单位情况、文物保管条件等同时开展调查，全面摸清全区国有可移动文物家底。

建设“全区可移动文物数据应用平台”，实现对全区可移动文物的动态管理，推动全区可移动文物保护和利用工作的开展。

广西博物馆、广西民族博物馆等完成馆藏浮雕饰大铜钟、书画、合浦汉墓出土金属文物等一批文物保护修复项目，广西博物馆、崇左壮族博物馆等实施可移动文物预防性保护项目。

【社会文物管理】

广西博物馆作为国家文物局批准的涉案文物鉴定机构，全年受理广西壮族自治区人民检察院、桂林市公安局七星分局、钦州海关等12家单位的委托，对331件/套可移动涉案文物、1处不可移动文物进行鉴定。

【科技与信息】

5月24～25日，由广西文物保护与考古研究所、桂林市文化出版广电局、四川大学历史文化学院等单位联合举办的“西南考古协作会暨西南地区聚落与城址学术研讨会”在桂林召开，来自西南省市的考古机构及北京大学、四川大学等高校的30余名专家学者参加了会议。

6月22日～24日，“中国南方史前考古暨桂林父子岩遗址发掘学术研讨会”在桂林召开。来自全国各地的90余名考古研究专家共同研讨大遗址保护与国家考古遗址公园建设的“桂林模式”。国家文物局、中国社会科学院考古研究所、广西壮族自治区文化厅等单位联合为桂林成为“万年智慧圣地”进行了揭牌。

11月13～19日，由广西文物保护与考古研究所、北海市文化新闻出版广电局主办，北海市文物局、合浦县文物局承办的“基建考古对社会的重要贡献专题研讨会”在广西北海市召开。来自上海、江苏等16个省级考古所（院）的40名代表参加了会议。

12月21日，在自治区文化厅的大力指导下，广西民族博物馆举办“2017年铜鼓及其文化国际学术研讨会”，会议围绕“一带一路”背景下铜鼓文化的传承与保护这一主题进行多角度、跨学科的研讨，有效推动铜鼓研究、保护和传承。

【文博教育与培训】

11月15～18日，由国家文物局主办、广西壮族自治区文化厅承办的“金鼎工程”联络员培训班在南宁举办。全年选派文博专业人员参加国家文物局、中国文化遗产研究院举办的全国重点文物保护单位（革命旧址、石窟寺及石刻文物、古建筑、古遗址古墓葬类）保护管理机构负责人、文物保护工程设计、施工管理、文物鉴定、文物修复等培训班学习。

【文博宣传与出版】

自治区文化厅与桂林市人民政府联合在桂林博物馆举办2017年国际博物馆日广西主场城市活动，召开全区文物系统传达学习习近平总书记视察广西时的重要讲话精神座谈会。活动期间举办“互联网+中华文明”主题论坛和“首届全区博物馆十佳社会教育活动品牌”评比颁奖、全区博物馆文创产品展示、广西考古30年成果展等系列活动，充分展示了广西文博事业取得的成绩。

出版《广西合浦文昌塔汉墓》《广西百家博物馆》《广西铜鼓精华》《广西客家居民研究》《广西文物保护工程方案设计文集（第一辑）》《广西古戏台修缮工程选集》等书籍、专著。

《广西通志·文物志》获得自治区地方志编纂委员会办公室审查验收通过，完成《广西通志·文物志》两轮的修志工作。完成《中国文物志》广西部分不可移动文物、可移动文物、人物志等条目初稿撰写和照片收集工作，并上报《中国文物志》编撰委员会办公室。

【机构及人员】

广西共有各级文物博物馆机构208个，其中文物行政主管部门7个，博物馆（纪念馆）125个（国家一级博物馆2个、二级博物馆6个、三级博物馆17个），文物管理所（站）68个，文物商店4个，文物考古研究所1个，文物考古工作队1个，文物管理处1个，文物保护研究设计中心1个，自治区、市、县三级文物保护网络健全。

全区文博系统从业人员2587人，比2016年年末增加12人，其中专业技术人员1106人（正高级职称40人，副高级职称84人，中级职称429人）。

广西博物馆、柳州博物馆被国家文物局评为第一次全国可移动文物普查先进集体。

【对外交流与合作】

1月21日、7月9日，由广西民族博物馆、云南民族博物馆、贵州省民族博物馆、美国密歇根州立大学博物馆、印第安纳大学马瑟斯世界文化博物馆及国际民间艺术博物馆共同举办的“中国西南拼布展”分别在美国印第安纳大学马瑟斯世界文化博物馆、美国圣达菲市国际民俗艺术博物馆隆重开幕。

9月23～29日，应斯里兰卡中国文化中心邀请，广西民族博物馆派员随文化厅团组赴斯里兰卡举办“五彩八桂——广西少数民族服饰文化展”“中斯画家作品联展”以及非遗展演和讲座等系列活动。

10月15～21日，应广西文物保护与考古所邀请，越南社会科学院考古研究所所长阮江海、副所长阮家队、研究员程能钟，越南安克市副市长黎坦谈等一行来广西参观考察了隆安娅怀洞遗址等考古遗址，双方签订了科研交流合作协议。访问期间，阮家队副所长、程能钟研究员分别作题为《越南安克手斧文化》《越南史前考古及相关问题》的学术报告。

11月19日～12月9日，应法国经济文化交流协会邀请，自治区文化厅，厅直属文博单位，以及桂林、北海、合浦、三江、兴安、宁明、扶绥等市、县分管申遗工作的负责人、专家共12人赴法国巴黎、蒙彼利埃进行为期21天的“世界文化遗产保护管理与利用”培训学习。

【其他】

1月12～13日，自治区文化厅在南宁召开全区文化（文物）工作会议，会议部署了全区“十三五”文博事业的发展任务，全区14个设区市文化（文物）行政部门主要领导和相关单位负责人、专家200余人参加会议。1月12日晚召开全区文物工作座谈会。

海南省

【概述】

2017年，在海南省委、省政府的正确领导下，在各级党委、政府和各有关部门的共同努力下，海南省文物保护基础工作进一步加强，文物保护工作重点突出，博物馆事业快速发展，考古工作推进有序，文物安全执法工作更加有力，各项工作取得新进展。

【执法督察与安全保卫】

拟定《海南省关于进一步加强文物安全工作的实施意见》。启动省级文物平安工程，开展文物安全状况大排查和专项整治行动。开展文物法人违法专项整治行动，调查文昌学宫、万宁神州半岛古人类遗址破坏案、洋浦盐田保护范围建庙案等。积极调查处理澄迈福安窑址、里桥、美安村曾氏始祖墓、琼海程德汉烈士故居等破坏文物案件，“西沙文物盗捞”信访案等文物违法案件。

【不可移动文物的保护和管理】

（一）概况

为加强全省文物保护与利用，结合海南省“多规合一”要求，编制《海南省文物保护总体规划》，系统梳理规划布局一批关系全局、意义深远、带动作用强的重点项目。拟定《海南省加强南海水下文化遗产保护工作方案》，印发《海南省文物保护工程丙、三级资质标准（试行）》。

依法组织划定全国重点文物保护单位和省级文物保护单位的保护范围和建设控制地带。推动临高灯塔、儋州故城、三亚落笔洞、三沙甘泉岛、文昌孔庙、澄迈美榔双塔等一批文物保护单位纳入国家专项资金补助范围并有序实施，不断改善文物保护状况。

（二）全国重点文物保护单位

海南省共有全国重点文物保护单位24处，安全状况良好，目前儋州故城、海瑞墓、美榔双塔、丘浚故居、丘浚墓、东坡书院、五公祠、中共琼崖一大旧址设立了专门的管理处，其他单位由当地文体局设专职人员负责管理。落笔洞遗址、崖城学宫、丘浚故居及墓、东坡书院、中共琼崖一大旧址、蔡家宅完成了保护规划并上报国家文物局，其中中共琼崖一大旧址及丘浚墓保护规划已通过海南省人民政府审批。

【考古发掘】

3～5月，中国社会科学院考古研究所对陵水黎族自治县新村镇桥山遗址进行发掘工作，发掘面积约150平方米。获取了一批较为丰富的陶器、石器资料，并从中辨别出一种全新的考古学文化遗存，年代不晚于距今6000年。新发现一座墓葬，是海南地区经正式发掘的第二座史前墓葬，也是人类遗骸保存最为完好的一座。

4月28日，英墩遗址新出土一具史前人类头颅骨。这是落笔洞遗址考古发掘25年后三亚境内又一次重要史前考古发现。

7月30日～8月20日，海南省文物考古研究所在海南省万宁市东澳镇踏头遗址开展发掘工作。发掘面积250平方米，对神州半岛C05项目二期用地进行抢救性发掘，较为全面地了解了项目施工范围内遗址的地层堆积和文化面貌，丰富完善了海南东部沿海地区史前考古学文化谱系。

陵水黎安镇岭仔村东南面内角处新发现一处新石器时代遗址，经初步勘察，内角遗址面积约4万平方米，出土石锛、夹砂陶片等文物，对研究海南史前文化具有重要价值。

【博物馆与可移动文物保护】

（一）博物馆

1．博物馆建设

海南省共有各级各类博物馆32家，其中国有博物馆18家，非国有博物馆、行业博物馆14家。中国（海南）南海博物馆落成并试运行。海南省博物馆二期建设、一期提升项目完成，实现全面开馆。海南省民族博物馆改扩建主体工程已完成并正式开放。临高县博物馆建成，三亚市博物馆、琼海市博物馆、白沙县博物馆、琼中县博物馆等进入筹建阶段。

2．博物馆间的交流与合作

各博物馆积极组织海南本土系列专题展览与北京、云南等地博物馆交流展出，合作更趋常态化。其中保亭黎族苗族自治县民族博物馆于3月6日～4月6日赴北京鲁迅博物馆展出“海南黎族织锦·服饰精品”展；3月28日～4月15日承办由天津市河西区人民政府和保亭县人民政府主办的“天南地北”剪纸艺术作品交流展；9月1日～10月30日与云南省保山博物馆联合举办“血路·铁骨忠魂——中国抗日战争中印缅战场滇西战役纪实展”。

3．重要陈列展览

海南省博物馆以明代海南才子丘浚的《南溟奇甸赋》为纲，推出“南溟奇甸展”，分为“南溟泛舸——南海海洋文明陈列”“方外封疆——海南历史陈列”“仙凡之间——海南风情陈列”三个基本陈列，展示海南的奇特地理、独特资源、神奇文史、奇风异俗和海洋文明。

中国（海南）南海博物馆在试运营期间，推出基本陈列“南海人文历史陈列”“南海自然生态陈列”，专题陈列“八百年守候——‘华光礁Ⅰ号’沉船特展”“探海寻踪——中国水下考古与南海水下文化遗产保护”。

4．其他

海南农垦博物馆与海南师范大学马克思主义学院合作建立大学生社会实践基地，并被评为2016年度优秀全国科普教育基地。海口市博物馆设立学雷锋志愿者服务站，与海南师范大学旅游学院签订长期志愿者服务工作计划及建立青年志愿者服务基地协议，将志愿者服务常态化。

（二）可移动文物保护

1．概况

海南省博物馆征集收购黄花梨藏品、海南民俗藏品、黎锦、椰雕、炭画、非遗视频音频资料等文物与辅助展品820件，接受捐赠227件。中国（海南）南海博物馆征集古代船模、海洋生物标本、出水文物、外销文物、更路簿及南海渔家文物7批，接受有偿捐赠文物2批，其中包括古代船模14艘、海洋生物标本4707件、出水文物5840件/套、外销文物461件/套、更路簿1本、航海图3幅、渔民族谱2本、元青花瓷片4000余片。海南农垦博物馆征集农垦特色和具有纪念意义的藏品585件，其中文物129件（器物类26件、文史资料及电子版类103件）。

2．可移动文物保护科研基地建设

海南省博物馆增设“文物保护和修复部”，建立文保实验室，对实验室边台、通风橱、真空低氧杀虫系统、显微红外光谱仪、扫描电镜、拉曼光谱仪、X射线衍射仪等设备进行安装调试并验收通过，成为海南省最大的文物保护修复中心。

3．可移动文物保护技术、方法及应用

在完成华光礁沉船船板常规性文物保护和修复工作的同时，建立“华光礁Ⅰ号出水沉船数字化数据及出水文物数字化管理系统”，对数千块船板残骸进行数据采集，并开始进行“华光礁Ⅰ号”船体测绘及复原方案设计。顺利完成海南省自然科学基金“西沙珊瑚岛一号沉船出水石雕文物的保护研究”课题。

【社会文物管理】

海南省拥有文物拍卖许可证的文物经营企业有两家，为海南安达信文物拍卖有限公司和海南恒鑫文物拍卖有限公司。海南恒鑫文物拍卖有限公司是国家文物局下放文物拍卖许可审批权后，海南省审批并颁发文物拍卖许可证的第一家二、三类文物经营企业。

【科技与信息】

中国（海南）南海博物馆完成中英文版官网、客户端、微信及微博等媒体平台的初步搭建，具备基础上线运行功能，并启动智慧博物馆建设项目。

海口市率先组织完成全市全部文物点位地理位置、坐标和名称的核对统计工作，将现有126处各级文物保护单位和1459处未核定为文物保护单位的不可移动文物的规划数据信息纳入海南省“多规合一”数据库和海口市“多规合一”信息管理平台，实现规划资源和空间资源的共享共用。

成功举办第三届海上丝绸之路文化遗产保护论坛、2017年海口地区历史文化学术研讨会等。

【文博教育与培训】

儋州市召开2017年文物保护知识讲座，组织各镇文化站站长及东坡书院、文物执法支队、博物馆等单位相关人员参加；组织洋浦开展盐田保护专题讲座，加强洋浦盐田保护的宣传教育。

【文博宣传与出版】

组织开展国际博物馆日、文化和自然遗产日宣传活动，投放宣传横幅、活动海报，举办摄影展，发放宣传彩页、画册和光碟等。

国家文物进出境审核海南管理处借助海南日报手机客户端平台开展宣传工作。

海南省博物馆组织展厅现场教育体验421场，在街道社区、校园开展博物馆巡展进基层活动30场。

【机构及人员】

2017年海南省有文物保护管理机构42个，国有博物馆18个，文物科研机构1个。截至2017年年底，海南省文物机构从业人员315人，其中高级职称13人、中级职称40人。

【其他】

开展“文物+旅游”三年行动，推动建设“文物+旅游”电子地图，蔡家宅、符家宅、白查村展示利用以及洋浦盐田保护规划等“文物+旅游”试点项目有序推进。完成东坡书院与文旅公司合作经营方案编制、协议签订、资产交接等事项，有序推进东坡书院“文物+旅游”项目。推进文昌孔庙国家AAA级旅游景区建设，开展各类传统文化推广和交流活动，在园区内设立“孔子圣迹”和“孔门明贤”展馆，开设文昌历史文化展馆、孔子学堂，举办游园活动，提升园区文化价值。

重庆市

【概述】

2017年，重庆市文物系统认真学习贯彻党的十九大精神，坚持以习近平新时代中国特色社会主义思想为指导，按照市委五届三次全会的决策部署，对标对表、抓主抓重、主动作为，扎实推进文物保护利用工作，文物工作在传承中华优秀传统文化、弘扬社会主义核心价值观、服务全市经济社会发展中的作用日益明显。

【法规建设】

2月20日，重庆市文物局发布《重庆市文物博物馆事业发展“十三五”规划》。

3月29日，重庆市四届人大常委会第三十五次会议审议通过《大足石刻保护条例》，自2017年6月1日起施行。

【执法督察与安全保卫】

（一）执法督察

重庆市文物局、市文化执法总队联合开展“文物法人违法案件专项整治行动”，巡查文物保护单位1355次、文物市场165家次，下发整改通知书或停工通知书22份，查处文物法人违法案件2起。

重庆市工商局、市文化执法总队、市文物局联合开展文物流通市场专项整顿，出动执法人员1200余人次，检查古玩（文玩）和旧货市场12个，文物商店、文物拍卖企业41家，电商平台14家，文物旅游景区35个，文物（旅游）用品商店638个，文物流通市场更加规范。

重庆市公安局刑侦总队、市文物局联合开展为期三个月的打击文物犯罪专项行动，破获各类文物案件9起，抓获犯罪嫌疑人12名，缴获各类文物29件，立案率同比下降85%。

（二）安全保卫

8月23日，重庆市政府召开全市文物安全工作会议，贯彻落实习近平总书记关于文物安全工作的重要指示精神和全国文物安全电视电话会议精神。

重庆市文物局联合公安消防、文化执法等部门扎实开展文物安全状况大排查行动，投入4200余人，排查文博单位2506个，排查安全隐患770条，全部整改到位。加强重点时段安全检查，在节假日、汛期、高温等特殊时期开展文物安全专项检查，确保文物系统安全稳定。

加强文物消防、安防、防雷项目建设，完成彭氏宗祠消防、涞滩二佛寺安防、钓鱼城遗址安防等5个文物安全防护项目，国家文物局确定的湖广会馆、杨氏民宅、南腰界红三军司令部旧址等3个重点文物消防项目完成设计方案。

完善文物安全管理网络，全市各级文保单位安全责任书签订率达100%。落实文物安全责任，建立覆盖全市文博单位的文物安全综合管理平台和智能巡查系统。传达学习国家文物局通报的全国文物违法犯罪典型案例，深入分析解读宣传，切实增强全社会保护文物的意识。

【不可移动文物的保护和管理】

（一）概况

截至2017年12月，重庆市共有不可移动文物25908处，其中全国重点文物保护单位55处（包括世界文化遗产1处，列入中国世界文化遗产预备名单2处），市级文物保护单位282处，区县级文物保护单位1999处。中国历史文化名镇18个、中国历史文化名村1个、中国历史文化街区1个，中国传统村落74处。

积极创造条件组建古迹遗址保护协会，实施首席文物专家制度。坚持真实性、整体性保护原则，实施革命文物和抗战遗址、石窟寺及石刻、三峡后续文物、大遗址、巴渝古建筑五大重点文物保护工程项目117个，文物保护状况明显改善。

（二）大遗址保护

开展钓鱼城遗址第三期考古发掘工作，发掘面积2000平方米，取得较大收获，为钓鱼城范家堰遗址展示提供充实依据。钓鱼城遗址安防、防雷工程通过验收。启动钓鱼城悬空卧佛、危岩整治等保护工程。

（三）全国重点文物保护单位

完成双桂堂、黄山抗战遗址群等8处全国重点文物保护规划编制。全年实施全国重点文物保护利用工程48个，涉及古遗址8处、古建筑4处、石窟寺及石刻12处、近现代重要史迹及代表性建筑24处，已完工15个。

（四）世界文化遗产

大足石刻千手观音抢救维修工程获评“第三届全国优秀文物维修工程”。大足石刻大佛湾一期（卧佛）治水工程效果显著，得到专家“施工质量优良”评价，在南方石质文物保护工程方面具有示范意义。

白鹤梁题刻保护规划经国家文物局批准通过，白鹤梁水下题刻本体和环境监测方案经国家文物局批准通过并启动实施，世界文化遗产申报工作稳步推进。

（五）其他

开展重庆市域文化遗产保护利用规划编制，划定主城九区地下文物埋藏区保护范围。完成第三批市级文物保护单位名录专家评审和审议工作。推动27处重点文物整改纳入市政府挂牌督办名单，建立每月通报区县、每两月专报市政府的工作机制，市级以上重点文保单位全部整改到位。王良故居、红三军司令部旧址、蜀都中学旧址等一批重点革命文物得到妥善保护，中苏文协旧址、山洞抗战遗址群等一批保存状况差、修缮难度大的项目顺利开工，市级以上重点抗战遗址重大险情基本排除。

重庆市文物局评选出“十三五”期间文物保护优质工程和文物利用示范项目。10个文物保护优质工程分别是大足石刻宝顶山大佛湾水害治理一期工程、白鹤梁题刻保护体灯光改造和参观廊道观察窗整改及玻璃更换工程、双桂堂修缮工程、南泉抗战旧址群听泉楼修缮工程、重庆抗战兵器工业旧址群——钢铁厂迁建委员会生产车间旧址修缮工程、会龙庄修缮工程、司南祠修缮工程、东华观藏经楼修缮工程、杨氏民居——兴隆街大院修缮工程和银杏堂修缮工程。5个文物利用示范项目，分别是兵工署第一兵工厂旧址展示利用项目、中国西部科学院旧址——惠宇楼展示利用项目、法国水师兵营旧址展示利用项目、会龙庄展示利用项目、重庆国民政府警察署旧址展示利用项目。

【考古发掘】

（一）概况

2017年开展基本建设考古调查勘探33项，调查面积55.5平方千米，发现文物点257处；开展基建考古发掘28项，发掘文物点44处，发掘面积12262平方米。发掘三峡消落区文物点19处，发掘面积17443平方米，有效保护了消落区珍贵文物。加强重点遗址考古发掘，取得奉节白帝城遗址、万州天生城遗址、两江新区多功城遗址、江津朝源观遗址、忠县坪上遗址、巫山玉米洞遗址等重要考古发现。积极融入“一带一路”文化交流，重庆市文化遗产研究院赴俄罗斯开展中俄联合考古，重庆考古首次走出国门。

（二）重要考古项目

1．奉节白帝城遗址

2～9月，重庆市文化遗产研究院、奉节县白帝城文物管理所对白帝城遗址重要组成部分子阳城开展了考古勘探和发掘，勘探面积约25000平方米，发掘面积2690平方米。清理城墙、城门（瓮城门）、房址、敌台、兵器埋藏坑、排水沟、道路等遗迹20处，出土器物标本330余件/套。

本次考古工作进一步明确了连环城、城中城、城外城的空间布局，展现了南方山地城池独特的防御特征，进一步揭示了遗址的城防系统。发现了宋蒙（元）战争时期冷热兵器共存的实物证据，为研究中国火药史、火器史提供了重要资料。

2．万州天生城遗址

2～9月，重庆市文化遗产研究院对天生城遗址开展了考古调查发掘，调查面积约2平方公里，新发现城门（卡门）、采石场、城墙、炮台、道路、洞局建筑、防空洞等文物点28处，发掘面积3106平方米。

本次考古工作首次发现多处宋代建筑遗存，填补了城址年代的相关空白；新发现一批保存较好的宋代至民国时期遗存，深化了对城址文化延续性的认识，基本廓清了城址宋代以来内、外两重城圈的布局结构，为内城功能分区提供了重要线索。

3．两江新区多功城遗址

4～8月，重庆市文化遗产研究院对两江新区多功城遗址开展了主动性考古工作，勘探面积4650平方米，发掘面积505平方米，清理城墙1处、房址3座、采石场1处，出土铜、铁、瓷、石等质地遗物25件，遗址时代包括南宋、明、清。

本次考古工作解决了学术界长期存在的关于多功城遗址始建年代的争议问题，对于研究多功城遗址的历史沿革与发展具有重要的学术价值。遗迹的发现和清理，对川渝山城布局、城防系统研究具有重要意义。

4．忠县坪上遗址

6～9月，重庆市文化遗产研究院女子考古队开展了忠县洋渡镇坪上遗址考古发掘工作，发掘面积1010平方米，发现商周、汉至六朝、唐宋等时期的文化遗存，其中商周时期灰坑2座、汉至六朝时期墓葬15座、唐宋时期灰坑3座。

此次考古发掘为探讨这一地区汉至六朝墓地的选择、墓葬制度等方面提供了重要参考。

5. 玉米洞遗址

8～10月，重庆中国三峡博物馆、中国科学院古脊椎动物与古人类研究所、巫山县文物管理所联合开展了玉米洞遗址第三次正式发掘，共出土标本2364件，其中石制品139件、骨头化石1346件、牙齿化石879件。

本年度发掘首次在该遗址出土的骨片上发现了确切的人工切割和砍砸痕迹，反映了古人类剔肉和敲骨吸髓的行为，为研究三峡地区古人类生计模式提供了不可多得的支撑材料。

6. 江津朝源观遗址

2017年，重庆市文化遗产研究院在江津朝源观遗址开展了一系列考古调查、勘探和试掘工作，发现、清理了一批建筑基址、石刻造像、采石场、造像加工点、引水石槽、古墓葬、古道路等。

此次发掘基本弄清了朝源观遗址布局结构和功能分区，首次揭示了重庆地区清代道士墓葬的基本面貌，集中发现了一批明清时期的道教石刻造像，丰富了遗址的文化内涵，为研究西南地区晚期道教造像提供了珍贵材料。

【博物馆与可移动文物保护】

（一）博物馆

1. 博物馆建设

新增大渡口、万盛、夔州、巫溪等9家区县博物馆，全市登记备案博物馆达95家，年接待观众超过3000万人次。重庆自然博物馆晋升为国家一级博物馆、4A级景区、首批国家国土资源科普基地。重庆工业博物馆布展加快推进，巴南、江津、永川、奉节等区县博物馆建设顺利推进。引进非国有博物馆——建川博物馆落户重庆市九龙坡区，以全国重点文物保护单位抗战生产洞为馆址建设重庆建川博物馆。

组织开展2016年度全市免费开放博物馆（纪念馆）绩效考核，63家免费开放博物馆中考核达到合格以上等级的有59家，补助资金700万元。

加快推进博物馆总分馆制，巫山博物馆、重庆师范大学博物馆、开州博物馆、聂荣臻元帅陈列馆纳入重庆中国三峡博物馆分馆建设计划。

2. 重要陈列展览

2017年新推出专题展览129个，接待观众2000万人次。重庆市博物馆学会评出重庆市2017年度十大优秀展览和6个单项奖。十大优秀展览为“大溪——走进长江文明之大溪文化主题展”“金刚坡下——傅抱石抗战时期绘画作品展”“众志成城御外辱——大后方民众抗日救亡掠影”“邮票上的恐龙”“聂荣臻在人民军队中”“艺术涅槃——大足石刻展”“伟大壮举　辉煌历程”“义渡千秋——大渡口历史文化陈列”“夔门天下雄——奉节历史文化陈列”以及万盛博物馆“溱州故地　万千盛景”基本陈列。“文明之海——从古埃及到拜占庭的地中海文明”获形式设计奖，“重庆上空的鹰”获内容设计奖，“千峰翠色——万州区博物馆馆藏青瓷展”获创意奖，“文物立馆共享成果——重庆红岩革命历史博物馆第一次全国可移动文物普查成果展”获综合效益奖，“为和平而战——抗战中在重庆的国际友人”获宣传推广奖，“科学之光——中国科学社生物研究所历史专题展”获观众欢迎奖。

“金刚坡下——傅抱石抗战时期绘画作品展”于7月12日～10月8日展出。本展览是重庆中国三峡博物馆为纪念中国人民抗日战争全面爆发80周年策划推出“中国画·绘画大师抗战时期作品系列展”之首展，展出来自故宫博物院、南京博物院和三峡博物馆珍藏的傅抱石抗战时期绘画作品80件/套、印章15枚和手稿10册。重庆中国三峡博物馆创新开展“画家萧平为您解读傅抱石的‘百亿作品’”网络直播，1.5小时有46.4万网友参与。

“大溪——走进长江文明之大溪文化主题展”于6月9日～7月23日展出。展览以历年来大溪文化各遗址的典型出土器物与重要考古发现为材料，使观众通过大溪文化认识中国南方地区尤其是长江中游地区文明的起源与发展。

“文明之海——从古埃及到拜占庭的地中海文明”于8月19日～11月12日展出。展览选取意大利佛罗伦萨国家考古博物馆、那不勒斯国家考古博物馆等18家博物馆的500余件精品文物，以“地中海的黄金时代”为主题，通过地中海地区的主要文明揭示了人类历史的演变。

3．文创产品开发

成功举办“文化名城、魅力巴渝——重庆市文化创意产品设计大赛”，在近千件参赛作品中评选出67件优秀作品。文创产品开发试点单位完善试点方案，加大文创产品开发力度，新开发文创产品593种。重庆中国三峡博物馆、重庆红岩革命历史博物馆、重庆市文化遗产研究院、开州博物馆、巫山博物馆创新文创产品展销新方式，以“重庆市文博创意产业联盟”的抱团发展方式参加第十一届国际文化博览会，有效宣传推广了重庆特色文化。

（二）可移动文物保护

1．概况

全面完成第一次全国可移动文物普查，全市可移动文物达470234件/套，家底基本摸清。实施18个可移动文物修复项目，修复文物2304件/套，其中馆藏珍贵文物766件/套。新增自然博物馆、重庆声光电公司两家可移动文物修复资质单位，全市可移动文物修复资质单位达到6家。

2．可移动文物保护科研基地建设

重庆市文化遗产研究院继续推进实验楼动植物考古实验室、数字化考古实验室、影像实验室等建设，继续探索实施数字测绘、三维扫描、无人机航拍、大数据分析实验等数字化文化遗产保护工作，在业务项目中开展数字化信息提取、三维模型复原、野外激光扫描采集及输出、云制作考古线绘图等文物保护跨界科技合作，推动文物保护科技创新。大足石刻研究院设立“大足石刻研究院博士后科研工作站”，科研平台不断夯实。

3．可移动文物保护技术、方法及应用

重庆市文化遗产研究院继续推行田野考古数字化，开展科技考古研究，完成5项田野考古数字化研究和3项动植物考古、人骨考古研究。开展数字化绘图技术研究，在合川区涞滩二佛寺遗址开展摩崖造像开展数字测绘和三维建模研究。按文物科技修复保护工作新需求，配置集中式中央清洁系统、文物病害诊断评估系统等科技设备，“抢救性修复”向“预防性保护”迈出坚实步伐。

【社会文物管理】

规范社会文物管理，受理涉案文物鉴定18起，鉴定文物154件/套、墓葬23座。文物进出境审核重庆管理处获批成立。重庆市淳辉阁拍卖有限公司取得《文物拍卖许可证》，全市取得许可证的拍卖企业达到4家。全年开展文物拍卖企业标的审核6次，审核拍卖标的1700件。积极做好社会捐赠文物管理和涉案文物移交工作，其中云阳县公安局将255件涉案文物移交云阳县博物馆。

【科技与信息】

深入开展“互联网+中华文明”行动计划，中国红村网云数据平台建设、文物信息提取及大数据应用平台、互联网+自然博物馆科普教育资源开发与应用、大足石刻数字展示与智慧旅游服务系统纳入国家示范项目库，文博单位智能化建设迈出坚实步伐。

中国民主党派历史陈列馆开通“网上陈列馆”，以全景拍摄、同步讲解方式全方位呈现展陈内容，打造了国内首家博物馆全景语音系统，点击量达300余万次。

【文博教育与培训】

全力打造红岩党性教育基地，增设党员重温入党誓词流程，推出精品课程，开展培训班次345个，培训人数12204人次，“红岩”品牌更具影响力和感召力。

【文博宣传与出版】

以文化和自然遗产日、国际博物馆日为契机，成功举办第八届重庆文化遗产宣传月活动，策划推出9大板块200余项活动。

开展全市“镇馆之宝”评选活动，评选出“镇馆之宝”354件/套，市内外主流媒体广泛报道。

强化文物保护宣传，开通“重庆文物”微信公众号，阅读总量达到14.5万次。

开展流动展览进社区、进学校、进军营、进企业、进机关“五进”活动700多场次，受益群众达120万人次。

开展“母城记忆——寻找母城的轮廓”“趣·博物馆”“神秘的大溪彩陶”等社教体验活动，举办“创新驱动发展、科学破除愚昧”科普日活动及“大熊猫自然与保护”科普展，让更多市民近距离感受到文明的温度。

【机构及人员】

截至2017年年底，全市共有文博机构142个。包括市级文物行政主管部门1个、区县文物保护管理机构39个、博物馆95个、文物科研机构1个、文物商店2个、其他文物机构4个。

从业人员3102人。按单位性质分，文物科研机构150人，文物保护管理机构238人，博物馆2652人，文物商店18人，其他文物机构44人。按隶属关系分，市级文物单位从业人员797人，区县级文物单位从业人员2305人。专业技术人员979人，其中正高级职称63人、副高级职称146人、中级职称334人。

【对外交流与合作】

重庆中国三峡博物馆引进“文明之海——从古埃及到拜占庭的地中海文明”等优秀展览，推出“自然的吟唱：中国花鸟画艺术展”亮相英国威尔士，引起强烈反响。大足石刻博物院赴高雄市佛光山佛陀纪念馆举办“绝壁重光：川渝石窟的保护与传承暨李耘燕美术作品展”，实现了文物保护与美术创作跨界创新。

5月，大足石刻研究院和意大利威尼托文化遗产集群正式签订合作协议，意大利派出专家小组与大足石刻研究院联手修复大足石刻——舒成岩摩崖造像。

8月15日～9月10日，重庆市文化遗产研究院首次和俄罗斯科学院西伯利亚分院考古学与民族学研究所组建联合考古队，对涵盖克拉斯诺亚尔斯克边疆区和哈卡斯共和国在内的中西伯利亚叶尼塞河流域旧石器时代遗址、青铜时代墓葬和岩画开展考古调查、试掘、测绘等工作，是重庆考古积极践行“一带一路”倡议的一次重要尝试和自我突破。

12月16日，韩国总统文在寅一行参观大韩民国临时政府旧址陈列馆。文在寅夫妇向陈列馆大厅内的金九铜像敬献花篮，参观了临时政府历史展厅、军事活动展厅等，观看了中韩在渝共同抗击日寇侵略的历史照片，对大韩民国临时政府旧址在重庆市政府的支持下得到完好保存表示感谢。

【三峡后续文化遗产保护】

2017年，国务院三峡工程建设委员会办公室批复重庆市三峡后续文化遗产保护项目10项，核定下拨到位补助资金7500万元。作为重庆市三峡后续工作规划文化遗产保护重大项目、国家工信部和国家文物局批准在渝建设的国家首个文物保护装备产业基地的重要组成部分，重庆中国三峡博物馆申报的三峡文物科技保护基地项目此次获得批复。该项目用地面积8400平方米，建筑面积16700平方米，其中展厅、文物修复及保护用房、库房、监控用房等12800平方米，附属建筑3900平方米，总投资12284万元。

2017年10月，三峡数字博物馆开工建设，该项目为三峡后续大型信息化综合项目，内容包括三峡文物资源基础数据库建设、信息产品开发、网络传播体系建设、展示能力提升、数字化管理体系建设等5个方面。

四川省

【概述】

2017年，四川文物事业快速发展，《关于实施中华优秀传统文化传承发展工程的意见》认真贯彻落实，《四川省文物事业发展“十三五”规划》发布实施，不可移动文物保护、考古发掘、博物馆建设等各项工作均取得新进展。

【执法督察与安全保卫】

2017年，根据《国家文物局关于开展全国文物安全状况大排查行动的通知》要求，组织开展全省文物安全隐患大排查行动，共完成230处全国重点文物保护单位、969处省级文物保护单位、6000余处市县级文物保护单位以及其他不可移动文物、博物馆和文物收藏单位安全隐患排查工作，发现立行立改安全隐患1259条、整改到位990条。隐患主要集中在“消防设施安全隐患和电气火灾隐患”，高达470条；其次为“火电油气安全隐患”，共124条。

9月6日，四川省文化厅（四川省文物局）在成都召开全省文物安全工作会议，传达学习全国文物安全电视电话会议主要精神。财政、民宗、公安、工商等省级有关部门负责同志应邀出席，各市（州）文化（文物）局主要负责人、文物科（处）长以及省内全国重点文物保护单位管理机构负责人参加会议。会上，遂宁、乐山两市文广新局分别就蓬溪高峰山古建筑群火灾事故、夹江庞坡洞摩崖造像被盗事件作简要通报。四川省文物局与21个市（州）文广新局现场签订《文物安全工作目标责任书》，要求各地牢固树立文物安全红线底线和生命线意识，切实加强文物安全基础工作，全面提升文物安全防范能力，坚决防止文物安全事故再次发生。

【不可移动文物的保护和管理】

（一）概况

2017年，《四川省革命文物保护利用规划纲要》编制完成，泸州红军四渡赤水战役遗址、若尔盖县巴西地区红军长征遗迹、小金县红军长征遗址群等列为国家级长征文化线路保护示范段建设项目。广元千佛崖、仁寿牛角寨等川渝地区石窟及石刻保护项目有序实施，安岳石窟整体保护利用工作积极进行，《安岳石窟整体保护利用规划》启动编制。

（二）大遗址保护

组织实施罗家坝遗址、宝墩遗址、城坝遗址等大遗址年度考古发掘工作。三星堆、金沙国家考古遗址公园通过国家文物局运营评估。邛窑遗址列入国家文物局第三批国家考古遗址公园立项名单，邛窑考古遗址公园建设基本完成。城坝遗址、郫县古城遗址保护规划编制完成，《成都片区大遗址保护总体规划》获国家文物局批准。

（三）全国重点文物保护单位

西充文庙、通江千佛岩石窟、红四方面军总指挥部旧址等35处全国重点文物保护单位编制修缮方案，卓筒井、泸县龙桥群、三江白塔等25处全国重点文物保护单位编制保护规划，春秋祠、瑞光塔、宝箴塞、大庙飞来殿等5处全国重点文物保护单位保护工程通过竣工验收。

4月18日，三苏祠灾后文物抢救保护工程获评“第三届全国优秀文物维修工程”。该工程是国家文物局“4·20”芦山地震灾后文物抢救保护重点项目，历时近3年、总投资8000余万元，是三苏祠历史上规模最浩大、最彻底的一次维修，完整还原了三苏祠的建筑特色和历史原貌。

（四）世界文化遗产

在四川省蜀道世界自然与文化遗产申报工作领导小组领导下，四川省文物局配合四川省住房和城乡建设厅扎实开展蜀道申报世界文化和自然遗产工作，做好文化遗产点价值论证评估，完善申遗文本（文化遗产部分）。邀请国内外权威世界遗产专家，对蜀道沿线遗产点进行现场考察，并在广元召开“2017年蜀道申报世界文化和自然遗产国际研讨会”。12月，蜀道申遗文本（文化遗产部分）修改完成并提交综合编制单位。

峨眉山—乐山大佛遗产地编制完成《乐山大佛遗产地保护管理规划》，青城山—都江堰遗产地实施灌口城隍庙保护维修工程，启动都江堰、灵岩寺及千佛塔安防和消防工程方案编制。配合中国文化遗产研究院中国世界文化遗产监测中心，完成青城山—都江堰、峨眉山—乐山大佛世界文化遗产地评估工作。12月，乐山大佛世界文化遗产监测预警体系（一期）基本完成，实现与国家文物局世界遗产监测平台间的对接和数据实时传送。

（五）其他

5月10日，四川省文化厅（四川省文物局）下发《关于开展第九批省级文物保护单位申报工作的通知》，正式启动第九批省级文物保护单位遴选申报工作。专家组对全省上报的326处不可移动文物申报材料进行评审，最终遴选出148处拟推荐为四川省第九批省级文物保护单位，其中古遗址21处、古墓葬13处、古建筑76处、石窟寺及石刻11处、近现代重要事迹及代表性建筑27处。

12月26日，四川省文化厅（四川省文物局）组织召开《四川省革命文物保护利用规划纲要》专家咨询会，中共四川省委宣传部、中共四川省委党史研究室、四川省民政厅等部门负责同志及相关领域专家参加会议。

【考古发掘】

（一）概况

2017年，四川省文物考古研究院共完成考古发掘38项，发掘面积3万余平方米，出土遗物35000余件/套；成都文物考古研究院共完成考古发掘30项，发掘面积1万余平方米，出土遗物7000余件/套。

（二）重要考古项目

1．彭山江口沉银遗址水下考古项目

1～4月，四川省文物考古研究院、国家文物局水下文化遗产保护中心、四川省眉山市彭山区文管所联合对江口沉银遗址进行水下考古发掘。发掘面积10100平方米，出水文物

30000余件，包括张献忠大西国的金封册、“西王赏功”金币银币、“大顺通宝”铜币等，是目前国内规模最大的内水考古项目。此次发掘为研究张献忠大西军征战历史、政权建设和经济建设等提供了丰富的实物资料，对认识明代中晚期的政治制度、社会经济、物质文化乃至明末清初以来的社会历史走向等具有重要意义。

2．西昌新庄遗址考古项目

2016年8月～2017年9月，为配合成昆铁路建设，四川省文物考古研究院、凉山州博物馆、西昌市文管所对西昌市新庄遗址进行了考古发掘。发掘面积6800平方米，清理各类遗迹980余处，出土石器、陶器等小件器物3000余件/套。该遗址的年代为新石器晚期至春秋时期，发现的大量半地穴建筑以及先秦时期墓葬为安宁河流域首次发现。同时，该遗址的发现对于建立安宁河流域考古学文化序列，探索西南夷民族的形成与迁徙以及西南地区考古学文化的交流融合具有重要意义。

3．西昌羊耳坡遗址考古项目

2016年8月～2017年7月，四川省文物考古研究院对羊耳坡遗址进行了考古发掘。发掘面积6039平方米，发掘不同时期的房址、墓葬、灰坑、水沟、瓮棺等各类遗迹现象399处，出土各类器物937件/套。该遗址是一处涵盖新石器时期、东周到汉代、南诏大理时期、明清时期的重要古文化聚落遗址，为研究安宁河流域的考古学文化提供了新资料。

4．会理猴子洞遗址考古项目

2017年6月～2018年2月，四川省文物考古研究院对会理猴子洞遗址进行了考古发掘。发掘面积4152平方米，发现墓葬、房址、灰坑等共200余处，出土遗物包括陶器、石器、骨角牙蚌器、铁器等，其中尤以小件石器最为丰富。遗址早期遗存的年代初步判断为距今4300～3000年，是一处极为重要的包含石棺葬墓地和聚落的早期遗址，为研究石棺葬的起源与发展、城河流域早期文明的形成以及青藏高原东麓区域早期文化的交流与互动等提供了重要的考古资料。

5．新津县宝墩古城遗址考古项目

2017年9月～2018年1月，成都文物考古研究院继续对新津县宝墩古城遗址进行考古发掘。在内城墙蚂蟥墩区域发现大型人工灰沟一条，探明长度约80米；同区域发现疑似路面一处，年代晚于灰沟，保存最宽处约6米。此次发掘进一步理清了宝墩时期文化堆积的分布范围，明确了不同分布区域文化堆积的年代以及自然堆积与宝墩时期文化堆积的关系，为聚落变迁与人地关系研究打下了基础。

6．成都青白江三星村遗址考古项目

2017年，成都文物考古研究院、中国社会科学院考古研究所、青白江区文管所对三星村遗址新区进行了考古发掘，揭露面积3000多平方米。在宝墩文化墓葬中出土有象牙制品和圆形玉器，尤其出土陶片清楚地显示出宝墩文化向三星堆文化的过渡性，是成都平原发现的最接近三星堆文化前期的史前遗存。

【博物馆与可移动文物保护】

（一）博物馆

1．博物馆建设

2017年，四川省备案博物馆共262家，其中国有博物馆180家，非国有博物馆82家。全省免费开放博物馆92家，占博物馆总数的35.1%。开展博物馆绩效评估工作，评估结果为48

家优秀、75家合格、44家基本合格、59家不合格。

成都中医药大学中药博物馆更名为四川省中医药博物馆。四川省中医药博物馆温江新馆主体工程完工，分医史馆、道地药材馆、科普教育馆、腊叶标本馆、浸制保鲜标本馆、濒危生物馆等6个主要陈列馆。四川宋瓷博物馆（遂宁市博物馆）新馆开工建设，建筑面积22000平方米。四川博物院石质文物库房及附属辅助用房主体工程完工。成都博物馆新馆文物库房柜架安装工程完成，进入设备调试阶段。

四川博物院“智慧博物馆一期项目”通过验收，“5·12”汶川特大地震纪念馆文物库房馆藏文物预防性保护项目竣工，三星堆博物馆文物保存环境监测调控系统建设及展柜密闭性改造和灯具改造完成。

积极推进首批四川历史名人博物馆建设。已建成涉及诸葛亮、武则天、李白、杜甫、苏轼、杨慎6位历史名人的博物馆（纪念馆）。

2．博物馆间的交流与合作

2017年，四川博物院与故宫博物院、四川省海峡两岸交流促进会、甘肃省博物馆、澳门艺术博物馆、福建博物院等举办馆际交流合作展览20个；金沙遗址博物馆与加拿大皇家安大略博物馆、广东省博物馆、首都博物馆等举办馆际交流合作展览11个；成都博物馆与国家博物馆、首都博物馆等举办馆际交流合作展览4个；杜甫草堂博物馆与湖北明清古民居建筑博物馆等举办馆际交流合作展览4个；武侯祠博物馆与洛阳博物馆、陕西宝鸡青铜博物院等举办馆际交流合作展览5个；三星堆博物馆与浙江舟山博物馆、山东省博物馆等举办馆际交流合作展览8个。

3．重要陈列展览

3～6月，四川博物院精选文物参加在纽约大都会艺术博物馆举办的“秦汉文明展”；4月19日～5月5日，举办“著名金石书画艺术家刘声道先生遗作展”；5月24日～8月5日，在澳门艺术博物馆举办“张大千展览”；7月26～30日，举办“喜迎党的十九大——四川首届漆艺精品展”；9月29日，“梵天东土·并蒂莲花——中印佛教艺术大展”开展。

2016年12月26日～2017年4月10日，成都博物馆举办“丝路之魂·敦煌艺术大展暨天府之国与丝绸之路文物特展”，展出丝绸之路沿线72家文博单位的珍贵文物206件/套；9月27日～12月15日，举办“现代之路——法国现当代绘画艺术展暨《陈像·蜕变》摄影展”；11月21日，“锦行天下——中国织锦文化展”开展，展出历代蜀锦、宋锦、云锦、壮锦精品。

1月13日，四川省文化厅召开“四川通史展”大纲研讨会。“四川通史展”内容设计大纲以时间为序，共分七部分，拟通过“远古时代”至“民国社会”不同历史时期巴蜀地区的重大历史事件、重要历史人物、重要文化成果完整真实地展示四川历史的发展进程。

（二）可移动文物保护

2017年，四川博物院修复馆藏瓷器22件、陶器303件、铜器174件、书画碑帖60幅、汉代石棺文物1件；修复雅安雨城区“4·20”芦山地震受损陶瓷、青铜器58件，宜宾市博物院藏书画80幅。成都市实施可移动文物保护国家重点项目15个，包括建川博物馆日本侵华罪行展精品数字化展示，天府广场古遗址出土石犀保护，金沙遗址博物馆玉石类、金属类文物数字化保护等项目。

【社会文物管理】

办理文物复仿制品出境2次28件，文物临时进境4次270件/套，文物临时进境复出境2次297件/套。

开展涉案文物鉴定30次，涉及古墓葬4座、摩崖石刻1处，鉴定物品6956件/套，其中二级文物1件、三级文物20件/套。

开展馆藏文物鉴定和文博单位拟征集文物鉴定，包括广安邓小平故居纪念馆等单位馆藏文物2120件/套，湖北长江文明博物馆等单位拟征集文物853件/套。

文物拍卖企业共举办文物艺术品拍卖会33场，审核拍卖标的11387件/套，成交标的1194件/套，成交金额16727.4万元。

【科技与信息】

2017年，四川省文物考古研究院举办或参与的学术交流活动主要有“成昆复线（凉山段）考古新发现暨西南秦汉历史与文化学术研讨会”“美洲考古学第82届年会”“悉尼古蜀文明讲座”“罗家坝遗址与巴文化研讨会”等。金沙遗址博物馆参与“城市大遗址的保护与利用——以金沙国家考古遗址公园为例”“馆藏文物保存环境监控技术成果集成示范”“金沙玉器工艺研究”3个课题研究。四川省中医药博物馆完成文博信息管理系统和四川道地药材数据库建设，5万余份药用植物腊叶标本信息实现网络查询。

9月24～26日，中国社会科学院考古研究所、成都金沙遗址博物馆、成都文物考古研究院、三星堆博物馆联合举办“夏商时期玉文化国际学术研讨会”。

【文博教育与培训】

8月9日，四川省文化厅（四川省文物局）在成都召开非国有博物馆馆长座谈会。会议解读了《国家文物局关于进一步推动非国有博物馆发展的意见》，并就非国有博物馆法人财产权确认、藏品合法收藏、培训交流、相关扶持政策落地等问题展开了深入讨论。

10月12日，由国家文物局主办、中国文化遗产研究院承办、广元市千佛崖石刻艺术博物馆协办的2017年度石质文物保护修复技术培训班在广元千佛崖开班。培训以川渝石窟保护利用重大专项——广元千佛崖莲花洞保护修复示范项目为依托，开展石窟寺考古、现状病害调查、保护修复技术及保护工程案例等方面的学习。

【文博宣传与出版】

国际博物馆日当天，全省博物馆实行免费开放或低票价开放，接待观众超过60万人次，创近年工作日观众参观人数之最；举办专题展览80余个、社会公益讲座60余场、教育体验活动40余项，提供公益讲解服务1000余次。

四川省文物考古研究院完成考古报告2本、考古简报24篇，《宣汉罗家坝》获四川省第十七次社会科学优秀成果二等奖。成都文物考古研究院完成考古报告及论著7部，《滇东黔西青铜时代的居民》《绵阳崖墓》获四川省人民政府社会科学优秀成果三等奖，《川北佛教石窟和摩崖造像研究》获成都市人民政府社会科学优秀成果一等奖，《成都郫县波罗村商周遗址发掘报告》获成都市人民政府社会科学优秀成果二等奖。四川博物院《中国汉阙全集》，成都金沙遗址博物馆《金沙玉工（一）——金沙遗址出土玉石璋研究》，三星堆博物馆《三星堆与世界上古文明暨纪念三星堆祭祀坑发现三十周年国际学术研讨会论文集》等图书先后出版。

【机构及人员】

2017年，四川省有文物保护管理机构173个，文物保护科研机构4个，文物商店2个，文物拍卖企业12个。文博从业人员共8805人，包括专业技术人才2456人、安保人员2101人，其中正高级职称104人、副高级职称203人、中级职称757人。

3月14日，“5·12”汶川特大地震纪念馆被中国科学技术协会评为“2016全国优秀科普教育基地”。3月15日，国务院第一次全国可移动文物普查领导小组办公室、国家文物局授予四川博物院、成都博物馆“第一次全国可移动文物普查先进集体”。4月28日，中共中央台湾工作办公室授予北川地震遗址保护区“海峡两岸交流基地”。

3月，雅安市红军长征翻越夹金山纪念馆、阿坝州两河口会议旧址、凉山州红军长征过会理纪念馆、广元市木门会议会址纪念馆被命名为全国爱国主义教育示范基地。8月，成都博物馆、“4·20”芦山强烈地震纪念馆、雅安市博物馆被命名为四川省第七批爱国主义教育基地。11月，中央精神文明建设指导委员会在全国精神文明建设表彰大会上授予武侯祠博物馆、三星堆博物馆“第五届全国文明单位”。

【对外交流与合作】

4月13日，中国援乌兹别克斯坦花剌子模州历史文化遗迹修复项目正式开工，四川省文物考古研究院为项目管理单位，这是四川省文物部门首次承担的文物保护援外工程。

6月9日，三星堆博物馆、金沙遗址博物馆与柬埔寨吴哥窟管理总局达成“一带一路”文化合作意向，分别签署《中国四川广汉三星堆博物馆·柬埔寨吴哥与暹粒区域保护与管理局·中国成都金沙遗址博物馆三方谅解备忘录》和《三星堆遗址与金沙遗址共同推动“申遗”合作协议》。

成都市各相关博物馆与日本九州国立博物馆、旧金山亚洲艺术博物馆、澳大利亚维多利亚博物馆、巴黎&纽约书院等签订战略合作协议，从学术交流、博物馆运营管理、人才培养、文物保护、宣传推广和智慧化建设等方面开展交流合作。

【其他】

8月16日，《四川省文物事业发展“十三五”规划》发布实施。规划包括总体要求、文物保护、博物馆发展、合理利用、科技创新、法治建设、保障措施等七部分，明确了四川省“十三五”时期文物事业发展目标、重点任务和具体举措，具有重要指导作用。

贵州省

【概述】

2017年，贵州省文博系统深入学习贯彻党的十九大精神、习近平新时代中国特色社会主义思想和习近平总书记在贵州省代表团的重要讲话精神，全面贯彻落实中共贵州省委第十二次党代会和十二届二次会议精神，进一步增强“四个意识”，在思想上、政治上、和行动上同以习近平同志为核心的党中央保持高度一致。全面贯彻落实习近平总书记关于文化遗产保护利用的重要指示精神和党中央、国务院，贵州省委、省政府的决策部署，坚持科学保护、合理利用、依法管理，进一步落实文物监管责任，推进文物博物馆各项工作有序开展。

【法规建设】

积极推动贵州省人民政府颁布了《关于全面加强文物工作的实施意见》（黔府发〔2017〕29号），编制完成《贵州省文物事业发展“十三五”规划》。

【执法督察与安全保卫】

根据全国文物安全电视电话会议的安排部署，明确地方政府文物安全的主体责任，建立文物安全监管防护网，坚决遏制文物安全事故和违法犯罪案件发生，确保全省文物安全。贵州省文物局与各市（州）文物行政部门签订2017年度文物安全责任书，对各市（州）文物安全与行政执法巡查工作进行督导。4月起开展文物安全状况大排查。推进文物法人违法案件三年整治行动，严格查处文物法人违法案件。协助公安机关开展打击文物犯罪专项行动。配合工商部门开展文物流通市场专项整顿行动。配合有关部门加强文物电气火灾综合治理。继续实施文物平安工程，加强文物安全防范设施和制度建设。组织开展文物安全督察和黔湘桂联合执法行动，建立联合打击和防范文物犯罪长效工作机制。

【不可移动文物的保护和管理】

（一）概况

截至2017年年底，贵州省共有不可移动文物点14852处，世界文化遗产1处，世界文化遗产预备名单项目3处，全国重点文物保护单位71处，省级文物保护单位419处。

启动“三普”不可移动文物核查工作，督促各市（州）公布不可移动文物名录。基本完成第六批省级文物保护单位推荐工作、省级以上文物保护单位“四有”工作。落实国家文物局革命文物保护利用安排部署，重点实施长征——红色记忆工程、革命文物保护传承五年行动计划，编制实施红军长征文化线路示范项目。

完成贵州省全国重点文物保护单位合理利用现状调查，启动省级文物保护单位合理利用现状调查工作。指导国有文物保护单位全面向社会开放，支持社会资金对文物保护利用的投入。

建立贵州省文物项目评估中心，承担文物保护、“三防”工程的项目审批、工程检查、竣工验收等。

（二）全国重点文物保护单位

按照国家文物局文物保护项目审批改革要求，组织编制全国重点文物保护单位有关文物保护、环境整治、展示利用工程、“三防”项目方案105项，争取中央文物保护专项资金1.2亿元。组织编制并申报5个全国重点文物保护单位保护规划。

（三）世界文化遗产

指导开展世界文化遗产海龙屯保护利用和监测利用等工作，指导娄山关海龙屯文化旅游创新区建设，推进文化旅游深度融合发展。推动遵义市起草《遵义市海龙屯保护条例》，报人大审议。

推进黔、湘、桂三省区侗族村寨联合申遗准备工作。

（四）其他

围绕贵州省委、省政府扶贫攻坚任务，按照大文化助推大扶贫的要求，以传统村落和文物保护单位保护维修、展示利用为抓手，扎实推进威宁石门坎、石阡楼上村、碧江克兰寨、雷山控拜村、松桃寨英村等文物保护利用项目的实施。完成中国传统村落整体保护利用10个村的试点工作（安顺云山屯、黎平地扪、榕江大利、开阳马头寨、锦屏隆里、石阡楼上、雷山郎德上寨、台江旧州、黎平肇兴中寨、丹寨石桥）。开展长征文物保护和展示利用，推动红色旅游，助力革命老区脱贫和经济社会发展。

【考古发掘】

（一）概况

2017年完成考古调查、勘探项目近百项，调查面积约350平方千米，发现地上、地下文物点数百处。贵安新区牛坡洞遗址发掘荣获“2016年度全国十大考古新发现”。播州杨氏皇坟嘴墓地、赵家坝墓地新确认杨氏元代土司墓葬3座，明代土司墓葬3座。

（二）重要考古项目

1. 土司遗存考古发掘

2～12月对皇坟嘴墓地进行考古发掘，发掘面积1000余平方米，发掘杨氏土司墓葬6座，出土陶器、铜器、石质文物等近60件。

5～12月对余庆敖溪毛氏土司遗存进行考古发掘，发掘面积1000余平方米，出土陶器、瓷器、铁器、铜器等600余件。

8～12月对播州三岔镇罗氏土司遗存进行考古发掘，发掘面积1500余平方米，发掘罗氏土司墓葬3座、遗址2处，调查土司墓葬8座。

2. 贵安新区招果洞考古发掘

7～10月发掘，发掘面积约40平方米，遗址最深处距地表2.2米，遗存年代跨度较大，从距今1万多年至距今4000多年。发现打制石制品、磨制石器、骨角器、动物骨骼等约5000件。发现墓葬2座，人类活动面1个，年代距今均超过1万年。

3. 习水黄金湾遗址考古发掘

2～5月发掘，发掘面积2300余平方米，清理各时期房址8座、灶坑2个、灰坑169个、灰沟8条、陶窑1座、墓葬28座。发现完整和可修复器物2000余件，各类残片数以万计。

4．夹岩水库七星关大桥遗址考古发掘

发掘面积200平方米，大桥基址结构清理清楚。

5．铜仁新屋遗址考古发掘

发掘面积约450平方米，清理灶、灰坑、房址、窑址（疑似）等遗迹20余处，出土陶器、石器和青铜器等各类标本100余件，是铜仁锦江流域商周时期遗存考古的又一新收获。

6．安顺宁谷大道汉墓考古发掘

共计发掘六朝墓葬9座，出土瓷器、陶器、铁器、金银器等近百件。

【博物馆与可移动文物保护】

（一）博物馆

1．博物馆建设

贵州省博物馆新馆顺利开馆运行，开馆3个月内接待观众近15万人次，完成展览讲解接待400余场次。黔西南州博物馆等一批市县级博物馆建成开馆。推动智慧博物馆、生态博物馆建设。组织开展国家二、三级博物馆定级评估工作。加强博物馆公共文化服务体系建设，建立博物馆对青少年社会教育长效机制。开展47家免费开放博物馆、纪念馆绩效考评工作，7家单位评为优秀，38家单位评为合格，2家单位评为基本合格。

2．博物馆间的交流与合作

4月，贵州省博物馆与扬州博物馆合作举办“扬州八怪书画联展”。7月，贵州省博物馆赴东莞市博物馆举办“传承与流变——徐悲鸿、张大千书画展”。9月，贵州省博物馆赴宁夏博物馆举办“徐悲鸿画展”。此外，贵州省博物馆协助天津博物馆举办红色展览，协助绍兴博物馆举办“王阳明展”。

邀请故宫博物院、南京博物院、上海博物馆、云南省博物馆、湖南省博物馆等单位文物典藏专家对贵州省博物馆新馆文物库房存储设备的科学性、安全性和实用性进行论证。

3．重要陈列展览

四渡赤水纪念馆“四渡赤水出奇兵”陈列展览获得“第十四届（2016年度）全国博物馆十大陈列展览优胜奖”。

9月30日，贵州省博物馆新馆正式开馆，为迎接党的十九大胜利召开，在新馆举办了“牢记嘱托　不忘初心　走好新的长征路——迎接党的十九大特展”。9～12月，贵州省博物馆引进“帝国记忆　夏宫往事——俄罗斯彼得霍夫国家博物馆藏文物特展”。

4．其他

扩大文博创意开发试点单位范围，推动文博单位文化创意产品开发。贵州省博物馆完成文创商店一期建设并投入运营，在售文创商品超过200种，均紧扣展览主题，如民族娃娃、银饰、红色文化主题系列产品、王阳明主题文创产品。

贵州省博物馆举办“贵博讲坛”系列活动，邀请北京大学、中山大学、日本爱媛大学、英国埃克塞特大学等院校知名学者以及省内专家开课，初步打造了“贵博讲坛”品牌。

（二）可移动文物保护

在贵州省省级财政支持下，启动贵州省博物馆保护修复实验室建设项目，逐步建设可服务全省、支持多种类可移动文物技术检测和保护修复的中心实验室，一期工程预计投入230余万元。

实施完成贵州省博物馆、遵义会议纪念馆、黔东南州博物馆可移动文物预防性保护项目。

贵州省博物馆修补基本陈列展出书画作品40余件、木质文物29件以及馆藏金凤冠2件，完成馆藏织布机、纺车等69件/套木质文物的修复工作，完成馆藏红色革命石质文物的保护修复工作，完成明墓出土的缎面合领对襟夹衣的杀菌消毒以及保护修复工作，与南京莫愁图书保护修复中心合作完成馆藏6件近现代文献的保护修复工作。

（三）第一次全国可移动文物普查

根据第一次全国可移动文物普查平台数据，贵州省登录可移动文物藏品189448件/套，其中一级文物585件/套、二级文物1797件/套、三级文物6018件/套、一般文物29377件/套、未定级文物151671件/套。基本清查完成全省国有馆藏文物总目，建立了文物档案。

6月，贵州省人民政府办公厅发布《关于对贵州省第一次可移动文物普查工作先进集体和先进个人给予通报表扬的通知》，对36个先进集体、53名先进个人予以通报表扬。

【科技与信息】

“《杨辉墓地发掘报告》编辑出版项目”获得2017年度国家社科基金重点项目立项。贵州省委宣传部“甲秀文化人才”课题“贵州战国秦汉时期青铜器研究”荣获一等级结项。

【文博教育与培训】

选送文物管理和专业技术人员参加国家文物局举办的博物馆藏品管理、考古勘探等培训班。

10月16～17日，贵州省文物局召开文物项目编制培训会，全国重点文物保护单位所在区（县）文物管理部门负责人、重点博物馆（纪念馆）负责人共72人参加培训。

11月10～16日，贵州省文物局举办全省文物保护工程专业技术培训班，各市州文物部门、省直文博单位、相关文物保护工程企业工作人员共73人参加培训。

【文博宣传与出版】

加强与媒体合作，利用国际博物馆日、文化和自然遗产日等重要时段开展多种形式的文博宣传活动，做好文物普法宣传，增强全社会的文物保护意识。

出版《穴居时代——贵州旧石器时代考古》《文明曙光——贵州新石器至商周时期考古》《悠悠牂牁——北盘江考古记》等图书。撰写《中国文物志》贵州部分、《贵州文化遗产志》文物部分，督促《中国文物地图集》贵州分册出版。

云南省

【概述】

2017年，云南省文物系统切实加大文物保护和利用力度，进一步发挥文物资源在传承和弘扬云南民族优秀传统文化，建设民族团结进步示范区、生态文明建设排头兵、面向南亚东南亚辐射中心的重要作用，全省文物工作取得新成效，文物事业取得新进步。

【执法督察与安全保卫】

（一）执法督察

严肃处理了耿马县土司衙门“小洋楼”被违法拆除、弥勒市王炽墓文物被盗、昆明市石龙坝水电站保护范围内违建、云南抗战胜利纪念堂所属建筑违规修缮、大瑞铁路芒市段古遗址遭施工破坏、巧家县大田坝石拱桥被填埋、永仁县中和传统民居群夏奎老宅火灾和云龙县顺荡火葬墓石刻被盗等8起典型文物安全和文物执法案件，并对红河州开远市和临沧市沧源县文物法人违法事件进行及时处理。针对国家文物局对红河、昆明地区文物消防安全隐患暗查暗访提出的问题，及时指导、督促相关州市进行整改，消除安全隐患。联合云南省住建厅开展城乡人居环境行动督察，对保山市和怒江州的城乡人居环境行动进行了督察，同时对地方不可以移动文物保护工作进行督导。配合云南省民委开展“借教敛财”问题督察，对宗教活动场所违规设置功德箱、烧高香等借教敛财问题进行了专项督察。

联合省工商局开展文物流通市场专项整顿行动，2017年9～10月派出联合督察组，先后8次检查了云南典藏拍卖集团有限公司、昆明雅士得拍卖公司、云南省文物总店等文物经营企业，并对昆明、大理、丽江、迪庆等10余处重点文物市场的整顿工作进行督察。各地文化文物部门和工商管理部门共出动执法人员762人次、车辆203辆次，检查拍卖公司（含文物类和其他）8家，国营文物商店1家，古玩和旧货市场62个，摊位279个，古玩类艺术品公司15家，店铺（经营户）1986户，商超集市38个。对检查中发现无证照经营和销售出土文物的违法行为予以处理。

（二）安全保卫

按照全国文物安全电视电话会议精神和国家文物局通知要求，及时成立云南省文物安全大排查工作领导小组，制定了相关的工作细则和实施方案，组织指导全省开展文物安全状况大排查行动，形成《云南省文物安全状况大排查隐患整改报告》分报国家文物局和云南省委省政府。经过认真梳理，大排查行动中发现文物安全隐患1821项，立行立改696处；对朱德旧居、云南陆军讲武堂旧址、官渡古镇文物建筑群、云南省博物馆通海秀山古建筑群等单位的96处安全隐患进行了督办整改。国家文物局先后督察了昆明市、玉溪市以及陆军讲武堂旧址、金刚塔、朱德旧居、通海县秀山古建筑群、聚魁阁和小新村三圣宫等州市和文物保护单位，考评合格。

参加国家文物局和公安部消防总队召开的文物安全消防电视电话会议，安排部署云南省文物消防安全工作，对文物消防安全法规进行培训。会同云南省公安消防总队联合下发州市级文保单位文物建筑消防安全“一项一策”达标建设通知，要求各地在2020年前完成。

【不可移动文物的保护和管理】

（一）概况

截至2017年，云南省共有不可移动文物14704处，国家级和省级历史文化名城（镇、村、街区）83处，中国传统村落615个。

完成国家级和省级文物保护单位“四有”工作和保护规划编制。强化文物保护项目经费绩效管理，全年审查批复56个国家级文物保护单位立项报告、科研报告、基础设施建设方案和文物维修方案。对楚雄、红河、保山、大理、昆明等地共计30项国保、省保单位文物保护工程进行竣工验收。实地评审保山城市改造文物保护项目等。实施云南省博物馆主楼加固、温泉摩崖石刻排危治理、熊庆来故居维修等一批危急文物抢救保护工程。向国家文物局上报了筇竹寺、妙湛寺金刚塔以及泚江古桥梁群之青云桥、义风桥等全国重点文物保护单位抢险工程技术方案。

结合旅游发展，对《徐霞客游记》记载的云南省45个文物遗迹和风景名胜进行调查统计和评估。

（二）世界文化遗产

按照《保护世界自然和文化遗产公约》的理念和要求，加强对丽江古城世界文化遗产管理和动态监测，组织专家对《世界文化遗产丽江古城遗产监测专项规划》进行评审，实现对丽江古城的动态监测。对红河哈尼梯田世界文化遗产博物馆建设项目进行初审并按行政许可事项上报国家文物局进行审批，对红河哈尼梯田阿者科等8个传统村落修改方案组织专家进行核准并报国家文物局备案。配合国家文物局分别对红河哈尼梯田和丽江古城两处世界文化遗产开展遗产保护状况调研评估。

成立景迈山古茶林申遗工作领导小组，编制完成《景迈山古茶林保护规划》并上报国家文物局，完成景迈山古茶林申遗核心区糯干村和翁基村的民居维修、环境整治和消防设施建设工程。启动云南近现代交通线路申报世界文化遗产价值评估，研究对象包括滇缅公路（包括史迪威公路、驼峰航线）相关文物保护单位及历史遗存，滇越铁路（包括个碧石铁路）相关文物保护单位及历史遗存。加强对世界文化遗产保护管理经验的学习研究，制定了《丝绸之路“南亚廊道”（云南段）研究计划》。

（三）拯救老屋行动

7月，云南省红河州建水、石屏两县入选中国文物保护基金会“拯救老屋行动”整县推进项目，基金会下拨第一期项目款各950万元。云南省及时成立省、州、县、乡“拯救老屋行动”工作组织机制，各项工作有序推进。两县共上报修缮老屋179处，其中建水72处、石屏107处。建水县将西庄镇贝贡村作为试点村，石屏县将符家营和龙港等村落作为试点村，于年内先行试点“拯救老屋行动”。

（四）名城名镇名村（街区）

开展云南省名城名镇名村（街区）建设自检自查工作，对全省6座国家历史文化名城、7个中国历史文化名镇和9个中国历史文化名村进行了全面检查。昆明、巍山、剑川、丽江等地接受了住房和城乡建设部以及国家文物局名城保护工作检查组进行的实地评估检查。

（五）革命文物保护

启动云南省革命文物保护展示工程，向国家文物局申报西南联合大学旧址和云南陆军讲武堂旧址保护规划编制、文物建筑维修和陈列展览等提升立项报告。启动云南红军长征文物保护工程，完成云南红军长征文物和纪念设施的调查统计工作，统计云南红军长征文物和纪念设施178处，昭通扎西会议旧址和寻甸中央红军路居旧址被纳入国家文物局红军长征文物保护示范工程。

【考古发掘】

云南省文物考古研究所完成与基本建设相关的文物影响评价工作9项，核查文物点39处，新发现文物点25处；完成考古发掘工作4项，发掘面积4050平方米，出土可编号器物1200余件/套。完成考古调查勘探工作4项，文物建筑保护工作6项，组织申报主动考古发掘项目文山小龙墓地、剑川海门口遗址、大理太和城遗址、耿马佛洞地遗址和晋宁上西河遗址等5个项目。完成了芒市至梁河高速公路、曲靖三宝至昆明清水高速公路、芒市至孟连高速公路（芒市至象达段）、维西至兰坪高速公路、鹤庆至剑川至兰坪高速公路等35处建设项目的考古调查勘探报告审查工作。

【博物馆与可移动文物保护】

（一）博物馆

1．博物馆建设

完善博物馆质量评价体系，将非国有博物馆纳入博物馆质量评价体系，组织云南省各类博物馆、纪念馆参加2016年度全省博物馆绩效评估，完成复核和统计上报工作。支持非国有博物馆进行备案登记和规范管理，对德宏学院傣族博物馆、云南滇南本草植物博物馆、石林喀斯特博物馆、蒙自清韵紫陶博物馆等一批非国有博物馆进行了备案确认和业务指导、文物认定。截至2017年年底，云南省备案博物馆131家，其中国有文化文物系统88家、国有行业系统21家、非国有博物馆22家。

国有博物馆中纳入国家免费开放范围的有44家，其他博物馆在国家博物馆免费开发补助经费、各行业经费支持和非国有博物馆举办者的资金投入下实现完全向社会开放。完成2017年度博物馆免费开放中央补助专项资金计划安排工作，全额拨付博物馆免费开放经费4350万元。完成2018年度博物馆免费开放中央补助专项经费4350万元及陈列展览补助经费330万元的分配和拨付。完成博物馆纪念馆免费开放经费定额标准体系评估工作，为博物馆免费开放经费科学计划提供条件。2017年全省博物馆纪念馆举办陈列展览和开展宣传活动1000多项，比2016年860项有大幅增加，观众参观人次也由500万人次增加到1912万人次。

2．文创产品开发

云南省博物馆、云南省图书馆、昆明陆军讲武堂博物馆和腾冲滇西抗战博物馆是云南省首批文博单位文化创意产品开发试点单位，其中云南省博物馆和云南省图书馆入选为国家级试点单位。云南省博物馆继2016年“首届云南省博物馆馆藏文物全球文创设计大赛”取得圆满成功之后，2017年配合展览开发了以书籍、玩具、时尚礼品等为代表的系列文创产品30余件/套，销售纪念品上万件；积极参与文创交流，全年参加国内文创展销推介会11次，扩展了文创产品的销售渠道，扩大了“云南文创”的吸引力和影响力。云南省图书馆积极参与社会合作，推出限量影印、限量复制版本的《丽江木氏作品集》《东巴经》等馆藏少数民族古籍，进行了高端文创产品、特色文化旅游纪念品的开发尝试。其他试点单位也陆续开展形式多样的文创产品开发工作。2017年4月，省政府办公厅正式向全省转发了云南省文化厅和省发改委、财政厅、旅发委共同起草的《关于推动文化文物单位文化创意产品开发的实施意见》，推动全省文创产品开发工作进入新阶段。

（二）可移动文物保护

云南省博物馆完成新馆搬迁工作，新增文物101件（含三级文物4件），资料895件。完成了国家文物局拨款的《云南省博物馆可移动文物预防性保护》《云南省博物馆珍贵馆藏文物预防性保护》项目系列评估及实施，完成其他文博单位委托的88件金属文物的保护修复、移交验收工作。

（三）第一次全国可移动文物普查

全面完成第一次全国可移动文物普查工作，登录上报可移动文物（含自然类文物）419895件/套（784196件），位居全国第12名。其中，一级文物753件/套、二级文物1289件/套、三级文物22114件/套。评选表彰了全省第一次全国可移动文物普查优秀集体70家和先进个人339名。

【社会文物管理】

云南省文物总店开展文物艺术品鉴赏鉴定系列公益活动，先后鉴定民间收藏品约1655件，司法鉴定器物177件，为云南各地国有博物馆鉴定征集文物艺术品442件。

【科技与信息】

主办全国博物馆协会民族博物馆专业委员会。10月，云南省文物局代表云南省文化厅，和中国博物馆协会民族博物馆专业委员会、民族文化宫、云南省迪庆藏族自治州人民政府共同主办了中国博物馆协会民族博物馆专业委员会2017年香格里拉年会暨学术研讨会。会议审议通过民族博物馆专业委员会工作报告，举办全国民族和民族地区博物馆发展与文化创意产品开发专题研讨，有力促进了云南民族博物馆与全国各地民族博物馆的交流和协作。

【文博宣传与出版】

2017年，云南省策划推出了一系列有创意、有特色的考古科普教育活动。云南省文物考古研究所东南亚南亚考古研究与文物保护基地（南南考古学院）推出“考古进校园”“考古时光机”“我是小小考古家夏令营”“蒲公英计划——云南考古新发现主题讲座”等系列活动，分别针对小学、家庭和社区开展文物博物科普教育；云南省博物馆举办各类青少年文物教育体验活动436场。云南省文物局与云南师范大学联合举办“重走西南联大路、弘扬西南联大精神”百名学生2017年暑假社会实践活动，积极推进大学校园文物博物教育和爱国主义教育。

【对外交流与合作】

召开西南边疆考古工作会议。为更好地服务于国家“一带一路”战略，做好西南边疆及涉东南亚、南亚国家考古工作，在国家文物局领导和支持下，4月16～20日，“西南边疆考古工作会”在云南昆明及红河州召开。来自国家文物局和云南、四川、贵州、重庆、广东、广西、湖南、甘肃、西藏等考古、文博机构代表以及北京大学、首都师范大学、四川大学等高校的官员和专家学者共30余人出席了会议。

举办澜湄流域国家文化遗产保护及推广研讨会。6月6～7日，由国家文物局、老挝国家信息文化旅游部、云南省政府主办，云南省文化厅（云南省文物局）、云南省外办承办，外交部澜湄合作中国秘书处协办的“澜湄流域国家文化遗产保护及推广研讨会”在昆明成功召开，来自中国、老挝、柬埔寨、缅甸、泰国、越南的政府官员、专家学者，就共同关心的澜沧江与湄公河流域文化遗产保护与推广问题进行广泛深入的研讨。研讨会发出了《“澜湄流域国家文化遗产保护与推广研讨会”昆明倡议》，云南省文物局与老挝信息文化旅游部文化遗产司签署了合作备忘录。

推进缅甸蒲甘震后佛塔修复援助工作。2月15日，由中国、缅甸和联合国教科文组织共同举办的缅甸蒲甘佛塔震后修复保护国际会议在缅甸蒲甘考古博物馆开幕，云南省派代表参会。随后，在国家文物局指导下，云南省召开缅甸蒲甘震后佛塔修复援助工作会议，确定佛塔修复工作计划、方案和时限。

西藏自治区

【概述】

2017年是党和国家发展进程中极不平凡的一年，也是西藏文物事业发展历史上有着特殊意义的一年。在自治区党委、政府的坚强领导下，在国家文物局的有力指导下，全区文物系统深入学习贯彻习近平新时代中国特色社会主义思想和党的十九大精神，认真落实自治区党委、政府关于文物工作的部署要求，始终坚持“保护为主、抢救第一、合理利用、加强管理”的文物工作方针，围绕中心、服务大局，团结拼搏、主动作为，在文物安全防范、文物保护工程、文物基础工作、文物展示利用和文物系统自身建设等方面取得了新成绩，为推进西藏长足发展和长治久安发挥了重要作用。

【法规建设】

西藏自治区人民政府办公厅出台《关于进一步加强文物安全工作的实施意见》。

【执法督察与安全保卫】

深入贯彻落实全国文物安全工作电视电话会议和《国务院办公厅关于进一步加强文物安全工作的实施意见》精神，自治区人民政府召开全区文物消防安全工作电视电话会议，全面部署火灾防控和消防安全检查工作。按照“党政同责、一岗双责、失职追责”原则，及时调整充实由局党组书记担任组长的自治区文物局安全生产领导小组，由局直属单位一把手担任组长的单位安全生产领导小组，全面加强文物安全生产工作的组织领导。自治区政府与各地（市）行署（人民政府）签订《2017年文物安全责任书》，组织3个考评组，分赴7地市全面开展2017年度文物安全责任考核工作。建立自治区文物安全工作联席会议制度，切实明确文物安全管理责任，健全文物安全管理长效机制，提高文物安全管理水平。

开展文物安全状况大排查行动，以全区范围内重点文物保护单位为主，各文物点为辅，客观、准确地查找存在的安全隐患和突出问题，督促各地市文物部门有效推进整改工作；加强布达拉宫管理处、罗布林卡管理处、西藏博物馆等人员密集场所地管理规范化，做到零失误；翻译《文物建筑消防十项规定》和《文物建筑电气线路防火导则》，印刷并派发各地市文物局，加强文物安全规范化建设。

加大打击文物犯罪力度，与自治区公安厅联合开展打击整治文物犯罪专项行动。山南市公安局成功侦破“8·18”系列文物盗窃案，追回被盗文物309件，其中二级文物10件/套、三级文物18件/套、一般文物40件/套。公安部门全面梳理西藏和平解放以来被盗未被追回，或者丢失至今未能找到的文物犯罪案件线索，形成内容较为全面的汇总表并上报国家文物局。

高度关注文物保护社会舆情信息，及时妥善处理文物保护有害信息。加大执法检查，组织开展文物法人违法案件专项整治活动，实现文物系统“三个确保”“三不出”的目标要求。

【不可移动文物的保护和管理】

截至2017年年底，西藏自治区已调查登记的各类文物点共4277处，各级文物保护单位1424处，其中国家级55处、自治区级616处、县区级753处。世界文化遗产1处3个点。国家级历史文化名城3处，国家历史文化名镇2处，国家历史文化名街1处，国家历史文化名村3个。

重点文物保护工程稳步推进，2017年开工建设项目85个，其中续建17个、新开工51个、竣工验收17个，完成投资2.8亿元。

【考古发掘】

（一）概况

2017年继续以流域调查为主、局部发掘为辅的工作思路，加大文物保护、考古调查发掘和科研工作力度，积极发挥职能，促进了西藏文物保护事业持续健康发展。全年共开展文物考古项目44项，其中主动性、抢救性考古项目6项（发掘4项）；配合国家、自治区基建考古项目25项（发掘2项）；文物保护实地调研工作13项。组织开展“丝绸之路”南亚廊道（西藏段）考古调查工作。召开阿里地区文物考古工作座谈会，共同研究推进阿里考古工作。

（二）重要考古项目

1．琼结河流域考古调查及邦嘎遗址发掘

6～7月，西藏自治区文物保护研究所与四川大学历史文化学院继续合作开展琼结县2017年度邦嘎遗址考古发掘，进一步了解邦嘎遗址的聚落结构、文化内涵和生计形态。继续在雅砻河流域之琼结河谷展开调查，新发现并确认各类文物遗存50处。这些发现推动了对邦嘎遗址和琼结河流域史前文化的认识，为雅鲁藏布江中游的考古研究增添了新资料。

2．格布赛鲁墓地考古发掘与象泉河流域调查工作

7～8月，西藏自治区文物保护研究所与陕西省考古研究院联合考古队对札达县象泉河支流桑达河谷台地的格布赛鲁遗址、象泉河中游的相关遗址开展了考古发掘与调查工作。此次工作重点是对长年遭受盗扰破坏的格布赛鲁墓地进行首次正式发掘，收获了大量实物材料，为格布赛鲁墓地的保护奠定了良好的基础，也为了解象泉河流域古代遗存、早期文明的演进及其与周边考古学文化的关系提供了重要线索。

3．波密县阿岗绒墓地抢救性发掘

2016年12月～2017年1月，西藏自治区文物保护研究所继续对波密县境内的阿岗绒墓地进行考古发掘。共清理石棺墓葬13座，出土较完整陶器8件、穿孔磨石1件、青铜箭镞3件以及零散的铁渣等。出土陶器总体上与以往在林芝尼洋河流域发现的陶器有相似之处，与藏东“石棺墓”随葬陶器流行的平底器有显著区别。其年代与以往发现的距今约4900年的拉颇遗址要晚3000年左右，文化面貌迥然有别。阿岗绒墓地的发现为藏东南前吐蕃王朝时期考古学文化的理解、研究提供了重要资料。

4．洛扎县厅村墓地抢救性考古发掘

4～5月，西藏自治区文物保护研究所对位于西藏山南市洛扎县拉康镇的厅村墓地进行了抢救性考古发掘。发掘面积约50平方米，发现早期墓葬2座，出土器物68件。其中一座墓葬

出土陶器52件，是西藏地区开展考古工作以来单个墓葬出土陶器数量最多的。从地理位置、墓葬形制以及葬式、出土遗物判断，此处与隆子县斗玉乡墓地的考古学文化基本一致，同扎囊县结色沟墓地出土的器物类型几乎一致，据此判断西藏南部高山峡谷地带与雅鲁藏布江中游河谷地带之间的早期考古学文化联系密切。根据碳十四测年结果，厅村墓葬距今约3000年，该发现为研究西藏地方早期历史和西藏考古学区域研究提供了非常重要的依据。

5. 西藏拉洛水利枢纽工程拉托唐果墓地考古发掘

6月3日，为配合西藏拉洛水利枢纽及配套灌区工程建设，西藏自治区文物保护研究所继续开展“西藏拉洛水利枢纽工程拉托唐果墓地”抢救性考古发掘工作。已发掘面积约40平方米，新发现墙体5道、台阶1处、坑1处。根据墓葬人骨测年数据，初步推测遗址年代为10～12世纪。遗址中房屋、墓葬、佛塔之间的关系，是判断拉洛遗址性质的最关键部分，对进一步探清西藏萨迦县拉洛遗址考古学文化有重要作用。

6. 曲水县茶巴拉乡加乌塘墓地考古发掘

10月底至11月中旬，西藏自治区文物保护研究所对曲水县茶巴拉乡色麦村四组南部的加乌塘墓地开展了考古调查及发掘工作。墓地分布面积约20万平方米，共发现墓葬119座，分石框墓、大石墓、封堆墓三类，目前已发掘两座。两座墓葬出土少量的人和动物骨骸，以及部分陶器残片。其中一座为大石墓，且大石墓框正中又见石板墓室，此类套式墓葬结构类型在雅江、拉萨河谷流域极为少见，具有极高的研究价值。此次考古发掘工作为研究雅江、拉萨河流域古遗址、古墓葬建造特征、年代序列及文化面貌提供了重要的实物参考和依据。

【博物馆与可移动文物保护】

（一）博物馆

1. 博物馆建设

西藏博物馆改扩建工程正式开工，批复投资6.64亿元，改扩建面积5.87万平方米。布达拉宫、西藏博物馆、罗布林卡等文物单位安全有序开放，年接待国内外游客、朝佛群众172万人次，外交使团、政府团队和中小学生学习团的接待服务安全圆满。自治区财政厅安排专项资金500万元，加大文创产品开发力度。加快推进文物单位门户网站建设，建设西藏博物馆虚拟展厅。

2. 博物馆间的交流与合作

文物区外展览、联合展览有声有色。积极参加2017年美国拉斯维加斯国际品牌授权博览会和“第十三届中国（深圳）国际文化产业博览交易会”。参加在甘肃博物馆举办的第二届丝绸之路（敦煌）国际文化博览会。

3. 重要陈列展览

3月31日，在辽宁省博物馆举办“茶马古道——八省区文物联展”。

5月18日，在大连现代博物馆举办“祥云托起珠穆朗玛峰——藏传佛教艺术精品展”。

9月29日，在辽宁省博物馆举办“最接近天空的宝藏——西藏文物精品展”。

（二）第一次全国可移动文物普查

召开第一次全国可移动文物普查总结表彰电视电话会议，对继续做好登记建档和普查成果利用进行工作部署。截至2017年年底，共调查国有收藏单位1305家，登记文物148355件/套。

【社会文物管理】

挂牌成立国家文物进出境西藏管理处，举办国家文物进出境审核西藏地区文物鉴定培训班。

【文博宣传与出版】

国际博物馆日、文化和自然遗产日期间，举办“历史的见证”图片展、“文物见证历史”校园行、“慧日慈云匾额”和“朵森格石狮”文物移交仪式、“丝绸之路南亚廊道（高原丝路）”讲座等活动，在《西藏日报》刊登文物成就专刊，组织文博专家做客西藏人民广播电台访谈节目，广泛宣传西藏文物事业取得的成绩。

会同西藏电视台完成西藏文化遗产保护成就专题片制作工作。

编辑出版《西藏文物》（季刊）4期，《布达拉宫馆刊》（半年刊）2期，《西藏博物馆》（半年刊）2期，《西藏文物保护研究所年报》1期。

【机构及人员】

截至2017年年底，自治区文物局内设处室5个，机关行政编制23名、事业编制4名。下设事业单位6个（布达拉宫管理处、罗布林卡管理处、西藏博物馆、西藏文物保护研究所、西藏文物总店、西藏文物鉴定中心），事业编制315名。5市2地文物局核定编制29名，拉萨市、日喀则市、山南市、林芝市、昌都市和那曲地区文物局与文化局合署办公，阿里地区文化局内设文物综合科。74个县区文物局除阿里地区扎达县设立正科级文物局外，其余均与文化局合署办公。

【其他】

西藏自治区发展和改革委员会、文物局印发《西藏自治区“十三五”时期文物事业发展规划》，进一步明确了“十三五”时期西藏文物事业发展的总体要求、目标任务和政策措施。

陕西省

【概述】

2017年，陕西省文物局按照“保护文物、传承文明、发展文化”理念，科学有序地推进各项工作，圆满完成陕西省委、省政府目标任务指标13个大项26个小项，多项工作任务超额完成，其中36项工作获得全国性表彰奖励、27项工作受到省级部门以上表彰。

【法规建设】

7月27日，《陕西省石峁遗址保护条例》经陕西省十二届人民代表大会常务委员会第三十六次会议通过。该条例是陕西省首部由省人大颁布的古城址保护条例，对石峁遗址保护具有重大意义。陕西省文物局向陕西省政府报送《陕西省文物保护条例》修正草案；协调配合陕西省人大开展调研，为《陕西省帝陵保护条例》立法做准备。

【执法督察与安全保卫】

（一）执法督察

2017年，陕西省文物局下达《督察通知》20份，转办群众信访件4起。推动党家村建控地带违法建设拆除完毕；推进秦咸阳城遗址27处违法建设及商洛大云寺监控地带违法建设整改工作；督促地方查处榆林市横山区波罗堡维修长城野蛮施工等问题。部署全省长城执法巡查“回头看”专项督察，配合国家文物局督察组完成对榆林市长城的现场实地勘察。承办首届陕甘新文物行政执法骨干班，签署协议开启三省执法合作新模式。

（二）安全保卫

2017年，陕西省文物局与各地市文物行政管理部门及直属单位签订年度文物安全责任书和消防安全责任书。开展文物安全大排查，积极推进319项问题（隐患）整改落实。争取国家专项资金5916万元，完成全国重点文物保护单位“三防”工程建设17项、省级文物保护单位10项。在全国率先完成省级以上文物保护单位建筑类文物火灾风险评估和消防系统建设规划工作。陕西省文物局与陕西省公安消防总队联合建成全国首家文物消防安全训练中心并投入使用。举办全省文物系统消防安全应急演练及消防安全宣讲教育活动，文物消防安全工作年度考核被陕西省政府评为优秀等级。编制《文物单位安全应急预案体系编制指南》，通过国家文物局专家评审。继续推动西安、咸阳、宝鸡、汉中等地文物安全大防控体系建设。

全省群众文保员和长城保护员扩充到8017名。研发群众文保员信息管理系统，实现对文保员的动态管理。评选表彰20名优秀群众文保员、10名长城保护员，营造群众参与文物保护的良好氛围。

陕西省文物局、陕西省公安厅联合召开“全省打击防范文物犯罪工作会议”，表彰45

个先进集体、10名先进个人。全年共破获盗窃文物案件23起、盗掘古墓葬案件241起、其他文物犯罪案件24起，追缴文物3132件。

【不可移动文物的保护和管理】

（一）概况

截至2017年年底，陕西省共有文物古迹49058处，包括古遗址23453处，古墓葬14367处，石窟石刻1068处，古建筑6702处，近现代史迹等文物点3468处。其中全国重点文物保护单位235处，省级文物保护单位851处，世界文化遗产3处。

（二）大遗址保护

2017年，汉长安城未央宫遗址获批第三批国家考古遗址公园，乾陵、杜陵等5家单位入选立项名单，陕西省国家考古遗址公园数量位居全国第一。完成茂陵石刻廊房保护设施建设和标识展示工作，组织开展唐景陵、光陵、定陵等8座唐代帝陵石刻扶正复位、加固基础、设置围栏等保护工作。石峁遗址文化景区项目启动外东门临时考古工作大棚建设，实施皇城台南侧台顶排水及边坡抢险加固工程和皇城台考古工地现场围栏项目，石峁遗址博物馆经陕西省发改委正式立项。统万城遗址文化景区项目完成统万城考古遗址公园观光公路环线的调查勘探工作，统万大道全线通车，统万城考古遗址公园道路、遗址博物馆及管理用房项目选址获国家文物局批复，遗址博物馆及附属设施主体建设完成。统万城外郭城东北隅墩及城墙遗址保护展示工程等3项工程获国家文物局批复立项。

（三）全国重点文物保护单位

组织完成西安、咸阳、铜川和韩城等22处全国重点文物保护单位古建筑测绘工作。完成《汉长安城遗址保护规划》修编工作。指导做好黄帝陵国家文化公园建设和管理有关工作。

（四）世界文化遗产

秦始皇陵文化景区项目秦陵内城垣两项保护展示工程方案，秦兵马俑二、三号坑展厅中央空调及设备中心项目选址和设计方案获国家文物局批复，编制完成《秦陵大遗址保护——陕缝厂等范围征迁保护利用规划（方案）》并报陕西省发展和改革委员会审批。先后召开秦蜀古道文化遗产保护与申遗论坛、中国明清城墙联合申遗第五次工作会议，为秦蜀古道和城墙申遗奠定基础。

（五）其他

启动革命旧址保护规划编制工作，编制完成《陕西省红军长征遗址文物保护规划》《陕西省抗战文物遗址保护总体规划》《延安革命旧址群保护利用展示规划》等专项规划。

陕西省政府公布42处长城遗址为省级文物保护单位，陕西省长城既有段落全部公布为省级以上文物保护单位。完成全省1046处省级以上文物保护单位保护管理规划修编工作。组织开展省级以上文物保护单位保护标志补充树立和栽桩亮界工作。完成295处第七批省级文物保护单位的申报、审核，并上报陕西省政府。

公布施行《陕西省文物建筑日常保养维护技术导则》，推动文物建筑抢救性保护向预防性保护转变。申报并获批全国重点文物保护单位文物保护工程项目计划28项、文物保护工程方案38项。审批省级文物保护项目立项96项、批复立项29项、批复方案41项。争取国家文物局文物保护工程经费1.56亿元，实施文物保护工程41项、组织验收工程35项。组织实施公输堂保护研究和修复工程。组织开展长城保护维修工程，实施神木高家堡、镇靖堡、宜君偏桥村段等长城保护维修和抢险加固工程。明长城建安堡保护加固工程获评“第三届全国优秀文物维修工程”。榆林、延安、汉中等地暴雨后，及时组织实施延长县东征会议旧址、杨家沟革命旧址等18处抢险加固工程。

【考古发掘】

（一）概况

开展主动性考古发掘项目88项，累计完成考古调查面积438.68平方千米，考古勘探面积792.07万平方米，发掘墓葬1450座、遗址285.8万平方米，出土大量珍贵文物。血池遗址发掘面积2000平方米，为第一处从考古学上发现的秦汉时期国家最高等级的祭天遗址。杨官寨遗址考古发现首次发现庙底沟文化成人墓葬，将西安建城史提前到距今约5500年前。石峁皇城台遗址和血池遗址分别入选中国社会科学院考古学论坛“2016年中国考古新发现”和“2016年度全国十大考古新发现”。

配合西气东输和西延、西韩、西安至安康、西安至十堰高铁及陕京四线、西安至法门寺至机场线等重点项目建设开展考古调查勘探工作。

（二）重要考古项目

1．陕西高陵杨官寨遗址

位于陕西省西安市高陵区姬家街道杨官寨村四组东侧，是关中地区仰韶中晚期一处特大型中心聚落遗址。自2004年首次发现至今，陕西省考古研究院对该遗址开展了持续10余年的考古工作。2015～2017年，为探索遗址东北部聚落功能区分布状况，在遗址东段环壕外开展针对性考古发掘工作时发现一处大型公共墓地。

经初步探明，该墓地总面积超过9万平方米，区域内墓葬分布十分密集，初步推测墓葬总数达数千座，目前已对其中211座庙底沟文化墓葬进行了发掘清理。墓葬形制以偏洞室墓占绝大多数，还有少量竖穴土坑墓。该墓地当属国内首次确认的庙底沟文化大型墓地，填补了相关领域考古发现的空白。此外，本次发现的偏洞室墓葬为目前所知最早的同类遗存，将该类墓葬的出现年代提前了500多年，具有十分重要的学术意义。

2．陕西澄城刘家洼春秋墓地

位于陕西澄城县王庄镇刘家洼村，2016年年底因被盗而发现。2017年年初，陕西省考古研究院与相关单位联合组成考古队，对墓地及其周邻开展了系统的田野工作，取得了重要收获。

一是钻探确认了墓地的范围与墓葬数量，了解了墓葬形制与墓地布局特点。二是对墓地进行全面发掘，2017年共发掘墓葬20座，出土了铜、金、铁、石、玉等器物。三是通过周邻区域系统调查，找到了与墓地年代相匹配的两处居址遗存，年代约为春秋早中期之际。

刘家洼墓地属典型周系族群墓地，大墓墓主人当为诸侯国国君级别，推断这里为春秋时期某一周系封国所在。这无疑是陕西关中东部周代考古又一重要新发现，对研究周代京畿区域的封国采邑制度等相关问题具有重要意义。

3．陕西西安秦汉栎阳城遗址

位于今陕西省西安市阎良区。2013年，为进一步确定栎阳城遗址保护范围，为栎阳城保护规划的制定提供科学资料，由中国社会科学院考古研究所与西安市文物保护考古研究院联合组成的阿房宫与上林苑考古队重启栎阳考古。五年来，在精确测量和考古地理信息系统的支撑下，通过大范围勘探和小规模试掘的方式，先后确定了一号、二号、三号等三座古城，并在三号古城内试掘确定了多座大型宫殿建筑，从城址延续到西汉前期看，其应是秦末汉初项羽所封三秦之一塞王司马欣之都，亦并为汉初之都栎阳所在。

【博物馆与可移动文物保护】

（一）博物馆

1．博物馆建设

全年新备案博物馆11家，博物馆总数达281家，其中199家博物馆对社会免费开放。大唐西市博物馆、宝鸡青铜器博物馆获评国家一级博物馆，陕西省国家一级博物馆达到9家，大唐西市博物馆成为国家一级博物馆中唯一的非国有博物馆。

积极推动陕西省文化重点工程陕西考古博物馆、秦始皇帝陵铜车马博物馆项目开工建设，西安碑林博物馆文化项目设计方案通过评审。铜川市博物馆、杨凌中国农业历史博物馆开工建设，韩城梁带村遗址博物馆建成并进入布展阶段。支持非国有博物馆发展，向陕西省政府申请为西安关中民俗艺术博物院减免相关税费。

2．陈列展览

全年全省博物馆共举办各类临时展览789个，在省外举办“陕西周秦汉唐文物精华展”等交流展览58个。陕西历史博物馆“熠熠青铜　光耀四方——秦晋豫冀两周诸侯国青铜文化展”荣获“第十四届（2016年度）全国博物馆十大陈列展览优胜奖”。

配合“一带一路”国际合作高峰论坛，陕西历史博物馆与国家大剧院合作举办“唯寄歌舞寓长安——陕西古代乐舞文物特展”。配合纪念抗战全面爆发80周年、建军90周年，宝鸡青铜器博物院、延安革命纪念馆举办相关展览。

3．文创产品开发

推动试点单位的文创产品开发工作。陕西历史博物馆开展馆企合作，秦始皇帝陵博物院与阿里巴巴等电商合作，汉景帝阳陵博物院与安康市政府合作以IP入股成立秦汉古茶公司。组织省内博物馆参加文化产业展会活动。陕西历史博物馆、秦始皇帝陵博物院、西安碑林博物馆分别获得“第三届广州文物博物馆版权博览会最佳展示奖”，“礼享长安”书签、“兵马俑双车马音响”获“十大优秀文创产品创意奖”。汉景帝阳陵博物院汉茶文创产品荣获“2017年北京国际图书博览会创新奖”。

（二）可移动文物保护

1．概况

全省共有国有文物收藏保管机构522家，国有可移动文物收藏量3009455件/套（7748750件），总数位列全国第二。

2．可移动文物保护科研基地建设

砖石质文物保护国家文物局重点科研基地：承担的“文物多孔隙材料超声断声扫描技术研究”等3项国家文物局课题完成结项验收。完成国标《馆藏砖石质文物病害分类与图示》《馆藏砖石质文物保护修复档案记录》规范的报批稿上报；《馆藏石质文物保护技术手册》完成出版报批。开放课题“温度变化对灰岩石刻风化影响机理前期研究”完成室内灰岩热辐射模型试验。启动两项开放课题研究，分别是“石质木质文物超声三维缺陷检测和显示研究”“陕西石质文物石材检测研究”。完成茂陵石刻保护廊房建设，前期预防性保护、展示方案实施。组织编制《徐州土山汉墓考古发掘中砖室墓的抢险加固和预防性保护方案》《扬州隋炀帝墓墓葬本体抢救性保护设计方案》并上报国家文物局；组织实施

“甘肃泾川出土彩绘佛造像实施方案”“内蒙古赤峰市石质文物保护项目”“南京徐达墓石质文物保护项目”“户县草堂寺鸠摩罗什塔保护项目”立项报告的编制工作；组织开展成都出土石兽保护修复前期工作，并签订了合作协议。与韩城博物馆签署了建设韩城工作站的协议，与山东省文保中心达成了建立山东工作站合作意向，在陕北工作站（延安市中共中央党校旧址）展开了画像砖、彩绘陶器的保护修复工作，举办了“绿色博物馆——文化遗产保护的可持续发展与风险管理”国际研讨会。

陶质彩绘文物保护国家文物局重点科研基地：承担的国家文物局课题结题1项，在核心期刊发表论文8篇，出版专著3部，发明专利1项。承担国家文物局优青计划课题“陶质彩绘文物保护修复材料性能及应用效果评价”，国家文物局“文化遗产地环境监测系统质量检查与管理方法设计”项目；承担的国家文物局课题“气溶胶理化特征及其陶质彩绘文物劣化关联研究”顺利结项。与西安交通大学联合完成的“微纳米硅基杂化材料的研制及其在风化砖石陶质文物的保护应用”项目获“2017年度陕西省科学技术二等奖”，联合完成的“中国古代彩绘的指纹识别及有机/无机杂化材料保护关键技术和应用”项目获“2017年度教育部科技进步二等奖”。

考古发掘现场文物保护国家文物局重点科研基地：全年开展科研项目5项，分别是周原车马坑实验室内清理、唐李道坚墓壁画现场科学调查与保护、澄城刘家洼两周墓地考古现场文物保护、新疆喀拉苏墓地出土文物实验室清理、咸阳出土彩绘陶俑保护修复。完成室内文物保护修复项目10余项、考古发掘现场文物保护项目4项，保护修复各种材质文物400余件/套、院藏壁画20余平方米，发表科研论文7篇。

馆藏壁画保护修复与材料科学研究国家文物局重点科研基地：科学合理搭建基地运行构架，制定运行管理计划书和各项管理制度，陆续采购科学仪器设备完善基地实验室建设。与西安市文物保护考古研究院合作壁画保护修复项目，联合编制完成《西安市出土八十三幅唐代墓葬壁画保护修复方案》；援助宁夏固原博物馆馆藏壁画修复项目，完成唐梁元珍墓壁画保护修复；对智果寺文管所保存的出现严重氧化褪色、空鼓等不同病害现象的单体壁画5幅计25平方米开展保护修复；开展镇巴县博物馆红军墨书布告标语保护修复项目。

3．可移动文物保护技术、方法及应用

发挥“文物保护科技创新联盟”作用，推动与省内外高校常态化合作，与西北工业大学联合组建“材料科学与考古研究中心”，成立西北工业大学文化遗产研究院。“考古发掘现场脆弱文物新型临时固型技术及应用”项目入围国家科技进步二等奖评选。

【社会文物管理】

2017年，陕西省文物局联合陕西省工商局开展文物流通市场专项整顿检查。加强对全国首家国有文物商店线上交易平台——文物大联盟（长安文博文物商店）线上交易的监管，全年交易总额达4106.23万元，佣金总收益达264万元。审核12家拍卖企业15批次5651件/套拍卖标的，撤拍2件。全年拍卖成交额达2000余万元，其中文物成交额1000余万元。陕西省文物局与陕旅集团共同主办“陕西省首届文物艺术品交流会”，全国国有文物商店均派代表参会。

【科技与信息】

开展全省一级文物三维数据采集工作，组织实施昭陵六骏虚拟修复与数字化展陈研究等项目。完善加强陕西数字博物馆电子巡展系统、陕西文物之声网络电台建设，构建完成青铜器科技鉴定项目数据库，完成多功能文物保护移动实验平台开发。中国被盗（丢失）文物信息发布平台建成并上线运行。利用无人机在吴起县长城段开展执法巡查野外作业，实施北斗卫星系统监控唐景陵石刻项目。“丝绸之路特色文物虚拟展示平台研发及应用示范”等7个项目列入国家文物局“互联网+中华文明”示范库。

陕西省文物局与陕西文化产业投资控股（集团）有限公司、西安高新技术产业开发区联合成立“互联网+中华文明文博创意产业联盟”，建立“丝绸之路”国际文创交流基地，吸纳陕西历史博物馆等10家博物馆加盟，研发“鎏金铜蚕”等文创产品千余种。陕西省文物局与陕西移动达成“互联网+中华文明”战略合作协议，启动陕西首届历史文化动漫游戏大赛。

制定《陕西省文物局科研课题管理办法》《陕西省文物局科研课题指南》，评审通过科研课题17项。秦始皇帝陵博物院与西安交通大学两项合作文物保护课题分别荣获教育部科技进步二等奖、陕西省科学技术二等奖。组织省内单位申报制定文物保护行业国家标准4项，3个国家级文物保护重点科研基地顺利通过国家文物局运行评估。陕西省文物保护研究院6项国家级科研课题通过验收、2项国家标准颁布实施。陕西省考古研究院4项科研项目获全国哲学社会科学基金资助。

【文博教育与培训】

举办文物鉴定（石刻类、玉器类）、文管所保护管理、讲解员等业务培训班近20个，培训专业人员1000余人次。推荐业务人员参加国家文物局业务培训班10个班次。选派4名代表参加全国博物馆优秀讲解案例展示比赛。依托文博系列专业技术人员继续教育基地，组织培训8期，培训全省专业人员2258人次。

【文博宣传与出版】

全年流动博物馆进校园、进军营、进社区等活动共计2100余场次。利用国际博物馆日、文化和自然遗产日、“碑林930周年华诞”等契机，开展形式多样的宣传教育活动，普及宣传文物保护法规知识，为公众免费鉴定文物。汉景帝阳陵博物院“金秋踏古·银杏季”教育活动被评为中国旅游总评榜陕西分榜2017年度最具影响力节庆活动。

2017年，共召开新闻通气会、发布会等50余场，组织媒体发表各类文物宣传报道6000余篇。配合陕西省政府新闻办做好“陕西省第一次全国可移动文物普查成果”新闻发布工作。陕西省文物局新门户网站上线运行。汉唐网微博荣获“2017年度文博最具影响力官方微博”，西安碑林博物馆微博和陕西历史博物馆微博荣获全国“文博行业2017年度最具创新力官微”奖，陕西省文物局汉唐网和秦始皇帝陵博物院获“陕西政务新媒体优秀服务平台”奖，陕西历史博物馆和汉景帝阳陵博物院获“陕西政务新媒体优秀运营案例”奖。秦始皇帝陵博物院与百度、腾讯等合作，秦兵马俑宣传视频上线半年点击量超170万次。陕西历史博物馆参与央视《国家宝藏》录制，受到广泛关注。

历时七年编纂出版的《陕西省志·文物志》荣获“陕西省第十三次哲学社会科学优秀

成果一等奖”及“第二十八届北方十五省、市、自治区哲学社会科学优秀图书奖”。

【机构及人员】

2017年，组织公开招聘直属事业单位工作人员26名。

推动陕西省文物局直属事业单位整合机构精简编制规范管理工作，陕西省文物局原10家直属事业单位裁撤合并为6家。全国博物馆系统法人治理结构建设改革试点单位——汉景帝阳陵博物院试点工作圆满完成并顺利通过验收。

【对外交流与合作】

2017年共派出66个团组191人次赴20个国家和地区进行交流，接待62个国家和地区客人278批6507人次。全年与境外签署合作协议、意向书、备忘录13个，主办重要国际会议4个。

陕西省文物局与英国驻华使馆联合主办“陕西英国文化遗产高层圆桌会议”、与法国驻华使馆联合举办“中法文化遗产保护研究会”，共商新形势下人类文化遗产的保护传承。组织专家团队参加缅甸震后修复保护国际会议，受邀对缅甸文物管理和专业人员进行培训。中法开展公输堂彩绘木作保护纳入中法高级别人文交流机制，在国务院副总理刘延东和法国外长勒德里昂见证下签署协议。继续开展中亚地区联合考古，陕西省文物局与哈萨克斯坦伊塞克国家历史文化博物馆首次合作，拉哈特古城遗址考古发掘工作取得重要进展。

全年组织文物出入境展览9个，其中出境展览5个、协办出境展览2个、入境展览2个。赴哈萨克斯坦“中国秦始皇兵马俑文物展”为陕西文物第一次在中亚展出。赴美国“兵马俑：秦始皇帝的永恒守卫展”先后在西雅图和费城两地举行，参观人数超30万人次。为庆祝香港回归20周年，赴香港举办“错彩镂金——陕西珍藏中国古代金银器”展览。配合第十届“亚洲文化论坛”，参加在香港举办的“绵亘万里——世界遗产丝绸之路展”。

全年接待港澳台客人61批2602人次，派出11个团组37人赴港澳台交流，连续第四年成功承办国台办重点项目——“台湾历史教师中华文化研习营”。组织陕西文化遗产机构负责人赴台湾地区举办陕台文博人员交流研习班。“香港学生来陕文博单位实习项目”列入香港特别行政区行政长官林郑月娥施政报告，共安排22名香港学生在陕西7个文博单位实习。安排文化部遴选的1名台湾学生在陕西省文物保护研究院实习。与香港弘立书院共建“中国历史文化教育基地”并开展游学体验活动。

【其他】

2017年，陕西省文物局创新开展行业扶贫，编制完成《扶贫攻坚“十三五”文物专项实施规划》，全年投入国家专项资金2600万元、省级专项资金4740万元，组织开展11个贫困地区文物保护项目，将文物精准扶贫与美丽乡村建设、乡村旅游相结合，凤堰古梯田移民生态博物馆、宜君旱作梯田生态博物馆成为陕西省行业扶贫的典型经验。同时，充分发挥行业优势，加强文化扶贫，积极开展优秀传统文化下乡村、流动博物馆进校园等活动。

开展省级优秀传统文化传承基地、省级文化遗址公园建设、社区博物馆“三个平台”建设，评审确定25家优秀传统文化传承基地、25家省级文化遗址公园和12家社区博物馆式挂牌向社会公布。

甘肃省

【概述】

2017年，甘肃省文物系统以习近平新时代中国特色社会主义思想为指导，全面学习贯彻党的十九大精神，认真贯彻落实习近平总书记视察甘肃重要讲话和“八个着力”重要指示以及省第十三次党代会精神，增强“四个意识”，坚定“四个自信”，坚决维护以习近平同志为核心的党中央权威，在思想上、政治上、行动上同以习近平同志为核心的党中央保持高度一致，努力把中央及省上各项决策部署落到实处，各项工作成果丰硕。

【法规建设】

甘肃省人大常委会颁布《甘肃炳灵寺石窟保护条例》并于2017年7月1日正式施行。甘肃省文物局起草完成《甘肃省长城保护条例（草案）》并报省政府审议，报请省政府审议并由办公厅印发《甘肃省文物安全管理办法》，为做好文物工作提供了重要保障。

【执法督察与安全保卫】

认真组织开展甘肃省文物安全状况大排查专项行动，共排查文博单位73个，督促12个单位完成整改。继续推进为期三年的文物法人违法案件专项整治行动，对挂牌案件进行督察督办，及时处理舟曲县鳌山寺火灾等6起文物安全事故和破坏案件。瓜州县东沙窝长城遭破坏案件被列为全国2017年度文物行政执法指导性案例。与公安部门联合开展打击文物犯罪专项行动，形成了社会震慑。

落实文物安全责任体系，甘肃省文物局对市州文物安全工作实行目标管理，严格执行“六级联动”安全督察机制，2017年年底对文物安全工作全面检查考核并实行“一票否决”。着力加强安防体系建设，实施了五泉山建筑群安防、拉卜楞寺消防、武威文庙防雷等14个“三防”项目，增强了重点风险单位的防护能力。

【不可移动文物的保护和管理】

编制完成甘肃省长城保护规划，俄界会议旧址等7处国保单位保护规划经国家文物局审核同意后由甘肃省政府公布实施。完成了96处第八批省保单位保护范围和建设控制地带划定公布工作，开展了尚未划定公布建设控制地带的68处国保、458处省保的划定工作。同时，督促各地开展市县级文保单位保护范围和建设控制地带划定公布及备案工作，开展国保单位记录档案续补完善及省保单位记录档案编制工作。

投入资金3亿多元，组织实施国保及省保单位保护维修工程29项。其中古浪、民勤等重点长城段落和海藏寺、永泰城址等13项保护维修工程完工，安西古城址防洪工程、后街清真寺修缮工程等7个项目通过验收，不可移动文物保存状况持续改善。

嘉峪关世界文化遗产保护工程基本完工，敦煌莫高窟数字化保护项目、莫高窟文物保护利用设施建设项目、炳灵寺石窟文物保护利用设施建设项目、嘉峪关世界文化遗产保护和展示工程绿洲生态展示区项目和峪泉古街项目设计方案获国家文物局批复同意。指导敦煌市完成了玉门关遗址游客服务中心改造工程。天祝、临洮、民勤等地文物行政部门实施了重点段落长城保护工程。

大地湾国家考古遗址公园F901保护大厅主体建筑完工，内部陈展项目正在实施。大堡子山遗址及墓群保护展示工程取得阶段性成果。榆林窟基础设施改造、玉门关遗址游客服务中心改造工程基本完工，民勤瑞安堡展示利用、兰州战役旧址保护利用等项目顺利实施，有效推动了文物与旅游产业深度融合。

【考古发掘】

（一）概况

依托“考古中国”工程，进一步深化甘肃历史文化底蕴研究，着力推动早期秦文化、史前文化及丝绸之路相关的重点领域考古研究，11个主动性考古项目均有重要发现。此外，配合交通、水利、能源等大型基本建设工程完成考古调查项目41项。

（二）重要考古项目

1．河西走廊早期冶金遗址考古调查、发掘与研究项目

利用普探和物探相结合的方法对西城驿遗址A区西北部进行勘探，勘探面积25万平方米。在遗址A区台地东部发掘1000平方米，清理墓葬、房址、灰坑、灰沟、红烧面等各类遗迹333处，进一步揭示了西城驿文化时期的聚落结构。对金塔缸缸洼和火石梁遗址各试掘25平方米，共清理房址7座、灰坑50个、墓葬2座、红烧面1处，出土陶器、石器、骨器、玉器（料）及冶金、动物、植物遗存等。

2．秦文化与西戎文化考古调查、发掘与研究项目

礼县大堡子山遗址考古发掘项目：对渭河上游地区甘谷、武山段进行考古调查，沿渭河干流及其支流两岸共发现遗址95处。对礼县赵坪遗址及礼县六八图遗址进行考古勘探，勘探总面积47万平方米，发现墓葬、灰坑、夯土、红烧面等遗迹现象385处。

张家川马家塬战国墓地考古发掘项目：对墓地冲沟西侧第四、五级台地以及M19以东至墓地重点保护范围东界进行勘探，勘探面积6436平方米，探明墓葬7座。对墓地冲沟西侧的第三、四级台地进行考古发掘，清理墓葬17座。至2017年年底，共发现战国晚期至秦代墓葬75座，现已揭露墓葬74座、祭祀坑2个、马车61辆。

3．泾川佛教遗址考古调查、勘探、发掘与研究项目

对2016年发掘区南侧进行考古发掘，发掘面积1054平方米，发现灰坑及排水设施各1处。对遗址北侧的现代扰乱坑进行考古发掘，发掘面积200平方米，发现路址及水渠各1处。出土佛造像碑残件、大量铜钱、瓦当等70余件。

4．武威亥母寺遗址考古发掘与研究项目

在01窟内部加固一排随机锚杆，对部分内凹的窟壁及悬空岩块砌筑砖墙进行支撑稳固。对02窟窟口的塌陷岩块进行了清理，对窟壁进行了锚索、锚杆加固，并做了喷浆处理。对03窟内凹的窟壁及悬空岩块砌筑砖墙进行支撑稳固，对Ⅲ室封墙处的窟顶进行隔板防护。完成01、03窟的考古发掘工作，清理各类遗迹10处，出土遗物以文献、佛教遗物、生活用品及建筑构件为主，兼有少量兵器、碑刻、钱币等。对武威西夏博物馆藏亥母寺遗

址出土文物进行整理，整理各类文物649件。

5．漳县墩坪遗址考古调查、勘探、发掘与研究项目

对漳河上、下游进行大规模区域系统调查，发现遗址52处，采集遗物有陶片、石器、铜钱等。对漳县墩坪墓地东区进行考古发掘，清理墓葬20座，主要为土坑墓和砖室墓，年代集中在西汉和东汉时期。

6．宁县西头村遗址考古勘探、发掘与研究项目

继续对该遗址进行考古发掘，清理东周时期墓葬6座、明清时期墓葬1座。随葬品组合以铜礼（容）器、车马器、棺饰组合、墓主人近身饰物为主，其中两座未被盗掘的墓葬中随葬7件鼎。运用新技术对墓葬M216、M218进行跟踪式三维扫描，对2017年发掘区进行无人机拍摄，对重要文物运用B72溶液及打包提取的方式进行科学保护。

7．中美合作“甘肃洮河流域新石器至青铜时代文化与社会之演进”项目

对辛店遗址进行考古调查，包括地表踏查、RTK测绘和地磁探测，调查面积约5万平方米。联合北京大学、哈佛大学人类学系对齐家坪遗址进行第二次考古发掘，发掘面积4平方米，清理齐家文化灰坑2个，出土人形陶塑及丰富的陶片、兽骨和石块等。对灰嘴屲遗址进行考古发掘，发掘面积4平方米，清理辛店文化灰坑4个，出土羊肩胛骨卜骨及大量陶片、兽骨和石块等。

8．临洮马家窑遗址考古发掘与研究项目

瓦家坪台地：发掘面积约400平方米，清理出不同时期房址1座、灰坑23个、沟2条。

巴郎坪台地：发掘面积约125平方米，清理少量灰坑，出土大量陶器、石器、骨器等。

9．肃北马鬃山径保尔草场玉矿遗址考古发掘与研究项目

在径保尔草场玉矿遗址A区东侧100米处发掘1600余平方米，清理房址、灰坑、石料堆积等遗迹单位70余处。出土陶器、石器、铜器、铁器及玉料、石料（玉料围岩）、皮革、植物遗存、动物遗存等。对2017年发掘区域及周边的地形地貌进行航拍航测，获得正射影像、线图、三维视频、高程晕染、3D影像图等数据。

10．“河套地区聚落与社会研究”课题

对镇原县大塬、老虎咀、灵台县桥村、西山遗址进行重点调查，获得了该地区龙山时期考古学文化面貌的基本信息，收集了大量反映聚落形态、经济生活和丧葬习俗的重要信息和实物资料。在华池县大梁峁遗址发掘100平方米，清理窑址1座、灰坑18个，出土大量的陶片、料礓石及少量石块、兽骨和白灰面残片等，收集到陶器、玉器、石器、骨角器和蚌类小件器物。

11．阳关遗址考古调查项目

对古董滩、红山口及其附近区域进行航拍航测，获取1∶500、1∶1000地形图及高清影像图。对红山口及其周边的地理形胜进行实地调查，勘察石棺材、古董滩、崔木土沟、葫芦斯台、青山梁一带的烽火台等遗址，获得测年样品40份。

12．镇原县田园子石窟考古发掘与研究项目

对镇原县田园子石窟4个洞窟进行清理发掘。1号窟平面竖长方形，平顶，拱形门洞。2号窟平面横长方形，穹隆顶，正壁与左、右壁底部有低平台相通。3号窟平面横长方形，穹隆顶，三壁各凿浅敞龛。窟内出土铜佛像7件（有纪年可辨者3件）、背屏式石造像碑1件、石造像塔1节、佛像画像石1件及五铢钱1枚。4号窟平面横长方形，三壁各凿浅敞龛。1号窟为禅修（或生活）窟，2～4号窟为造像窟，均为三壁三佛，各配胁侍菩萨。

【博物馆与可移动文物保护】

（一）博物馆

1．博物馆建设

2017年，甘肃省有202家博物馆、纪念馆进入国家文物局公布的博物馆名录，全国排名第11位。全年新建“历史再现”博物馆65家，总数达到555家。敦煌研究院、天水市博物馆成功晋级国家一级博物馆。张掖市博物馆等8个新馆建成开放，甘肃简牍博物馆建设项目可行性研究报告经省发改委批复立项，博物馆基础设施和展陈条件得到明显提升。甘肃省博物馆、甘肃省文物考古研究所及天水市、镇原县、陇西县等博物馆实施馆藏文物保护修复及预防性保护项目24个，极大地改善了馆藏文物保存环境和保存状况。

按照甘肃省委改革领导小组安排部署，落实文化体制改革任务要求，探索推进博物馆理事会制度，指导完成甘肃省博物馆、嘉峪关长城博物馆、庄浪县博物馆和玉门市博物馆等4个国家试点单位的博物馆理事会组建工作。理事会由政府有关部门、举办单位、事业单位、服务对象和其他利益相关方的代表组成，逐步参与决策管理，为优化甘肃省博物馆管理模式和法人治理结构积累了经验。

2．博物馆间的交流与合作

以联合办展、互换展览和流动展览等多种形式深入推动馆际交流，提高馆藏文物利用率，促进馆藏文物“活”起来。甘肃省博物馆“甘肃丝绸之路文物展”相继赴无锡、台州、常州展出，甘肃简牍博物馆在山东举办“中国简帛文化展”，大地湾博物馆赴福建举办“遥远的对话——大地湾遗址考古成果展”。

3．重要陈列展览

2017年，甘肃省深化实施博物馆免费开放工作，着力提高展览及文化传播、科普教育水平，全省各级博物馆、纪念馆共推出新陈列6个、改造提升基本陈列8个、举办临时展览150余个，组织开展“四进”、青少年教育等社教活动1000余场次，接待观众近2700万人次。与四川省联合主办的“丝路之魂——敦煌艺术大展暨天府之国与丝绸之路文物特展”、与浙江等省联合主办的“古道新知：丝绸之路文化遗产科技成果展”产生了强烈反响。酒泉卫星发射中心历史展览馆基本陈列荣获“第十四届（2016年度）全国博物馆十大陈列展览优胜奖”。

4．其他

天水市博物馆、甘肃地质博物馆、会宁红军长征胜利纪念馆、张掖湿地博物馆、民勤县防沙治沙纪念馆被教育部确定为第一批“全国中小学生研学实践教育基地”。敦煌研究院在10余所高校举办“敦煌壁画艺术精品公益巡展”，获得2017年度甘肃省宣传思想文化工作创新奖。

文创产品研发持续向好。充分挖掘文化遗产价值内涵，持续开展品牌建设和文创管理体系建设，研发、设计、推广和销售体系初步形成。敦煌研究院探索建立多元化创意产品开发模式，继续推进文化创意体验系统的建设，全年文创产品销售额及授权准入收益1400多万元。甘肃省博物馆采取与合作单位购买设计方案知识产权的方式开发系列特色文创产品，将文创商店作为博物馆“最后一个展厅”，文创产业发展成效初显。

（二）第一次全国可移动文物普查

历时五年完成普查工作，基本摸清了甘肃省可移动文物数据信息，建立了可移动文物资源数据库。根据普查结果，甘肃省共有330个国有单位收藏文物，普查登录的可移动文物总数423444件/套（1958351件），其中珍贵文物118342件/套（252762件）。联合甘肃省人力资源和社会保障厅对全省普查工作34个先进集体和50名先进个人进行了表彰，在甘肃省博物馆举办了“全省第一次可移动文物普查成果展”和普查成果新闻发布会。

【社会文物管理】

严格按照《文物拍卖管理办法》有关要求强化文物拍卖企业管理、开展拍卖标的审核工作，完成文物拍卖许可证年审暨换证工作以及3场文物拍卖会拍卖标的审核备案工作。与工商部门联合开展文物流通市场专项整顿行动，规范了市场秩序。

积极指导甘肃省博物馆和甘肃省文物考古研究所规范开展涉案文物鉴定、报备工作，调整优化两家涉案文物机构的鉴定人员。2017年受理各类涉案文物鉴定委托24次，鉴定评估不可移动文物4次，鉴定各类疑似文物212件/套（737件），为司法机关打击文物犯罪提供了有力支持。

【科技与信息】

持续加强技术创新和科研成果转化，加强国家古代壁画与土遗址保护工程技术研究中心、古代壁画保护国家文物局重点科研基地、石窟文物保护工程技术集成与应用研究国家文物局重点科研基地、甘肃省古代壁画与土遗址保护重点实验室建设，充分发挥国家、省级科研平台的科技引领和带动作用，取得了一系列重要成果。国家科技支撑计划课题结项3项、验收7项，在研国家科技支撑计划课题、“指南针计划”项目、国家自然科学基金课题等国家级课题研究10余项。

大力推动数字化等信息技术在文物保护管理和展示利用领域的应用和实践，完成莫高窟35个洞窟的数字化采集、图像拼接及全景漫游节目制作，麦积山石窟塑像壁画数字化勘察测绘，仙人崖石窟、天梯山石窟等石窟数字化保护项目。“数字敦煌”英文版全球上线，访问量达到347万次，开创了文化遗产数字资源全球共享模式。敦煌研究院与腾讯公司签订了战略合作协议，启动了“数字丝路”计划。“丝路大遗址数字展示及旅游服务示范”等3个项目列入2017年度国家文物局“互联网+中华文明”示范项目库并顺利实施，天水民俗博物馆、陇西县博物馆等一批市、县级博物馆实施了数字化保护和展示项目。

【文博教育与培训】

组织甘肃省文博系统从业人员参加国家文物局各类业务培训35个班次。承办国家文物局主办的全国壁画保护修复技术培训班和全国长城保护管理培训班。与中国文物古迹保护协会、美国盖蒂保护研究所、敦煌研究院联合举办了《中国文物古迹保护准则》培训班，分3个片区对全省博物馆、纪念馆负责人和藏品管理员进行了培训。举办甘肃省文物保护项目申报及资金管理使用培训班及考古技术培训班。全年累计培训人员650多人次，有效提升了全省文博队伍业务素质和工作能力。

【文博宣传与出版】

狠抓文物宣传工作，升级改版甘肃省文物局官方网站和微信公众平台，网站年发布各类消息1298条（篇、幅），年点击量14万人次；微信平台发布动态消息270组627条，关注用户2649人。精心组织开展国际博物馆日以及文化和自然遗产日活动，有效扩大了文物工作影响力。

一、二轮合并编修的《甘肃省志·文物志》全面完成，2017年12月提交省地方志编委会终审，即将正式出版。加快考古成果研究和报告编写，玉门火烧沟遗址、临泽黄家湾滩墓地考古发掘报告完成初稿，居延遗址考古发掘报告整理和《敦煌石窟全集》编写工作持续推进。进一步提升《敦煌研究》办刊质量，启动优秀论文英译工作，向国际学术界展示敦煌学研究的最新成果。

【机构及人员】

甘肃省设文物局的市州有11个，设文物局的县市区有21个。全省共有文物、博物馆从业人员6348人，其中专业人员1334人，中级及以上职称676人。

【对外交流与合作】

在日本、奥地利、英国、美国、法国等国家及中国台湾、香港等地区举办丝绸之路或敦煌艺术主题展7个，有力提升了甘肃的文化影响力。

以省直文博单位为龙头，在文物保护、价值研究、遗产管理、人才培养等方面深入开展与国际组织、专业机构，特别是与“一带一路”沿线国家的项目合作与学术交流。敦煌研究院与英国王储传统学院等机构签署了战略合作协议，与吉尔吉斯斯坦相关机构签署了合作备忘录，完成了所承担的国家援外项目吉尔吉斯斯坦古代城堡遗址研究和保护项目首次现场考察对接及前期技术研究。嘉峪关市与约旦佩特拉古城结为姊妹世界文化遗产地，推动两国文化交流和友好往来。

【其他】

深化“放管服”改革。甘肃省文物局积极转变观念和管理方式，以群众和企业到政府办事“最多跑一次”为目标，全面推行文物审批事项“一窗办、一网办、简化办、马上办”改革。对标“浙江模式”，编制14项（20个子项）行政许可事项业务手册、办事指南，全部实现一站受理、一网通办，甘肃省文物局19个审批事项列入甘肃省公布的“最多跑一次”首批事项。在投资项目审批事项办理中，因地制宜、因时制宜，采取“线上+线下”并行办理，最大限度地做到无缝衔接，最大限度地缩短办理时间，有效改善营商环境。

不断完善甘肃石窟管理新模式。2017年年初省直管理的6大石窟交由敦煌研究院统一管理，甘肃省文物局全力支持各单位与敦煌研究院之间的有效整合，麦积山、炳灵寺、北石窟保护管理水平迅速提升，“一院五所”的管理新模式基本形成，石窟文物管理、人才、技术方面的众多瓶颈问题加快破解。

青海省

【概述】

2017年，青海省文物管理局以习近平新时代中国特色社会主义思想为指导，深入贯彻落实习国务院、国家文物局和青海省政府关于文物保护工作的文件精神，紧紧围绕年度确定的目标，强基础、抓重点，各项工作取得了新突破，文物保护利用工作整体步入新的发展阶段。

【法规建设】

4月，出台《青海省人民政府关于进一步加强文物工作的实施意见》，作为今后一个时期青海省文物保护工作的指导性文件。

【执法督察与安全保卫】

长城保护和执法专项督察常抓不懈。2017年组织长城沿线文化（文物）部门开展长城专项督察25次，长城沿线各市（州）文物主管部门对辖区内的长城段落进行巡查100余次，长城沿线各县（区）文物主管部门不定期对辖区内的长城进行检查。2016～2017年开展长城执法督察以来，青海省长城沿线各县（区）人民政府召开会议，专题研究长城保护工作6次，相关县（区）人民政府领导批示长城保护工作5次。11月，国家文物局对青海省明长城进行执法专项督察“回头看”工作实地督察。根据《国家文物局关于长城执法专项督察“回头看”情况的通报》，青海省政府办公厅作出专门批示，青海省文物管理局对存在的问题短板进行专题研究，制定整改方案和改进措施，明确今后的重点任务。

深入开展文物法人违法案件专项整治行动。加大防范力度，主动与省旅游、交通、国土、发改等部门做好沟通衔接，从源头上遏制出现违规审批、违规建设的情况。严把审批环节，做好项目开工前的考古调查、逐级审批等基础性工作。严查严办文物法人违法行为，针对海东市化隆县巴燕戎格厅通判衙门旧址遭施工破坏、全国重点文物保护单位中国第一个核武器研制基地保护范围内违法建设等法人违法案件进行了督察督办，并持续关注整改情况。

建立健全文物安全联合协作机制。青海省文物管理局于8月3日召开文物安全防范联合协作机制协调会议，与青海省公安、消防、工商、海关部门建立了《加大文物安全防范联合协作机制》，对今后各单位相互配合、齐抓共管文物安全工作达成一致。根据协调分工，青海省文物管理局联合青海省公安厅积极开展打击文物犯罪专项行动，并对新中国成立以来全省的文物盗掘案件进行了梳理；联合青海省公安消防总队大力推进对寺院文物保护单位消防安全的管理，出台宗教类文物场所消防管理制度；联合青海省工商行政管理局，在全省范围内联合开展文物流通市场专项整顿行动，严厉打击非法经营文物行为。由西宁海关加强口岸监管和缉私情报的收集，与文物部门及时沟通，做好缉私文物的移交工作。

扎实开展文物安全状况大排查行动。5月，青海省文物管理局专题研究部署青海省文物安全状况大排查行动工作，成立领导小组，印发《青海省文物安全大排查行动方案》，明确大排查范围和重点内容、时间进度、工作步骤及工作要求，各市（州）文化（文物）部门按要求组织开展安全自查。6～8月，青海省文物管理局根据各地自查情况，组成督察组，采取交叉检查方式，分赴8个市（州）、18个县（区），对50余处文物保护单位、8家国有博物馆进行了隐患排查工作。排查共发现各类文物安全隐患294个，已整改完成204个。8月底，国家文物局督察组对青海省的文物安全状况大排查工作进行了实地检查和验收。

切实加强消防安全工作。制定《青海省文物消防安全检查工作方案》《青海省文物系统电气火灾综合治理工作方案》。积极与消防部门进行沟通联系，加大整改力度，落实消防安全责任制，确保文物安消防工作人员、机构、责任"三到位"。经过与消防部门的共同努力，青海省文物消防安全工作得到加强，尤其是寺院的消防安全管理水平得到一定程度的提升。2017年全省共整改寺院（包括各级文保单位）火灾隐患4800余处，联合省消防总队在古建筑和宗教活动场所设立了消防服务室，组织寺院管理人员开展疏散逃生演练及防火演练1200余场次。

【不可移动文物的保护和管理】

文物保护政策性文件相继出台，各部门职责得到发挥，文物工作呈现新局面。文物保护力度加大，资金投入明显增加。省级重点文物保护专项资金首次增至2000万元，并纳入青海省政府年度财政预算，主要用于实施文物保护项目库中文物本体修缮及文物保护基础工作。文物保护工作整体推进，项目申报及管理取得新进展，重点文物保护工作取得新成效，34个省级重点文物保护单位文物保护项目中有30个已经开展施工建设。完成2014年前实施完工的24个省级文物保护单位文物保护工程项目验收工作。喇家国家考古遗址公园建设、长城保护和管理、丝绸之路申遗等各项工作有序开展，青海省文物价值不断彰显。

统筹推进喇家国家考古遗址公园建设。组织召开专题协调会议，对喇家国家考古遗址公园建设相关项目进行了对接。配合考古遗址公园建设开展相关考古发掘及资料研究工作。8月，国家文物局专家组对喇家国家考古遗址公园建设情况进行了专项评估，提出了具体意见建议。

长城保护工作力度不断加大。修改和完善《青海明长城保护规划》，组织设计单位开展评估，搜集地形测绘图纸等资料。完成青海明长城民和段部分修缮设计方案的编制、论证、申报、审批工作。长城互助段抢险加固（二期）工程开工。积极与发改部门对接，落实长城沿线9个县（区）基础设施建设资金1500万元。配合国家文物局完成青海省明长城保护工程检查，同时对全省明长城保护工程进行了自查、整改。

2017年争取全国重点文物保护专项经费18203万元。全省上报国保单位保护修缮及"三防"工程33项，国保单位保护规划4项。完成53个项目全国重点文物工程保护工程项目招标。对正在实施的文物保护工程项目组织开展实地检查和指导。

全面加大藏区文物保护力度。申报落实"十三五"自然文化和遗产保护基础设施项目39个，资金5700万元。6处全国重点文物保护单位的环境整治和展示利用工程纳入青海省藏区"十三五"文博项目及投资计划。

开展"丝绸之路"申遗名录拓展前期准备工作。9月，启动丝绸之路——南亚廊道学术调研、田野考古调查工作。

【考古发掘】

（一）概况

2017年，青海省考古工作立足实际，积极搭建对外合作平台，以强化基础工作和提升基本能力为重点，凝心聚力，努力提升文物考古研究水平。配合青海省内基础建设，完成相关区域抢救性考古调查、勘探、发掘及文物保护工作。主动开展黑城子古城田野发掘、民和鄂家东遗址田野发掘、南亚廊道田野考古调查等工作。

（二）重要考古项目

1. 喇家遗址考古发掘

计划发掘900平方米，因征地赔偿等问题年内仅发掘30平方米。发掘地点位于喇家遗址的东南部，发现马家窑文化和齐家文化时期遗存。马家窑文化灰坑1座，平面近圆形，出土彩陶壶、彩陶盆、彩陶钵、翻沿罐、陶球、石球、石凿等。齐家文化灰坑1座，长条状，出土高领双耳罐、双耳罐、单耳罐、侈口罐、双大耳罐、盆、石刀、刮削器、盘状器及玉器等。

2. 黑城子古城田野发掘工作

6～9月发掘，发掘面积5560平方米。清理房址4座、火炕（或灶）6个、灰沟13条、灰坑137个，出土陶器、瓷器、铜器、铁器、石器、骨角器及漆木器等200余件。城内出土动物骨骼极多，以牛骨为主。结合文献记载，初步认定该城为宋金时期的驿站遗迹。

3. 民和鄂家东遗址田野发掘

8～10月，青海省考古研究所联合四川大学考古系、喇家遗址博物馆对青海民和鄂家东遗址进行了抢救性考古发掘，发掘面积516平方米。清理房址4座、墓葬2座、灶1座、灰坑47个，出土陶器、石器、骨器、角器、水晶等诸类小件三百余件。此次发掘为深入探究官亭盆地古文化格局及相关问题提供了实物资料。

4. 南亚廊道田野考古调查

启动丝绸之路南亚廊道学术调研、田野考古调查工作。组织青海省考古所、陕西省考古研究院等5家单位根据线路在青海省海南州共和县、兴海县和贵南县进行联合实地调查。共调查遗迹45处，其中踏查道路7段、城址34座、烽燧2处、墓葬1座、岩画1处。此次调查确认了几段古道的具体分布及走向，采集了较多的遗物标本及测年样本，为今后确认古城及相关遗存的年代提供了可能，为“丝绸之路南亚廊道”申遗工作提供了较为充分的学术支撑。

【博物馆与可移动文物保护】

（一）博物馆

1. 博物馆建设

2017年，青海省登记备案的博物馆有35家、纪念馆有2家，其中文化文物系统内博物馆、纪念馆23家，包括国家一级博物馆1家、三级博物馆5家。列入国家文物局博物馆免费开放序列的博物馆、纪念馆16家，年内落实免费开放经费2744.13万元。

青海省博物馆升级改造可行性研究报告编制完成。

2. 博物馆间的交流与合作

馆际间的交流与合作渠道进一步拓宽。2017年，青海共有232件/套文物赴河北、甘肃、陕西等地展出，其中“茶马古道——西北八省区联展”“‘妙境梵音’——藏传佛教艺术展”分赴4个城市巡展，涉及文物207件/套。

青海省博物馆与陕西历史博物馆、甘肃省博物馆、宁夏回族自治区博物馆、新疆维吾尔自治区博物馆就开展多边合作达成共识，签订《西北五省区博物馆展览合作共识》。5月，青海省博物馆组织人员赴扬州博物馆进行考察交流。

3．陈列展览

2017年，全省博物馆、纪念馆共举办陈列展览75个，观众总数320万人次，其中未成年观众62万人次。

青海省博物馆引进“五彩呼伦贝尔——鄂伦春、鄂温克、达斡尔民族民俗风情展”“从海洋走向世界——东莞市博物馆藏清代广东外销艺术品展”“为正义与和平而战——中山舰出水文物暨抗战藏品专题展”等10个展览。青海柳湾彩陶博物馆“孩子眼中的彩陶——青海省儿童画展”在福建昙石山遗址博物馆、晋江市博物馆、杭州跨湖桥遗址博物馆、七匹狼男装博物馆等博物馆巡展。

4．文创产品开发

青海省第一家文化创意产品销售实体店“青海文博商店”正式运营。成功举办青海首届文化创意设计大赛，其中文化文物16组作品分获大赛金、银、铜奖及优秀奖。

（二）可移动文物保护

1．概况

根据第一次全国可移动文物普查数据，青海省国有单位和县级以上文物保护单位宗教场所收藏可移动文物69960件/套（312793件），其中国有文博系统收藏55769件/套（220088件），包括一级文物622 件/套、二级文物926 件/套、三级文物1198 件/套。

全省可移动文物保护利用工程稳步推进，落实可移动文物本体修复项目1项，涉及经费65万元。完成2017年度青海省博物馆可移动文物预防性保护项目（实验室设备）的招标及采购。

2．可移动文物保护修复

对2012～2015年开展的所有符合条件的可移动文物预防性保护和本体修复项目进行验收，对尚未完成的项目进行检查。截至2017年9月，共计完成29个项目的验收。

青海省考古研究所继续对2014年都兰热水洼沿水库发掘出土的文物进行整理，并与2016年整理的纺织品残片进行纤维分析、拼对工作。开展纸质文物保护，完成5件文物的保护修复及档案编制工作。

青海省博物馆与北京鉴衡文物修复中心合作，完成63件/套馆藏金属文物的保护修复，另有107件/套彩陶保护修复正在实施中。青海省博物馆与南京博物院合作实施26件元代纸币保护修复项目，截至2017年12月已完成13件。

【社会文物管理】

2017年，青海省文物商店营业收入195万元，征集和收购民间流散文物151件，向青海湖人文生态博物馆、海北藏族自治州文物管理局价拨文物155件。参加山西、陕西、大连等地举办的文物艺术品交流活动，加强与全国文物商店的交流。

【科技与信息】

8月27～28日，“全国彩陶保护与学术研讨会”在西宁召开，来自省内外的专家学者共

127人参加了此次研讨会。

【文博教育与培训】

6月，青海省文物管理局举办“青海省第一次全国可移动文物普查成果转化利用及博物馆馆长培训班”。这是青海省首次组织全省范围内所有登记备案在册的国有博物馆、纪念馆和非国有博物馆馆长培训。

8月，青海省文物管理局、西宁市文化体育广播电视局联合举办“文物工程管理暨长城保护员专题培训班”。西宁市各区县文化（文物）行政管理工作负责人，博物馆（含非国有博物馆）、纪念馆法人，长城保护员，各文物工程施工单位、监理单位、建设单位单位法人代表等近80人参加了培训。

10月10～14日，青海省文物管理局举办“2017年度文物保护管理干部及省级文物保护单位记录档案培训班”。青海省各市（州）、县级文化（文物）部门及省直文博单位的120名学员参加了培训。

【文博宣传与出版】

丰富宣传手段，利用节庆时期，做好业内媒体与阵地宣传。春节、国庆期间与青海省电视台《百姓一时间》栏目组合作，对全省12个文物保护单位和收藏单位进行系列宣传介绍。五一期间通过青海省广播电台《广播新闻联播》节目，对《中华人民共和国文物保护法》及《青海省人民政府关于进一步加强文物工作的实施意见》等政策性文件进行全面解读、宣传。国际博物馆日期间，围绕“博物馆与精神文明建设，博物馆讲述历史文明与创建全国文明城市”这一活动主题，在虎台遗址设置主会场，各博物馆分别开展博物馆进校园、进社区、进基层，政策法规宣传，文创产品展示，知识互动问答等形式多样、内容丰富的社会活动。六一前夕，青海省博物馆与西宁市内多所中、小学开展“聆听历史好故事，欢度六一儿童节”活动，受到广大师生的欢迎。文化和自然遗产日期间，邀请非遗传承人在新宁广场举办银铜器加工、剪纸、土族盘秀等非遗文化技艺展示活动。各市州文博单位在田野文物集中地区、考古发掘工地、文物犯罪易发地区张贴横幅标语、通知、警示标志，加强宣传阵地建设。

《青海文物》正式复刊，2017年出版2期。

完成《中国出土青铜器全集·青海卷》部分内容编写；完成《中国文物志》青海省入志资料的搜集和初稿撰写；《青海彩陶保护修复报告》出版发行。

【机构及人员】

根据2017年度《青海省文化新闻出版统计资料》，截至2017年12月31日，青海省共有文物行政主管部门54个，文物保护机构28个，考古研究所1个，文物商店1个。全省文博从业人员636人，其中专业技术人员227人（正高级职称6人，副高级职称38人，中级职称92人）。

【对外交流与合作】

青海考古研究所继续与瑞士阿贝格基金会纺织品研究所合作，完成年度丝织品文物修复保护工作。

宁夏回族自治区

【概述】

2017年是全面落实“十三五”规划的关键之年，也是全面深化改革向纵深推进的关键一年。在宁夏回族自治区党委、政府的正确领导下，在国家文物局的大力支持下，宁夏回族自治区文物系统深入学习贯彻党的十九大精神、习近平新时代中国特色社会主义思想和自治区第十二次党代会精神，以习近平总书记文物保护重要指示为统领，持续贯彻落实《国务院关于进一步加强文物工作的指导意见》，推动全区文物博物馆事业向“十三五”规划的目标任务迈进。

【法规建设】

《宁夏回族自治区长城保护条例》被列入自治区人大常委会立法计划，正在按步推进。《固原市须弥山石窟保护条例》和《吴忠市红色文化遗址保护条例》经宁夏回族自治区第十一届人民代表大会常务委员会第三十四次会议批准，自2018年1月1日起施行。

【执法督察与安全保卫】

按照国家文物局的要求，组织开展为期半年的“全区文物安全状况大排查行动”，起草制定了《全区文物安全状况大排查行动实施方案》，对全区22个市县的68家文物单位进行了实地督察，发现各类文物安全隐患和问题223处，下发文物安全整改督办函24份，圆满完成国家文物局督察工作组实地督察工作。

开展文物法人违法案件专项整治行动。公布全国文物违法举报热线和自治区文化市场举报热线。严肃查处宁夏盐池县安定堡村长城2号烽火台擅自修缮致文物本体及历史风貌改变案、灵武市白土岗烽火台建设控制地带取土案、宁夏红宝实业集团有限公司擅自在文物保护单位保护范围内施工案等一批文物法人违法案件。

按照国家文物局要求，协助公安机关做好打击文物犯罪专项行动，及时和宁夏公安厅刑侦总队进行联系沟通，交流工作思路，对接工作安排。指导各市县（区）文物管理部门协助公安机关开展打击文物犯罪工作。按照要求梳理全区新中国成立以来被盗未被追回、丢失至今未能找到的文物54件，并将文物图片和文字资料及时上报公安部和国家文物局。

全年督办文物案件5起，其中较具代表性有中宁县交通运输局擅自在文物保护单位的保护范围内进行建设工程案，宁夏华夏西部影视城有限公司擅自在文物保护单位的保护范围内进行建设工程案，崔明军擅自在文物保护单位的保护范围内进行建设工程案。

文物流通市场专项整顿行动。会同自治区工商局联合下发《关于联合开展文物流通市场专项整顿行动的通知》，明确专项整顿的目标任务、整顿时间、工作安排和工作要求。严厉打击非法经营文物行为，依法查处一批买卖国家禁止买卖的文物、假托“文物”名义售假坑骗的案件，清理违法经营主体。

认真开展长城执法专项督察“回头看”活动，对发现的问题和整改情况进行全面核查梳理，查漏补缺，建章立制。新发现并立即进行整改隐患47处，不能立即整改的13处已制定整改方案和措施，计划于2018年6月底全部完成整改。

宁夏回族自治区人民政府办公厅印发《关于进一步加强文物安全工作的实施意见》。积极推进全国重点文物保护单位“三防”建设，完成贺兰宏佛塔和银川玉皇阁安防工程、平罗玉皇阁消防和安防工程、中卫高庙防雷和安防工程。

【不可移动文物的保护和管理】

截至2017年年底，宁夏已登记不可移动文物3818处，其中全国重点文物保护单位35处，自治区级文物保护单位125处，市县级文物保护单位344处。

以中华优秀传统文化传承发展工程为引领，推动重点项目、重点工程的落实。实施长城保护计划，开展明长城姚滩段、红果儿段、石嘴山兴民村段、红寺堡旧堡、银川河东墙五虎墩段，战国秦长城西吉段、彭阳白岔村段、原州区长城梁段等一批长城保护修缮、抢险加固和保护设施建设项目。6月6日，宁夏回族自治区银川市、吴忠市以及内蒙古自治区阿拉善盟、鄂尔多斯市宁蒙毗邻四盟市长城保护工作联席会议在宁夏银川召开。实施长征——红色记忆工程，全面提升革命文物保护展示水平，完成宁夏红军长征主题遗址普查，开展长征文化线路调研，实施将台堡革命旧址抢险加固工程和展示利用项目。实施全国重点文物保护单位保护性基础设施建设，完成董府保护利用建设项目。开展同心清真大寺、纳家户清真寺等传统建筑风格清真寺保护修缮和利用工作。

宁夏回族自治区党委、政府高度重视西夏陵申遗工作，将西夏陵申遗列为自治区重大文化工程，编制申遗文本和专项规划方案，实施文物本体保护、环境整治、遗址博物馆建设等工程。完成西夏陵2019年中国世界文化遗产项目资料申报工作；完成40座陪葬墓加固保护和陵区北端陵邑遗址回填保护工程及陵区安全防范系统工程；完成驻宁空军部队老营区和农垦养殖场、葡萄酒庄的拆迁安置等环境整治，恢复了陵区的历史环境风貌。实施西夏博物馆迁建等基础设施建设和西夏陵展示利用工程。12月，西夏陵被国家文物局列入第三批国家考古遗址公园，完成挂牌工作。

丝绸之路（固原段）申报世界文化遗产扩展项目。《固原北朝—隋唐墓地保护总体规划》经国家文物局批准，并由宁夏回族自治区人民政府公布实施。实施北朝—隋唐墓地遗址M1401展示工程和须弥山石窟文物本体维修保护加固工程。完成北朝—隋唐墓地保护范围征收土地的航测定位工作，有效防止了已征土地的流失。

【考古发掘】

（一）概况

2017年，自治区文物考古科研机构积极开展文物调查、勘探和考古发掘工作。全年围绕课题研究开展考古发掘工作5项，配合基本建设考古调查15项，抢救性考古发掘1项。

宁夏文物考古研究所和中科院古脊椎动物与古人类研究所合作，对水洞沟、鸽子山遗址进行发掘；和浙江大学文化遗产研究院合作，对须弥山石窟进行数字化调查测绘。

宁夏岩画研究中心赴多地进行岩画田野调查、交流，与内蒙古师范大学中国北方岩画研究所合作对赤峰地区翁牛特旗白庙子山、玉龙沙湖以及赤峰市区内的岩画点进行调查，选派人员赴浙江仙居和广西花山进行岩画田野考察。

（二）重要考古项目

1．早期秦文化彭阳红河流域考古调查

4～5月，经报请国家文物局批准，宁夏文物考古研究所联合西北大学文化遗产学院、甘肃省文物考古研究所、陕西省考古研究院、秦始皇帝陵博物院考古部、中国科学院地球与物理研究所、北京科技大学冶金考古、彭阳县文物管理所等8家单位20位相关领域的专家、学者组成宁夏红河流域考古调查队，开展区域系统调查。此次调查全程采用全覆盖地面踏勘的方式，徒步调查红河上游最北侧支流。共发现新石器遗址13处，商周至宋代历史时期的遗存9处（其中遗址7处、墓葬2处）。本次最为重要的发现是彭阳姚河塬商周时期的遗址和墓地。

彭阳姚河塬商周遗址面积60余万平方米，目前经考古钻探发现有墓葬、马坑、车马坑、祭祀坑、铸铜作坊、制陶作坊、池渠系统、路网、壕沟等遗迹。出土青铜器、玉器、骨器、蚌器及费昂斯珠、绿松石、玛瑙珠等。姚河塬遗址的发现和发掘是近年来全国商周考古的重大发现之一，对认识商周时期的西北边陲文化面貌和社会变迁具有非常重要的价值。

2．隆德周家嘴头遗址考古发掘

周家嘴头遗址位于宁夏固原市隆德县神林乡双村村西的河嘴塬地上，分为东西两个区域，经国家文物局批准，宁夏文物考古研究所对遗址进行了考古发掘。发掘面积1000平方米，共发掘清理灰坑58个、房址12座、窑址9座、墓葬2座、灰沟1条。经发掘初步厘清了遗址的整体文化面貌，遗址含有商代、齐家、仰韶晚期三个时期的文化。该遗址的发掘，特别是仰韶文化的发现与确认，为宁夏南部六盘山以西地区仰韶文化的来源和传播提供了新的素材，对仰韶文化研究具有重要意义。

【博物馆与可移动文物保护】

（一）博物馆

1．博物馆建设

截至2017年年底，宁夏回族自治区共有博物馆75家，其中国有博物馆60家、非国有博物馆15家。

全年推出和引进“丝绸之路上的神秘王国——西夏文物精品展”等大型展览35个，联办“石墨镌华——西安碑林名碑拓片展”等大型展览9个，自办“红旗漫卷——宁夏革命文物陈列视频展”等展览5个。“千年固原　丝路华章”展览荣获“第十四届（2016年度）全国博物馆十大陈列展览精品奖”。全年参观人数320万余人次，其中未成年人65万余人次。

深化公益性文化事业单位改革，推进博物馆理事会建设，组建完成了宁夏回族自治区博物馆（以下简称宁夏博物馆）和宁夏固原博物馆理事会。实施宁夏博物馆宁夏通史和回族民俗展览提升，完成宁夏固原博物馆展览提升。鼓励和支持非国有博物馆发展。

2．博物馆间的交流与合作

宁夏博物馆与陕西历史博物馆、中国妇女儿童博物馆、浙江省博物馆、台湾台北市松山文创园、成都博物馆、沈阳故宫博物院等单位联合举办各类展览10项，引进“永远的红色经典——电影海报展”“‘新丝路’中国国家画院程大利山水工作室师生作品邀请展”“良工美玉——古丝绸之路货币展”“遵义会议　永放光辉——行进中的遵义会议纪念馆主题展纪念中国人民解放军建军九十周年展”等专题展览。

宁夏固原博物馆与中国文字博物馆、新疆博物馆、哈密市博物馆等单位单位联合举办各类展览7项，推出“青铜之路——宁夏固原两周时期北方青铜器特展”“胡风东来——宁夏固原丝绸之路文物精品展”等展览。

宁夏岩画研究中心在江苏、山东多地举办“久远的记忆——宁夏岩画特展”。

银川市文物管理处与新疆博尔塔拉蒙古自治州博物馆和巴音郭楞蒙古自治州博物馆合作推出“贺兰山岩画拓片精粹展”。

3．重要陈列展览

1月1日～10月31日，“青铜之路——宁夏固原春秋战国时期北方青铜文化特展”赴河南、新疆、浙江等地展出。固原北方系青铜文化是整个中国北方系青铜文化的重要组成部分，展览对中国北方系青铜文化进行了总体概述，使观众了解中华文明多元一体的历史发展进程。

1月7日～9月30日，“丝绸之路上的神秘王国——西夏文物精品展”赴俄罗斯莫斯科和北京、云南、安徽、西安、杭州等省市展出。通过对西夏艺术精品的展示，全面真实地揭示西夏艺术文化的独特魅力。

5月1日～6月10日，“走进西域——新疆丝绸之路文物精品展”在宁夏固原博物馆展出。通过展出新疆丝绸之路沿线出土文物，让人遥想千年古道的来来往往，感受丝绸之路曾经的繁盛。

6月2～9日，“遵义会议 永放光辉——行进中的遵义会议纪念馆主题展览暨纪念中国人民解放军建军九十周年展览”在宁夏博物馆展出。此展是为纪念中国人民解放军建军90周年，弘扬伟大的长征精神、遵义会议精神，由遵义市委、市政府组织的全国巡展。

“久远的记忆——宁夏岩画特展”分别在江苏、山东多地举办，通过不同历史时期北方游牧民族所刻制的岩画文物本体、岩画拓片、岩画文物复制品，多形式、多角度反映古代先民的日常生活和精神世界，展示了宁夏岩画独特的艺术魅力和深厚的文化内涵。

4．文物征集

2017年征集文物919件/套，其中草原青铜器104件/套，回族文物65件/套，西夏文物300件/套，丝路金币、民国钱币、金饰等其他文物450件/套。

5．文创产品开发

积极推动全区文化创意产品研发，举办全区文物创意产品开发设计大赛活动。

9月，宁夏博物馆配合“西夏文物精品展”在沈阳故宫博物院展出期间，与沈阳故宫博物院签署《西夏文物展文创产品销售合作协议》，联合开发有关西夏元素的文创产品，极大地促进了馆藏文物资源的开发利用。

10月，宁夏固原博物馆与宁夏朔方博雅文化科技有限公司达成协议，制定《宁夏固原博物馆文化创意产品开发方案》，目前已进入产品设计阶段。

（二）可移动文物保护

截至2017年年底，宁夏回族自治区馆藏文物75362件/套（27万余件），其中一级文物367件/套、二级文物3756件/套、三级文物6962件/套。

加强可移动文物保护修复，实施西夏铁器等馆藏珍贵文物的保护修复以及宁夏博物馆、宁夏固原博物馆、石嘴山博物馆、吴忠博物馆、西北农耕博物馆、西夏博物馆的文物预防性保护项目。积极做好文物保护修复工作，全年修复陶瓷器23件、金属器72件、铜器

59件、铁器13件、书画12件、丝织品15件，完成金属文物成分测试318件。完成国家重点保护修复项目“馆藏西夏千佛龛唐卡”“馆藏西夏朱漆彩绘木座椅”等验收结项工作，“馆藏西夏铁器”“馆藏珍贵纸质文物”等项目的本体保护修复工作进入收尾阶段。固原南塬M1401墓葬出土壁画修复项目结束，修复壁画16幅。

【文博教育与培训】

7月14日，宁夏固原博物馆特邀陶瓷研究专家禚振西先生举办了以《耀州窑历代陶瓷鉴定及在宁夏的传播》为题的陶瓷知识讲座。

11月13～17日，由福建省文化厅、宁夏回族自治区文化厅主办，福建省文物保护中心、宁夏回族自治区文物保护中心联合承办的“闽宁文物保护高级研修班”在福建泉州举办。

11月21～24日，宁夏博物馆牵头举办了“2017年全区文博专业人员文物鉴定培训班”，邀请区内外知名专家围绕西夏文物鉴定、书画鉴赏、青铜器鉴定、玉器鉴定、瓷器鉴定和六维物证文物司法鉴定等方面为文博专业技术人员授课辅导，170余人参训。

12月2～4日，宁夏文物考古研究所牵头举办“考古学新前沿问题高级研修班”，邀请李伯谦、刘绪、赵志军、苏荣誉、张天恩、王占奎等专家为全区50余名文博专业技术人员授课。

【文博宣传与出版】

利用国际博物馆日、宁夏长城保护宣传日、文化和自然遗产日等，积极开展主题宣传活动。5月18～22日，围绕“博物馆与有争议的历史：博物馆讲述难以言说的历史”宣传主题，全区文物系统扎实做好国际博物馆日宣传工作。6月10日，由宁夏文化厅、中卫市人民政府联合主办，中卫市文化体育新闻出版广电局承办的全区文化和自然遗产日主会场活动在中卫市文化广场举办。11月15日，宁夏固原博物馆作为中央电视台少儿频道《赢在博物馆》节目首选博物馆之一赴北京参加节目录制，向全国观众展示了固原灿烂悠久的历史文化和丰富珍贵的文物资源。

2017年组织出版《丝绸之路暨秦汉时期固原区域文化国际学术会议论文集》《青铜之路——固原两周时期青铜文化》《固原出土丝路文物线图艺术》《岩画研究2017》《西夏宏佛塔》等图书。《长城资源调查报告》已交付出版社，其中《明长城资源调查报告 · 河东长城》已出版。筹办《丝绸之路考古》辑刊，第一辑已出版。

【机构及人员】

截至2017年年底，宁夏共有文博单位80个，其中文物保护管理机构22个；从业人员1220人，其中专业技术人员399人，具有高级职称的90人，具有中级职称的150人。

【对外交流与合作】

宁夏文物考古研究所与日本奈良橿原考古所签订了合作框架协议，派遣两名业务骨干赴日本进行交流学习。

新疆维吾尔自治区

【概述】

2017年，新疆维吾尔自治区文物局聚焦社会稳定和长治久安总目标，深入学习习近平新时代中国特色社会主义思想，贯彻落实党的十九大精神和自治区第九次党代会、新疆文物工作会议精神，着力发挥文物工作在维护稳定、推动发展、服务公众、宣传教育和增进团结等方面的独特作用，推动文物工作的创新发展。

【执法督察与安全保卫】

根据国家文物局《关于开展全国文物安全状况大排查行动的通知》文件精神，自治区文物局对全疆文物安全大排查工作进行安排部署，排查全疆文物系统各级各类文物博物馆单位8725个，发现各类文物安全隐患和管理漏洞294处。自治区文物局组建文物安全工作督察小组，实地督促各地州市完成隐患整改落实工作。

联合自治区公安部门开展文物安全巡查工作，实现十四地州巡查全覆盖。8月，联合自治区公安厅刑侦总队，赴昌吉州玛纳斯县实地督办那瓦苏瓦提古墓群被盗案件。

联合自治区工商行政管理局下发《关于印发联合开展文物流通市场专项整顿行动实施方案的通知》，对开展文物流通市场的专项整治活动进行安排。

开展被盗（丢失）文物统计工作，认真梳理本行政区域内被盗未追回或者丢失至今未能找到的文物并上报国家文物局。

联合消防部门组织开展文物建筑消防安全标准化管理达标验收、文物系统电气火灾综合治理等工作。

【不可移动文物的保护和管理】

（一）概况

2017年，新疆维吾尔自治区不可移动文物保护与管理工作进展顺利。为加大对野外遗址的保护与看护力度，设立野外文物保护单位看护人员专项补助经费，按照每年2280万元列入自治区财政年度预算，共配备950名野外看护人员，解决475处野外遗址看护难题。开展第八批自治区级文物保护单位申报评审工作。加强文物保护单位“四有”基础工作，整理补充完善第一至七批全国重点文物保护单位和第一至七批自治区级文物保护单位记录档案。加强新疆维吾尔自治区文物保护工程行业管理，积极推荐文物保护工程勘察设计、施工、监理单位参加国家文物局组织的全国性业务培训，加强文物保护工程的管理工作。

（二）大遗址保护

开展国家考古遗址公园评估工作，编制上报北庭故城国家考古遗址公园评估材料，顺利通过国家文物局专家组现场评估，编制上报《北庭故城遗址展示方案》。新疆库车县苏巴什佛寺遗址成功列入国家文物局第三批国家考古遗址公园立项名单。

加强长城资源保护力度。启动长城资源整体申报自治区级文物保护单位工作，开展长城资源保存现状调查，编制完成申报文本。在国家文物局的大力支持下，统筹推进昌吉州境内烽燧群信息采集项目等3个长城保护项目，乌鲁木齐境内柴窝堡湖土墩等5处烽燧遗址保护工程等项目设计方案获得批复。自治区本级财政拨付专项资金，新增完善184处740根保护界桩及配套警示牌，基本实现了新疆长城资源保护界桩全覆盖。

（三）全国重点文物保护单位

做好全国重点文物保护单位保护工程申报审批工作，完成2018年度工作计划申报，其中13项获得国家文物局批准立项。积极争取国家文物保护专项补助资金，全年获得资金6275万元。指导各地州市申报文化和自然遗产地设施建设项目，克孜尔尕哈石窟、苏巴什佛寺遗址等12处全国重点文物保护单位获得立项，落实资金9876万元。

加强全国重点文物保护单位保护管理工作。继续推进2016～2017年度国家专项经费支持项目，启动实施惠远新、老古城遗址——老城遗址城墙加固工程、伯西哈石窟抢险加固工程、哈纳喀及赛提喀玛勒清真寺宣礼塔抢险加固工程、营盘古城及古墓群保护性设施工程、巴仑台黄庙古建筑群——却金庙修缮工程、哈密回王墓老城墙遗迹本体加固保护工程，完成惠远老城遗址防洪工程、惠远钟鼓楼修缮工程、拜其尔墓地保护性设施工程、岳公台—西黑沟遗址群保护工程、扎库齐牛录关帝庙修缮等保护项目。

完成全国重点文物保护单位热瓦克佛寺遗址、速檀·歪思汗麻扎、靖远寺规划编制工作，并报新疆维吾尔自治区人民政府公布。完成全国重点文物保护单位平定准噶尔勒铭碑、昭苏圣佑庙、石城子遗址、唐朝墩古城遗址、麻赫穆德·喀什噶里墓、兰城遗址、新疆塔城红楼、红山核武器试爆指挥中心旧址、哈密回王墓、托库孜萨来遗址规划编制工作，并上报国家文物局。

加强对各类文物保护工程进度及资金使用管理情况的监督检查工作。9～12月，自治区文物局对龟兹研究院、阿克苏地区、伊犁哈萨克自治州、哈密市、吐鲁番市等地文物保护项目进行检查。

（四）世界文化遗产

组织编制完成北庭故城遗址保护棚屋面抢救性保护修缮工程等5项世界文化遗产地文物保护工程设计方案，启动实施克孜尔千佛洞危岩体抢险加固工程、北庭故城遗址数字化展示利用工程等文物保护工程。指导各遗产地管理机构编制北庭故城遗址、高昌故城、交河故城、克孜尔千佛洞、苏巴什佛寺遗址、克孜尔尕哈烽燧等6处世界文化遗产地2016年度世界文化遗产监测报告并完成2017年度定期评估。完成丝绸之路新疆段2015～2017年保护状况报告。

【考古发掘】

（一）概况

全年开展主动性考古发掘项目9个，清理遗址7000平方米，核拨经费1032万元。配合新疆维吾尔自治区各地基本建设项目的开展，在伊犁州、博州、克州、阿勒泰地区、塔城地区、昌吉州、石河子市等地的公路、水库等重点工程开展抢救性考古发掘26项，发掘墓葬1100余座，清理遗址1900余平方米，出土一批重要文物，保障了相关地州惠民工程的顺利开展。

（二）重要考古发掘项目

1．吉木乃通天洞遗址考古发掘

6～9月，新疆维吾尔自治区文物考古研究所考古队对吉木乃县通天洞遗址实施考古发掘，出土旧石器时代标本2000余件。

吉木乃通天洞遗址是新疆境内发现的第一个旧石器时代洞穴遗址，同时也首次提供了新疆旧石器—铜石并用—青铜—早铁时代的连续地层剖面，对了解新疆地区4万多年以来古人类演化发展过程、确立区域文化发展的编年框架有重要的意义。遗址出土的典型莫斯特文化遗存在国内目前只发现于少数几个遗址，为解决学术界争议的中国乃至东亚地区是否存在旧石器时代中期人类文化遗存，以及莫斯特技术的传播路线提供了依据；可能属于新石器时代的细石器层位，开启了探索新疆新石器时代的方向。该遗址还发现了迄今为止国内发现的最早的小麦遗存，这对认识小麦东传的路径和机制有重要的意义。

2．博乐达勒特古城遗址考古发掘

5～11月，新疆维吾尔自治区文物考古研究所对博乐达勒特古城实施考古发掘。发掘面积1914平方米，揭露不同时期、不同类型遗迹176处，出土小件遗物277件，另有近10万片陶片与大量动物骨骼。通过考古调查与勘探，基本了解了达勒特古城的分布范围、基本形制和附属遗存，掌握了内城的形制、布局和防御设施，搞清了内外城之间的关系。初步判断达勒特古城的性质以居住生活遗址为主，从其所处地理位置和出土遗物来看，达勒特古城在当时有着发达的手工业和繁荣的贸易交流。

3．奇台石城子古城遗址考古发掘

4～7月，新疆维吾尔自治区文物考古研究所对奇台石城子古城遗址北城墙、西城墙以及护城壕的局部进行发掘和清理。发掘面积约500平方米，清理房屋2间，出土遗物主要为板瓦、筒瓦、瓦当等建筑材料，另有少量残陶器及一件铁铤铜镞，出土器物大多具有典型的汉式风格。根据考古发掘成果并参鉴文献记载，基定认定石城子遗址就是汉代的“疏勒城”，军事遗存的特征十分显著。

4．塔什库尔干石头城遗址考古发掘

7～12月，新疆维吾尔自治区文物考古研究所对石头城遗址实施考古发掘。发掘面积约500平方米，出土陶器、石器、织物、铜器和文书残片等文物，其中还有石膏地面、石膏造像残块和佛足、手指残块，表明这里应该是古代佛寺的遗址，和玄奘在《大唐西域记》中记载的童受伽蓝有对应关系。发掘成果证明石头城不仅包括外城和内城，在内城中还有北、东、西三个子城形成鼎立之势，其中北子城即以前认为的内城，是石头城遗址的核心，应该是朅盘陀国时期的宫城所在地。

5．龟兹故城遗址考古发掘

3～12月，新疆维吾尔自治区文物考古研究所对龟兹故城遗址实施考古发掘。发掘面积500平方米，清理房址7座、高台1座、巷道1条、灰坑20个、灶1个、柱洞1个、沟1条、下水道2条、晚期墓葬9座，出土陶器、铜器、铁器、石器和钱币等遗物数千件。通过发掘不仅对穷特音墩遗址的内涵有了比较清晰的认识，亦丰富了对龟兹故城的认识，为进一步探明龟兹故城的形制、布局等提供了新的考古学依据。

6．温泉县阿敦乔鲁遗址考古发掘

7～9月，中国社会科学院考古研究所对阿敦乔鲁遗址实施考古发掘。发掘面积约750平方米，清理房址2座、墓葬35座，出土陶器、铜器（针、扣）等文物。墓葬年代推定为公元前15世纪前后。发掘工作进一步丰富了阿敦乔鲁类型（文化）的内涵，拓宽了对阿敦乔鲁考古学文化的认识。

7. 巴里坤海子沿遗址考古发掘

5～8月，由西北大学师生组成的东天山考古队对新疆维吾尔自治区哈密地区巴里坤哈萨克自治县海子沿乡海子沿遗址开展了考古发掘工作。发掘揭露面积约900平方米，清理房址1座、人工平台1座、墓葬4座、地面13处、灰坑41个、柱洞10个、灶2个、灰堆3个，出土陶器、石器、骨器、青铜器等各类遗物标本3000余件。该遗址的发掘完善了东天山地区考古学文化时空框架和年代谱系，对聚落、生业、人群迁徙互动等重大学术问题提供了重要线索，有助于揭示东天山地区在青铜时代至早期铁器时代欧亚大陆东西方文明交流、农牧文化碰撞与融合过程中的历史地位。

8. 温泉县呼斯塔遗址考古发掘

6～8月，中国社会科学院考古研究所对呼斯塔遗址实施考古发掘。发掘揭露面积约1000平方米，分黑山头和冲积扇两个部分分别进行。冲积扇部分的发掘围绕着一处居址开展，这处居址组合由长方形主体建筑、前室、西侧室、院落、院墙组成，面积5000余平方米，是目前已知的西天山北麓地区面积最大的建筑组合。在主体建筑西南角还发现了一个祭祀坑，出土了人骨、陶器、铜器等遗物，其中角柄青铜短剑和角柄青铜锥保存完整、做工精良，是目前亚欧草原地区最为完整的角柄青铜武器，弥足珍贵。黑山头部分发掘的“品”字形居址的结构、建筑技术与冲积扇上的大型建筑组合如出一辙。在居址地面上还发现了两具完整的马头，与温泉县境内阿敦乔鲁遗址出土的马骨相互印证，为解决中国家马起源问题提供了实物资料。

9. 吐峪沟石窟寺遗址考古发掘

11～12月，中国社会科学院考古研究所对吐峪沟石窟寺遗址实施考古发掘。发掘揭露面积约800平方米，新发现塔庙窟1座、佛殿窟1座、石窟寺院窟前平台1处及院墙1堵、僧房窟1座。出土文物主要为纸质文书、壁画塑像残块、纺织品、木构装饰等。此次发掘对于重新认识吐峪沟沟东区石窟寺的整体形制布局、洞窟的重修改建过程具有重要意义，为明确沟东区南部（沟口）石窟寺院的分布和营建年代提供了重要线索。

【博物馆与可移动文物保护】

（一）博物馆

1. 博物馆建设

新疆维吾尔自治区博物馆二期建设项目顺利推进，2月确定项目的招投标代理机构；3月获得自治区财政厅关于博物馆文物库房资产处置的批复，并相继完成临时文物库房改造、文物搬运、办公人员安置和原有文物库房与业务楼拆除工作；4月在全国范围对博物馆二期建筑外观和平面布置设计进行招标；11月在全国范围对项目的初步设计和施工图设计进行招标。

阿克苏地区博物馆新馆于12月26日正式对外开放，建筑面积1.8万平方米，展厅面积6000平方米。

2. 博物馆间的交流与合作

新疆维吾尔自治区博物馆引进“青铜之路——宁夏固原春秋战国时期北方青铜文化特展”“西京印迹——大同辽金文物展”，吐鲁番博物馆引进“流行海外的广东制造——

馆藏清代外销艺术品展”“威楚彝韵——楚雄彝族历史文化展”，阿克苏地区博物馆引进“红色的印迹”“家和万事兴——家教家风主题展”，哈密博物馆引进“东风西渐——上海市历史博物馆馆藏欧洲瓷器展”“青铜之路——宁夏固原春秋战国时期北方青铜文化特展”，巴音郭楞蒙古自治州博物馆引进“青山遮不住、岩画书千秋——宁夏贺兰山岩画拓片精粹展”等。

3．重要陈列展览

原创展览“指尖旋舞　艺成天工——新疆文物保护修复成果展”“走进西域——新疆丝绸之路文物精品展”“几何神韵——丝绸之路吐鲁番彩陶展”“汉唐火州　丝路风采——新疆吐鲁番汉唐文物特展”“哈萨克民族风情文物展”“青色草原——博尔塔拉民族风情展”“热血沃天山——利津路生平事迹展”。

选送文物参加在香港历史博物馆举办的“绵亘万里——世界遗产丝绸之路展”，在上海博物馆举办的“贵霜王朝的信仰与艺术展”。

4．文创产品开发

积极推进文创产品开发工作，以自治区博物馆为龙头，地州级博物馆为骨干，市县级博物馆为基础，全年推出文艺、生活和益智3大类200余款文创产品，社会文化服务能力明显加强。

（二）可移动文物保护

1．概况

截至2017年12月31日，新疆各级博物馆、纪念馆馆藏珍贵文物6130件/套，其中一级文物1342件、二级文物2909件、三级文物8684件，馆藏珍贵文物全部实现了信息化管理。

2．可移动文物保护修复基地建设情况

纺织品文物保护国家文物局重点科研基地新疆工作站文物保护修复工作顺利进行，完成山普拉墓地出土纺织品文物保护修复二期项目，修复纺织品文物148件/套；完成哈密艾斯克霞尔、五堡墓地出土纺织品文物保护修复项目，修复纺织品文物32件/套；协助和田地区于田县博物馆完成馆藏纺织品文物保护修复项目，修复纺织品文物14件/套；协助喀什博物馆完成馆藏纺织品文物保护修复项目，修复纺织品文物22件/套。

纸质文物保护国家文物局重点科研基地新疆工作站文物保护修复工作顺利进行，完成新疆维吾尔自治区博物馆馆藏纸质文物保护修复二期项目，修复纸质文书文物39件/套。

3．可移动文物保护技术和方法及应用情况

与敦煌研究院合作，对泥塑及壁画文物进行保护修复；在金属文物修复保护项目上得到国家博物馆、西北大学、陕西历史博物馆的技术支持；与南京博物院合作开展可移动文物预防性保护项目，成果显著。

【社会文物管理】

截至2017年12月31日，新疆尚没有文物拍卖企业，没有进行过文物拍卖活动。文物商店1家（新疆文物总店），文物库存数量19566件，无珍贵文物。

【科技与信息】

召开“通天洞遗址考古现场研讨会”和“汉唐丝绸之路的开拓——西域都护府研讨会”等。

国家课题“新疆古代佛教造像”、国家社科基金项目课题“新疆古代毛纺织业研究”已结项；“新疆古代丝绸与丝绸服饰艺术研究”获得国家社科基金艺术项目立项；与武汉大学合作申报的“吐鲁番出土文书续编”由国家社科基金项目课题立项。

【文博教育与培训】

2017年共推荐88名学员参加国家文物局举办的中法博物馆管理培训班、考古绘图培训班、陶瓷文物保护修复技术培训班等28个培训班；推荐5名学员参加国家文物局2018年“高层次文博行业人才提升计划”。3月、5月，自治区文物局在西北大学举办了新疆维吾尔自治区地县文物局长培训班一期、二期，各地州、县（市）文物局局长共计41名学员参加了培训。

【文博宣传与出版】

2017年，新疆维吾尔自治区文物局加强与新闻媒体的合作交流，进一步加大文物宣传工作力度。《带你走进博物馆——巴州博物馆》一书由文物出版社出版。围绕国际博物馆日、文化和自然遗产日组织开展了图片展等一系列宣传活动，其中“流动博物馆”下基层全覆盖工作举办近千场，发放折页、光盘等宣传资料80余万份。对各类符合文物法规的文物拍摄宣传活动给予积极支持。保证《新疆文物简讯》及新疆文物局官方网站、新疆文物局官方微信正常出版和运转。

【机构及人员】

截至2017年年底，新疆维吾尔自治区共有文物业机构193个，包括文物行政主管机构15个，文物保护管理机构84个，博物馆87个，文物科研机构2个，文物总店1个，文物古迹保护中心1个，其他文物机构3个。新疆文物行业从业人数2278人，其中具有高级职称的69人，具有中级职称203人。

【对外交流与合作】

（一）展览

1月20日～4月18日，“丝路瑰宝”展在立陶宛艺术博物馆举办，此活动为文化部组织的对外文化交流项目——“欢乐春节”活动之一。

3月27日～7月16日，精选文物参加由国家文物局和美国大都会艺术博物馆主办、中国交流中心承办的“秦汉文明”展，该展为中美文化交流重点项目之一。

11月29日，为庆祝香港回归20周年，由国家文物局主办的“绵亘万里——世界遗产丝绸之路”展在香港历史博物馆开展，新疆选送展品67件/套。

（二）合作项目

新疆维吾尔自治区文物考古研究所与法国科研中心315研究所联合调查发掘克里雅河流域项目，已进入撰写结项报告阶段。

新疆维吾尔自治区文物局与日本NHK电视台签署了《丝绸之路·壁画之旅》拍摄协议，该纪录片已完成拍摄并在日本NHK电视台进行播放，取得良好的宣传效果。

新疆龟兹研究院与德国柏林亚洲艺术博物馆及俄罗斯圣彼得堡艾尔米塔什博物馆达成共同举办展览及召开国际学术研讨会等活动意向。

新疆龟兹研究院与日本东京大学及日本佛教大学达成协议，对克孜尔石窟壁画进行了数据摄影，在日本东京艺术大学举办“素心坛心——克孜尔石窟复原展览”，并在壁画修复技术领域开展广泛合作研究。

【其他】

3月22日，新疆维吾尔自治区人民政府组织召开文物工作会议，印发了《新疆维吾尔自治区关于进一步加强文物工作的实施意见》。11月，自治区人民政府办公厅印发《贯彻国务院办公厅关于进一步加强文物安全工作实施意见的实施方案》。

按照国务院和新疆维吾尔自治区有关要求，继续开展简政放权工作，向社会公布2017年部门权责清单，对下放到自治区本级实施的行政审批事项进行梳理、公布，积极配合新疆维吾尔自治区发改委、工商局实施有关投资项目在线联合审批、网上行政审批制度改革工作。认真组织开展学法、普法考试等工作。结合新疆文物工作实际，推进“放管服”工作。

新疆生产建设兵团

【概述】

2017年，新疆生产建设兵团文物局深入学习贯彻党的十九大精神，坚持以人民为中心的工作导向，围绕新疆社会稳定和长治久安总目标，按照国家文物局的统一部署，切实加强兵团文物工作，推动兵团文物管理和保护工作更好地适应兵团经济社会事业发展要求。强化文物安全意识，开展文物安全状况大排查，确保辖区内文物安全；组织开展第二批兵团文物保护单位申报评审工作，公布第二批兵团文物保护单位93处；出台《关于进一步加强博物馆建设管理的意见》，加强兵团博物馆建设，规范博物馆管理；建立兵团文物专家组，规范兵团文物保护项目评审工作。

【不可移动文物的保护和管理】

组织开展第二批兵团文物保护单位申报评审工作，公布93处第二批兵团文物保护单位。

8月24日、26日，组织专家分别对皮山农场吐尔迪·阿吉庄园修缮工程、柳树泉农场坎儿井抢救性保护工程进行初步验收。按照国家文物局工程验收规定，采取现场勘察、听取汇报、查看档案等方式，对项目工程的审批与管理、质量与效果、档案与资料进行了综合评审，十四师昆玉市皮山农场吐尔迪·阿吉庄园修缮工程评分87.2分，十三师柳树泉农场坎儿井抢救性保护工程评分81.2分，两个项目初步验收均为合格。在此基础上，专家又分别从文物古迹保护、利用、工程档案完善等方面对两个项目提出建议，项目所在单位表示将按照专家的意见和建议，进一步完善文物保护项目实施及各类档案资料，为迎接最终验收做好准备。

组织开展第二批兵团文物保护单位申报评审工作。根据各单位申报，整理形成《第二批兵团文物保护单位申报信息表》《第二批兵团文物保护单位情况简介》，对各单位申报的98处文物进行整理，形成2.5万余字、150张图片的情况简介。经过专家的认真评审和社会公示，并报兵团党委宣传部部务会审核同意，形成《关于审核公布兵团第二批文物保护单位的请示》，于7月31日向兵团上报。经兵团司令员批示同意，8月18日兵团印发《关于公布第二批兵团文物保护单位的通知》，对93处第二批兵团文物保护单位进行了正式公布。为进一步做好兵团文物保护单位保护工作，兵团文物局下发《关于对兵团文物保护单位划定保护范围和作出标志说明等工作的通知》，要求各单位对兵团文物保护单位依法划定保护范围和控制地带、作出标志说明、建立记录档案。

【博物馆与可移动文物保护】

在国家文物局的支持下，新疆生产建设兵团文物局联合兵团财政局向兵团军垦博物馆、一师阿拉尔市三五九旅屯垦纪念馆、六师五家渠市博物馆、周恩来纪念馆、二师渤海教导旅纪念馆、三师图木舒克市西域屯垦史馆、九师孙龙珍纪念馆、十四师47团解放军进军和田纪念馆、塔里木大学西域文化博物馆下拨了免费开放专项补助资金共计400万元，用于博物馆场馆基本运转。

根据《中华人民共和国文物保护法》《博物馆条例》等相关法律法规及《兵团关于加快构建现代公共文化服务体系的实施意见》《兵团关于进一步加强文物工作的实施意见》，结合7月对兵团各类博物馆、纪念馆展开普查时发现的一些亟待解决的问题，进一步加强兵团博物馆建设，规范博物馆管理，更好地发挥博物馆功能，兵团文广局、兵团文物局联合印发了《关于进一步加强博物馆建设管理的意见》。

【其他】

为进一步规范兵团文物保护项目评审工作，经多方协调联系对接，报兵团领导审核同意，建立了由17位专家学者共同组成的兵团文物专家组。2017年，文物专家组已对兵团137项文物项目进行了评审。

根据兵团办公厅安排和兵团领导的批示精神，上报兵团同意，由兵团转发《国务院办公厅关于文物安全工作的实施意见》，并提出贯彻落实意见。

先后向兵团党委办公厅起草上报了《兵团文物保护工作情况报告》《关于明确自治区与兵团文物局管辖权的报告》。

大连市

【概述】

2017年，大连市文物工作以习近平总书记关于加强文物保护的系列重要论述为指导，在大连市委、市政府的正确领导下，积极围绕国家文物局和辽宁省文物局的工作部署，认真贯彻落实文物保护法律法规，本着摸清底数、理清思路、打牢基础、点面结合、合理规划、科学论证、有序推进的工作原则，有效促进了文物的保护传承和展示利用。

【执法督察与安全保卫】

为落实国家文物局《文物保护单位巡查办法》相关规定，以及国家文物局、辽宁省文物局关于文物保护单位安全状况大排查的部署安排，大连市文物局高度重视，精心组织，指导大连市文化市场综合执法总队联合各区市县文物行政和执法人员，对全市区县级以上文物保护单位集中开展了专项安全检查。执法人员对各文物保护单位、文物点进行拉网式检查，重点排查各文物点、文物库房在生活用火、电源管理、疏散通道、消防设施和器材配备等方面的情况，对排查出的消防安全隐患提出了整改要求、时限，要求按时保质整改到位。大连市文物局对各区市县开展的文物安全工作进行了专项督察，指导、督促各区市县文物行政部门和博物馆进一步强化属地监管责任，按照要求对本部门本单位文物安全进行全面排查，切实抓好问题整改。向文物保护管理及所有人、使用人、看护人宣传文物保护法律法规，提高相关人员依法保护文物意识。

针对出现的牧城驿城址、日本桥旧址和大黑山山城等违法案件，积极指导和配合市文化市场执法总队严格依法对案件进行查处，严惩文物法人违法行为。在全市文物工作暨安全会议上对文物法人违法案件情况予以通报批评，始终保持对文物违法破坏行为的高压态势，确保文物本体安全。

【不可移动文物的保护和管理】

截至2017年年底，大连市共有全国重点文物保护单位35处，辽宁省级文物保护单位84处，大连市级文物保护单位109处，区县级文物保护单位185处。认真开展第八批全国重点文物保护单位、第七批市级文物保护单位的推荐和申报工作，将辽长城（哈斯罕关址）推荐申报为省级文物保护单位。

2017年，大连市争取全国重点文物保护专项补助资金3647万元，用于中山广场大和旅馆旧址、侵华日军关东军司令部旧址和营城子汉墓群（东汉壁画墓）3处国保单位的维修改造等。

在全市推行文物保护单位年检报告制度，由文物保护单位所有人、使用人每年填写一次年检自查表。既提高了文物保护单位所有人、使用人的文物保护意识和依法管理使用能力，也可作为大连市对文物保存状况进行检查评估的重要依据。

联合市财政局出台《大连市文物保护单位看护专项补助资金管理办法》。

【考古发掘】

配合地方经济建设，完成地铁4号线和5号线选址区域的考古调查勘探工作，对庄河永记水库渔光互补光伏发电项目选址范围、大连玉华220千伏变电站送出工程线路范围等进行文物调查。配合辽宁省文物局对省级文物保护单位庄河近代民居、旅顺太阳沟的文物保护利用工作进行现场调研指导。指导中山区文体局就大连海底隧道建设工程涉及不可移动文物满铁电车修理工场旧址保护事宜召开专家论证会。

【博物馆与可移动文物保护】

（一）博物馆

1．博物馆建设

截至2017年年底，大连市有各类博物馆、纪念馆32家。其中，国有博物馆11家，纪念馆2家，美术馆1家，陈列馆1家。国有博物馆馆藏文物中，国家一级文物245件，二级文物2568件，三级文物25493件。

1月12日，第三批国家一级博物馆定级评估结果公示结束，大连现代博物馆荣膺国家一级博物馆。

10月30日，旅顺博物馆参与申报的甲骨文项目被联合国教科文组织列入《世界记忆名录》。旅顺博物馆是国内大宗收藏殷墟甲骨的单位之一，所藏数量达2232片，主要为“甲骨四堂”之一罗振玉（雪堂）的旧藏品，极少量曾为日本人岩间德也藏品。甲骨内容涉及殷商政治制度、王室结构、经济生产、社会生活、方国地理、军事战争、宗教祭祀、文化礼制等方面，具有极高的文物价值、史料价值和学术研究价值。

2．博物馆间的交流与合作

4月14日～7月10日，旅顺博物馆与天津博物馆联合主办的“画坛正统——清初“四王”的艺术世界”画展在旅顺博物馆展出；9月28日～11月28日，旅顺博物馆、辽宁省博物馆、沈阳故宫博物院联合举办的“御览之宝——东北流散清宫书画展”在旅顺博物馆分馆临时展厅展出。

12月16日，苏州博物馆推出“梅景传家——清代苏州吴氏的收藏”特展，旅顺博物馆藏保父丁簋、提梁卣两件青铜器应邀参展。

3．重要陈列展览

2017年，除基本陈列展览外，大连市文博系统所属各博物馆、纪念馆举办各类临时展览43个，其中市财政专门列支350万元，引进了包括“朝花夕拾：鲁迅的美术世界——纪念鲁迅先生特展”“朱明盛长——明代藩王宫廷艺术展”“中国远征军作战实录展”“祥云托起珠穆朗玛——藏传佛教艺术精品展”“传奇人生——殷墟妇好墓精品文物展”“八路军总部在太行”“风流弘长——苏州博物馆藏明代吴门绘画精品展”等精品展览7个，全年接待参观人数300.6万人次，其中未成年人37.2万人次。

9月，大连现代博物馆策划推出专题展览“圆梦——从北洋铁甲到航母舰队”，该展览是喜迎党的十九大和纪念建军90周年而策划、举办的原创展览。展览以北洋海军选址旅顺到两艘航母相继在大连下水的历史为背景，以几代海军人为国家独立和民族解放劈波斩浪、奋勇前进的英勇事迹为创作来源，以党的十八大以来习近平总书记关于实现中华民族伟大复兴中国梦以及中国梦与强军梦的系列重要讲话为理论指导，突出“圆梦”主题。展览分别展示了清末、民国、新中国、航母下水前后四个阶段中国海军的发展历程，展出文物超过150件/套，选用照片近300张。截至年底，参观人数达27.8万人。

（二）可移动文物保护

完成旅顺博物馆馆藏文物预防性保护项目施工内容。建立环境监测系统，初步实现对全部文物库房、展厅和重点展柜等文物保存环境质量的及时感知和反馈；制定环境调控方案，对青铜、陶瓷展厅展柜进行改造，加固柜体，更换低反射夹层玻璃，安装调控设备；对主馆佛教展厅安装恒温恒湿设备，实现对大环境的调控；为馆藏珍贵文物配置无酸纸囊匣和新柜架；制定《馆藏文物预防性保护预警应急处理程序》《环境监测机房管理制度》《预防性保护管理制度（试行）》等规章制度，全面提升馆藏文物预防性保护水平。

【科技与信息】

11月5～8日，立足于馆藏新疆出土汉文文献，旅顺博物馆以“丝绸之路与新疆出土文献”为主题于召开国际学术研讨会。研讨会共邀请到40余位国内外专家、学者参加，分享与交流最新的学术成果。此次研讨会的筹办拓宽了旅顺博物馆开展学术研究的思路，提高了旅顺博物馆在这一研究领域的学术地位。

【文博教育与培训】

12月12～13日，大连市文物局举办了“大连市文物行政管理与行政执法培训班”，各区市县文物行政管理部门的业务处（科）长、文管办主任、文物专干，市县两级文化市场执法单位的领导、文物执法骨干以及市局文物处等60余人参加了培训。此次培训有效提高了全市上下文物行政执法队伍素质，对做好新时期全市文物保护工作起到了积极的推动作用。

【文博宣传与出版】

结合2017年国际博物馆日主题“博物馆与有争议的历史：博物馆讲述难以言说的历史”，大连现代博物馆精心策划了形式多样的精彩活动：面向少年儿童开展“小小造船家”“绘画说大连”“让妈妈更美丽”等活动；召开“祥云托起珠穆朗玛——藏传佛教艺术精品展”媒体见面会，并邀请西藏文博专家带来三场“博物馆大讲堂”专题学术讲座；积极参与市文广局组织的“政务公开日”宣传活动等。

文化和自然遗产日当天，大连现代博物馆开展了形式多样的主题活动：汉服礼仪专场表演秀展示了华夏汉文化的织染绣工艺和礼节仪式；书法、剪纸、陶艺等中国传统文化体验活动得到观众们的积极参与；特邀辽宁师范大学教授刘俊勇作题为《大连——北方丝绸之路的起点》的学术讲座。

2017年，旅顺博物馆宣教部依托“博物馆之家”推出24场主题活动，形式多样、受众广泛，基本做到每个展览都有相应的教育推广活动。推出“传统节日手工系列”“小小讲解员实战训练营”“七彩暑假系列”“缤纷寒假系列”等系列教育活动，举办日本“小仓织”现场体验、折纸贴花以及“簪花旧事”“解谜寻梦话红楼——展厅答题”“彩绘狩猎宴乐图”“欢喜闹元宵　趣味猜灯谜”“拍拍打打学拓片”“编织浓浓端午情——手工制作小粽子挂件”等主题活动。组织开展“流动博物馆——送讲座进校园、社区、军营”活动，受到学生、社区群众和官兵的热烈欢迎。

2017年，大连市文博系统先后编撰出版了《回眸百年——旅顺博物馆图史》《旅顺博物馆藏新疆出土汉文文献》《旅顺博物馆学苑（2017）》《大时代——大连工业遗产探究》《从“小岗子”到“东关街”——东关街历史街区研究》等图书。

2017年12月，《大连城市历史文化研究》第一辑出版，该书是大连城市历史文化研究所的年度辑刊，面向社会征稿，拟每年出版一册，内容主要为近代以来大连城市历史与文化的研究，是大连城市历史与文化研究的重要平台。

【机构及人员】

2017年，大连市共有文物机构31个，其中文物保护管理机构（文物行政主管部门）15个，国有博物馆、纪念馆15个，文物商店1个。

文物机构从业人员315人，其中文物保护管理机构33人，国有博物馆、纪念馆263人，大连文物总店19人。博物馆、纪念馆专业技术人员中具有高级职称的38人，具有中级职称的85人。

【对外交流与合作】

10月28日～11月5日，应日本舞鹤市政府邀请，大连现代博物馆原创展览“绣色——大连现代博物馆藏绣品展”在舞鹤市政纪念馆展出，此次巡展旨在纪念大连市与舞鹤市结为友好城市35周年，以及进一步加强两市之间的文化交流。刺绣作为中华艺术中的一朵奇葩，有着“闺阁翰墨”之美誉，蕴涵着中国传统文化的独特魅力。大连现代博物馆通过馆藏清末、民国时期辽南地区118件（组）织绣精品，将美好的中国故事带到日本，为观众描绘了一个色彩斑斓的美丽世界。

青岛市

【概述】

2017年是党的十九大胜利召开之年，是实施“十三五”规划的重要一年。在青岛市文广新局的领导下，在上级部门的支持下，青岛市文物局全体工作人员认真学习贯彻党的十九大精神和习近平总书记、李克强总理关于文物保护工作的重要指示批示精神，以《国务院关于进一步加强文物工作的指导意见》和全国、全省文物工作会议精神为引领，创新思路、锐意进取，全市文物工作不断迈上新台阶。

【执法督察与安全保卫】

开展全市文物安全状况大排查行动，落实国家文物局、山东省文物局《关于开展全省文物安全状况大排查行动的通知》精神，落实政府文物保护主体责任。开展文物系统电气火灾综合治理工作。落实山东省文物局、省公安消防总队《关于建立文物消防安全管理联合工作机制全面加强文物消防安全管理工作的通知》和有关文件精神，会同市公安消防支队建立《文物消防安全管理联合工作机制》，加强和提高文物消防安全管理工作能力。

在市公安消防支队指导下，开展智慧消防安全服务云平台试点工作。为青岛市民俗博物馆安装“电气火灾隐患及重点部位管理云平台监管服务系统”“隐患巡查监管系统”，探索运用物联网进行文物消防安全智慧管理。

探讨建立海上文物安全与执法联合巡查机制。协调北海分局、青岛市文化市场行政执法局探讨建立三方海上联合巡查机制，并于10月19日进行了首次海上联合巡查行动，重点巡视了大公岛、小公岛海域水下文物疑点。

【不可移动文物的保护和管理】

加快推进第十批市级文物保护单位评审工作，初步确定34处不可移动文物作为入选单位。指导各区市开展区（市）级文物保护单位保护范围和建设控制地带的划定工作，目前城阳区、崂山区、即墨市、胶州市已向社会公布，市南区、市北区等区市基本完成田野工作。重新编印《青岛市文物保护单位名录》。

加强大遗址保护工作，组织完成即墨故城遗址和琅琊台遗址2018～2022年大遗址考古工作计划。确定即墨故城考古遗址公园规划编制单位，明确了遗址公园建设的总体思路。

完成齐长城遗址和琅琊台大台基修缮工程施工图纸的审核和上报工作。实施齐长城东山村北山段、黄山段基础地理信息三维测量工作，获取齐长城及周边地区的三维地形分布和精准三维模型，为齐长城的保护修复展示提供重要的基础资料。

加强近现代建筑保护利用，完成医药商店旧址修缮工程等6个文物保护项目的工程竣工初验上报工作。扎实推进滨海文化长廊创建工作，顺利完成滨海文化长廊规划文本的编制工作。完成革命文物资源调查，形成《青岛市革命文物保护专题调研报告》，根据经费落实情况组织编制革命文物保护专项规划。开展工业遗产调查，配合规划部门完成胶济铁路沿线工业遗产保护规划，进一步摸清工业遗产底数。

着力抓好“乡村记忆”工程，会同市财政、城乡建设委下达2017年度重点传统村落保护专项资金，对即墨周戈庄村、南里村以及莱西西三都河村等5个村落进行资金扶持。

【考古工作】

加强基本建设工程中的文物保护工作，协调完成地铁6号线穿越齐长城遗址文物考古勘探工作，配合地铁4号线建设完成沿线文物调查和文物影响评估；组织实施三里河遗址建设控制地带内建设工程考古勘探和文物保护工作；完成华润新能源胶州三期风电场、莱西南墅润莱风电场、黄岛精神卫生医院等7处配合基本建设的前置考古勘探工作；积极推进市政府重点督办项目东方饭店二期改造、第五人民医院改扩建项目中文物保护方案的编制。

【博物馆与可移动文物保护】

（一）博物馆

坚持不懈地推进博物馆城建设。制定《扶持社会力量兴建博物馆的实施意见》，全年新增注册博物馆9家，累计达到82家，其中免费开放的66家。青岛市博物馆、青岛市民俗博物馆入选全省十大优秀社会教育活动案例。指导完成青岛电影博物馆、贝林自然博物馆、青岛纺织博物馆等重点博物馆项目建设，支持平度第一党支部旧址、平度一大会址等红色文化博物馆建设。

不断提升博物馆陈列展览水平。2017年举办“全国十大考古新发现”图片展，产生了很好的社会效益。

12月15～18日，与故宫博物院联合举办中国青岛（国际）文创产品博览周，有效推动了青岛市文化创意产业发展。

（二）第一次全国可移动文物普查

利用第一次全国可移动文物普查成果举办“‘发现瑰宝’——青岛市可移动文物普查成果展”，编辑出版《见识瑰宝——青岛市第一次全国可移动文物普查工作巡礼》，组织制定全市可移动文物修复三年工作计划。

【文博宣传与出版】

加大对近现代建筑保护利用的宣传工作。全国“两会”期间，《中国文物报》用两个整版宣传青岛市近现代建筑保护利用成果。以“青岛文物保护建筑”公众号为平台，推送文物保护法律法规、文物保护建筑历史及建筑艺术、文物保护研究等信息30余期。组织编制《青岛近现代建筑保护经典案例汇编》等资料。

【水下文化遗产保护】

加紧推进国家文物局水下文化遗产保护中心北海基地建设项目，配备添置了仪器和设备，为开展水下文化遗产保护工作奠定了基础。

【其他】

配合青岛市人大完成青岛市文物保护工作专项调研，撰写《关于青岛市文物保护工作情况的调研报告》。

积极申报国家和市两级文物保护专项资金。落实2017年度国家重点文物保护专项补助资金4851万元，市级及以上文物保护专项资金180万元。扎实做好文物保护专项资金的使用管理工作。总结梳理近年来文物保护专项资金管理的经验，制定出台《青岛市文物保护专项资金管理工作机制》，将国家和市级专项资金统一管理，设立文物保护专项资金管理机构，全面规范资金申报程序，建立健全专项资金使用制度，统一绩效目标管理标准引入第三方专业机构做好评估工作。先后分两批对2016年度两级文物保护专项资金项目绩效目标完成情况进行专项评估，受检项目23个，评估结果通报各项目实施单位，提出整改要求，做到了提前预检、提前发现问题、提前整改规范，提高了绩效目标管理能力，也为接受上级财政部门的绩效评估奠定了基础。认真开展市级专项绩效评估工作。根据《市财政局关于开展市级专项资金绩效评估工作的通知》要求，认真做好专项资金评估前各项准备工作，在充分调研基础上，对“青岛市市级及以上文物保护专项资金”提交了计划保留方案。

组织2018年度全国重点文物保护单位保护项目立项申报工作，共报送各类项目22项，不断加大项目储备。

宁波市

【概述】

2017年，宁波市文博系统坚持以党的十八大和十八届历次全会精神为指导，深入贯彻习近平总书记系列重要讲话精神和《国务院关于进一步加强文物工作的指导意见》，认真落实全国、全省文物局长会议精神，紧紧围绕市委、市政府“跻身全国大城市第一方队”这一总要求和“建设国际港口名城，打造东方文明之都”这一总目标，主动对接市委市政府中心工作，突出重点强化落实，扎实开展各项文物工作，较好地完成了全年工作任务。

【法规建设】

1月1日，《宁波市海上丝绸之路史迹保护办法》正式生效，主要从适用范围、政府和部门职责、海丝史迹保护规划的制定、保护范围的禁止要求、管理责任人的确定及义务、史迹利用以及法律责任等方面进行了规定。

6月6日，《大运河（宁波段）保护管理规划（征求意见稿）》召开初步论证会议。

【执法督察与安全保卫】

2017年对全市11个县（市、区）的省级及以上文保单位进行安全专项检查3次，巡查省级及以上文保单位118处（229个点），下发隐患整改意见书200余份，并于12月18～20日对安全隐患问题较为严重的文物整改情况进行了复查，确保了省级以上文保单位的安全巡查工作细致全面无死角，有效防止了文物安全事故的发生。

由宁波市自主开发、试运行“宁波市不可移动文物安全管理平台”，将手持移动终端发放至各区（县）文保部门一线人员手中，全面提升文物安全工作能力和防范智能化水平。常态落实文物安全“双随机”工作，建立健全文物安全制度体系、责任体系，加强文物安保基础和技术建设，堵塞各类安全管理漏洞，切实筑牢文物安全防范底线。

【不可移动文物的保护和管理】

截至2017年年底，宁波市有世界文化遗产1处（大运河宁波段），各级文物保护单位597处，其中全国重点文物保护单位31处、省级文物保护单位87处、市级文物保护单位10处、县（区）级文物保护单位469处。各级文物保护点1075处，其中由宁波市公布141处、各县市区公布934处。

2017年，对宁波市全国重点文物保护单位利用情况开展调研分析，制定完成第八批国保单位申报工作方案并开展申报工作，积极开展“四百工程”遴选工作。根据浙江省文物局要求重点编制了宁波水利航运遗址碑记录档案，基本完成了中山公园旧址、华美医院旧址等档案编制的“欠账”问题，并通过协调使一直尚未完成的七塔禅寺、和丰纱厂旧址等记录档案编制有了较大进展。指导各县（市、区）完成第七批省保单位标志碑的制作和安装工作。编写印发《宁波市文物保护单位（点）名册》《宁波市全国重点文物保护单位保护区划图册》。

继续推进重点文保建设项目，完成了包括《李惠利故居异地保护工程设计方案》《宁波姚江南岸滨江休闲带工程》《宁波市东部滨海片分区规划》《灵桥景观修复工程方案》《义庄巷传统建筑迁建保护项目》等在内的50余项规划审查和方案论证，完成了慈溪市道路沿徐宅修缮工程、象山爵溪抗倭城墙修缮工程及周边环境风貌整治项目、浙海关帮办楼修缮工程等一系列工程的项目指导和竣工验收。

积极谋划大运河文化带建设。推动塘河文化馆、河海博物馆等调研论证，大力开展运河考古调查，对大运河遗址保护范围内的地层堆积、地下遗存分布、埋藏状况等情况进行全面摸底。加强运河本体保护，对相关河道、契、堰、坝等水利设施旧址，以及运河周边河岸线等范围进行持续的移动巡查，对运河驳岸、河岸地带、水质水位、遗址遗存等现状情况进行全时空监控监测。

根据国家文物局和浙江省文物局的统一部署，及时调整“海丝”保护和申遗策略，确定“申遗目标不变，项目适当调整”的原则，大力推进宁波市世界文化遗产保护管理中心的建立。在宁波市文物保护管理所挂牌“海丝办”，充分发挥其组织协调职能。推进宁波市世界文化遗产保护管理中心的建立，完善长效工作机制。重点对永丰库、上林湖、保国寺、天童寺等遗产点加强本体保护、环境整治和展示利用。

【考古发掘】

（一）概况

截至2017年10月，共完成抢救性考古调查项目20项、考古勘探与发掘项目27项。其中明州罗城遗址（望京门段）、下王渡史前文化遗址、大榭遗址史前制盐遗存的发现发掘与保护展示，对深入研究宁波地区城市建设史和宁绍地区史前文明史具有重要价值。

稳步推进主动性考古课题研究。持续开展并圆满完成“宁波地区古代城址考古工作计划”之鄞治古城调查、勘探、试掘和航空遥感探测等工作，发现了局部夯土城垣，确认了鄞治古城的具体位置、城址范围和兴废时代，为研究宁波地区古代城市的发展与演变提供了新的实物佐证。

（二）重要考古项目

1．奉化下王渡遗址Ⅰ期考古发掘

3～8月，宁波市文物考古研究所联合复旦大学、南京大学、武汉大学、奉化区文物保护管理所正式实施了下王渡遗址Ⅰ期抢救性考古发掘。发掘面积3000平方米，清理史前至宋元时期各类遗迹现象170处，出土可修复文物320余件，发现丰富的动植物遗存。下王渡遗址地层堆积深度1.75～2.5米，文化层可分为四个大层，其相对时代由早至晚分别为河姆渡文化时期、良渚文化时期、商周时期和宋元时期，其中河姆渡文化时期和良渚文化时期是下王渡遗址的主体阶段。下王渡遗址的发现开拓了宁绍地区河姆渡文化晚期聚落形态研究的新局面，对认识河姆渡文化早期至晚期聚落形态的变化有突破性意义。

2．大榭遗址Ⅱ期史前制盐遗存

大榭遗址位于宁波市大榭开发区下厂村。配合工程建设，2016年曾进行Ⅰ期发掘，发掘面积4000平方米；2017年3～11月实施Ⅱ期发掘，发掘面积3000平方米。遗址文化堆积由早及晚分别为史前时期、东周时期和宋元时期。其中史前时期包括大榭Ⅰ、Ⅱ期遗存，时代分别大致相当于良渚文化晚期和钱山漾文化时期，是遗址的堆积主体。大榭Ⅱ期遗存发现了目前我国最早的海盐制作遗迹，为探讨我国海盐手工业的起源与发展提供了实证。2017年12月，大榭史前制盐遗址入选“浙江考古重要发现”。

【博物馆与可移动文物保护】

（一）博物馆

截至2017年年底，宁波市共有博物馆、纪念馆、陈列馆158家，其中独立建制博物馆68家（国有博物馆16家，非国有博物馆52家）。

组织开展全市博物馆年检工作，推动博物馆法人制度改革，组织召开宁波博物馆理事会会议，进一步完善博物馆法人治理结构。主动对接市级有关部门，推进河海博物馆建设有关工作。宁波中国港口博物馆入围第三届全省博物馆免费开放最佳运营管理项目，宁波博物馆入围最佳产品创意和最佳服务创新项目。

修订《宁波博物馆文物征集管理办法》《宁波博物馆文物捐赠管理办法》，新征集钱币39种238件，古籍文物类藏品755册/套，方志244册，新修民间家谱30种250册，接收社会捐赠100件/套。

继续开展非国有博物馆专项资金补助和星级博物馆评审工作，组织非国有博物馆发展状况课题调研及实地考察工作，完成《宁波市非国有博物馆调查报告》。完成赵大有宁式糕点博物馆的设立备案。

推行博物馆“双百”惠民计划。截至2017年11月，市属博物馆和各县（市、区）博物馆共举办临时展览217场，讲座、沙龙及博物馆进学校、社区等活动344次。

（二）第一次全国可移动文物普查

全面完成第一次全国可移动文物普查及成果转化工作。认定国有可移动文物收藏单位104家，收藏国有可移动文物20余万件/套。采集27项收藏单位信息和15项文物基础信息，对文物本体信息进行逐项登记，为每件文物赋予永久、唯一的22位数字“身份证编码”，建成全市文物资源数据库。开展《宁波市第一次全国可移动文物普查成果系列丛书》组稿工作，完成《宁波市第一次全国可移动文物普查工作报告（第一册）》《宁波市国有可移动珍贵文物图目》编写工作。

【科技与信息】

宁波市考古研究所继续实施“小白礁Ⅰ号”船体保护修复工作。在做好船体日常保护、维护的基础上，完成“‘小白礁Ⅰ号’船体木材新型脱水定型材料研发项目”招标工作和“小白礁Ⅰ号”Ⅱ期保护修复方案编制的前期准备与联络协调工作。

初步完成国家水下文化遗产保护宁波基地科技保护实验室建设工作。主动承接对外文物保护修复合作项目。持续开展上海“长江口Ⅰ号”部分出水文物、福建“碗礁Ⅰ号”出水木质文物、温州博物馆部分馆藏石碑保护修复工作。

天一阁博物馆开展馆藏古籍地方志（计12册874页）、旧家谱（计33册3386页）和普通古籍（计8.5册739页）的修复和纸质类文物科技保护工作。天一阁古籍修复技艺入选浙江省非物质文化遗产。

【文博教育与培训】

1月9～13日，由诺丁汉大学主办的互动式博物馆专业人才培训班“人与物：博物馆及艺术馆的观众培养与互动”在宁波诺丁汉大学举行。

4～6月，2017年度浙江省文物保护实训班和宁波市文物干部业务培训班在杭州、慈城两地顺利举行。

【文博宣传与出版】

围绕“保护文化遗产、促进文化交流”主题，开展国际博物馆日、文化和自然遗产日系列活动，向社会提供丰富多彩的文化服务。注重文博惠民实效，举办“讲座+体验”青少年探索体验活动、《东方讲坛》主题讲座和文化沙龙，开展“公益服务日”活动。引导社会对特殊群体加强关心关爱，举办精神病人作品专题展览等，取得良好的社会反响。面向市民推出“大美·古籍”系列活动和“小小修书匠”专题教学课程，引导社会大众了解古籍、珍爱古籍、保护古籍。创新展览方法手段，运用AR、VR等现代科技，让观众近距离“触摸”鉴赏馆藏文物，使馆藏文物“鲜活”起来。

天一阁博物馆《天一阁藏历代方志汇刊》《天一阁博物馆藏善本目录》《天一阁藏张寿镛手稿图录》《中华文化名楼楹联卷（天一阁卷）》《天一阁博物馆古籍普查登记目录》《天一阁文丛（第十五期）》等图书出版。宁波市保国寺古建筑博物馆完成了《东方建筑遗产（2016～2017年卷）》和再版图书《东来第一山》的编撰工作。宁波市文物考古研究所继续推进《宁波文物考古研究丛书》出版计划，出版《宁波考古六十年》《首届“港通天下”国际港口文化论坛文集》等。

【机构及人员】

截至2017年年底，宁波市共有文物保护管理机构15个，具有独立建制或法人资格的国有文博事业单位（包含系统外纪念馆）68个，从业人员746人，其中编制内288人。

【对外交流与合作】

1月13日，中国港口博物馆与香港海事博物馆缔结为友好馆，并签订友好博物馆共建合作备忘录。

9月20～23日，第二届“天一阁论坛”在宁波举行，主体内容为“中国传统文化中的审美观”国际学术研讨会。来自中国、德国、法国、西班牙、俄罗斯的近60位专家学者与会，提交了34篇论文。

11月28日，“海上丝绸之路沉船与贸易瓷器国际馆长论坛”在南京市博物馆举办。来自新加坡、肯尼亚、斯里兰卡等国家的博物馆代表和来自中国国内近30家文博科研单位的专家学者，就“海上丝绸之路”展开专题学术研讨。宁波博物馆参加论坛并作《宁波博物馆与“海上丝绸之路”》主旨报告。

厦门市

【概述】

2017年，厦门市文物系统全面贯彻党的十九大精神，深入贯彻习近平总书记关于加强文物保护工作一系列重要指示精神，深入贯彻落实国务院《关于进一步加强文物工作的意见》，按照党中央、国务院和福建省委、省政府，厦门市委、市政府部署，坚持“保护为主、抢救第一、合理利用、加强管理”的文物工作方针，紧扣鼓浪屿申报世界文化遗产、金砖国家领导人厦门会晤等重点工作，狠抓落实、扎实推进，较好地完成了各项工作任务，有力推动了厦门文化遗产保护工作再上新台阶。

【法规建设】

2017年，厦门市认真贯彻落实习近平总书记关于文物保护、鼓浪屿申遗等重要指示精神和《国务院关于进一步加强文物工作的指导意见》，先后制定下发了《厦门市人民政府关于进一步加强文物工作的实施意见》《中共厦门市委厦门市人民政府关于持续加强鼓浪屿保护管理实施方案》《中共厦门市委厦门市人民政府关于认真学习贯彻习近平总书记重要指示精神进一步加强文化遗产保护利用传承工作的通知》等文件，全面部署落实鼓浪屿世界文化遗产地保护和全市文化遗产保护利用传承工作。与此同时，积极推进《鼓浪屿世界文化遗产保护条例》修订，形成了较为完善的文物保护法规文件体系。

【执法督察与安全保卫】

建立健全与厦门市公安局联动的文物执法监督机制，向全市公布全国统一举报电话“12318”，在市公共安全平台设立文物保护单位安全情况应急反应机制，及时接受并处置文物安全事宜。持续加强市文化市场综合执法支队文物保护监控平台建设，扩大监控单位数量，监控范围基本覆盖省级以上文物保护单位，部分市级文物保护单位也纳入其中。落实文物安全巡查“双随机”检查机制，每月组织文化市场综合执法部门、文物行政主管部门进行文物保护情况检查。

认真贯彻落实文物保护“属地管理”要求，强化区一级政府文物保护主体责任、文物部门监管责任，落实工作协调机制。指导各区调整充实文物保护员队伍，实行网格化管理。继续加大文物安全投入，及时更新改造了部分文物保护单位老化电路和消防器材。扎实开展全市文物安全大排查和金砖峰会基础大排查工作，对全市各级文物保护单位进行了全面排查，发现隐患44处，均已整改到位。全年全市各级文物保护单位没有发生火灾事故，没有出现坍塌、毁损现象。

【不可移动文物的保护和管理】

（一）概况

截至2017年年底，厦门市纳入文物保护单位名单的不可移动文物共226处（261个点）。其中，全国重点文物保护单位7处（34个点），省级文物保护单位39处（44个点），市级文物保护单位110处（113个点），县、区级文物保护单位70处（70个点）。经各区人民政府公布纳入不可移动文物名录的有1801处。

（二）世界文化遗产

鼓浪屿申报世界文化遗产工作自2008年启动，在市委、市政府的大力支持和推动下，全市各职能部门团结一致、通力合作，大力推进申遗各项工作。2017年，继续推进鼓浪屿53个申遗核心要素保护修缮和日常维护工程。5月，利用全国重点文物保护单位救世医院和护士学校旧址建成的故宫鼓浪屿外国文物馆，探索出了一条与故宫博物院合作办馆的有效方法。举办钢琴节、诗歌节等国际性文化活动，打造历史、文化、音乐、美术、博物馆等多张主题文化名片；推出“以奖代补”措施，大力扶持民间文化社团，树立“文化社区+文化景区”的新品牌；搭建华侨交流联络纽带，定期组织面向东南亚地区的文化宣传活动，鼓励居民加强与华侨华人的情感联系，吸引鼓浪屿籍华人华侨回乡回岛。着眼全面提升民生保障水平，推出鼓浪屿户籍居民优惠政策，拓展公共活动空间，逐项解决群众反映的问题，改善群众生活环境和居住条件。加大申遗工作宣传力度，发布爱岛宣言，组建居民义务巡查队、文化宣传队等，不断增强市民对申遗工作的自豪感和荣誉感，努力把市民对鼓浪屿历史、厦门历史的文化自信转化为文化自觉。

2017年7月8日，鼓浪屿·历史国际社区成功列入《世界遗产名录》。7月13日，习近平总书记专门作出重要指示，强调“申遗是为了更好地保护利用，要总结成功经验，借鉴国际理念，健全长效机制，把老祖宗留下来的文化遗产精心守护好，让历史文脉更好地传承下去”。

（三）其他

继续推进日本领事馆文保修缮工程，报审了博爱医院旧址修缮、博爱医院防雷等一批文保工程方案，协调组织了三一堂、博爱医院、廖宅等一批文物工程方案论证。

完成省级文物保护单位大嶝金门县政府二期修缮工程；完成破狱斗争旧址、陈胜元故居、陈化成祠等保养维护工程；推进“8·23”炮战纪念址修缮等列工程；完成省级文物保护单位福海卢厝、同安孔庙等修缮工程方案编制并通过福建省文物局审批，启动前期招投标工作。

继续推进全市不可移动文物纳入全市“多规合一”一张图工程，发挥“多规合一”平台的管理和协调功能，积极回应全市文化遗产保护相关情况。完成全市六个区不可移动文物保护规划范围划定并通过专家评审。

完成第六批市级文物保护单位和第三批涉台文物古迹保护标志安装工作；筛选37处文物保护单位申报第九批省级文物保护单位，并接受福建省文物局现场检查；会同市规划委完成了中山路、集美学村、厦港、同安旧城四个片区的历史文化街区保护规划编制，其中中山路、集美学村项目经福建省政府批准为省级历史文化街区。

【考古发掘】

配合基本建设项目开展文物调查、勘探和考古发掘，围绕课题研究开展水下文物考古和水下文化遗产保护相关工作。对基本建设中发现的黄其晟墓进行了抢救性考古发掘。

配合厦门市轨道交通建设，进行轨道交通3、4、6号线前期文物摸底调查，制定勘探区域和线路方案。根据厦门市路桥建设集团有限公司委托开展厦门第二东通道陆上部分文物考古调查工作。

【博物馆与可移动文物保护】

（一）博物馆

1. 博物馆建设

2017年，厦门市国有博物馆进一步加强基础建设。厦门市博物馆完成总馆库房改造初步验收，完成库房恒温恒湿系统等9个基建项目维修工作。华侨博物院完成“庭院改造暨新建学术交流中心项目”总体施工，进入工程结算审核阶段。3月30日，陈嘉庚纪念馆实施免费开放。

5月13日，故宫鼓浪屿外国文物馆举行开馆仪式并投入运营。故宫鼓浪屿外国文物馆由厦门市人民政府与故宫博物院合作筹建运营，主要展示故宫博物院收藏的明清两代外国文物。厦门成为故宫博物院在全国第一个设置实体馆舍和开展文物展览活动的合作城市。

随着故宫鼓浪屿外国文物馆的加入，厦门全市经福建省文物局登记备案的国有博物馆和非国有博物馆增加到11家，其中国有博物馆5家、非国有博物馆6家。

在文物征集工作方面，为配合鼓浪屿申遗展示，征集展示文物2500多件/套。厦门市博物馆征集文物19件/套。华侨博物院全年征集各类藏品239件/套，其中历史文物10件/套、侨史照片和资料229件/套；接收印尼归侨王秀金捐赠的归国船票和行李箱2件，接收菲律宾驻厦领事馆总领事付昕伟捐赠的东盟成立50周年纪念品7件。陈嘉庚纪念馆征集文物19件/套，收集陈嘉庚相关资料300余件，陈嘉庚及陈嘉庚公司影像（系首次发现）10余幅，中外报纸关于陈嘉庚的报道250余条。

2. 博物馆间交流与合作

2017年全市博物馆引进36个展览，包括“曜变天目——日本著名陶艺大师林恭助作品展”“伟大的开端——南昌起义史实展”“壶容乾坤·中国鼻烟壶主题展”“鲁迅的读书生活展”“梦生春草——程十发先生诞辰96周年纪念作品展”等；有17个展览“走出去”，包括“陈嘉庚生平事迹展”“华侨华人图片展”“华侨旗帜民族光辉——陈嘉庚生平展等。

3. 重要陈列展览

全市11家博物馆全年共举办53个临时展览，参观人数345万余人次。

陈嘉庚纪念馆引进的“壶容乾坤·中国鼻烟壶主题展”，是有“集中国多种工艺之大成的袖珍艺术品”之美誉的中国鼻烟壶以主题文化专展的形式在厦门市乃至福建省的第一次精彩亮相。

厦门市博物馆引进的“物本天成——景德镇御窑出土成化官窑瓷器特展”为观众提供了全面了解明代景德镇御窑烧造瓷器品种和欣赏标准瓷器的机会；“伟大的开端——南昌起义史实展”共展出南昌起义珍贵历史图片200多张，市直机关、企事业单位纷纷组织党员干部参观学习。

4．其他

进一步推进文物合理利用。厦门市博物馆于2017年年初成立文创工作小组，与文创公司共同开发文创产品，授权文物IP，以厦门市博物馆藏品元素为基础设计出50个品种的文创产品，并于馆内设置文创产品展示区，扩大了博物馆影响力。

华侨博物院策划并组织了多个博物馆教育活动，包括“习艺术瑰宝 传嘉风嘉训”青少年教育系列活动、厦门市青少年航海模型竞赛暨“嘉庚杯”“敬贤杯”青少年航海模型教育竞赛、“丝路启航”龙舟文化节系列活动、“践行诚毅精神”文化夏令营活动、“嘉庚精神宣传月”博物馆青少年主题教育系列活动等，引导青少年感悟中华优秀文化之美。陈嘉庚纪念馆持续开展“嘉庚宣传月”系列活动，举办“嘉庚讲坛”暨陈嘉庚科学奖报告会、《南侨颂》交响组歌演出、“一座城·一个人——嘉庚精神·厦门故事”系列配套活动等。

厦门市博物馆荣获福建省首批公共文化设施学雷锋志愿服务示范单位、服务厦门会晤立功竞赛先进班组（科室）。华侨博物院荣获省级“巾帼文明岗”称号，成为首批福建省公共文化设施学雷锋志愿服务示范单位、首批省级文化文物单位文化创意产品开发试点单位。

（二）可移动文物保护

厦门市博物馆完成馆藏“闽台字画修复及仿制”项目并通过专家验收；推进清代圣旨修复工作，组织专业人员赴长沙进行中期考察；完成文物修复保护设备采购验收。

华侨博物院完成可移动文物预防性保护方案招投标，完成字画修复设备采购、字画装裱修复材料采购、文物摄影器材采购、文物修复设备采购的招投标，初步建立字画修复室和文物摄影室，委托福建博物院为收藏的31件明清字画进行检测分析并制定修复方案。

【社会文物管理】

严格落实《国家工商总局、国家文物局关于联合开展文物流通市场专项整顿行动的通知》文件精神，市文广新局与厦门市市场监督管理局联合下发了《厦门市市场监督管理局、厦门市文化广电新闻出版局关于印发联合开展流通市场专项整顿行动方案的通知》，并会同市区两级市场监督管理局及厦门市文化市场综合执法支队联合开展文物流通市场专项整顿行动，对全市7家古玩城及厦门市文物店进行了专项督察，有效净化了文物市场环境。

厦门市文广新局对厦门博乐德平台拍卖有限公司、张雄拍卖有限公司举办的3场拍卖会进行了预前监管和拍品鉴定，涉及拍品186件。

【文博教育与培训】

结合全市文物安全大排查和金砖峰会基础大排查工作，组织全市各区召开安全工作落实培训会，全市各区随后均组织了业余文物保护员培训。

组织全市国有、非国有博物馆馆长到福州参加全省博物馆馆长培训。

【文博宣传与出版】

坚持文化遗产宣传进社区、进校园、进课堂、进军营，着力强化全体市民文化遗产保护意识。国际博物馆日期间，全市各博物馆组织专题活动17场。指导思明区文体局开展

“寻根厦门记忆，守护思明文物”活动（共举办15期），190余处未定级不可移动文物被爱心企业和热心市民认领。

2017年，厦门市博物馆在《厦门日报》《厦门晚报》等媒体发布报道20余篇，官方微博更新信息157条，与台海网合作建立“网上博物馆”；陈嘉庚纪念馆在《厦门日报》《厦门晚报》《海峡导报》以及网易、搜狐等媒体发布新闻资讯50余条，利用微信公众号发布信息46条，有力提高了社会影响力。

厦门市博物馆编撰出版了《文物·厦门（第二辑）》《高洁灵雅成化瓷》等图书；华侨博物院编撰出版了《厦门天马华侨农场史》《大德不孤 回忆孙炳炎》《孙炳炎画传》等图书；陈嘉庚纪念馆编撰出版了《世纪辉煌——集美学校百年历史图集》。

【机构及人员】

2017年，厦门市文博机构共20个，其中文物保护管理机构7个、博物馆11个、文物商店1个、其他文物机构1个；文物从业人员379人，其中专业技术人员82人，包括中级职称37人、副高级职称19人、正高级职称14人。

深圳市

【概述】

2017年，深圳市文物系统在市委、市政府的正确领导下，在各有关单位的大力支持下，认真把握文物保护的基本要求，深刻认识文物保护的紧迫形势，切实履行文物保护使命与责任，积极贯彻落实习近平总书记关于加强文物保护的一系列重要指示和批示，落实党中央和省市关于文物工作的决策部署，在文物保护、考古发掘和博物馆建设等方面取得了较好成绩。

【法规建设】

4月，深圳市人民政府印发实施《关于进一步加强文物工作的实施意见》，明确到2020年全市文物工作的总体要求、目标任务，提出了包括落实保护责任、加大不可移动文物保护力度、推进博物馆建设、鼓励非国有博物馆发展、稳步推进文物合理适度利用、完善保障机制等在内的23条措施，是指导全市“十三五”时期文物工作的纲领性文件。

8月，深圳市文体旅游局会同深圳市公安局消防监督管理局印发《深圳市文物建筑消防安全标准化管理规则》，明确了文物建筑消防重点单位应履行的消防管理内容和责任，填补了深圳市文物建筑消防安全管理行业监管的空白。

【执法督察与安全保卫】

按照国家文物局、广东省文物局、深圳市安委办、深圳市消安委等相关部署要求，按时组织开展文物安全暗查暗访、文物安全状况大排查、夏季消防大检查等专项行动，组织开展全市市保以上单位安全状况大检查、隐患复查行动，组织文博行业应急演练及安全知识培训，认真履行文物安全职责。结合国庆、中秋等重要节假日，抽查和督办全市文物安全和隐患整改情况。

结合深圳市文物工作会议，与各区文体局签订《2017～2020年深圳市文物安全管理目标责任书》，明确各方的安全责任，落实要求。

深圳市宝安区文体旅游局、深圳市龙华新区公共事业局文化市场行政执法大队办理的“深圳市富上佳房地产开发有限公司擅自拆除广东省深圳市不可以移动文物悦兴围碉楼案”入选国家文物局“2017年度文物行政执法指导性案例”。

【不可移动文物的保护和管理】

截至2017年年底，深圳市共有全国重点文物保护单位1处，省级文物保护单位13处，市县级文物保护单位130处，未定级不可移动文物981处。

大鹏所城为深圳市唯一一家全国重点文物保护单位。2017年组织完成了大鹏所城二期工程中赖恩爵将军第及29处不可移动文物维修工程，同时启动《大鹏所城专项保护规划》的修编工作。

积极推进重大文物修缮工程的进展。完成省级文物保护单位大万世居修缮工程验收，完成省级文物保护单位茂盛世居重大文物修缮工程的现场施工。

【考古发掘】

配合文物保护和城市基建进行考古调查。完成坪地街道东部环保钓场项目和配套灰渣综合利用及处置场用地区域文物考古调查勘探，完成塘朗小学东山遗址第二次抢救性试掘工作。开展广深沿江高速公路（深圳段）项目二期建设用地、用海范围进行文物考古调查勘探。开展大鹏坝光水厂一期用地范围、平湖南货场用地范围等考古调查工作。

在西部沿海地区发现一处新石器时代沙丘遗址，现存面积近4万平方米。

【博物馆与可移动文物保护】

1. 博物馆建设

2017年，深圳市文物系统博物馆共有47家，其中国有博物馆16家、非国有博物馆31家。

开展博物馆规划编制工作，成立编制《深圳市博物馆事业发展五年（2017～2021）规划暨2030远景目标》课题组，为深圳市博物馆事业发展制定科学可行的规划和政策。

为加强博物馆间的沟通联络，整合资源，促进博物馆的健康发展，启动深圳市博物馆协会的组建工作。

继续推进深圳博物馆老馆改造，深圳自然博物馆、咸头岭遗址公园及博物馆、深圳经济特区管理线博物馆、深圳海洋博物馆建设等项目。开展深圳改革开放展览馆（原广东改革开放纪念馆）筹建工作。

2. 陈列展览

深圳博物馆整合国内外收藏资源，全年举办高质量专题展览12个，包括首个道教题材展览“道生万物——楚地道教文物展”，结合文化和自然遗产日推出“平城·晋阳——山西出土北朝文物精品展”，引进“马约里卡千年陶瓷精粹——意大利法恩扎国际陶瓷博物馆珍藏展”等。“深圳博物馆藏陶瓷精品展”赴无锡博物院展出，望野博物馆策划“‘一带一路’唐代文物展”赴东莞、西安、天津等地展出，反响热烈。“巴蜀汉风——川渝地区汉代文物精品展”荣获首届广东省博物馆陈列展览精品奖展览。

3. 藏品征集

2017年，深圳博物馆接收李岚清同志捐赠关于中国改革开放的篆刻书画作品70件，涂光帜院士捐赠的实物47箱；征集到深圳改革开放史实物、照片、文件资料151件/套，包括“大疆”无人机、香港回归交接仪式胸徽、边防通行证等，馆藏体系进一步完善。

4. 其他

深圳博物馆全年举办各类教育活动60多场。包括邀请知名专家学者举办学术讲座，举办暑期及非遗手工坊活动，举办深圳民间文化沙龙、缪斯沙龙，开展“博物馆小讲堂”“环球自然日”“中华白海豚科普大使”知识竞赛等活动，举办“小讲解员寒假提升班”等。

为加强文创产品开发工作，深圳博物馆于2017年上半年组建了文化创意部，积极加强馆校、馆企合作，推进文创产品开发。

【科技与信息】

深圳博物馆承担的深圳市科技计划项目“动物标本制作和保存的环保安全新材料研究”通过验收，共申请国家专利3项，发表学术论文6篇，初步建立了博物馆动物标本高效安全养护技术体系。

深圳博物馆举办“汉藏佛教艺术学术研讨会”，来自清华大学、北京大学、香港中文大学、中国社会科学院、故宫博物院等相关机构的20余名学者参加了研讨。

【文博教育与培训】

6月，举办2017年深圳市文博行业专业干部培训班，来自全市文博行业的20余名工作人员参加了培训。培训内容包括文物保护行政管理、博物馆发展趋势和运行管理（文创产品开发）、文物安防消防管理等。

9月12日，举办非国有博物馆业务培训班，深圳市20余家非国有博物馆及相关企业的40余名业务骨干参加了培训。培训内容包括市宣传文化事业发展专项资金政策及申报、慈善组织的认定及相关政策、国有博物馆对非国有博物馆的帮扶与合作等。

10月31日，由广东省博物馆协会主办的“首届粤港澳博物馆陈列展览培训班”在深圳博物馆历史民俗馆开班，来自粤港澳三地82家文博机构的150人参加培训。

【文博宣传与出版】

组织各博物馆举办国际博物馆日主题宣传活动。深圳博物馆开展了深圳市博物馆志愿者中心授牌暨优秀志愿者颁奖仪式、免费文物鉴定、“博物馆奇妙夜”、“行走深圳——探古南头”等形式多样的活动，从“倾听”“行知”“感知”等多个角度唤起市民对博物馆的关注，启发和鼓励观众从不同角度去倾听历史、解读历史。

举办“盛世收藏”系列活动，免费为市民提供文物鉴定服务。2017年共举办免费鉴定10场，接待市民2000人次。

【机构及人员】

深圳市现有文物管理行政机构11个，市直属文博单位包括深圳市文物管理办公室、深圳博物馆、深圳市文物考古鉴定所。从业人员450余人，其中具有中级及以上职称的90余人。

故宫博物院

【概述】

2017年，故宫博物院深入学习贯彻落实党的十八大和十八届三中、四中、五中、六中全会精神，以及十九大精神和习近平新时代中国特色社会主义思想，围绕建设世界一流博物馆的奋斗目标，把“精细化管理”作为各项工作的总基调，努力推动故宫世界文化遗产的保护传承工作。年内召开“平安故宫”工程进展情况汇报会，持续推动“平安故宫”工程建设；举办“太和·世界古代文明保护论坛”，促进文明古国文化遗产保护的交流与合作；圆满完成“一带一路”国际合作高峰论坛期间外国元首配偶团参观及中美两国元首参观等重大外交国事活动的接待工作。

【安全保卫】

围绕“服务十九大”的安全工作主线，完善管理机制，强化处突能力，实现“不发生起火冒烟事件，不发生文物被盗案件，不发生观众踩踏事故，不发生人为责任事故”的安全保障工作任务和目标。圆满完成“一带一路”国际合作高峰论坛期间外国元首配偶团参观及中美两国元首参观等重大外交国事活动的安全保障任务，被天安门地区管理委员会授予“服务保障2017年‘一带一路’国际论坛峰会群防群治工作先进集体”称号。全年共执行警卫勤务任务68次，其中一级勤务6次、二级勤务13次、三级勤务49次。

加强安防技防系统建设。对技防设备实施日检、周检、月检、年检制度，修理安防系统故障1094次、消防系统故障239次，进行391次前端机柜维护与安全检查，完成3125个点式感烟报警器的测试。全年抓获窃贼2人，查没各类刀具3853把，查验易燃物（酒精类）5500余瓶、警用甩棍电棍类48根。处理观众自愿丢弃的打火机150万余个。治理非法散发“一日游”小广告人员及黑导游1963人，查获各类假证件30余个。在开放路线内制止观众吸烟500余人次，保障观众及文物安全。

【“平安故宫”工程】

2017年是实现“平安故宫”工程中长期目标的第二年，在刘延东副总理的带领下，各部委到故宫博物院考察了“平安故宫”工程进展情况，并召开“平安故宫”工程进展情况汇报会。刘延东副总理对工程的开展情况表示肯定，同时要求进一步确保质量，强化精品意识。

“平安故宫”工程七个子项目情况如下：北院区建设项目，取得项目建议书批复、中央在京重点建设项目确认函、建设项目选址意见通知书，完成交通影响评价、环境影响评价、节能评估等前期咨询报告。地下文物库房改造项目，取得国家发改委对该项目立项、初步设计方案和投资概算的批复，以及建设项目备案通知书、规划许可证。基础设施维修改造项目，一期（试点）工程持续推进，二期工程完成对所涉及区域的初步勘察及方案设计。世界文化遗产监测项目，完成文物建筑监测系统建设、室外陈设基础信息采集项目、观众动态监测二期项目、故宫大气污染物源解析项目、午门城台监测二期年度监测任务等重点建设项目。故宫安全防范新系统建设项目，应急指挥平台建设项目完成综合应用系统开发，已基本具备上线试运行条件；文物藏品技术防范系统项目开启系统搭建工作。院藏文物防震项目，完成一批地下文物库房的密集柜改造，确定阻尼减震方案和钟表库、盆景库隔震方案，开启地面文物库房改造。院藏文物抢救性科技修复保护项目，修复院内文物667件，支援修复其他单位文物116件。

【古建筑保护】

加强零修岁修工作，保证故宫古建筑群的整体安全。四项研究性保护项目有序开展。养心殿研究性保护项目采取多学科、多角度、多团队合作方式，开展分项研究，广泛查阅档案，调研同类建筑，力争全面了解建筑及其各类构件的历史年代及工艺特征，完成“文物建筑调查、评估与保护部分”内容，全套文本近一百万字，图纸近两千张。故宫西城墙修缮工程1月开工，完成试验段落的拆除及试验性砌筑。宁寿宫花园（古华轩区、遂初堂区、萃赏楼区）保护维修工程8月开工，依据研究性保护项目理念在施工期间对该区域进行了施工三维扫描数字化记录。大高玄殿研究型修缮保护工程（一期）竣工，该工程首次将建筑考古的研究方法运用到大高玄殿的修缮保护中。

加强人才培养，传承优秀技艺。针对养心殿研究性保护项目，开展官式古建筑营造技艺木作、瓦作、石作工匠选拔及培训，该技艺作为一门专业必修课程走进多所校园，并在“2017（上海）国际建筑遗产保护与修复博览会”等亮相。

【文物保管】

完成第一次全国可移动文物普查工作及文物数据上报工作。召开三年藏品清理工作总结会，举办“大隐于朝——故宫博物院藏品三年清理核对成果展”。故宫博物院器物部获评国务院第一次文物普查工作先进集体。

2017年接受文物捐赠58件/套，其中世茂集团董事局主席许荣茂先生向故宫博物院捐赠《丝路山水地图》。收购孟宪章藏《明拓北齐刘碑造像记》《明拓明拓郭有道碑》《明拓唐元次山碑》碑帖3件，明嘉靖四至六年王延喆刻本《史记》古籍1件。举办“何刚同志追思会”，向这位为中国文博事业做出贡献的捐赠者表达深切悼念。

【开放管理】

2017年10月10日起，故宫博物院正式实施全网售票，全年接待中外观众约1670万人次，再创年度观众数量新高，门票收入7.28亿元。全年限流52天，其中8月1～26日连续限流26天，连续限流天数突破历史纪录。在实施全网售票和限流过程中，增加安检单元，增加检票口数量，改善检票整体环境，完善网上预约购票途径和方法。

年内新开放神武门东西两侧城墙，为确保观众现场参观安全，制定开放应急预案，现场演练多次。不断提升参观环境，对三大殿区域的开放设施进行改造和升级，更换和加长三大殿前台阶，拆除太和殿及保和殿东西两侧小台阶，拆除太和殿东西墙门门槛，铺设保和殿东西墙门外防滑坡道，极大消除了安全隐患。对所有室外路椅进行油饰、维护，新制作标识牌339块、卫生间标识牌及温馨提示牌279块，安装护栏300余米，铺设新式塑木台阶10余处、新式坡道20余处。

【陈列展览】

年内改陈、举办临时展览约20个，包括“尚之以琼华——始于十八世纪的臻宝艺术展”“故宫博物院藏四僧书画展”“秘色重光——秘色瓷的考古大发现与再进宫”“天禄永昌——故宫博物院藏瑞鹿文物特展”“茜茜公主与匈牙利——17～19世纪的匈牙利贵族生活”等。上半年的“紫禁城与‘海上丝绸之路’”展、“浴火重光——来自阿富汗国家博物馆的宝藏”展等引发观展小高潮。9月多展齐发，“千里江山——历代青绿山水画特展”再次引发“故宫跑”，与“赵孟頫书画特展”共同成为文化热门话题。

畅音阁改造完成，古戏楼地下室首次开放。

赴境内文博机构举办或参展31个，包括“紫泥清韵　皇家品味——故宫博物院珍藏宫廷御用紫砂展”“盛世天子——清高宗乾隆皇帝文物特展”等。此外，“数字多宝阁”项目参与“砥砺奋进的五年”大型成就展，吸引百万观众驻足。由故宫博物院与厦门市政府合建的故宫鼓浪屿外国文物馆开馆。

【宣教与培训】

故宫博物院被教育部列入第一批“全国中小学生研学实践教育基地”，被北京市建设学习型城市工作领导小组办公室评为首批“北京市民终身学习示范基地”。“故宫讲坛”经中国成人教育协会全民终身学习专家小组遴选，荣获“特别受百姓喜爱的终身学习品牌项目”称号。

年内开展各类教育活动近千场，其中院内组织执行主题日教育活动、学校预约教育活动、周末散客预约教育活动等共计500场，与北京市宣武师范学校附属第一小学、北京市第三十一中学等8所学校开展馆校合作教育项目353场，赴江苏、河北、贵州、上海等省市执行教育活动27场。应海外中国文化中心邀请，赴曼谷和悉尼举办教育活动12场。此外组织讲座类活动27场，包括“故宫讲坛”21场、公众教育讲座3场、志愿者文化宣讲3场。

故宫学院在上海、徽州设立分院，目前已在全国建立6个分院，举办21场讲座。为加强西安分院建设，与西北大学签署服务“一带一路”合作协议。面向院内职工举办藏文初、中级班。承办文化部、国家文物局、地方市级文物局、博物馆等单位委托培养的培训班6个，涉及宋元书画鉴定、官式古建筑木构保护与木作营造技艺、博物馆管理等主题，学员百余名。

书画教育中心面向社会公众开展各类培训，举办第七届“中华文化小大使”走进故宫博物院活动，开展“GASA大学走进故宫”主题文化活动等各类讲座，先后开设书法类课程11期、绘画类课程8期、研修班课程3期。

【学术科研与出版】

故宫研究院新成立钟表研究所、宫廷原状研究所、世界文明古国研究所、故宫文物南迁研究所、影视研究所等5个研究所，下设研究所数量达到20个。重大古建筑文献整理项目成果《北京城中轴线古建筑实测图集》出版。“新中国出土墓志”（二期工程）、“故宫博物院藏殷墟甲骨文整理与研究”两大社科基金项目进展顺利。故宫考古队受邀参加雄安新区文物保护与考古工作，与国外相关机构考古合作与交流步入常规轨道。

故宫出版社获得第四届中国出版政府奖先进出版单位奖，被评为“2017中国图书海外馆藏影响力出版100强”。《米芾书法全集》获第四届中国出版政府奖电子出版物奖，《故宫博物院藏明清家具全集》获第六届中华优秀出版物奖图书奖，《冷冰川》获第68届美国印刷大奖班尼金奖。《故宫博物院院刊》入选“2017～2018中文社会科学引文索引（CSSCI）来源期刊”。

【数字故宫与文创研发】

新版中文网站及第9款App“故宫社区”发布，热门App“每日故宫”完成2.0版本升级后下载量突破100万次，“故宫出品”系列App应用全年新增下载量超过100万次。端门数字馆推出“发现·养心殿”数字体验展。“养心殿线上展示项目”与养心殿现场进行对接，“灵沼轩线上展示项目”完成全部开发和上线部署工作，“倦勤斋线上展示项目”完成项目筹备工作，“御花园vive展示项目”完成全部项目开发工作，“养心殿vive展示项目”和虚拟现实节目《养心殿》（解说员操控版）开发完成并运行。与腾讯公司合作筹办“文化+科技”国际论坛，开展“NEXT IDEA×故宫”条漫创作大赛，合作游戏“奇迹暖暖”故宫专区“御苑琼芳”正式上线并开放。与搜狗公司合作并授权开发输入法皮肤“千里江山”和“紫禁城祥瑞”，与谷歌文化学院合作推出“故宫百宝”线上项目，上传高清文物影像100余张供海外文化爱好者在线欣赏。

年内研发“福字杯”系列陶艺文创产品、“故宫宫门”钱包和钥匙包、“惠风和畅”长巾和“一团和气”方巾等独具故宫文化特色的文创新品500余种。根据“清初四僧书画展”“千里江山——历代青绿山水画特展”“赵孟頫书画特展”等研发随展文创产品200余种。

参加“2017年法兰克福国际纸制品世界办公用品世界展览会”“‘记忆与当代’——第57届威尼斯艺术双年展中国官方主题平行展”“2017年拉斯维加斯国际品牌授权博览会”“第三届中国非物质文化遗产传统技艺大展”“第十一届（2017）杭州文化创意产业博览会”“2017（济南）国际文物保护装备博览会”“第十届海峡两岸（厦门）文化产业博览交易会”，展示文化创意产品研发工作新成果。文创产品“神骏水果叉”在第十届海峡两岸（厦门）文化产业博览会获得“最佳设计文创产品奖”。

【对外交流与合作】

全年举办涉外（包括港澳台地区）展览9项，包括赴赴芬兰坦佩雷市博物馆“永膺福庆——清代宫廷的辉煌”展、赴摩纳哥格里马尔迪会议中心“继文绳武——清代帝王的家国天下”展、赴德国柏林国家博物馆“传神雅聚——中国明清肖像画展”、赴澳门艺术博物馆“大阅风仪——故宫珍藏皇家武备精品展”等。其中为庆祝香港回归二十周年，故宫博物院与香港特区政府康乐及文化事务署联合主办的“八代帝居——故宫养心殿文物展”“万寿载德——清宫帝后诞辰庆典”成为香港市民的文化“第二课堂”。

经友好协商，与新加坡国家文物局签署谅解备忘录；与意大利文化遗产、活动和旅游部博物馆司，文化遗产、活动和旅游部研究司，意大利文物保护修复高级研究院分别签署合作协议。

国际博物馆协会国际博物馆培训中心（ICOM-ITC）举办春、秋季两期培训班，学员65

名。与新加坡国家文物局合作举办“中国—东盟博物馆高级管理人员交流项目”。国际文物修护学会培训中心举办第三届培训班，学员23名。文保科技团队参加“国际文物修护学会——故宫博物院2017香港研讨会”，并成功申办2020年第28届国际文物修护学会大会。

9月19～21日，“太和·世界古代文明保护论坛”在故宫博物院举办，来自21个文明古国的65名文化遗产领域同仁及5名相关国际组织专家出席。论坛围绕“世界古代文明保护”这一主题展开，设置“古代文明遗产的传承”“古代文明遗产的当代价值”“古代文明的考古学观察与丝路考古”三个分论坛。论坛举办期间，故宫博物院与伊拉克共和国文化、旅游和文物部签署谅解备忘录，与新卫城博物馆签署合作谅解备忘录，与国际博物馆协会藏品保护委员会签署合作框架协议。

中国国家博物馆

【概述】

2017年，在文化部党组的坚强领导下，国家博物馆紧紧围绕迎接、学习、宣传、贯彻党的十九大这条主线，牢固树立“四个意识”，坚定“四个自信”，坚决维护以习近平同志为核心的党中央权威和集中统一领导，更加自觉地在思想上、政治上、行动上与以习近平同志为核心的党中央保持高度一致，更加自觉地用习近平新时代中国特色社会主义思想武装头脑、指导实践、推动工作，切实把党的十九大精神和中央决策部署落到实处，推动各项工作迈上新台阶。

【制度建设】

2017年，国家博物馆继续加强制度建设，着力加强细节管理，规范内部工作流程，各项管理工作扎实推进。新制定和修订的全馆性规章制度包括《中国国家博物馆会议费管理办法（修订稿）》《国家博物馆公务车辆及司勤人员管理办法》《中国国家博物馆事业财务管理办法（试行）》《中国国家博物馆关于加强文化活动政治导向管理实施办法（试行）》《中国国家博物馆意识形态工作责任分工方案》《中国国家博物馆文物藏品（古代部分）管理办法（试行）》《中国国家博物馆藏品保护、管理与研究项目管理办法（试行）》《中国国家博物馆施工管理办法（试行）》《中国国家博物馆培训费管理办法》等。

【安全保卫】

国家博物馆安全管理常态化模式已基本建成，适应了各项运行和业务工作的需要。2017年，国家博物馆在安全保卫工作方面继续坚持抓精细化管理、常态化建设，以确保安全工作万无一失为目标，逐步完善物防、技防、人防、联防体系建设。同时，狠抓一线安全服务质量，实施安全工作“网格化”管理，逐级落实安全责任制，形成“平面加纵深”相结合的立体安全管理机制，高质量完成年度安全保卫工作任务，确保了全馆稳定和文物展品的绝对安全。全年共安检包裹320余万个，查获禁限带危险物品6900余件，没有出现安全事故。及时处置治安类突发事件14起，有效防止事件恶化、影响扩大，确保了国家博物馆的安全稳定。同时，安全保卫工作强化文明服务意识，不断推动落实便民服务措施，整体服务质量得到观众好评。

【藏品管理】

为规范藏品管理制度，国家博物馆拟定《中国国家博物馆文物藏品（古代部分）管理办法（试行）》，提高了文物管理工作的质量和效率，明确了各项工作流程，切实保障了文物安全。

第一次全国可移动文物普查工作圆满完成，国家博物馆藏品保管一部荣获“第一次全国可移动文物普查先进集体”光荣称号。在普查工作基础上进一步完善数字资源信息和优化藏品管理系统，图片资料数据库基本框架已搭建完毕，拟投入使用并逐步录入数据，为库房日常工作、馆内展览设计和学术研究提供资料支撑，为“数字国博”奠定信息基础。

古代文物征集工作成果显著，全年征集重要珍贵文物155件/套，包括商周时期青铜器5件、古代家具121件/套、汉代漆奁具15件/套、唐代墓志4件。同时，按照藏品管理要求，对图书馆的古籍善本和珍本图书进行科学管理，启动馆藏图书资源数据库建设。

大力开展近现代艺术类、历史类实物藏品以及珍贵图片的征集与收藏工作，全年征集藏品1992件/套，编目新入馆藏品1610件。艺术品收藏初步呈现体系。例如第三批入藏石鲁先生作品412件，加上之前分批收藏的作品，国家博物馆共计收藏石鲁作品705件/套，成为全球最权威的石鲁作品收藏机构。对一些具有主题性的历史题材作品也进行了有计划的集中收藏，例如中华文明历史题材美术作品146件，长征题材作品12件等。这些作品不仅具有较强的历史教育意义，同时也具备很强的现实宣传意义。对当代一些艺术家著名或有潜力的艺术家作品予以集中收藏，例如韩美林书画艺术品80件，范曾作品6件，赵俊生书画作品100件，陈家泠艺术作品15件等。

对于历史实物收藏，一方面注重十八大以来党和国家重大事件和重大理念见证的藏品，以更好地配合“复兴之路”基本陈列的改陈扩充，例如“掌中苍穹”11位航天员手模、刘元九的家庭生产生活明细账等；另一方面也着重弥补一些近现代史方面的收藏空白，例如章士钊写给毛泽东主席的信，蒋介石电文稿等等，使馆藏体系更加丰富和完整。

文物科技保护部门完成了包括馆藏文物和合作项目任务中的文物保护、修复、复制等工作；完成综合监测设施升级改造工作；继续完成对馆藏少数民族文物受虫霉害侵蚀的消毒、清理、封护处理；落实金属重点科研基地地方工作站实施计划。

【陈列展览】

2017年，国家博物馆共举办陈列展览68个，其中新办展览45个，包括“凤鸣朝阳——迎丁酉鸡年馆藏文物展”“秦汉文明展”“馆藏开国元勋文物展——纪念中国人民解放军建军90周年”“迎鸡年春联展”“十二个十二个月——黄永玉生肖画展”“大漆之光——乔十光八十艺术展”“童永全雕刻艺术展”“大美新疆　军垦华章——铁岭工笔画新疆兵团题材美术作品展”“撸起袖子加油干——‘中国梦·劳动美’影像作品展”“缘生妙有　随缘自在——吴卿金雕木刻精品展”“筑梦太空——“掌中苍穹”雕塑入藏暨航天文物展”“艺术长存·湖山生色——周怀民捐赠无锡博物院书画展”“归来·丝路瓷典”“‘一带一路’人类文明——卢禹舜作品展”“南风北韵——郭志光艺术作品展”“‘香港回归祖国二十周年——同心创前路　掌握新机遇’成就展”“庆七·一书画展——庆祝中国共产党成立96周年”“新色金砖　光耀未来——金砖国家媒体联合摄影展”“申少君艺术展——丁酉·书事·墨事”“中国国家博物馆当代瓷器捐赠收藏展”“民族遗珍　书香中国——中国少数民族古籍珍品暨保护成果展”“高怀云岭——范曾八秩之庆艺文展”“丝路使者‘中国白’再出发——德化白瓷艺术展”“相由心生——唐卡艺术精品展”“百年巨匠——四十三位文学艺术大师作品展”“陈家泠艺术大展”“薄施淡染——陈扬龙醴陵釉下五彩瓷技艺传承展”“寄情与木　明志匠心——黄小明木雕艺术展”“赵俊生艺术展”“最美中国人——庆祝中国共产党第十九次全国代表大会胜利召开大型美术作品展”“民族脊梁——迎庆党的十九大胜利召开全国书法大展”“关山无限——纪念关山月诞辰105周年作品展”“纪念李可染诞辰110周年——墨天神境·李可染最后十年作品展”“何家安《长江新卷》展”“寿山石艺——陈礼忠寿山石艺术传承展”“沈门七子书法展”“韩玉臣油画与西方油画展”“李宝瑞纪念画展”“爱国情怀——章乃器捐献文物展”“丝路华章——陆光正从艺60年东阳木雕大展”“著名古建筑天坛祈年殿制作模型捐赠收藏展”等。为迎接党的十九大胜利召开，国家博物馆抽调专业人员参与筹备“砥砺奋进的五年”大型成就展，同时启动“复兴之路”基本陈列丰富充实准备工作。

“卢浮宫的创想——卢浮宫与馆藏珍品见证法国历史八百年”“大英博物馆100件文物中的世界史”在国家博物馆展出，展品质量高，社会影响大，在三个月时间里有近50万人次观展。此外与意大利有关机构合作举办“创意改变生活——意大利设计艺术展”，与美国莱顿收藏馆合作举办“伦勃朗和他的时代：美国莱顿收藏馆藏品展”，与俄罗斯国家历史博物馆合作举办“纪念十月革命100周年——俄罗斯国家历史博物馆藏十月革命文物展”。

【公共服务】

2017年，国家博物馆共接待观众806万人次，提供讲解服务10651批次、22503小时，提供国博课程服务1399批次、6269小时，接待上课学生超过21万人次，培训基础教育一线教师2200余人。春雨工程志愿服务组赴四川省甘孜州开展志愿服务工作，全年服务惠及当地群众5万余人，举办历史文化专题讲座15场，提供讲解服务超过316小时。国家博物馆社教部入选北京市社会大课堂示范基地特色案例2项，北京市社会大课堂教师成果2项，同时获得“第十二届（2017）北京阳光少年活动”优秀组织奖。

“国博讲堂”全年共举办讲座15场，包括《怎样看待古代的中西文化交流》《卢浮宫与法国文化软实力》《全球史观与“大英展”》《历史、艺术与技术——文化遗产保护与传承的密码》《人类的起源与演化：热点问题与研究现状》《展现伦勃朗和同时代人的世界：莱顿收藏和荷兰黄金时期》《中国情怀：秦汉文明与中外交通》等，主讲人是来自国内外博物馆界、科研院所、高等院校等机构的著名专家、学者，充分体现了国家博物馆作为公益性文化机构的重要价值。

【考古发掘】

（一）田野考古项目

晋南考古项目包括山西绛县周家庄遗址考古发掘，横东、拱北遗址调查。苏北考古项目包括韩井遗址资料整理，泗洪半城镇雪南遗址的钻探和发掘。河北考古项目包括雄安新区地下文物调查，坝上地区安固里淖西岸区域考古调查。陕西考古项目包括血池遗址发掘，雍五畤调查，陕西陈仓区雍五畤吴山遗址调查。此外继续完成甘肃早期秦文化考古、山西滹沱河流域考古调查等考古项目。

4月12日，国家博物馆与陕西省考古研究院合作承担的考古项目——陕西凤翔雍山血池秦汉祭祀遗址被评为“2016年度全国十大考古新发现”。

（二）遥感考古项目

继续国家科技支撑计划课题“我国典型遗址遥感与地球物理综合考古研究”，进行河北雄安新区考古调查，进行太行山东麓史前文化研究——武安地区调查，进行齐长城及其相关遗址的遥感识别与动态监测研究，启动浙东明清海防考古调查，进行福建及周边地区窑址调查，继续黄淮地区早期文化遥感考古研究，继续完成安徽地区古代矿冶遗址遥感考古调查与研究，完成河南双槐树遗址被动源电磁层析勘测实验。

在考古研究方面，出版完成《洛阳大遗址航空摄影考古》，举办主题为“低空与地面遥感技术的考古学应用”的第二届国博遥感考古年会。

【科技与信息】

国家博物馆积极利用网站、微博、微信等多媒体手段服务社会公众。国博网站访问量位居国内文博网站前列，年访问量413万人次，页面浏览量1883万次。新浪、腾讯、人民三个微博粉丝共581万；微信订阅人数60.9万；国家博物馆头条号订阅人数14.6万，累计阅读量420万。

积极探索新平台、新技术在展览导览中的应用。在音频分享平台喜马拉雅FM开设官方账号，分享热门展览的导览语音，为观众提供更加便捷的导览方式。首次将蓝牙导览技术应用在“卢浮宫的创想——卢浮宫与馆藏珍品见证法国历史八百年”展览中，观众使用手机可实现智能自助导览。

完成二维码服务平台升级维护工作，为“纪念十月革命100周年——俄罗斯国家历史博物馆藏十月革命文物展”“秦汉文明展”等9个展览制作二维码831个，累计访问量250万次，访客量26.3万人次。

【学术科研】

全年参与科研项目51个（其中新审批通过的馆内项目24个），获得科研奖励7项。参加学术交流活动131人次。发表论文195篇，其中于核心期刊发表32篇。

【宣传与出版】

组织重要业务活动新闻发布33次，接待媒体记者2316人次，监测到各类宣传报道263244篇。完成重要业务活动宣传效果监测评估报告14册，合计约150万字。完成业务活动拍摄610小时，制作专题片94部。

在春节、国际博物馆日、文化和自然遗产日、中秋节、建军节等重要节日前夕举办面向社会的公益性鉴赏活动。目前，国家博物馆文物公益鉴赏活动在社会上形成了良好口碑，在博物馆界起到了模范带头作用。

全年出版专著15部、合著1部、参与编著图书4部、其余精品图书16部。《海外藏中国古代文物精粹·美国费城艺术博物馆卷》出版；《中国国家博物馆馆藏文物研究丛书》出版钱币卷（先秦）、墓志卷，另有19卷已交付出版社。《中国国家博物馆馆刊》全年刊发文章148篇。

【对外交流与合作】

2017年，国家博物馆共派出交流团组22个，接待来访团组218批次。配合国家整体文化外交工作，国家博物馆参与国际会议和大型外事和涉港澳台活动共13场，包括中意文化合作机制第一次会议、2017年港澳大学生文化实践活动等。

与英国、法国、美国、俄罗斯、意大利、日本、韩国等国家相关机构合作举办国际交流大展，开展合作交流和人员培训活动。

2017年，第二届金砖国家文化部长会议在天津召开。国家博物馆作为金砖国家博物馆联盟的牵头单位，与其他金砖四国签署了《金砖国家博物馆联盟成立意向书》，作为此次文化部长会议的配套成果。

恭王府博物馆

【概述】

2017年，恭王府博物馆深入学习贯彻党的十九大精神和习近平新时代中国特色社会主义思想，牢固树立“四个意识”，严格履行“两个责任”，以建设国家级博物馆为新的起点，以弘扬、传承中华优秀传统文化为己任，立足文物保护、旅游开放、博物馆建设、非物质文化遗产保护与展示、文化空间营造和文化产业发展职能定位开展工作。

【博物馆建设】

中国博物馆协会于2016年10～12月组织开展了第三批国家一级博物馆定级评估工作。经过自评申报、评估委员会评估推荐、全国博物馆定级评估委员会综合评审、实地复核和向社会公示，由中国博物馆协会审议核准，文化部恭王府博物馆被评定为第三批国家一级博物馆，于2017年5月18日正式获颁标牌和证书。

恭王府博物馆以国家5A级景区以及国家一级博物馆的双重要求作为博物馆建设的标准。

一是推进“厕所革命”。贯彻落实习总书记对“厕所革命”的重要指示，加快旅游厕所提升改造，新改建旅游厕所6处，新增第三空间卫生间（家庭卫生间）2处。改造过程中不盲目追求高标准，而是在满足观众需求和实用功能的同时突出文化特色。

二是规范旅游秩序。修订完善博物馆开放相关规定，打击逃票、窃票行为，推行导游窃票黑名单，定时约谈旅行社、一日游负责人；验票员、安全巡视员不定时分批换岗，岗位负责人轮流盯岗，做到无监督死角。在游客中心增加休息室、母婴室和投诉室；增加游客流量监测系统，增加自助讲解设备，推广手机二维码、手机导览等；在府墙外侧安装可移动安全护栏，实现行人、机动车有效分离。

三是加大周边环境整治力度。协同北京市旅游执法大队、警察、城管、工商等部门，对博物馆周边的黑出租、黑导游、无证商店、游商小贩进行集中打击、整治，定期对博物馆周边环境进行巡查治理，有效净化恭王府周边的旅游秩序。

四是推进智慧化博物馆建设。制定《智慧恭王府建设发展规划》，分阶段完成机房改造等工作，为建设博物馆统一管理平台奠定了硬件条件。

【安全保卫】

安全工作是恭王府工作的重中之重。2017年国庆黄金周期间，根据文化部和北京市领导到恭王府检查提出的要求，恭王府博物馆专题召开馆领导班子扩大会，研究部署安全和开放管理工作，在完善各项应急预案和安全布防的基础上，坚持问题导向，针对存在的各种问题、漏洞及风险点，制定了21条强化和改进举措，每项任务落实到具体承办部门和负责人，并规定完成时限。

【陈列展览】

围绕艺术展、文物展、非遗展、影像展、园林展五大展览体系，恭王府秉持“专业水准、注重品质、加强学术”的展览理念，突出情境式展览和“精、雅、文”的办展特色，加强“以展代藏，以展促研”运作模式，提升“策展人负责制”的策划水平。全年共举办不同形式的展览53项，其中艺术系列展 23项，非遗展12项，文物展2项，国际交流展 4项，研究成果展 2 项，馆藏展4项，影像展 4项，园艺展 2 项。

观众互动和亲身参与是2017年展览的一大特色，如“普洱熟茶渥堆技艺精品展”让观众可以亲自制作茶饼，体验普洱茶的传统制作技艺；“青海热贡唐卡研究成果展”“传统苏绣精品展”等展览特别聘请传承人和技师现场演示、绘画，让观众零距离了解艺术作品的创作过程。以恭王府馆藏品为主题的“爱新觉罗 · 毓嶦书法作品展”“恭王府馆藏扇面展”“恭王府馆藏唐卡艺术展”和“恭王府馆藏紫砂作品展”，是恭王府充分挖掘自身馆藏资源，丰富展览体系的新亮点。

数字体验馆借助虚拟现实3D技术，于国庆节前夕向公众开放。

【藏品管理】

藏品类型、体系不断丰富完善，学术研究能力得到加强。征集到恭王府旧藏清白玉鸟形盒，是继清康熙郎窑红荸荠瓶和翡翠苍龙教子纹双耳盖瓶之后第三件回流的旧藏文物，对丰富恭王府馆藏和研究清代王府文化具有重要意义。收藏王树村先生藏早期北京年画100余幅，收藏“中国民间传统织绣展”展出的刺绣、织锦、印染等民俗艺术作品504件/套，收藏娘本、更登达吉的唐卡作品53幅，收藏摄影作品和当代艺术品百余件。

【公教活动】

发挥博物馆教育职能，联合中小学校实现资源共享。“王府课堂进行时——绚烂暑期”开办了国画、传拓技艺等六大主题17场活动，数百个家庭参与；年画、法琅制作技艺两个项目走进史家小学、厂桥小学，促进了与中小学的深度合作；“游王府 · 学历史 · 品文化——馆校联盟”教育活动，首次聘请馆内王府专家为北京四中400名学生讲解清代历史和古建规制。

志愿者针对不同人群设计不同的讲解内容，实行“定制式”服务。“忻州非遗精品展”等展览期间，志愿者编写了多版本的讲解词，接待了西城区志愿者联合会下属的数十家单位、什刹海街道20多个社区观众2000余人，进行了100多次专场讲解，深受周边居民、学校师生的称赞。

【文化活动】

2017年的文化活动首次运用包括VR直播技术在内的互联网视频直播手段，实现了线上线下的双重观演体验，让更多观众可以通过网络平台共享活动盛况，增强了活动的互动性和参与度。“良辰美景 · 恭王府2017年非遗演出季”“海棠雅集”等7项文化活动进行了直播。

【非物质文化遗产】

举办“锦绣中华——非遗服饰秀”活动。6月5～10日，配合文化和自然遗产日，恭王府牵头策划举办了“锦绣中华——2017中国非物质文化遗产服饰秀”系列活动，包括8场服饰秀、5场静态展览展示、3场学术研讨会，展出服饰400余套。这是恭王府首次举办大型活动，对活动的策划、组织、实施都是极大的考验。此次活动社会关注度较高，《光明日报》发表《非遗传承发展的“中国实践”》，光明网发表《服饰秀非遗时尚传文化》《中国刺绣：从生活中来，到生活中去》，《人民日报》发表《绣娘的日常成了艺术有了市场》等文章，产生了强烈反响。鉴于活动的成功举办，根据文化部领导“总结经验、完善机制、把非遗服饰秀办成权威、专业、有国际影响，对振兴中国传统工艺有示范引领作用的平台”的指示要求，10月23日，非遗司批复恭王府成立“锦绣中华——中国非物质文化遗产服饰秀系列活动组委会”。11月16日，“锦绣中华——又见苏州、秀美天堂”作为第二场非遗服饰秀，在苏州第十届中国刺绣文化艺术节期间成功举办。11月28日，“锦绣中华——首届中国纺织非物质文化遗产大会非遗服饰秀”在杭州隆重上演。

推动学术研究能力提高，提升非遗展览展示水平。启动传统家具制作技艺、传统工艺振兴案例、传统年画等3项研究课题；主持召开9场学术研讨会、4场专题学术讲座，编辑出版《中华传统技艺》学术成果5卷、教学成果1卷。以“传承技艺，美丽中国”为主题，策划开展了内容丰富的展览活动，包括12场静态展览和传承人现场展示、5场动态展演和活态展示，共接待观众210万人次。

与院校、地方政府、各行业协会及文化机构开展广泛合作，形成优势互补、资源共享，共同推进传统工艺振兴。与中国社会科学院研究生院、北京建筑大学、四川大学开展教学合作，共同培养非遗专业人才；与苏州高新技术开发区管理委员会成立苏绣研培中心，共建苏绣协同创新中心；与中国民俗学会共建“中国二十四节气研究中心”，与中国纺织工业联合会共建“传统纺织印染绣技艺协同创新中心”，与中国工艺美术学会共建“传统工艺协同创新中心”，与忻州市人民政府成立文化部恭王府博物馆“驻山西忻州（静乐）传统工艺工作站”。

积极筹备中国非遗传承人群研培计划参与院校成果展。认真开展调研和各项筹备，9月赴上海8所院校调研研培成果，10月对上海6所研培院校的展览方案进行专家评审，并组建了16人的展览工作组。

【文化扶贫】

认真落实文化部领导指示，到定点扶贫县静乐、娄烦等地开展调研，了解情况和需求，利用恭王府资源优势，结合当地特色资源，把扶贫与“扶志”和“扶智”结合起来，将扶贫工作做到“点子上”。举办“欣欣向荣 心灵之舟——山西忻州文化遗产精品展示月”系列活动，集中呈现和展示忻州的自然与历史文化遗产。10月13日，文化部恭王府博物馆（驻忻州静乐）传统工艺工作站在山西省级重点文物保护单位——忻州秀容书院内正式挂牌成立。与忻州市政府签署战略合作协议，挖掘当地传统工艺，带动群众脱贫。召开静乐剪纸传承与发展研讨会等学术活动，投入资金购买静乐剪纸作品。引入山西灌木文化公司与静乐剪纸手艺人签约，促进静乐剪纸等非遗项目的传承和发展，帮助其逐步形成特色文化产业。在娄烦县挂牌成立恭王府旅游产品生产加工基地，用于旅游产品的开发，选派业务骨干到娄烦为当地贫困户开展旅游产品制作培训。通过授权的方式，利用忻州当地农产品开发销售恭王府福饼2万余份。开放恭王府非遗精品长廊，设立18个展位展销忻州各个区县传统手工艺品、特色农产品、地方特产等。

通过展览、收藏和举办文化活动等方式，积极推进文化援藏、援青、援疆工作，如举办娘本、更登达吉等艺术大师的展览，收藏其艺术作品。

【文化产业】

延伸品牌文化活动的外延，打造恭王府文化新IP。对“海棠雅集”“良辰美景”“中秋寄唱”等一系列精彩纷呈又影响较大的文化活动进行梳理，在“恭王府”“天下第一福”基础上形成了恭王府新IP品牌，并进行注册保护，配合活动研发配套衍生文创品的“文化活动+文创产品”模式，成为恭王府文创发展的新亮点。

加大文创产品研发力度。提出了“在原有文创产品的基础上，将单独的文化元素（如“天下第一福”）进行开发、形成多个品类系列，或将同一类文化元素集合推出多个品类系列”的文创产品开发思路。先后与周大福珠宝金行有限公司等8家企业签署了授权开发协议，全年推出十几个类别数百种文创新品。向文化部申报了《恭王府文创品牌提升计划2.0》项目，计划用时5年，以恭王府历史文化为基础，以福文化为依托，打造知名文化品牌，提升恭王府文创产品品质。

建立准入退出机制，激发文创产品创新活力。制定《关于文创商品授权开发的规定》和《商品进入与退出管理办法》，成立“文创授权小组”及“商品审核小组”，严格把控文创产品研发、投产、进入退出渠道等关键环节，采用末位淘汰制，对已进入渠道销售的文创产品进行销售数量、业绩的统计评估，对市场检验不佳的产品予以淘汰，确保在售文创商品的良性循环。

加强队伍建设，形成具有自身特色的文创发展模式。确立了“创意是核心、模式是关键、市场是根本、管理是基础”的文创理念。进一步加强文创产业队伍的建设，通过在馆内成立“文创授权小组”，与高校、机构合作，吸引社会力量，为恭王府文创发展储备人才。构建了一支拥有开发、营销能力的队伍，初步建立了开发设计师库、供应商库、合作机构库、衍生商品储备库，为文创产品的可持续发展提供了支撑保障。

加大维权力度，提升知识产权管理、运用和保护能力。进一步加大知识产权的注册力度，对“海棠雅集”“良辰美景”及恭王府殿、室特有名称等18种276件商标进行了防御性注册。主动出击，加大对侵权的打击力度。委托商标事务所向淘宝网运营方浙江淘宝网络有限公司发送了洽商函，要求浙江淘宝网络有限公司对淘宝网平台上涉嫌侵犯“福（康熙御笔之宝）”商标专用权的店铺进行整顿处理，同时在“12318”全国文化市场举报平台进行举报投诉，100余家侵权商家受到了淘宝电商平台产品下架、封店等不同程度的惩罚。

加大品牌宣传力度，提升恭王府总体形象。在对外宣传上加大对新媒体的运用，全年推送文化活动等相关文章、视频200余篇。首次开启“内容+渠道”模式，将馆内“祈福大典”“非遗演出周”“红楼书院”等文化活动在新浪、今日头条等网络平台进行直播。积极参与各类展会活动，展示恭王府文化及文化创意产品，扩大恭王府品牌知名度，并进行文创新品市场调研、寻找新的合作伙伴。

中国文物学会

【概述】

2017年，中国文物学会深入学习贯彻习近平总书记关于文化遗产保护系列指示精神，在国家文物局的领导下，以文物事业发展为中心，推动各项工作不断取得新成绩。

【党建工作】

党的十九大召开后，中国文物学会常务理事会召开会议，专题学习习近平总书记在十九大所作的报告。成立党支部，加强对党员的教育和管理，组织党员学习十九大精神，在思想上、政治上、行动上与以习近平同志为核心的党中央保持高度一致。

【组织建设】

2017年，中国文物学会继续对分支机构组织建设方面存在的问题进行整改，努力夯实组织基础。文物保护技术与修复材料专业委员会和文物修复专业委员会分别召开会员代表会议，进行换届改选。12月25日，中国文物学会召开第七届常务理事会第十次会议。按照学会章程，会议研究了召开第八次会员代表大会进行换届改选事宜。

【学术活动】

1月16日，举办“行万里路，谋万家居：人居科学发展暨《良镛求索》座谈会”。座谈会回顾了吴良镛先生对文化遗产事业的突出贡献，梳理了吴良镛先生的有机更新理论、广义建筑学理论、人居环境科学理论和积极保护、整体创造的理论在文物保护中的价值，高度评价吴良镛先生在文化遗产保护领域的学术影响。

3月31日，文物保护技术与修复材料专业委员会召开第三届学术交流会，专家学者交流文物保护修复理念、技术和经验。

5月25日，法律专业委员会召开文博法律研讨会，促进文博法规的健全和完善，助推文物保护单位、博物馆管理的法治化，推进文博单位的普法工作。

9月22日，漆器珐琅器专业委员会组织漆器珐琅业务培训，传授漆器珐琅器制作工艺和保护知识，培养专业人才。

10月11日，信息化专业委员会举办“互联网+文博大数据”创新应用学术研讨会，促进文博行业信息化创新应用实践。10月12日，大运河专业委员会举办江南运河古镇论坛，发掘大运河沿线城镇文化遗产内涵，做好运河古镇的保护利用，携手共建绿色运河、人文古镇。10月14日，古村镇专业委员会举办卓筒井文明与古村落保护学术研讨会，研讨保护卓筒井遗址、传统古村落的思路和措。10月27日，文物修复专业委员会举办全国文物修复技术研讨会，交流文物修复保护的新技术、新材料研究及与传统工艺相结合的经验。

11月2日，传统建筑园林委员会举办2017年年会，以“低等级文保单位的保护修缮与思考”为主题，分享新时期传统村落保护工作的经验与启示。11月10日，会馆专业委员会举办第九届会馆论坛，推动会馆保护利用、会馆文化研究。11月13日，历史文化名楼保护专业委员会举办第十四届名楼论坛，探讨新时期历史文化名楼保护利用。

12月1日，工业遗产委员会举办第八届工业遗产学术研讨会，围绕工业遗产、文化创意产业与创新型城市发展的主题展开学术研讨。12月2日，中国文物学会20世纪建筑遗产委员会发布第二批100项中国20世纪建筑遗产名录。

【咨询服务】

5月5日，中国文物学会组织专家组深入河北省邢台县考察中国人民抗日军政大学陈列馆以及抗大旧址，就革命文物的保护与展示、博物馆档案的收藏与管理进行交流指导。

5月8日，世界遗产研究委员会与云南省龙陵县共同举办龙陵抗战文化遗产保护研讨会，围绕龙陵抗战文化遗产研究与保护工作、松山战役遗址和龙陵境内滇缅公路及沿线抗战遗址遗迹保护等内容展开讨论，建言献策。

【承担课题】

中国文物学会承接、文物安全专业委员会实施的国家文物局文物建筑消防物联网远程监控前期研究项目，通过总结消防物联网技术发展现状调研、全国重点文物保护单位消防设施建设现状调研、文物建筑消防物联网监控系统建设方案、文物建筑消防物联网监控试点应用等实践经验，形成《文物建筑消防物联网监控系统可行性报告》《全国重点文物保护单位消防物联网监控系统初步建设方案》等成果，通过国家文物局专家验收。

【文化宣传】

5月26日，中国文物学会与中国文物报社主办的2016年度全国文化遗产十佳图书推介活动终评会在京召开，评选出十佳图书10种、优秀图书9种。

10月27日，中国文物学会与中国民间文艺家协会、浙江省文联、杭州市上城区人民政府共同主办第七届中国民间艺人节，内容包括中国民间艺术精品展、中国民间艺术产业示范展、中国民间收藏品交流展、中国新生代匠人产业发展论坛等。

【学术园地】

2017年，中国文物学会与故宫博物院主办的《中国文物科学研究》杂志顺利出刊，反映了文物保护技术发展和科研成果的新动态、新发展。

各个专业委员会组织出版《中国工业遗产调查研究与保护》《少数民族抗战文物保护座谈会论文汇编》《卓筒井文明与古村落保护》《中国大运河遗产保护论坛文集》《中国文物学会会馆专业委员2017年年会论文集》等学术论文汇编。

【专家活动】

10月11日，中国文物学会举办重阳节老专家联谊会，文物界老领导老专家畅谈文物事业发展成果，共叙真挚友情。

中国古迹遗址保护协会（ICOMOS/China）

【概述】

2017年，中国古迹遗址保护协会认真学习、贯彻落实党的十九大精神，克服困难，勇于创新，进一步扮演好行业协会、专业咨询机构的角色。在业务主管部门文化部、业务指导部门国家文物局的正确领导下，在协会领导、专家的亲切关怀与具体指导下，在协会各专业委员会、各团体会员单位的共同努力下，协会顺利完成各项工作任务，召开了第四届会员代表大会，选举出第四届理事会。在新一届理事会的领导下，协会在组织与能力建设、国际交流、公众传播、行业资质资格管理等领域，继往开来，持续开拓，取得了一定成绩。

【党建工作】

参加文化部召开的“文化部主管社会组织党建工作会议”和“文化部主管社会组织工作会议”等一系列重要会议，积极落实文化部直属机关党委有关社会组织党建“两个全覆盖”工作。

根据文化部直属机关党委《关于加快落实文化部业务主管社会组织党建工作的通知》要求，协会结合自身情况，积极沟通协调，将秘书处党员落实到秘书处挂靠单位中国文化遗产研究院党委第三党支部，并参加了国家文物局系统青年干部培训班、党的十九大精神学习会等一系列党组织活动。

【重要活动】

（一）理事会换届工作

按照《章程》，协会于5月23日在北京召开了第四届会员代表大会，会上选举产生出协会第四届理事会。宋新潮当选第四届理事会理事长，柴晓明、吕舟、王旭东、王力军、陈星灿、姜波、舒小峰当选副理事长，闫亚林当选秘书长。

（二）协会第四届理事会、常务理事会会议

5月23日，理事长宋新潮主持召开第四届理事会第一次会议，会上选举刘克成、刘智敏、张杰、周俭、郑军、洪天华为常务理事。同日，理事长宋新潮主持召开了第四届理事会常务理事会第一次会议，对副理事长工作进行了分工，就账务总监和秘书长的工作职权征求了意见，并对协会专业委员会的管理与工作流程、会员发展与管理进行了讨论。

9月6日，协会第四届理事会2017年第二次常务理事会在西安召开，理事长宋新潮主持会议。经讨论，会议确定了协会换届后财务总监和秘书处主任人选，并做出加强秘书处与中国文化遗产研究院业务协作的决定。

（三）全国优秀文物维修工程推介

3月10日，由协会和中国文物报社共同主办的第三届（2015年度）全国优秀文物维修工程推介活动终评会在北京召开，河北省曲阳县北岳庙壁画保护修复工程、山西陵川县小会岭二仙庙修缮工程、上海四行仓库修缮工程、江西富田诚敬堂维修工程、湖南通道坪坦风雨桥群修缮工程、广东顺德乐从陈氏大宗祠修缮工程、重庆大足石刻千手观音造像抢救性保护工程、四川三苏祠灾后文物抢救保护工程、陕西明长城建安堡保护加固工程和甘肃敦煌莫高窟第98窟壁画保护修复工程等10个项目获得“全国优秀文物维修工程”称号。

“4·18”国际古迹遗址日当天，由协会与中国文物报社、河北省文物局共同主办的全国优秀文物维修工程经验交流推介会在河北省曲阳县召开。

（四）2017（上海）国际建筑遗产保护与修复博览会

8月10～12日，协会参与主办的建筑遗产保护行业的年度盛会——2017（上海）国际建筑遗产保护与修复博览会在上海举办。本届博览会以“保护、修复、利用”为主题，来自全国各地以及意大利、俄罗斯、尼泊尔、土耳其等国家和地区的81家文化遗产行业单位参展。展览范围涉及材料工艺、装备产业、数字化应用、旅游文创、保护工程、科研成果、专业媒体等7大领域。展会期间还举办了多场学术论坛和研讨活动。

（五）中国世界文化遗产30年纪念论坛

12月22日，中国世界文化遗产30年纪念论坛在北京清华大学建筑学院举办。论坛现场，由协会参与策划的“中国世界文化遗产30年纪念图片展”同时展出。

（六）“4·18”国际古迹遗址日活动

2017年国际古迹遗址日年度主题为“遗产保护与可持续旅游”，协会联合团体会员单位中山大学旅游学院，主办了“遗产保护与可持续旅游”高端论坛，邀请国内文化遗产保护与旅游方面的专家展开座谈和跨界对话。多家媒体对这一活动进行了报道，专家发言会后被整理为会议论文集。

（七）其他

8～9月，协会组织我国世界文化遗产地管理者、技术人员以及地方文物部门管理者等参加“澳大利亚世界遗产地亚瑟港世界文化遗产高级培训班”，从理论和实践两方面提升对文化遗产管理的理解和认知，与国际接轨。

11月27日，协会派代表参加了在广州举办的“第六届全国大学生世界遗产保护论坛”，并做题为“社会参与依靠文化认同”的主题演讲。

【世界文化遗产】

7月2日，理事长宋新潮率团参加了在波兰克拉科夫举办的第41届世界遗产委员会会议，福建省“鼓浪屿国际历史社区”成功列入《世界遗产名录》，成为我国第52处世界遗产。

完成景迈山古茶林、西夏陵、江南水乡古镇等申遗项目，以及海宁海塘潮、济南泉城、红旗渠、万里茶道等中国世界文化遗产预备名单申报项目的现场考察和书面评估组织工作。

【国际交流与研讨】

3月30日，理事长宋新潮出席了在北京内蒙古大厦举办的红山文化遗址世界文化遗产价值国际专家研讨会。会上，国内外专家就红山遗址的价值研究和申报策略等进行了充分交流。

4月初，利用红山文化遗址世界文化遗产价值国际专家研讨会的交流机会，协会组织参会的ICOMOS（中国古迹遗址保护协会）考古遗产管理专业委员会主席Douglas Comer，前ICOMOS印度副主席、考古学家Rima Hooja，日本绳文世界遗产申报工作组成员、考古学家岩田安之，澳大利亚堪培拉大学文化遗产管理教授Michael Pearson，前往2019年申遗项目良渚遗址进行了考察，并在现场与申遗文本编制团队、古学家、申遗管理者等进行了座谈。

6月9日，秘书处派代表参加了四川省蜀道申遗领导小组和广元市联合主办的蜀道申遗国际研讨会，并陪同ICOMOS专家Richard Mackey考察了部分蜀道。

12月11～15日，由理事长宋新潮带队的中国代表团参加了在印度德里召开的ICOMOS第19届大会。大会期间，中国代表团与来自世界80个国家的890位遗产专家、同行进行了广泛交流，并就遗产保护面临的问题和未来发展方向进行了深入的探讨。此次大会投票选举出ICOMOS新一届执行委员会成员，协会副理事长、国家文物局水下文化遗产保护中心水下考古研究所所长姜波当选执委。本次大会还通过了以人为本的重要国际文件——《关于遗产与民主的德里宣言》。大会期间，代表团首次借助公众号向国内会员全程报道了会议内容。

【文物保护工程资质管理】

完成文物保护工程甲（一）级资质单位日常管理工作。包括文物保护工程甲（一）级资质单位的信息变更与证书制作，相关资质变更、转注等法律咨询的组织工作，文物保护工程责任设计师、责任工程师信息变更等。12月26日，秘书处组织召开文物保护工程资质考核工作专家咨询会，会议邀请国家文物局有关司处负责人、地方文物行政部门负责人以及文物保护工程单位、文物建筑研究所等文物保护管理人员与技术专家等，就政策变化下如何开展有关文物保护工程资质、从业人员资格管理等进行了专业咨询，并将结论上报有关部门。

提升文物保护工程资质数据管理系统。基于国家文物局综合行政管理平台的现有架构和基础功能，整合原全国文物保护资质单位数据库管理系统，形成融合资质管理和行政审批管理、行业综合管理的统一政务平台的工作方案并予以实施。

【专业委员会活动】

10月13～15日，石窟专业委员会与河北省文物局、邯郸市峰峰矿区人民政府共同主办了“2017中国古迹遗址保护协会石窟专业委员会年会暨响堂山首届学术研讨会”。来自国家文物局、中国文化遗产研究院、云冈石窟研究院、龙门石窟研究院、大足石刻研究院、麦积山石窟艺术研究所、北京大学、中国地质大学等单位的80余名专家及石窟文物工作者就石窟保护研究管理进行了探讨。

文化线路遗产保护研究专业委员会依托四川省文物考古研究院西部考古探险中心，对“唐蕃古道”和“达州古道”（达州境内米仓道和荔枝道）调查成果进行总结和研究；完成“川甘西部走廊考古探险”的前期筹备工作。

历史城市与村镇专业委员会与清华同衡规划设计研究院遗产研究中心合作，开展遗产村落保护技术方法和历史文化名城保护方法总结研究工作。

文化遗产防灾减灾专业委员会针对2017年我国南方各省相继发生暴雨等自然灾害的情况，组织开展了文化遗产灾情调查与备案工作。组织编写的行业标准《木结构古建筑安全性评价技术标准》《木结构古建筑抗震鉴定标准》和《古建筑抗震加固技术规程》已完成初稿。组织编制了国家标准《古建筑砖石结构维修与加固技术规范》，参与编制了北京市地方标准《文物建筑抗震鉴定技术规范》。委员会起草的《关于开展不可移动文物灾害风险排查与防灾能力提升的科研工作建议》提交国家文物局。举办“文化遗产防灾减灾青年论坛”，邀请青年学者围绕木结构古建筑抗震防灾、历史村落的防火安全、文化遗产的防洪安全等议题开展讨论。

中国博物馆协会

【概述】

2017年，中国博物馆协会主动顺应我国博物馆事业发展的新形势，紧密围绕国家文物局的中心工作，团结各类型的博物馆工作者和其他关心支持博物馆事业的人士，在国家文物局的指导下，在思想政治作风建设、学科建设、行业指导、会员服务以及对外交流合作等方面取得了积极进展。截至2017年年底，中国博物馆协会共有团体会员1086个、个人会员10785名，下属专业委员会36个。

【学术研究】

（一）综合性学术活动

3月11日，中国博物馆协会与河南省文物局共同主办的“记录·见证·参与：当代社会进程中博物馆的角色与使命”馆长座谈会在郑州召开。

5月18日，中国博物馆协会在首都博物馆主办了“一带一路”国际博物馆合作学术研讨会，近200名国内外博物馆馆长或文博机构代表出席了研讨会。

7月6日，由中国博物馆协会与加拿大洛德文化资源公司主办、南京市文广新局支持、南京市博物总馆承办的博物馆高层管理人员研讨会在南京召开，来自全国近40家中国博物馆协会常务理事单位的代表参加了会议。

11月28～29日，中国博物馆协会与中国人权发展基金会、江苏省对外文化交流协会在南京联合主办了第三届人权文博国际研讨会，来自英国、德国、意大利、日本、韩国、印度、南非、墨西哥等18个国家的相关博物馆、纪念馆负责人以及国内外人权文博领域的专家学者近百人出席了研讨会。

12月26～28日，中国博物馆协会与中国文物报社、吉林省文物局联合主办的“新时代博物馆文化传播与公众服务理念的探索和实践研讨班”在长春举办，来自博物馆界以及高等院校的专家学者百余人参加了研讨班。

（二）专业委员会学术活动

4月27日，文创产品专业委员会举办博物馆文创产业高峰论坛。

5月25～26日，法律专业委员会召开“2017年文博法律研讨会”。

6月17～18日，出版专业委员会在洛阳召开2017年年会暨“文博出版与新时期使命”学术研讨会。6月20～23日，城市博物馆专业委员会在郑州举办主题为“城市博物馆规划与建设”的第九届学术年会。

8月24日，博物馆学专业委员会在太原召开2017年年会暨“经济环境变化与博物馆应对”学术研讨会。8月27～28日，史前遗址博物馆专业委员会和考古与遗址博物馆专业委员会在青海省共同主办“全国彩陶保护与研究学术研讨会”。

9月，纪念馆专业委员会在重庆召开2017年年会暨“纪念馆与党性教育”学术研讨会。9月12日，市场推广与公共关系专业委员会主办“文博+科技——博物馆未来之路”研讨会。9月18日，区域博物馆专业委员会在西安召开“博物馆未来发展”学术研讨会。9月25日，志愿者工作委员会在上海召开2017年博物馆志愿者论坛暨志愿者工作委员会年会。

10月11～14日，民族博物馆专业委员会召开“民族和民族地区博物馆与文创发展”学术研讨会。10月25～26日，安全专业委员会在陕西韩城召开2017年年会暨“落实安全责任，推进博物馆安全管理体系建设”主题研讨会。

11月，保管专业委员会召开以“努力做好保护、管理工作，为‘让文物活起来’保驾护航”为主题的第22届学术研讨会。11月1～4日，社会教育专委会召开2017年年会暨“品牌——博物馆教育的追求与活力”研讨会。11月27～28日，藏品保护专业委员会主办了“绿色博物馆——文化遗产保护的可持续性发展与风险管理”国际学术研讨会。

12月1日，名人故居专业委员会在四川召开2017年年会暨学术研讨会。12月8～10日，乐器专业委员会在北京举办第六届全国乐器学研讨会暨东方乐器研讨会。

【学术出版】

2017年，中国博物馆协会共完成所主办的信息性月刊《中国博物馆通讯》12期、学术性季刊《中国博物馆》4期，两种刊物优势互补，成为博物馆界发表学术论著，交流业务成果的平台。

8月15日，中国博物馆协会第六届九次理事长会议通过决议，决定对《中国博物馆》编委会进行调整，增加中国文物报社作为刊物协办单位。重新组建后的《中国博物馆》编辑部设在中国文物报社。12月26日，编辑部在长春召开《中国博物馆》编辑委员会2017年会议。

重新校订、印制《国际博物馆协会博物馆职业道德》的中文译本，并在协会多个学术活动上发放以进行宣传推广。《国际博物馆协会博物馆职业道德》是国际博协的基石，它规范了博物馆及其工作人员的专业行为标准。

继续开展《中国博物馆大百科·博物馆卷》的编纂工作，逐步完善了条目表内容。

继续开展《中国博物馆发展》一书的编纂工作，确定全书框架和章节内容。

【服务行业和会员】

（一）第八届中国博物馆及相关产品与技术博览会

中国博物馆协会于4月发布《中国博物馆及相关产品与技术博览会申办办法》，启动第八届“中国博物馆及相关产品与技术博览会”举办城市的遴选工作。经过遴选，最终确定福州市为举办城市。

（二）服务行业管理

中国博物馆协会连续六年组织“全国最具创新力博物馆”推介活动。2017年获得最具创新力博物馆推介的两家博物馆是浙江自然博物馆和四川博物院。

在国家文物局的指导下，中国博物馆协会与中国文物报社共同主办了“第十四届（2016年度）全国博物馆十大陈列展览精品推介活动”，评选出10个精品奖、10个优胜奖、1个国际及港澳台合作奖、1个国际及港澳台合作入围奖。5月18日，颁奖仪式在2017年国际博物馆日主会场首都博物馆举行。

为贯彻落实《国务院关于进一步加强文物工作的指导意见》，推进实施《全国文博人才发展中长期规划纲要（2014～2020年）》，加强博物馆社会教育服务工作，不断提高讲解人员的整体水平，促进博物馆事业快速健康发展，在国家文物局的指导下，中国博物馆协会组织开展了“中国故事——全国博物馆优秀讲解案例展示推介活动”。第一阶段的推介活动于2017年2～4月由各地文物主管部门或博物馆协（学）会自行组织完成，按照专业组、志愿者组和学生组三种类别报名。第二阶段的推介活动于5月16日在北京举行，最终产生专业组、志愿者组和学生组的“十佳优秀讲解员”和“优秀讲解员”。活动结束后选择部分优秀案例出版图书《讲述中国故事》，分为物华、追梦、逐梦三册。

组织开展2014～2016年度国家一级博物馆运行评估工作和第三批国家二、三级博物馆评估定级复核备案工作。在国家文物局的指导下，中国博物馆协会对原有的运行评估指标体系进行了研讨和修改，制定了《国家一、二、三级博物馆运行评估规则》。

为引导中国博物馆协会会员单位陈列展览设计施工行为，提升陈列展览设计和施工项目的专业化水平，为国家相关主管部门正式出台本领域专门标准奠定良好基础，根据《中国博物馆协会博物馆陈列展览设计施工单位资质管理办法》，中国博物馆协会于6月在团体会员单位中开展了2017年“博物馆陈列展览设计、施工单位资质评估推介”工作。

（三）专业培训

为满足会员单位的培训需求，中国博物馆协会在2017年组织实施了不同层次和类别的培训课程。例如在上海举办中国博物馆协会第七期新入职员工培训班，在西安举办两期讲解员高级研讨班，与美国克莱蒙特研究生大学盖蒂领导力学院在西安联合主办2017年中国博物馆青年领导力培训班，与故宫博物院以及国际博物馆协会在故宫培训中心联合主办两期“国际博协培训中心培训班”。

中国博物馆协会各专业委员会为满足会员单位提升业务水平和加强交流的需求，也举办了专业相关的各类培训班，如安全专委会举办了“2017年全国博物馆安全管理及技术培训班”，乐器专业委员会举办了第四届国际音乐考古培训班，市场推广与公共关系专业委员会举办了博物馆服务标准化培训班，藏品保护专业委员会举办了“文物保护研究中高（多）光谱、微褪色及光学相干断层成像技术”研讨班，建筑空间与新技术专委会举办了“互联网+博物馆”研习班，建筑空间与新技术专委会和博物馆数字化专委会共同举办了“中国博物馆‘互联网+博物馆’”案例分析与信息化应用实践培训班等。

【国际交流合作】

2017年，中国博物馆协会对外交流的深度和广度继续保持良好发展的态势，为中国博物馆学习借鉴国外先进博物馆理念和经验，扩大中国博物馆的国际影响力做出了贡献。

5月18日，由国家文物局指导，中国博物馆协会主办、北京市文物局协办的“一带一路”国际博物馆合作学术研讨会在首都博物馆举行，近200名国内外博物馆馆长或文博机构代表出席了研讨会。

6月5～10日，应国际博物馆协会总部的邀请，中国博物馆协会派出代表赴法国巴黎出席国际博协2017年大会、国际博协第83次咨询委员会会议，以及国际博协培训中心（北京）的相关专门会议。

9月3～8日，中国博物馆协会派出代表赴丹麦哥本哈根出席国际博物馆协会藏品保护委员会（ICOM-CC）第18届大会，就中国申办 ICOM-CC 第19届大会作陈述发言。经大会讨论一致通过，ICOM-CC 第19届大会将于2020年9月在北京举办。

9月27日～10月2日，安来顺同志应邀代表国际博协参加在克罗地亚举行的“世界最佳遗产利用”会议，并在会上作主旨发言。

10月31日～11月3日，安来顺同志应邀参加在伊朗查巴哈举行的主题为“亚太地区的博物馆教育与水资源短缺”的国际博物馆协会亚太地区联盟2017年大会。大会上，安来顺同志宣读了国际博协主席致辞，并作关于中国博物馆提升教育功能新策略的主旨发言。

纪事篇

1月

1月3日	国家文物局工作组赴河南安阳调研文物工作。
1月4日	国家文物局会同河南省文物局，就汝州市望嵩文化广场项目汉墓群被破坏事件约谈河南省汝州市政府。
1月5日	著名古建筑学家、山西省文物局原总工程师、山西省古建筑保护研究所原所长、研究员柴泽俊先生逝世，享年84岁。 四川省文物考古研究院、国家文物局水下文化遗产保护中心、眉山市彭山区文物保护管理所召开启动通报会，宣布四川彭山江口沉银遗址水下考古工作正式开始。
1月6日	国家文物局党组书记、局长刘玉珠一行到北京鲁迅博物馆（北京新文化运动纪念馆），指导该馆2016年度党员领导干部民主生活会。
1月9日	国家文物局和公安部联合工作组赴甘肃省开展被盗（丢失）文物调研工作。
1月10日	“中国社会科学院考古学论坛 · 2016年中国考古新发现”在北京举办，贵州贵安新区牛坡洞遗址、辽宁朝阳市半拉山红山文化墓地、湖北天门市石家河新石器时代遗址、陕西神木县石峁遗址皇城台遗迹、新疆尼勒克县吉仁台沟口青铜时代聚落遗址、河南洛阳市西朱村曹魏大墓入选2016年六项考古新发现。本年还首次增设了国外考古新发现项目，乌兹别克斯坦明铁佩古城遗址当选。 经山西省政府常务会议审议通过的《山西省文物建筑构件保护办法》正式施行。这是国内首次就文物建筑构件保护进行立法。 由中国文物交流中心和中外文化交流中心共同主办的“欢春文博礼”文创产品邀请展在北京开幕。
1月11日	国家文物局局长刘玉珠在北京会见加拿大文化遗产部部长梅拉妮 · 乔丽。双方就归还中国流失文物，进一步深化和推动两国在文化遗产领域的合作进行了交流。
1月12日	由中国国家博物馆和法国卢浮宫博物馆联合主办的“卢浮宫的创想——卢浮宫与馆藏珍品见证法国历史八百年”展览在北京开幕。 中国文物保护基金会第五届理事会第三次会议在北京召开。会议决定中国文物保护基金会向民政部申请认定为慈善组织。
1月13日	国家文物局工作组赴河北正定考察指导正定古城保护工作，并召开

正定古城保护工作座谈会。

1月14日　由河南省文物局主办，河南博物院等承办的“启封中原记忆，感知河南考古——2016年度河南考古新发现公众报告会”在河南郑州举办。

1月15日　联合国海陆丝绸之路城市联盟项目科教、文化与传播委员会在北京揭牌成立。

原河南省文化厅党组成员、巡视员，河南省文物局原局长常俭传同志逝世，享年72岁。

1月17日　国家文物局在北京召开2017年媒体座谈会。

国家文物局水下文化遗产保护中心2017年工作年会在北京召开。

甘肃省直石窟管理机构整合移交仪式在敦煌研究院兰州院部举行。整合后的敦煌研究院将统一管理莫高窟、榆林窟、西千佛洞石窟、麦积山石窟、炳灵寺石窟、北石窟寺等六大国保级石窟，形成“一院六地、一院五所”的管理格局。

我国现存唯一一部官刻汉文大藏经木质经版《清敕修大藏经》文物保护项目历时7年完工。

北京鲁迅博物馆和重庆中国三峡博物馆联合主办的“鲁迅的艺术世界——鲁迅博物馆馆藏文物展”在重庆中国三峡博物馆开幕。

1月18日　国家文物局公布并施行《国家文物局随机抽查事项清单》和《国家文物局随机抽查工作细则》。

加拿大文化遗产部在渥太华举行交接仪式，向中国驻加拿大使馆归还中国流失的两件文物和两件化石。

由国家文物局主办、中国科学院上海高等研究院协办、天津市文物局和天津大学承办的“2016年文物保护领域物联网应用与发展学术研讨会（第五次会议）”以及“文物保护领域物联网建设技术创新联盟理事会全体会议”在天津召开。大会主题是“互联网+文物展示与传播”。

著名考古学家、古文字学家、书法家，山西省文物局原副局长、山西省考古研究所原所长、研究馆员张颔先生逝世，享年98岁。

1月19日　由中国民族文化艺术基金会、文化部恭王府博物馆联合丹麦腓特烈堡国家历史博物馆共同发起的“互联网+中华文明——‘瞄世界’博物馆进课堂计划”正式启动。

1月20日　国家文物局印发《关于加强尚未核定公布为文物保护单位的不可移动文物保护工作的通知》。

国家文物局局长刘玉珠、副局长宋新潮赴北京国立蒙藏学校旧址整改现场和首都博物馆检查文物安全工作。

由国家文物局指导、中国文物报社发起的“金鸡报晓”——丁酉新春鸡文物联展推出。

1月22日　国家文物局通报了暗查暗访文物消防安全工作情况。一些单位依然存在着防火意识不强、责任落实不够、消防管理不到位，火灾隐患排查整治不彻底，消防设施设备维护不到位等突出问题。

1月23日　国家文物局印发《国家文物局2017年工作要点》。

国家文物局召开专题会议部署2017年党建工作。

国务院印发《“十三五”推进基本公共服务均等化规划》。

1月24日　全国历史文化名城专家委员会副主任委员、中国城市规划学会原理事长、著名城市规划专家、古建筑保护专家郑孝燮先生逝世，享年101岁。

1月25日　中共中央办公厅、国务院办公厅印发《关于实施中华优秀传统文化传承发展工程的意见》。

1月26日　国家文物局公布了湖北省全国重点文物保护单位红安七里坪革命旧址之“国共合作谈判处旧址”遭拆毁案、河南省省级文物保护单位商城县南街民居遭整体拆除案和河南省汝州市望嵩文化广场项目汉墓群遭破坏案3起案件的调查处理情况。

1月28日　中国文物交流中心以“中国文博创意”为主题设立的“东方文化元素展示区”在德国法兰克福国际文具及办公用品展亮相。

2月

2月6日　国家文物局和公安部消防局联合印发《关于加强文物建筑电气防火工作的通知》。

2月9日　重庆市文物局组织召开2017年度钓鱼城遗址保护工作专题会。

2月10日　著名考古学家、浙江省文物考古研究所资深研究员、原浙江省考古学会副会长、中国文物学会玉器研究会理事、中国考古学会第三届理事会理事牟永抗同志逝世，享年83岁。

2月15日　由中国、缅甸和联合国教科文组织共同举办的缅甸蒲甘佛塔震后修复保护国际会议在缅甸蒲甘考古博物馆开幕。
庆祝中德建交45周年系列文化活动“今日中国——合作·友谊·共赢”新闻发布会在北京举办。
经过全面展示提升以后的中国水利博物馆重新对外开放。

2月15～17日　国家文物局和公安部联合工作组赴湖南调研“打击文物犯罪及被盗文物信息数据采集工作”。

2月17日　国家文物局工作组赴四川眉山调研江口沉银遗址考古发掘工作。

2月18日　由中国文物交流中心、首都博物馆、故宫博物院和日本江户东京博物馆合作举办的“18世纪的江户与北京”展览在日本江户东京博物馆开幕。

2月20日　国家文物局局长刘玉珠一行在北京通州调研北京城市副中心建设文物保护与考古工作。

2月21日　国家文物局印发《国家文物事业发展“十三五”规划》。

2月23日　文化部、国家文物局召开全国文化文物系统学习贯彻公共文化服务保障法视频会议。
由中国文物学会、中国城市规划学会、中国建筑学会、中国紫禁城学会举办的“郑孝燮先生追思会”在故宫博物院召开。

2月24日　习近平总书记一行到北京通州考察北京城市副中心行政办公区建设工程，参观了现场指挥部内的出土文物展区，并听取了有关通州汉代路县遗址考古发掘情况的汇报讲解。

2月27日　文化部恭王府管理中心举办“振兴传统工艺”丁酉学术论坛——国家非物质文化遗产展示与保护基地（恭王府）工作职能定位与战略规划学术研讨会。

2月27～28日　国家文物局工作组赴湖北调研大遗址保护及国家考古遗址公园建设工作。

2月28日　国家文物局发布《关于进一步规范国家重点文物保护专项补助资金管理、提高使用绩效的通知》。
由国家文物局支持、北京大学考古文博学院和英国文化教育协会、英国大使馆文化教育处主办的“中英文化遗产高层论坛”在北京大学考古文博学院举行。

3月

3月1日　《中华人民共和国公共文化服务保障法》正式施行。

福建省首部专门针对红色文化遗址保护进行立法的政府规章《三明市红色文化遗址保护管理办法》正式施行。

由国家文物局主办，中国文物报社和北京市正阳门管理处承办的“前门楼子九丈九——北京正阳门”展在北大红楼橱窗开展。

3月2日　国家文物局在北京召开文物系统全国人大代表、全国政协委员通气会。

中国社会科学院外国考古研究中心成立仪式暨赴外考古新发现论坛在北京举行。

3月7日　中国社会科学院考古研究所举办2017年度田野考古工作座谈会。

由黑龙江省文化厅主办，东北烈士纪念馆等承办的“红色记忆——革命文物的述说”大型文物联展在东北烈士纪念馆开幕。

3月8日　国家文物局工作组赴北京通州调研世界文化遗产大运河通州段（含通惠河、北运河）、全国重点文物保护单位永通桥（即八里桥）以及漷县城址文物保护，并就北京市城市副中心建设相关文物保护与展示工作与相关部门负责人进行了座谈。

3月11日　由中国博物馆协会、河南省文物局主办，河南博物院、河南省博物馆学会承办的“记录·见证·参与：当代社会进程中博物馆的角色与使命”馆长座谈会在河南郑州召开。

3月14日　国家文物局副局长宋新潮在北京接受美国全国广播公司（NBC）专题采访，介绍中国长城保护现状。

3月15日　国家文物局公布《关于表彰第一次全国可移动文物普查先进集体和先进个人的决定》。

3月15～16日　国家文物局工作组赴浙江调研杭州文物保护和良渚遗址申遗工作。

3月16日　中国国家主席习近平同沙特阿拉伯王国国王萨勒曼出席在国家博物馆举行的“阿拉伯之路——沙特出土文物展”闭幕式。

3月17日　中共中央政治局委员、中央书记处书记、中宣部部长刘奇葆出席中华优秀传统文化传承发展工作座谈会，强调要深入学习贯彻习近平总书记关于传承发展优秀传统文化的重要论述精神，贯彻落实《关于实施中华优秀传统文化传承发展工程的意见》，进一步坚定文化自信，坚持创造性转化、创新性发展，在扬弃继承、转化创新中传承发展优秀传统文化，不断推动中华文化现代化。

中国博物馆协会与中国电子科技集团就合作建立“中国电科青年人才培养与奖励基金”在北京签署协议。

3月20日　福建省政府常务会议研究通过《福建省人民政府关于进一步加强文物工作的实施意见》。

四川彭山召开彭山江口沉银遗址水下考古阶段性工作新闻通气会。这是四川首次开展的水下考古发掘项目，也是中国考古界首次在内水区域开展围堰考古。

中国民俗学会与文化部恭王府管理中心在北京签约共建成立“中国二十四节气研究中心”，将重点关注二十四节气的传承与保护。

3月21日　根据3月1日国务院令第676号公布的《国务院关于修改和废止部分行政法规的决定》，《中华人民共和国文物保护法实施条例》进行了第三次修正。

国家文物局、公安部消防局联合召开全国文物消防安全工作视频会议。

国家文物局副局长关强在北京会见了美国弗吉尼亚艺术博物馆馆长亚历山大·纳哲斯，双方就未来中美博物馆合作办展及行业深化交流交换了意见。

国家文物局印发《国家文物局2017年度培训计划》。

3月23日　北京市召开全市文物工作会议。

国家文物局通报关于黑龙江省哈尔滨市双城区刘亚楼旧居等7处不可移动文物遭拆除案和贵州省黔南州独山县县级文物保护单位龙家民居遭拆除案的调查处理情况。

3月24日　国务院办公厅转发文化部、工业和信息化部、财政部《中国传统工艺振兴计划》。

国家文物局发布《国家文物局政府信息公开工作2016年度报告》。

国家文物局发布《关于开展第三批国家考古遗址公园评定工作的通知》。

国家文物局在北京召开学习贯彻习近平总书记关于文物工作重要指示一周年暨视察北京重要讲话精神座谈会。

3月27日	国家文物局、《文明》杂志社在北京共同举办文化遗产与文明交流互鉴座谈会。 中国国家文物局和美国纽约大都会博物馆联合主办的“秦汉文明”特展在美国纽约开幕。该展览是本年度全美规模最大的中国文化艺术展览，将于4月3日正式对公众开放。 由国家文物局主办、河北省文物局承办的全国文物安全监管骨干人员培训班在河北石家庄开班。
3月27～29日	湖北省文物局组织中国文物信息咨询中心、中国文化遗产研究院、北京市古代建筑研究所、湖北省古建筑保护中心等单位的专家对世界文化遗产武当山古建筑群文物保护工作进行专题调研、检查和工作对接。
3月28～31日	国家文物局局长刘玉珠一行赴湖南就贯彻落实《国务院关于进一步加强文物工作的指导意见》开展督察调研。
3月29日	故宫博物院召开三年藏品清理工作总结会，公布故宫博物院藏品总数为1862690件，并举办“大隐于朝——故宫博物院藏品三年清理核对成果展”。
3月29日～4月2日	国家文物局副局长顾玉才率团应邀访问阿根廷，与阿根廷国家历史建筑、遗址与遗产委员会主席特雷莎·安乔蕾娜主席及阿根廷文化部文化遗产秘书马塞洛·巴诺索会谈，就进一步加强中阿两国文化遗产领域的交流与合作交换意见。
3月30日	中国长城嘉峪关与约旦佩特拉缔结为姊妹世界文化遗产地签约仪式在北京举行。 中国文化遗产研究院召开钓鱼城遗址申报世界文化遗产工作座谈会。
3月31日	国家文物局发布《关于开展“纪念建军90周年、抗战全面爆发80周年”主题展览项目征集工作的通知》。 全国文物保护标准化技术委员会年会暨第三届委员会成立大会在北京召开。 由中国博物馆协会丝绸之路沿线博物馆专业委员会发起，云南省博物馆等8家省级博物馆联合主办的“茶马古道——西部八省区文物联展”在辽宁省博物馆开幕。

4月

4月5日	国家文物局召开2017年局系统党风廉政建设工作会议。 国务院办公厅批复同意将南海博物馆馆名定为“中国（海南）南海博物馆”。
4月6日	国家文物局局长刘玉珠在北京会见了美国旧金山亚洲艺术博物馆馆长许杰，就中美博物馆重大展览的策展、内容等进行了探讨。
4月7日	国务院第一次全国可移动文物普查领导小组审议通过了《第一次全国可移动文物普查工作报告》和《第一次全国可移动文物普查数据公报》，并召开全国电视电话会议，总结普查工作，表彰普查先进集体和先进个人。截至2016年10月31日，普查统计的全国可移动文物共计10815万件/套。其中完成登录备案的国有可移动文物2661万件/套（实际数量6407万件），纳入普查统计的各级档案机构的纸质历史档案8154万卷/件。
4月9～10日	国家文物局工作组到浙江调研文物工作，实地考察大慈岩镇新叶村和上吴方村的传统村落保护利用工作情况。
4月10日	在国家主席习近平和缅甸总统廷觉的共同见证下，国家文物局局长刘玉珠与缅甸外交国务部长觉丁在北京签署《中华人民共和国政府和缅甸联邦共和国政府关于防止盗窃、盗掘和非法进出境文化财产的协定》。 由故宫博物院、安徽省文化厅、黄山市政府共同主办的“徽匠神韵——安徽徽州传统工艺故宫特展”在北京开幕。 故宫博物院启动武英殿北区改造工程。 河南首座“活态非遗博物馆”文峰塔非遗文化产业园正式开放。
4月11日	由北京鲁迅博物馆（北京新文化运动纪念馆）与福建民俗博物馆共同举办的“石之天成——寿山石雕刻展”在北大红楼开幕。
4月12日	2016年度全国十大考古新发现在北京揭晓。宁夏青铜峡鸽子山遗址、贵州贵安新区牛坡洞洞穴遗址、湖北天门石家河遗址、福建永春苦寨坑原始青瓷窑址、陕西凤翔雍山血池秦汉祭祀遗址、北京通州汉代路县故城遗址、浙江慈溪上林湖后司岙唐五代秘色瓷窑址、上海青浦青龙镇遗址、山西河津固镇宋金瓷窑址、湖南桂阳桐木岭矿冶遗址十个项目当选。 上海市召开全市文物工作会议。

4月12～14日　国家文物局局长刘玉珠一行赴安徽合肥、六安等地调研文物保护利用工作。

4月15日　山西省人民政府在山西介休张壁古堡举办社会力量参与文物保护利用“文明守望工程”启动仪式。

4月16日　山西博物院举行邓峪石塔塔身回归入藏暨“归来：唐代邓峪石塔特展”开展仪式。

4月16～17日　国家文物局工作组赴河北雄安新区现场调研并召开工作会议，部署推进雄安新区建设中的文物保护和考古工作。

4月17日　北大红楼橱窗推出“厚重山西——山西省第一次全国可移动文物普查成果展”。

由国家文物局主办、中国文物交流中心与河南省文物局承办、河南省博物馆学会与河南博物院协办的“第九届文物交流学术培训——展览策划培训班”在河南郑州开班。

4月18日　由中国古迹遗址保护协会、中国文物报社、河北省文物局主办的第三届全国优秀文物维修工程经验交流推介会在河北曲阳举行。

由中国古迹遗址保护协会主办，中山大学旅游学院、江门市旅游局承办的“文化遗产与可持续旅游”高峰论坛在广东广州举行。

青海省出台《青海省人民政府关于进一步加强文物工作的实施意见》。

4月19日　习近平总书记到广西壮族自治区考察调研，首站视察了合浦汉代文化博物馆，并参观海上丝绸之路文物精品展览。

4月20日　国家文物局在广东广州召开2017年海上丝绸之路保护和申遗工作会议，学习贯彻习近平总书记视察广西北海“写好新世纪海上丝绸之路新篇章”指示精神，积极响应“建设丝绸之路经济带和21世纪海上丝绸之路”国家战略，切实推进海上丝绸之路保护和申遗工作。

中国文物交流中心、北京鲁迅博物馆（北京新文化运动纪念馆）、湖北省博物馆在北京签署文创产品开发与互联网电商推广战略合作协议。

4月24日　由希腊和中国共同倡议发起的“文明古国论坛”首次部长会在希腊雅典举行，中国外交部长王毅出席并发表题为《焕发古老文明新活力，共建人类命运共同体》的讲话。

国家文物局工作组前往人民日报“中央厨房”进行专题调研。

4月24～25日　国家文物局工作组赴山东曲阜考察调研孔府档案保护管理及孔子博物馆建设工作。

4月25日　湘桂黔文物执法区域协作签约仪式在湖南长沙举行，标志着湘桂黔三省区文物执法区域协作机制正式建立。

为纪念中国全民族抗战爆发80周年、平顶山惨案85周年，由沈阳“九·一八”历史博物馆、抚顺平顶山惨案纪念馆共同主办的“平顶山惨案史实展”在辽宁沈阳展出。

4月26日　国家文物局发布《关于2016年度文物行政执法与安全监管工作情况的通报》。

国家文物局发布《关于开展全国文物安全状况大排查行动的通知》。

4月27日　国家文物局在北京组织召开儒学遗产保护利用专题研讨会，研究“十三五”期间儒学遗产保护利用的工作思路和总体目标。

4月27～30日　在文化部和国家文物局的指导下，中外文化交流中心和中国文物交流中心组织全国文化文物单位文化创意产品开发试点及相关单位，在第十二届中国（义乌）文化产品交易会上共同举办“中华文博礼”全国文化文物创意产品展。

4月28日　文化部印发《文化部“十三五”时期文化科技创新规划》。

4月29日　为纪念湘赣边界秋收起义90周年，由安源路矿工人运动纪念馆等联合举办的“湘赣边界秋收起义历史巡回展览”正式启动。

5月

5月1日　湖北省古城保护方面的首个地方性法规《荆州古城保护条例》正式实施。

5月3日　北京鲁迅博物馆（北京新文化运动纪念馆）举办的“新文化、新美学、新生活”主题展览暨文创产品体验季推介活动开幕。

5月5日　国家文物局在北京召开鼓励民间合法收藏文物座谈会。

5月7日	中共中央办公厅、国务院办公厅印发《国家“十三五”时期文化发展改革规划纲要》。
5月8日	故宫博物院主办的“紫禁城与‘海上丝绸之路’”展开幕。
5月8～9日	由中国文物学会世界遗产研究委员会、北京现代服务业职业教育集团主办的“龙陵抗战文化遗产保护研讨会”在云南龙陵举行。
5月9日	上海市印发《上海市人民政府关于进一步加强文物工作的实施意见》。
5月10～13日	由国家文物局指导，中国博物馆协会等主办的“互联网+中华文明——中国博物馆创新论坛”在广东深圳召开。
5月11日	国家文物局党组在北京召开推进“两学一做”学习教育常态化制度化动员部署会，传达学习习近平总书记关于“两学一做”学习教育常态化制度化重要指示精神，按照中央要求，部署局系统推进“两学一做”学习教育常态化制度化相关工作。
5月11～15日	由文化部、商务部、国家新闻出版广电总局、广东省人民政府和深圳市人民政府联合主办的第十三届中国（深圳）国际文化产业博览交易会在广东深圳举行。
5月12日	由国家文物局主办、国家文物局水下文化遗产保护中心和海南省文化广电出版体育厅承办、海南省博物馆协办的“南海和水下考古工作会”在海南海口召开。 为保障2022年北京冬奥会张家口奥运村建设的顺利进行，落实《2022年冬奥会和冬残奥会张家口文物保护利用规划实施方案》，经国家文物局批准，河北省文物研究所、张家口市文物考古研究所和崇礼区文广新局组成联合考古队，全面展开太子城遗址考古勘探工作。
5月13日	国务院副总理刘延东在北京会见了应邀出席“一带一路”国际合作高峰论坛的联合国教科文组织总干事博科娃。 在中国国家主席习近平与土耳其总统雷杰普·塔伊普·埃尔多安见证下，中国文化部部长雒树刚与土耳其外交部部长梅夫吕特·恰武什奥卢在北京共同签署了《中华人民共和国政府和土耳其共和国政府关于互设文化中心的协定》。 文化部部长雒树刚会见突尼斯文化部部长代表、驻华大使迪亚·哈立德，并与哈立德在北京共同签署了《中华人民共和国政府和突尼

斯共和国政府关于互设文化中心的协定》。
由厦门市政府与故宫博物院合作建设，故宫博物院首次在地方设立的主题分馆——故宫鼓浪屿外国文物馆正式开馆。

5月14日　文化部部长雒树刚与黎巴嫩文化部部长加塔斯·扈里以换文方式签署了《中华人民共和国政府和黎巴嫩共和国政府文化协定2017～2020年执行计划》。

5月14～18日　在国家文物局的指导下，由中国博物馆协会主办的“中国故事——全国博物馆优秀讲解案例展示推介活动”在北京举行。

5月15日　国家主席习近平夫人彭丽媛邀请出席“一带一路”国际合作高峰论坛的外方团长配偶参观世界文化遗产——故宫博物院。
文化部部长雒树刚与肯尼亚外交部部长阿明娜·穆罕默德在北京共同签署了《中华人民共和国政府和肯尼亚共和国政府关于在肯尼亚设立中国文化中心的协定》。

5月16日　在国务院总理李克强和缅甸国务资政昂山素季的共同见证下，国家文物局局长刘玉珠与缅甸驻华大使吴帝林翁在北京共同签署了《中华人民共和国国家文物局和缅甸联邦共和国宗教事务与文化部关于开展缅甸蒲甘古迹震后修复保护合作的谅解备忘录》。

5月17日　在中国国家主席习近平与阿根廷总统马克里见证下，文化部部长雒树刚与阿根廷外交与宗教事务部部长苏珊娜·马尔科拉在北京共同签署了《中华人民共和国和阿根廷共和国关于在阿根廷设立中国文化中心的协定》。
由国家文物局主办、中国文物信息咨询中心承办的“全国文物安全工作部级联席会议成员单位文物保护知识培训班”在北京开班。

5月18日　国家文物局和北京市人民政府共同主办的国际博物馆日主会场活动在首都博物馆举行，主题是“博物馆与有争议的历史：博物馆讲述难以言说的历史”。活动中举办了第十四届（2016年度）全国博物馆十大陈列展览精品推介活动颁奖仪式，同时公布2016年度全国最具创新力博物馆评选结果，并为文化部恭王府博物馆等34家第三批国家一级博物馆颁发证书。
国家文物局和北京市人民政府主办，中国文物交流中心和首都博物馆承办的“美·好·中华——近二十年考古成果展”在首都博物馆开幕。

5月22日　由中国国家文物局和塞尔维亚文化与媒体部联合主办，中国文化遗产研究院承办的"中国—中东欧文化遗产论坛"在塞尔维亚首都贝尔格莱德开幕。

5月23日　中国古迹遗址保护协会第四届会员代表大会在北京召开。

5月23～25日　在文化部和国家文物局的推动和支持下，国家对外文化贸易基地（上海）与中国文物交流中心合作，组织故宫博物院等多家中国文博机构联合参展美国拉斯维加斯国际品牌授权博览会。

5月24日　国家文物局局长刘玉珠在塞尔维亚首都贝尔格莱德与塞尔维亚文化与媒体部部长弗拉丹·武科萨夫列维奇共同签署《中华人民共和国国家文物局与塞尔维亚文化与媒体部关于促进文化遗产领域交流与合作的谅解备忘录》。

北京鲁迅博物馆（北京新文化运动纪念馆）与北京联合大学旅游学院共同签署了《京津冀红色旅游经典景区与北京高等院校关于推进红色旅游发展的结对协议》。

5月24～28日　国家文物局局长刘玉珠应邀率中国政府文物代表团访问埃及，会见埃及文物部部长哈立德·阿纳尼，就进一步加强中埃两国文化遗产领域的交流与合作深入交换了意见。

5月25日　国家文物局召开2017年第二季度例行新闻发布会，通报2017年文化和自然遗产日活动相关情况及主场城市活动筹备工作。

湖北省文物局、安徽省文物局、河南省文物局在湖北黄冈召开鄂豫皖三省大别山区革命文物保护利用工作会。

5月25～26日　故宫博物院、中国政法大学、上海博物馆、中国文物学会法律专业委员会、中国博物馆协会法律专业委员会主办的"文博法律研讨会"在上海博物馆召开。文博法律网正式上线。

5月26日　中国文物学会和中国文物报社主办、人文考古书店协办的2016年度全国文化遗产十佳图书推介活动终评会在北京召开。

故宫学院（上海）揭牌仪式在同济大学举行。故宫博物院和同济大学签订了双方合作框架协议。

5月28日　河北省文物局在河北容城南阳遗址召开雄安新区文物保护与考古工作现场推进会，河北雄安新区文物保护与考古工作站揭牌。

5月30～31日　联合国教科文组织世界遗产中心和英国伦敦大学学院考古系在英国伦敦召开"海上丝绸之路系列遗产国际专家工作会"，中国文化遗产研究院等单位应邀选派专家出席会议。

5月31日 国家文物局印发《关于加强“十三五”文物科技工作的意见》。

6月

6月1日 《重庆市大足石刻保护条例》正式施行。这是重庆市第一部针对单个重要文化遗产的专项法规。

西藏拉萨清政府驻藏大臣衙门旧址陈列馆举行“慧日慈云”匾额和“朵森格”石狮文物移交仪式。

6月2日 故宫研究院宣布新增五个研究所：钟表研究所、宫廷原状研究所、故宫文物南迁研究所、世界文明古国研究所和影视研究所。

中共宁夏回族自治区党委宣传部等共同主办的“遵义会议永放光辉——行进中的遵义会议纪念馆主题展览暨纪念中国人民解放军建军90周年展览”在宁夏博物馆开幕。

6月3日 国务院副总理汪洋在陕西西安出席“2017丝绸之路国际博览会暨丝绸之路经济带国际合作论坛”并发表主旨演讲。

6月4日 中国文物信息咨询中心（国家文物局文博人才培训示范基地）主办的“2017年全国文博系统专业人员江西（景德镇）地区瓷器鉴定培训班”在南昌开班。

国家文物局主办、重庆市文物局协办、大足石刻研究院承办的国保单位（石窟寺及石刻类）保护管理机构负责人培训班在重庆开班。

6月5日 在文化部非遗司的支持下，文化部恭王府博物馆联合中国纺织工业联合会非遗办公室等单位推出“锦绣中华——中国非物质文化遗产服饰秀”系列活动。

6月6日 由国家文物局、北京市文物局、天津市文物局、河北省文物局指导，中国文物保护基金会联合中国文化遗产研究院、中国古迹遗址保护协会共同主办的“长城保护维修理念与实践论坛”在河北山海关举办。

6月6～7日 中国国家文物局、老挝国家信息文化旅游部、云南省人民政府主办的“澜湄流域国家文化遗产保护与推广研讨会”在云南昆明举行。

6月8日 由国家文物局主办、广东省博物馆和汉堡国际海事博物馆承办的

“东西汇流——十三至十七世纪的海上丝绸之路”展览在德国汉堡开幕，这是国家文物局践行“一带一路”倡议主动策划实施的主题展览，也是庆祝中德建交45周年重点项目。

6月8～9日　由国家文物局指导，中国文物信息咨询中心、洛阳市人民政府主办的文化遗产与“一带一路”青少年教育活动在河南洛阳举办。

6月8～11日　国家文物局局长刘玉珠一行到河南多地调研文物工作，重点考察了大遗址、古建筑群、革命历史文物等文化遗产的保护利用工作。

6月9日　国家文物局在河南洛阳举办文化遗产公开课。

6月10日　住房和城乡建设部、中国联合国教科文组织全国委员会、湖北省人民政府共同主办的首个文化和自然遗产日活动启动暨中国世界自然遗产推进会在湖北神农架举行，会议发表了《中国世界遗产——神农架宣言》。联合国教科文组织副总干事格塔丘·恩吉达向神农架授予世界自然遗产牌匾。

2017年中国首个文化和自然遗产日活动开幕式暨文化遗产与“一带一路”论坛在河南洛阳举行。主题为“文化遗产与‘一带一路’”。

秦始皇帝陵博物院举办“光影赞歌——世界遗产摄影艺术展”，纪念秦始皇陵及兵马俑坑被联合国教科文组织列入“世界遗产名录”30周年。

6月11日　二里头遗址博物馆奠基仪式在洛阳偃师二里头遗址现场举行。

中国文物交流中心、俄罗斯彼得霍夫国家博物馆、成都博物馆等主办的“帝国夏宫——俄罗斯彼得霍夫国家博物馆藏文物特展”在成都博物馆开幕。

6月14～15日　由国家文物局指导，广西壮族自治区文化厅、中国文化遗产研究院共同主办的中国世界文化遗产监测2017年年会在广西南宁召开。

6月15日　国家文物局在北京召开第二次鼓励民间合法收藏文物座谈会。

6月16日　中国共产主义青年团国家文物局第七次代表大会召开。

国家文物局党组书记、局长刘玉珠讲授“加强作风建设做合格党员”主题党课。

6月18日　国家文物局工作组到甘肃省督察文物安全状况大排查工作，随机选择敦煌研究院和兰州市、敦煌市进行了抽查。

6月19日　国家文物局副局长刘曙光在北京会见希腊文化与体育部秘书长玛利亚·沃扎奇一行，双方愿进一步加深中希文化遗产领域的合作关系。

由国家文物局主办，中国文化遗产研究院、甘肃省文物局协办，敦煌研究院承办的第二期全国长城保护管理培训班在甘肃敦煌开班。

6月20日　国家文物局召开局系统离退休干部工作会议。

庆祝内蒙古自治区成立70周年回顾全区文博事业发展座谈会在内蒙古呼和浩特召开。

6月21～22日　第28届吴哥国际协调委员会（ICC）技术大会在柬埔寨暹粒市召开，中国文化遗产研究院与吴哥古迹保护与发展管理局就合作开展崩密列寺建筑研究签署了谅解备忘录。

6月22日　由国家文物局、浙江省人民政府联合主办，浙江省文物局、陕西省文物局、甘肃省文物局、新疆维吾尔自治区文物局协办，中国丝绸博物馆承办的“古道新知：丝绸之路文化遗产保护科技成果展”在浙江杭州开幕。

国家文物局工作组赴浙江调研，并出席“古道新知：丝绸之路文化遗产保护科技成果展”开幕式和“石窟寺文物数字化保护国家文物局重点科研基地（浙江大学）”揭牌仪式。

故宫博物院举办“何刚同志追思会”，向这位为中国文博事业做出贡献的捐献者表达深切悼念。

6月24日　深圳博物馆与香港康乐及文化事务署合作的“香港博物馆节2017”深圳博物馆分场系列活动启动，这是“香港博物馆节”首次在香港地区之外设立“分场”。

6月25日　中国文化遗产研究院承办的“新材料在文物保护修复中的研究与利用研修班（有机类）”开班。

6月26日　国家主席习近平等领导同志在香港特区行政长官梁振英等陪同下前往国家博物馆，参观香港回归祖国20周年成就展。

敦煌研究院“佛学研究中心”在敦煌莫高窟举行揭牌仪式。

6月27日　河北雄安新区管理委员会、河北省文化厅、河北省文学艺术界联合会共同举办的“雄安新区历史文化与遗产保护座谈会”在河北大学召开。

国家文物局、辽宁省文物局、华晨汽车集团共同举办的“爱我中华 护我长城——中华汽车助力长城巡查”公益活动在辽宁绥中九门口长城举办。

6月28日　国家文物局印发《考古勘探工作规程（试行）》。
由国家文物局主办，西藏自治区文物局、西藏文物鉴定中心承办的国家文物进出境审核西藏地区文物鉴定培训班在西藏拉萨开班。

6月28～29日　国家文物局在山东济南召开大运河文化带建设工作座谈会。

6月29日　在香港特别行政区行政长官梁振英、候任行政长官林郑月娥陪同下，国家主席习近平见证了香港特区政府政务司司长兼西九文化区管理局董事局主席张建宗与故宫博物院院长单霁翔签署《兴建香港故宫文化博物馆合作协议》。
“2017章丘焦家遗址保护现场论证会”在山东章丘召开。

6月30日　木结构古建筑安全评估与灾害风险控制国家文物局重点科研基地在北京工业大学挂牌成立。

7月

7月1日　中国人民抗日军政大学陈列馆联合全国各地抗战类纪念馆举行首届“不忘初心——万名党员重温入党誓词”活动。
《甘肃炳灵寺石窟保护条例》正式实施。

7月2日　第41届世界遗产委员会会议在波兰克拉科夫召开。此次世界遗产大会审议通过了21处新的世界遗产地，其中包括中国青海省可可西里和福建省鼓浪屿。至此，我国世界遗产总数已达52处。
由国家文物局主办、甘肃省文物局协办、敦煌研究院承办的国家文物局壁画保护修复技术培训班在甘肃敦煌开班。

7月3日　黑龙江、吉林、辽宁三省文化厅主办，东北烈士纪念馆承办的东北抗战遗迹联盟2017年主题日暨“东北抗战与全国抗战”专题论坛在黑龙江哈尔滨举行。

7月5日　著名考古学家、故宫博物院原院长、中国考古学会原理事长、国家文物局考古专家组成员张忠培先生逝世，享年83岁。

7月6～10日　国际二战博物馆协会、中国人民抗日战争纪念馆、北京和平教育基金会联合主办的“纪念中国全民族抗战爆发80周年国际二战博物馆馆长论坛”在北京举行。来自中国、俄罗斯、美国、韩国、日本、荷兰等13个国家的36家二战博物馆馆长及代表、二战史专家学者等国内外人士参加论坛。

7月7日　中国人民抗日战争纪念馆举行纪念全民族抗战爆发80周年仪式。
江西省印发《江西省人民政府关于进一步加强文物工作的实施意见》。

7月8日　国家文物局工作组赴新疆喀什调研全国重点文物保护单位莫尔寺遗址。

7月9～14日　国务院参事室首次委派专家对内蒙古阿拉善盟额济纳旗居延大遗址进行专项考察。

7月11日　陕西、甘肃、新疆三省区文物行政执法合作协议签字和合作宣言发表仪式在陕西西安举行，标志着陕甘新三省区文物行政执法区域合作机制正式建立。

7月13日　2017年全国文物局长座谈会在安徽马鞍山召开。
《中国文物志》编纂委员会第四次全体会议在安徽马鞍山召开。

7月14～17日　国家文物局工作组深入安徽、湖北、河南大别山区，调研鄂豫皖苏区革命文物保护和管理工作。

7月17日　国家文物局出台《关于进一步推动非国有博物馆发展的意见》。
北京大学考古暑期课堂开课仪式在浙江良渚博物院举行。依托北京大学考古暑期课堂，由国家文物局主办、北京大学考古文博学院承办、浙江省文物考古研究所和良渚博物院协办的港澳中学生考古暑期课堂同时开课。港澳中学生考古暑期课堂是国家文物局主动开展的第一个港澳青少年活动。

7月20日　国家文物局印发《关于做好汛期文物防灾减灾工作的通知》。

7月21日　国家主席习近平等领导同志前往中国人民革命军事博物馆，参观“铭记光辉历史开创强军伟业——庆祝中国人民解放军建军90周年主题展览”。
国务院批复同意将浙江省龙泉市列为国家历史文化名城。

7月24日　国家文物局发布《清代官式建筑修缮材料琉璃瓦》等13项文物保护行业标准。
国家工商行政管理总局和国家文物局发布《工商总局、文物局关于

	联合开展文物流通市场专项整顿行动的通知》，决定于2017年7月至10月在全国范围内联合开展文物流通市场专项整顿行动。
7月25日	全国文物安全电视电话会议在北京召开。
7月26日	国家文物局局长刘玉珠在北京会见了新加坡驻华大使罗家良一行。 为纪念中国人民解放军建军90周年，中国国家博物馆推出“馆藏开国元勋文物展”，集中展示毛泽东、周恩来、朱德等开国元勋为创建人民军队、建立新中国做出的历史性贡献。 红军长征粤北纪念馆在广东韶关奠基开工。
7月26～28日	国家文物局工作组赴广东检查指导文物安全大排查工作部署开展情况，并对南越国宫署遗址、侵华日军广州细菌部队大屠杀遗址、南石头遗址等不可移动文物的保护情况进行现场调研。
7月27日	国家文物局公布“纪念建军90周年、抗战全面爆发80周年”主题展览推荐名单，共有10个展览入选。 北大红楼橱窗推出“科技的力量‘十二五’文物保护科学和技术创新奖巡礼”展。
7月28日	国家文物局在北京召开第三场鼓励民间合法收藏文物座谈会。
7月31日	国家文物局党组中心组召开集体学习会，传达学习习近平总书记在省部级主要领导干部“学习习近平总书记重要讲话精神，迎接党的十九大”专题研讨班开班式上的重要讲话精神。 公安部发出A级通缉令，公开通缉10名重大文物犯罪在逃人员。
7月31日～8月3日	国家文物局工作组实地督察西藏文物安全状况大排查行动，并出席中国政府援助尼泊尔九层神庙修复项目实施合作协议签字仪式。

8月

8月3日	由文物保护装备产业化及应用协同工作平台和中国文物报社主办的第三届全国十佳文博技术产品及服务推介活动终评结果揭晓。
8月4日	国家文物局在北京召开雄安新区文物保护工作推进会。 湖南省印发《湖南省人民政府关于进一步加强文物工作的实施意见》。

8月9日	由国家文物局水下文化遗产保护中心、山东省水下考古研究中心、烟台市博物馆、长岛县博物馆联合开展的“2017山东省庙岛群岛海域水下文物资源普查项目”在山东烟台启动。
8月10日	2017（上海）国际建筑遗产保护与修复博览会在上海开幕。本届建博会以“保护、修复、利用”为主题，由中国古迹遗址保护协会、中国文物保护技术协会联合主办。
8月13～17日	国家文物局副局长宋新潮率中国文物代表团访问尼泊尔，与尼泊尔文化、旅游与民航部部长德夫，尼泊尔国家考古局局长达哈尔举行会谈，就进一步加强中尼两国文化遗产领域的交流与合作深入交换意见。
8月14日	国家文物局、国际文化财产保护与修复研究中心（ICCROM）联合主办，中国文化遗产研究院和红河学院承办的世界遗产监测管理培训班开班。
8月15日	国务院副总理汪洋和尼泊尔政府副总理兼外长马哈拉共同出席中国政府援助尼泊尔震后加德满都杜巴广场九层神庙保护修复工程开工仪式。
8月16～18日	国家文物局局长刘玉珠一行在福建泉州、龙岩、厦门等地调研古泉州（刺桐）史迹申遗、革命文物保护、福建土楼和厦门鼓浪屿遗产保护管理工作，实地督察文物安全状况大排查行动开展情况。
8月22日	由中国考古学会主办的第一届中国考古·郑州论坛开幕。 国家文物局印发《2017～2020年文物保护行业标准制修订项目计划》。
8月22～24日	国家文物局工作组赴甘肃敦煌、瓜州、嘉峪关等市县，先后对莫高窟、悬泉置遗址、榆林窟、锁阳城遗址、嘉峪关关城、魏晋墓等全国重点文物保护单位保护管理与展示利用工作进行调研检查。
8月23日	中国文物交流中心与陕西历史博物馆在北京签署战略合作框架协议。
8月23～26日	国家文物局工作组赴宁夏督察文物安全状况大排查行动开展情况。
8月23～27日	第二十四届北京国际图书博览会召开，中国文物交流中心联合中国图书进出口（集团）总公司首次设立文创主题馆。这是全国文化创

意产品第一次集体亮相图博会。

8月24日　由中国博物馆协会博物馆学专业委员会主办，山西博物院、浙江省博物馆承办的中国博物馆协会博物馆学专业委员会2017年会暨“经济环境变化与博物馆应对”学术研讨会在山西太原召开。

8月24～25日　国家文物局局长刘玉珠一行实地督察天津市文物安全状况大排查行动开展情况。

由国家文物局主办，陕西省文物局协办，陕西省考古研究院和神木市石峁遗址管理处承办的国家文物局“十三五”考古专题项目汇报会在陕西神木召开。

8月25日　国家文物局、天津市人民政府联合主办的“动·境——中华古代体育文物展”在天津博物馆开幕。

8月27日　埃及文物部在埃及国家博物馆举行仪式，向中国驻埃及大使馆转交了埃及文物部门近期查获的13张最早可追溯至清末的纸质证券、货币文物。

8月27～29日　国家文物局、国家宗教局联合工作组实地督察山西省文物安全状况大排查行动开展情况。

“万里茶道”申遗工作推进会暨学术研讨会在内蒙古二连浩特举行。

8月28日　著名考古学家、古文字学家、先秦史研究专家、山东博物馆研究馆员王恩田先生逝世，享年86岁。

8月28日～9月2日　由中国古迹遗址保护协会协助、澳大利亚亚瑟港历史遗址管理局面向中国世界文化遗产地管理者举办的“遗产地管理最佳实践高级研讨班”在澳大利亚举办。本次培训是中国古迹遗址保护协会首次组织国内遗产管理者赴国外遗产地进行培训，具有开创性意义。

8月29日　明清官式建筑保护研究国家文物局重点科研基地（故宫博物院）与传统木构建筑营造技艺研究国家文物局重点科研基地（东南大学）共同举办的学术研讨会在故宫博物院召开。

8月30日～9月3日　国家文物局和国家宗教局联合工作组实地督察河南、山东文物安全状况大排查行动开展情况。

8月31日　国家文物局正式约谈江西省文物局、抚州市人民政府，并正式致函江西省文物局，明确要求进一步查明核实汤显祖家族墓园考古工作过程中发生的违法违规行为，严肃追究相关单位和人员的责任。
中国文物交流中心与苏格兰文物局、斯特灵大学共同举办的“中国传统工艺创意精品展”在苏格兰斯特灵开幕。

8月31日～9月3日　国家文物局工作组赴青海督察文物安全状况大排查行动开展情况。

9月

9月1日　山东省文物考古研究院、山东省古建筑保护研究院在山东济南成立。

9月3日　中国人民抗日战争纪念馆举办纪念中国人民抗日战争胜利72周年系列活动。
保定军校纪念馆、东北陆军讲武堂旧址陈列馆、云南陆军讲武堂历史博物馆和黄埔军校旧址纪念馆联合主办的“中国近代四大军校校史联展”在保定军校纪念馆开幕。
东北烈士纪念馆、东北抗联博物馆举办了“东北抗联英烈颂——纪念中国人民抗日战争胜利72周年”主题活动。

9月4日　国家文物局副局长关强在北京会见了加拿大前副总理、加拿大国际文化基金会高级顾问希拉·科普斯一行，双方就进一步深化和推动两国在文化遗产领域的合作交换意见。

9月6日　文化部、教育部中国非遗传承人群研修研习培训计划——中青年非物质文化遗产传承人传统节日仪式研讨班在北京举行开班仪式。该研讨班是中国非遗传承人群研培计划首次关于民俗的试点培训。

9月6～10日　国家文物局、国家工商总局联合工作组实地督察上海市、浙江省文物安全状况大排查行动开展情况。

9月8日　中宣部、文化部、中央编办、财政部等7部委联合印发《关于深入推进公共文化机构法人治理结构改革的实施方案》。
北京鲁迅博物馆（北京新文化运动纪念馆）主办的“万里向西行——西北科学考查团90周年纪念展”在北大红楼开幕。

9月9日　国务院办公厅印发《关于进一步加强文物安全工作的实施意见》。

9月12日	由中国博物馆协会指导，中国博协市场推广与公共关系专委会主办，北京市文物局、北京市贸促会支持的第十二届中国北京国际文化创意产业博览会“文博+科技——博物馆未来之路”研讨会在首都博物馆召开。 国家文物局主办的田野考古实践训练班在陕西周原国际考古研究基地开班。
9月12～14日	文化部部长、全国文物安全状况大排查行动领导小组组长雒树刚带领检查组实地督察湖北省文物安全状况大排查行动开展情况，先后抽查了宜昌市秭归县屈原祠和凤凰山古建筑群，当阳市玉泉寺及铁塔、关陵，枝江市青山墓群，夷陵区黄陵庙等全国重点文物保护单位的文物安全工作。
9月13日	国家文物局发布《国家文物局行政复议和应诉工作规定》。
9月13～14日	国家文物局重点科研基地运行评估会议暨科研基地负责人座谈会在北京召开。
9月15日	国家文物局在北京召开符合国情的文物保护利用之路研讨会。
9月17日	由文化部、国家文物局主办，中国国家博物馆、中国文物交流中心承办的“秦汉文明”展在国家博物馆开幕。
9月17～23日	国家文物局团委和甘肃省文物局共同组织外交部、财政部、国家机关事务管理局及国家文物局系统团员青年干部16人，在甘肃开展“西部丝路行——‘一带一路’沿线文物事业与经济社会发展调研实践”活动。
9月18日	由国家文物局主办，北京鲁迅博物馆（北京新文化运动纪念馆）和中国文物报社承办的“曙光·伟业——北大红楼与中国共产党的创建”图片展在北大红楼橱窗推出。
9月19日	由国家文物局主办，中国文物交流中心与上海市文物局共同承办的“第十届文物交流学术培训——文化创意产品开发与运营培训班”在上海开班。
9月20日	住房和城乡建设部发布《关于加强历史建筑保护与利用工作的通知》。
9月21日	溥仪研究院在吉林长春伪满皇宫博物院挂牌成立。

河南博物院、山西博物院、河北博物院、山东博物院、安徽博物院主办的河南省博物馆学会社会教育专业委员会2017年年会暨中原五省博物馆教育培训班在河南南阳召开。

由中国文物交流中心和法兰克福有限公司举办的“中国文博创意暨东方文化元素国际特展”在上海新国际博览中心开幕。

9月22日 国家文物局局长刘玉珠出席国务院政策例行吹风会，介绍《关于进一步加强文物安全工作的实施意见》有关情况并答记者问。

国家文物局水下文化遗产保护中心主办的首届“一带一路”沿线国家水下考古培训班在广东阳江基地开班。

9月22～23日 中国博物馆协会传媒专业委员会、江苏省博物馆学会传媒与新技术专业委员会联合主办的“互联网+中华文明”学术研讨会在苏州博物馆举办。

9月24日 成都金沙遗址博物馆联合中国社会科学院考古研究所、郑州市文物考古研究院、陕西历史博物馆、陕西省考古研究院等11家文博单位，推出“玉汇金沙——夏商时期玉文化特展”，汇集全国夏商时期12处重要考古遗址出土的250余件玉器，是国内夏商时期出土玉器的首次集中展示。

9月25日 国家主席习近平等领导同志前往北京展览馆，参观“砥砺奋进的五年”大型成就展。

9月26日 由山东博物馆主办，中国文化遗产研究院提供学术支持，国内20家博物馆、考古所和大学联合参加的“书于竹帛——中国简帛文化展”在山东博物馆开幕。

9月28日 由国家文物局主办，广东省博物馆承办的“东西汇流——13至17世纪的海上丝绸之路”展在意大利罗马威尼斯宫国立博物馆开幕。

9月30日 贵州省博物馆举行新馆开馆仪式。

由首都博物馆、世界华人收藏家学会主办，北京市文物局、香港特别行政区政府康乐及文化事务署支持的“香江雅集——香港回归祖国20周年特展”在首都博物馆开幕。

10月

10月1日 中国考古学家首次组建的现代人类起源考古队赴肯尼亚进行为期

近两个月的考古发掘，寻找现代人起源的关键证据，探索人类起源奥秘。

10月3日　原西藏自治区文化厅党组成员、副厅长兼文物局局长、文化厅巡视员甲央同志逝世，享年74岁。

10月7～10日　国家文物局首次应邀委派专家代表赴英国煤溪谷参加第三届英国世界遗产年会并发表专题演讲。

10月9日　住房和城乡建设部、国家文物局联合印发《关于开展国家历史文化名城和中国历史文化名镇名村保护工作评估检查的通知》。

10月10日　文物出版社建社60周年出版座谈会在北京召开。
故宫博物院建院92周年，推出“发现·养心殿——主题数字体验展”。

10月12日　由国家文物局主办，中国文化遗产研究院承办，四川广元市千佛崖石刻艺术博物馆协办的2017年度石质文物保护修复技术培训班开班仪式在广元千佛崖举行。

10月12～14日　中国博物馆协会民族博物馆专业委员会2017年会暨学术研讨会在云南迪庆藏族自治州召开。

10月13日　由国家文物局主办、新疆维吾尔自治区文物局承办的“新疆考古工作会”在新疆乌鲁木齐召开。

10月14日　由中国古迹遗址保护协会石窟专业委员会、河北省文物局、邯郸市峰峰矿区政府主办的2017中国古迹遗址保护协会石窟专业委员会年会暨响堂山首届学术研讨会在河北邯郸响堂山石窟召开。

10月14～15日　由中国文物学会古村镇专业委员会主办的“卓筒井文明与古村落保护”学术研讨会在四川大英举行。

10月15日　国务院批复同意将吉林长春列为国家历史文化名城。
人民日报英文客户端正式上线。国家文物局和故宫博物院等单位成为首批战略合作伙伴。

10月16日　国家文物局召开党组扩大会议，传达学习党的十八届七中全会精神。

10月17日	为庆祝文物出版社成立60周年，由文物出版社、北京鲁迅博物馆（北京新文化运动纪念馆）共同主办的“丹青达意书法传情——文物出版社60华诞书画展”在北大红楼开幕。 在河南省文物局与秦始皇帝陵博物院的支持下，“陶质彩绘文物保护国家文物局重点科研基地焦作工作站”在河南焦作市博物馆挂牌成立。
10月18日	国家文物局系统组织干部职工集中收听收看党的十九大开幕会。 丝绸之路文物科技创新联盟召开首届理事大会，审议通过《丝绸之路文物科技创新联盟章程》，并选举产生了执行理事会成员。 国家文物局主办、中国文物报社承办的“辉煌五年——十八大以来的文物事业”图文展在北大红楼橱窗展出。
10月19日	国家文物局党组中心组围绕习近平总书记在党的十九大开幕会上代表十八届中央委员会所作的报告进行学习。 丝绸之路文物科技创新联盟成立大会暨上海大学文化遗产保护基础科学研究院揭牌仪式在上海大学举行。
10月19～22日	由中国古陶瓷学会、河南省文物局主办的“中国古陶瓷学会2017年年会暨汝窑、鲁山窑学术研讨会”在河南平顶山召开。
10月20～22日	2017（济南）国际文物保护装备博览会在山东济南举办。
10月23日	根据10月7日国务院令第687号公布的《国务院关于修改和废止部分行政法规的决定》，《中华人民共和国文物保护法实施条例》进行了第四次修正。
10月23～26日	由河南、湖北、安徽三省文物局主办的大别山区革命文物保护利用研讨会在河南新县召开。
10月24日	由国家文物局指导，国家考古遗址公园联盟、陕西省文物局主办的“国家考古遗址公园联盟第七届联席会议”在陕西西安召开。
10月24～25日	中央编办、国家文物局联合工作组实地调研甘肃张掖文物安全执法机构建设情况。
10月26日	国家文物局在北京召开党组中心组扩大会暨局系统学习贯彻党的十九大精神动员部署会议。 中国文物学会文物修复专业委员会第六次会员代表会议暨第十五届全国文物修复技术研讨会在福建福州召开。

10月27～29日　中国社会科学院历史研究所、涿鹿炎黄蚩三祖文化研究会联合主办的“第一届先秦史前沿论坛”在河北涿鹿举办。

10月28日　国家投资6.6亿元实施的西藏博物馆改扩建工程启动，预计到2020年初完成主体工程建设。

10月29日　西安碑林博物馆举行西安碑林建成930周年庆典。

10月30日　全国重点文物保护单位内蒙古宁城法轮寺东配殿发生火灾。国家文物局立即指示内蒙古自治区文化厅、文物局启动应急预案，调查督办火灾事故处理工作。

首届粤港澳博物馆陈列展览培训班在深圳博物馆开班，来自粤港澳三地82家文博机构的150余人参加培训。

10月31日　习近平总书记带领中共中央政治局常委赴上海瞻仰中共一大会址、赴浙江嘉兴瞻仰南湖红船。

文化部在北京举行党的十九大精神学习班开班动员会。

国家文物局主办，中国文物信息咨询中心和南京博物院共同承办的“2017年度文物进出境责任鉴定人员内部考核”在江苏南京开考。

11月

11月1日　国家文物局对中国文化遗产研究院实施的承德避暑山庄（一期）、普陀宗乘之庙、普乐寺石质文物科技保护工程进行竣工验收。

《陕西省石峁遗址保护条例》正式施行，这是陕西首部由省人大颁布的古城址条例。

11月4～5日　由中国考古学新石器考古专业委员会、陕西省考古学会、陕西省考古研究院、高陵区人民政府、西安市文物局联合举办的“陕西高陵杨官寨遗址庙底沟文化墓地考古新发现现场会”召开，此为国内首次确认的庙底沟文化大型墓地。

11月5日　根据11月4日第十二届全国人民代表大会常务委员会第三十次会议通过的《全国人民代表大会常务委员会关于修改〈中华人民共和国会计法〉等十一部法律的决定》，《中华人民共和国文物保护法》进行了第五次修订并正式施行。

11月6日　国家文物局发布《文物建筑开放导则（试行）》。

国家文物局党的十九大精神学习班在北京开班。
国家文物局党组书记、局长刘玉珠主持召开专题座谈会，与参加“国家文物局党的十九大精神学习班”的青年干部代表座谈。

11月7日　中国国家博物馆与俄罗斯国家历史博物馆共同主办的“纪念十月革命100周年——俄罗斯国家历史博物馆藏十月革命文物展”在中国国家博物馆开幕。

11月8日　国家主席习近平和夫人彭丽媛陪同美国总统特朗普和夫人梅拉尼娅参观故宫博物院。

11月10日　公安部发出A级通缉令，公开通缉第二批10名重大文物犯罪在逃人员。

11月11日　由中国考古学会动物考古专业委员会和中国考古学会植物考古专业委员会主办，动植物考古国家文物局重点科研基地和中山大学社会学与人类学学院承办的“动物、植物与人——生物考古学术研讨会”暨第八届中国动物考古学术研讨会、第六届中国植物考古学术研讨会在广东广州召开。

11月13日　国家文物局发布《国家文物局培训项目管理办法（试行）》。

11月13～17日　由福建省文化厅、宁夏回族自治区文化厅主办，福建省文物保护中心、宁夏回族自治区文物保护中心联合承办的“闽宁文物保护高级研修班”在福建泉州举办。

11月14日　国家文物局党组印发《关于认真学习宣传贯彻党的十九大精神的通知》。
联合国教科文组织于法国巴黎总部举行《保护世界文化和自然遗产公约》缔约国大会第21次会议，中国以128票当选世界遗产委员会委员，任期4年。

11月15日　由国家文物局和河南省文化厅、河南省文物局支持，河南博物院、河南省文物考古研究院、淮阳县人民政府联合主办的“手铲释宛丘——淮阳平粮台古城遗址考古发掘成果展”在河南博物院开幕。

11月15～16日　国家文物局工作组赴河北雄安检查指导新区考古和文物保护工作。

11月16日　中国被盗（丢失）文物信息发布平台正式在陕西西安对外发布。
由中国文物保护基金会罗哲文基金管理委员会、婺源县古村落历史文化名村古建筑保护委员会共同开展的婺源县古民居保护项目，在婺源县裔村举行开工仪式。

科技部社会发展科技司、资源配置与管理司在北京召开“十二五”国家科技支撑计划“文物数字化保护标准体系及关键标准研究与示范”项目验收会。

11月17日　全国精神文明建设表彰大会在北京举行。全国文博系统18家单位、2名个人荣获第五届全国文明单位、第四届全国未成年人思想道德建设工作先进单位、第六届全国道德模范提名等奖项。

文化部在北京召开团员青年学习贯彻党的十九大精神座谈会。

11月18～19日　由中国文物保护技术协会、湖北省文物局、荆州市人民政府主办的“出土木漆器科技保护学术研讨会”在湖北省荆州文物保护中心召开。

11月21日　国家文物局印发《关于做好今冬明春文物消防工作的通知》。

由中国驻旧金山总领事馆、中国日报社、沈阳市文化广电新闻出版局、沈阳二战盟军战俘营旧址陈列馆及海外抗日战争纪念馆联合主办的“无声之营——沈阳二战盟军战俘营史实展”在美国旧金山海外抗日战争纪念馆开幕。

11月21～22日　由中国国家文物局、法国文化部遗产总司指导，陕西省文物局和法国驻华大使馆主办的“交流与互鉴：中国－法国文化遗产保护研讨会”在陕西西安召开。

11月24日　中国申报的甲骨文项目成功入选联合国教科文组织项目《世界记忆名录》。

《龙岩市红色文化遗存保护条例》经福建省十二届人大常委会审议批准，将于2018年3月1日正式实施。这是全国第一部由设区的市制定的红色文化遗存保护地方性法规。

11月25～26日　为纪念“南海Ⅰ号”发现30周年，“南海Ⅰ号”发现与研究国际学术研讨会在广东阳江海陵岛召开。

11月28日　在文化部部长雒树刚与香港特区行政长官林郑月娥见证下，国家文物局局长刘玉珠与香港特区政府政务司司长张建宗、香港特区政府民政事务局局长刘江华分别签署了《内地与香港特区深化更紧密文化关系安排协议书》及《国家文物局与香港特区政府民政事务局关于文化遗产领域交流与合作更紧密安排协议书》。

为庆祝香港回归祖国20周年，由国家文物局与香港康乐及文化事务署共同主办，陕西省文物局等多馆承办的“绵亘万里——世界遗产丝绸之路”文物展在香港历史博物馆开幕。
国家文物局主办的全国文物外事工作业务培训班在湖北武汉开班。
由南京海丝申遗领导小组、南京市文广新局联合主办，中国博物馆协会支持的“海上丝绸之路——沉船与贸易瓷器国际馆长论坛”在南京市博物馆举办。

11月29日 湖南省博物馆举行新馆开馆仪式。

11月29～30日 由国家文物局、香港特区政府发展局与澳门特区政府文化局主办的“2017年内地、香港、澳门历史建筑活化再用研讨会”在香港举行。

11月30日 在文化部部长雒树刚与澳门特区行政长官崔世安、中央政府驻澳门特区联络办公室主任郑晓松见证下，国家文物局局长刘玉珠与澳门特区政府社会文化司司长谭俊荣分别签署《内地与澳门特区深化更紧密文化关系安排协议书》及《国家文物局与澳门特区社会文化司关于文化遗产领域交流与合作更紧密安排协议书》。

12月

12月1日 《西安市不可移动文物保护条例》正式施行。

12月2日 由国家文物局主办，中国文化遗产研究院、浙江省文物局和慈溪市人民政府承办的国家考古遗址公园现场工作会在浙江慈溪召开。
第四届世界互联网大会在浙江乌镇开幕，国家文物局首次参展。
中国文物学会和中国建筑学会等在安徽池州联合公布“第二批中国20世纪建筑遗产”项目，共计100项。

12月3日 大型文博探索节目《国家宝藏》登陆央视综艺频道。

12月4日 由文化部、国家文物局联合主办的“包容互鉴：网上文化交流共享”论坛在浙江乌镇举行。国家文物局与百度、腾讯、网易三家互联网企业的战略合作协议在浙江乌镇签署。
由国家文物局主办的全国文物新闻宣传和舆情应对培训班在湖南长沙开班。

12月6日 2017年度文物保护装备产业化及应用协同平台理事会暨会员大会在浙江杭州召开。

12月7日	湖北省人民政府公布《湖北省文物安全管理办法》，将于2018年2月1日起施行。
12月7～8日	由中国文物交流中心主办，陕西历史博物馆（陕西省文物交流中心）承办的中国博物馆协会展览交流专委会2017年年会在陕西西安召开。
12月8日	国家文物局发布关于长城执法专项督察“回头看”情况的通报。
12月11～13日	国家文物局局长刘玉珠一行赴宁夏回族自治区调研文物工作并督察公共文化服务体系建设工作。
12月11～15日	国际古迹遗址理事会第19届全球代表大会暨国际科学研讨会在印度德里召开。研讨会主题为“遗产与民主”，国家文物局副局长宋新潮率领中国代表团参会。大会通过了《关于“遗产与民主”的德里宣言》。在执委会换届选举中，国家文物局水下文化遗产保护中心水下考古研究所所长姜波当选执委。
12月13日	沈阳“九·一八”历史博物馆与侵华日军南京大屠杀纪念馆、中国人民抗日战争纪念馆、上海淞沪抗战纪念馆等全国20家反映抗战主题的纪念（博物）馆同步举行纪念南京大屠杀死难者国家公祭日的悼念活动。
12月14日	上海市召开“开天辟地——党的诞生地发掘宣传工程”推进会。会议上发布了“中国共产党诞生地·上海”标识，宣布将对现存400多处革命遗址遗迹进行分类梳理，并积极筹建“中国共产党诞生地纪念馆”，同时对中共一大会址纪念馆等重大纪念场所进行完善拓展。
12月15日	国家文物局党组召开中心组学习扩大会，组织直属单位和机关党支部，专题交流学习宣传贯彻党的十九大精神体会。 国家文物局党组书记、局长刘玉珠主持召开党组中心组学习扩大会，传达习近平总书记关于纠正“四风”的重要批示。 由中国文物保护基金会主办的第九届“薪火相传·寻找中国文物故事杰出传播者”颁奖仪式在广东广州举行。10名“讲好中国文物故事杰出个人”、10个“讲好中国文物故事杰出团队”受到表彰。此外还发布了10个文物活化利用优秀项目。 甘肃省文物局和日本大阪市立东洋陶瓷美术馆联合主办的“唐代胡人俑——丝路考古新发现展”在日本大阪开幕。这是甘肃省文物局首次独立策划举办的外展。

12月15～17日	由国家文物局指导，中国文物交流中心与北京鲁迅博物馆（北京新文化运动纪念馆）共同主办的第三届广州国际文物博物馆版权博览会在广东广州举办。
12月18日	国家文物局印发《2017年度文物行政执法指导性案例》。 国家文物局与韩国文化财厅在北京签署《中华人民共和国国家文物局与大韩民国文化财厅关于文化遗产领域交流与合作的协议》。 由中国博物馆协会非国有博物馆专业委员会主办，西安大唐西市博物馆承办的中国博物馆协会非国有博物馆专业委员会第二届大会在陕西西安召开。
12月20日	由中国国家文物局与斯里兰卡内政、西北省发展和文化部主办，中国文物交流中心与斯里兰卡国家博物馆局承办的“长风破浪——中斯海上丝路历史文化”展在斯里兰卡开幕。 由中国文物交流中心、河北博物院、俄罗斯彼得霍夫国家博物馆、意大利 Mondo Mostre 公司共同主办的“走进帝俄时代——俄罗斯彼得霍夫国家博物馆藏文物特展”在河北博物院开展。 由国家文物局政策法规司指导、中国文物信息咨询中心和新浪微博共同主办的“2017年#约会博物馆#文博新媒体发展论坛”在北京举办。论坛正式发布《2017年文博新媒体发展报告》。
12月21日	国家文物局在北京召开2017年工作总结会议。
12月22日	国家文物局召开新闻发布会，通报长城执法专项督察“回头看”检查考核情况和2017年度中国文物对外交流工作等。 国家文物局在北京召开“纪念中国首批世界文化遗产列入《世界遗产名录》三十周年座谈会”和“中国世界文化遗产30年纪念论坛”等活动。
12月23日	受国务院委托，文化部部长雒树刚向全国人大常委会作关于文化遗产工作情况的报告。
12月25日	纪录片《如果国宝会说话》首映式在国家博物馆举行。 河南博物院召开建院90周年总结会。
12月25～26日	中国社会科学院考古研究所召开2017年度田野考古汇报会。
12月26～28日	由中国博物馆协会、中国文物报社、吉林省文物局主办的“新时代博物馆文化传播与公众服务理念的探索和实践研讨班”在吉林长春举办。

12月27日　国家文物局印发《国家文物局关于废止12件规范性文件的决定》。

12月28日　国家文物局在北京召开社会文物管理工作座谈会。

中国文物保护基金会2017年“价值研究与传播计划”项目启动会在浙江杭州召开。

附录

2017年全国文物业主要指标

	机构数（个）	从业人员（人）					文物藏品（件/套）	
			专业技术人才					一级文物
				正高级职称	副高级职称	中级职称		
总　计	**9931**	**161577**	**50893**	**2476**	**6745**	**20136**	**48506647**	**100650**
按单位性质分								
文物科研机构	121	3995	2592	310	548	946	1230188	1550
文物保护管理机构	3518	33400	9140	170	964	3781	2473352	7211
博物馆	4721	105079	37333	1909	5029	14674	36623080	89921
文物商店	66	1203	511	4	41	238	7391751	52
其他文物机构	1505	17900	1317	83	163	497	788276	1916
按隶属关系分								
中　央	12	3615	1912	183	487	723	3337506	22630
省区市	311	19237	9119	715	1637	3461	16816727	31122
地　市	1725	47995	16523	738	2445	7009	9561239	23243
县　市	7883	90730	23339	840	2176	8943	18791175	23655

	参观人次（万人次）		本年收入合计（千元）		本年支出合计（千元）	公用房屋建筑面积（万平方米）		
		未成年人参观人次		门票收入			展览用房	文物库房
总　计	**114773**	**28909**	**55941990**	**13134375**	**54695233**	**4332**	**1361**	**254**
按单位性质分								
文物科研机构	297	28	2888579	136403	2349746	79	0	9
文物保护管理机构	17304	2689	9898129	3092848	9563619	1481	138	20
博物馆	97172	26192	32555584	9905124	33068127	2668	1222	217
文物商店	0	0	594754	0	546585	15	0	7
其他文物机构	0	0	10004944	0	9167156	89	1	2
按隶属关系分								
中　央	2840	452	2432012	833984	2443166	54	10	4
省区市	10901	2638	11226538	1350979	10191888	323	103	52
地　市	37878	8697	19655147	2624114	18799307	990	401	66
县　市	63154	17122	22628293	8325298	23260872	2965	847	132

2017年各地区文物业机构数情况

地　区	总计（个）	文物科研机构（个）	文物保护管理机构（个）	博物馆（个）	文物商店（个）	其他文物机构（个）
全　国	**9931**	**121**	**3518**	**4721**	**66**	**1505**
北　京	143	2	26	71	2	42
天　津	81	0	8	62	1	10
河　北	458	7	164	122	2	163
山　西	388	11	144	138	1	94
内蒙古	194	2	91	93	1	7
辽　宁	143	4	60	65	2	12
吉　林	170	3	52	107	1	7
黑龙江	275	2	87	183	0	3
上　海	108	0	5	98	1	4
江　苏	432	4	51	322	8	47
浙　江	476	5	94	308	9	60
安　徽	301	1	93	196	1	10
福　建	180	2	44	123	1	10
江　西	240	2	67	139	4	28
山　东	678	12	110	485	6	65
河　南	632	15	125	334	5	153
湖　北	325	3	47	199	0	76
湖　南	276	3	84	120	2	67
广　东	278	4	34	184	3	53
广　西	216	3	70	132	4	7
海　南	46	0	10	19	0	17
重　庆	140	1	39	94	2	4
四　川	491	4	173	255	2	57
贵　州	198	2	68	84	1	43
云　南	266	2	131	125	2	6
西　藏	1379	1	1239	7	1	131
陕　西	658	15	210	282	1	150
甘　肃	367	4	57	204	1	101
青　海	107	1	28	23	1	54
宁　夏	80	3	22	54	0	1
新　疆	193	2	84	90	1	16

2017年各地区文物业从业人员数情况

地　区	总计（人）	文物科研机构（人）	文物保护管理机构（人）	博物馆（人）	文物商店（人）	其他文物机构（人）
全　国	**161577**	**3995**	**33400**	**105079**	**1203**	**17900**
北　京	7979	96	2814	4000	209	860
天　津	1591	0	111	1406	71	3
河　北	9009	310	3861	3925	11	902
山　西	8403	296	1977	3995	17	2118
内蒙古	2528	58	717	1705	5	43
辽　宁	3617	109	1187	2163	19	139
吉　林	1933	59	180	1583	8	103
黑龙江	3212	48	259	2893	0	12
上　海	3104	0	56	2940	61	47
江　苏	7823	70	380	6633	180	560
浙　江	9318	179	2777	5236	78	1048
安　徽	3586	45	488	2948	36	69
福　建	2843	26	257	2503	23	34
江　西	4032	62	417	3101	55	397
山　东	12762	147	2615	7976	64	1960
河　南	12267	695	2831	6782	74	1885
湖　北	5428	136	726	3956	0	610
湖　南	5037	142	953	3204	41	697
广　东	4673	179	305	3651	67	471
广　西	2830	92	375	2212	34	117
海　南	562	0	183	311	0	68
重　庆	3102	150	238	2652	18	44
四　川	8926	110	1882	6688	32	214
贵　州	2663	27	347	1892	11	386
云　南	2520	36	768	1656	35	25
西　藏	2086	21	1529	181	8	347
陕　西	15085	395	3409	8732	6	2543
甘　肃	6909	136	774	4791	9	1199
青　海	636	47	62	294	10	223
宁　夏	1220	62	300	847	0	11
新　疆	2278	133	486	1328	21	310

2017年各地区文物业藏品数

地区	总计（件/套）	文物科研机构（件/套）	文物保护管理机构（件/套）	博物馆（件/套）	文物商店（件/套）	其他文物机构（件/套）
全　国	**48506647**	**1230188**	**2473352**	**36623080**	**7391751**	**788276**
北　京	4356056	12341	30162	1940011	2362702	10840
天　津	1055710	—	2277	707276	346157	—
河　北	533944	67517	89236	369705	—	7486
山　西	1626580	64068	137052	1206352	130585	88523
内蒙古	754368	17078	79549	656358	1383	—
辽　宁	624845	5842	41602	529269	44153	3979
吉　林	658898	8200	5459	628707	16532	—
黑龙江	1018121	5186	13962	998973	—	—
上　海	4608884	—	2970	2103805	2502109	—
江　苏	2659818	7570	28774	1830926	790746	1802
浙　江	1532324	161	92216	1403205	20253	16489
安　徽	1023988	12540	48944	755266	204921	2317
福　建	648149	—	4887	606176	37086	—
江　西	627413	6438	53563	418234	142672	6506
山　东	4506067	27299	817242	3567077	89109	5340
河　南	2001997	738906	217635	966764	59638	19054
湖　北	2076765	7425	33069	1686427	—	349844
湖　南	1000353	51860	99901	591210	216924	40458
广　东	1362898	55088	21500	1004848	227514	53948
广　西	324351	11329	19986	254298	37076	1662
海　南	80486	—	120	77738	—	2628
重　庆	643174	15387	30296	560457	37034	—
四　川	4301584	—	162982	4058627	64590	15385
贵　州	192914	2659	8372	148955	19395	13533
云　南	1394886	2453	96101	1296332	—	—
西　藏	276213	—	186154	66050	5654	18355
陕　西	4004127	52343	99020	3792154	750	59860
甘　肃	537364	36957	2080	490705	6500	1122
青　海	103128	6853	3371	78590	7133	7181
宁　夏	387188	2948	26240	358000	—	—
新　疆	246548	11740	2743	210930	21135	—

2017年各地区文物业举办陈列、展览情况

地　区	总计（个）	文物保护管理机构（个）	博物馆（个）	文物科研机构（个）
全　国	**26045**	**1394**	**24611**	**40**
中　央	206	50	156	0
北　京	455	40	415	0
天　津	439	1	438	0
河　北	797	52	743	2
山　西	433	18	414	1
内蒙古	524	53	463	8
辽　宁	509	54	455	0
吉　林	457	6	451	0
黑龙江	883	17	866	0
上　海	627	10	617	0
江　苏	2020	40	1980	0
浙　江	2374	223	2149	2
安　徽	1019	79	940	0
福　建	1041	19	1020	2
江　西	620	60	560	0
山　东	2753	45	2707	1
河　南	1312	27	1277	8
湖　北	1096	27	1069	0
湖　南	508	66	442	0
广　东	1589	92	1496	1
广　西	621	49	570	2
海　南	108	17	91	0
重　庆	485	18	467	0
四　川	1249	83	1165	1
贵　州	270	21	249	0
云　南	781	97	684	0
西　藏	10	2	8	0
陕　西	1286	99	1187	0
甘　肃	947	11	935	1
青　海	73	0	73	0
宁　夏	247	13	231	3
新　疆	306	5	293	8

2017年全国各地区文物业收入来源构成情况

	本年收入合计（万元）				
		财政拨款	事业收入	经营收入	其他（除以上三项外）
总　计	**5594199**	**4297298**	**444558**	**236907**	**615437**
中　央	243201	176273	46876	1781	18272
地　方	5350998	4121025	397682	235126	597165
北　京	473833	350957	68454	32753	21669
天　津	45872	33959	2913	3386	5615
河　北	168775	113713	42301	1666	11096
山　西	193799	158247	17462	3716	14374
内蒙古	80192	78626	799	—	767
辽　宁	82373	79048	2603	—	722
吉　林	50893	43741	2673	106	4373
黑龙江	57192	40600	28	428	16136
上　海	295780	235996	35482	7803	16499
江　苏	225434	176484	9077	11184	28690
浙　江	357578	232945	60103	4885	59646
安　徽	86942	67364	5154	341	14083
福　建	83570	67659	2574	514	12823
江　西	98898	77307	1862	1025	18704
山　东	445261	315053	8445	38942	82822
河　南	251727	205770	29150	4411	12396
湖　北	191923	147063	13306	5984	25570
湖　南	179590	153445	9394	1499	15252
广　东	259522	237491	7412	930	13688
广　西	70163	63196	3361	1817	1789
海　南	103061	101587	489	74	912
重　庆	85950	73056	3964	1028	7902
四　川	231967	180504	36210	4524	10729
贵　州	108718	56671	1824	45581	4642
云　南	58775	50057	2168	467	6083
西　藏	81790	50110	7884	8623	15173
陕　西	687567	485721	14277	43831	143738
甘　肃	154064	133883	4721	2390	13070
青　海	34031	31824	742	—	1465
宁　夏	32803	19505	2168	7211	3919
新　疆	72955	59446	685	7	12817

2017年全国各地区文物业支出来源构成情况

	本年支出合计（万元）				
		基本支出	项目支出	经营支出	其他（除以上三项外）
总　计	**5469523**	**2229466**	**2737914**	**153233**	**348911**
中　央	244317	101419	133711	56	9131
地　方					
北　京	475909	137200	295289	18099	25321
天　津	50980	30137	12417	2727	5701
河　北	161070	81887	75673	2258	1251
山　西	210076	68205	136627	2526	2719
内蒙古	70478	31498	36967	70	1943
辽　宁	76076	43135	31606	87	1248
吉　林	51088	18473	30179	130	2307
黑龙江	58029	23580	31956	1828	665
上　海	253009	77957	161711	5643	7699
江　苏	272015	111636	103111	39384	17884
浙　江	359682	145377	189112	4258	20936
安　徽	92110	32643	52670	2742	4055
福　建	83566	23522	54278	559	5208
江　西	78049	33160	37921	1075	5893
山　东	450049	211436	133805	15632	89177
河　南	213729	107449	96520	4478	5282
湖　北	198692	59348	134398	3930	1016
湖　南	175153	53207	114745	1056	6146
广　东	259271	87771	146436	428	24636
广　西	62601	16422	43510	1548	1121
海　南	92859	4565	87042	137	1115
重　庆	93322	28061	59772	1424	4066
四　川	223404	64520	150327	1993	6565
贵　州	64622	16944	44414	803	2460
云　南	58537	25614	29283	281	3359
西　藏	69324	25756	26334	1176	16058
陕　西	695679	455396	152583	31739	55960
甘　肃	154100	75259	67052	2174	9615
青　海	23553	6759	16215	4	575
宁　夏	42311	10976	19201	4892	7243
新　疆	55863	20158	33051	99	2555

2017年全国各地区文物机构基本建设投资情况

	项目个数（个）	计划总投资（万元）	建筑面积（万平方米）	本年资金来源总计（万元）	本年国家预算内资金	本年完成投资额（万元）	竣工项目个数（个）	竣工项目面积（万平方米）
总　计	**432**	**14687506**	**79**	**369650**	**222820**	**277749**	**107**	**115.3**
中　央	5	288814	2	9094	6513	6439	—	—
北　京	2	5311	—	2076	1634	1306	—	—
天　津	3	3677	—	2683	308	2499	2	1.5
河　北	11	21378	1	5543	3769	1799	1	—
山　西	21	252646	2	4539	1212	3491	12	11.8
内蒙古	21	34626	39	10836	9689	3782	3	1.3
辽　宁	2	350	—	59	10	59	—	—
吉　林	1	21648	—	425	—	425	—	—
黑龙江	9	75991	1	37258	7900	20684	6	3.1
上　海	1	14134	—	14134	6963	47000	—	—
江　苏	4	24456	—	3383	650	646	—	—
浙　江	81	270967	7	33719	17472	16890	13	1.6
安　徽	21	13097	—	13804	11931	4533	9	0.5
福　建	—	—	—	—	—	—	—	—
江　西	1	1480	—	1480	1480	1480	—	—
山　东	17	169421	2	4274	1348	1159	2	13.2
河　南	29	196874	3	22014	15646	10900	1	—
湖　北	41	214048	8	49869	25525	35867	15	63.0
湖　南	16	115812	1	18969	6809	16639	7	2.1
广　东	14	465480	4	8959	1873	4847	2	1.5
广　西	19	26483	1	3580	3115	2212	8	0.2
海　南	4	102331	1	51538	51111	50941	1	7.1
重　庆	6	8126	—	4814	515	4156	3	0.8
四　川	42	12078723	2	28452	12317	7528	13	5.0
贵　州	5	1352	—	1484	1319	496	—	—
云　南	10	7074	—	1150	998	620	1	—
西　藏	3	69863	1	2995	2995	2600	1	—
陕　西	24	39851	1	19208	18035	15956	5	0.1
甘　肃	13	118584	1	9206	7577	11106	2	2.5
青　海	1	3762	—	100	100	21	—	—
宁　夏	1	1900	—	1200	1200	786	—	—
新　疆	4	39248	—	2806	2806	882	—	—

2017年全国各地区文物保护科学研究机构基本情况

	机构数（个）	本年完成科研成果						
		省部级及以上科研课题数（个）	专利（个）	专著或图录（册）	论文数（篇）	古建维修、考古发掘报告（册）	获国家奖（个）	获省、部奖（个）
总　计	**121**	**117**	**7**	**85**	**831**	**184**	**11**	**34**
中　央	1	17	1	15	43	1	—	—
北　京	2	1	3	—	9	—	—	—
天　津	—	—	—	—	—	—	—	—
河　北	7	5	—	3	48	40	2	2
山　西	11	7	—	8	73	6	3	2
内蒙古	2	—	—	—	5	1	—	—
辽　宁	4	—	—	4	39	9	—	—
吉　林	3	—	—	—	—	—	—	—
黑龙江	2	—	—	—	13	3	—	—
上　海	—	—	—	—	—	—	—	—
江　苏	4	—	—	3	18	—	—	—
浙　江	5	—	—	2	50	10	1	2
安　徽	1	—	—	—	17	3	—	—
福　建	2	3	—	—	5	—	—	—
江　西	2	—	—	5	17	5	—	—
山　东	12	11	—	8	37	6	—	14
河　南	15	23	1	17	150	44	—	5
湖　北	3	3	—	1	26	2	—	—
湖　南	3	2	—	6	48	5	1	—
广　东	4	—	—	—	—	1	—	—
广　西	3	1	—	3	10	15	—	—
海　南	—	—	—	—	—	—	—	—
重　庆	1	5	—	1	24	8	—	—
四　川	4	3	—	2	29	4	—	1
贵　州	2	—	—	—	8	15	—	—
云　南	2	—	—	—	—	—	—	—
西　藏	1	—	—	—	—	—	—	—
陕　西	15	7	2	6	105	5	4	7
甘　肃	4	8	—	1	40	—	—	1
青　海	1	—	—	—	—	—	—	—
宁　夏	3	3	—	—	11	1	—	—
新　疆	2	18	—	—	6	—	—	—

2017年全国各地区文物保护管理机构基本情况

	基本陈列（个）	举办展览（个）	参观人次（万人次）		门票销售总额（万元）	本年收入合计（万元）	本年支出合计（万元）
				未成年人参观人次			
总　计	**823**	**571**	**17304**	**2689**	**309285**	**989813**	**956362**
北　京	20	20	1341	303	43232	155220	168896
天　津	1	—	13	1	409	4656	4331
河　北	40	12	1083	168	26883	60797	60040
山　西	12	6	712	88	9628	33162	36646
内蒙古	38	15	83	22	351	22561	19421
辽　宁	33	21	454	34	4900	18630	17316
吉　林	3	3	4	1	—	3261	4278
黑龙江	7	10	22	6	—	6942	7882
上　海	1	9	15	2	—	2838	2891
江　苏	23	17	254	37	131	18643	17386
浙　江	135	88	3296	282	32453	153806	140466
安　徽	51	28	208	68	1400	19318	17872
福　建	7	12	84	9	93	8491	8124
江　西	27	33	266	99	411	13784	9585
山　东	36	9	1324	104	55653	61803	61342
河　南	20	7	1193	230	35418	46581	38915
湖　北	13	14	533	124	16963	17891	16472
湖　南	41	25	635	233	2599	34726	32289
广　东	46	46	331	69	3050	9200	9704
广　西	31	18	211	64	74	10221	8840
海　南	14	3	113	22	265	2085	2250
重　庆	8	10	139	11	397	9741	8247
四　川	45	38	712	100	26557	65212	65439
贵　州	16	5	156	51	11	7931	6343
云　南	44	53	477	138	1387	22306	20438
西　藏	2	—	808	72	24065	49430	47424
陕　西	83	16	1973	246	8756	74450	70167
甘　肃	9	2	247	34	2213	15601	13221
青　海	—	—	—	—	7	4052	2774
宁　夏	9	4	207	40	3834	13294	14501
新　疆	4	1	66	11	447	9036	9478

2017年博物馆主要指标

	机构数（个）	从业人员（人）	藏品数（件/套）	本年收入合计（万元）		基本陈列（个）
					财政拨款	
总　计	**4721**	**105079**	**36623080**	**3255558**	**2568649**	**12189**
其中：免费开放	3952	77849	28580580	2437514	2060094	10493
按机构类型分						
综合类	1713	43588	15525628	1220357	1073457	4919
历史类	1665	40121	8599133	1363558	1014905	3637
艺术类	461	6235	2390623	169216	146062	1206
自然科技类	172	4062	3708443	151633	107885	590
其他	710	11073	6399253	350796	226340	1837
按隶属关系分						
中　央	3	2895	3259655	169428	138197	26
省区市	134	14152	9665787	732960	674111	493
地　市	1053	31204	7402412	1187854	919729	2930
县　市	3531	56828	16295226	1165317	836613	8740
按系统分类						
文物部门	3260	83512	26660802	2697653	2214815	8374
其他部门	544	11662	2647480	425293	315364	1362
民　办	917	9905	7314798	132613	38470	2453

	临时展览（个）	参观人次（万人次）		资产总计（万元）	实际使用房屋建筑面积（万平方米）
			未成年人参观人次		
总　计	**12422**	**97172**	**26192**	**13275700**	**2668.44**
其中：免费开放	11135	77791	22723	10183350	2137.74
按机构类型分					
综合类	6529	31987	9648	4892746	1281.77
历史类	3171	47711	11850	4759449	789.93
艺术类	1365	4838	1374	1054553	157.35
自然科技类	278	4384	1389	1112991	121.96
其他	1079	8252	1931	1455960	317.42
按隶属关系分					
中　央	130	2498	432	528357	48.45
省区市	960	10586	2622	2761114	282.74
地　市	4378	31483	7973	3030895	801.54
县　市	6954	52605	15165	6955334	1535.71
按系统分类					
文物部门	10249	77461	21105	8665694	1898.45
其他部门	863	12971	3442	1958855	313.68
民　办	1310	6740	1646	2651151	456.30

2017年全国各地区博物馆基本情况（一）

	机构数（个）	从业人员（人）	安全保卫人员（人）	藏品数（件/套）	基本陈列（个）	举办展览（个）	参观人次（万人次）		门票销售总额（万元）
								未成年人参观人次	
总　计	**4721**	**105079**	**25728**	**36623080**	**12189**	**12422**	**9717**	**2619**	**990512**
中　央	3	2895	528	3259655	26	130	250	43	75699
北　京	71	4000	790	1940011	197	218	183	25	81378
天　津	62	1406	258	707276	210	228	128	37	3479
河　北	122	3925	910	369705	292	451	299	91	9670
山　西	138	3995	1081	1206352	252	162	247	52	29771
内蒙古	93	1705	348	656358	291	172	124	45	259
辽　宁	65	2163	419	529269	224	231	154	38	12704
吉　林	107	1583	358	628707	182	269	113	31	4356
黑龙江	183	2893	655	998973	404	462	233	64	1703
上　海	98	2940	486	2103805	255	362	227	40	555758
江　苏	322	6633	1731	1830926	846	1134	911	231	24013
浙　江	308	5236	1395	1403205	845	1304	649	171	3415
安　徽	196	2948	832	755266	517	423	318	88	777
福　建	123	2503	698	606176	345	675	293	98	208
江　西	139	3101	872	418234	298	262	323	105	91
山　东	485	7976	2015	3567077	1745	962	676	230	13541
河　南	334	6782	1981	966764	650	627	554	165	7214
湖　北	199	3956	903	1686427	575	494	347	95	632
湖　南	120	3204	672	591210	218	224	551	180	90
广　东	184	3651	787	1004848	501	995	511	137	5886
广　西	132	2212	626	254298	271	299	183	52	219
海　南	19	311	96	77738	35	56	15	2	—
重　庆	94	2652	568	560457	225	242	310	97	10500
四　川	255	6688	1765	4058627	660	505	675	168	32417
贵　州	84	1892	355	148955	163	86	185	45	40
云　南	125	1656	427	1296332	413	271	234	63	321
西　藏	7	181	19	66050	2	6	1	—	—
陕　西	282	8732	2114	3792154	712	475	579	111	110937
甘　肃	204	4791	1254	490705	486	449	284	80	4516
青　海	23	294	81	78590	40	33	15	4	—
宁　夏	54	847	250	358000	144	87	74	14	918
新　疆	90	1328	454	210930	165	128	70	18	2

2017年全国各地区博物馆基本情况（二）

	本年收入合计（万元）					本年支出合计（万元）				
		财政拨款	事业收入	经营收入	其他（除以上三项外）		基本支出	项目支出	经营支出	其他（除以上三项外）
总　计	**3255558**	**2568649**	**170318**	**183202**	**333389**	**3306813**	**1551925**	**1471167**	**123297**	**160424**
中　央	169428	138197	22512	1781	6937	172659	70304	102300	56	—
北　京	142494	117092	19518	1394	4491	141107	71062	67343	574	2127
天　津	36580	31236	1031	3386	927	42198	27328	10894	2727	1250
河　北	65393	49168	9121	1504	5601	62008	32664	27151	2156	37
山　西	59189	46405	6927	1558	4299	62492	25068	35704	1002	719
内蒙古	50684	49691	578	—	416	44396	22257	21586	2	552
辽　宁	51449	51298	86	—	66	48397	27246	21108	30	14
吉　林	35496	32937	359	106	2093	34922	15731	18667	130	394
黑龙江	48371	31861	28	428	16053	48267	19944	25883	1828	613
上　海	283571	228759	35423	7803	11586	240693	76365	155955	5643	2729
江　苏	167537	136467	9000	11000	11071	219379	97477	81475	39261	1165
浙　江	123398	103703	4932	4682	10081	143738	59315	70891	3945	9587
安　徽	55294	46043	1762	221	7268	64856	24877	35493	2490	1996
福　建	61128	50795	2295	514	7525	63449	18619	41797	553	2479
江　西	63037	53494	623	1025	7895	52544	25267	24644	1057	1575
山　东	308610	218266	967	37613	51764	324413	176635	72310	14692	60777
河　南	83700	70207	6355	864	6273	95176	57367	32980	1463	3366
湖　北	95061	74637	7210	4141	9073	103765	40140	60362	2527	737
湖　南	102536	93521	488	673	7855	105470	30948	72626	570	1326
广　东	145077	137393	2912	930	3842	147140	61565	84317	428	830
广　西	44881	43011	566	97	1207	41629	12853	27843	199	734
海　南	74663	73900	218	—	545	74794	2378	72345	—	72
重　庆	68504	57402	3310	1028	6764	75860	24452	46781	1404	3223
四　川	145686	108747	23908	4524	8507	143600	47921	88547	1983	5149
贵　州	81023	32155	57	45581	3231	41953	9750	30193	800	1210
云　南	31579	28649	423	467	2040	33257	14906	16963	275	1113
西　藏	5200	5115	20	65	—	5200	2155	3025	20	—
陕　西	493559	320881	7233	43044	122401	513564	383273	57194	30962	42135
甘　肃	94556	82788	1666	1922	8180	98512	50722	40430	1757	5602
青　海	11843	11041	261	—	540	11307	4141	6823	3	340
宁　夏	16964	9126	215	6853	770	24881	7282	5788	4682	7130
新　疆	39071	34664	314	—	4093	25186	11915	11749	80	1443

2017年全国各地区博物馆免费开放情况

地区	免费开放数量（个）	财政拨款（千元）	参观人数（千人次）	未成年人参观人数（千人次）	陈列展览数（个）
总　计	**3952**	**20600944**	**777910**	**227235**	**21628**
中　央	2	533085	8285	1479	92
地　方	3950	20067859	769625	225756	21536
北　京	40	603186	7526	1902	259
天　津	42	281651	11101	3344	351
河　北	102	457046	26053	7983	680
山　西	80	322923	16149	3960	310
内蒙古	92	435644	12248	4451	460
辽　宁	56	365371	10872	2901	367
吉　林	96	240924	9269	2654	422
黑龙江	175	307146	22085	5961	860
上　海	79	1781271	11957	2324	494
江　苏	248	947730	68556	17960	1558
浙　江	286	966330	55481	16031	2012
安　徽	179	456283	29721	7981	873
福　建	120	507950	29096	9651	1012
江　西	135	531486	31232	9857	549
山　东	429	2056359	57130	20160	2488
河　南	290	587143	46109	13729	1175
湖　北	185	717078	32990	9147	1036
湖　南	107	905301	53186	17621	424
广　东	157	1032120	42735	12494	1319
广　西	110	381388	16842	4856	509
海　南	16	735054	1441	240	80
重　庆	78	479259	26981	9097	414
四　川	185	691009	48660	13635	825
贵　州	76	318038	17570	4425	240
云　南	113	281123	21395	6145	634
西　藏	6	51150	32	—	8
陕　西	138	2551603	24451	6429	760
甘　肃	172	536949	25276	7743	841
青　海	22	110411	1500	443	73
宁　夏	47	83025	4967	878	210
新　疆	89	345908	7013	1754	293

2017年全国各地区文物商店基本情况

	库存文物数（件/套）	资产、负债、所有者权益（千元）			损益（千元）					
		资产总计	负债合计	所有者权益合计	营业总收入	营业总成本	营业利润	营业外收入	营业外支出	利润总额
总　计	**7391751**	**2184097**	**492025**	**1692072**	**561669**	**541028**	**20641**	**33085**	**5557**	**48169**
中　央	—	—	—	—	—	—	—	—	—	—
北　京	2362702	486702	58246	428456	117958	91888	26070	10049	2006	34113
天　津	346157	281329	33593	247736	45156	44223	933	860	—	1793
河　北		4691	209	4482	38	226	-188	1	—	-187
山　西	130585	8775	936	7839	6732	7034	-302	—	—	-302
内蒙古	1383	3717	453	3264	81	43	38	—	—	38
辽　宁	44153	12362	9189	3173	3730	3922	-192	—	—	-192
吉　林	16532	6790	8555	-1765	13977	13740	237	129	20	346
黑龙江	—	—	—	—	—	—	—	—	—	—
上　海	2502109	310265	187	310078	18024	22012	-3988	—	—	-3988
江　苏	790746	396663	151652	245011	161586	155899	5687	2771	31	8427
浙　江	20253	89427	25780	63647	22123	19500	2623	284	185	2722
安　徽	204921	23878	2639	21239	11949	13762	-1813	2200	—	387
福　建	37086	13443	4303	9140	23975	22846	1129	270	—	1399
江　西	142672	11413	5721	5692	11646	11255	391	36	70	357
山　东	89109	131241	100808	30433	4284	8898	-4614	2712	50	-1952
河　南	59638	25141	4655	20486	4603	6476	-1873	400	—	-1473
湖　北	—	—	—	—	—	—	—	—	—	—
湖　南	216924	125939	29863	96076	25302	30140	-4838	6106	3	1265
广　东	227514	98278	9080	89198	52802	50305	2497	166	2	2661
广　西	37076	9892	5217	4675	908	2873	-1965	739	134	-1360
海　南	—	—	—	—	—	—	—	—	—	—
重　庆	37034	15876	2333	13543	3329	3313	16	213	—	229
四　川	64590	42291	19563	22728	8036	8033	3	72	—	75
贵　州	19395	21701	1576	20125	1587	2627	-1040	611	—	-429
云　南	—	39231	6306	32925	11423	10714	709	1761	253	2217
西　藏	5654	3157	1831	1326	2798	2203	595	2803	2803	595
陕　西	750	3538	1160	2378	1008	722	286	11	—	297
甘　肃	6500	9154	5855	3299	1201	1300	-99	132	—	33
青　海	7133	2068	854	1214	1591	1801	-210	14	—	-196
宁　夏	—	—	—	—	—	—	—	—	—	—
新　疆	21135	7135	1461	5674	5822	5273	549	745	—	1294

图书在版编目（CIP）数据

中国文物年鉴. 2018 / 国家文物局编. -- 北京 :
文物出版社，2019.8
ISBN 978-7-5010-5802-0

Ⅰ. ①中… Ⅱ. ①国… Ⅲ. ①文物工作－中国－
2018－年鉴 Ⅳ. ①K87-54

中国版本图书馆CIP数据核字（2018）第241816号

中国文物年鉴·2018

编　　者：国家文物局

责任编辑：王　媛
责任印制：张道奇

出版发行：文物出版社
社　　址：北京市东直门内北小街2号楼
邮　　编：100007
网　　址：http://www.wenwu.com
邮　　箱：web@wenwu.com
经　　销：新华书店
制　　版：北京文博利奥印刷有限公司
印　　刷：文物出版社印刷厂有限公司
开　　本：787mm×1092mm　1/16
印　　张：30.25
版　　次：2019年8月第1版
印　　次：2019年8月第1次印刷
书　　号：ISBN 978-7-5010-5802-0
定　　价：300.00元